# 民國思想文叢

【无政府主义派】

李帆／主编

白天鹏　金成镐　编

長春出版社
全国百佳图书出版单位

**图书在版编目（CIP）数据**

无政府主义派 / 白天鹏，金成镐编．—长春：长春出版社，2013.1
（民国思想文丛）
ISBN 978－7－5445－2657－9

Ⅰ．①无...　Ⅱ．①白...②金...　Ⅲ．①无政府主义—思想史—研究—中国—民国　Ⅳ．①B091.6

中国版本图书馆 CIP 数据核字（2012）第 273874 号

**无政府主义派**

---

**编　　者**：白天鹏　金成镐
**责任编辑**：张耀民　胡　新
**封面设计**：大　熊

---

**出版发行**：長春出版社　　总编室电话:0431－88563443
发行部电话:0431－88561180　　邮购零售电话:0431－88561177
**地　　址**：吉林省长春市建设街 1377 号
**邮　　编**：130061
**网　　址**：www.cccbs.net
**制　　版**：吉林省久慧文化有限公司
**印　　刷**：长春方圆印业有限公司
**经　　销**：新华书店

---

**开　　本**：787 毫米×1092 毫米　1/16
**字　　数**：520 千字
**印　　张**：31.75
**版　　次**：2013 年 1 月第 1 版
**印　　次**：2013 年 1 月第 1 次印刷
**定　　价**：55.00 元

---

# 编辑说明

本书主要收录反映民国时期无政府主义者的基本思想主张的文章和专著；翻译文章及介绍性的文章没有收入。

本书所收录的资料主要来自当时国内出版的各种报刊杂志、专著和文集以及1949年后所编辑的文集。

为了保持原貌，本书所收录的资料，均按原文照录，其中，文中语言习惯和人名译法与今有所不同，存在不少讹误，但出于忠实原文考虑均未作改动；个别文章的标题由编者所加；标点符号均统一为新式标点；个别篇目有所删节，以省略号标出；文中凡有损坏、缺漏或字迹不清者，以□号表示；正字均以［ ］标明；每篇文章之后注明出处和发表年月；有的文章录自相关文集，初刊时间无从查考，则暂从文集出版年月。

编　者

# 总序

思想如何分类，向来是个难题。从古至今，人类思想呈现多姿多彩的面貌，每一种思想皆各有主旨，各具风采，特色鲜明，或可名之曰“家”，或可名之曰“派”，晚近则有“流派”之名。

在中国思想发展史上，有两个时期最引人注目，一个是先秦时期，一个是中华民国时期。先秦自不必说，诸子百家，各显其能，争鸣不已，异彩纷呈，形成中国思想史上的“轴心时代”，影响及于后世两千余年。民国思想虽未能再现“百家争鸣”的胜景，但亦具有明显的多元文化特征，思想家群体和思想流派甚多，思想文化论战此起彼伏，思想交锋异常激烈和复杂，而且实现了对中国固有思想传统的实质性的挑战与超越，形成一些新的思想、学说体系，整个思想界呈现一片繁荣景象。之所以如此，既在于晚清以来西学的大举进入，西方思想、学说与中国固有观念、学问的碰撞、交融，已使得相对单一的中国传统思想体系遭到极大冲击，乃至近于分崩离析，从而为民国时期多元思想、文化格局的出现奠定了基础；又在于形成于清末、壮大于民国的新式知识分子群体的出现，尤其是清末民初派遣出国的留学生在民国年间纷纷回国，成为新式知识分子群体中的中坚力量。所受教育的差异以及与各类集团、群体、势力的不同关联，使得他们形成相异的思想、文化理念，在当时各种矛盾纠葛交织的时代环境下，往往就中国政治、经济、文化、社会等各方面问题提出自身旗帜鲜明的主张，并引发激烈、复杂的论战与斗争；也在于民国北洋政府，尤其是后来的国民政府尽管实行文化专制主义政策，但因各种原因，还是给予思想家和学者一定的自由活动空间，允许各种思想观念、主张并存而且彼此展开争论；还在于民国时期社会空间的相对扩大，如大学、研究院等学术机构的建立与迅速发展，报刊、出版业的极大发达，社会舆论的相对自由，等等，为思想界精英结合成志趣相投的群体、自由地表达自己的思想主张提供了社会条件和现实可能性。正是在这些因素下，民国思想成为中国思想史上的一座高峰。

作为思想繁荣的表征之一，便是民国时期出现思想家群体和流派众多的景象。这些群体和流派主要分布在政治思想、文化思想、学术思想领域，此外在经济思想、社会思想、教育思想、科技思想内部也不乏各种流派。不同流派的思想家主张各异，或趋近于民族主义，或趋近于激进主义，或趋近于自由主义，或趋近于保守主义，不一而足；而且延续的时间也长短不一，有的起步于清末，进入民国后发扬光大，绵延数十载，有的仅在北洋政府时期或国民政府时期昙花一现，数年后无果而终。由于流派是个不易界定的概念，大家对之的认知不同，于是人们所认定的思想流派的存在方式也不全然一致，有的依托于同人报刊或出版物而存在，甚至一个刊物就会造就一个流派，如甲寅派、新文化派（或称新青年派）、现代评论派、学衡派、古史辨派、醒狮派、新月派、独立评论派、战国策派、观察派等；有的依托于某一机构、团体或党派而存在，如所谓北大派、南高派，以及乡村建设派、国家主义派等；有的仅仅因为主张趋同而被视为一派，如无政府主义派、科学派、玄学派、西化派、文化保守派等。就流派的划分界定而言，这些“派”并非完全处在同一层次，其中既有角度、性质之别，又有大小之分，还有人员、主张等的多重交叉，甚至是派中有派，如认同传统的文化保守派中又有东方文化派、本位文化派、现代新儒家等不同的思想派别存在。由于思想流派众多，思想文化论争也因而接连不断，如民国初年的孔教之争，“五四”时期的东西文化之争、白话与文言之争、科学与玄学之争，“五四”之后的中国社会性质论战、中国社会史论战，等等。故而民国时期成为继先秦之后，中国历史上思想文化论争最多的一个时期。

通过发布并实践自身的主张，这些流派在历史的关键时刻让国人听到了思想家们独到的声音。而且这样的声音在争鸣中成长壮大，日臻成熟，自成一体。无论其主张如何相左，但整体而言，大抵皆对中国社会走向现代化和整个国家走上富强之路，从各自立场发挥了思想支撑和引领作用，并为今天留下了丰富的思想遗产。

从民国思想史的研究状况看，学术界对这些流派虽有所研究，特别是对一些重要派中人，如刘师复、陈独秀、胡适、鲁迅、钱玄同、吴宓、梅光迪、柳诒徵、顾颉刚、张君劢、曾琦、李璜、梁漱溟、晏阳初、张奚若、罗隆基、梁实秋、雷海宗、林同济等，有较为深入的研究，但整体而言，非常不乐观，不仅是某些流派未被全面系统的探讨过，而且有些派中人乏人问津，形成不少学术空白点。这一情形的出现，与多种主客观因素相关，如问题意识的局限、一流之外的思想家不被重视等，其中一个重要因素就是原始文献资料的缺乏系统整理，导致研究者无从着手或着手不易，从而知难而退。近年来，出版界虽推出了不少关于近代中国思想方面的文献资料集，不过总体而言，这些资料集重晚清轻民国，晚清思想资料的出版蔚为大观，系统性颇强；而民国思想资料的出版则相对不足，尽管已有一批思想家的个人全集、文集、选集等陆续出版，也有中国现代思想史资料汇编一类的书先后面世，但存在着要么过于分散、要么过于笼统的弊端，针对民国思想特点而编的特色性资料集不多，如以思想流派作为归类的文献资料集就尚属空白。所以，以“民国思想文丛”之名系统整理出版民国思想的文献，显然是极为必要的，既能克服已有出版物或分散、或笼统的弊端，又能体现民国时期思想流派众多这一思想史特色。对于研究者来说，“民国思想流派文丛”可为其研究民国思想流派史提供一份基本资料，为其研究派中人物提供一个基本语境；对于普通读者来说，执一卷在手则知一派，可作为进入丰富多彩的民国思想世界的原始读本，以此为起点，集腋成裘，就能进而了解民国思想史的整体面貌。

由于民国思想流派众多，一时难以穷尽，所以这套文丛首先选取当时在政治思想、文化思想和学术思想领域最具代表性的无政府主义派、新文化派、学衡派、古史辨派、国家主义派、乡村建设派、现代评论派、新月人权派、战国策派的基本文献编入，其他流派只能俟诸他日。在编排结构上，每派一集（现代评论派与新月人权派的思想主张和存在时间都相近，故合为一集），每集内部以人物为单位编辑文献，挑选该人最能代表该派思想的论说编入，每篇文献后注明出处。各集编排顺序如下：编辑说明、流派介绍、文献汇编、参考文献。其中数万字的“流派介绍”，主要是简要介绍该集所涉流派的基本情况、人物生平、思想主张、时代影响等，以使读者对该派思想有个初步的了解和认识，由于各派情况有异，故在写法上各集可能略有不同；“参考文献”则在提供该派文献之出处的同时，列出可扩展阅读的论著目录，以方便意欲进一步探索的读者。

选编这样一套经典性的近现代思想文献，不论对谁都是个巨大的挑战，我们深知力有不逮，舛错失误在所难免。还望方家不吝赐教，以利将来修订完善！

此外，本丛书中收录的某些文章由于种种原因未能及时与作者家属或后人取得联系，望有了解此类情况者及时与编者联系，在此谨致以最衷心的感谢！

李　帆

2012年11月于北京师范大学

# 目 录

# 无政府主义派评介

## 一、无政府主义思想在中国的发展历程

无政府主义思想发端于西方，又称为“安那其主义”，是由法文 Anarchisme 一词音译而来。其原意为无强权、无领导之意。在欧洲，无政府主义思潮从 19 世纪后半期开始流行。其代表人物法国人蒲鲁东（1809—1865）曾提出不要党派、不要政权、一切人和公民绝对自由等口号，他力图维护私有制，并认为这只能通过消灭一切国家制度和政权才能得以真正地实现。继蒲鲁东之后，俄国人巴枯宁（1814—1876）和克鲁泡特金（1842—1921）也是欧洲无政府主义的代表人物。巴枯宁认为人应该享有最充分的自由，这是由人性本身所决定的，而任何国家政权都是反对自由、压抑自由的。只有在无政府主义的社会里，人们才能得到真正的自由，而要实现这样的自由就应该举行暴动，消灭国家组织，而后把资本、生产资料等交给由人们自愿组成的工业、农业协作社，同时废除继承权，如此，社会上各种不平等现象就将消失。克鲁泡特金是 20 世纪初俄国无政府主义思想的领军人物。他在继承巴枯宁等人的理论基础上，又提出了互助论，他认为互助现象不仅存在于生物界，同时也存在于人类社会，人类社会的各成员通过互相帮助而使社会不断发展进步，“互助”是社会进化的主要动力。他认为社会发展的趋势就是由有政府、有国家的社会进化到“各尽所能，各取所需”的无政府、无国家的社会，而欲达到无政府的社会，他则主张使用暗杀等一系列恐怖活动。总之，在欧洲，不同的无政府主义者对无政府主义革命方式有着不同的观点，但是他们对无政府主义社会的认识，即反对一切权力，崇尚个人自由以及最终建立无政府社会等的一些主张基本一致。

无政府主义思想在 19 世纪末 20 世纪初就已开始流入中国。在 19 世纪末，国内一些书报就有关于无政府主义和俄国虚无党的零星报道，进入 20 世纪，当时一些在欧洲和日本的留学生把无政府主义当作一种社会主义学说来传播。1907 年在东京出版的《天义报》和在巴黎出版的《新世纪》杂志成为宣传无政府主义思想的两个阵地。

无政府主义思想之所以能在 20 世纪初进入中国，并在之后相当长的一段时期内得到广泛传播，以至于形成一个思想流派，离不开中国当时的社会形势。鸦片战争之前，中国仍是一个自然经济占主体的国家，农民、手工业者等小生产者在人口数量上占有绝对的比重，这些小生产者一直过着“男耕女织、自给自足”的生活。然而，进入近

代以来，中国的社会危机日益严重。西方资本主义的侵略以及沉重的封建剥削，使小生产者日趋破产。当时的《衡报》就曾描述了小生产者的生活困境，“每岁所获不足给衣食，流离转徙，恒千万人”，“为外洋工艺所妨杜，操技无所售，有做工一日仅得二十钱尚须赡妻子者，是则无业之民数既日增，即有业之民亦复不足自值。”这些破产的农民和手工业者大量存在无疑是无政府主义在中国得以传播的先决条件，因为这些破产的小生产者对自己所处的困境感到十分痛苦和不满，当他们要求维护自身经济地位的目的不能实现时，则强烈要求平均分配社会上的一切财富、消除一切不平等的现象，建立一个没有压迫、完全自由的社会。尽管这些数量庞大的小生产者生活在水深火热之中，清政府及北洋政府却依旧横征暴敛、压榨民众。晚清一系列不平等条约的签订，充分暴露了清政府腐朽的本质，民间自发举行的一些爱国救亡运动反被其严厉镇压。1903 年清政府为了更加有效地镇压当时的“拒俄运动”，颁发了《严拿留学生密谕》，这对当时的知识分子是一个极大的震动，这些知识分子闻之“脑筋受其刺激，于是手不忍舍，口不忍闭，忽作细声读之，忽作大声读之，忽作狠声读之，忽作鬼声读之，心为之动，足为之跃，血为之沸，气为之涨。”① 清政府的高压政策激起了知识分子的破除专制王朝、反对封建主义的革命浪潮，他们在革命斗争中也捡起了无政府主义这个有力武器。西方列强对中国的长期侵略，使得爱国知识分子对西方的民主政府感到失望，同时，在西方资本主义社会里出现的由贫富分化而产生的阶级斗争也令他们困惑不已。他们认为政府乃为万恶之源，不论是君主专制，还是君主立宪，还是民主共和都是摧残人类的工具，他们认为只有无政府主义方可疗救中国社会的病疾。在 20 世纪初，又有大批学生赴日留学，这些留日学生，在日本学习期间，常常受到日本社会主义运动的影响，而当时的日本社会主义者则对无政府主义大力宣扬，留日的中国学生便从他们那里接受到了无政府主义思想。当时的留日学生后来回忆“日本社会党在一个梅园里开游园会，约我到那里去，共有三四十人，集合在那里一个亭子上，团团坐定，几个演说大家，就大发起议论来，激昂得了不得。”“这时在日本的中国学生，也立了一个社会主义研究会……有一天到清风亭开会，到会的与四五十人。先有几位先生，演说社会主义的历史及最近的变迁，说出无政府主义来，大家都是有些感动的情形。”② 这样，日本便成为无政府主义向中国传播的主要阵地，那些留日的知识分子后来也都成为在中国宣传无政府主义的骨干分子。

然而，无政府主义在中国的真正成型还是在民国初年。武昌起义之后，袁世凯篡夺了革命果实，辛亥革命虽然推翻了清王朝，但是并没有打倒封建主义和帝国主义，

① 《读〈严拿留学生密谕〉有愤》，载《苏报》1903 年 6 月。

② 葛懋春、蒋俊、李兴芝编：《无政府主义思想资料选》下，北京大学出版社 1984 年版，第 908 页。

取而代之的北洋军阀对人民的压迫和剥削丝毫没有消减，因而人民反强权、反压迫的斗争一刻也没有停止。从民国初年起，无政府主义思潮才真正开始了在中国的发展历程。在民国这几十年中，无政府主义思潮发展可以大致分为成型期、深入传播期和衰落期三个时期。

从1912年开始到1917年这段时间是无政府主义在中国的成型期，这一时期出现的刘师复的无政府主义思想标志着中国无政府主义思想真正成型。1912年，刘师复等人在广州成立晦鸣学舍，这是在中国内地传播无政府主义的首个团体。晦鸣学舍成立后，刘师复等人又出版了以《晦鸣录》为代表的诸多刊物来宣传无政府主义。1914年刘师复在上海又成立了民声社并创办了《民声》杂志深入宣传无政府主义。民声社还出版了刘师复著的《无政府浅说》、《平民之钟》及刘师复批判江亢虎的文章集《伏虎集》等和梁冰弦编写的《世界风云》、《世界工会》，等等。在刘师复的影响下，无政府主义者刘石心、梁冰弦等人于1914年在广州组织发起了无政府共产主义同志社，提出“诸同志散处各方，不可无精神上团结之方法，使之互相砥砺，冀道行、学识均随之而日增”，“凡事力分则难集，力聚则易周，吾人现受此社会上种种之压迫，个人进行之每有所苦，故不可无一团结坚固之团体，以为合力的传播，一致的进行，此广州无政府共产主义同志社之所以必当创立者也。”他们以同志社为依托，极力传播无政府思想，尽管当时广州处于恶政府势力之下，他们还是发出号召“诸同志乎，天下乌有能脱去强权之羁绊，优悠快活以传播无政府主义者。呜呼，强权乎，反抗耳。吾人惟恃此至死不朽之精神以与之恶战而已。强权愈凶，则反抗亦当愈烈。最终之胜利，吾人必将得之。此可断言者也。而此恶战期中，则惟有前仆后继，百折不回。如是而已。”① 1914年，叶纫芳、苏爱南等在上海创立了“世界语讲习所”，一方面传播世界语，一方面宣传无政府主义。1917年黄凌霜、袁振英在北京大学成立无政府主义团体“实社”，在这个组织里面不设职员和社长等名目，以示平等，只把无政府主义作为自身的研究范围。实社规定，但凡赞成无政府主义且不参与各项政治活动的人，不论男女，都可以加入实社。实社出版有无政府主义刊物《自由录》，实社成员在上面发表了大量文章，主张把无政府主义的思想输入到普通民众当中，“吾人于是不能不先将无政府共产主义之观念，灌输于一般平民脑海中，以促其自觉。灌输之方术，有激烈焉，有温和焉。前者以炸弹、手枪为荆轲、苏菲亚之行动，后者以教育、言论劝其感化，求大多数之同智同德。”② 除了《自由录》外，实社还出版了许多外国无政府主义者的著作，如巴枯宁的《上帝与国家》、托尔斯泰的《耶徽学》以及克鲁泡特金的《无政府

① 《民声》第19号，1914年7月18日。

② 《自由录》第1集，1917年1月。

主义与近代科学》、《无政府主义之道德》等。

民国初年的一些社会党人也曾一度宣传过无政府主义。社会党是由江亢虎等人于1911年11月在上海成立。社会党的发展十分迅速，到1911年底，社会党党员已达五十二万余人，在全国各地建立的支部多达四百九十余个。在社会党人宣扬的无政府主义思想中，政府必在废除之列，因为政府以强权为手段压制人民，实与盗贼无异。而废除政府的手段首先就是要与世界各国的社会党进行联络，“因吾党眼光，直射世界，系全体的，非局部的。社会革命之运动，系世界革命之运动，因亡则万国皆亡，无主人奴隶之别”。其次还要实行减政的方法，所谓的减政“乃扩张自治能力，缩小官治范围。一缩再缩，至无可缩，即无政府之目的达到之一日。”[①] 还有一部分社会党人提倡实行共产，以共产制来消除贫富分化的现象，“共产实行，人我胥忘，世界即个人，个人即世界。富有万能，贫无一物，贫富阶级社会，非富者之咎，真理不明之咎也。共产平等社会，非贫者之福，人类公同之福也。”[②]

五四运动前后这段时期，是无政府主义在中国深入传播的时期。从1918年到1925年，中国的无政府主义思想在先前刘师复无政府主义的基础上进一步发展，并逐渐形成了一些新的特色。五四运动时期，形形色色的主义与理论遍布于中国大地，在各式各样的社会思潮中，无政府主义无疑是在当时流行最广，影响最大的理论之一。这一时期，传播无政府主义思想的团体和刊物的数量急剧增加。在北京地区，成立的无政府主义组织就有进化社（1919年1月成立）、奋斗社（1920年1月成立）、学汇社（1922年成立）、互助社（1923年成立）、觉民社（1923年成立）等等，发行的无政府主义刊物有《进化》月刊（1919年1月创刊发行）、《奋斗》（1920年1月创刊发行）、《北京大学学生周刊》（1920年创刊发行）、《学汇》（1922年创刊发行）、《绿波》（1922年创刊）、《互助月刊》（1923年3月创刊发行）等等；在上海地区成立的无政府主义团体有安那其同志社（1920年成立）、安社（1922年成立）、青年自觉会（1922年成立）、自由社（1922年成立）、道社（1923年成立）等，出版的无政府主义刊物有《劳动》月刊（1918年3月出版发行）、《自由》（1920年12月创刊发行）、《自由周刊》（1922年3月创刊发行）、《自由月刊》（1922年创刊发行）、《国民》周刊（1923年创刊发行）、《自由人》月刊（1923年3月创刊发行）；在广州地区成立的无政府主义团体有社会主义同志会（1919年成立）、心言社（1922年成立）、五一俱乐部（1922年成立）、素社（1923年成立）、真社（1923年成立），出版的无政府主义刊物有《民风》周刊（1919年创刊发行）、《五一月刊》（1922年出版发行）、《心言》季刊（1922年创

---

① 葛懋春、蒋俊、李兴芝编：《无政府主义思想资料选》上，北京大学出版社1984年版，第234页。
② 《社会党纲目说明书》，载《良心》第1期，1913年7月。

刊)、《春雷》(1923 年 10 月创刊发行)等等。除了北京、上海、广州等一些大城市外,一些内地的城市如重庆、成都、长沙、太原等也都出现了宣传无政府主义的社团和刊物。五四时期,传播无政府主义的团体和出版物的大量出现与当时的国际国内形势分不开。国际上,在经历第一次世界大战之后,西方高度发达的物质文明已开始被人们所怀疑,而俄国的十月革命又让国人看到了新的希望,各派的社会主义学说竞相被引入中国,无政府主义在先前已经成型的基础上,得到了更为广泛的传播。不仅一些激进的知识分子对其大加赞赏,一些保守的知识分子也开始对无政府主义进行学理上的研究和介绍。《东方杂志》曾在 1920 年 6 月刊发了关于研究无政府主义的文章,里面提到"马克思注目阶级斗争,仅知消极的破坏,而积极的建设,固未尝留意及之,是又不得不厚望于克鲁泡特金者。"无政府主义"固非欲根本的破坏现在社会生活秩序,而宁愿使现在社会生活之秩序更加巩固者也。""无政府主义之真髓,在于排斥多数对于少数之压迫,其自身决非危险。"就国内形势而言,五四时期的军阀政府不仅丧权辱国,而且其镇压学生爱国运动的残酷程度甚于清政府。封建专制的本质并没有得到改变,这使得人民对当时的民国政府失去了信心,更加坚定了废除政府、废除国家的无政府主义革命理想。

在众多的无政府主义团体中,进化社、奋斗社、民钟社、互助社、适社等是影响较大的几个无政府主义组织。进化社是由原民声社、群社、实社和平社于 1919 年合并而成,社址位于上海,其主要成员有黄凌霜、区声白、郑佩刚、杨志道等。进化社出版有《进化》月刊,该刊主要宣传克鲁泡特金的"互助论"。它认为互助是社会进化的主要原因,提倡"各尽所能、各取所需",实行平等的互助生活。《进化》月刊发行三期即被禁止。除此之外,进化社还印刷了克鲁泡特金著、黄凌霜翻译的《近世科学与无政府主义》一书。奋斗社于 1920 年在北京大学成立,其主要成员有易家钺、朱谦之、郭梦良。奋斗社出版有《奋斗》旬刊,主要宣传无政府个人主义和奋斗主义的人生观。奋斗社还出版由黄凌霜、朱谦之等编辑的《北京大学学生周刊》。它宣传无政府思想,认为"凡属人类都应当互相亲爱,互相扶助,不以国家种族的差别,生出种种有害人生的事件。""社会上一切的权利,不该让给少数人独占,应平等分配到人类全体,大众共同享受。"民钟社是 1922 年在广东新会成立的无政府主义团体,主要成员有李太一、李少陵、范天均等人,民钟社于 1922 年开始出版《民钟》杂志。《民钟》杂志上刊载了介绍外国无政府主义者的论著,同时,也发表了中国无政府主义者对国内无政府主义运动及进行社会革命的相关论述。《民钟》发行不久,便流行全国各地。除此之外,民钟社还出版了许多与无政府主义相关的书籍,如《赤俄丛书》两种之《俄国革命论丛》与《俄国革命之失败》(秦抱朴著)、《科学的无政府主义》(阿里斯著,芾甘译)、《工团主义》(卫惠林著)、《马克思主义批评》(鲁智著)、《五一运动史》

（芾甘著）、《克鲁泡特金全集》1—3卷（黄凌霜、芾甘等译）以及克鲁泡特金的《国家论》（徐苏中译）、多奈尔的《无政府主义入门》（震天译）。互助社于1923年初成立于北京，主要成员有晓星、克劳等，互助社主要出版的是《互助月刊》，它主要宣传无政府主义与工人运动间的关系及如何通过工人运动去实现无政府主义的目标。适社是1920年8月成立于重庆的一个无政府主义社团，它对中国内陆地区传播无政府主义起到重要的作用。其成员主要是李崻青、陈小我等。适社成立后，发行了《适社的意趣和大纲》、《昧爽轩一夕谈》和《共产》等印刷品。

五四运动时期，中国国内的无政府主义者与国外的一些社会党人和无政府主义者加强了联络。美国的高曼、俄国的懋兴都曾亲赴中国，鼓吹无政府主义。在他们的影响下，中国的无政府主义者力图建立一个全国统一的无政府党以实行革命，并且努力联系其他各国的无政府党人，意欲发动世界性的无政府主义革命。

五四运动前后的无政府主义思想既是刘师复主义的延续，又随着时势的变化具有了新的特点。这一时期，无政府主义者们提倡的社会革命乃是“无政府共产党想将国家的组织改变，由平民自己建立各种团体会社，如办教育就有教育会，办农业就有农业会等等，由单纯以趋于复杂，以办理社会所应需的事，去除一切强权，而以各个人能享平等幸福为主。”① 他们把互助论作为其理论基础，坚信人类社会间的互助行为是人类社会由低级向高级发展的主要推动力，由此出发，他们认为推翻国家和政府是人类社会发展的必然结果，任何形式的政体、法律都必须被打倒，无论是资产阶级专政还是无产阶级专政都要予以废除。同时，这些无政府主义者又大力宣扬个人解放，鼓吹个人自由，反对封建礼法对人的束缚。他们提出自我的意识已被强权掠去了，要尽力把它夺回来，“要是良知和直觉不能真切的觉悟出来，我们便终生做了他人强制的奴中之奴，不能够和清明真切的‘自我’再会一会面的了。”“看来就是被征服的我人本来的情感从不肯向着个人的‘自我’利害上发展去，弄到‘自我’被‘他我’占领去了，被征服阶级的情感意志把我们的‘自我’掳掠去了，代易去了，倒请他来做了自己的‘自我’来了。”② 他们把个体的解放视作无政府主义革命的一个基础环节，而且他们在倡导个体解放的同时对传统的婚姻制度、家族制度也进行了猛烈的批判，揭露了这些封建礼教对人的压迫，使人丧失了幸福。在无政府主义者的号召之下，许多青年与家庭决裂，打破了封建的婚姻制度。

五四时期，无政府主义思想的另一个显著特点就是与工读互助主义的联系非常紧密。工读互助主义在五四运动时期十分流行，它仍是以克鲁泡特金的互助论为理论核

① 黄凌霜：《马克思学说的批评》，载《新青年》第6卷第5号，1919年5月。
② 石子：《更生的我》，载《民风》第17号，1919年9月。

心。1920年王光祈将当时流行的工读主义、新村主义与无政府主义相糅合，组织了工读互助团，欲以此来进行对社会的改造。他说："工读互助团果然成功，逐渐推广，我们'各尽所能、各取所需'的理想渐渐实现，那么，这次工读互助团的运动，便可以叫做平和的经济革命。"工读互助主义的主要内容一是强调工读结合，以互助的精神实行半工半读，在工读互助团中"工作以时间为标准，不以结果为标准。譬如甲只要两点钟便可织一匹布，乙需要四点钟始可织一匹布，但是甲仍然应该做四点钟的工，以尽其所能"，① 分配产品时，则各成员生活所必需之物按照各取所需的原则，由团体统一供给；二是强调废除私有财产，它认为社会上种种丑恶的现象都是因私产制度造成的，只有废弃私产制，实行共产制，才能彻底根除所有的罪恶，它认为经济制度上已经实行共产，必然没有金钱供给家庭，同时，个人也不再需要家庭在经济方面的帮助，因此个人与家庭在经济上毫无关联，个人也就可以顺利地脱离家庭，这样家庭问题就可以解决，而植根于家庭基础之上的婚姻问题也可以迎刃而解。由此可见，工读互助主义的一系列主张与无政府主义的观点基本一致，实际上就是变相的无政府主义。工读互助团也是无政府主义在革命实践中的一次尝试。

五四前后的无政府主义还吸纳了当时的工团主义思想，丰富了原有的无政府共产主义理论。五四运动期间，工人阶级发展壮大，并且登上了历史舞台。当时的无政府主义者也在一定程度上认识到了工人运动的重要性。他们加大对工人阶级的宣传力度，向工人们宣传劳动的意义，指出劳动者是社会的主人，任何不劳而获的剥削行为都应被打倒，"人之所以贵乎劳动者，将以博得生产物也；生产物者，人类生活之所需要也。"他们提出工人阶级应当维持正当的劳动，一方面培养劳动者自身的道德，一方面接受教育提高自身觉悟。关于工人运动，这些无政府主义者认为工人们应该建立自己的团体，而现存的一些工人团体却不能推动工人运动向前发展，则是因为一些工人团体大多是由资本家与工人一起参与组成，而且资本家本身就是工人团体中的董事，这自然导致"团中事权，均操之资本者之手，我工人何所侍［恃］以自卫乎？此所谓引狼入室，授人以柄者也。"而且，现存的工人团体仅仅是同行业的联合，缺乏与其他行业的联合，这致使运动力量分散、弱小，不能起效，无政府主义者主张"工人团结，重在大群，必合全国劳动者之大群，方能制资本者之死命。今吾国工人之团体，则有因小团体之不同，隙末凶终，自相仇杀者，资本者利吾私斗，从而挑拨之，最足为劳动同盟之梗。"② 无政府主义者在指出原有工人团体存在的弊端同时，进一步要求建立新的工团组织，拒绝资本家的加入，工团组织内部不设工头、会长等领导职务，只设

① 张允侯等编：《五四时期的社团》（二），生活·读书·新知三联书店1979年版，第432页。

② 《劳动者之自觉》，载《劳动》第1卷第4号，1918年6月。

干事负责日常事务，这些干事与其他成员不相统属、地位平等。对于工人团体的外部联络，他们认为“先从小团体入手，自下而上，由小到大，各行每业之工人，各自组织同业的小团体；由小团体互助联合，以组成同业联合会；复由各地方非同业之各小团体，互相结合，以组成地方劳动联合会。”① 无政府主义者的这些针对工人团体组织及工人运动方法的一系列主张有力地推动了当时工人运动的发展，但是他们又认为工人运动不需要政党的领导，也不需要建立自己的武装。要进行社会革命，只需要直接夺取生产资料，进行总罢工即可。他们认为经济斗争是社会革命的根本，反对工人进行政治斗争，在他们看来，进行政治斗争的结果还是要建立政府，而政府是万恶之源，必须被去除。他们主张由工团组织同盟罢工，罢工成功后，生产资料直接由工人团体掌管，以代替国家机构。

无政府主义思潮在经历了五四运动前后的鼎盛阶段后，便逐渐走向下坡路。从1925年到1939年这段时期是无政府主义在中国发展的衰落期。大革命期间，无政府主义对民众的影响低于五四时期。无政府主义思潮的衰落首先在于其自身的固有缺陷。许多无政府主义者既没有亲身参与革命实践，也没有严密的组织来进行持续的宣传动员。由于他们没有固定的经济来源，所以只能是在奔波劳碌、谋求生计中传播无政府主义，这样的宣传效果自然是难尽人意。又由于无政府主义极力提倡个人自由，所以无政府主义的团体也只能注定是一种松散的、笼统的组织。无政府主义者不满于社会的现实状况，却又没有能力和勇气去改变这种局面。许多马克思主义者批评他们只是为了寻求心理安慰和精神满足而制造幻境，宣传无政府主义只是借以掩饰内心的软弱和彷徨。无政府主义者卢剑波对当时无政府主义思想在四川的传播情形做了这样的描述：“回顾在川吾党，则均奄奄气息，有一蹶不振之势。溯自去夏成都全川大会闭幕以还，所有决议诸条件，视同具文，从未进行，而各地团体亦几全拥虚名，所谓‘益’、‘适’、‘民锋’、‘红’、‘均’、‘引’、‘同’……诸社，均不闻其声息也。在一九二一年及二二年春季，尚有册子之印行，刊物之发布，传单之播散，虽不能急有效应，然亦渐露萌芽，可期发展，较之近年之消声匿迹、萌芽渐斩者，不可比语。”“敢谓吾川同志中，有大部分皆信心不坚，不负责任，稍一挫败，便意冷心灰，或则假冒招牌，借绷时髦。我等以为此而歇宣传主义，不惟不能生效，且将失信于人……书至此，余等不禁为前途悲，又不禁为受虐害之同胞泣”。② 这一时期的无政府主义刊物的数量急剧减少，稍有影响的仅有《民锋》、《革命周报》和抗战时期昙花一现的《惊蛰》等刊物。

① 《劳动者之自觉》，载《劳动》第1卷第4号，1918年6月。

② 《敬告四川同志》，载《学汇》第172期，1923年4月。

《民锋》曾在南京出版，后由于被查禁，一度改名为《黑澜》。后来创办者卢剑波、邓天矞等人搬到上海，于1926年重新出版了《民锋》杂志。上海《民锋》的第一卷是接着原来《民锋》期数排列的，但是在内容上却比以前丰富得多，该刊既有对无政府主义的理论问题进行探讨，也有对国共两党关系问题的讨论。在此期间，民锋社的主要成员还翻译了一些国外无政府主义者的书籍，如《无政府主义共产党宣言》、《安那其主义的要求》、《自由的女性》、《自由的基础》等等。

《革命周报》是沈仲九等人于1927年5月在上海创刊的无政府主义刊物。起初，是由沈仲九主编，后来，沈仲九辞职，由毕修勺接替他的工作，主持编辑。《革命周报》一方面阐释无政府主义与国民党的关系，并发表了一些揭露国民党独裁专制的文章，另一方面却又刊登了大量攻击共产党的文章，“现在的国民政府，对于中国共产党，以强力努力驱除了。但是，我们以为任何一种主义，只要它本身有相当的历史和理由，决不能以强力根本的永久消除它的。”“我们以为免除共产党为祸中国的最要方法，第一是打破共产党思想上的根据，第二是以最进步的主义，图谋无产者的根本解放。”①《革命周报》的编者还以“革命周报社”的名义出版了一系列的《革命小丛书》来宣传无政府主义。

《惊蛰》是1937年在四川出版的无政府主义刊物。它由卢剑波编辑，由张履谦在成都印刷发行。《惊蛰》的主要内容是宣传无政府主义者的抗战主张以及无政府主义理论与抗战的关联。它一共出版了三卷，于1939年停刊。

这一时期，无政府主义思潮的衰落，首先表现在无政府主义者与国民党的合作上，即所谓的“安国合作”，一些无政府主义者鼓吹与国民党的合作是时代发展的必然趋势，他们认为无政府主义和三民主义具有共同的基础，都对民生问题有着相当的重视，“孙中山先生说的‘民生是历史的中心’一语，我觉得它颇有科学的价值。实际历史上无论那种现象都是为求较好的生存而生的。无政府主义即以民生为根基，它所以反对一切政治，就是因为政治不能解决民生的大问题。”“国际帝国主义的侵略……，共产党的捣乱为国民党所不容，亦为我们无政府主义者所不容。农工生活的提高，农工组织的倡导，国民党主张如此，我们无政府主义者主张亦如此。”② 一些无政府主义者还以儒家、道家学说来类比国民党与无政府主义者，他们认为道家不谋求政权，而且道家的仁慈主张与儒家的仁政主张十分接近，所以二者能够共处合作，这实际上还是在为国民党与无政府主义者的合作提供理论论证。

无政府主义思潮的衰落明显表现在其走上改良主义的道路。五四时期，大部分无

① 《发刊词》，载《革命周报》第1期，1927年5月。

② 《我们是谁》，载《革命周报》第16—18期，1927年8月。

政府主义者都持革命立场，许多人主张走激进路线来实现无政府主义。但是到了20年代中后期，无政府主义者纷纷反对进行阶级斗争，主张阶级调和，他们认为阶级斗争会刺激人性，“带有挑拨人性恶感的效力”，认为平民专政格外危险“在革命未发生以前，不能把社会改造的理由，十分讨论清楚，就利用了几句挑拨人性恶感的话说，乘着乌合时候的横暴，又无法将固有的资本势力以及阶级的根本取销。硬思用压力的平氏专制来强行，这比现在的政治革命及军队战胜占领土地的蛮行，所高又有几何?”“专政的几个平民，如何能证明他们是绝对的善人呢?”“平民本是平民，一经专政，魔皇立现真形了。”① 这一时期里，一些无政府主义者认为社会革命是一个渐进的过程，只能一点一滴的积累，他们把先前的革命行为视为以暴易暴，“以前各国演过的革命运动，大多数是出于羡望治人阶级之优越地位，与特殊权利的野心”，“而到革命之中途或革命成功时，他们一定回转到利己观念上，羡慕治人阶级之野心上。他们遂苦心积虑又来再建他们自己曾经攻击过的旧式政府。”② 他们提出以后的无政府主义革命不能再像之前那样，武装暴动、攻击政府，而应是一种自下而上的民众运动，他们认为与其推翻中央政府，不如先做好民众的自治，民众自治的能力越膨胀，中央政府的势力就越薄弱，当民众自治的能力成熟时，便以之对抗政府的压制，结果必然是政府的垮台，“那时我们只消宣言一下否认政府的存在，正式施行我们民众的社会组织，我们安那其士姆的社会就实现了。”而他们所谓的自治运动实际上就是抛弃革命的改良运动。他们主张在城市里各行各业组织成联合会，“一边由辅助教育和社会教育的方法，养成他们创造新社会的能力，一边由自治的团体，或团体的联合请求或收回支配权”。这些无政府主义者认为应该把这样的联合会一直推广到农村去，在乡村地区建立类似的自治联合会，并最终将乡村和都市的自治团体统一起来，成为全国的总联合。他们坚持否定阶级斗争和武力革命，强调进行自治运动只能以和平的手段，即以教育、感化的形式去进行。

这一时期的无政府主义思潮衰落还表现在它与传统文化的合流上。在五四时期，无政府主义者曾对传统文化予以猛烈的批判，但是从20年代后期开始，他们对传统文化的态度发生了变化。他们不仅将老庄的道家思想视为无政府主义在中国的源头，而且将儒家的大同理想与无政府主义思想相附会，认为儒家的大同社会实际上就是等同于无政府的社会，那里只有人性，没有法律，没有国家。无政府主义思想与传统文化的这种合流的趋势不仅大大降低了它在当时的战斗力，而且深刻地表明了无政府主义的蜕化变质。

---

① 葛懋春、蒋俊、李兴芝编:《无政府主义思想资料选》下，北京大学出版社1984年版，第589页。

② 同上，第668页。

从20年代中期开始，无政府主义者还积极参与时势的讨论，他们对国民革命和国共合作都提出了自己的看法，以力图为无政府主义夺得话语权，但事与愿违。1924年，国民党召开第一次全国代表大会，提出了"联俄、联共、扶助农工"的三大政策，并对国民党进行改组，随后，国共两党开始合作，进行了打倒军阀的大革命。而此时的无政府主义者却反对国共合作，他们坚持认为国民党、共产党两党的宗旨根本不同，不可能形成统一战线，两党所谓的合作，乃是一种互相利用，"前者欲利用后者以助长国民革命之声势，后者亦将计就计利用前者之势力地位名号而发展自己之势，吸收其党员……"他们进而指出在打倒军阀之前首先应该打倒有野心的政党，他们把政党的存在视为最大的危险，而北伐之后政党的力量会变得更加强大，所以北伐的结果会给无政府主义革命带来更大的障碍，他们提出"无政府党的敌人是什么？是一切做总统的，一切掌握军权的，是总统，是军官。曹锟、吴佩孚等固然要反对，孙中山、谭廷闿、许崇智等如果做总统，握军权，也是一样要反对。"①

进入30年代，无政府主义思潮的传播已显零星之势，基本上没有新的无政府主义的刊物出版，直到1937年抗战爆发，才出现一个无政府主义的期刊《惊蛰》。在该刊物中，无政府主义者努力将无政府主义与当时的抗战联系在一起，强调抗战救国和社会改造。他们提出实现无政府主义需要一个长期的过程，社会改造也要与社会实际相结合。他们认为要争取自由，首先必须打倒日本帝国主义。日本侵略者是对人类和平与自由威胁的强权，"现在中国的抗战，反对日本法西斯的侵略，自然是打倒强权。"他们指出："争取中华民族四万万人的政治自由与经济自由，是中国抗战的唯一目标，而这目标不但是实际的走向无政府共产主义斗争的途上，并且与无政府共产主义所要求的政治的与经济的自由的理念是完全吻合的。"这一时期的无政府主义者对无政府主义理论没有什么新的阐释，大多老调重弹，基本上都是在为抗战献策，力图将无政府主义融入到抗日战争中去。

显然，《惊蛰》是无政府主义思潮在中国蜕化和最终消亡的证明。那些无政府主义者们在经历了多次失败后，终于放弃了对无政府主义的信念。此后，无政府主义思潮彻底地淡出了历史的舞台。

## 二、民国时期最有代表性的无政府主义思想

### 1、刘师复的无政府主义思想

刘师复的无政府主义思想是中国无政府主义思想的典型代表。刘师复认为中国的无政府主义者应该以俄国无政府主义者克鲁泡特金的无政府共产主义为依据，结合中

① 《无政府主义者可以加入国民党吗?》，载《自由人》第5期，1924年7月。

国的实际情况，去进行无政府主义革命。他明确地提出实现无政府主义的目标必须废除国家，“政府果为何等之物乎？果于吾人类有何等之利益乎？”“自有政府，乃设种种法令以绳吾民，一举手，一投足，皆不能出此纲罗陷阱之中，而自由全失。”“是故，政府者，剥夺自由扰乱和平之毒物也。”“政府果何自起乎？曰起于强权。野蛮之世，一二枭悍者自据部落，称为己有，奴役其被征服之人，复驱其人与他部落战，互为敌国，此国家之由来，政府之从出，自今思之，无价值已甚。”他认为政府乃荼毒人民的工具，废除之于民众百利而无一害，“若无政府，则私产制度同时废绝，世界之产物，世界之人共作之共同之，既无贫富之阶级，强盗劫掠之事自然绝迹于世矣。”“若无政府，则私产绝，婚姻废，财与色均可无多，杀人之事又必绝迹于社会矣。”“无政府即所以改革此恶劣之社会，而铲灭今日所谓罪恶，所谓不道德之根苗者也。”他还要求一并废除作为国家机器的法律和军队。在他的无政府主义理论中，无政府主义的理想社会就是一个没有政府和军队、没有法律和监狱、没有强迫和限制的社会，在无政府的社会中，民众拥有至高无上的自由，“抑‘无政府’以反对强权为要义，故现社会凡含有强权性质之恶制度，吾党一并排斥之，扫除之，本自由平等博爱之真精神，以达于吾人所理想之无地主、无资本家、无首领、无官吏、无代表、无家长、无军队、无监狱、无警察、无裁判所、无法律、无宗教、无婚姻制度之社会。斯时也，社会上惟有自由，惟有互助之大义，惟有工作之幸乐。”“凡统治制度之机关，悉废绝之”，从工作生产到日用人伦，民众都摆脱了束缚，获得了真自由。

刘师复极力提倡废除资本主义制度，实行无政府共产主义。他将无政府共产主义的主张解释为灭绝资本制度，改造共产社会，且不用政府统治管理，换言之，就是要求获得经济上、政治上的绝对自由。因为资本制度是民众的仇敌，资本家把土地、资本、机器等操控在手中，来奴役民众，剥削平民，使得贫富分化愈加严重，“社会一切之罪恶匪不由是而起”。他认为无政府共产主义就是“各个人完全自由，无复一切以人治人之强权，是之谓无政府。行无政府于共产社会，是之为无政府共产主义”，在这样的社会里，“一切生产要件如田地、矿山、工厂、耕具、机器等等”归之社会公有，“劳动所得之结果如食物、衣服、房屋以及一切用品，均为社会公物”，“凡一切生产机关，今日操之少数人之手者，悉数取回，归之社会公有，本各尽所能各取所需之义，组织自由共产之社会，无男无女，人人各视其力之所能，从事于劳动，劳功所得之结果，劳动者自由取用之，而无所限制。”总之，社会上的一切生产、生活资料均为社会公有，他同时认为各尽所能、各取所需的分配原则最为公平，也是无政府共产主义社会所要实现的。

而要达到这样的无政府共产主义社会，刘师复认为“所用唯一手段则曰‘革命’。”他指出革命的具体形式一是暗杀暴动，二是进行平民革命。他否定政治斗争，认为政治斗争不过是政治家争权夺利的工具，与无政府主义革命的本质相违背，“有政府一日即有强权，有强权一日即不能有真幸福。”“凡有政府，吾皆讨之，袁世凯虽去，继袁世凯者吾亦讨之。”他认定政治斗争不能给民众带来任何好处。刘师复在《无政府共产党之目的与手段》一文中曾对革命手段做了详细的阐释，“用报章、书册、演说、学校等等传播吾人主义于一般平民，务使多数人晓然于吾人主义之光明、学理之圆满以及将来组织之美善，及使知劳动为人生之天职，互助为本来之良德……当传播时期，各视其时势，与地方情形，可兼用两种手段：1. 抵抗，如抗税抗兵役罢工罢市等，2. 扰动，如暗杀暴动等。此两种手段，既所以反抗强权，伸张公理，亦所以激动风潮，遍传遐迩，无异迅速有力之传播。”“平民大革命，即传播成熟，众人起事，推翻政府及资本家，而改造正当之社会也。”而他所主张的平民革命仍需要有无政府主义的团体来发起组织，即将各地的无政府主义者联合在一起，创设“自由集合之团体”来发动革命。

刘师复在宣传自己的无政府共产主义的同时，还与当时的一些社会党人就与无政府主义理论相关的一些问题展开了论战。社会党人江亢虎就无政府主义的释名向刘师复提出异议。江亢虎认为无政府主义应是关于无宗教、无家庭、无政府及各尽所能、各取所需的学说，即“三无二各学说”。他认为将法语中的 Anarchisme 译作无政府不恰当、不合适，因为 Anarchisme 包含的意义广泛，“然一译作无政府三字，则既曰政府，即非家庭，亦非宗教。而师复乃以为一切包括无遗。忽而取其多，则谓政府家庭宗教三者尚在未尽。忽而取其少，则谓无政府一字即已有余。”① 刘师复对此予以解释，“Anarchisme 既足以包括无家庭无宗教，今译入华文称为‘无政府主义’，仍不过藉以代表 Anarchisme，而此主义之性质作用及定义，则固未尝有所出入。断无在 Anarchisme 则其义可广，一易以无政府主义之代表名词其义忽变而为狭之理也。”“岂所谓无政府主义者，在西文则其义广，在华为则其义狭。”② 江亢虎对刘师复等人提倡的暗杀暴动手段也不赞成，他说“无政府主义所不两立者强权耳，今以暗杀暴动大破坏进行，是以强权攻强权，在理论上则自相矛盾，在事实上则激起反动，恐无益而有害，欲速而反迟也。事之不成无论矣，即使幸而有成，而旧强权推倒后，新强权之同时消灭与否是一问题，新强权消灭后，旧强权之乘间再起与否又一问题，无论谁何，亦不能下圆满之答案也。”③ 刘师复对江亢虎这一观点进行了有力的驳斥，他指出：“江氏之所谓强权，盖指无政府党之主张以武力对待政府耳。若然，则以武力为强权，不但

---

① 中国第二历史档案馆编：《中国无政府主义和中国社会党》，江苏人民出版社 1981 年版，第 134 页。

② 中国第二历史档案馆编：《中国无政府主义和中国社会党》，第 135 页。

③ 葛懋春、蒋俊、李兴芝编：《无政府主义思想资料选》上，第 314 页。

误解字义，抑且重诬吾无政府主义矣。夫政府挟其政治势力，侵夺吾人本来之自由，资本家挟其资本势力，掠夺世界共有之生产机关及工人劳动之结果，两者皆与强盗之挟武器以行劫掠无异。人苟被强盗劫掠，而以武力抵抗之。取还其赃物，无论何人，均许为正当之防卫者也。今无政府党以武力对待政府与资本家，抵抗政治上及经济上之强权，恢复本来之完全自由及正当生活，与抵抗强盗事同一例，亦为合理之防卫。而乃诬为采用强权，此何理由乎？"① 江亢虎还不满于刘师复的反对政治组织的观点，他认为政治有两种性质，一是国家政治，也称官治，"如军备、赋税、刑罚等是，此实政治之罪恶之源泉也。"另一种是人民政治，即自治，"如教育、实业、交通等是，此实政治万能之枢纽也，宜用积极主义，俾日臻于繁备。设必一切扫而空之，试问将来成何景象？若更有组织，则即仍有机关，亦即仍有政治矣；若更无组织，则人类能否生存，社会能否进化，无论谁何，不能下圆满之答案也。"② 刘师复对此则强调他所谓的无政府主义只排斥强权机关，而主张设计自由的机关，并无绝对否认机关之说。他认为自由的机关"即关于生活必需之公共事业，如衣服、饮食、建筑、教育、交通及其它等等，当自由组织种种公会或团体以经营之。"刘师复在对江亢虎的一系列反驳中，澄清了无政府共产主义理论的实质，也为无政府主义在中国的发展理清了方向。

刘师复在传播无政府主义理论的同时，十分关注当时的工人运动，他编辑了《工人宝鉴》等杂志，专门对工人进行无政府主义的宣传，并对工人运动提出了自己的看法，"当以革命的工团主义为骨髓，而不可含丝毫之政治意味。""不恃政治而惟持自己实力以灭贫富阶级，是即用革命手段以反抗资本制度也。"③ 实际上，就是以工团主义来领导工人运动。

刘师复的无政府共产主义是中国无政府主义的基本形态和主要形式，与它之后的无政府主义各派别的理论相比，更为系统化、完整化。它的形成标志着中国无政府主义思想发展达到了顶峰，同时也预示着无政府主义将要走向僵化的道路。

**2、朱谦之的无政府主义思想**

朱谦之是中国无政府个人主义的代表。在他的无政府主义理论中，虚无主义是其最终表达形式。他认为无政府主义提出了反抗强权的主张，但是还需要有推翻宇宙、扑灭天地的主张，只有这样才是彻底的革命。他认为虚无主义"只是个'真实主义'，因要求真，所以不惜将虚伪的宇宙完全解放，又是'进化主义'，因宇宙的进化是'自无而有，自有而无'，现在是要自有而无了，所以虚无主义顺着这个潮流现身说法。至于虚无两字的意义，'虚'是表明宇宙全体为'虚而不屈，动而不出'的，'无'是表

① 中国第二历史档案馆编：《中国无政府主义和中国社会党》，第 139 页。

② 葛懋春、蒋俊、李兴芝编：《无政府主义思想资料选》上，第 313 页。

③ 《上海之罢工风潮》，载《民声》第 23 号，1915 年 5 月。

明现在宇宙进化的倾向的，合此两个根本观念，才成虚无主义，所以我的虚无主义并不是断灭，而是能够做媒摆渡的真理。”① 在朱谦之的无政府主义理论中一切都被怀疑，一切都应被打倒，最根本的办法就是实行宇宙革命。他所谓的宇宙革命，就是要把宇宙的存在物，都一概消灭，“理知是万恶之源，宇宙则理知的表现，故世界自身，即冷酷无情。而人生在世，亦不外自始至终，作那自私自利的勾当，所以宇宙是错的，人生是恶德，要复我真情的本体，就非宇宙革命不可。”无政府主义也是他虚无主义发展的必经阶段，且他所要进行的宇宙革命必然要落实在无政府主义革命的具体实践中来。他认为宇宙革命的计划，是从无政府主义革命下手，“因无政府革命是虚无的过程，所以我们只得和无政府的赞成者一齐手牵手地去打破阶级、强权、资本家等，做到怎么样便怎么样。这就是实行宇宙革命的方法了。”他又提出“我们是信奉无政府共产主义为理想的，虽从社会革命入手，却断不以集产派设施为然，我们所要求的，是各尽所能各取所需的社会，假使这社会一日不实现，就是社会革命的路程一日未完。”

在进行无政府主义革命的过程中，朱谦之十分看重个人的作用，他认为单依靠互助不可能取得成功。“互助不是世间能有的东西，我们要革命，就从孤独的我做起。至于社会呢？那是靠不住的。唯有孤独的我，才有革命的创造力，也唯有孤独的奋斗，才能够创造伟大的成功。”② 他认为无政府主义者都是确认思想的绝对自由，“什么假定，什么通则，这些强制信条，都应该把他的价值，碎为微尘，因为革命家都是力求真理，所以绝不能与任何的强制信条相容。”他坚持认为无政府主义革命是自觉的且有意志的，是由个人内心里自然出发的反对强权、反对压迫、反对束缚。由此，他突显了“心”在个人及无政府主义革命中的地位。他把无政府主义革命乃至宇宙革命都视为心的要求，“我研究宇宙的起源，知道宇宙是从心法而生，又可因心法而灭，所以实行宇宙革命的方法，是要用一种‘心的工夫’，先使一切众生都有厌弃现实的倾向，然后宇宙也为着众生的心的变化而变化，以至消灭。故此现在的急务，在怎样使众生都有宇宙革命的决心，这简单的答案，自然要极力提倡虚无主义了。假使虚无主义能够变成一种共同的理想，那就是宇宙革命的时期近了！因此虚无思想的传播，也就是实行宇宙革命的一种方法。”③

在朱谦之的无政府个人主义思想中，科学受到了排斥。他认为无政府主义革命是以感情为基础的，无政府主义革命者都是把感情的自我体认看做唯一真理，在革命的过程中，没有提倡科学的必要，科学的方法与革命的理想相互冲突，要“主张革命，就不免对不住科学了”。他指出自己反对科学的原因还因为科学的精神远够不上革命

① 朱谦之：《现代思潮批评》，中国杂志社 1920 年版，第 72 页。

② 路哲：《中国无政府主义史稿》，福建人民出版社 1990 年版，第 303 页。

③ 葛懋春、蒋俊、李兴芝编：《无政府主义思想资料选》上，第 483 页。

程度，“利用科学方法去研究批评，以免掉流血等祸的改良派固然是要反对，就是拿科学方法来证明革命……想把科学来证明他的主义和近代哲学的自然科学的论理上关系，也实在有些不彻底。我么？愿把革命思想从科学方法里解放出来，这种革命思想的光复，实在开了革命成功的途径。”①

朱谦之在无政府主义革命的具体方式上极端推崇破坏手段，他把破坏看做革命的代名词。他认为“革命手段，势不能不出于‘破坏现在’一途，而且‘破坏’以外，也实无所谓手段。”在他的思想中破坏就是更新，就是创造，所以他认为真有创造能力的人，就是最致力于破坏的人，“真正的革命，只是抵抗，只是暴动，抗税哪！罢工哪！爆烈炸弹哪！暴力的威吓哪！这都是革命的福音，这都是革命家唯一的能事。”②

在刘师复的无政府共产主义之外，朱谦之以虚无主义的面目出现，对无政府个人主义作了系统阐发，从而完善了无政府主义理论，使无政府主义的主要形态在中国都有传承和发展。

总之，作为中华民国时期重要的思想流派，无政府主义派呈现出支系蔓多、代表者众、思想一度活跃的特征。其发展进程与时代变迁密切相关，是中国政治思想现代演进的集中反映。

① 朱谦之：《革命与哲学》，载《奋斗》第6、7号，1920年4月。

② 朱谦之：《革命与哲学》，载《奋斗》第6、7号，1920年4月。

# 刘师复

刘师复（1884—1915），原名刘绍彬，又名刘思复，广东省香山县（今中山市）人。1904年，刘师复去日本留学。1905年，刘师复在东京加入了同盟会，并在此期间与一位在日本的俄国无政府主义者发生了接触，受其影响开始钻研无政府主义的理论。1912年5月刘师复在广州西关存善东街八号成立“晦鸣学舍”组织。1913年8月《晦鸣录》创刊，成为在中国宣传无政府主义的重要阵地。《晦鸣录》发行至第二期，便遭到清政府查封，刘师复等人遂迁至澳门，在澳门将《晦鸣录》改名为《民声》继续出版，然而《民声》在澳门只出版了两期，又遭到葡萄牙方面的查禁，被迫停刊。刘师复率众人离开澳门，转徙数地，后来至上海，得以复刊《民声》。1914年4月，《民声》第五号在上海出版。1914年7月，刘师复在上海成立组织“无政府共产主义同志社”。1914年冬，刘师复因伤风咳嗽引发肺病，医治无效，于1915年3月27日去世，享年三十一岁。死后葬于浙江西湖烟霞洞。刘师复的死给中国无政府主义运动造成了巨大损失，其理论建设从此后继无人。

## 《晦鸣录》编辑绪言

二三人相聚读书论道于一室，名之曰“晦鸣学舍”，又取其所读论者，借铅椠纸墨布之于外，从而名之曰《晦鸣录》。其在宇宙，直微尘耳，非所敢列于当世报章杂志之林也。虽然，真理之在天地，本无所间于远近大小，惟潜心澄虑不为物蔽者乃得之。故二三人之势虽微，苟能以正确之真理为准的，不蔀于一家之学说，不囿于一党之瞀见，独立不倚，以达吾良心上之是非，其所言乃往往代表真理，而为人人心中所欲言，斯则所谓“平民之声”矣。

《晦鸣录》既以平民之声自勉，其言论即直接为平民之机关。今天下平民生活之幸福，已悉数被夺于强权，而自陷于痛苦秽辱不可名状之境。推其原故，实社会组织之不善有以致之。欲救其弊，必从根本上实行世界革命，破除现社会一切强权，而改造正当真理之新社会以代之，然后吾平民真正自由之幸福始有可言。《晦鸣录》所论列，即悉本此旨，斯非嘹亮优美之平民之声乎！

今敢约举所纪载之纲要于下：

共产主义；

反对军国主义；

工团主义；

反对宗教主义；

反对家族主义；

素食主义；

语言统一；

万国大同。

此外，凡一切新发明之科学，足为生活改良人类进化之母者，亦得附载。并以希望语言统一之故，特设“世界语部”，一方面传达世界语于支那，一方面披布支那社会之真相于全世界，复以世界语及华文两者征集文件，互译而并载之，使东西两文明日益接近，行将导东亚大陆之平民与全世界之平民携手而图社会革命之神圣事业。支那泱泱大国，固不乏深识远虑之士，其诸有以教我乎。

**《晦鸣录》第1期，1913年8月。**

## 无政府浅说

政府果为何等之物乎？果于吾人类有何等之利益乎？吾人饥则食，寒则衣，能耕织以自赡，能筑室以自安，能发明科学以增进社会之幸乐，无取乎政府之指挥也，亦无需乎政客之教训也。自有政府，乃设为种种法令以绳吾民，一举手、一投足，皆不能出此纲罗陷阱之中，而自由全失。世界之人类皆兄弟也，吾人本能互相亲爱，政府乃倡为爱国之论，教练行凶杀人之军队，以侵凌人国为义务，于是宇宙之间同胞互为仇敌，而和平全失。是故政府者，剥夺自由扰乱和平之毒物也。

政府果何自起乎？曰起于强权。野蛮之世，一二枭悍者自据部落，称为己有，奴役其被征服之人，复驱其人与他部落战，互为敌国，此国家之由来，政府之从出，自今思之，无价值已甚。彼时兽性未去，固无怪其有此，顾今则已由兽域而进于人境矣，以光天化日之人境，而留此兽域之产物，果何为者乎？

政客乃为之辩曰：政府之作用，将以为民御外侮，平争端，而非以凌人也。则诘之曰：凡政府皆不凌人，又安得有所谓外侮？必政府本为凌人之物，然后得藉御侮之说以自饰。且即以御侮言之，两国相争，必有胜败，果胜者为能御外侮为良政府乎？则其能胜者必其能凌人者矣，今世之所谓列强皆是也。至于人民之争端，亦非政府所能平之也。夫政府所执之法律，不过集录社会固有之习惯而已（此为近世无政府大家克鲁泡特金之说）。使习惯而可敬守也，则已无所可争；既有争矣，又岂其固有之习惯所能平之者乎？争之根源固别有在，不清其源而欲治其流，吾未见政府之能也。

今世界政府之恶已显著矣，欧美之民已渐知政府之无用而厌恶之矣，无政府主义之发明，既如旭日当空，无政府之世界，不难实现者也。

顾世人之闻无政府说者，胸中往往有数疑问同时并起，今当有以解其惑。

疑者曰：无政府则无法律，无法律则秩序破坏，而扰乱以起。释之曰：法律非能止社会之扰乱者也，扰乱之起由于争，人之有争，由于社会组织之不善，非法律所能为力。观于都市之地，法律最严密，而争讼犯罪者最多，乡野之地，往往为法令所不及，而争讼犯罪者绝少，此法律无益于社会之明证。人之生也，必求满生活之欲望，生活之欲望在衣食住，衣食住赖乎物产，物产者土地生之而人力成之者也。故论正当之道理，凡能出力以致此生产者，当然能满足其生活之欲望。乃事实则不然。社会之私产制度既成，有金钱者斯得最高之生活，而不必为出力生产之人。人见金钱之万能也，于是相率而金钱是争，纷纭扰攘，孳孳屹屹，无或出此。争之而得，则骄奢淫佚，视同类为牛马，不得，则弱者转沟壑，狡者习诈伪，拙者卖身（奴婢妾）、卖力（雇佣及车夫）、卖皮肉（娼妓），以为苟且之生活。其强悍不驯者，则挺而走险，以劫掠为生涯，视杀人为儿戏，于以成今日悲惨黑暗罪恶危险之社会。究其原因，则莫非私产制度为之阶，虽有法律曷足济乎？无政府则剿灭私产制度，实行共产主义，人人各尽所能，各取所需。贫富之阶级既无，金钱之竞争自绝。此时生活平等，工作自由，争夺之社会一变而为协爱，既无所可争，又何扰乱之足虑哉！

或又谓人民程度不一，教育未普及，一旦无政府，未明真理者尚多，必有率其旧社会之恶习惯以为不秩序之行为者。此说为反对急进派者最普通之论，即今日之心羡无政府主义者，亦往往怀此心理，以为必俟教育普及，然后无政府可实行，因之不敢主张急进者比比然也。不知人类道德之不良，由于社会之恶劣，社会之恶劣，由于有政府。若万恶之政府既去，人类道德必立时归于纯美，不必俟久远高深之教育者也。何以言之？强盗劫掠，今世之所谓不道德之行为也，然盗之源起于贫，人之有贫，由于富人之垄断财产，富人之所以能垄断世界公有之财产而贫民莫敢谁何者，以有政府法律为之保护也。若无政府，则私产制度同时废绝，世界之产物，世界之人共作之共用之，既无贫富之阶级，强盗劫掠之事自然绝迹于世矣。杀人者，今世之所谓不道德之行为也，然杀人之原因，十八九由于争财，否则争色。财之争，由于私产制度，以财产为私有；色之争，由于婚姻制度，以妇人为私有；而二者之所以存立，又无非根据于政府之法律（所谓民法）。若无政府，则私产绝，婚姻废，财与色均无可争，杀人之事又必绝迹于社会矣。又如自私自利不顾公益，亦今世最普通之不道德行为也。惟将来无政府之世，无私产，无家族，社会为个人之直接团体，个人为社会之单纯分子，人人各为社会尽力工作，所获得之幸福（即以工作而得之衣食住交通等等）已与人共享之，所作所为无一非为己，亦无一非为人，此时既无公私之可言，即私利亦无非公益，则不谋私利之公德，又自然人人皆备矣。其他种种，凡今日所称为不道德云云罪恶云云者，苟一考其所以致此之原因，必由于恶劣之社会有以致之，而非其人之罪。无政府即所以改革此恶劣之社会，而铲灭今日所谓罪恶，所谓不道德之根苗者也。至谓无政府之真理，愚民未易遍晓，此则先觉者之责任。但能将此种无政府组织之良善，用种种方法竭力传达于众，使家喻而户晓之，自然无所谓阻力。而此事亦非甚难。盖由今日以至于无政府，其间必费多少时日，多少精神，以从事于主义之传达鼓吹。当传达鼓吹之时，即所以使人知无政府之真理，及乎知者渐众，群起而推翻政府，此时纵有少数不明真理者，无政府党人不难设法晓之。盖此种道理，非有深妙玄微之处，实人人所能知，人人所能行，最要之道德格言不外“各尽所能各取所需”二语，使之知固易，行之亦不难者也。倘或有一二枭悍之人，故意与众为敌，敢于破坏公理者，是谓拂乎人性，为社会之公敌，人人得而摈斥之，既能推翻强力之政府者，岂并此区区而不能去之哉！是故今日欲实行无政府，惟有竭力传达。才者从事于鼓吹及实行之务，不才者亦请先自信之，此实为今日凡知有无政府之名词者所当留意，断不必袖手以望教育普及者也。今日教育之不能普及，由于经济之不平等，经济之不平等，由于政府之保护私产，故有政府之世断无教育普及之理（欧美诸国名为教育普及，实则仍为富人教育普及耳）。且有政府之教育，大抵与自由教育之原理相反，一般国家主义军国主义等盲学说盘踞于人心，实无异为无政府之敌。故谓教育普及而后可实行无政府者，无异谓地球诸星尽灭而后可无政府也。

或又曰：好逸恶劳，人之天性。共产社会，各尽所能，各取所需，设人之好逸恶劳者多，惟取所需而不尽所能，将若之何？则应之曰：“好逸恶劳人之天性”，此语盖大不然。凡人居室既久，便欲游行；苦坐既疲，即思运动。此无他，人之耳目心思、四肢百体皆有运动之本能，无时或息，故断不能无所作为，不必人之强迫也。且人类由兽域而进于人境，其最显而易见之差别，即在于两手。人之有手，即表示其天赋工作之良能，故“好动为人之天性”，实可断言。至今人之好逸乐而恶劳苦，则有由矣，私产制度阶之厉也。私有财产之制既行，贫富之悬隔日甚，金钱之势力日大，富者驱策贫民如牛马，社会上凡百职务为人类生活所不可一日缺者（如农工等），富者皆不必自作，而惟贫者独任之，富者逸而荣，贫者劳而辱，不知不觉之中，遂造成社会上一种好逸恶劳之心理（实即好富恶贫）。而富者于个人一身之事，亦可以金钱买他人之臂力腿力（如仆役车轿夫等等），以代其四肢百体天然之运动，又复加以烟、酒、声、色、赌博种种懒人之生活，以消遣其无聊之光阴。为之既久，精神销铄，生理损耗，由是人身体魄脑髓天赋好动之本能，亦因之而消失，谓为好逸恶劳，亦固其所。至于贫者，终日劳苦，为社会效无量之血汗，曾不得丝毫之报酬。耕田者饥，织布者寒，造屋者无片瓦，厨夫制精美之馔，而自食乃馂馀。凡劳力所得之结果，皆为富者所掠夺，无论如何勤劳，只以供少数富贵者之牺牲，而一己不与焉，而社会中多数之同胞不与焉。愈勤苦而所得之幸福愈寡，则其失望而懒，固人情所应尔，盖与其偷惰片刻，尚得片刻无聊之安逸，犹愈于盲动以供富者之淫乐也。呜呼！此岂人之罪，实贫富不平等所造成之果耳。罪恶哉金钱！幸福之蟊贼，犯罪之根苗，悉在于此。故无政府必反对私产，同时以共产主义代之。私产既废，自无因贫而为人奴隶之人，凡人皆躬亲力役，不至习为骄奢淫逸，柔弱不能事事；且人人平等，无有富贵尊卑之别，自然无视工作为贱役之理。人人各执一业，合之而成协助之社会，凡所工作，皆以供全社会之生活，人与我同在其中，而非徒供少数人之牺牲，愈勤劳则生产愈丰，而社会之幸福愈大，亦即一己之幸福愈大，此时尚有人好逸恶劳，吾不信也。且今人每日工作时间，八时至十二时不等，劳动过甚，致害生理，虽有可以省力之机器，而富者以佣值廉贱之故，不肯出资购器以代人工。若共产之世，已无金钱贸易之关系，凡百工作，皆可以机器代之，人但司其机关，虽甚污秽及辛苦之役，皆无难变为安闲之事业，即克鲁泡特金所谓秽浊之矿坑亦可使之精美，与大学之试验所相等者。盖既无资本家之勒其金钱，自然事事皆可利用科学之结果，而所谓文明之幸福，不至为富贵者之专利品，劳力与时间同时并省，无所谓苦，盖惟有乐耳。试观今日之世，富贵者逸乐不事生产，以大多数官吏、商贾、海陆军人、律师、警察、奴隶、娼妓、盗贼、流氓、乞丐、棍徒以及全人类半数之妇女（凡以上各种无益于社会生活之人统而名之曰游民），所需之衣食住均责之于农工两类之人。工人之中，又耗其一部分于无益之物及杀人之具，以一人而养三四人，（世界人类职业之统计，难得确数，然以上所指游民必居农工两类之三四倍，平均计之，即以一人而供三四人之所需，亦即以一人而养三四人也。是今人大多数皆见养于农工者，而反视农工为贱役，农工所得之幸福，必不及各种游民。冤哉不平之社会！）焉得而不劳！若彼时人人工作，苦乐平均，加以各事利用机器，又无战舰炮台军械等等耗损，人人皆从事于人生正当之工作，其时物产之膨胀，必不可思议。据法国无政府家某氏统计布算之结果，谓将来每人每日作工二小时已足供社会之所需。今姑假定为一倍之数，每人每日作工四小时，时间短小，工事轻易，劳动之苦恼将变而为游艺之幸福矣。今人逸乐无聊，亦往往为游猎旅行游戏体操等等消遣之事，然则每日作工数小时，亦不过消遣之类耳，又何不肯工作之足虑乎！

又有虑无政府时代人类既无竞争，社会将无进化者。不思进化乃天演之原则，向上为人类之公性，断无退而不进之理。世界之进化，全赖科学。今人之发明科学，岂皆为竞争私利计者，盖大抵怀改革社会图谋进化之心耳。顾今日发明科学之所以难能者，则以有私产之故。人非富者，不能得最高等之教育，既得之后，又以谋衣食之故，暇时无多，而器械试验之助力，亦非有资本者不能，欧美科学研究会及科学发明家，往往藉富人之资助，此科学为金钱所操纵之明证。若行共产，则教育平等，人人皆有科学之知识，所谓发明，非复少数人所专有之事，每日工作之时既短，研究之时自多，复人人可得试验之器械，斯时凡思想之缜密者，必能潜心研究，科学之发明比之今日，将有一日千里之势矣。且今人困于私产制度之下，日谋衣食，但求得多金而已足，其猥琐龌龊之态，不可向迩。若彼时则生活丰赡，处于协爱之社会，思想必异常高尚，无有不思为社会谋幸福者，何不进化之足云。

此外又有一最普通之疑虑，即恐一国无政府，他国遂从而侵割之是也。疑此者大抵习惯于有政府之下，迷信政府为万能，而不知政府亦人耳，非有万能。所谓御侮者，不外倚赖军队，军队习惯于服从命令，已无独立性质，一旦驱以御侮，其视听命令之心，必重于御侮之心，故不足恃。若人民自为防卫，纯由于保障人道抵抗强权之公理，故必视政府之军队为有力。观于千七百九十三年法国大革命时，以平民抗拒联军，千八百八年西班牙人战退拿破仑第一，此皆以人民抵御外侮之最著而有征者。是可见御侮不必久练之兵，而以军国主义为名提倡扩充军备者，皆不过为政府之私利，而非专以御侮也。不宁惟是，平民既有推倒政府之能力，可以胜一国之军队，即可以胜他国之军队。且无政府党无国界，既推倒一国之政府，且将分其余力，助他国之无政府党，以推倒他国之政府。今日无政府党已遍布各国，一国之政府去，其他各国之无政府党必相继而起，各谋去其政府，此时凡所谓政府者，方自顾不暇，岂有余力以侵略无政府之国哉！试观今世所称司战大神之德皇维廉第一，对于无政府党尚为之恐怖，至有"无政府党能合万国为一团体，各国政府不能合万国为大同盟"之言。于此可见政府之力远出人民之下，显然无疑者也。

以上反复申论，皆所以证明无政府主义不但理论上正确，且必可以实行，然则闻斯说者又何庸鳃鳃过虑乎？

**《晦鸣录》第1期，1913年8月。**

# 政治之战斗

（赘言）此论为去月杪所著，其时讨袁军声势方盛，今则袁世凯大有战胜之势，记者所望袁氏退位一语，已成画饼。惟本论主旨，在论政治战斗与社会主义之冲突，及证明政治之祸民，至于两方面之是非胜败，皆以为无评论之价值，无论孰胜孰负，真理则亘古如一也。

江西战事既肇，举国汗骇，讨袁之声不绝于耳，记者屏营深念，独漠然无所动于中，惟日夜怵惕，哀我平民，此次又不知糜几许斤肉，流几许升血而已。

或有问于予者曰：袁世凯当讨否？尝应之曰：持国家主义，作政治家言，讨袁可谓无訾议；若自真正之社会主义论之，则未开战以前，吾反对开战，既开战后，事已无可挽回，惟望袁氏速退，以期战祸之早息耳。

虽然，记者之望袁去，谓袁去则战祸或可早息，非谓袁去即人民可自由也。凡有政府之世，人民必无真自由。今国民党讨袁之辞曰：破坏共和，谋叛民国。此语在国家主义范围内，自然名正而言顺，若按之社会主义，则破坏共和谋叛民国者，即藐视国会违背约法之谓，吾人意见以为国会与法律皆在当废之列，藐视云，违背云，皆不过政治问题，与社会主义无关，主张社会主义者不应藉为口实。凡有政府，皆属万恶，袁氏虽去，岂遂无类于袁氏者起而代之？即使继袁者决胜于袁，亦不过其恶之大小略有比较，如五十步与百步之说耳。以欲得一罪恶略减之总统之故，而牺牲无量数人民之生命以易之，曾谓持社会主义者肯作此宣言耶！近有昧于此义者，以为讨袁亦为抗强权争自由之一种，与社会主义无背，则试问去袁之后，是否仍立政府，仍设总统？政府总统是否强权？当有强权之世，人民能否有真正之自由？论者苟能自返及此，当可憬然悟矣。去今两年间，比利时之社会党（即政治派之社会党）为争普通选举之故，运动总同盟罢工，其势甚盛，独无政府党竭力反对之，其事不久遂寝。总同盟罢工者，社会革命惟一之利器，而无政府党所视为神圣之事业者也，今比之无政府党独反对之，亦以普通选举乃政治问题，而非社会根本的改革，无此重大之值价故耳。夫普通选举，在政治问题中，其事之重大，视易一跋扈之总统，相去何可以道里计？比之无政府党且不欲与争，今讨袁问题亦不过政治问题之一，在政治家视为大莫与京之事，又何怪其不惜牺牲一切而为之？若以主张社会主义无政府主义者亦信口附和，鼓吹政治之战斗，独不虑世界之无政府党反对军备党之从旁窃笑乎？李石曾先生者，中国提倡无政府主义之先进也。其为言曰：“吾对于两方面均不以为然。”善哉！庶几準度真理之言矣。抑不独石曾先生也，中国社会党，特国家社会主义与无政府主义之中立派耳，其宣言亦有曰："世人狃于政治革命之形式，而昧于社会革命之精神，以为兵力万能，何求不得，长此以往，吾侪小民惟日供一二英雄魁杰之刍狗而已。"其言亦未尝不痛切而有味也。然则参视各中立者之言论，讨袁问题与社会主义无涉，亦较然明矣。

或者曰：子以讨袁与社会主义无涉，然则社会主义不妨左袒专制之总统乎？则应之曰：社会主义排斥一切总统，一切政府，何有于专制之总统万恶之袁氏？吾人目的，必有一日举世界之帝王君主总统悉数摈去之，此时微论袁世凯，纵有千万化身之华盛顿，亦必不能乞社会革命党之姑息。特今尚未至其时，吾人当鼓吹准备之事正多，惟日孳孳犹恐不给，更何暇及此隔靴搔痒之政治竞争乎。

抑吾更有一说以告吾平民：计袁之起，起于政治之竞争也。以政治竞争之故，而至惹起弥天之巨祸，然则政治乃不祥之毒物，可谓信而有征矣。国会者，政治家所称为人民之代表也，苟国会诚可以代表人民，自当设法弹劾袁世凯使之去位，以免人民之祸，今则未闻有此，即间有一二提倡离京开会之说者，亦以被抑于多数不能实行，然则国会又显然不能代表人民明矣。是故讨袁战事发生，愈足见政治之无益，国会之无能。世之迷信政治、迷信国会者，亦可翻然知返，决心从事于反对政治之社会革命乎！

**《晦鸣录》第1期，1913年8月。**

## 政府与社会党

去年十二月间，新"社会党"发表未及一月，即被袁世凯下令解散，至本月四日，"中国社会党"党员陈翼龙在北京被逮捕枪毙，袁氏复下令解散全国社会党。先后八越月间，以大总统命令解散社会党者二次，斯诚支那共和国惟一之特色，足以自豪于五洲万国而有余者也。

去年被禁之"社会党"，其宣言含有无政府的意味。以无政府之影，见恶于政府，所谓罪有应得，无足为怪。若"中国社会党"者，其党纲则赞同共和，其章程则规定不妨害国家存立。当去年新社会党被禁时，其首领曾遍布宣言，自称其党宗旨正大，手段稳健，袁总统所赞成，赵总理所保护。据此云云，已足见其党领对于政府之忠顺，当不至为政府所嫉忌。乃曾几何时，终不免大总统之震怒，而受解散之处分。斯岂其党领之忠顺尚有未至耶？抑社会党之名词固非有政府时代之字典所应有耶？

真正社会党决非政府所能解散，而"中国社会党"，则固吾人所不能遽认为真正社会党者，即解散又何足惜。特以蚩蚩愚氓所醉心垂涎之“集会自由”，曾用寸许之大字端端楷楷的写在所谓约法之上者，其价值不外如是！吾人于此，当亦可以洞见“政府”之与“人民”，“法律”之与“自由”，固纯然两不相容之物，而勿复再作政治神圣之梦想矣。

袁氏之禁社会党也，根据于军警执法处之宣布。曰：陈翼龙拟以猛烈手段对待政府，计与虚无党联络以图乘间起事。曰拟，曰计，曰图，均非有事实发现，是否为共和法律所能干涉？又陈氏即有罪，应否牵连及于全国之社会党？在好谈法律者尚不难振振而有词。但吾人素不惯与政府研究法律，故对于此等问题，均不欲深论。惟读袁氏之命令，真有令人捧腹而不能自已者。袁氏之言曰：“社会党……并非文明各国但研究学理之社会党可比”。袁氏自诩能悉外情，亦知所谓文明各国者，均有社会党之类时时大张旗鼓，亦明知“禁社会党”之恶名，将贻笑于万国，乃不惜设身处地，为所谓文明各国者下一转语。意谓各国之社会党，不过研究学理，非有异志，故各国政府能容之。若中国社会党则大逆不道，不可同日而语，故禁之亦不得为专制。于此足见哀［袁］氏尚时时存一所谓文明各国者在其心目中，凡事皆欲攀跻于文明各国之林，而不敢翘然独异。此诚吾人所钦佩不已者。独惜袁氏眼中所见文明各国之社会党，尚有未尽。袁氏以为各国社会党惟许研究学理，独不知今日运动罢工明日提倡暴动之社会党遍于欧陆，亦得谓但研究学理否？所谓文明各国亦曾以大总统命令解散之否？又不知各国社会党之外，尚有所谓无政府党，皆公然集会，宣言反抗政府，各国亦皆以大总统命令解散之否？听者苟疑吾言，则记者虽陋，斗室破簏中，尚有法文英文之社会党无政府党报纸数张，可以质证。满纸非运动罢工，即鼓吹暗杀，某处为无政府党之机关，某日为无政府党之大会。其大逆不道，不知视陈翼龙何如。而英法之政府，固未闻以军法枪毙其党员，封禁其报馆，而解散其机关也。袁氏欲学文明各国，而不能尽肖，此则吾人于钦佩之余，不能不继之以失笑者矣。（军警执法处之宣布谓“大总统交查社会党首领陈翼龙勾串外国党纲妨害邦交一条”云云。党纲而可以勾串，勾串党纲而至于妨害邦交尤为千古未有之奇闻。袁氏幕府多才，措词之陆离光怪。令人如入山阴道上，目不暇给，真不能不叹观止矣）。

（附注）“社会党”与“中国社会党”之别，时人往往混淆，今特附注明之：未革命之前，中国无所谓社会党也。去年一月一日，南京攻府成立时，江亢虎始发起“中国社会党”于上海。其党纲有八：一赞同共和，二融化种界，三改良法律尊重个人，四破除世袭遗产制度，五组织公共机关普及平民教育，六振兴直接生利之事业奖励劳动家，七专征地税罢免一切税，八制限军备并力军备以外之竞争。据此八者，实无异一普通政党，殊无取名社会党之价值。惟彼党宣言，不自认为政党，不运动选举，不谋握政权，且间或宣言赞成无政府主义。然既不人议院，不握政权，试问所谓改良法律专征地税限制军备等党纲，将从何实施乎？既赞成无政府，又安得有所谓赞同共和专征地税等等政客话头乎？党纲与宣言，自相矛盾，至于如此，则其内部实力决不能巩固，盖有必然者，及去年十月该党开联合大会于上海，一部分主张政府社会主义（俗称国家社会主义）之党员，提议改为政党，一部分主张无政府主义之党员，又提议删改党纲，期合于真正社会主义。争论至烈，党领乃为调停之计，于章程中加入"于不妨害国家存立范围内主张纯粹社会主义"及"党员得以团体或个人从事政治之活动"二语。其矛盾乃视前益甚。所谓"纯粹社会主义"，其界说若何，虽不得而知，然吾闻各社会大家及各国大词典所下"社会主义"之定义曰：社会主义者，废除私有财产制度而以生产之机关属之社会之谓也。今所谓纯粹社会主义，无论属何学派，想必不能出乎"社会主义主张以生产机关属之社会"之定义。社会二字，即为个人及国家之对待名词。然则国家存立范围内，安得有所谓纯粹社会主义乎？且其党纲之赞同共和专征地税破除遗产（而不主张共产）限制军备（而不主张废除军备）等词，果得谓之纯粹社会主义否乎？至党员得以团体名义从事政治之活动语，尤与不认政党不运动政权之宣言相违戾。欲取调停，而自忘矛盾，其不满人意，固有由也。以是之故，大会既毕，两派终不能复合，愤愤（即沙淦）等乃出而别组一党，名曰"社会党"，而无"中国"之名。其党纲目有六：一消灭贫富阶级（实行共产，）二消灭贵贱阶级（尊重个人，）三消灭智愚阶级（教育平等，）四破除国界，五破除家族，六破除宗教。此等党纲及其组织，吾人亦多未能满意之处。然比较上视"中国社会党"为较善矣。此党发表未及一月，袁世凯即据侦探吴天民之报告，下令解散之。于是呱呱堕地之社会党，名义上遂不能公布于内地，惟于上海设一交通机关，（法界大马路卜邻里口四百七号）进行上尚未有何等之表见。最近始发刊一机关月报，名"良心"，始出第一期耳。若中国社会党，其本部亦在上海，（英界大马路福康里口）"人道周报"为其机关，据所报告，支部已有四百余处，党员达五十余万。然吾料所谓五十余万之党员，不独深明社会主义者绝无而仅有，即求能了解其党之党纲者，度亦不及十分之一也。最近被杀之北京支部干事陈翼龙，政府谓为图谋内乱；其是否不可知，惟谓北京为其本部，陈氏是其首领，又谓其党纲三条，此则尚未知该党之真相者也。今因论总统下令解散社会党事，遂附叙"中国社会党"与"社会党"之沿革历史及其现状如此。

**《晦鸣录》第2期，1913年8月。**

## 致吴稚晖书

案此书虽为私人函札，惟其中所论，关于无政府党之作议员，实为重要之事实。

近日好谈“半面的社会主义”者，往往谓借政治能力可以达社会主义之目的。此等邪说，实足为社会主义之玷。张继与吴稚晖皆中国提倡无政府主义之先进，前数年在“新世纪”操笔政时，持论至激烈。乃张继既作议员，吴稚晖亦时周旋于国民党间。既与政党日益接近，即无异与社会党无政府党日渐疏离。及讨袁事起，其原因本由于政治之竞争原为社会主义所不取。而张氏既竭力主持，吴氏亦日日著论鼓吹。以主张无政府主义之人，提倡有政府之战斗，尤足骇人听闻。记者于此，不禁为无政府主义痛哭。故特附录此书于此，阅者幸毋以明日黄花见诮也。

近闻溥泉先生当选参议院议员，并被推为议长。既忤平昔素志，复戾进德会会约。先生与为至友，不审以为何如？此间同志对于此事，惶惑万状，而曾入进德会者，尤为愤激。今日攻海恶潮，陷吾民于痛苦，国人醉心权位，讼言运动，不复知学问道德为何物。其祸殆有甚于传染。长此以往，光天化日之人类，不难立返于兽域。三二贤者，方当卓然独立，为之表率，并宜以有用之光阴，致力于社会，为吾人类谋真正之幸福。乃不此之图，竟相率而逐海滨之大臭，其如吾道何！其如为人之责任何！先生等道义素交，似不宜坐视。师复愚见：以为先生当劝其即日自辞参议院议员一席。日月之过，于君子无损。否则宣布昔日主张无政府之宗旨，今已改变，并同时宣布自请出进德会，以谢同志。狂妄之见，自知无当，幸先生有以教之。师复白五月某日。

**《晦鸣录》第2期，1913年8月。**

## 再致吴稚晖书

近于报中展转得读答书，为述进德会及六不会源流至悉。谆谆不倦，领教无量。惟进德会及六不会之先后继起，其时复适在沪渎，于其历史及规则，与乎溥泉先生之未与闻六不会事，及六不会全与议员问题无涉，均颇能知之。前书亦并未齿及六不会一字。至此间诸同志，多属进德会员，且皆爱护之若神圣，固断不至有昧于规则如来书所谓夷视或苛责者。幸勿以此为虑。前书所以涉及进德会者，徒以误忆溥泉先生为丙部会员之故。盖不独复一人有此误，曾询进德会员数人，其误忆亦与复同也。嗣于《民立》报中得读先生“可以休矣”一文，据说溥泉先生实非进德会丙部会员。得此一语，复前书对于溥泉先生之第二疑问，本可以立时取消。惟复仍有不能尽解者先生为溥泉先生辨明语中，略谓溥泉先生亦屡欲改入丙部，第为政界中人所阻，卒未实行。云云。复窃谓先生此语过矣。人之进退，各有自由。溥泉先生不欲入丙部则已，如其欲也，岂其不能行使一己之自由，何至为他人所阻，更何至为政界所阻。夫以出处大节，宗旨所关，乃亦见挠于政界，不能如愿，岂不贻人笑柄耶？溥泉先生之不入丙部，其用意或别有所在，非浅识所敢知。若谓为政界所阻，鄙人虽愚，窃谓溥泉先生磊落丈夫，未必如此。今先生竟以此说宣布，苟人有反诘一语曰：设溥泉先生欲为革命党，欲为无政府党，政界中人从而阻之，溥泉先生亦受其所阻否？先生又将何以代白耶？抑更有进者，复前书对于溥泉先生之作议员，不能释然，其最要之理由，实以溥泉先生为提倡无政府主义之人，曾竭力排斥政治，不应反置身于政治上之生活也。溥泉先生之言论著作具在，反对政治，反对议会，言在耳而墨未乾，一旦言行相反，苟非有绝大之理由，必不出此。复愚无以自释，故欲请教于先生，不幸先生答书，于此未置一辞，致鄙人满腹疑团，至今仍未能释然。今日欧洲之社会党与无政府党，其宗旨本非绝对反对，徒以社会党运动政治，欲以议员之力达社会主义之目的，无政府党则排斥政治以为无济，而相率从事于社会之运动。社会党之异于无政府党者以此。其受无政府党之攻击唾骂者亦即以此。今溥泉先生虽未标揭无政府党之名，然读其著作，固俨然极端排斥政治之一人。忽然运动政治，其理由所在，无人不欲闻之。往者见《民立》报所载溥泉先生历史，中有“自光复后先生以为无政府主义不适用于今日之中国”一语，世或即以此为溥泉先生作议员之原因。惟以鄙意度之，此语必非出自溥泉先生，有可断言者。盖无政府主义，乃世界的主义，无所谓适用于某国与不适用于某国。无政府党之提倡无政府，以为世界无论何国，皆当无政府，非专为一国说法者也。溥泉先生于七八年前提倡无政府主义，尚以为适用，独至今日乃以为不适用，有是理乎？今日一般人之心目中，固多有以为无政府主义不适用于今日之中国者，其意不外曰中国今日尚未至实行无政府之时而已。此则何止中国，即以今日号称进化极速之法兰西亦未必即日遂能达到无政府，然则亦将谓无政府主义不适用于今日之法兰西乎？故复以为“无政府主义不适用于今日之中国”一语，反对此主义者不必论，苟其人稍有无政府主义之常识，未有肯出此言者也。曩者白频洲先生又尝来书论兹事，略谓无政府党不妨作议员，其意以为将来之无政府实行，即由各国议员之主张无政府者决议解散政府。此言亦未免过于重视政治，视议员为有莫大之能力。不曰各国之人民决议解散政府，而曰各国之议员决议解散政府，是明认议员为能代表民意矣。而未思无政府主义固不认有所谓代表权也。即姑置是不论，夫待至各国之议员大多数皆为无政府党，其难固甚于河清。而欲各国之无政府党一旦舍其今日反对议会政治之宗旨，转而运动选举，此已属必不可得之数矣。以上本无关于本题，第以欲研究溥泉先生所以为议员之故，反复而不可得，故不惜絮絮言之。吾辈主意，在讨论真理，溥泉先生不过借为藉口之题目，故以为不妨词费也。先生达识，当必有以教我。又鄙人已宣布废姓，此后如赐答书，幸勿再如前书于名字上冠以旧姓，尤为幸甚。师复白。七月某日。

**《晦鸣录》第 2 期，1913 年 8 月。**

# 无政府共产主义释名

名正然后言顺，此语为凡百事物凡百学术所不可忽。而吾人提倡一种主义欲以号召天下者，尤不可不表揭一正确之定名，以示根本之主张，而一学者之观听。

“无政府”云，“共产”云，此名在华文中为新产物，其主义之在东亚，则犹襁褓时代之婴儿耳。闻其名而却走者固多，道其说而不知甚解者尤多，而浅人又或恶其名之骇俗，强饰以种种离奇可笑之代名词，令闻者之疑惑反加甚，则甚矣名之不可以不正也。乃作无政府共产主义释名。

无政府主义原名 Anarchisme，其定义曰：“Anarchisme 者，主张人民完全自由，不受一切统治，废绝首领及威权所附丽之机关之学说也。”据此定义，则华文译为“无政府主义”，可谓确切而不易。而最近无政府主义之大师克鲁泡特金（Kropotkine）先生则予以最简确之解释曰：“无政府者，无强权也。”强权有种种，而政府实为强权之巨擘，亦为强权之渊薮，凡百强权，靡不由政府发生之而保护之，故名曰“无政府”，则“无强权”之义亦自在其中。都克（Tucker）氏亦曰：“无政府字有多种解释，其要义则反对强权政府，故以为名。”此无政府主义之名，所由不可易也。

无政府主义既以排斥强权为根本，强权之为害于社会最显而最大者即为资本制度(Capitalisme)，无政府主义首反对之，故凡无政府党必同时主张社会主义。“社会主义”原名 Socialisme，其定义曰：“社会主义者，主张以生产之机关（即土地器械等）及其产物属之社会之学说也。”惟社会主义分为两大派，即“共产社会主义”与“集产社会主义”。共产主义（Communisme）主张以生产机关及其产物全属之公共，人人各尽其所能，各取其所需，集产主义（Colectivisme）主张以日用之物（如衣食房屋之类）属之私有，生产之物（如机械土地之类）属之公有（或国家）。二派之外，复有独产主义（Individualisme）之支流（参观本报三、四号所记法国无政府党大会事）。无政府党所主张者为共产主义，而集产主义则“社会民主党”（Social－democrate，即俗称国家社会党或简称社会党）所主张，独产主义则“独产党”（Individualiste）所主张，二者皆无政府党所不取者也。是故无政府党常自标其主义曰：“无政府共产主义”(Anarchistelcommunisme)。

由此言之，吾人欲表揭一正确之定名以号召天下，莫若名之曰“无政府共产主义”(简称则曰无政府主义)，从事此主义者曰“无政府共产党”(简称则曰无政府党)。

乃世人习惯于政权管辖之下，以为有主则治，无主则乱，或误会无政府即为扰乱之别名，视无政府党无异于放火杀人之强盗。虽有心好其说者，亦惧其惊世而骇俗，不敢坦然受无政府之名。于是种种可笑之代名词乃纷然以起，而名遂从此不正，言亦从此不顺矣。今试列举而辨正之。

世有欲浑称无政府主义曰社会主义者，不知社会主义对于经济的，无政府主义则对于政治的，不应混为一物。无政府党未有不主张社会主义者，故无政府主义可以兼赅社会主义，社会党则多数不主张无政府主义者，故社会主义不能代表无政府主义。又况“社会主义”一语，近世已习用为集产社会主义之简称，尤与无政府党所主张相抵触。“反对社会主义，反对社会党”二语，无政府党人常道之。非反对真正的社会主义及社会党也。徒以社会主义社会党之名，已为社会民主党及集产社会主义所习用，欲反对社会民主党及集产社会主义，亦不得不沿用其习惯之名而反对之。即如中国近日所称社会主义，已为“中国社会党”（江亢虎发起）所习用，其主张视欧洲之社会民主党尚不能及；甚至孙逸仙所倡之专征地税政策，亦目之曰社会主义。于是社会主义之名因之而减色矣。是故混无政府主义于社会主义，足令闻者无所适从。

又有名之曰“极端社会主义”者，此名不知创自何人，而愤愤、乐无等所发起之“社会党”实以此自标其宗旨。不知社会主义中只可分为共产集产等派，而无所谓极端不极端。即使强而言之，亦只可谓共产主义为极端，集产主义为不极端耳，与无政府主义固不相系属也。况其名于文义上尤为不辞耶。

又有称为“纯粹社会主义”者，按“纯粹社会主义”即 Socialisme pure，在学术上原无一定之界说，然当世学者多称圣西门派之学说为纯粹社会主义。圣西门（St. Simon）者，十八世纪末之社会主义家也，其学说主张土地资本公有，各人视其能力而工作，公家量其工作之多寡而给以报酬。所谓生产之机关（土地器械）属公有，生产之结果（日用需要物品）则属私有。质而言之，实即近世之集产主义耳。此种学说，在吾人主张共产者方讥其不纯粹，曾何“纯粹社会主义”之足云？（其理由吾有“孙逸仙江亢虎之社会主义”一文详论之，将载入本报下期。）然吾见近人之习用“纯粹社会主义”一语者，往往误会以为完全之社会主义。揆其原因，实为江亢虎所愚。吾闻“中国社会党”第二次联合大会后，江氏于章程内以己意加入“于不妨害国家存在范围内主张纯粹社会主义”一语。此语实异常狡狯，一方面以“纯粹社会主义”之名，影射“完全社会主义”（Socialisme integral），冀调停一部分主张无政府共产主义之党人，而掩一般不明学派源流者之耳目；一方面隐示所主张实为圣西门派之学说，而以“不妨害国家存在”七字为抵拒无政府主义之具。其用意盖如此，不料学者竟为所欺，相率沿用，误会纯粹社会主义为完全社会主义，甚或以为无政府主义之代名，抑何不察之甚耶。

于是又有易其名曰“无治主义”者，此名较之前两名为略正，然语不经习，义无定释，或且误以为反对政治之称。凡无政府党必同时主张社会主义，故一举无政府主义之名，在习惯上已足包举社会主义之意，而无治则第以为破坏政治，如老氏之学说而已耳，与社会主义之意不相连属也。大抵用此名者，皆怵于政府之干涉，欲借不痛不痒之名以掩饰之。不知无政府党之运动，有公布的，有秘密的，其公布者当明张旗鼓以与政府作战，无取乎掩饰，若其为秘密运动，则无论所用何名，皆不失其为秘密。倘徒欲苟且一时以避祸，则断非无政府党所应有。且“极端社会主义即无政府主义之变相”一语，已出之蠢侦探吴天民之口矣，然则又何难点窜一二字曰“无治主义即无政府主义之混名”？如是，则即欲苟且一时，又岂可得耶！

此外又有所谓“三无主义”二各学说者，尤为离奇而怪诞。此二语实为“中国社会党”所创用，尝有“三二学社”之组织。彼所谓三无者：无政府、无家庭、无宗教也；所谓二各者：各尽所能、各取所需也。以堂堂正大之主义，而饰以诡诞滑稽之名词，是直射覆之东方、歇后之郑五耳，吾党人安能出诸口耶？且所举尤无伦类。夫“无政府主义”者，赅括之名，而非偏举之名也。无政府之字面为反对政府；而含义则为反对强权，其义几无所不赅。凡反对家族，反对宗教等等，皆为无政府党人所倡导，亦为反对强权中之一种，以之统属于无政府主义中则可，以之与无政府主义并列则断断不可。无政府主义中，尚有所谓无祖国主义（Antipatriotisme)，无军备主义（Anti-militarisme)，无国会主义（Antiparliamentarisme 正名均为反对祖国、反对军备、反对国会主义等）及其他等等，若必胪举之，不将曰四无、五无、六无乃至不可计量无耶？不又将以无政府中种种偏举之义一一与无政府主义并列耶？至于“二各”之名，尤为不辞，无异剧台中丑脚之谐话。“各尽其所能各取其所需”，乃共产主义之格言耳，若标其学说之名，则只可曰共产主义或共产社会主义，若执一二精理名言以名其学说，恐古今东西无此奇闻也。且既可名之曰“二各”，亦可名之曰“二所”，又亦可名之曰“二其”，岂惟类于丑脚，抑更甚于眩人之幻戏矣。或者乃曰：名固无足重轻。不知凡一学说之名，必庄重而可敬，方足以起世人之景仰，否则徒增轻亵耳。

况此了无意义之名，闻者不知何指，又安能持此以相号召耶！

吾今请为一简明之语以告吾党曰：吾人所主张者“无政府共产主义”也，简称则曰“无政府主义”。吾党为“无政府共产党”，简称则曰“无政府党”。吾人主义中，若偏举其一二义，则有反对宗教、反对家族、反对祖国、反对军备、反对国会等等，惟不能与无政府主义之名并列。至若一切“纯粹社会主义”、“极端社会主义”、“无治主义”以及“三无二各”等等支离可笑之名，皆所谓名不正而言不顺，此后当相戒勿用，使之绝迹于吾党之口角与笔端。

**《民声》第 5 号，1914 年 4 月。**

# 孙逸仙、江亢虎之社会主义

今日一般人之心目中，以为中国言社会主义者有二人焉，即孙逸仙与江亢虎是也。是二人之有志提倡，记者未尝不感之，顾其所言究足为真正的社会主义否，吾人有不容不研究者。近世学子，耳食者众，震于总统党领之名义，不暇论列是非，辄盲信为社会主义之真相，其结果有反足为社会主义之大障者。记者于此，又曷能已于言耶？

顾记者欲论二氏之主张，当先以数语略述社会主义之定义及其派别。

社会主义者，反对私有财产，主张以生产机关（土地器械等）及其产物（衣食房屋等）归之社会共有之谓也。其简单之理由，以人类生活赖乎衣食住，衣食住之所由来，则土地生之，器械作之，而尤必加以人工者也。土地为天然之物，非个人所能私有，器械亦由人工造成，人工则为劳动者之所出，故以正理论之，凡劳动者当得衣食住。惟现在资本制度之社会则不然，土地为地主所占据，工厂器械为资本家所独有，大多数之平民，则服役于此二者，为之生产各物，其结果则大部分利益均为地主与资本家所掠夺，劳动者仅得微薄之工资，终岁勤动，曾不足以赡其生，而地主与资本家则深居大厦、坐享最高之幸福，其不平孰甚于斯？欲救其弊，惟有由地主资本家之手取回其土地器械，归之公共，由劳动者自作之自用之，人人共同工作，人人共同生活，夫然后可谓之平。此即社会主义之原理也。顾社会主义主张以生产机关属之公有，此为凡言社会主义者所公认，无有异辞。惟对于生产物之分配方法，则言人人殊，而社会主义中遂有种种之流派。然大别之可略分为二，一曰共产社会主义，一曰集产社会主义。共产社会主义者，主张以生产机关及其所生产之物全属之社会，人人各尽所能以工作，各取所需以享用之。集产社会主义则主张生产机关属之公共，其所生产之物，则由社会或国家处理而分配之；其分配法亦有种种不同，然大致不外视其人工作之多寡，酬给因之而异，各人所得之酬给，即为个人私有物。二派主张虽有不同，然苟欲其主义实现，必须从根本推翻现社会之组织，由资本家之手取回生产机关，此则二派共同之点也。（至二者之优劣，当世已有定评，所谓社会者；乃对于个人而言，故既曰社会主义，则凡社会之物，皆当属之公有，而不能复容个人之私有权。今集产主义以衣食房屋之类属之私有，是明明尚有个人私产，根本上已背乎社会主义之定义。且同一房屋，牛马之圈厩则为公有，人居之房舍则为私有；同一用品，工厂之煤膏则为公有，人家之薪火则为私有，于理论上岂复能通？且集产者主张按各人劳动之多寡而异其酬给，是则强有力者将享最高之幸福，能力微弱者将至不足以赡其生。夫能力之薄弱，或关于生理，而非其人懒惰之罪，乃结果不幸若是，尚何幸福均等之足云？此吾人所以谓集产主义为不完全之社会主义也。）此外有所谓社会政策者，不欲从根本推翻现社会之组织，惟欲借政府之力施行各种政策，以补救社会之不平。其政策亦有种种，如限制资本家，保护劳动家，行累进税及单一税，以及设置公共教养机关等皆是。此种政策，不过在恶浊政治中自标一帜，不能名之为社会主义也。以上社会主义及社会政策之派别异同大略于此。今孙氏与江氏所倡导者果为何派之社会主义乎？抑但为社会政策乎？以吾意言之，则二氏之言均社会政策，而非社会主义也。读者苟疑吾言，请得而论之。

孙氏本政治革命家，社会主义非其专治，惟心醉亨利佐治之学说（即单一税论），欲实施之于中国，故同盟会会纲有“平均地权”之语，即此物也。然亨利氏之单一税论，乃一种之社会政策，而非社会主义。盖社会主义无论为共产为集产，必须由富人之手取回一切土地器械归之公共，使社会上无复留地主与资本家之迹，单一税制则仅限制大地主，略减其势力，而不能使之消灭。盖大地主固不患地税之增长者，以彼将间接取偿于劳动家故也。以社会主义之根本理论言之，土地为天然之物，固不容有所谓地主，即亦不应更有所谓赋税矣。顾孙氏不但主张单一税而已，同时又自称主张集产社会主义。其在中国社会党之演说有曰：“共产主义，本为社会主义之上乘，然今日一般国民道德之程度未能达于极端，……则主张集产社会主义，实为今日唯一之要图。”其下复盛称集产主义之元祖麦格斯之资本论，是孙氏俨然集产派矣。集产主义虽非圆满之社会主义，然因主张土地器械均归公有，绝对不容私产制度之存在者也。今既主张集产主义，已从根本上推翻一切地主及资本家矣，又何必有所谓单一税者以骈枝于其间乎？孙氏亦明知二说之相左，故辄变其名曰“单税社会主义”，复为调停之说曰：“亨氏与麦氏二家之说，表面上似稍有不同，实则互相发明，当并存者也”云云。不知单税论之所由来，即以惮于改革，惧社会主义所倡向地主取回土地之说之不易行，乃代以单税之法，期稍杀地主之势力，实则因陋就简，不敢实行社会革命者也。若集产主义，无论其合理与否及手段若何，然终不免改革现社会之组织，取回今日地主所占之土地归之公共，如是即断断不必复有事于单税，犹之主张共和，即不必复有事于君主立宪，更无所谓异存者也。今孙氏乃同时主张集产主义与单一税制，吾诚不知其所可也。推原其故，实由孙氏误认社会政策为社会主义，复误认社会政策之所谓国有事业即为社会主义之资本公有，故至以麦氏资本公有亨氏土地公有相提并论，不知所谓资本公有者，乃取回生产机关，操之劳动者之手，由劳动者自使用之，非如国有事业以国家为资本主，劳动者服役于国家，无异其服役于工厂主者比也。麦氏常解释“资本”之意义曰：“资本者乃货物生产之际所发生之一种社会的关系也，故生产机关苟操之直接生产者（即劳动者）之手，此时即无资本之可言，惟藉生产机关以剥夺劳动者之利益，至是始称为资本。”社会主义之资本公有，即生产机关操之直接生产者之手之谓，使资本之势力无可表现者也。国有营业，则仍藉生产机关以剥夺劳动者之利益，而资本势力反益膨胀者也。二者在学理上之背驰若此，孙氏乃谓铁道及生利事业收为国有即为解决资本问题，即认为无异公有，是直不知资本之意义者耳。孙氏所谓主张集产社会主义者不外如是。然则满清与现在之政府均尝哗叫铁道国有矣，亦可谓为社会主义否乎？至亨氏之单税论，纯为枝枝节节之社会政策，孙氏乃以之与麦氏资本论并举，尤为不伦。麦氏虽但言资本公有，然土地实可包括于其中，土地亦生产机关之一，凡集产家无有不主张土地公有者也，且其所谓公有，实以土地归之直接生产者之手。单一税则但由地主之手分润其税金，不但不能名为土地公有，并且不能名为国有，只可名为政府与地主分有耳。而孙氏乃以为能解决土地问题，是又不知所谓公有之意义者矣。由此言之，孙氏之所谓社会主义，不过国有营业专征地税之两种社会政策而已，曾何社会主义之足云。

若夫江氏，俨然“中国社会党”之党领，自当有明确之主张，惟记者尝搜索其言论，则又未尝不病其芜杂也。江氏曾为“社会主义商榷之商榷”一文，其言曰：“共产主义乃社会主义之中坚，……均产主义、集产主义，其方法不如共产之善，故虽以共产主义为社会主义不祧之宗可也。”观此则江氏明明主张共产主义矣。乃其下文则曰：“共产主义之精言，不外各尽所能，各取所需二语，然徒取所需而不尽所能者，将何以待之？……否则无比较、无竞争、无希望，其于人类进化似颇阻滞矣。若夫不劝而兴，不惩而戒，无所为而为之者，又恐非一般人之程度所能及也。”前后两说乃极端反对之文字，而江氏竟于一文中同时出之，此真足以令人骇怪者矣。以彼所称为“社会主义不祧之宗”之共产主义，竟不免于阻滞进化，然则江氏所言之社会主义果为何等物耶？吾有以见江氏固未尝深知共产主义之真谛者也。抑不独不知其真谛，且亦未知其定义与派别，故又曰：“共产主义，产分动产与不动产，此派中有主张一切共有者，有主张不动产共有而动产仍私有者，有主张不动产公有而动产则废除者，即废产主义。废产主义有名实俱废者，各尽所能各取所需不计价值也，有名废实不废者，即一种进化的银行汇划法也，此外更有均产主义。集产主义，与共产颇不同。”江氏于共产主义中，分出若许流派，不知本自何人。若以吾所闻，则生产机关与所生产之物一切共有者为共产主义（江氏所谓动产不动产一切共有），生产机关公有而所生产之物则私有者为集产主义（江氏所谓不动产公有，动产私有，按不动产动产等字在此本不适用，今不暇深论），各尽所能各取所需为共产主义，分劳异给各取所值为集产主义（江氏所谓进化的银行汇划法）。今江氏乃统而纳之于共产主义中。以集产主义为共产主义已属可骇，复谓此外更有集产主义，与共产颇不同，吾诚不知江氏以何者为集产主义也。江氏于学派源流淆乱若是，故最近在美洲之演说又曰：“均产集产均非尽善之法，共产亦恐未易遽见施行。”同时取社会主义之各派一例推翻之，是真可称怪剧者也。然而读者无庸骇怪，盖江氏实主张社会政策者，固无怪其取社会主义之各派一律推翻也。江氏之言曰：“鄙人主张教育平等、营业自由、财产独立、废除遗产制度，凡人自初生至成人，同在公共社会中受同等之教育，一届责任年龄，即令自由营业，所得财产，仍为私有，惟各个独立，不相授受，死后即收入公有。”此即江氏最简明之主张矣。夫社会主义派别虽多，然其共同之点必反对私产制度，故无论共产集产，均主张以土地器械属之公有。

今江氏主张营业自由财产独立，曰营业，曰财产，明明有私产无疑；曰自由，曰独立，更明明保护私产无疑。且中国社会党亦仅以专征地税为党纲，而未尝主张生产机关公有，与孙氏政策如出一辙。其稍异于今世之资本制度者，特遗产归公一事耳。然生前则明明各有私产，且私产之范围不独衣食房屋而止，必可并土地器械而私有之，因欲营业之自由，财产之独立，非得土地器械之所有权不可也。充江氏之论，营业自由，野心家即随之而起，今日之托辣斯大王不难复见于江氏之所谓社会主义之世，虽遗产归公，终不足以绝其垄断之欲望。盖彼辈万恶之资本家，大抵好虚荣，弄手段，以抚有多金奔走奴隶操纵金融为乐事，其目的不但为长子孙计也。故自由竞争一日不绝，即资本家与贫民之阶级永无消灭之日，以此言社会主义，直南辕而北其辙耳。矢口言社会主义，乃于社会主义之根本思想尚且茫然，反谓“虽有私产以有生为断，共产之真精神亦不外乎是”，复自称为社会主义特殊之主张，吾认为江氏之主张称为特殊之社会政策则诚无间言矣，若称为社会主义，则吾期期以为不可也。何也，盖社会主义之根本共同点，土地器械当归公有，必先承认此共同点，始可与言社会主义，今江氏尚未及此。复证以其党之党纲，所谓赞同共和，融化种界，改良法律，破除遗产，普及教育，振兴实业，专政地税，限制军备八事，大抵皆社会政策之条件，于社会主义之根本精神相去固不可以道里计。本报前期谓其所主张近于圣西门之学说，实则仍不能企及。盖西门氏固主张土地器械公有者，今江氏则仅仅窃取其废除遗产一事而已耳，于其根本要义不敢附和也。然则江氏虽百计欲避社会政策之名，又乌可恨耶？

由是言之，孙江二氏所言皆社会政策，而皆自称为社会主义，世人亦皆奉为社会主义，此真不可思议之怪事也。然孙氏于社会主义之派别，尚厘然能辨，江氏则忽而推崇共产主义，忽而排斥共产主义，忽而以集产主义为共产主义，忽而以遗产归公为共产之真精神，颠倒瞀乱尤难究诘。且孙氏常自称社会政策，未尝讳饰，其所领之国民党，亦有采用社会政策之党纲，故除混称社会政策为社会主义之一误点外，尚不失为宗旨一贯。江氏则明明主张社会政策，而必坚称社会主义。袁氏登位，则电陈政见，国会开会，则上书请愿，党章中且明著“党员得以本党名义从事政治活动”之条，而必自谓不主张政治运动，必自谓非政党。既非政党，则“中国社会党”之八条社会政策的党纲又将从何而实现之？乃同时又自称“本党之宗旨不违反国家社会主义而可达到无治共产主义，本党之性质可以为政党可以不为政党”模棱两可，饰说欺人，至是而极，是则比孙氏抑尤下矣。至二氏共同之谬误，即恐人但取所需而不尽所能，因之谓共产主义为不可行是也。此等见解几为一般人所通有，记者曾为《无政府浅说》（登本报第一期），对于此节已有解释，读者苟一参观之，当能释然矣。

记者之为此论，纯为研究学理，非敢故为苛论，更绝非对于个人而为非议。诚以社会主义在中国方始萌芽，正当之书说寥若晨星，世人辄认二氏之论为社会主义之模楷，不知误信孙说，则将以国有营业单一地税为社会主义，误信江说，则将以遗产归公为共产之精神，以营业自由财产独立为社会主义之所尚，而社会主义之真谛遂荡然无存，此实社会主义前途之大祸也。记者为发扬社会主义，保障社会主义计，又乌能已于言？（倘二氏以记者所论为不实，而欲有辩正，此则记者所乐闻也。）

**《民声》第6号，1914年4月。**

# 答英白

来书云：“袁之该讨实不背于社会主义；特所讨者不当以袁为限耳。窃以为大同之业，首一级在锄去强权，而发轫之始，则先其本国。非有所谓国界也，以其人情风土之所习而易于尽吾力也。就以人类言，吾国居地球四分之一，得所事焉，亦未始不可以促进人类之幸福，视其所持之道如何耳。”据来书之意，以为讨袁即为锄去强权；又以为可以促进人类之幸福；又谓所讨者不当以袁为限。然则足下乃讨政府党而非讨袁党也。苟有政府，苟有强权，足下必讨之矣。诚如是也，则记者当五体投地，奉尊论为经典。然而记者不敢决定足下之本意果如是也。在一般讨袁党，其心目中除讨袁外几无第三字。若曰袁氏一去，孙文、黄兴出而登总统之位，天下便太平矣。足下固有识者，其见地断不如是之陋。然以吾意度之，足下之所谓足以促进人类之幸福者，度亦不过如时髦所云建设真正之共和政体而已。若然，则与锄强权之说又自相矛盾矣。世界之所谓共和国，若美若法，非一般政客所日夜梦想者乎？然试问其国人民能得真正之幸福否？有政府一日即有强权，有强权一日即不能有真幸福。此理固甚浅也。故记者之意，以为足下不言锄强权则已，苟言锄强权，则当易讨袁之帜为讨政府，凡有政府吾皆讨之，袁世凯虽去，继袁世凯者吾亦讨之。期乃真所谓不背于社会主义者矣。否则甲仆乙兴，以暴易暴，又何强权之可去而幸福之可得耶？下焉者且日以金钱禄位及种种劣手段诓骗无知军人仓卒暴动，事成则总统都督，不成则逃之海外作富家翁，围棋写字弄下女以度快活之岁月于蓬莱三岛，而以吾亿万平民之血肉为孤注。斯不独记者所谈之齿冷，抑亦足下所闻而发指者也。

**《民声》第8号，1914年5月。**

# 论社会党

顷得“社会党”发起人乐无君来书曰：“足下既批评孙江二氏之社会主义，尚望一抉社会党二纲六目之瑕疵，既释众疑，亦为亚东社会主义史中留一鸿爪”云云。犹忆前年“社会党”发起时，愤愤乐无诸君屡函招邀入党，惟记者对于《社会党约章》及其组织法不甚满意，未敢轻诺。方欲有所论列，又以其时“社会党”与江亢虎所领之“中国社会党”互相水火，凡所非难，颇轶出辩论主义范围之外，记者颇不以为然，对于两党是非，自守中立，而不欲加以评论，致助其激争之焰，故卒未赞一辞。今虽时异境迁，然乐无君既拳拳下问，记者亦乐得此机会，一述从前所未发表之意见。读者幸勿以明日黄花见诮也。

记者对于“社会党”之意见，当分为数问题如下。

**一、“社会党”之立名果当乎** 读《社会党约章》，盖主张无政府共产主义者也。乃不名为无政府共产党，而曰社会党，揆其原因，盖误认社会主义可以包括无政府主义之故，记者于本报第六号《答乐无》中已略言之。大抵社会主义之在中国，幼稚殊甚，能介绍其学说于国人者，尚属寥寥，时人对于社会主义之定义及界说，均不注意。好古者则又执其保存国粹崇拜祖国之陋见，取中国经籍牵合而附会之，以为社会主义本吾国所固有，而社会主义之为物，乃愈觉迷离诞幻不可究诘，甚至一切革新事业近于自由平等之类者，皆认为社会主义所能包括，而社会主义之真谛反因此而愈晦。此实社会主义在中国之不幸也。今“社会党”发起诸君岂遂不知此，而仍未能免俗，则甚矣习之难移矣。记者以为无政府党不可名为社会党，其故有二。一、学理上之不可。社会主义之定义，有以为“主张废除私产而以生产机关（土地器械等）属之社会公有”者，此普通之定义也，有以为“主张废除私产而以生产机关及其所生产之物（衣食住等）全属之社会公有”者，此严确之定义也。社会主义之学说千流万派，要其大致不离乎此。盖纯为社会的学说，而非政治的学说，与无政府主义不能和混者也。今社会党既宣言消灭治人者与被治者之阶级，显然为无政府党，即非复“社会党”三字所能包举矣。二、事实上之不可。社会主义本有共产集产之殊，而近世之所谓社会党，则大抵为主张集产者之通称，如英美之政党的社会党，均但名“社会党”，而各国之社会民主党通称亦曰“社会党”。今既主张无政府共产，而又取名曰“社会党”，将何以自别于各国之社会党及社会民主党乎？或者乃曰：此为欧美各国之习惯，吾辈不必奉为圭臬。不知社会党非一国的，乃世界的，文字或有国界，而学术则无国界，社会党、社会主义之名，乃由翻译欧文而来，并非中国所自创，岂复能以国粹骄人！况即在中国，江亢虎之“中国社会党”，人人皆简称为社会党者也，今主张既不同，名称乃相混，致令举述者不得不辨而别之曰“愤愤乐无所发起之社会党”，曰“江亢虎所发起之社会党”，其冗沓词费为何如耶！记者曾晤一英国社会党人，示以英文无政府主义之《自由》报，彼一见骇问曰：“子非主张社会主义者乎，何故爱读此报也?”予笑应之曰：“何尝非社会主义，特共产的社会主义耳!”彼复曰：“然则子非社会党矣，不然，何与江亢虎所言各异耶!”于此可见，今日之习惯以为“必江亢虎之徒，始为社会党，必江亢虎之言，始为社会主义”者，固不独中国人为然矣。加是，吾人又何取此含糊影响之“社会党”三字乎？至《约章》第二条以极端社会主义为宗旨，其名亦有所不妥，已于本报第五号《无政府共产主义释名》详论之，今不赘述。

**二、无政府党有组织机关之必要乎**　无政府党极端反对管理代表等权，而主张绝对自由者也，故无政府党不应如当世之政党组织机关，自定党纲，招人入党。各国之无政府党，大抵只有自由聚集之场所，而无全体固定之机关，其性质不过如俱乐部，其作用则传播聚谈而已。其集合亦完全自由，而无一切手续。盖凡主张无政府主义者，即为无政府党，非必写一志愿书，领一入党证，然后可谓之党员也。无政府党之行事，皆自由独立，不受指挥，不俟全体之议决，即或有联结多人同时并举之事，亦只有同意者合力为之，而非如当世之党会，由党中少数人议决一事，而令党员遵行也。今“社会党”乃悉取当世政党之形式，有章程（即约章），有党纲（即二纲六目），有入党限制（须党人介绍及守戒约），有入党志愿书，有党员证书，有党旗，有分科干事，凡此皆与无政府宗旨相抵触者也。据记者个人之见，以为吾党如必欲设聚会之地，惟有建置研究社或俱乐部之法，无论何人凡愿为无政府事业者，即可为会友，藉此以为传播主义聚会研究联络交谊之地，固甚善也。若欲宣布吾党公共之意见，则当别开“无政府党大会”，当众讨论吾人进行之方针及当为之事业，发表宣言书，布告于社会，以示吾人之所主张者如是如是，吾人进行之共同目的如是如是，庶几与吾党宗旨不背耳。（但今日中国内地同志寥寥，开无政府党大会之时机似尚未至，吾人惟有于万国无政府党大会时（本年开会于伦敦）取其种种报告，译为华文，宣布于众足矣。）

**三、无政府党有制定党纲之必要乎**　世间政党皆三二党魁制定党纲，本此党纲以号召徒众，故一切皆以党魁为主动，而党员为被动，实则利用多数党员之声势，制造党魁之名誉，以为他日禄位之阶梯耳。若无政府党，则各个独立，人人有自由发表其意见之权，安能以少数人之意见制定党纲而强多数人之同意乎？故吾可断定之曰：无政府党不应有所谓党纲。然则无政府党无一定之主张乎？则应之曰：有。无政府主义之根本要义，即无政府党一定之主张，此为凡无政府党所同具，可以不言而喻者也。顾一般社会，未能共晓，无政府党乃随时发表意见于大众，有个人发表之意见，即书报演说等是也；有公共发表之意见，即本大会讨论之结果，用“无政府党大会”名义所发表之宣言书是也。二者皆自由言论，而绝无所谓党纲党目之名称。今“社会党”之二纲六目，其非个人意见，固不待言，若比之大会之宣言书，则又不可。盖社会党纲目乃悬此以招集党徒，与宣言书之但发表公共意见者固迥别也。《社会党约章》明著入党者须信从纲目之条，曾亦思信即崇信，从即服从，崇信服从，固无政府党所极端排斥者乎？其与各政党之服从党魁果何以异乎？

**四、二纲六目之分别果合于学理乎**　今姑舍无政府党不应有党纲之说，专论二纲六目之当否。社会党之纲目曰：“纲一消灭阶级　目（一）贫富（实行共产）　（二）贵贱（尊重个人）　（三）智愚（教育平等）　纲二破除界限　目（一）国（无远近）（二）家（无亲疏）　（三）教（无迷信）”。此二纲六目者，条分缕析，有如表格，两两对举，无异骈俪，所谓文人积习，原不应施之发布公共主张者。然特小疵，可无深论。第论其落落大者，不当亦有数端。今世所谓智愚，特比较的形容词耳，非如贫富贵贱之显示区别者也。富贵者虽愚，亦俨然居于民上，贫贱者虽智，终不能不受制于人，是则智愚又何阶级之可言？宗教之派别繁多，出主入奴，自不免各有界限，第吾党之排斥宗教，其目的不在泯教争，而在除迷信，重自由，是则又何界限之可言？此纲目分隶之未当一也。消灭贵贱阶级尊重个人一语，其以尊重人权为尊重个人耶，则尊重人权乃法律家之所尚，而非无政府主义所有事。其以个人主义为尊重个人耶，则个人主义（Individualismo，在社会主义学派中又译独产主义）与共产主义（Komunismo）学理上各相背驰，恶能同时并举？及读《社会党纲目说明书》，则其意盖指消灭治人者与被治者之阶级而言，然则质而言之，实无政府耳。夫无政府党之废除统治机关，不受法律束缚，此乃恢复人类之完全自由，其意义不但尊重个人，其目的亦非徒平贵贱而已也。苟欲表示无政府之意，最简单者莫若曰废除政府，否则曰废除统治机关，又否则曰废除治人者与被治者之阶级，然后意义可以明瞭。若徒曰尊重个人，则不知其主张云何矣。此第一纲第二目措辞之未当者二也。实行共产，废除政府，此诚为无政府党之根本要义，若夫教育平等，则未可与之并语也。盖今日教育之不平等，乃由于贫富之不平等，未行义务教育之国，贫者固未由得丝毫之教育，即义务教育已行，贫者终未由得高等之学问，科学美术徒为富人之专利品，此非有他种原因也，贫富阶级使之然耳。今既主张共产，贫富阶级既除，教育又安有不平等之患乎？吾党所有事者，惟在剿灭强权，强权之魁首（政府与资本家）既去，即百事皆了，其时如何工作，如何教育，自能由大众之公意条理而布置之，势如破竹，而今日则不必特别提出者也。彼政党则不然。欲以政治之力实施其政策于目前，放往往有所谓教育普及教育平等之党纲，而江亢虎亦主张社会政策者，故其党纲又有教育平等之条。若无政府党性质既殊，即亦无庸相仿，此教育平等与无政府共产并列之未当者三也。国界者，政府之所造成者也，小则争权利，大则起战祸，皆由政府发生之，与平民无与。苟无政府，吾平民即能互相亲爱，又安有所谓国界乎？家族主义虽为强权之一种，然其细已甚，苟无政府，苟无私产，家族即末由存立。盖法律既废，婚姻之制自然消灭，公共教育之机关既备，即亦无人自私其家室，而谓此时尚有所谓家族，吾不信也。此破除国界，破除家族列入纲目之未当者四也。此外二纲六目之当存者，除"无政府共产"之根本要义外，惟一破除宗教而已。宗教为保护强权之利器，导人安贫守分，服从强权，排除宗教即使人思想自由，抵抗强权，故凡宗教皆在无政府党所排除之列。然由其本原论之，则宗教究不过政府与资本家之附属物耳，排除宗教自是无政府之一种手段，而不必与无政府共产之根本要义并列而对举如纲目所云云也。故吾人常谓政府为万恶之源，政府一去，百事皆了，惟对于产业之意见不能不示明确之主张（即以别于集产与独产），自有"无政府共产"一语，遂可以赅括无遗矣。

**五、无政府党有预定建设之事业乎** 《社会党约章》有曰："事业分鼓吹、进行、建设三种"，鼓吹进行，诚为无政府党所有事，若所谓建设者（原注指育婴院、学校、医院、养老院、农工场、公园等），其指推倒政府后之建设耶，则其时已为无政府之社会，人人皆为无政府之民，而不复有所谓无政府党，如何建设，自有大众无政府之民各尽所能而为之，不必专属之无政府党，更不必今日之无政府党预为之设想也。其指现在之建设耶，则无政府党方竭其心力以谋推翻强权之不暇，尚有何余力，有何余财，以作此补苴弥缝举一漏万之建设乎？大抵今世俗人每以"办事"二字为口头语，凡一党一会，必须有创办之事，始合时趋，无异贸易之公司焉。今"社会党"亦不能免此，于是有建设之条，此实不明无政府党与政党性质之分别者也。政党以施行政策为职志，建设建设，固属时趋，若无政府党，则以推翻强权为职志，除传播主义实行革命之外，皆非无政府党所有事，又何贵有所谓建设者云云耶？今世之无政府党，固有组织工会建立学校以图主义之普及者矣，然此乃播传事业之一种，乃党人运动之方法，而非所云于建设也。

**六、无政府党当有戒约乎** 《社会党约章》有不作官吏、不作议员、不入政党、不充军警、不奉宗教、不称族姓之戒约，必遵守戒约者始能入党，窃以为过矣。所戒之事，皆无政府党所反对之事，既以无政府为宗旨，自不必复立戒约，此无政府党不必设戒约之说也。无政府党以绝对自由为宗旨，不能预定戒约，使人遵守。虽戒约六条大抵采自记者所发起之心社社约中，然心社与无政府党有不同之点。心社乃以道德问题为准的，除社约外无他事，故有与社约同意者集为社友，其于自由之旨固无背也。若无政府党则以推翻政府及资本制度为目的，凡从事于此目的者，即为无政府党，而不必再问其他，乃于目的之外加以种种限制，便与自由之旨冲突矣，此无政府党不可设戒约之说也。不独此也，无政府运动之方法，不能限以一格，故无论何种社会，皆当有人以运动之鼓吹之，而尤以军人社会为最，要故常有坚忍之同志投身军队以行其活泼之运动者。今乃弃之如遗，相戒以不作军人，不亦自绝其运动之路耶？且军人既被拒于无政府党，则军人必为无政府党之敌，欲行革命，而反自树革命之敌，何其不思之甚耶？（至心社所以有不作海陆军人之说者，以心社乃道德的问题，社会运动则非心社范围内之事，故凡与真道德相违反者，皆得列入社约，倘其别有怀抱欲隐身军队以行其革命之职志者，则可暂居赞成人之列，而吾心社亦不至失此良友也。）然则戒约之当毁，可不烦言而解矣。

以上为记者个人对于“社会党”之意见，而非攻击社会党，读者当分别观之。

**《民声》第9号，1914年5月。**

# 致无政府党万国大会书

我亲爱诸同志乎，吾党在欧洲之现状，诸同志知之稔矣。若其在东亚之实况如何，则知之者必居最少数，且即知之，亦决不能详。吾于是知君等之亟亟欲闻吾东方同志之报告与意见也。此次大会，吾人未能躬与其盛，殊为抱歉。然窃喜得乘此机会，陈述中国无政府党之短期历史及吾人之主张与夫对于大会之意见于我最亲爱而尚未能握手之诸君之前，诸君幸少留意。

当中国未革命之前，人民言论行动绝对不能自由，故凡革命党多避居于东西各国，以是之故，得吸受［收］各国社会主义无政府主义之思想而转贩于国人。一千九百零七年六月二十一日，吾党之在巴黎者，始发刊华文无政府七日报，名曰《新世纪》，主笔政者为李石曾君，是为吾党第一之言论机关。同时在留日本之张继、刘光汉等发起“社会主义讲习会”于东京，与日本党人幸德秋水辈游，是会不但研究社会主义，实研究无政府主义者也。至次年，刘氏复密刊《衡报》，鼓吹无政府主义。是时东京之中国留学生数以万计，张刘以著名之革命党提倡斯道，以故留学生社会中，对于社会主义无政府主义诸名词，颇耳熟而能详。惜其时学生之思想，大抵亟亟于种族革命政治革命，而对于社会革命之义理不免冷淡。未几刘氏返国而为端方之幕宾，张氏亦去东京而走巴黎，于是东京社会主义之声响阒然沉寂，而巴黎之《新世纪》遂为独一之机关矣。《新世纪》继续出版者三年，编辑李君不但热心，且精研学理，多与法、比党人游，凡克鲁泡特金（P. Kropotkine）及其他诸大家之著述，时时译为华文，复别刊传播小册子多种。虽当时满洲政府文纲綦密，邮禁殊严，《新世纪》绝不能输入内地，然中国无政府主义之种子，实由此报播之矣。至一九一〇年四五月间，竟以他故停版，至今言之，犹为惋惜。李君现仍居巴黎，潜心译著，欲以科学教育灌输无政府主义，欧洲之中国留学生感受其思想者殊众。

一九一一年十月，中国革命军兴，南方各省次第独立，江亢虎乃在上海发起“中国社会党”。其党纲有八：一赞同共和，二融化种界，三改良法律、尊重个人，四破除世袭遗产制度，五组织公共机关普及平民教育，六振兴直接生利之事业奖励劳动家，七专征地税罢免一切税，八限制军备并力军备以外之竞争。就表面观之，颇类社会民主党之主张，惟江氏宣言非政党，且不运动选举，而对于资本制度之解决，则只主张遗产归公，而不主张土地资本公有，又批评共产集产以为均不可行，而仍赞成自由竞争，此则视社会民主党为尤下者也。尤异者，江氏尝自称主张无政府社会主义，然忽又批评无政府，以为不能安居不能进化，又谓无政府党采用强权，其矛盾而可笑，于此可见矣。

一九一二年五月，晦鸣学舍发起于广州，是为中国内地传播无政府主义之第一团体，数年前《新世纪》所下之种子，至是乃由晦鸣学舍为之灌溉而培植之，刊布多数之印刷品，介绍其学说于内地，一时风气颇为之披靡。凡一般研究社会主义者，皆知无政府社会主义之完善，且知国家社会主义之无用矣。

无政府之思想既渐渐发生，故是年（一九一二）十月“中国社会党”大会时，遂有无政府主义与国家社会主义之两派提议分离。惟江亢虎则骑墙中立，提议在“中国社会党”之内，分组两党，一“中国社会党之无治党”，一“中国社会党之民主党”，两党皆冠以“中国社会党”之名，皆须奉其所订之八条党纲（前所举），其说颇堪发噱。开会后无人赞成，两派分离之议亦无结果。卒有愤愤、乐无等宣布脱党，别组一“社会党”，主张：一实行共产，二尊重个人，三教育平等，四破除国界，五破除家族，六破除宗教。其思想及其组织，虽与吾人见解微有出入，然不能谓非昙花一现之无政府的社会党也。惜发起仅一月，即为袁世凯所禁止，不能自由运动矣。

一九一三年夏间，袁世凯复借内乱之名，解散“中国社会党”。袁氏之骄横暴戾，固不待论，而“中国社会党”亦以分子复杂实力缺乏之故，一经风潮，立即瓦解。当是之时，全国之中硕果仅存者，惟一广州之晦鸣学舍耳。风雨飘摇，传播事业仍孜孜不已，至是年八月二十八日，其机关报《民声》乃乘南北战争风潮最烈之时而出世，直接鼓吹无政府主义。仅出二期，遂为龙济光所禁止，并封晦鸣学舍。袁世凯及黎元洪且通电各省拿禁。诸同志出走澳门，期继续吾人事业，而彼等复耸恿葡人干涉，《民声》不能公布，虽曾在澳秘印两期，然侦缉过严，举动悉不自由，不得已复去而他适，《民声》得续刊至今。

最近一二月间，上海同志发起“无政府共产主义同志社”。本社之设，一方面传播主义，一方面联络世界同志，期为一致之进行，又一方面则鼓励内地之同志，各就其所在地设立传播机关，以为将来组织联合会及实行革命运动之预备，此则本社之目的也。

此外，如常熟则［有］无政府传播社“Ant auen gis la Venko”，南京则有无政府主义讨论会，广州不日亦将有无政府共产主义之团体成立，凡此皆足为传播机关者。至言论机关，除《民声》外，尚有《正声》出版于南洋，在中国工人中传布颇广。

以上即中国无政府党十年来之历史及现在之实况也。

无政府主义之在中国，所谓襁褓时代之婴儿耳，吾人述之亦殊滋愧，然而无足怪也。当满清时，国人蜷伏于专制政体之下，遭最痛苦之苛政，受最腐败之教育（大多数人且并此亦无之），人格全失，新思想何由发生。及其季年，欧、美、日本之新思潮虽渐渐输入，而其间有志者又皆岌岌于政治革命之一途，未暇留意于社会之革命。迄乎清室既倒，宣布共和，吾人以为可以乘此机会自由传播矣。不料袁氏秉政，其专制乃甚于满清，不独吾党备受摧残，即温和如“中国社会党”，亦且不能相容。言论集会之自由，剥夺净尽，以吾党之幼稚，而处此艰难之恶境，其不能有若何猛厉之进步。固有由矣，是故吾党今日在中国之运动，有较欧、美为易者，亦有较欧、美为难者。何以言之？中国之无政府同志几皆主张共产主义，而无主张个人主义（Individualismo，亦译独产主义）者。思想既一致，门户之见自泯，易一。中国向无社会民主党，亦无人倡集产主义之学说，至江亢虎所倡之社会政策，则自“中国社会党”解散后，声响已寂，虽江氏仍在美洲，期传播于中国之侨民，然信者绝稀，不足为吾人主义之大梗，易二。然既有二易，亦有二难。中国工人智识极低，全无普通教育，识字者稀，即或略识之（无），亦鲜能读书报者，各行业虽间有工会，然绝无社会的及政治的思想，故欲激发之使能抵抗资本家，颇非易事，难一。中国政府既嫉视吾党，在内地不能自由行动，吾党之书报均被禁止，官吏之对待平民，稍不如意即加杀戮，故皆相戒不敢阅读及收藏无政府书报以期免祸，因之传播事业异常棘手，难二。虽然，吾人固绝不畏其难，抱至死不挠之精神，竭尽能力，以与境遇战斗，非至达吾目的不止。

今度大会，吾人虽未能赴会，然窃有无限之欢祝，无限之热诚，邮贡于我大会之诸同志，并欲有所提议于大会者如下：

（一）组织万国机关——吾党万国机关（Tutmonda organizajo）之议，发起者已非一日，今则时机已至矣。吾党散在各国，非联合（Unuigo）则声气不通，势力不厚，其要固不待言。然图精神之联合，不可无联合之机关，此万国机关之所由不容缓也。顾此种机关，其性质只为吾党交通声气之枢纽，而次非权力集中之主体，其职务只在联络各分会及各小团体，倡导吾党事业，而无统辖各分会及各小团体之权。

（二）注意东亚之传播——此事固吾东亚党人惟一之责任，惟吾等势力幼稚，外围之迫压复酷，苟非得欧洲诸国吾党之先进，本其所经验，竭力相助，以匡吾等之不逮，则进步倍觉其难。今日无政府主义之传播略广者，仅欧洲一小部分耳，欲图世界革命之实现，不可不注意于人口极众地积极广之亚洲也。

（三）与工团党（Sindikatistaro）联络一致进行——吾人恒言，无政府其目的，工团主义（Sindikatismo）其手段，明两者之不可须臾离也。近来工团党与吾党之联络，似尚未达圆满之域，吾党不可不留意。

（四）万国总罢工——总罢工之议，吾党历年运动，均未得圆满之效果，是皆吾党未能联合之故。目下奥塞战争，全欧之和平，势将破坏，窃谓宜即乘此机会与工团党及反对军备党携手运动，实行万国总罢工。则吾党之进步，必有一日千里之势。

（五）采用世界语——吾党散在各国，言语不一，此实为不能联合之一原因。窃谓宜采用世界语，以收语言一致之效。凡吾党之正式文字，均以世界语为主，而各国语为辅，并多结团体，传播世界语于吾党，（如《自由星》Liberiga Stelo 之类）多刊世界语印刷品，从事于万国传播（Internacia Propagnado）。此举不独足收言语统一之效，且于东亚之传播有绝大关系，盖东方同志之谙世界语者颇多故也。

以上卑无高论之意见，想诸君早已见及，惟诸君有以教之。并引领以祝大会之成功。

无政府万岁！

大会万岁！

无政府共产主义同志社启

（Anarchist－Komunista Grupo）

凡此次大会之报告，及以后关于吾党之一切消息，与夫各团体各个人之愿与本社通信者，均请寄至下列地址：U. S. P. O. Box 913，Shanghai

**《民声》第16号，1914年6月。**

## 无政府共产主义同志社宣言书

一九一四年七月，无政府共产主义同志社成立于上海，聚会既毕，乃公宣言书于众曰：

无政府共产主义者何？主张灭除资本制度，改造共产社会，且不用政府统治者也。质言之，即求经济上及政治上之绝对自由也。

资本制度者，平民第一之仇敌，而社会罪恶之源泉也。土地、资本、器械均操之不劳动之地主资本家之手，吾平民为服奴隶之工役，所生产之大利，悉入少数不劳动者之囊橐，而劳动以致此生产者反疾苦穷愁，不聊其生，社会一切之罪恶匪不由是而起。故吾党誓歼此巨憝，废除财产私有权，凡一切生产机关，今日操之少数人之手者（土地工厂及一切制造生产之器械等等），悉数取回，归之社会公有。本各尽所能各取所需之义，组织自由共产之计会，无男无女，人人各视其力之所能，从事于劳动。劳功所得之结果（衣食房屋及一切生产），劳动者自由取用之，而无所限制。

政府者，名为治民，实即侵夺吾民之自由，吾平民之蟊贼也。吾人有自由生活之权利，有个人自治之本能，无需乎强权之统治者也。故政府必废。将来之社会，各个人完全自由，无复一切以人治人之强权，是之谓“无政府”。行无政府于共产社会，是之谓无政府共产主义。

抑“无政府”以反对强权为要义，故现社会凡含有强权性质之恶制度，吾党一切排斥之，扫除之，本自由平等博爱之真精神，以达于吾人所理想之无地主、无资本家、无首领、无官吏、无代表、无家长、无军队、无监狱、无警察、无裁判所、无法律、无宗教、无婚姻制度之社会。斯时也，社会上惟有自由，惟有互助之大义，惟有工作之幸乐。

吾人为欲实现无政府共产之社会，所用之唯一手段则曰“革命”。（革命者，非但起革命军之谓也，凡持革命之精神，仗吾平民自己之实力，以与强权战斗之一切行动，皆曰革命。）对于真理之障碍物，以“直接行动”划除之，无所容其犹豫。

吾党乃宣言于支那之平民曰：无政府共产主义，乃光明美善之主义，出汝等于地狱，使入正当愉快之社会者也。“无政府”乃社会进化必至之境，近世纪科学之发明，与夫进化之趋势，皆宛与无政府之哲理相吻合，故谓“无政府”为理想世界无从实现者非也。无政府之社会，人人自由，人人自治，以独立之精神，行互助之大道，其组织之美善，必远胜于政府之代谋，故不必虑无政府即秩序扰乱也。无政府党万国联合，不但为一国说法，故中国无政府他国必来干涉之说亦不必虑也。吾人之反对资本制度，乃主张废除资本之私有，非但反对大资本家而止，故中国尚无大资本家，社会革命非所急务之说，亦不足以阻吾人之前进也。人类之罪恶，实生于社会制度之不良，吾人改造现社会之组织，即所以灭除人类罪恶之根苗。改造社会，同时即改造个人，故人类道德不良不可无政府之说亦无由成立也。总之，无政府共产乃人类天然生活之本则，社会进化之要道，亦为二十世纪不可避之趋势，吾人可无庸疑虑者也。

又宣言于支那之同志曰：无政府共产之实行，赖乎吾党之实力，而欲增进吾党之实力，则联合全体，一致进行，实为今日惟一之要务。凡我同志，当各在其所在地与宗旨相同者联络为一，相其情势，创设自由集合之团体或为秘密之组织或为表面研究学术之机关，以为传播主义联络同志之机关，以为将来组织联合会之预备。联合会未成立以前，则以本社为暂时之交通机关，无论为个人，为团体，均望随时与本社互通声气，务使散在各地之同志，精神上皆联为一体，实际上皆一致进行。

又宣言于世界各国之同志曰："万国联合"已为吾党今日一致之趋势，吾人虽不敏，窃愿互相携手，向此同一之途径而行。当支那无政府党联合会未成立之前，暂以吾社为交通机关。凡世界各国吾党之团体或个人，均望随时与本社互通声气。凡吾党之国际的行动，本社同人愿勉力担任之。

我辈向前进！

无政府万岁！

通信处　上海合众国邮局九百十三号信箱转区克谨

或 A. K. G. /U. S. P. O. Box 913，Shanghai.

**《民声》第17号，1914年7月。**

## 克鲁泡特金无政府共产主义之要领

克鲁泡特金无政府共产主义之学说，可以数语概括之：

（一）一切生产尽脱资本势力之束缚，凡共同劳动之结果（即所生产之物）劳动者得自由取用之。（是为经济上之自由）

（二）脱政府之束缚，而自由组织各种公会及团体，由单纯以至复杂。（是为政治上之自由）

（三）脱宗教的道德束缚以达于无义务无制裁之自由境域，人群生活之关系，以互助之感情维持之。（是为道德上之自由）

**《民声》第17号，1914年7月。**

## 无政府共产党之目的与手段

### 上海无政府共产主义同志社公布

何为无政府共产党乎？无政府共产党之目的果何在乎？试以简明之语述之。

（一）一切生产要件如田地、矿山、工厂、耕具、机器等等，悉数取还，归之社会公有，废绝财产私有权，同时废去钱币。

（二）一切生产要件均为社会公物，惟生产家得自由取用之。（例如耕者自由使用田地及耕具，而不必如今日之纳税于地主或受雇于耕主；工业者自由使用工厂之机器原料以制造物品，而不必如今日之受雇于厂主。）

（三）无资本家与劳动家之阶级，人人皆当从事于劳动（如耕、织、建筑、交通、教育、医药、保育以及其他等等，凡人类正当生活所应有之事业，皆为劳动），惟各视其性之所近，与力之所能，自由工作，而无强迫与限制。

（四）劳动所得之结果如食物、衣服、房屋以及一切用品，亦均为社会公物，人人皆得自由取用之，一切幸福，人人皆得同享受之。

（五）无一切政府（无论中央政府或地方政府），凡为统治制度之机关，悉废绝之。

（六）无军队警察与监狱。

（七）无一切法律规条。

（八）自由组织种种公会，以改良各种工作及整理各种生产，以供给于众人（例如长于农事者可联合同志组织农会，长于矿业者可组织矿会）。公会之组织，由单纯以致复杂，惟组织某种公会者，即为某种工作之劳动者，而非首领，非职员，任此者亦视为劳动之一种，而无管理他人之权。会中亦无章程规则以限制人之自由。

（九）废婚姻制度，男女自由结合，产育者由公共产育院调理之，所生子女，受公共养育院之保养。

（十）儿童六岁以至二十或二十五岁，皆入学受教育，无论男女，皆当得最高等之学问。

（十一）无论男女，由学校毕业至四十五以［或］五十岁，从事广劳动，此后休养于公共养老院，凡人有废疾及患病者，由公共病院调治之。

（十二）废去一切宗教及一切信条，道德上人人自由，无所谓义务与制裁，使“互助”之天然道德，得自由发达至于圆满。

（十三）每人每日劳动时间，大约由二小时最多至四小时，其余时日，自由研究科学，以助社会之进化，及游息于美术技艺，以助个人体力脑力之发达。

（十四）学校教育，采用适宜之万国公语，以渐废去各国不同之语言文字，而远近东西全无界限。

以上即无政府共产主义之最终目的也。欲达此种目的，当用以下之手段：

（一）用报章、书册、演说、学校等等，传播吾人主义于一般平民，务使多数人晓然于吾人主义之光明，学理之圆满以及将来组织之美善，及使知劳动为人生之天职，互助为本来之良德。

（二）当传播时期中，各视其时势与地方情形，可兼用两种手段：1. 抵抗，如抗税抗兵役罢工罢市等，2. 扰动，如暗杀暴动等。此两种手段，既所以反抗强权，伸张公理，亦所以激动风潮。编传遐迩，无异迅速有力之传播。

（三）平民大革命，即传播成熟，众人起事，推翻政府及资本家，而改造正当之社会也。

（四）平民大革命，即世界大革命。故吾党万国联合，而不区区为一国说法。现在传播时代，各同志各就其地位之所宜与能力之所及，从事于（一）（二）两种方法，将来时机既熟，世界大革命当以欧洲为起点。如法、德、英、西班牙、意大利、俄罗斯等国，均已传播极广，一旦起事，或数国合举，或一国先举，其余诸国必皆闻风响应，工党罢工，军队倒戈，欧洲政府将次第倒毙。吾党之在南北美及亚洲者，亦当接踵而起，其成功之迅速，必有不可思议者。若就今日中国言，则最要者莫如急起直追，致力于传播，庶免欧洲一旦有事，而东方传播尚未成熟，反足为世界进化之梗也。

以上又即吾党用以达吾人目的之手段也。

抑时人对于吾党主义，往往多所疑虑者，无非以为“难行”而已。或则疑今日人类之道德不齐，一旦无政府，必有种种纷扰及规避劳动任意夺取需要品之流弊；或又疑大地人类众多，传播势地［难］普及，各国政府之强权，终非少数之无政府党所能敌。此两种疑虑，大抵为今日一般人所通具者，今当有以解释之。

（一）吾人已言，欲实现无政府共产之社会，须先传播吾人主义，要求平民多数之赞成，倘多数人晓然于此主义之美善、则少数人之未明晓者，感之固自易易，曾何患其纷扰？况无政府之人民，非必具有若何高深难行之道德。无政府之道德，不外“劳动”“互助”而已。二者皆人类之本能，非出外铄，但使社会改善，生活之状态日趋于适。此种天然之美德，必能自由发展。且彼时之劳动，乃最愉快之事，非如今日之苦恼者也。科学发明，复无金钱之束缚，凡事皆可使用机器，无论何种工作，必求其轻捷省时，合于卫生，故每日数小时之工作无异于体操游艺，人亦何乐而避之？夫既有机器之迅速，加以作工者之众多，生产之丰富，当不可思议，需要品唯有过多，无虞不足，又何所用其夺取？倘仍有冥顽强权之人，必欲他人为之服役，而己则饱食安坐者，吾人当本反抗强权之大义，摈之社会之外，彼少数人岂能为患哉！

（二）凡事不合天然之公理者其传播难，合于天然公理者其传播自易。今无政府共产主义，实人人良心上所同具之公理，其传播又岂极难，但视吾人之毅力何如耳！试观欧洲无政府主义之出世，不过六十余年。党人从事运动传播者，不过四十余年耳，然今日欧洲各国已异常发达。近十年间，其进步更有一日千里之势。无政府之团体，遍布各地，无政府之书报，汗牛充栋，在中国人闻而咋舌者，在欧洲则已视为老生常谈。今年万国无政府党大会于伦敦，已预定有万国同联合机关之组织，万国革命之实行，且将不远。尤可喜者，欧洲社会，除资本本家外，即是工人，今日之工党，脑中皆已深印社会主义无政府主义之义理，观近年工党之活动，即为无政府实行之朕兆，政府所恃者不外军队，而各国皆行征兵制度，当兵者亦无非平时之工党，故在数年前，已常有政府调兵禁压罢工、而军人均不肯从命，甚或倒戈相向者，盖不肯为政府以攻其兄弟朋友也。然则将来一旦大革命起，军人亦将反抗政府，此实可断言者。彼食肉之政府与资本家，何足惧哉！若就中国今日情形论之，此主义之传播，诚不若欧洲之广，然吾东亚同志，苟能群策群力，牺牲二十年之时光，竭力从事于传播，吾敢决吾主义行将遍布于东亚大陆。此时欧洲之进步，当更不可思议。实行之时期，必为吾人所亲见，慎勿视为不可实现之理想也。

呜呼！欧洲战云弥漫天地，以亿兆人之生命，为彼富贵者之牺牲，政府之罪恶，至是而完全揭露矣。战事完结之日，即为宣布政府资本家死刑之日，无政府风潮，必将汹涌而起。愿吾东亚平民，急从好梦中醒觉，奋步疾追，幸勿瞠乎落后也。

**《民声》第19号，1914年7月。**

## 江亢虎之无政府主义

余与江氏辩难既详且数，雅不欲再渎阅者之听；惟见江氏最近宣言书，其中对于无政府主义之意见，独具别解，足令闻者愈滋疑窦，故不避词费，再辩之以解第三者之惑，固不为江氏一人发也。

江氏之宣言曰："鄙人……对于无政府党，不赞同其采用强权，否认机关。"江氏以采用强权否认机关二者为无政府党之咎，此吾人所不能不一为研究者也。

"强权"一语，在欧文为"奥陀利替"，Autorite（法），Authority（英），其译为"强权"，实始于《新世纪》报。如克鲁泡特金所著之"La Loi et I' Autorité"译为《法律与强权》。此外凡遇"奥陀利替"字均以强权译之。而日本幸德秋水译克氏《面包略取》一书，亦沿用此译语。考之英法各大词典，"奥陀利替"者，法定之权力，如"法权""亲权""首领权"等是。申言之，凡法律或章程所规定或社会习惯所认定之一种权力，足以命令人或限制人者，谓之"奥陀利替"，实自由之对待语也。此物在法律家视为正当之权力，惟无政府党则恶之如仇。无政府党之反对"奥陀利替"，与社会党之反对资本制度无异。盖无政府主义主张无限制之自由，绝对不承认法定之权力，凡所谓法定之权力，必侵夺他人之自由以为权力者也，故命之曰"强权"。凡无政府党无不以反对强权为职志。今江氏反指无政府党采用强权，真不知其从何说起也？或乃告我曰：江氏之所谓强权，盖指无政府党之主张以武力对待政府耳。若然，则以武力为强权。不但误解字义，抑且重诬吾无政府主义矣。夫政府挟其政治势力，侵夺吾人本来之自由，资本家挟其资本势力，掠夺世界共有之生产机关及工人劳动之结果，两者皆与强盗之挟武器以行劫掠无异。人苟被强盗劫掠，而以武力抵抗之，取还其赃物，无论何人，均许为正当之防卫者也。今无政府党以武力对待政府与资本家，抵抗政治上及经济上之强权，恢复本来之完全自由及正当生活，与抵抗强盗，事同一例，亦为合理之防卫。而乃诬为采用强权，此何理由乎？然则吾人当任政府与资本家之迫压，束手帖耳而不与抗，始谓之非强权乎？或又告我曰：江氏之意，亦未必如此，特欲用和平手段而不主张激烈耳。若然，则激烈手段更不得指为强权也。江氏不曰激烈手段，而曰强权，是已显存先入为主之见矣。且无政府党之手段，向分两派：一不主用强劲手段而欲以渐变革者，是为改良派（Reformiste），如高得文蒲鲁东等是；一主用强劲手段而不主渐变者，是为革命派（Revolutionnaire），革命派之中，又分为两支派：一主张抗税抗兵役等者，是为抵抗派（Rénitente），如都克托尔斯泰等是；一主张暗杀大革命等者，是为扰动派（Insurrectionnelle），如巴枯宁克鲁泡特金等是。可见无政府党并非全数主张激烈。江氏如不主张激烈，尽可曰不赞同扰动派之无政府主义，而赞同抵抗派或改良派之无政府主义，固不必以激烈手段概尽一切之无政府党，更万不能诬激烈手段为强权也。

至谓“无政府党否认机关”，吾已于答李进雄详辩之。盖无政府党只排斥强权的机关，而主张自由的机关，并无绝对否认机关之说，世人不察，往往怀此误会。故托尔斯泰（L. Tolstoy）尝曰：“世人常谓无国家即无公共事业（如教育等等）之机关，噫，此何说乎？吾人不用统治机关之后，何故不能组织生活必要之机关乎？吾人此时自治吾事，岂不较统治机关之为他人治事者为更善乎？在今之世，吾亦见有种种独立的组织，并不籍国家之力而反胜于国家统治机关百倍者矣，‘劳动工会’、‘合作团’（Cooperative）、‘工团’（Syndicat）等是也。况在无国家之世，一切强权，消灭净尽，吾人岂反不能从事种种组织乎？”托氏此言，可以辟尽一般之误会矣。

然江氏之所谓无政府党否认机关者，其仅如一般人之误会乎？抑所谓机关，固别有他解乎？吾尝参之江氏平日之言论，始知江氏之所谓机关，固非如是云云者也。

江氏之《洪水集》有曰：“俄国无政府党人史特孟君……谓无政府实无强权之意，非无机关组织之意。若免官税，撤军备，专从事于教育与实业，则教育与实业之机关组织，必更繁密完美，而政府者，不啻公司之经理，学校之教师。无强权即无罪恶矣，意与余全同，窃自信为无政府之正解也。”（记者按：史氏现在上海为律师，自称非无政府党，且非社会党，惟其人学问尚佳，当不至为此无意识之论。余尝以所述之言质之，询以有无讹误，史氏谓当直接致函江氏嘱其更正，但不欲宣布意见于报上云。然江氏既自谓“意与彼全同”，则上述之言，是否出自史氏及其中语意有无出入均可不论，直假定为江氏之意见可也。）所谓“无政府实无强权之意，非无机关组织之意”，此语极是。惟所谓“强权”与“机关”当先为界说。强权者“奥陀利替”（Autorite）也（其定义已述于上）。凡握有“奥陀利替”之机关，无政府主义必主张废绝之。何为握有“奥陀利替”之机关？即政府是也，即立法行政司法三部之种种机关是也（无论中央的或地方的）。换言之，即由法律或章程规定有权管理公务之机关是也。此种机关既含有“奥陀利替”之性质，即为强权的机关，故无政府党必废绝之，而主张自由组织之机关。何为自由组织之机关？即关于生活必需之公共事业，如衣服、饮食、建筑、教育、交通及其他等等，当自由组织种种公会或团体以经营之，由单纯以至复杂，惟绝无丝毫之特别权力（奥陀利替）可以施号令定规则含有管理之意味，一切经营，惟按公共意思之结果而行之，若是者为自由之组织。今江氏之所谓“机关”者，其为自由组织的机关乎？抑为奥陀利替的机关乎？由前一说，则当与无政府党完全同其意见，何以宣言书又自称“所异于无政府党者在有机关”乎？且既主张自由组织，则必排斥“奥陀利替”（强权），而凡属政府，在所必废，何故又谓若政府无军备关税即无强权乎？由后一说，则既主张“奥陀利替”的机关，即主张强权之存在，即为主张“强权主义”（Autoritarisme）“强权论家”，即与无政府主义之宗旨根本反对，即当绝对否认无政府主义，又何必为无政府多作解释，且自称为无政府之正解乎？两说无一可通。江氏之讨论学说，或表示主张，向皆语焉不详（无非只下断语而不说理由），故令人无可捉摸。然试细按上文所引之言，则江氏之所谓机关，实指政府而言，盖为后一说之解释无疑。何以言之？江氏谓免官税，撤军备，政府即无强权，是江氏明明主张有政府者，特反对关税军备而已。盖江氏之意以为政府惟有关税军备乃有强权，若但从事教育与实业即无强权。对于“强权”之解释既误（世人往往以强暴行为 Violence 为强权，而不知强权乃“奥陀利替”，江氏亦同此误），斯对于无政府之见解亦因之而俱误。殊不知无政府主义之反对强权，乃反对一切“奥陀利替”（以其侵害完全自由之故），而不但反对暴行而止。所谓政府者，乃由“奥陀利替”建筑而成，纵无军备关税，而既名政府，则必有政府之性质与作用，无论如何改良，如何缩小权限，然必认为法定的机关，必以法律或章程规定管理者之权限，管理者对于被管理者必有行使之职权。人民对于此机关必有应负之义务，且必受此机关之规则所制裁。有一于此，即所谓“奥陀利替”，即所谓强权，即为妨害完全自由之障碍物，凡无政府党，无论属于何派，无不绝对排斥之者也。江氏乃以为无强权，则其误解可知矣。

江氏又以政府比公司之经理，学校之教师，不知公司之经理即为公司之首领，凡首领必有规定之首领权，且与其他职员各分阶级，尤为显而易见之强权。江氏引喻及此，足以证明其所谓机关，确为强权的机关。（至学校为教授学业之地，而非处理事务之机关，以比政府，更为拟于不伦。且即就学校言，其管理员教员皆有特定之权力，对于生徒能施以种种命令制裁及罚规，是亦“奥陀利替”之一种。）江氏既是认强权的机关，则其基本思想既与无政府主义相乖舛，而所谓“不赞同无政府党之否认机关”者，质言之，实不赞同无政府党之否认政府耳。江氏只否认有军备有关税之政府，而是认办理实业教育之政府，无政府党则否认一切政府（即凡含有“奥陀利替”的机关），是无怪其格格不入不肯赞同矣。然则江氏心目中之所谓无政府，不过裁撤海军部陆军部及税务处，而留教育部与农工商部耳。所谓无政府之正解如是如是，此其所以为江亢虎之无政府主义也。吾乃约为简明之语以告读者曰：

（一）江氏之所谓“不赞同无政府党采用强权”，实则“不赞同无政府党采用激烈手段（或武力）”，然不曰激烈手段（或武力），而必目之曰“强权”，则未免与当世之资本家及绅士常诋无政府党为暴徒者，同一声口矣。

（二）江氏之所谓“不赞同无政府党否认机关”，实则“不赞同无政府党否认政府（即强权的机关）”，无政府党以主张完全自由，排斥一切政府，实为无政府主义之根本思想。今江氏不赞同，质言之，则不赞同无政府主义。

**《民声》第17号，1914年7月。**

## 我辈向前进

“中华民国名为共和，实为专制，”此语殆遍于今日之社会，无可讳言矣。满清之对待革命党，其残酷已闻于世界，今之袁世凯政府，会丝毫未灭否乎？满清时代尚无所谓社会及无政府党。入民国以来，二者乃始发生。袁世凯于对待政治革命党之外，忽增加无数之劲敌。盗憎主人，势不并立。故即位数月，即下令解散主张无政府之“社会党”，及乎战胜国民党后，顾盼自雄，益无忌惮，复借事下令解散非无政府之“中国社会党”，杀其北京部党员陈翼龙，各省之小民贼承风希旨，于是“社会党”党员愤愤复以他事被枪杀于通州。当此疾风卷地狂涛滔天之时，吾等鼓吹无政府之机关报晦鸣录乃适出现。不［到］二十日，龙济光即强禁我出版，侦缉我同志，蹂躏我晦鸣学舍之团体。及吾等迁澳门后，正拟重振旗鼓。李开侁即照会葡领事，袁世凯复令外交部照会葡公使，要求禁止（出版）晦鸣录出版于澳门。葡萄牙本一非驴非马之专制的共和国，无异支那之小影，其管理澳门，尤横暴无理，故亦欣然乐从，禁止晦鸣录出版，以表同情于支那之大盗。不宁惟是：黎元洪以窃拆邮信而得晦鸣学舍之通告书，复据以电告袁世凯，袁遂通电各省，严密拿禁云云。此等举动，本不值吾辈一哂，然亦可见民贼之对待吾党，固无所不用其极也。

今者支那无政府之生气摧残殆尽矣。虽然，吾党抱反对强权之宗旨，为反对强权之运动，其受民贼之摧残，固在意中。何足馁吾人之气。自今而后，吾人之劳苦较前倍深，而责任较前倍重，吾人当视民贼种种之残暴，为吾人鼓吹之好材料。彼辈之残暴增一度，吾人之实力必须增一度，则平民厌恶政府之心理当必随之而增一度。夫如是无政府之时期不远矣。我亲爱之同志乎！其益决心！益猛进！无怠！无惧！以至于强权灭绝之域！杀戮囚辱固无政府党之乐乡！惟最后之凯歌则必由我辈唱之可断言也！

无政府万岁！我辈向前进！

《师复文存》，革新书局1928年版，第61—62页。

# 五月一日

昨日何日乎？非有名之五月一日乎？非万国工党同盟罢工之纪念日乎？是日也，吾欧美之同胞，无不相率罢工，示威运动，警察为之忙乱，军队为之纷扰，资本家为之胆落，政府为之心悸，一般坐食之［者］危惧如临深渊。每经一度之五月一日，工党之进步必愈速一度。今年已入二十世纪之十四年矣。社会革命之时机愈熟矣。“资本制度”之末日将至亦。距今日本报出版二十四小时之前，吾欧美同志所演之好剧不知若何轰烈，若何花团锦簇。惜相隔东西，消息未至。回顾吾支那之劳动同胞，则皆在沈酣鼾睡中，不独寂然无声，抑且不知吾神圣之五月一日为何物。令本报无双字之资料足以报告于读者，全纸为之黯然无光。噫可哀矣！吾亲爱之劳动同胞乎！尔其何时始出今日万丈之地狱乎？尔其何时始从好梦中遽然醒觉奋臂力战以锄此人类蟊贼万恶魔王之“资本制度”而无负此五月一日乎？企予望之矣！

《师复文存》，革新书局1928年版，第63—64页。

# “反对家族主义”书后

反对家族主义及自由恋爱之学理，已略如兹编所述。近见世人昧于此种真义，致生种种误会，颇足为主义之障碍，今当有以解之：世俗无赖，以纵欲渔色为生涯，不知生理与心理为何物。一闻自由恋爱之说，辄欲借为护身之符。而一般社会，亦遂误认此辈之行为，锡以自由恋爱之徽号。反对者乃愈得所藉口。此最大之误会也。亦有二三君子，道德厚重，明知家族之害，思有以破除之，而鉴于世人之误会，不敢持极端之论，遂致强生别解，以为自由恋爱须以道德为强制，或又以为自由恋爱仍当专属于一人，以期自异于一般之无赖。其结果乃至自由恋爱与自由婚姻实际上几无区别。所谓“楚则失矣齐亦未为得也”。窃以为自由恋爱其根本之原理，乃在去束缚而取自由。男女之交合，由于生理作用之不得不然，自宜纯任自由，而不容有所拘制。惟所谓自由者，乃男女两人之自由，而非单方之自由也。彼辈恃金钱及种种手段以购买他人之爱情，侮辱他人之身体，视人类为玩物为货品。（如姘室狎妓狎优诱奸迷奸及其他等等皆是。）在女子一方面，或为势所迫，或为利诱，或为甘言诡计所炫惑，皆绝对之不自由。在男子一方面，则为侵人自由蔑视人道，实与强奸无异。此正自由之蟊贼。自由恋爱之名，岂此辈所能假借者耶？然苟男女二人互相爱悦，以纯粹之爱情，自由结合，而绝无强权金钱骗术等关系与其间，是即为合理之恋爱。而不必问其专一与否，久暂若何。爱情既出于自由，更不必有所谓强制。倘若预悬一格，以为当属于专一，又必期以长久，甚或侵入道德问题，（婚姻制度之大谬点，即在误生理问题为道德问题。）此皆与生理学心理学相抵触，而尤背乎自由之真理者也。至有虑自由恋爱既行，男女之肉欲必益炽，将于卫生有妨害者，此亦不足为虑也。男女之交合，乃由于生理作用之害。男女亦然。交合为生理所必需，而过多亦足以生病。交合过多者世谓之淫，淫非生理所固有，乃由于习惯而生。盖凡肢体愈习用则愈发展，（如习于行路者足力健，习于拳击者筋力强。）故习于多食者食欲愈炽，成为饕餮，习于交合者肉欲愈炽，成为淫夫。顾今人之往往习成为淫，其原因亦有二：一则由社会恶劣，可以金钱买交合；一则由婚姻制度，夫妇同居，几以交合为惟一之义务。交合之机会既多，则人之习为好淫，亦固其所。然若自由恋爱，则二者皆可免除。纯以男女二人之爱情为根本，其机会岂能多得？又何至习为好淫？故吾谓自由恋爱之理明，男女之肉欲必较轻，而交合之度数亦必较减，即此故也。惟处于今日之社会，自由恋爱之所以难行者，厥亦有故：即妇人经济不独立是也。女子既不能自营生活，无论如何，势必有所倚赖于男子。如是则爱情之施与，复安有丝毫之自由？呜呼，此经济革命之所由急也。

**《师复文存》，革新书局 1928 年版，第 77—79 页。**

## 上海漆业罢工风潮感言

按：观此次如火如荼之风潮，劳动界之进步，一似有不可思议者。殊不知非也。罢工要求加价之举，各业均正常有之。即以上海之漆业水木业论，十年以来，行此者亦不下数次。此次风潮，亦不过循其庸腐之古方而已，并非于劳动界所处之地位有所觉悟也。故所执以为要求之理由，与夫所用之手段，亦皆最旧之故技，而未尝有所进步。如结队游行时，或手执香火，或肩负神牌，或高提鲁班先师之灯笼。如此等等可笑之举，不一而足。以是之故，社会上一般人均轻视之以为无意识之举动，官吏则指为流氓痞棍所煽惑，故卒未由得良好之结果。考其原因：实由工人智识缺乏之故。工人现在所处之经济地位，实为人类以下之地位，愈贫愈愚，于是工人之智识程度亦几乎退至人类以下。凡此实“资本制度”为之贼也。故工人欲增进自己之生活地位，第一须增进工人智识。然方今资本压力重于万钧，欲增进工人之智识，又不能不先有团体。于是本报所竭诚献议于中国一般之劳动家者，不外六字曰“结团体求智识。”各行各业之劳动家，皆当独立一团体，名曰某业工团或工会，大略如向来之公所会馆，惟推广而改良之，且绝对不宜与资本家所立之公所会馆同处一地。（向来工人方面，多有为资本家利用两行同一公所者此最为受愚之事）团中费用，由会员每月纳最微之月金。若人数太少之行业，可合二三行或三四行而为一工团。团中最要最急之事，即为平民学校，每行至少设立一所。人数众多者当多设之以为会员及会员之子弟求学之地。教授或以夜半或以星期日、当各相其地方及行业之情形而异。（参观答悟尘书）其人数众多会费收入较丰者，可兼出一工人报。复由各分业之工团，联为一工团联合会，或曰总工团，以为全体之交通机关。此城之工团，当与他城时通声气，互相联络。工人之智识既渐渐增进，团结力亦必日见进步。及乎势力既厚，声气宏大，资本制度之死命，将由此工团操之矣。

顾此种进行，有当注意之点三：（一）此种工团之根本目的自然为反抗资本制度，惟今日工人智识幼稚，一时尚难显出此作用，故目前之要图，实在乎多设平民学校。平民学校无论何人皆可举办。惟由工团为之，则其事轻而易举也。迨乎工人之入学者渐众，工人之自觉心发生，然后乃可以与资本家抗斗矣。至于最普通之条件，为今日所可行者，即要求增加工价及减短工作时间是也。二者皆社会革命时机未熟，不得不已而思其次之法。工价当就各地方之生活状态得一略优之率，工作时间当以每日不得过八时为限，而星期日休息，尤不可无。此为工团设后可以次第要求者也（二）工团之组织吾无政府党及社会党皆当为之鼓吹，且加以赞助，惟仍当以各业之工人自为主体，吾人但予以指导，以养成其独立战争之能力。更当由小而大，由简单而复杂，先从各行各业作始，然后联络各业而组织总机关，万不可徒骛虚名，苟且立一总工团或工党本部之名目。其实空无一物，徒呼号奔走，怂恿各地方设立支部，此等无实力之团体其收效必不良。且往往为不肖所利用。前年上海之“工党”即坐此弊。（三）工团之宗旨，当以革命的工团主义为骨髓，而不可舍［有］丝毫之政治意味。如英美等国，皆有劳动党加入政界，为政党之一，遂为一般无耻之政客所利用。而各国之工人，亦往往受社会民主党之煽惑，皆以政治思想未摆脱净尽之故。法国总工会章程第一条曰：“本会宗旨，在保护工人道德上经济上各种权利，此会组织纯立于政治之外，惟恃工人自己之实力，灭除贫富之阶级，不得以工会之名目及势力，协助政治家而为运动选举者尽力。”不恃政治而惟恃自己实力以灭除贫富阶级，是即用革命手段以反抗资本制度也。是可见革命的工团主义之精神矣。

**《师复文存》，革新书局 1928 年版，第 81—84 页。**

## 不用仆役不乘轿及人力车与平等主义

自由平等之名，妇孺能道之矣。然有二事，绝对违背自由平等之公理，而人反习焉不以为怪者，即用仆役及乘轿乘人力车是也。

阶级制度者，平等自由之大敌也。有政治则有治人者与被治者之阶级，有私产则有富人与平民之阶级。雇主与仆役，乘车轿者与车轿夫，即所谓富人与贫民阶级中之一部分也。由理论言之：欧美之资本家，以贱值雇贫民工作，己则渔其厚利，言社会主义者，掊击之不遗余力，至称之为强盗。以其掠夺劳动家神圣之劳力所获得之结果，（即资财）而以为一己之私利也。用仆役及乘车轿者亦掠夺他人神圣之劳力所获得之结果，（谓逸乐）而以为一己之私乐者也。何以言之？劳动家出其劳力，或治农，或治工，其结果为农产或工业品。此农产或工业品所得之利，皆劳力之所致，（其用以生产之材料机器及土地，亦皆由劳动家所制造及垦辟，资本家无丝毫之力。）即应为劳动家所享受。今其利乃尽归于资本家，而劳动家则为其牛马。故谓之掠夺他人劳力所获之结果。今用仆役者，可执最浅之厨役言之：厨役出其劳力所得结果，为精美之烹调品，此结果既为劳力之所致，亦应为劳力者所享受。今则工作者不得分享，而安坐堂皇之主人从而掠夺之。（他种仆役亦然）轿夫车夫劳力之结果为“由此达彼”，然出此劳力者，本非“欲由此达彼之人”，是“由此达彼"之利益，出劳力者未尝享受，乘轿车者从而掠夺之，此与资本家之掠夺劳动家，其间相去能以寸耶？由事实言之：资本家夺劳动家所获之农工品，仍售之于社会，此社会尚间接得受劳动家之赐。在劳动家一方面，应得之利，虽被人掠夺，而己所生产之物品，仍足以供给社会之需要，不失为有功于社会，人格未尝少损，表面亦无主奴之分。若用仆役与乘车轿乃掠夺他人之劳力以为一己之逸乐，在仆役与车轿夫一方面，则徒卖力以供私人之逸乐，而于社会未尝少补。人格已全归消失，与奴隶无异，其不幸视劳动家为尤惨。役之者损灭他人人格，其罪视资本家当更大。此仆役与车轿二者断不应存在之理由，用之乘之者特未之思耳。

昔巴枯宁尝曰："吾之所以自由，所以为人，因吾认他人之自由，敬他人之人格。因敬众人之人格，而亦敬我。若他人不自由，我亦不自由。他人若为奴隶，我之自由亦失。他人若无人格我之人格亦减色"。由是言之：则用仆役与乘车轿者，不独灭他人之人格，侵他人之自由，抑亦不敬自己之人格，不尊自己之自由矣。

然有误认仆役与车轿夫为社会分功之一事而以为于理无害者。今请释之：在大同之世，人人平等，或为工程师，或为矿夫，或为建筑师，或为土木匠，其品位皆相埒，无尊卑贵贱之分，教育平等，智识齐一，所享乐利，一切平均。此时各就其力之所长，性之所近，人人执一有益于人之业，以成互相扶助之社会，所谓仆役之名，车轿之物，自然绝迹，此为分功之极义，亦即人类进化之趋点也。若在今日，则凡正当的职业，为人类生活所不可或缺者，如农工医术教育之类，必有人分任其事，然后可成社会，而断不能求备于一身，此在今日可谓之分功者也。（此辈在今日不正当之社会中，其地位容或有所不齐，然以吾人社会主义之眼光观之，则皆为最高尚神圣之职业，以其为社会生活不可一日缺者也。若如商贾，官吏，军人、律师、警察、娼妓、强盗等，或非生活所必需，或为社会之大害，皆不得为正当之职业。）至于奴隶的职务，如婢妾奴仆车轿夫等等，乃为丧失人格之人，牺牲神圣之劳力，以博他人之逸乐。既无益于社会，复无益于一身，社会进化必随而废灭。盖炊爨，洒扫，行走道路，皆人人之所能为，并非不能求备于一身之事，故不得为百工之一，即亦不能谓为分功，直可谓为奴隶之一种。此种悲惨无告之人类，吾辈稍具自由思想者，当为之疾呼解放，尚何忍借分功之说以自文其背理哉？

乃又有明知其非，而以虑仆役及车轿夫之失业为词者。请以一最浅譬晓之：赌之当禁。人皆知之矣，其将虑赌徒之失业而开除赌禁乎？狭邪之当戒，人皆知之矣，其将虑娼妓之失业而以戒狭邪为非乎？吾知其必不然矣。仆役之不当用，轿与人力车之不当乘，其理同也。夫五官百体，人所同具，各有本能，断无除奴隶职业，一无所能之理。故吾谓不必虑仆役与车轿夫之失业，但使人人不用仆役，不乘轿及人力车，则凡为仆役为车轿夫者，皆将去而别谋正当之生业。令今日社会上无量数可悯之夫，一旦恢复其自由之人格，岂不美哉？

**一九一二年，五月。**

**《师复文存》，革新书局 1928 年版，第 101—105 页。**

# 废婚姻主义

婚姻之制度何自起乎？讨论此问题者至多，其说亦不可殚诘。然吾敢简单断之曰：

婚姻制度无非强者欺压弱者之具而已。

女子以生育之痛苦，影响及于生理，且累及于经济，此为女子被欺之原因。男子乃乘其弱而凌之，制为婚姻制度，设种种恶礼法以缚束之，种种伪道德以迷惑之，视女子为一己之玩物。男子别有所爱，可以娶妾宿娼，女子则不能。男子妻死再娶为合礼，女子夫死再嫁即为社会所不齿。背情逆理，无复人道，莫有甚于此者矣！

狡者知其然，乃创为补苴调停之计，即所谓一夫一妻是也。一夫一妻之制，表面似胜于多妻，而实际之不平等则一。证之欧美女子，事实上终不脱“男子之玩物”之范围。种种法律，亦惟男子是利。其结婚仪式，证婚者向新人宣告之言曰：“夫应保护其妇，妇应服从其夫。”即此一言，欧美人之如何待遇女子，可谓肺肝如见。此由一夫一妻之制，终不出乎男子所制定，故必于无形之中，设为种种不平等之事，以遂其欺侮女子之私，表面上复得免多妻之恶名。其心视倡言多妻者为尤狡。而女子遂永堕奴隶之黑狱中矣。

言法律者乃为之说曰：婚姻制度，所以使男女二人互相维系，各有定分，意甚善也。则试问所谓互相维系之意何在？岂不曰既正式结婚之后，则此男永为彼妇之夫，此女永为彼夫之妇。结婚制度精深微妙之义，不外如此。质言之则不过夫防其妇之苟合，妇又防其夫之苟合，借婚姻之名义，以互相牵制而已。夫妇者本以感情相结合，今乃设为名义，互相牵制，尚何爱情之可言？既非爱情，即为强制，夫妇而出于强制，则又何贵其为夫妇耶？且以事实论之：两人之爱情，苟其互相胶漆，永无二心，则虽无夫妇之名，而恋爱自由，亦可相共白首。此岂非男女间之美谈，又何必藉婚姻以相牵制。如其不然，则其心已外向，虽有夫妇之名，亦何能为。此时复以法律之势力，强制之使不能遂其自由，则横绝藩篱，人情以逞，其害乃更不堪言。今世界卖淫妒杀等悲惨黑暗之事，不绝于社会，皆婚姻制度为之阶者也。或者不察，猥曰：男女自由结婚，实行一夫一妇之制度，复制定离婚律，使结婚之后不合意者得以解散。如是则婚姻制度可无害矣。为此言者，吾诚不知其意中所欲制定之离婚律若何。如徒以现今欧美所谓离婚律者言之，则种种限制，仍无丝毫之自由。盖必夫或妇有一同于法律所标出之事实发生，（如外遇及虐待之类）经裁判所之审定，（男女两人之事，而必经此森严之裁判，可笑。）最少亦须以二人双方之同意，而后可以离异。苟其未有发生之事实，及虽发生而不经裁判之许可，或夫妇二人中，其一人爱情已离，而他一人不肯互允，即均不能离婚。夫如是则虽有离婚律亦何足贵耶？若谓别制一最自由之律，二人之中，苟一人不合意，即可随时自由离异，此则与所谓自由恋爱之说相去无几。所异者仅结婚仪式之有无耳。夫结婚仪式，不过借力于法律宗教及社会制裁，以拘制二人之自由，（欧美结婚须经裁判所之认可，及有在教会行礼之仪式，是谓借力于法律与宗教。设或去此二者，而但行礼宣布大众，则为借力于社会裁判。）今既可以随时自由离异，又何必为此无谓之举动耶？

吾人于是宣言曰：欲社会之美善，必自废绝婚姻制度实行自由恋爱始。而有为之梗者，则伪道德之迷信是也。故欲废婚姻，又必自破迷信始。

夫男女情欲，不过生理上之作用，与饥食渴饮，同为一绝不足奇之条件。（饮食所以增补机体所需之质料，犹油所以增注灯中所需之质料也。机体中所余之质料不多，则觉饥饿，犹之灯中之质料不充，则灯光渐微。故饥饿乃为人体须增质料之表计，而饮食之目的，即为供人体之所需。人之交媾，与饮食之事不同，而为生理之一端则一。盖饮食所以补体质之缺，而交媾则所以减体质之盈。须增则饥饿生，须减则情欲动。情欲为须减之表计，犹饥渴为须增之表计也。故交媾之目的，即所以减其所宜减，而非有奇异之作用者也。以上节录某君之说。）但饥渴而饮食，其事只属之一人而止，若情欲动而交媾，则其事不仅属之一人，而必须男女二人之相配。夫二人相配之事，纯为二人之自由。苟其两人相爱体力年岁相适，因而相与配合，此实中于公道，必不容第三人之干涉，亦无事设为程式。此自由恋爱之真理也。顾人之饮食，有过多而生病者，有不应食而食亦足以生病者。人之交媾亦然：有过多而生病者，有不应交而交亦足以致病者，故明卫生者不敢纵情欲而滥交，犹慎食者之不敢徇口腹而滥食。此乃卫生之真理，而不必以礼义廉耻贞淫等伪词相制者也。

贞淫之说，不过没尽天良之男子，用以欺压女子之谰言。女子二夫则谓之不贞，男子多妻，则为所谓帝王圣贤所制定之礼义法律所明许。甚至于外遇狭邪，社会上亦未尝以为不可，而无或加以不贞之名。然则所谓贞淫之说，显然男子借以束缚女子之具，出于垄断妒忌之私心，而非所论于公道也，非所论于真理也，男女二人之配合，必体力年龄性行智识等等，两两相适然后可。而人之体力智识，无永久不变之理。（即或有之亦极鲜矣）及其既变之后两人之情意，必有不适，自当随时离异。如人之交友焉：合则订交，不合即割席，此固极平庸之道理，无足为异。若其既离之后，或别与情意相适者合，此亦合理之自由。盖当其与甲恋爱之时，出于两人之合意，为正当之配合，及既离之后，别与乙恋爱，亦出于两人之合意，亦为正当配合。既前后两者皆为正当，即不得訾议其非。更何贞淫之足云哉？

吾尝谓男女之交媾，约可分为三类：一以财交，即非二人之合意，一方面以金钱买他人与己交以遂一己之欲，一方面欲得人之金钱卖其身以遂他人之欲者也。（如狎妓、卖淫、买妾、养俊仆及以财诱婚诱奸者皆是。）二以强权交，即非二人之合意，一方面挟其势力迫他人以遂己之欲，一方面迫于强权不能不从之以遂他人之欲者也。（如强奸、迷奸、抢婚、迫婚等，及支那之专制婚姻，素不相识，迫于法律之强力，为妇者有与夫交媾之义务。皆此类也。）三以爱情交，即以二人之合意，各遂其情欲，为生理上正当之作用者也。以上三者，孰为合于公理？孰为正当之自由？虽三尺童子，当能辨之矣。乃世人宥于社会之伪道德，迷于圣贤之邪学说，以强权之婚姻为正当，而合于公道真理之自由，则立为种种不美之名以污蔑之，曰私通，（实则最正当之爱情，何得为私?）曰和奸，（既曰和，又何得谓之奸？奸者干也，凡非二人同意，而以一人之私欲，干犯他人之自由，如所谓以财交以强权交者，皆奸之类也。若自由恋爱，则只可谓之爱情，谓之配合，而并无奸之可言）曰苟合，曰野合，（春秋以前，男女恋爱，尚可自由。观卫郑风诗可证。自孔子倡为男女间种种之恶礼法，逐周公制礼之波而吹扬之，于是男女间之束缚愈甚，其流毒至于今日而未有已。实则叔梁纥与徵在野合而生孔子，见于史记，确有明徵。而彼乃盛说礼法，可谓不自知其身之所由来。今人亦动以野子为辱人之丑词，而不知彼所最迷信之大成至圣孔子先师，固一有名之野子也。）曰淫奔，（雨过多谓之淫，人交合过多亦谓之淫。淫则有碍于卫生，故爱己者不肯为。非因其不合于礼之谓也。至若男女相慕悦相过从，苟其出于二人合意，又非过多而害卫生，则实最平常最正当之事，无所谓淫，更不必以为耻。）此种迷谬之说，既中于人心，习非成是，牢不可破。故一闻自由恋爱之说，则訾议纷起。至可痛矣！其无识者流，更或谓与娼妓无异。不知自由恋爱，非一般纵欲之淫虫卖欢之娼妓所得而假借者也。既曰恋爱，即明明两相爱悦，既曰自由，又无丝毫之勉强，各出于爱情与生理之自然，尚何不正当之有？若娼妓者，在彼以金钱之故，卖身以求苟且之生活，其不幸实为可悯。狎之者恃其金钱，侵人自由，灭人人格，违戾公理，莫此为甚！与自由恋爱之理，盖适相反，故一切以金钱以强权背公道碍卫生之交合，皆吾人所极端反对。而两相爱悦又无勉强之机会，值之不易，单方之相慕，则末由实行，此即所谓文明程度愈高，而淫纵之肉欲愈减者也。而愚者乃以为导淫，抑何其误会之甚耶?

抑自由恋爱之不能行，除伪德迷信外，尚有一事为之阻者：则女子之经济不能独立是也。婚嫁者，无异立一卖契，女子属于男子，如产业然。女子既为男子所私有，于经济界不能与男子平等，仰其鼻息，以为生活，愈倚赖则愈服从，愈服从则智识愈卑下，智识愈卑下则独立生活之能力愈消失。故今日提倡废婚主义，即所以唤起一般女子之自觉心，急谋养成独立生活之能力以恢复其本来之人格者也。

**一九一二年，五月**

**《师复文存》，革新书局 1928 年版，第 107—114 页。**

## 废家族主义

吾人常宣言曰：家族者，进化之障碍物也。家族之起源，由于婚姻，家族之界域，成于族姓。故废婚姻，所以去家族之根源，废族姓，所以泯家族之界域。二者相为表里者也。

自有婚姻制度，乃有家庭。己所生者谓之子女，同族系者谓之宗族。亲疏之见，如鸿沟然。相沿既久，习以为常。由一宅而至于村于邑于国，重重畛域，联环而生。国界种界于是乎起。

世界进化，国界种界，不久将归于消灭，故家庭必先废。

社会者，当以个人为单纯之分子者也。自有家族，则以家为社会之单位。个人对于社会，不知有直接应负之责任，而惟私于其庭。人人皆私其庭，而社会之进化遂为之停滞。

财产者，世界之公物，非人所得私有也。自有庭族，老者计积蓄，少者冀承产，无人无日不以私产为念。竞争既久，遂成今日贫富悬绝黑暗悲惨之社会。

人人平等，无能相辖。自有家族，而青年男女遂皆卑屈服从，无复独立之人格。支那人有恒言曰：有夫妇而后有父子，有父子而后有君臣。故家族者专制政体之胚胎也。

欧洲古代男子待其家人如俘虏，及乎中世，犹有罚妻杀子之权。法国大革命后，家庭权力乃渐减缩。将来必低至零度而后已。若在支那，则今日仍为庭长跋扈之时代，所谓大族大家者尤甚。以纲常名教之毒中之最深故也。

吾常谓支那之家庭，非家庭也，一最黑暗之监狱耳。此监狱由婚姻为墙基，族姓为砖石，而纲常名教则为之泥土，粘合而成一森严牢固之大狱。家长其牢头，多数可怜的青年男女其囚徒也。此等狱囚，既饱受牢头之苛待，复习熟于牢狱的生活，一旦牢头既死，即继之而为后此诸青年男女之牢头。数千百年，蝉联递演。支那之男子遂无一人非囚徒，亦无一人非牢头。其女子则始终为囚徒之囚徒，噫，可怜不可怜！

欲破此大狱，其惟婚姻革命乎，族姓革命乎！而助此二者之实行，则纲常名教的革命也。谈纲常革命者，莫善于某氏之“三纲革命”。附录于后，以代吾说。

去迷信与去强权，二者皆革命之要点。因此二者互相维持以图保存者也。所谓三纲，出于狡者之创造，以伪道德之迷信保君父等之强权。

迷信与宗教为一流，与彼相反者，则科学之真理。若取迷信与科学比较其异同，则是非易决矣。

（甲）宗教迷信：（一）君为臣纲；（二）父为子纲；（三）夫为妻纲。纲领者犹统辖之意也，是臣子妻皆被统辖者也。

（乙）科学真理：（一）人人平等；（二）父子平等；（三）男女平等。以真理言之，孰有统辖之权，孰有服从之义，故一切平等。

（甲一）君为臣纲（略）

（乙一）人人平等（略）

（甲二）父为子纲

就伪道德言之，父尊而子卑，就法律言之，父得杀子而无罪；就习惯言之，父得殴詈其子，而子不敢复。

因强弱之异势。迷信之谬误，故父尊而子卑，父得而统辖其子，于是父为子纲。父之知道明理者，固不肯恃强欺弱，侵其子之权，其他则以此伪道德为保护权利之具，侵侮其子，无所不至。故纲常之义，父之明理者固无所用之，而用之者皆暴父而已。

至子之恶者，虐待其父母，偶或有之。然彼固无畏乎所谓圣贤，所谓纲常。至良善之子，必善养其父母，固无所用于圣贤与纲常者。

就暴父言之，纲常伪义，徒以助其暴。就恶子言之，则不足以减其恶。

且恶子较暴父为少，偶有之，安知非因累世之恶感情所致耶？总之三纲之伪德，有损而无益。

暴父之待其子也，当其幼时，不知导之以理，而动用威权，或詈或殴，幼子之皮肤受害犹轻，而脑关之损失无量。于是卑鄙相习残暴成性。更使之崇拜祖宗，信奉鬼神，以成其迷信，而丧其是非，更教以敬长尊亲习请安拜跪，炼其奴隶禽兽畏服之性质。及其壮也，婚配不得自由，惟听父母之所择。夫男女乃两人之事，他人亦竟干涉，此乃幼时服从性质之结果而已。及其父母死，而复以繁文缛节以累之，卧草食素，宽衣缚其身，布冤蔽其目，逢人哭拜称曰罪人。

呜呼，父母之死也，其子哀伤，出于自然。然其死也，乃机体衰老生理之关系，子何罪乎。其子当哀伤劳苦之际，奈何反使之背于卫生瘁其精力。

夫哀伤与眠食不安，乃出于自然，本不必他人教使。而彼狡者自以为圣贤，从而制礼以提倡之，而彼愚子暴父，自以为尊崇圣贤，从而效之于幼教之于长，相习成风而其结果则为子孙加此一种迷信。此迷信所以保存父母死后之余威也。

总之为子者，自幼及长，不能脱于迷信与强权之范围。已方未了，又以教人世世相传，以阻人道之进化，败坏人类之幸福。其过何在？在人愚。乘其愚而长其过者，纲常伦纪也。作纲常伦纪者，圣贤也。故助人道之进化，求人类之幸福，必破纲常伦纪之说。此亦即圣贤革命家庭革命。

（乙二）父子平等

就科学言之，父之生子，惟一生理之问题，一先生，一后生而已，故有长幼之遗传，而无尊卑之义理。就社会言之，人备自由，非他人之属物。就论理言之，若生之者得杀被生者，则被生者亦得杀生之者。既子不得杀父，故父亦不得杀子。

父之杀子与殴詈其子，非出于理，而出于势力。势力即强权，乃反背真理者也。

科学真理，一本于自然，不外乎人道。父人也，子亦人也。故父子平等。子幼不能自立，父母养之，此乃父母之义务，子女之权利。父母衰老不能动作，子女养之，此亦子女之义务，父母之权利。故父母子女之义务平，权利等，故父母之于子女无非平等而已。此即自然之人道也。人生于世间，以世间之物为生活，此物非属于甲，亦非属于乙，非属于父，亦非属于子，惟属于众人而已。此至公也。既有家庭，则易公而为私，爱己而忌人。曰我之子，故我爱之。于是慈之说出。推此以求，则人之子遂不爱。曰我之父，故我爱之。于是孝之说出。推此以求，则人之父遂不爱。所以爱我之父，我之子，是因其与我近。慈父之与我近，子之与我近，究不若我之与我近。故孝也，慈也犹不若其自私之为甚。故父愿其子孝，且用强迫威骇以得之，而子变为奴隶禽兽矣。故孝者父之私利也。子欲其父慈，欲其有利于己，（产业）用媚以求之，或以孝之美名为升官发财之运动法。于前之说（遗产）则父母为马牛，于后之说，（孝之美名）则父母为傀儡。故慈者子之私利也。若顺乎科学公理，人当本于构造生理，各尽所能，各取所需。

若路人有所需，不能因其为路人不与之不助之。若父母或子女无所需，不能因其为父母或子女遂夺他人之分，而特别与助之。

慈孝者，私之别称也，若世人不私，则无所用其慈孝，即世人慈孝（博爱）世人也。

博爱平等，公之至也。慈孝与博爱，及公与私，皆成反比例。然慈孝有害博爱平等，而博爱平等无损于慈孝，且有益之。因慈孝只利于我之近者。推而及于自利，博爱平等是利众人。众人利我与我之近者自在其中矣。

人道进化之程度愈幼稚，慈孝之风愈盛，而博爱之力愈薄。因各私其私也。今之世界，纯然自私之世界也。经济问题，其一大阻力。若经济平等，（共产实行）人人得以自立，互相协助而无所用其倚附。是时也，有男女之聚会，而无家庭之成立，有父子之遗传，而无父子之名义。是时也，家庭灭，纲纪无。此自由平等博爱之实行，人道幸福之进化也。

今其时虽未至，而进化之趋向已进矣。

家庭革命，圣贤革命，纲纪革命，所以助人道进化者也。

（甲三）夫为妻纲

就伪道德言之，夫尊妻卑；就法律言之，夫得出妻，妻不得离夫。夫执奸（两人之真爱情，反谓为奸。）杀妻无罪而得奖，妻杀夫则为凌迟之罪。（妻之杀夫因爱他人不得而为之者百之九九，阻妻之爱他人者夫也，妻之杀夫非妻之罪也。）

就习惯言之，夫嫖则为当然，妻与人交，则为失节。（因夫得嫖，且得有多妻，故无杀妻之事。然非夫之性善也。)

因强弱之异势，迷信之误谬，故夫尊而妇卑，夫得而统辖其妇，于是夫为妻纲。夫之知道明理者，故不肯恃强欺弱，侵其妻之权，其他则以此伪义，为保护权利之具，侵侮其妻，无所本至。故纲常之义，夫之明理者固无所用之，面用之者皆为暴夫而已。是故纲常之义，不外乎利于暴夫而已。

虽有知道明理之夫，而其妻不得脱于迷信之习惯，此非夫妻一部分之问题，乃男女普通之问题也。

(乙三) 夫妻平等

就科学言之，男女之相合，不外乎生理之一问题。就社会言之，女非他人之属物，可从其所欲而择交，可常可暂。就论理言之，若夫得杀妻，则妻亦得杀夫，若妇不得杀夫，则夫亦不得杀妻。若夫得嫖，则妻亦得嫖。此平等也，此科学真理也。

科学真理，一本于自然，不外乎人道。夫人也，妇亦人也，故夫妇平等。

人生于世间，各有自立之资格，非属于甲亦非属于乙，妇不属于二夫，夫不属于妇，此自由也。既有家庭则易自由为专制，曰我之妻，我爱之而忌他人爱之，曰我为尔夫尔当爱我，而禁其爱他人。是以玩物产业待女人也。自私也专制也。

若顺于科学公理，人当本于构造与生理，各从其欲，各为其所宜。

人道进化愈幼稚，女人愈不自由，愈进化，男人专制愈减，今之世界，纯然自私之世界也，经济问题其一大阻力。若经济平等，则人人得以自立，聚散自由，有男女之聚处，而无家庭之成立。是时也，家庭灭，纲纪无，此自由平等博爱之实行，人道幸福之进化也。今其时虽未至，而进化之趋向已进矣。

家庭革命，圣贤革命，纲常革命，所以助人道进化者也。

实行政治革命，经济革命，皆不能免激烈之作用。因革命之主动者，与反对党性质正反，必有冲突故也。

至家庭革命则无激烈之作用，惟改革其思想可也。因今之父母，即昔之子女。若其回思昔日所受之压制，不合于人道，则其将行恕道，不以己所不欲者施之于其子女也。今之子女，亦即后日之父母，若其知父母不当以某事压制之，则当彼为父母之时，亦当行恕道，不以己所不欲者，施之于其子女也。故父母子女皆得而作家庭革命党，助此革命之实行者。

一曰尚真理以去迷信，此思想之革命也。(直接)

二曰求自立以去强权，经济革命与有切要之关系也。(间接)

**一九一二年，五月。**

**《师复文存》，革新书局 1928 年 3 月版，第 115—125 页。**

# 无政府党与世界语

巴黎和平自由会寄来该会出版之“无政府党与世界语”Les Anar stes et la Internationale Langue “Esperanto”一书鼓吹无政府党采用世界语甚详。该会宗旨即欲传播无政府主义于世界语学者，复传播世界语于无政府党者也。盖世界语既有万国通用语之价值，吾党欲破除国界，及交通各国同志，自宜采用之。然吾人虽采用世界语，而非谓世界语即无政府主义也。世界语之在中国，尚属幼稚，能知此语之真相及作用者实鲜。故恒人对于斯语，辄有两种谬见：一则以提倡斯语者多属社会党无政府党，因疑习世界语者即为党人，一旦社会党被禁，斯语遂亦受波及之影响，几于无人过问；二则以世界语之宗旨在和平，无政府党之宗旨在破坏，因疑二者不能相容。不知此两说皆非也。世界语之与社会主义无政府主义，本非一物，特以世界语之宗旨，破除种族国家界限，希望永久和平，而社会党与无政府党亦无不怀此宗旨者。宗旨既同，提倡因之愈力。非谓世界语即社会主义无政府主义，亦非谓必党人然后可习世界语也。此语之在欧美，久已推行于各种社会，凡教育商业科学文学邮便铁道等等皆通行之，甚至警察及旅馆亦多通此语者。盖此语为纯粹中立性，无论何人均可采用，恶在其必为党人耶？至无政府党之采用斯语，正惟以其宗旨相同。疑者乃以为一主和平，一主破坏。是又不知二者之真谛者也。世界语主和平固矣，然无政府党又何尝不主和平乎？无政府党之运动万国联合会，鼓吹反对军备，非即其主张和平之明证乎？至有时不能不激烈行动，实行暗杀革命罢工等事迹，亦无非忍一时之痛苦，求永久之和平，除少数之障碍，谋多数之幸福。凡暗杀革命，皆本此宗旨，盖以至仁之新，行至不仁之手段，此乃恶毒之社会驱迫吾人不得不如此者，非好乱也，非残忍也。以极端希望和平之人，至迫而为激烈之举动，吾党之心乃愈苦矣。世界强权之壁垒固非空言赤手所能使之消灭，不得已而以非常之手段对待之，及其壁垒既去，乃建造真正自由平等博爱之社会，必如是始有真和平。盖和平固非煦煦孑孑者所能语此也。苟明乎此，又何疑于吾党之采用世界语乎？

**一九一四年，四月。**

**（《师复文存》，革新书局 1928 年 3 月版，第 127—129 页。**

# 答道一书

读来书，纠绳余过，不愧良友，感佩靡既。惟谓“复因责江亢虎并其党而非之”此则不免误会。鄙意不满于“中国社会党”者，但以其党纲未尽完善，及党纲与党论又自相矛盾，与夫江亢虎先生以迁就政府之故，致主张不能明瞭。提倡者之主张既不明瞭，因之世人对于社会主义正当之解释，亦不免生含糊影响之弊。此实维护社会主义之苦心，并非对于其党而为排斥，更非对于个人而为讥议也。当“中国社会党”初发起时，复无限欢迎，本拟进步党共事，徒以党纲未尽惬意遂而不果。然与党中同志通信往还，几无虚日。两年以来屡欲著论登报，就鄙见所及，对于其党纲之未善者为详细之批评。然以社会党三字，在中国方始萌芽，一旦忽生异议，不知者以为互相攻击，于传播及进行或未免有所妨碍，故始终未尝发表文字。及去年新“社会党”分立时，发起诸君，屡函招邀入党。复以其时两派方互为剧烈之排斥，鄙意殊不以为然。且新发表之党约，仍未能尽惬人意，故婉辞之，暂不入党。一方面函劝两派之各行其是，勿事攻击，一方面著论登之广州某报，以为“中国今日之社会主义，方在幼稚时代，凡能信服社会主义者，无论属于何派，均可称一国之优秀，如春木之茁芽然，吾人当竭力护持之，万不宜互相攻击，自残其优秀之萌蘗。”此亦足见复之用意矣。及至中国社会党被大盗解散时，忽论及被解散，鄙意，正望其党之具有眼光者，趁此机会，改正党纲，淘汰其不良之分子，(党中良莠不齐，屡闹无意识之风潮，实为该党不进步之一大原因。其党员亦自言之。)发生一良好之社会党。故乘便批评其党纲，且特下一二讽语，以促其党员之反省。意谓苟能达余所希望，则复虽受论事苛刻之名，亦无伤也。足下以复为薄该党耶？抑爱该党耶？若夫对于个人，如江亢虎先生者，其所取之手段，诚吾人所不能苟同，若其提倡之功，则固不可没也。(即如对于张溥泉先生亦然。其作议员诚所不取，若其在革命以前提倡无政府主义之功，则不可没也。)至前论谓中国社会党员真能了解党纲者度不及十分之一云云。十字误作万字，苟非来书之质难，至今亦不觉察，特志于此，以代更正并志吾过。

又来书谓复“因吴稚晖先生与国民党接近，遂疑其有政治上之野心，”此语绝非原意。复前论只有“既与政党日益接近即无异与无政府党日益疏离”一语，纯是理论上之研究。盖真正之社会党无政府党，无不反对政治。政党与无政府党，几成风马牛不相及之物。故谓接近政党者即无异疏离无政府党。此语于论理原无不合，并非谓其有政治上之野心也。吴稚晖先生在中国中实为复所最佩服之一人。复固确信其脑子里绝无丝毫政治之臭味者也。其与国民党周旋，度不过虚与委蛇原非实际上政治活动。惟吾人以为稚晖先生本无政府党之健将，方望其出而提倡，不料其绚烂之后归卒于平淡，东归以后，绝不为积极的鼓吹，不免令我辈鲁莽少年之失望，因失望而生恼，因恼而生憾，遂不觉发为斯语。想吴先生见之，当亦点首而一笑也。

**一九一三年，十二月。**

**《师复文存》，革新书局1928年版，第139—142页。**

## 答凡夫书

来书称“昨阅贵社寄来旅东心社处简章”云云，阅之骇异。心社向无章程发出，亦不闻有所谓“旅东心社处”之名。足下所见，或他人自行拟定，或为外间假冒，均无从悬揣。望将其地址人名及简章内容见示。如为真正同志，吾等当急与联络，若为假冒，则不能不鸣鼓攻之也。(要之“旅东心社处”之名已不通。心社无章程，又何得有所谓简章乎?)

至来书嘱寄本社章程，又自述素慕幸德秋水之为人，想或为吾党同志。用特将此间略情，为足下述之：“晦鸣学舍”者吾等传播无政府共产主义之地也。前后汇出印刷物数万册。民声杂志为其机关。近虽被支那民贼摧残，然同人奋步直前气不少衰，且当较前更勇。至“心社”则为同人特别发起之团体。(以晦鸣学舍为通信地)其宗旨在“破除现社会之伪道德恶制度，而以吾人良心上之新道德代之。”其范围则在“个人进德。”社中无所谓章程，规则，社费，社长，干事等等。惟有社约十二事：一不食肉；二不饮酒；三不吸烟；四不乘轿，及人力车；五不用仆役；六不婚姻；七不称族姓；八不作官吏；九不作议员；十不入政党；十一不作海陆军人；十二不奉宗教。此十二社约者，即为社友。亦无所谓罚条。盖吾人纯以良心自由集合，与他种结社迥别故也。

总而言之：吾辈对于个人“相戒勿为违背真理之事，”对于社会则主张“废绝私有财产倾覆一切强权以成共产大同之社会。”若来书壮我国徽云云，则非无政府党之旨也。

**一九一四年，三月。**

**《师复文存》，革新书局1928年版，第143—144页。**

## 答悟尘书

来书以答书简短见责，诚难辞疏慢之咎。然足下当知师复乃一劳人。此间共同工作之同志，仅七八人耳。而撰述，翻译，排字，印刷，校勘，以及洒扫，炊□，洗濯，缝纫，封寄书报，往来通信等事，均此数人任之。夙兴而夜寐，无一暇晷，为日犹恐不给。师复每日所答书，少则十余通，多乃至三四十。而国内国外寄来之书函印刷物，日以数十计，又须一一过目。加以印刷邮费，所耗不资，随时筹划，尤足苦人。由此言之，试问有何暇日，以做详细之通信耶？此当为同志所能见谅者也。

至来书谓“无政府党有排斥政界之必要。”此语太离奇，绝对违反无政府党之宗旨。复敢反而断之曰：“无政府党有排斥政界之必要。”借政治以行社会主义一语，惟今日无耻之“社会民主党，”（德国最多）能觍颜出诸口，久已为无政府党所摈弃，所唾骂。无政府党对于洗濯恶社会之救治，惟有革命，无所容其犹豫。无政府之事业，乃社会根本问题，非支支节节之政府的社会主义，（即社会民主党所倡图在议院占多数之半面社会主义）所能梦见；更非卑污苟贱之官吏议员，所能容喙者也。无政府唯一之宗旨，即为排斥强权。政治乃强权之渊薮，故无政府党必排斥政治，反对国会。岂有己所排斥所反对之物，一旦可藉以行其主义者耶？足下既怀无政府思想，望此后勿复留此等影子于脑中。

**一九一四年，三月。**

**《师复文存》，革新书局1928年版，第145—146页。**

## 答乐无

来书疑“无政府”一语，字面若仅反对政府，而欲易以“无强权”，又欲易“无政府共产主义”为“无强权无私产主义，”或“自由共产主义。”记者窃以为未当也。文字有东西之不同，而学术则世界之公物，凡学术上之名词，当从共同之意义，而不必迁就其本国之文字。无政府主义亦为学术上一名词，无论法语英语德语世界语或他语，其字根皆不离Anarhismo，铀Anarhio字之原意，实为“废绝首领及一切统治机关。”据此定义，试问除“无政府”三字外，尚有何语能如是之吻合无间者乎？克氏之释以无强权，乃谓其含义如此，而非谓无强权可代无政府。无强权一语，在西文尚未成专名词也。至恐无政府之字面不能包括反对家族反对宗教反对祖国反对军备反对国会等等，此亦不然。凡此种种，皆为政府之附属物，政府一去，凡百皆随之而倒。岂有无政府之世尚容有家族宗教等等者乎？又岂有无政府党而不反对家族宗教等等者乎？故一举无政府之名，即能知其大略之概念，不必如来书所谓下以冗长之解说者也。若谓“免于恶政府胜于无政府之说相混”云云，此尤无庸虑及。此语出于反对者之口，吾辈安能禁之。吾人即易无政府为无强权，彼辈又何尝不可曰强权胜于无政府乎？盖强权即 Autoritato，所谓权力，所谓国家之权能，皆此物也。今之臭政客，非日夜梦想“强有力之政府”者乎？然则强权固非彼辈所讳言矣。

“无强权私产主义”一语，以无强权无私产对举尤为误会，所谓无政府共产主义者，Anarhiista komunismo 乃谓无政府的共产主义，以无政府为共产主义之系词，（与无政府社会主义一语同）而非以无政府主义与共产为两事而对举之也。无政府党必主张废私产，故社会主义原可包括于无政府［主］义中。惟以社会主义有集产共产之殊；近世更有独产党主张独产主义，Individualismo 颇为世所诟病，而亦称为无政府党。故吾人主张共产者，尤宜标明宗旨。并非谓无政府之名不能表示反对私产之意乃加入共产一语与之并举也。若如来书名为“无强权无私产主义，”便与原意相戾矣。且“无私产”三字亦不能表示其为共产，盖凡集产党亦未尝不反对私产也。

“自由共产主义”一语，其以“自由”与“共产”对举乎？则病与无强权无私产一语等。其以自由为共产之系词乎？则自由未必即无政府，于义亦不能明瞭也。

总之：“无政府主义”“无政府共产主义”之两名，译义既精审，命名亦正大。可谓绝无缺点。在华文既已习用，而同文之日本亦复相同，又何必多所改作乎？彼一般无识者避之而不敢用，君等又疑其名之不协，窃谓两者皆失之矣。

又先生等前年发起之社会党，本以无政府共产主义为宗旨，乃不名无政府共产党，而仍名社会党，窃不审其用意。及读“良心”杂志第一期乃曰“变更社会政治之组织，即为无政府，变更社会经济之组织，即为共产，至无政府与共产两主义实行，斯真成一完全之社会矣。故吾人取名社会党，而不标异名。”云云，不知无政府主义可以包括社会主义，惟社会主义则决不能包括无政府主义。今欲以无政府统于社会主义中，乃谓“变更社会政治之组织即为无政府”此语实不合理论。盖政治乃国家机关之行动，与社会丝毫无关。社会乃人群之结合，而无所谓政治之组织。社会主义 Socialismo 则“主张生产机关及产物属之社会，”此外绝无他意。与变更政治，变组织渺不相涉。今误以社会主义能包括变更政治经济之组织，因以无政府与共产为两事而对举之，与此次来书以强权无私产对举，盖同一误会也。

**一九一四年，四月**

**《师复文存》，革新书局 1928 年版，第 147—150 页。**

## 答江亢虎

昨接江亢虎通信片第七期，纸缝中藤以数语曰："社会主义，无政府主义，各行其是，无事相非。愿孟晋前途，为道自爱，悉其锋锐以对非社会主义者，无以身败名裂九死一生之鄙人为介介。公私幸甚。"云云，读毕不觉一叹。社会主义与无政府主义，岂但当各行其是无事相非而已，二者实不可须臾离者也。记者所提倡即为共产社会主义，方将竭其一得之愚，思有以发扬而光大之，会何相非之有？若以足下所道，记者虽陋，窃不能认为社会主义。恶莠之乱苗，恶紫之夺朱，故辄不揣冒昧，有所论列，欲使世人知社会主义之真相。正如来教所谓"悉其锋锐以对非社会主义者"也。足下发起中国社会党于今三年，记者未尝下一字贬语，至去年社会党被禁，始略有所评论，其中苦衷，已于"答道一书"中详道之，近见一般学子仍不免误认足下之所倡为真正社会主义，而足下近复在美洲奔走传播，不良之种，将散于海外。记者为保障吾道，心所谓危，即不能复顾私谊，缄默不言。然已声明为研究学理，并非訾议个人，此心当为天下所谅，记者与足下无一面之雅，以同揭社会主义之标帜，故亦未尝不互相思慕，有何事以足下个人为介介耶？记者不肖惟视真理为性命，故凡有似是而非不当于真理之说，无论出自何人，必反对之。如足下者，无论其为身败名裂九死一生之江亢虎欤，抑为誉慢天下逍遥快活之江亢虎欤，记者均所不计。盖反对其言论而非反对其个人故也。以公义言，则学理以辩论而益真，以私交言，则君子当乐得诤友。亦正所谓"公私幸甚"者，又何必先设成见拒人于千里之外耶？

**一九一四年，四月**

**《师复文存》，革新书局 1928 年版，第 151—152 页。**

## 答迦身

来书以吾党急进之法当如何之为文。记者以为吾党进行之手段，当因乎各地社会之情形而异：有宜于急进者，如欧美之情形是也，有不能急进者，即中国今日之现象是也。总而言之："传播"乃吾人无时无地可以或息之事业，由今日以至于无政府成功皆所谓"传播时代"也。文字口舌，奔走鼓吹，此固谓之传播；即暗杀罢工暴动大革命，亦皆为传播之作用。克鲁泡特金即主张以猛烈手段为传播之方法。所谓三数日之风潮胜于数十万册之书报者，盖谓此也。记者固完全服膺克氏学说者。惟欧美情势既隔非吾人所能为力，以言中国则机会未至，不能不少有所待，姑用全力以从事于文字口舌之鼓吹，苟一旦时机既熟，则记者今日之秃管一枝，异日即可变为轰动全球之炸弹。特所谓急进者，终不过藉为传播之力，而未必一举即可成功。当其未成功之前，不能限定取何手段，惟察其所处地方时势之如何以致吾力而已。

一九一四年，五月。

《师复文存》，革新书局1928年版，第167—168页。

## 答悟尘

来书疑共产主义，各尽所能各取所需二语，已有无政府之意义。又疑共产主义，即无政府主义之变相，此大不然。共产主义与无政府主义，明明为两种学说。（有主张共产而不主张无政府者，亦有主张无政府，而不主张共产者。）无政府主义本质，为对于政治之学说。虽含对于经济之意见，而不限定为共产。共产主义则纯为对于经济之学说，（各尽所能，各取所需二语。出自法之鲁意布郎。专为生产分配而言。）而对于政治之意见，则尚未表示。倘共产主义，而兼主张无政府者，是谓"无政府共产主义。"Anarkiiste－Komunismo 此中区别，请细读民声各论，当能了然也。

来书又问。共产实行之始，吾人衣食住之配置，必须有详细组织方法，预示世人云云。夫各尽所能，各取所需，非即最完善之方法乎？吾人须知，无政府共产主义，乃绝对自由之主义，无所谓繁密之组织。所贵乎繁密之组织者，特集产主义耳。资本制度之末日一至，吾人即各尽力工作，以供给吾人之衣食住。有屋者可居之如故，而不必给租。无者即居于无之屋。又不足，则大众合力建筑以居之。大衣服店之衣服，均吾人之衣服也，可往取之。大粮食店之粮食，均吾人之粮食也，可纵食之。此等平平无奇之事，尚须吾人预定方法以教之乎？若恐物产不足，美恶不平，或从此而起争端。则吾人第一著当先知共产主义何以能实行？以社会革命之成功也。社会革命何以能成功？以平民多数已知共产主义之真理，乃同起而革命也。社会革命与政治革命，有厘然不同之点：即政治革命为英雄革命，为少数人革命，而社会革命则平民革命，大众革命也。政治革命，以二三英雄运用手段，便足以成功，而平民大多数均不知其所以然。故革命之后，组织机关，制定法律等事，即须随之而起。若平民革命，则大多数已明此真理，一旦成功，即以真理为天然之法律（非真法律）而已。又何至有种种争端，而须预谋组织防范之方法乎？若犹疑吾言，则请细读“无政府浅说”，及其他诸家之学说，自可涣然冰释矣。至于工作之分配，公共教养之设置，此更容易。亦无非各尽所能，各取所需而已。此时平民既能推翻政府，推翻资本家，试思其聪明才力何若？岂有此等小事，而不能处置裕如者乎？至谓须有一至精密详细之图说云云。此在小说家，不妨各以其所见而为之，用以为茶前酒后之谈助，若学说则无需乎此也。

盖此时社会之进化，人智之特出，固非吾人今日所能拟议。即强拟之，亦必不能密合彼时之情势。且其时人人自由，安能步步趋趋，死守吾人今日之计画乎？总之无政府共产主义，乃完全自由之主义，无政府共产之社会，乃完全自由之社会。故吾人研究无政府共产主义者，亦当本完全自由之脑想以研究之，而不可杂有丝毫政党政策之见解，如政治革命党之预定革命方略，以为他日如何组织，如何施行之地也。

来书又问。纯粹社会主义与真正社会主义之别，是否一为集产，一为共产云云。按纯粹与真正，均为有所对待之词。以华文字义释之，似无甚分别。惟日人所用纯粹社会主义之名，乃以释英文 Pure socialism 一语（亦作纯正社会主义）。据英人 Kaufmann 氏所著社会主义一书，其所下纯粹社会主义之定义曰：“社会主义。认各人之才能不同，需要互异，因之生产之分配，当视工作之多寡以为报酬之比例。故土地资本，主归公有。而各人岁入则仍许私有。”此实集产主义之学说也。著者原为集产家，则其以集产为纯粹社会主义，固无足怪，惟吾人则不能承认也。至于近日中国学者所用纯粹社会主义之名，则又不同。如三二学社之通告曰：“纯粹社会主义有三无二各之学说。”而“中国社会党”之章程，所谓“于不妨害国家存在范围内，主张纯粹社会主义”一语。亦全为调停无政府派之党员而设。故世人遂即以“纯粹社会党”名愤愤等所发起之“社会党”，是则所谓纯粹社会主义，实即无政府共产主义。与前所述，相去绝远。然则此一名也。或则以集产主义解释之，或又以为无政府共产主义之混名。迷离扑朔，无从分辨。故记者敢断定此为不正之名，吾人屏之勿用可也。至于真正社会主义，乃对于集产社会主义而言。盖吾人常目集产主义为伪社会主义故也。克鲁泡特金尝曰：“无政府主义，即真正社会主义。”克氏之意，盖指无政府共产主义也。要之所谓真正者，对于不真正而言。若无对待，则真正之名亦无由立。故真正社会主义一语，以为无政府共产主义之注释则可。以为无政府共产主义之别名则不可。盖此语本非专名词，即亦无一定之界说也。

一九一四年，五月。

《师复文存》，革新书局 1928 年版，第 169—173 页。

# 答李进雄

来书云："读民声第五号'中国社会党之现状'一则……云云。余持此以质诸江君，据云'无政府共产主义虽未敢决其可行与否，然亦未尝有只字明白宣言无政府共产主义之非也'。云云。据此则贵报所载，不知何所据而云然？抑有所误会也？"答曰：本报谓"江氏对于无政府共产主义已表示不赞成。"盖据江亢虎通讯片第三期江氏演说谓"共产主义恐未易遽见施行，"是表示不赞成共产。又谓"无机关，无组织，无契约之说所未敢深信，"是表示不赞［成］无政府。本报又谓"江氏从前尚未敢明白宣言无政府共产主义之非，（于其发起"三二学社"自称研究无政府共产主义见之）今则论调一变。"三二学社之发起，虽有"能否实现"之疑词；然既结社研究，则自然是赞成一方面为多，故谓未敢明白宣言无政府共产之非。今则曰未易遽见施行，曰未敢深信，是俨然研究有得，知其不易施行，知其不可深信矣。非论调一变而何？然则本报之言，安能谓之无据，又何尝有所误会耶？

顾以上所举江氏前后矛盾之论，不过随手举示一节耳。实则江氏一生言论，几乎处处矛盾。本报以社会主义之在中国幼稚已甚，闻者不察，遽以江氏之言为的论，贻误后学，实非浅尠，故特著论与之商榷，以期真理渐明，并非好为非难江氏也。足下试读本报第六号孙逸仙江亢虎之社会主义一论。当可略知本报之旨趣矣。顾是论所举，仍有未尽之意，今请再为足下言之。

江氏最近之论，谓共产未易施行，谓无机关无契约之说未敢深信，显为不赞成无政府主义共产主义之证。夫赞成，反对，均为江氏个人之自由，他人何由干涉。独可怪者，江氏往日持论，尝谓共产主义为社会主义之中坚，为社会主义不祧之宗，又尝著论倡三无主义（无政府无宗教无家族），又自称倡尊社会主义以二各（各尽所能各取所需）五非（非私产主义非家族主义非宗教主义非军国主义非祖国主义）为究竟；又自夙所主张无政府社会主义，又自称愿为无政府党一学子（以上均见洪水集）。据此数节，江氏固俨然一宗旨极定之无政府共产党也。乃一方面又曰未易施行，曰未敢深信，且声明"非无政府党"（见通信片第一期）。请江氏试平心思之，其能免矛盾否耶？然江氏又或自辩曰，余但谓恐未易遽见施行耳，非不赞成也，非反对也，但谓未敢深信耳，亦非不赞成也，非反对也。若然，吾亦有说以证明之：

按江氏谓共产未易遽见施行，并未说明理由，颇难测其命意，然以上下文参观之：江氏谓"均产集产均非尽善之法，共产亦恐未易遽见施行，鄙人首倡恋爱自由，教育平等，遗产归公之说……”是明明谓均产集产共产均不如其所倡之善而易行矣。是非不赞成共产而何？又以江氏平日持论证之，则其反对共产，更有明据。江氏尝曰：“……共产主义……与记者平昔所主持者颇相迳庭。”又曰：“共产主义之精言，不外各尽所能，各取所需二语。而徒取所需，而不尽所能者将何以待之？若制定规条，过于繁密，则措施之际，必多烦难，近于无事自扰，且甚妨害个人之绝对自由。否则无比较，无竞争，无希望，孟子所谓巨屦小屦同价，谁则为之？其于人类进化似颇阻滞矣！若夫不劝而兴，不惩而戒，无所为而为之者，又恐非一般人之程度所能及也。”又曰：“有主张共产论者，财归公业，力出私人，各取所需，各勤所职，然徒取所需而不勤所职者当奈何？……况人之性行，既有能有不能；其见之操行，又有力有无力。故曰物之不齐，物之情也。若尽十分义务者得十分权利，而尽一分义务者亦得十分权利（原文作亦得一分权利，然以文义考之，一字当是十字之误）。就所得之权利言，看似平等；就所尽之义务言，实是不平等。且无比较即无竞争，无竞争即无进化，意美而法殊未良也。”（以上亦见洪水集）凡所云云，皆极端反对共产主义之论。江氏尚谓未尝有只字言其非耶？夫思想言论各有自由。反对共产斯反对共产耳，又何必模棱两可，忽而推崇共产主义为社会主义不祧之宗；忽而自称倡导二各五非；又忽而结社研究三无二各耶？抑江氏既谓共产不易施行，复有种种反对共产之议论，吾辈即不能不辞而辟之，以解世人之惑。江氏之对于共产斤斤以为虑者，即“徒取所需而不尽所能者当奈何？”一语也。吾共产党可简单直捷答之曰：倘有此者吾人可竭诚劝戒之，戒之不听，可以众意屏之社会之外。此非刑罚也，非法律也，天然之公理而已。吾党有一格言曰：“必已尽其力之所能者，方谓清偿宿债之人。”又曰：“无业者请他往！”而克鲁泡特金先生亦曰：“众人协合而为群，无须条约，无须罚律，无须裁判，惟公众之热诚行之，有悖谬者可为众人所屏斥！”此种格言在共产之世，即为天然之法律。而无肯犯之者。何也？良心使之然也。夫良心之失，由于恶劣社会迫之使渐就澌灭耳（如诈伪者乃得衣食，正直者必日就穷蹙，饥寒所迫，则流为强劫杀人，此其最显之证也。）若共产之世，无私利之可谋，无金钱之可争，吾人本来之良心，自然发达。相互扶助，各事其事，以工作为幸乐，以无业为耻辱，断无不尽所能而徒取所需之人。即万一有之，吾人惟恻然告以“无业者请他往！”一语而已。固无待繁密之规条，苛刻之刑罚者也。今人乍见孺子将入于井，未有不趋而救之者，在律书中固未尝有“不救孺子入井者处某刑”之条也。然而无肯不救之者何也？良心使之然也。各尽所能之理亦然。不必设“不尽所能者处某刑”之条，而人自无肯不尽所能者，亦良心使之然也。共产之世，无物足以蔽其良心故也。况乎工作轻易，时间短少，每日劳动数小时，与游艺无异。人又何苦而不工作耶？至谓人有能有不能，有力有不力，尽十分义务者得十分权利，尽一分义务者亦得十分权利，实为不平等云云。此尤不知各尽所能各取所需之意义者也。在江氏之意以为人有智愚巧拙之不同，智者巧者所作多，愚者拙者所作少。而所得权利未尝有异，于是谓之不平。不知智巧愚拙，乃由遗传与感化而来，而非其人之功罪。同是人类，智者巧者非天然当驾乎愚者拙者之上者也。（今日之地狱社会智者才者辄欲居愚民之上此实最劣之心理）人乃有理性之动物，己有所长，当以助他人之所短。岂有自恃智巧而与愚拙计较权利之理？况天下事万汇千门，有宜于智巧者；亦有适于愚拙者。分工任事，相需以成，及其成功，则皆相等。如建一屋也，智巧者可任绘图测量之事，愚拙者岂不能胜运砖斫石之劳？及其落成，则绘图测量，与运砖斫石，皆为构成此屋之要素，而绝无轩轾于其间也。然则无论何人，苟既尽其所能，即为尽十分义务，纵有弱者拙者竭其能力所作终属无多，然亦不能不谓之已尽一分义务也。彼所谓尽一分义务，亦得十分权利之说，果何自来乎？至谓无比较即无竞争，无竞争即无进化，此语尤谬。天演家谓“自由竞争为进化之母。”攻击社会主义者几无不借此为口实。社会主义家则力辟其说，有以社会主义废衣食住之竞争，而仍存道德名誉之竞争者。论据未免薄弱。易其说者，则谓人类进化与一切生物不同。生物之生存竞争，以个体为单位，人类则个体之外，兼有其公共心与社会性。以社会共同进化为目的，而非特个人之自由竞争。至克鲁泡特金先生更以生物学证明“互助为进化之母”之原则。谓生物之集而成群，必相互扶助乃能生存。所谓“适者生存”一语，且能互助者能生存之谓。而指出赫胥黎优胜劣败说之谬；且证明达尔文学说原意并无优胜劣败之论。自是天演学中乃辟一新纪元。自由竞争为进化之母之说，论据全失。而反对社会主义者遂亦无所藉口。不料反对者用以攻社会主义而遭失败之论，江氏乃拾之以攻共产主义。得不令人失笑耶？以自命中国五十万社会党人之代表，而竟承认自由竞争为进化之母。又几何不轻支那而羞天下之党人耶！至其所主张财产独立，营业自由云云，其根本谬误，即由于误认个人竞争为进化之母，遂至倡为是说。而不知已大背乎社会主义之原则，视集产主义尚远不能及。记者于民声第六号断定其为社会政策，而不认［其］为社会主义，非苛论也。夫社会主义何自起？起于经济之不平等也。富人垄断生产机关（土地机器），生享大利，工人则为之奴隶，仰给其工资以度活，不平莫甚于此！社会主义乃从根本上改革之，推翻资本家，取回生产机关，由劳动者自掌之，自用之，此实社会主义共同不易之原则。无论其为何派之社会主义几皆同此主张。苟非然者，即不能谓之社会主义。今江氏号称社会主义，独于生产机关公有一问题不敢置一辞，而但曰财产独立，营业自由，虽有遗产归公之言，而私产之存在如故，地主资本家之存在如故，资本势力之跋扈亦必如故。无资本无土地者（即平民），仍须服役于资本家以谋糊口。与今日之资本制度何异，与社会主义之精神相去奚止千里。足下侨居美洲当知美洲托辣斯之害。彼托辣斯之资本，岂必由遗产而来耶？其资本主之多慾无厌，又岂徒为长子孙之计者耶？若但为子孙遗产计，则煤油大王一分钟之收人，已足坐享数十世而有余。又何必耽耽逐遂，甘与世界公理为敌耶？于此足见遗产归公，终不能绝资本制度之流毒明矣。江氏乃欲窃共产之美名，谓共产主义之真精神亦不外乎是。是直不知社会主义共产主义为何物者耳！

江氏之反对共产，前段既论之矣。今当再论其反对无政府之谬。江氏通信片谓“鄙人非绝对否认政治者。……若无机关无组织无契约之说所未敢深信也。”据此以为江氏反对无政府之证，江氏或尚有遁辞。吾今再举其洪水集之言以互证之。江氏曰：“无政治即无系统，无契约，无机关。如此之世界，试以吾人设身处地思之，能安居乎？能进化乎？”痛诋无政治之流弊至于不能安居，不能进化，谓非反对无政府而何？江氏尚有辞可遁否？无政府何以不能安居，何以不能进化？江氏并不能道出只字。而惟信口讥议，既不研究无政府之学说，而一概字之曰无系统，无契约，无机关。又不审所谓无契约，无机关之意义，而以为纷纭扰乱之谓。其武断为可恶，其鄙陋抑又可怜矣！无政府之学说，千条万绪，有主张无契约说者，高得文、托尔斯泰、司梯尔等是也。有主张有契约说者，蒲鲁东、巴枯宁、克鲁泡特金等是也。重理想者主无契约说，而重实行者，则大抵主有契约说，今请举克鲁泡特金之学说以代表之。克氏曰：“无政府之世，众人结合而同活于社会中，不本于强权之管辖，而本于众人之协约。”又曰：“无政府之世，法权全灭，信权不灭，仍有契约为众人志愿所认可，保此信权者，共同工作，互相协助，虽有不肖，不敢犯众也。”又曰“众人协约组合而为群，无须强为协约之条款。无罚律，无裁判，惟以公共之工作，大众之热诚行之。有不践行者，可为众人所屏斥。”于此可见无政府之真意。江氏乃以无契约三字抹杀无政府主义，吾党岂能承认乎？至无机关无组织云云（机关即组织可不必分二语）。尤非无政府主义之本旨。无政府所排斥者强权之机关，若自由之组织，则固无政府主义之所尚也。蒲鲁东之国民银行，巴枯宁之公民会，固为有目共见之组织。而克鲁泡特金言无政府之组织尤精。克氏曰：“无政府之世，以自由组织为社会组织之新法。各业皆有公会，如食品衣物以及技艺皆然。无论何种出产，互取所需而无界限。道路，铁轨，学校，机器，物具，均由工作者自经营之，自组织之。将来之社会，即阻代今日之政府。”于此足见无政府自由组织之大意。曾何无机关无组织之有乎？至于无系统云云，更不解其何谓，以意测之，其殆纷乱而不统一之谓乎？夫无政府固非纷乱，前已言之。若统一者，乃国家统治机关之所尚，政权统一即强权集中之谓。无政府党之极端排斥者即在于此。以此责无政府，吾党固顺而受之，然不统一即不能安居，不能进化。其理由又何在乎？今世之所谓立宪国家，可谓达统一之极轨矣。其人民果皆安居否耶？果得真正之进化否耶？江氏又分政治为官治与自治。谓“自治如教育，实业等当取积极手段俾日进于完密。”其下即接以“若无机关，无组织，无契约之说所未敢深信也。”语意之间，一若无政府主义惟有破坏，对于教育，实业亦不措意也者。其不知无政府主义之本旨而误会以为如此耶，则是盲吠也，明知其不然而故为此语耶，则是诳语欺人。其心更可诛矣。夫无政府主义排斥政治法律，何尝排斥教育实业，排斥国家统治，何尝排斥人民自治。无政府之组织，以各尽所能，共同工作为社会之基础生活之本原。工作者即今世之所谓农也工也，即江氏之所谓实业也。教育更无政府之所重，主张人人皆受完全高等之教育，其时任教育者亦不啻工作之一种。安见其不日进于完密，更安见其不取积极手段耶？抑岂必有政府然后能完密能积极耶？吾党常曰：无政府者，人民自治而不用政府统治之谓也。江氏一孔之见乃以为无政治即不能自治又何其陋耶！

吾今更以简单数语总括江氏言论之大谬点条列于下：

一、江氏不主张生产机关公有。不主张废私产。违背社会主义之原则。故江氏所主张非社会主义。

二、江氏对于政治主张限制军备，采用单税。对于产业，主张营业自由，财产独立。皆属国家的社会政策，故决不能窃社会主义之名。

三，江氏既主张社会政策，与共产主义无政府主义相去太远。故不惜诋共产为阻滞进化，诋无政府为不能安居，不能进化。因是之故，吾人不能不认为反对党。

江氏如不承认，则请取民声第六号之论及此次答李君书一一解答。记者亦断不偏执已见，自以为是。倘江氏有圆满之理由，为记者之浅学所不识者，当即为之更正，或更当舍己见以相从。若不能以圆满之答辞。则请江氏自今以后，慎尔出话。勿再鼓其簧舌，以荧惑海外华侨之观听。盖江氏之言，在国内已无价值，而在海外则为患方长。哀我华侨！方失望于政治革命之无效，忽闻有所谓五十万社会党员之代表者不先不后，应时而至。遂举其信政治革命者而信之，而不悟其患视政治革命为尤甚。此吾所以不避好辩之名而亟亟与之商榷也。

**一九一四年，五月。**

**《师复文存》，革新书局 1928 年版，第 179—191 页。**

## 答规枭

（一）读来书，知近持吾人主义，辩服年逾六旬之老父，钦佩奚似！□喜奚似！他日无政府主义传播史中，又留一段佳话矣。至问“其说虽善暂时不可行”一语当持何说以破之云云。大抵今日无政府主义之阻力，全在此语。不独脑浆陈腐之老人为然，即一般自命赞成无政府主义之人及大名鼎鼎之社会党，怀此疑问者亦几十人而九。盖无政府主义理论圆满，实无可以反对之隙，故欲抵拒之者，惟有“暂时不可行暂时不可行”一语而已。今试问所谓不可行者，其冥冥中有一上帝尼之使不可行耶？抑别有他故耶？则答者必曰：“人民程度不足无政府党势力尚幼稚”矣。则又试问所谓人民程度不足者，非人民信无政府之理者尚少之谓耶？所谓无政府党势力尚幼稚者非无政府党之人数尚少之谓耶？若然，则公等即人民之一分子，公等即有可为无政府党之资格之人，倘公等及与公等怀同一直疑虑者，（度一万人中几乎一千九百九十九人与公等所见相同）一旦深信无政府主义，毅然挺身而为无政府党，则人民程度立时可足，无政府党势力立时不幼稚，而无政府立时可行矣。然而公等将又有辞曰：“吾等得闻无政府之说者尚居最少之数，其余多数之人民，尚未闻其说，虽欲信而末由，虽欲为无政府党而不可得。吾等少数人虽信之虽为之，于事无济也。”则又敢问公等谓少数人于事无济，然则何法可得多数人耶？是又必藉传播之力无疑矣。然公等既知无政府主义之善者，尚不肯深信之而传播之，试问将赖何人以传播之耶？吾知公等必又曰：“此乃无政府党之事，非吾人所敢预闻。”公等须知所谓无政府党者，非四手八臂飞天遁地之人也。无政府党亦犹是人。苟公等一旦深信无政府主义，即为无政府党矣。然则播传无政府主义使人民程度不至不足，使无政府党势力不至幼稚者，非公等之责而谁责耶？是故公等苟反对无政府主义，以为无政府主义如何如何不善，是则吾可无言矣。若既以为善，而又以为不可行，则非公等所应出口也。何也？所谓不可行者，非真不可行，实公等使之不可行耳。盖知而不为，其罪尤甚于不知。苟天下人皆如公等之知而不为，则将地老天荒终不可行，又岂仅暂时不可行而已耶？天下事特患其不为耳。焉有为之为不成者？当十年前，人人皆谓中国暂时不可行革命，然革命党人聒而不舍，不数稔间，满洲政府果推到矣。今日之言无政府，犹之十年前之言革命也。公等苟能聒而不舍，无政府实行之期，又岂甚远耶？此外有谓教育未普及无政府不能行者，有谓强邻交迫无政府不可行者，吾皆已于“无政府浅说”明辨之。又有谓无政府党经过国家社会主义之一级者，此则社会民主党人之谬论也。夫天下事安有所谓阶级？中国未革命前，保皇党人皆曰民主共和必须经过君主立宪之阶级。今则何如耶？阶级之说果尚有价值否耶？姑勿论国家社会主义之无益于社会，又姑勿论今日民主社会党之手段决不能达到国家社会主义之目的。即使如愿相价，果达到国家社会主义之境矣。试问须用若干时日若干勤劳然后可达到此境。及其达到，又须为第二次无政府之革命，取前功而尽废之，吾人果何苦而不为此不惮烦之事耶？今吾请正告公等曰：无政府之可行不可行，全在乎公等。公等以为可行而为之斯可行矣。斯无政府矣。以上即所以破无政府暂时不可行之说者也。请持此以语老父，何如？

（二）来书又谓本报第七号以禽兽为人之同类，不若易禽兽二字为一切动物。夫禽兽与一切动物又有何别耶？禽兽二字，在旧社会之陋见，以为鄙贱之称，若以科学之眼光观之，则禽兽与人确为同类，此固可以倡言而不必讳者也。贱视禽兽，即为残杀之一种原因，亦即为社会迷信之一种陋习。吾人欲使道德进化，欲使思想正确不可不以科学之真理药之。是则禽兽为人之同类之说，正当提倡之，阐明之，无庸避而不言也。

**一九一四年，五月。**

**《师复文存》，革新书局1928年版，第193—196页。**

·

## 答乐无

乐无君既见本报第九号“论社会党”后，惠寄一文，题为“答论社会党。”其弁言曰：“乐无对于师复君之论社会党，不得不取社会党之陈迹，重申答辞，自白其纰缪之由来，意见之从出。”而前后复盛称本报之言论，甚或予以不虞之举。然则此文似不过陈述已往之意见，自表其误，而非现在答辩之辞，本可不必再事讨论。然细读篇中所述，乃一若对于本报而为答辩，自陈不误，而非但述已往之意见者。记者于此未免少有惶惑，故特就原论中有为记者所不敢苟同者，不避辞费，再申辩之。仍附于讨论之列。盖无非欲求较是之真理而已。

来稿曰：“社会二字，为家族以上国家以下人类组合之名词。”按社会者群众之谓也。（在西文不但称人凡动物之群皆得此名）。当未有人类之先，动物已各有其群。及演进为人，孤立独竞之时亦必甚短，不久即能合群而为社会。故虽谓自有人类即有社会，亦无不可。若家族则成于婚姻制度创立之后，国家则成于统治制度创立之后。是二者皆为社会之后起物。罕而譬之：则社会犹土地也，家族与国家则犹地上建筑物也。今来稿谓社会为家族之上国家之下之一物，得无误认由家族而成社会由社会而成国家乎？若然，则未有家族之前，岂遂无社会乎？国家以上尚有世界，此世界又果何物乎？若谓世界亦社会，则社会又忽在国家之上矣。此种误点，一似无关宏旨，不知吾人今日所讨论者即为社会问题。若对于社会二字之观念既不正确，则其他之误解，必随在相缘而生，是固不可不慎者也。

来稿又曰：“无政府则去国家，共产则去家族，故无政府而共产，则人类之组合，惟有社会，而无国家与家族。自其消极者言之，曰无政府无私产，自其积极者言之，则曰有社会有共产。”按社会为人类群体之浑称，无论有无国家，有无家族，其为社会则一。当国家与家族存在之时，谓之有国家有家族之社会，当国家与家族消灭之时，谓之无国家无家族之社会。盖社会固非与国家家族并列成三之物也。今来稿既误认社会为国家与家族中间之一物，即误认三者之并列。意谓三者之中，一善而二恶，当去其二而留其一。因谓无政府共产主义为无国家无家族而唯有社会。殊不知国家与家族均为社会之后起物，足为社会之大害者。无政府共产主义则排去社会之大害，改造良善之社会，而非去二留一之意也。又谓无政府无私产有社会有共产云云，亦不免语病。政府与私产，均可以人力去之而使即于无者也。故不妨曰无政府无私产。若社会乃群体之浑称，将从何而有之？（如言“有人群”此语可通乎？）共产则为处置产业之一种方法，又将从何而有之？（如言“有集产”此语可通乎？）来稿始则误社会为与国家家族并列之物，再引申之遂至以社会共产与政府私产亦为并列之物，故于此则无之，于彼则又有之，而忘其立言与事实之冲突矣。

来稿又曰：“其实际则无政府在无强权，……此强权为政府所必有，而社会所必无。故无政府而仅有社会，则人类可免强权之束缚，而得完全之自由。”不知当政府存在之时，其社会即为有强权之社会，固不得谓社会必无强权也。此误之所由来，亦无非误会政府与社会为并列而不系属之物之故。

来书又曰：“本此理想上之定义，认为真正社会主义，行此真正社会主义，名为社会党。因确认社会主义能包括无政府共产主义，社会党能包括无政府共产党。”此数语即所以答辩记者“无政府党不当名为社会党”之说。而以上种种枝节之辞，无非此数语之注脚。盖来稿之意，务欲牵合社会二字，嵌入无政府共产主义中。意谓“无政府者无政府而有社会之谓也，故无政府主义者有社会之主义也；共产亦仍以有社会而得名，故共产主义亦有社会之主义也；故二者皆社会主义，故社会主义能包括无政府共产主义。”不知无政府而有社会云云，共产以有社会而得名云云，其理想实未能正确，既如上述。然则所持以为社会主义能包括无政府共产主义之论据，亦因之全失矣。

来稿又曰：“凡人类所生活之域，皆可以社会名之。如曰政治社会，贵族社会，乃至盗贼社会，乞丐社会等社会上加以政治贵族等字样无非对待上形容上区别之词。……政治社会为社会之一部分，政治非能为社会对立之名词，而与形上之制度，形下之财产，同为社会之附属物。故废除社会之政治制度，则曰无政府；变更社会之经济组织，则曰共产。要之凡附属于社会而以对待上形容上之区别支离社会者，如种族宗教祖国家族等，皆废除之，于是乎无界限，无阶级，唯有平等公共之社会。以此定义，名为社会主义，名为社会党，不唯能包括无政府共产主义，并能包括无政府共产所不能包括者。”此有对于经济之学说，与政治无关，此实世界者之公言非记者独创之说也。今来稿乃谓“政治社会为社会一部分，政治制度与财产同为社会之附属物”因以为社会主义能包括政治。不知所谓政治社会者，乃谓政治家之社会（指以政治为生活之人）而非指国家统治机关所设施之政治也。政治家与政治本不同物，不能因政治社会为社会之一部分，遂谓政治谓社会之附属物也。犹之科学社会（即科学家之社会）亦可谓为社会之一部分，然不能遂谓科学为社会之附属物也。且政治谓国家统治机关之行动，用以统治一国之人民者，谓为人类之害物则可，谓为社会之附属物则观念不免淆杂矣。政治既非社会之附属物，则来稿所谓“废除社会之政治制度曰无政府”一语，未免戾于论理矣。以政治制度乃政府之所设，而非属于社会故也。至谓“凡附属于社会而以对待上形容上之区别支离社会者，如种族宗教祖国，家族等皆废除之。”此语尤不可解。充来稿之意，则凡存在于社会之万有，皆为社会之区别，皆为附属于社会之物，而皆当废除。何以言之？来稿谓政治社会贵族社会等为社会对待上形容上之区别。然则科学社会文学社会农工社会以及其他等等，亦将以为对待上形容上之区别而尽废乎？（按欧文社会一语原含二解：一为人群统称，一则小部分之团体。政治社会等乃属于第二义，非指第一义之社会也。今来稿混而为一，故有此误。）来稿又以种族宗教等为附属于社会以对待上形容上之区别而支离社会者。若是则天地间之万有，自农工百艺以至科学教育交通等等，何一不可谓之社会之附属物乎？又何一不当在废除之列乎？来稿根本之误，乃在强牵政治谓社会之附属物，欲以为社会主义能包括政治范围之证。既以政治谓社会之附属物，于是种族宗教等亦以为社会之附属物。因谓社会主义废除一切附属物而惟存社会，欲以示社会主义所包括之广，而不悟其别面之差谬，乃至不可思议也。原夫无政府主义与社会主义之废除政治废除私产，盖以其有害于人类，而非因其为社会之区别为社会之附属物也。其破除种族宗教等等，亦以其有害于人类，而非因其为社会之区别为社会之附属物也。社会上区别之词，苟其无害于社会，又何必一概废除之？更何必废除社会一切之附属物，然后可谓之社会主义乎？总之社会主义主张经济平等，无论如何，不能牵入政治范围。苟必欲牵入政治范围，未有能免牵强附会之弊者。此来稿谓社会主义能包括无政府共产主义之说，所由不独有背于学理，抑且不成其为理想也。

来稿又曰：“有此二种理想为根据，乃不名无政府共产党而名社会党，不名无政府共产主义而名社会主义。”所谓二种理想者，即如上所述，一则以为无政府即无国家，共产即无家族，无政府共产即无国家无家族而惟有社会，故无政府共产可以有社会三字括之；二则以为政治财产等等均为社会对待上形容上区别，为社会之附属物，社会主义则一切废除之，而惟存社会，故社会主义不独能包括无政府共产，且能包括其他。此即来稿所谓两种理想也。此种理想之是否正确，能否成立，既详辩于上，读者可自得之。记者向以为“社会党”之不名无政府党及不明揭无政府主义之故，或为求内地鼓吹之便利，不得不如此，亦未尝非当局之苦衷，同志仅可相谅。不料今读来稿，及参以他方面之议论，始知其中实有一种特别之意见，误认社会主义为能包括无政府主义，又以为无政府主义之名不及社会主义之善也。以其致误之原因，盖有二端：一则误认无政府仅为排除政府之消极手段；二则江亢虎三无二各之谬论先入为主也。因第一种误解，遂疑无政府主义仅排除政府而无积极之主张，因第二种之误解，以为无政府无家庭无宗教三者并举乃谓之纯粹社会主义，无政府则仅其中之一事，遂疑无政府主义为不完全。合此两种误解，乃觉无政府主义之名称不及社会主义之善，而又以社会主义向来之解释非如此也，于是执著社会二字，向字面上迂回曲折，多生别解，务求其牵合于无政府主义而后已。既乃觉其与学理不相容则强而名之曰“理想上之定义”此即来稿所谓二种理想之所由来矣。（观于来稿所谓“自其消极者言则为无政府”又谓“社会主义能包括无政府共产主义所不能包括者”更参观社会世界第五期答客公之论与江氏三无二各之说全同。是乐无君确因有此两种误解然后生出此二种理想并非记者所敢武断也。）不知社会主义主张产业所有权属诸社会，此定义不独为世界学者所认定，且为一般普通人所认定。若必以个人之理想，执华文字面上之意义强加以支支节节之别解其不贻世界之笑柄者几稀矣！（譬如名学化学之类若于字面上强加别解，则名字化字之范围既广，别义亦多，不难生出数十种理想上之定义矣。然乐无君当必知其不可，社会主义亦犹是也。）至无政府与排政府意义不同。无政府主义并非消极之主义，已于“答凿任”书中再三言之。三无二各说之谬，亦已于“无政府共产主义释名”详论之。苟能排去此两种误解自不必疑无政府主义之名不当，即亦不必斤斤思以社会主义代无政府主义矣。

来稿曰：“复以欧美各国及中国习惯上之迷误，以集产主义及社会政策为社会主义，故于社会主义上加极端或真正二字以示区别。”按以社会政策为社会主义，自是迷误，然凡略有常识者，皆能知之能辨之，可不必论。惟集产主义固明明社会主义之一派，为世界学者所公认，不能谓为习惯上之迷误也。亦正惟社会主义中有集产之一派，吾人主张无政府共产者乃不能不正其名义，而不当仍用社会主义之统称耳。今来稿谓加极端或真正二字以示区别，亦既知区别之必要亦。则何不直接正其名义曰无政府共产主义，而必取此绝无界说之极端真正等字乎？且言及区别，尚有一最显而易见之事实，足令“社会党”之名决不能成立者。何以言之？乐无君之发起“社会党”也。当时亦有世界革命之言，然则“社会党”必须与世界党人联合而不能以闭关自豪也明矣。则试问将与世界之无政府党联合乎？抑将与世界之社会党联合乎？度乐无君必答曰与无政府党联合，既与无政府党联合，则此名不正言不顺之“社会党”，一名尚能存在否乎？抑将坚执一偏之理想而强世界之无政府党易其堂皇正大之名以相从乎？苟涉想及此，“社会党”之名虽美，不能不割爱矣。

来稿又曰：“社会党社会主义之名，虽由翻译欧文而来，一经集产派政党袭用，吾人岂便不可纠正其谬误，但须服从彼谬误之习惯，学术乃无国界乎？”不知苟有谬误，岂但可以纠正之，虽排斥之可也。惟集产主义则明明社会主义一派，虽吾人之主张共产者，有时排斥集产，谓为不完全之社会主义，甚或字之曰非社会主义，然不过充类至尽，极端之论调，不能为学术上之定论也。（在集产党之攻击共产，亦未尝无此种极端之论调）论学术者贵持平，集产主义虽卑，终不能屏之社会主义之外，是吾人乃服从真理，而非服从谬误之习惯也。

来稿又曰："彼欧美各国区别无政府主义社会主义之界说，吾人岂即须奉为金科玉律如教徒之守圣经，不容抉择变通乎？此盖吾人自由之思想，非关乎国粹也。"不知思想之自由，无论达何极度，而真理则不能不服从。故苟其言而是也，无论其出自何人，吾人称述之，承认之，甚或奉为不可易之格言，皆所谓服从真理，不能以教徒守圣经相讥议者也。今当世无政府主义与社会主义之界说，来稿亦未尝指出其谬误，而惟恃不充于学理之理想，以为思想自由，记者窃不敢妄为附和。且乐无君亦知今日之世界乃科学之世界乎？十九世纪以来，徒凭理想之唯心论，已为事事征实之唯物论所战胜亦。故凡立一论持一说苟非有科学之精神以为基础，其说必不可图存，不待攻而自破。今无政府主义与社会主义虽尚未成为专门科学，然社会主义自有马格斯之后（马氏虽为集产派之祖，然其学说之一部分亦自有甚精之点不能一概抹煞之也。）无政府主义自有克鲁泡特金之后均各就其主义，洗净从前不正确之理想，而纳诸科学之轨律中，于是社会主义无政府主义亦骎骎具有科学之精神矣。世界学术之趋势，方日向于实证之科学，而我乃持蹈空之理想以相抗，岂能有济乎？抑更有一义，凡一学术之定义，其重要有非普通理论所能比拟者。学术之名称，其字面之意义，与其学科内所含义理，往往各不相侔。最浅而易见者，如论理学（或译名学）原名为 Logique 溯其字之古训，实为思想，与论理学之意义固迥别者也。然自有定义，则人人皆知其为立言推理之学，而断不至误为思想之学矣。今社会主义无政府主义亦然。社会之字义为群众，其范围至广，然自有定义，则人人皆知其为主张财产公有之学说，而不至误生别解。无政府原名 Anarchie 普通解作扰乱，然自有定义，则人人皆知其为主张无政府之学说而不至谓为扰乱之学说。然则学说之定义，其价值于此可见，不能执著字面以相求亦于此可见。今来稿不惜舍当世认定之义，而执著社会二字，生出两种理想之定义，而以为思想自由，充类至尽，不难为论理学为思想学，谓无政府主义为扰乱主义。足下必知其不可也。

来稿又曰："况且之社会党无政府党之历史，无政府党本出于社会党，因安谭士大会（按：巴马分离乃在海牙大会，安潭士三字当是误忆）马格斯主张有政府集产主义，巴枯宁主张无政府共产主义，分离而示区别，故有无政府主义无政府党之名，即克鲁泡特金亦有无政府主义即废除政府的社会主义之解说，然则无政府三字，特用之以为社会主义一派之区别名词，……而社会主义能包括无政府主义于是益明矣。"按巴马二派分离之历史，乃国家社会主义与无政府主义冲突决裂之历史，而非无政府党出于社会党之历史。无政府主义无政府党之名，亦非始于是时，"驳江亢虎"文中已详引当时历史说明之，今不赘述。至克鲁泡特金"无政府主义即废除政府的社会主义"一语，乃适足为社会主义不能包括无政府主义之明证。何以言之？社会党与无政府党同主张废除私产制度，惟有一不同之点，无政府党主张废除政府而社会党则未尝标此主张。故克氏之释无政府，特于社会主义之上状以废除政府云云。盖社会主义只能表示无政府主义关于经济一部分之意见，而未足表示其废除政府之主义，故必须状以废除政府一语。然则单举社会主义，其必无废除政府之意义彰彰明矣。社会主义既无废除政府之意义，则社会主义之不能包括无政府主义，又彰彰明矣。更安得以无政府三字为社会主义之一派耶？（“废除政府的社会主义”一语与“集产社会主义”“共产社会主义”等不同。共产集产均社会主义本有之意义，废除政府则非社会主义本有之意义也。）

**一九一四年，七月。**

**《师复文存》，革新书局1928年版，第207—221页。**

## 驳江亢虎

“江亢虎新大陆通信片”第十一期内载一文，题为“纪民声杂志论载事”，对于本报批评江氏言论之要点，均置而不答；而惟以诋毁，干涉，专制，横逆，幸灾乐祸，世态炎凉，下井投石等丑语加之本报；甚而攻击及记者个人。本报于第六号经已声明辩论范围：“纯为研究学理。绝非对于个人而为非议。”复于第六号申说记者之反对江氏乃“反对其言论而非反对其个人。”江氏苟不以记者所论为然，自可根据学理，反覆辩论，虽千百回不为赘也，不料江氏绝口不谈学理，而惟以恶声向人。江氏诚工于趋避而善于骂人哉！今试撮举本报第八号以前批评江氏言论之要点条举于后，而附注其有无答辩，俾读者略清眉目。

（一）本报谓江氏不主张推翻资本家，收回土地资本归诸社会，是为违背社会主义之根本要义，故江氏所主张，不得称为社会主义。（江氏不能答。）

（二）本报谓江氏不主张土地资本公有，而惟主张营业自由，财产独立以及限制军备专征地税等，均属社会政策而非社会主义。（江氏不能答。）

以上二条为最握要之论点。此外则

（三）本报谓江氏忽而称共产主义为社会主义不祧之宗，忽而谓共产主义阻滞人类进化，赞成反对，同时而出。是为自相矛盾。（江氏不能答。）

（四）本报谓江氏并举共产集产之学说，统称为共产主义，是为不明学派。（江氏虽有答辩而其谬加甚于下文再驳之。）

（五）本报谓江氏举社会主义之各派（均产集产共产）一律推翻，而自称为特殊之主张（不啻自居于社会主义之外），益显见其所主张为社会政策。（江氏不能答。）

江氏既于以上各要点不能置答，则其他连篇累牍，刺刺不休之谈，其有无价值可想见矣。今请取其误会及强词夺理者顺次驳之：

江氏曰：粤人刘师复君，本“同盟会”会员，政治革命党人也。满清时谋炸李准试验炸药，自断其腕。革命后复谋刺袁世凯挟巨资北上，行及沪而和议成，乃转而刊布社会主义无政府主义小册子。并发起“心社”及“晦鸣学社”于广州比又以毒毙李世桂之嫌疑去粤。

按此一段文章，全为师复个人作传记，写履历。江氏之笔墨如此休暇，诚可谓不惮烦。岂与人辩论必须为其人详叙过去之履历然后可讨论耶？则试有人与江氏辩论一事。而开宗明义即曰：“江亢虎即江绍铨满清之进士（或举人?）而兼小京官也。”此语为有意识否？抑又或以本为“同盟会”会员本为政治革命党即不可主张无政府主义耶？则记者曾入“同盟会”为会员固未尝自讳。十年前之“同盟会”会员，与今日之无政府党，岂复可以相提并论者?（记者之入“同盟会”在东京同盟会最初创立之时。彼时可谓纯粹之政治革命党。越二年谋刺李准方出门而弹发，事觉入狱两年余。经种种刺激及研究，而余之思想一变。出狱后组织暗杀团，章程为余所起草，以“反抗强权”为宗旨，取单纯破坏之手段。自是之后，余虽未尝标揭无政府之主张，然敢自信确为反抗强权之革命党，而非复政治之革命党。且此后皆独立运动，与“同盟会”亦几无关系矣。是时团中同志各谋其单独行动，多注重广州方面，如炸李准炸凤山等，余与同志数人则担任入京刺载沣本在四川湖北革命军未起之前。某君实先行，并输运炸弹，不料中途败事，余等计划更动。故延及革命军兴，始得成行。此时强权之魁首已转为袁世凯，故余等之目的物亦因而移于袁世凯。抵沪时南北议和适开始，某君止余等勿急行。及议和既成，余等之意以为可以乘此机会散布社会革命之种子，而单纯破坏转非所亟；此即“晦鸣学舍”之所由发起，冀以为传播无政府主义之机关者也。以上为余个人思想变迁之琐事，殊无载入本报之价值，以耗读者之目力。徒以江氏既赘述余之生平，而又不能尽实，不得已略述之以告江氏耳）至谓余以“毒毙李世桂之嫌疑去粤”一语，则尤非事实。余之去粤由于民贼之封禁本报及“晦鸣学舍”此固无人不知，且曾具述于本报第四号。江氏夫岂不闻而必故为此语，其有意耶？抑无意耶？明眼人可以判之矣（余之由广州走澳门时为去年九月。在澳复被葡萄牙干涉。则又去澳时为去年十二月。若陈某之毒杀李世桂则在本年一月。其后牵涉余名，则在本年二三月，时日之相隔乃如此至此事嫌疑之由来，尤为可笑，余固不必辩，亦且不屑述之，请观本报第五号之启事可知矣。）

江氏曰：自社会党解散，入室操戈下井投石者，颇不乏人。惟绝不意世态炎凉，虽至高尚纯洁之无政府主义家，亦不免竟为其所中。现师复近所发刊之民声杂志。对于社会党及鄙人，冷嘲热骂之作，刺刺不休，幸灾乐祸之心，跃跃如见……攻击过去之社会党，诋毁出亡之鄙人。……

嗟夫江氏老羞成怒，乃欲以幸灾乐祸，世态炎凉，下井投石等语诋我耶？“中国社会党”虽解散，而江氏之言论与主张具在。批评江氏之言论及主张，与中国社会党之解散有何关涉？夫人苟对于现社会而思有所改革，无论其属于何派，必不免为政府所嫉视，此乃题中应有之义。区区一命令解散，安足当社会党之一晒，何灾害之足言？又何所谓下井？更何所谓凉？必江氏脑筋中先存有重视政府，崇拜政府之印象，故一遭大总统之命令解散，即大惊而小怪之，曰灾，曰祸，曰下井，曰凉，（又如在上海编登报纸。亲友荣饯然后出游美洲亦必饰其词曰出亡，曰九死一生，与灾祸等词，同一声口。）反而观之，无怪未被解散之前，时时宣言曰孙前大总统推许，唐前总理赞成；又曰袁大总统赞成，赵总理保护。一若无上之光荣无上之炎热矣！自己既怀此龌龊思想，更无怪一见有人批评其言论之不当，即指为幸灾乐祸……云云矣。且余既屡次声明“反对江氏言论而非反对个人”。至社会党则业已解散，其物已不存，更无所用其攻击。有时取其党纲而批评之，则以党纲为江氏之手笔，批评其党纲，乃批评江氏主张耳。非批评其党也。今江氏则指为“攻击过去之社会党诋毁出亡之鄙人”。余究有何语为攻击社会党，何语为诋毁江氏个人者，江氏能指出否乎？若谓芜杂矛盾……云云。即为诋毁，则当定先诋毁之界说。诋毁者，攻击个人身上之私德，及并非实情而造谣以非议之，若是者方可为之诋毁。倘为批评一人在社会上之行动及其主张，则言论自由，无论其批评合否，惟有辩论更正，而不得遽为诋毁。即使武断之曰：凡批评不合者即为诋毁，亦必须指出其批评不合之实证，方合辩论之道，今本报谓江氏平日所主张为芜杂矛盾……云云，无一不举出江氏原文，加以评论，然后下此断语。并非凭空造谣以诬之也。江氏苟以为不然，当一一答辩之，证明其非芜杂非矛盾非……而后可。今江氏则未尝有只字剖辩，而惟悍然辟之曰周内，曰诋毁，然则江氏之言论及其主张殆所谓神圣不可侵犯之物。设或有人评论之，即加以诋毁之罪，吾恐俄罗斯皇帝之上谕，亦未必如是之尊严也。

江氏曰：其最奇者，既痛斥极端社会主义纯粹社会主义名词之不经；而直接标揭为无政府共产主义矣，而又申言即真正社会主义完全社会主义。不知真正完全字样胜于纯粹极端者何在？且谁全谁偏？谁真谁假？有何凭据，有何标准？

记者于本报第五号“无政府共产主义释名”中以为极端社会主义纯粹社会主义等名均属不当。其理由已具述于该论。然并未申言无政府共产主义即真正社会主义完全社会主义也。江氏果何所指而为此言耶？该论虽有“非反对真正的社会主义也”及“吾见近人之习用纯粹社会主义一语者往往误会以为完全之社会主义”之言。然非申言即无政府共产主义，苟稍通文义者当无不能辩之也。“无政府主义即真正社会主义。”

此语出自科学大家无政府主义之泰斗克鲁泡特金 Kropotkin 先生，吾人固常常称述之。完全社会主义，则对于集产主义之不完全而言，亦为近世所习用。然所谓真正社会主义完全社会主义者，均有所对待之词，而非有一定之解说。亦非专有之名词，以为无政府主义或共产主义之注解之形容词则可，以为无政府主义或共产主义之别名则不可。本报第十号答悟尘书中已论及之，吾人所以谓极端社会主义及纯粹社会主义等名为不当者，亦以其用为无政府主义之别名耳。倘其但用为诠释，而非用为专名词，则既无关于正名之要旨。吾人又何必斤斤讨论乎？至谓谁全谁偏，谁真谁假，有何凭据，有何标准云云。余亦有说以证明之。真正社会主义一语，出自克鲁泡特金完全社会主义一语，尤为共产主义家所习用。如马龙氏 B. Malon 曾著有“完全社会主义”“Socialisme Integral”一书。黑拿尔氏 G. —Rcnard 又有“完全社会主义与马格斯主义”“Socialisme Integral ct Marxisme”一书。此外尚不可枚举。用语既有来历，即不能为无凭据。若问何为真正何为完全，尤属易晓。社会主义者：废除私有财产而归之社会公有之谓也。既以财产公有为社会主义，则必如共产之说，生产机关及所生产之物全属之社会，然后可称为真正可称为完全。若集产之说，则生产机关归公有，而所生产之物仍归私有。是仅得财产公有之半面，即不啻为不完全之社会主义，不啻为失其真相之社会主义矣。是即偏全真假之确切标准也。总之真正社会主义完全社会主义等语，已成为当世无政府家共产家之熟语，江氏自未之闻，故讶以为无标准无凭据耳。

江氏曰：以余所闻，社会主义发起于圣西门集成于马格斯，社会主义之马格斯譬之中国儒教之孔子……吾人可反对社会主义，而不可谓马格斯非社会主义，而自有其所谓社会主义。犹之吾人可反对儒教，而断不可谓孔子非儒教，而别有所谓儒教。

谬哉江氏。社会主义之理想，实渊源于希腊之古哲。逮十八世纪之下半期，社会主义家蔚然勃兴。如巴比夫 Bahoeuf 加彼 Cabet（以上二人主共产）孚理亚 Foulier [Fourier] 圣西门 St. Simon 等同时并出。以言发起，则不独圣西门一人也，特溯集产学说之渊源者乃称圣西门耳。社会主义乃一公共之名，其中派别自夥。即从其最简单者言之，亦必有共产 Communisme 集产 Collectivisme 两派，固不能以集产主义独占社会主义之名也。今江氏乃谓社会主义集成于马格斯（即麦格斯）譬之儒教之孔子，岂知马氏以前，共产主义之理论已极发达。鲁意布兰 Louis Blanc 出，更与圣西门派之说立于反对地位。马氏既主张集产，纵能集圣西门派之大成，然岂能集共产派之大成乎？若比之孔子尤为拟于不伦。儒教倘认为宗教，则孔子实为教主。以马格斯比孔子，然则马氏其殆社会主义之教主乎？然则一切之社会主义家，必皆马氏之徒乎？然则共产派之社会主义，江氏其殆屏之社会主义之外乎？江氏之谬妄一至于此，可谓叹观止矣！至谓：“不可谓马格斯非社会主义而自有所谓社会主义，犹之不可谓孔子非儒教而别有所谓儒教，”尤为怪绝。马氏之集产社会主义，为社会主义之一派，此固记者所承认，且屡次称载于本报。谁谓彼非社会主义者。然马氏祇可谓为社会主义之一派，而不能以社会主义为马氏之专利品。马格斯派之外，固尚有理论圆满之共产社会主义。今江氏乃欲谓马氏之外别无所谓社会主义。比之孔子之外别无所谓儒教。呜呼江氏其善忘耶？抑梦寐萦萦于教主。遂不觉加大成至圣之冕于马氏头上耶！马氏有知将唾之矣！

江氏曰：当巴枯宁马格斯未脱离分立以前，无政府主义实兼赅于社会主义中。及其脱离分立以后，无政府党特标无政府主义之名词，而以社会主义之名专属之马格斯。从此无政府党绝不自称其所主张为社会主义。……而师复反谓圣西门马格斯为片面的社会主义，而称无政府共产之主张为真正社会主义完全社会主义。吾恐不但全世界社会党人不公认，即全世界无政府共产党人亦不肯公认也。此真所谓怪剧。不啻夫子自道矣。

谬哉江氏。巴枯宁派与马格斯派分离之历史，乃无政府党与国家社会党分离之历史，而非无政府主义由社会主义脱出之历史也。世之耳食者流，往往误会以为巴马二派未分以前，无政府主义实统属于社会主义中，而别无所谓无政府主义，一若巴枯宁之无政府主义亦由马格斯之社会主义所产出也者，此实不明历史之故，江氏亦其一人也。兮请以简单数语约举二派未分离以前之历史以告读者可乎？一八六四年“万国劳动会”International Arbeitet Assoziation，Internatjonal Working Men’s Associati'on，Association Internationale des Travailleurs 开会于伦敦是为劳动者国际同盟成立之始。是会宗旨，在联合各国之劳动者，谋直接推翻资本家，取回生产机关，由劳动者自用之。至于取若何之手段，及采用何种之分配制度，其初固未有规定。且屡次大会，均不能得确定之决议。是万国劳动会乃劳动者反抗资本家之团体。其命名非社会党，其性质更与国家社会党悬殊。凡赞成劳动革命者，无论其属于何派，均不妨入会。故主张国家社会主义之马格斯与焉，主张无政府主义共产主义之巴枯宁克鲁泡特金又与焉。会员中学派既各有不同，则关于进行之手段及目的，均必有所争论。以是之故，马格斯之国家社会主义派，与巴枯宁之无政府主义派，乃互相角逐，互有胜败。及其最后（一八七二年），卒致意见决裂而不可合。是即国家主义派与无政府主义派分离之历史。所谓分离，乃两派不合并为一党而分离，并非无政府主义由社会主义分出之谓。当未分离之前两派主张，固始终各执一说，各树一帜，并非巴枯宁之无政府主义原在马格斯之社会主义中至是始分离也。江氏乃谓未分立以前无政府主义原兼赅于社会主义中。其欺人耶？抑不明历史之由来耶？无政府主义始于蒲鲁东一八四八年发表其意见，实在巴马二派分离二十余年之前。试问此时蒲鲁东之无政府主义是否兼赅于社会主义中耶？且即言巴枯宁无政府之运动，亦不限于万国劳动会，两派未分离之前，巴氏亦自有活泼之运动。当一八六七年“万国和平自由会”开会时，巴氏实首先提出无政府主议［义］于该会。主张废除政府以保全和平与正义，该会议决采用。巴氏遂被推为终身会员。翌年巴氏复提出议案，主张极端破坏。当此之时，巴氏尚未入万国劳动会。试问此时巴氏之无政府主义又是否兼赅于社会主义中者耶？又翌年（一八六九）巴氏始入“万国劳动会”为会员。当未入会之先，劳动会之瑞士分部已有“罗马联合舍”之组织，与马格斯派意见不合；而赞成无政府主义。巴氏入会而势愈张，反对马格斯派最烈。次年（一八七〇）拿破仑第三帝政倾覆，巴氏遂乘势运动，欲实现其理想之无政府社会。以里昂为根据地，宣言废弃国家。不幸而遭失败，复之瑞士，次年（一八七一）万国劳动会第五次大会于伦敦，马格斯派势力日盛，巴氏乃与“罗马联合会”共组织“犹拉会，Jurassienne”以无政府主义为宗旨。又次年（一八七二）乃与马格斯派完全分离。由此观之，巴氏之无政府运动，在未入劳动会以前，已明标无政府主义，固与马氏无关。即入会以后亦时时有独立之运动，亦明揭无政府主义之名，既与劳动会不一致，更与马氏绝对不一致。是巴氏之无政府主义，与马氏之社会主义，始终绝对不相合。所谓合者，不过同在劳动会之三年中互相角逐互相争辩而已。相合且不可，更何兼赅之可言耶？江氏又谓“分立以后无政府党特标无政府主义之名词。”然则未分离之前，巴氏果未标无政府主义之名耶？巴氏由一八六七至一八七一数年中之种种运动，其社会主义耶？抑无政府主义耶？请江氏稍展其眼光，一读巴氏之历史及著作，当可恍然悟矣。

江氏又谓“从此无政府党遂以社会主义之名专属之马格斯而绝不自称其所主张为社会主义。”岂知社会主义之中，有共产集产之两派。马氏特集产社会主义耳，若共产社会主义则固无政府党之所主张者。安能以社会主义之名专属之马格斯乎？克鲁泡特金，吾党之泰斗，而极端排斥集产主义者也。然其生平著述，乃往往称述社会主义，其辞辟集产主义时，必明著集产主义或集产社会主义之名，而不单称社会主义。且常曰：“无政府主义即真正社会主义也。”又曰：“无政府主义者废去政府之社会主义也。”其他无政府大家之著作，论述社会主义者，尤触目皆是，不可以缕述。江氏乃谓无政府党以社会主义专属之马格斯而绝不自称其所主张为社会主义，果又何所见而云然耶？夫今日一般人之习惯，以社会主义之名专属之社会民主党，固诚有之。吾无政府党人因社会上既有此习惯，乃于名义之间，辨别益严。自称或曰无政府党，或曰无政府社会党，或曰无政府共产党，而不欲单称社会党，以免与社会民主党相混，此亦诚有之。然此乃习惯问题，若夫论述学理则社会主义之名，吾人固不必讳言。安有绝不自称主张社会主义如江氏所云云者耶？江氏又谓“师复反谓圣西门马格斯为片面的社会主义而称无政府共产之主张为真正社会主义完全社会主义。”且谓全世界之社会党人无政府党人必不公认，而指为怪剧。按本报第二号尝曰：“近日好谈半面的社会主义者，往往谓借政府能力可以达社会主义之目的。”盖吾人以为社会主义当向社会谋解决，不当向政治谋解决，以社会问题而乞灵于政治，是自失其社会主义之价值，故目之曰半面的社会主义。今江氏乃易其词曰以圣西门马格斯为片面的社会主义，便与原意不符。因圣西门固未尝主张政治运动也。然此或称引之偶误，亦姑可以不论。第就学理言之：则西马二氏之学说，谓为半面的社会主义，亦非苛也。何以言之？社会主义必废绝一切私产，方得称为圆满。今西马二氏之学说，对于生产物之分配，均许私有。是明明尚有私产，焉得逃半面之诮乎？至无政府主义即真正社会主义一语，及共产社会主义与集产社会主义相对待时，往往称为完全社会主义。吾既于上文历历证明之，江氏乃指为怪剧，谓世界党人不公认，抑何所闻之不广耶？江氏若必以为怪剧，则克鲁泡特金先生及当世之多数共产主义大家当先承其咎。如师复者又何足道耶？且江氏以三无二各为纯粹社会主义，又谓"纯粹社会主义乃对国家社会主义而言。"（见洪水集）然则国家社会主义之不纯粹，不言可知。国家社会主义非他，即马格斯主义也。然则江氏明明谓马格斯为不纯粹之社会主义，而称无政府共产（彼之所谓三无二各）之主张为纯粹社会主义矣。全世界之社会党人无政府党人肯公认乎？抑不肯公认乎？怪剧乎？抑非怪剧乎？忽而奉马格斯为社会主义之教主，忽而谓其主义为不纯粹。怪剧之中，复有怪剧。吾于是又不得不叹观止矣！

江氏曰：师复又痛斥余不明社会主义之派别，而以马格斯之集产主义纳之共产主义为可骇。以余所闻，则社会主义最通行最紧要之第一著作，即马格斯所手草。固明明曰共产主义宣言也。马格斯自己不明社会主义之派别，而自己纳之共产主义中，当尤为师复所大骇特骇不一骇者已。

嘻，此即江氏欲藉以掩饰其不明学派之答辩词乎？一八四七年。马格斯发表共产宣言。自称共产主义（此宣言之纲领，即禁土地私有课累进税禁相续权等等；即今日社会民主党之党纲所奉为蓝本者也。）盖因当时共产 Communism 集产 Celltectivism 两名词，尚无严确之定义，故马氏得混用之。而巴枯宁即以反对马氏主张之故，特称集产主义以自别。若在今日，两名词之定义，既已无人不知。便可纵而诠释之曰：马氏名为共产，实即今日之集产。巴氏名为集产，实即今日之共产。可见马格斯之所谓共产主义，不过历史上之名词（在今日论学派者则皆以马氏为集产派），稍读社会主义史者当无不知之。记者于本报十二号第九页答尚任书亦尝下以诠释，曾何足骇之有？惟江氏之不明学派，其病不在以马格斯为共产主义（江氏向未尝有此语。记者亦未尝谓江氏有此语）。而在胪列共产与集产之学说统而名之曰共产主义。（参见孙逸仙江亢虎之社会主义）今江氏欲护其短，乃易之曰："师复斥余以马格斯之集产主义纳之共产主义为可骇，"思藉马氏之共产宣言以自掩。此其狡狯欺人为何如耶？马格斯之共产宣言谈历史者不妨仍其共产之名。若诸家之集产学说，则无论如何，决不能谓之共产。今江氏则统而纳之共产主义中，其言曰："共产主义一产分动产与不动产，此派中有主张一切共有者，有主张不动产共有而动产仍私有者。有主张不动产公有而动产则废除者，即废产主义。废产主义有名实俱废者，各尽所能各取所需不计价值也。有名废实不废者，即一种进化的银行汇划法也。此外更有均产主义，集产主义，与共产颇不同。”江氏此论，其不可解之点不可枚举。请申说之：田地房屋为不动产，金钱器物为动产。此法律上用以分别产业之种类者也，若社会主义之分别产业，则以土地机器等为生产物（即生产机关），衣食房屋等为需要物（即所生产之物）。而动产与不动产之名词，则不适用于社会主义之意义者也。今江氏之动产不动产云云，不知何指，亦不知为谁氏之学说，然以意度之，则必误以生产物为不动产需要物为动产无疑（民声第六号如此假定江氏亦无异辞）。社会主义中最浅而易知之用语，江氏尚不能辨别，不可解者一。若不动产与动产果作生产物与需要物之解释，则主张生产物公有而需要物私有者，明明为集产主义之学说。今江氏乃列之为共产主义之一派，不可解者二。各尽所能，各取所需，为鲁意布郎之学说，当世学者皆通称曰共产主义而已。江氏则又从而名之曰废产主义，其本之谁氏，不得而知。然以余所闻，则共产主义乃尚产派 Dominist 之学说，与废产派 Indominist 乃适相反，不可解者三。江氏之所谓进化的银行汇划法，语不明瞭，不知何指。然集产学说中，有主张按各人工作之多寡而给以相当之工券可以互易物品无异银行之金券者。江氏或即指此种亦未可知。若然，则明明为集产学说，江氏又列为共产主义之一派。不可解者四。江氏此论，分共产主义为四派（一动产不动产均公有。二不动产公有动产私有。三各尽所能各取所需不计价值。四进化的银行汇划法）。若由今世学者普通之分派言之，则第一第三两派均共产主义之学说，第二第四两派均集产主义之学说，江氏乃统列共产主义中，既以集产主义列入共产主义混共产集产为一物矣，复从而申言之曰：“此外更有集产主义与共产颇不同。”此种集产主义，究为何物？不可解者五。有此五不可解，江氏之不明学派，又岂余深文周内之词耶？吾久欲闻江氏如何分别共产与集产而不可得，近偶检天声第一集忽见其在杭州之演说曰：“共产社会主义，欲保持财产之平均，主张将私人所有之财产，作为共产。国家存在之日，则归之国家。集产社会主义，主张集私人之财产于一处，以营事业，年终均分红利，以免自由竞争之弊害。”呜呼？此即中国社会党五十万党员代表之江亢虎先生所下共产主义与集产主义之定义乎？苟以稍有社会主义之常识者观之，其不为之喷饭者几希矣！夫所谓将私人财产作为共产者，其但指生产物（土地器械等）耶？抑兼指生产物与需要物（衣食房屋等）耶？于此二者既不明言，则共产之义尚未明瞭也。且共产主义必主张以一切财产归之社会，无论是否无政府，均无有主张归之国家者（若德意志派之专制共产主义，与近世之所谓共产主义，全异其旨趣，不能借以为口实）。主张以财产归国家，则惟社会民主党之集产主义耳。乌足以言共产？至其解释集产主义，以为“集财产于一处以营事业年终均分红利。”尤足令人捧腹。以此为集产主义，则所谓集产者，乃一大贸易之公司。以有财产者为股东，而相与经营商务，是真古今东西未有之奇闻。江氏之分辩学派如是如是，吾于是又不得不叹观止矣！

江氏曰：师复又谓余初则宣言赞成无政府主义，今则宣言反对无政府主义，两者皆不知其何指；惟余十年前所倡道之三无主义，固明明为无国家无家庭无宗教。师复乃代改国家二字为政府二字，而谓家庭宗教不能与政府并列，至以种种丑语形容之。如此强题就文殊令观者叫绝。

江氏之忽而赞成无政府，忽而反对无政府，记者于民声十二号答李进雄书中已历历指出其证据。请江氏一读，自知其所指，不可诬也。至江氏之所谓三无主义，其“三无主义悬论”文中，虽指无国家无家庭无宗教。然除此之外，凡言三无主义，皆举无政府无家庭无宗教为言。如在杭州之演说曰：“无治社会主义……余欲称之为三无主义，即无政府无家庭无宗教。”（见天声杂志第一册题为江亢虎大讲演）“中国社会党重大问题”又曰“大侲［抵］高尚卓越之士，多祈望本党为纯粹社会党。以达到无家庭无政府无宗教之理想世界为宗旨。”其答案又曰：“无治党可标举无政府无家庭无宗教为其究竟之宗旨。”其后江氏又发起三二学社。其社约又曰：“纯粹社会主义有三无二各之学说，三无者无政府无家庭无宗教也。……”以上皆江氏之言论明证具在，岂可虚造。是江氏除三无主义悬论之旧文外，其他最近之言论，皆以无政府无家庭无宗教三者并举。称为三无主义，且以代无政府主义又以为无政府党之究竟宗旨（江氏之三无主义悬论，乃数年前之旧文，自谓“事过境迁不复成章不过存为纪念而已。”然则吾人引述江氏言论，自当以最近者为正，此实征引人言之通例也）。言犹在耳，墨且未干，江氏乃狡赖不认，反谓余代改国家二字为政府，谓余强题就文。噫，既食言之不已，复反唇以诬人。江氏之无理，歪于此极，能不为之齿冷哉！抑吾且姑让一步：假定江氏之所谓三无，确为无国家无家庭无宗教。则又试问此三者果足以尽无政府主义 Anarchism 之意义否耶？除国家家庭宗教之外如军国主义 Militarism 资本制度 Capitalism 等，无政府主义亦反对之乎？抑不反对之乎？以无国家（或政府?）无家庭无宗教三者为无政府主义，（因江氏明言称无治社会主义曰三无主义。又谓无政府无家庭无宗教为无治党之究竟宗旨。云云。）此真未之前闻之解释，诚非吾人所能梦见者矣。

江氏曰：至于 Anarchism 一语，其内容诚可解为广义，然一译作无政府三字，则既曰政府，即非家庭，亦非宗教。而师复乃以为一切包括无遗。忽而取其多，则谓政府家庭宗教三者尚在未尽。忽而取其少，则谓无政府一字即已有余。日近长安近，只顾自己说得有理而已。余意则以为就文字言，无治主义较为适当。就习惯言，无政府主义较为通行。故吾人姑沿用其名词，而别须分疏其定义。若谓政府二字即有家庭宗教种种之含义，如余捣昧，良不足以知之。

江氏以为 Anarchism 一译作无政府即不足以包括无家庭无宗教。然 Anarchism 之原字则谓可释作广义，是其原语足以包括无家庭无宗教，江氏想亦知之。Anarchism 既足以包括无家庭无宗教今译入华文称为“无政府主义”，仍不过藉以代表 Anarchism

而此主义之性质作用及定义，则固未尝有所出入。断无在 Anarchism 则其义可广一易以无政府主义之代表名词其义忽变而为狭之理也。今江氏乃谓一译作无政府即不能包括，其理由果何在乎？岂所谓无政府主义者，在西文则其义广，在华文则其义狭。如水银之忽缩忽涨者乎？在吾人之意：以为无政府主义 Anarchism 反对一切强权，所包甚广。苟于其中特标政府（或国家?）家庭宗教三者反对之，尚不足以尽其义。惟取无政府主义 Anarchism 之名，然后其义乃无所不赅。前后意义一贯，何所谓忽取其少忽取其多耶？且吾人但谓无政府主义 Anarchism 可以包括无家庭无宗教耳，固未尝谓“政府”二字之字面足以包括宗教与家庭也。今江氏乃强易之曰：“若谓政府二字即有家庭宗教种种之含义……”云云，虽三尺童子皆知其不通，是无异吾人谓 Anarchism（无政府主义）可以包括 Anti-familism（反对家族主义）Antireligionism（反宗教主义）[,] 而江氏则易之曰 Government（政府）一字可以包括 Family（家族）Religion（宗教）岂不令人喷饭耶？夫无政府党无有不反对家族与宗教者，其反对家族反对宗教之学说，亦皆纳之无政府主义中，固未闻以反对家族 Anti-familism 反对宗教 Antr-religionism 与无政府主义 Anarchism 三者并举。江氏乃谓姑沿用其名词而别须分疏其定义，然则无政府主义 Anarchism 苟非无江氏之分疏以无政府（或国家?）无家庭无宗教即不足以知其定义耶？江氏之所谓无政府（或国家?）无家庭无宗教果可以尽无政府主义之意义耶？以无政府（或国家?）无宗教无家庭三者平列分疏无政府主义 Anarchism 果出之何家之学说耶？今请正告江氏曰：所谓无政府主义即 Anarchism 文字虽不同，而此主义之定义与范围则未尝有异。惟江氏执著字面误为排斥政府反对政府。无怪其格格不入，阻为不能包括无家庭无宗教，而特创所谓三无主义之名矣。江氏又谓以文字言无治主义较为适当，吾不知无治二字与江氏之所谓三无又能相合否？无治则无政治耳，又岂能有家庭宗教种种之含义耶？然则所谓较为适当者又果何在耶？

江氏曰：主张无政府主义恒攻击社会主义，此各国无政府党人之通病也。攻击社会主义，又自称为社会主义，而反谓社会主义非社会主义，此则中同无政府党人之特色也。

无政府党所攻击者：集产社会主义国家社会主义也，而非攻击一切之社会主义也。无政府党多数主张无政府社会主义共产社会主义，是无政府党不独不攻击之，抑且主张之矣。江氏挟其一孔之见，以为国家社会主义集产社会主义之外别无所谓社会主义，甚至欲奉马格斯为教主，以社会主义为马格斯之专利品，于是以攻击社会主义为各国无政府党人之通病。陋哉！至余之反对江氏乃反对其遗弃社会主义之根本要义，（土地资本公有）而以社会政策为社会主义，江氏所最尊崇者马格斯，而马氏最要之主张（土地资本公有）江氏即不敢附和。是江氏虽欲窃社会主义之名，而其实尚不足以望集产社会主义国家社会主义之项背。然则吾人之反对江氏特反对社会政策耳，尚未足以语各国无政府党之反对集产社会主义国家社会主义也。而江氏乃谓余攻击社会主义，江氏诚欲借社会主义以自重，其如实不足以举其名何？至谓“攻击社会主义，又自称为社会主义，而反谓社会主义非社会主义为中国无政府党人之特色。”今请即如其言以释之曰：吾人之所攻击者，江亢虎之社会主义（实即社会政策）也。吾人之自称为社会主义者，乃主张共产社会主义无政府社会主义也。吾人谓社会主义非社会主义者（此语有语病，特姑仍江氏之语耳），乃以集产社会主义国家社会主义为不完全之社会主义。而江氏之社会政策则更每下愈况尤不足以列于社会主义之林也。此种意见，不独中国之无政府党为然，即万国之无政府党亦无不皆然。

江氏原文此下尚有八九百言，欲求其意旨之所在，了不可得。无非对于师复个人，谩骂而狂吠（如谓余不欲中国更有倡导社会主义之人。谓余干涉彼之言论行动。谓余专制胜周厉王秦始皇百倍。如此种种。颇类疯人之语。）江氏自己不重惜其人格，惟记者则决不愿效其尤，与为村妪之角口。故惟有一笑置之，而不欲赘述以污读者之耳目。自今而后，江氏如能循辩论学理之范围而有所答辩，记者当乐与讨论。若犹是一派谩骂之谈，记者亦只有自守言论上之道德，决不与之哓哓，江氏之骂人自由，尽可达至圆满之域也。

**一九一四年，六月。**

**《师复文存》，革新书局 1928 年版，第 223—251 页。**

## 三答耑任

来书复列三问题：

否认无政府共产主义简称曰无政府主义。答曰：所谓“吾人主张无政府共产主义简称则曰无政府主义”一语其意义经解释于以前各号，意谓“吾人主张无政府共产主义，简单言之亦可曰主张无政府主义，”犹之吾人主张共产社会主义，简单言之亦可曰主张社会主义耳。既经解释，误会当可免。今来书仍以为不可，则直如来书之意，改“简称”为“浑言”可也。

否认无政府主义能兼赅社会主义。答曰：来书之意，以为无政府主义只有废除私产之意，而无财产公有之主张，故谓无政府主义不能兼赅社会主义。不知废除私产，即为财产公有，如二五之于一十耳。社会主义亦可谓为废除私产之主义，（当世学者如此解释者甚多）无政府主义亦未尝不主张财产公有，并非社会主义乃主张财产公有，而无政府主义则只主张废除私产也。来书既谓无政府主义有废除私产之意，是即能兼赅社会主义矣。

否认无政府主义为一种公名。答曰：无政府主义中有种种之派别，经略举于前次答书，且所举不过为最简单之分派，据当世学者各以其所见分列种种派别，尚不止此，实难殚述。无政府主义中既有种种派别，则“无政府主义”自然为一公共之名词。今来书之意，以为“克鲁泡特金由无政府主义进而主张无政府共产主义，因之不认无政府共产主义为无政府主义之一派，且因之不认无政府主义为一种公名。”余按克氏学说，始终皆主张无政府共产主义，绝无由无政府主义进而主张无政府共产主义之说，来书不知何所据而云耳。来书又引本报第五号所言“无政府党所主张者为为共产主义而集产则社会民主党所主张，独产则独产党所主张，二者皆无政府党所不取者也”数语，以为无政府主义非一种公名之证。不知第五号之文，主旨在正名而不在分辨学派。凡分辨学派，只当胪列派别，而不必参一己之主张。若所谓正名者，则本一己之主张而为之正其名义，记者既主张无政府共产主义，则独产与集产，均所否认，一如克氏之意见，以为无政府党必主张共产。（克氏尝曰：无政府党对于社会主义则主张共产，对于政治组织则主张废绝政府。其去年致法兰西无政府党大会书亦曰无政府党同时必为共产党，独产党若必坚守其单独思想必不能为无政府党。）彼文所谓集产独产均无政府党所不取，即谓此也。然此特以一己意见所下之断语，若论列学派，则自有普通派别，不能一笔抹煞之也。（犹之共产主义家往往谓集产主义为伪社会主义非社会主义，然论列学派则集产必为社会主义之一派。）

以上三问题之答解，倘能满足下之意，则其余来书中种种支节之辩难，皆可涣然冰释矣。

**一九一四年，七月。**

**《师复文存》，革新书局 1928 年版，第 269—271 页。**

## 答蔡雄飞

（一）问：无政府之实行，各国间必有先后。其先行者难免受他国之干涉否？答：将来无政府之革命，其为一国先举，抑为数国合举，今日尚难预测。然其起事最先者必在欧洲，且必为现在之所谓强国，此则可断言者。以今日无政府主义之传播，最广而最速者，实不出乎所谓数强国也。欧洲壤地接近，党人之声气素通。一旦有事，或一国已革命，则欧洲诸国必同时接踵而起。各国政府方自顾不暇，安得有所谓干涉。即使有之，无政府党能抗本国之政府者，独不能抗外来之政府乎？欧洲既纷纷革命，列强次第倒毙，则美洲亚洲诸国亦必相继而起。此时情景，可不必征诸远，但观前年中国之革命，各省皆闻风宣布独立，即将来无政府革命之小影也。故今日最要者莫如竭力传播吾人之思想。待人民具此思想者日多，一旦时机既熟，有响斯应，沛然莫之能御矣。

（二）问：中国改革政治之人物，皆主张国家社会主义。将来无政府共产主义之实行，彼等难保其不阻碍否？答：中国今日所谓改革政治之人物，大抵迷信国家主义之政客，尚未足以语国家社会主义也。要之无论其为国家主义或国家社会主义，均为无政府之障碍。吾人欲实现吾主义，一方面与政府战，又一方面与此种谬说战。必先战胜此种谬说，然后吾主义能得平民多数之赞同；然后人民能推翻政府；然后吾主义能实现。故无政府共产主义实行时，已无所谓阻碍矣。

（三）问：中国人民程度尚浅，共和尚不知为何物，何有于无政府共产主义。若遽以军队革命，实行此主义，社会上能免种种纷扰否？答：无政府之革命，乃平民革命，而非英雄革命也。英雄革命，可以三数英雄，驱遣党徒，运动军队而为之，于大多数平民无与也（从前一切政治革命，多属如此）。若平民革命则必由于平民之自觉，以平民自己之实力行之。断非但使用手段，运动军人仓卒起事所能成功者。故吾党第一级最重要之工夫，即为“平民传播”，要求平民多数之赞成。所谓平民者，除政府资本家外皆是也。言平民则军队亦自在其中（近也各国皆行征兵制度。中国不久亦必效颦。凡平民皆不免经过数年兵役之苦难。而入伍之前，退伍之后，终平民也。）故将来传播成熟，平民大革命起，军队亦必倒戈而向政府。此时惟有平民革命之大义，不复有所谓军队革命之特别名称矣。然平民革命，须俟传播成熟，闻者必疑其难，不知天下事无所谓难，惟自畏其难，斯易者亦难矣。欧洲二三十年前，无政府主义传播之艰难，与今日之中国等。然党人不畏其难，前仆后继，百折不挠，至今日则妇人孺子皆知有所谓无政府党，有所谓无政府主义。虽尚未至“多数赞成”之境，然而相去不远矣。今中国之传播，既得欧洲诸先进之成法以为前事之师，已觉事半功倍。况近日世界风潮，汹涌澎湃，为历史以来所未有，其力足以震撼一切进化之障碍。中国虽僻处远东，然直接间接终不能不被其影响。故传播之成效，比之欧洲二三十年前，自当迅速数倍。吾人倘能群策群力，坚忍前进，各相时势之所宜，利用种种手段（或文字鼓吹，或教育补助，或激烈行动。）以为传播。吾敢谓难之一字，当消灭于吾党之传播史中也。

（四）问：中国第三次革命之机熟时，即别竖一帜，实行此主义，各国同志能响应否？答：中国第三次革命，充其量不过军队革命。然非所云平民革命也。凡平民之机会未熟，而欲遽达至无政府，必无由成功。观法兰西一八七一年三月十八日之役，其往事矣（参见民声十四号巴黎之自由市府）。然则传播未熟之时，必不可起激烈之风潮乎？曰：不然，激烈行动，亦为一种最良之传播方法，如罢工，罢市，暴动，暗杀等。苟有合宜之机遇，随在可以行之。三数日之风潮，能胜于千万册书报之散市。特仍须恃吾人自己之实力以为活动，万不可使用不正当之手段（金钱权位），运动少数军队或无赖仓卒起事，徒足贻吾党之笑柄也。至问各国响应云云。在吾人之意，以为将来世界革命之起点，必在欧洲。以彼中数国传播极广，革命之时机已渐渐成熟故也。然则吾党在中国之工夫，即预备为欧洲响应之实力是矣。若不从事实力之准备，而欲于政治革命中以少数人虚揭无政府之名，侥幸欧洲党人之响应，此则所谓贫子说金耳。

（五）问：各国政府，乘中国之危，屡行其蚕食手段。而各国同志，竟任各国之政府横行，不加阻止。其故可得闻欤？答：各国同志对于各国政府之蚕食中国，无不发指眦裂。吾党各国之机关报，时时攻揭其非，不遗余力。又有反对军国主义之运动，以杀其势。此皆口舌上手腕上之阻止也。至言根本救治，则当言灭除，而不但阻止。如何方可灭除，即运动无政府革命是也。此种革命，固无时不在运动之中。特时机未熟，未如之何耳。须知所谓蚕食手段者，在政府之口中，则有种种美名，曰帝国主义，曰殖民政策，曰……。当其吞食中国时，中国人深恶痛绝之。然各国之政府，则以为最正当之手段，最光荣之主义也。即中国若一旦达至所谓强国之地位，其蚕食他国，亦必与今日各国之政府无异。此时中国之爱国主义家，或将赐以嘉名，而忘其为蚕食手段矣。然则蚕食手段，实可谓为政府最大之事业，亦为政府唯一之义务。必能行蚕食手段者，方谓之“强有力之政府”，方谓之“国利民福”，方谓之“国家光荣”。是蚕食手段与政府，实为须臾不可离之物。苟一旦有政府，即一日不能免蚕食手段之横行。空言阻止，胡能有济？是故根本之救治，舍无政府革命外别无他道也。吾人不忍中国之被蚕食，则勇猛前进，与各国同志携手而促无政府革命之成功可矣。

**一九一四年，七月。**

**《师复文存》，革新书局 1928 年版，第 273—278 页。**

## 答恨苍

来书曰：予每与友人讨论吾人进化之方法，多数皆主张渐进，而否认急进；非反对急进派之学说，不过以为渐进（即改良派）则手段和平，而措施不尚急迫，及成功时，人人皆能深悉无政府之旨趣，而于无政府社会中之种种布置，必较易为力。若急进（即革命派）则手段激烈，措施尚急迫大有以最短期限达到无政府目的之心理，深恐一般人民，于此短期内，不能普及无政府智识，及增进其个人道德，至成功时，不免有布置艰难，甚至大有窒碍，（如惰者不肯工作但取所需或避重就轻之弊）故不若舍彼就此之为愈。以予愚昧，对于上述，亦不能定取舍之途，愿有以教之。又民声文字太深，倘能演为白话浅文，以期普通人之能晓，则尤善也。

按时人往往误会“急进”二字之意义，以为“欲于最短期间达到无政府”，此却不然。吾人之所谓急进者，质言之即激烈行动之代名词耳。激烈行动之作用，一方面为反抗强权，伸张公理，一方面为鼓励风潮，迅速传播，其用意则无非欲使多数人明白无政府之真理，赞成无政府之组织也。浅而譬之：中国革命之迅速，人人皆归功于广州黄花岗之一役，及迭次之暗杀案，此即所谓激烈行动。自此之后，从前之反对革命者，亦不期而附和革命矣。可见激烈行动之效果，真有胜于十万书册之散布者。无政府之革命亦然。若徒藉口舌笔墨之外，不能不更以激烈行动助之，如罢工暴动暗杀等等，(暴动在欧文为 Insurrection 并非不美之名，其意犹云突然而起之激烈举动耳。黄花岗之役亦是也）皆可视为传播之一种方法者也。然吾人主张激烈行动，并非逐舍口舌笔墨而不用也。或印刷物或演说或教育或戏剧以及其他种种，皆为由今日以达至无政府之传播期中不可一日或息之事业。激烈行动则行之于一时，遇有可用之机会乃始为之耳。且中国目前之情势，此等机会似尚未至，故吾人于现在最近之时期，当先致力于口舌笔墨之传播，俟吾人之思想渐渐发达，然后再谋激烈举动以助其进步，似尚未晚也。

更有当注意者，无论如何急进，凡欲无政府之成功，必须无政府之思想普及于大多数，此为不易之事理，特用急进方法，则思想之普及较速耳。来书所谓“急进恐不能普及无政府智识及增进个人道德，”此实不然。所谓无政府智识，不过如吾所谓无政府思想，而急进则传播思想之最良方法也。至个人道德，在无政府共产主义之根本论据，以为必社会改良然后个人道德可以改良，与“个人无政府主义”之学说，（即都克氏所倡导）适成极端之反对。（个人主义以为必先改良个人然后可以改良社会）个人主义之哲理，与共产主义比较，孰长孰短，今不暇详论。然试以最浅而易见言者之：如欲人之不争夺，必须衣食丰裕，衣食既丰裕，自然无所用其争夺；欲人之亲爱互助，必须生活共同，利害共同，否则各怀个人主义，人人各为其私；爱他之念又从何而生？又如人之□惰，乃由于雇佣制度职业不自由所致，终日为他人服役，焉得而不惰？若人皆劳动，劳动之结果，即为自己之利益，自无虑其偷惰，而反足以生奋勉之心。（今人无论何种职业，无非为强权者服役，而与己无关。又择业但求多得薪金，而未必己心志所欲与性之所近，又服役时间太长，为卫生上直接之苦恼。皆所谓职业不自由，皆为令人懒惰之原因。余尝为某学校教师，无权参与全校之改良，徒为上堂领薪之教员，形同雇役，因之教授亦苟且塞责，及自办学校，虽无一文之修金，而教授异常热心。又尝为报馆记者，每日勉强草成若干字，付之手民，即出而闲游，且觉其苦。今编辑民声，每日执笔十小时以上，反不以为苦而为乐。于此足见职业之自由不自由与个人勤惰之关系。）凡此皆须共产实行，然后可望实现者也。个人主义根本论据，远不及共产主义之精确，即在于此。吾人亦研究已熟，乃决主张共产主义。然则吾人今日之预备工夫，惟在使多数平民知无政府组织之美善知无政府道德之自由（劳动互助）足矣。若欲人人于有政府之世先具无政府之道德，此可决其不能，且亦不必也。

来书又谓“急进则……至成功时不免布置艰难，甚至大生窒碍如惰者不肯工作但取所需或避重就轻之弊，”此亦无足虑。无政府之成功，必由于平民革命，即大多数平民赞成无政府乃起而革命之谓也。而所以能得多数人之赞成，则由于吾人用口舌笔墨之传播，复从中助以急进之方法，乃能得此。急进方法，其用意亦无非在要求多数之赞成。并非用急进方法，即不顾平民之赞成与否，而徒以少数无政府党仓卒起事，便以命令颁布无政府之谓也。然则所谓成功，必由于平民自己之革命，以平民自己之革命，布置又何至艰难？窒碍更无庸论矣。至所虑不肯作工避重就轻云云，吾前已屡屡辩之。如无政府浅说，答李进雄，答飘飘，以及散见其他各论者，均已解释颇详，请参观之。

来书又指渐进为改良派急进为革命派，亦微有误会。渐进急进，本无一定之界说，第吾人所论之急进，实指激烈之举动。若改良革命云云，则别有解释。改良者即变法之谓，不彻底推翻现在社会之组织，而以变法之手段从渐改良之。革命则主张以实力推翻现社会之组织也。浅而譬之：保皇党之变法立宪，谓之改良，革命党之颠覆帝政改建共和，谓之革命。又社会民主党欲借议会之力实行社会主义，是为改良派，社会革命党（法国此党甚盛其目的则仍不外集产）不藉力于议会，而欲以革命手段实现社会主义，是为革命派。今吾人之无政府主义，实即革命主义，断无改良变法可以达到之理。故近世之无政府党主张革命者盖十之九也。但主张革命之中，仍有和平与激烈之两种方法。文字教育之鼓吹，所谓和平，暴动暗杀，所谓激烈。和平方法用之于常日，激烈方法用之于一时，各视乎一己能力之所及，与乎地方时势之所宜，取其适者而用之可矣。

来书又谓本报文字太深，宜兼用白话或浅文，以期一般人之了解。此说极是。但本报之用意，原为通晓文字者而设，冀于阅者之中，得多数研究有得之人，以助吾人之传播。今日同志寥寥，以极少数之人，置之地积极广之中国，欲期思想普及，岂不大难。然则养成多数之传播家，实为今日惟一之要务。故吾人第一期望多数人游学欧洲，或研究西文，直接阅读无政府书报。然力能游学及通西文者无多，而华文书籍关于此主义者，又绝无而仅有，虽或有志研究而无从，故本报所最注意者，为介绍名家学说，解释一般疑问，及报告世界之社会运动，其用意则无非欲供无政府传播家之研究品而已，其他普通鼓吹，尚须多刊白话通俗报或书报，惜为财力精神所限，一时未能急就耳。

**一九一四年，七月。**

**《师复文存》，革新书局1928年版，第279—285页。**

# 答乐无

（一）万国无政府党大会通告书中之“召集”二字，不过译者之随宜使用，其意犹云招请同志来会耳，并非如法律条文上之所谓“召集权”也。此次大会，由德国同志发起，经英法同志之赞成，于是定期开会，盖吾党之在此三国者为最多，又皆已设有固定值交通机关（即联合会），声气极为直接，互商极为便利，故由此三处同意发起之。并非法律规定此三国之党人有权召集开会也。以事实论：五洲各国之党人及团体，散处四方，即欲发函互商，亦势难遍及，若必全世界之无政府党人一一皆互商妥协，然后开会，窃恐地老天荒，亦无开会之日，然则任由一二处最多数同志所聚集之团体，便宜协议，定期开会，实为事实上不得不然者也。至谓与各个人完全自由之宗旨相戾，则不必虑，盖发通告者不过招人赴会，并未尝迫人必须赴会，各个人既有赴会不赴会之自由，又非规定某人有召集之权，由自由之旨何尝违戾乎？来书又以通告书中有君等之字样为不当。愚意亦以为于理无碍，盖此次通告之署名者为德法英三联合会之书记，所谓吾等，即署名者之自称，所谓君等，即对于所通告之人之称，（君等二字，在西文为汝等，非特别之尊称也。）既有通告，即不能免此等字样，亦事实上所必然者也。

（附言）德法英无政府党之联合会，不知者或疑其尚有国界。此实不然。盖语言文字上之关系耳。法国联合会之原名为 Fed 译即“法语革命无政府共产党联合会”所谓法语，即用法语之人，（除法国外，尚有比利时瑞士及德国之一部亦用法语即其他各国之通法语者亦在内。）所谓联合会，即联合各地之小团体而设一中心的通信机关也。其他德英等国亦类此。其以同一语言文字为范围者，不过为传播上交通上之便利，非国界亦非种界也。今次大会有万国交通机关之提议，则又为世界的联合会矣。

来书又谓“本报第十号所载平民之钟，有所谓共产屋者，彼时人类所需用者无非共产，何必特以一屋标名曰共产，又何必于共产屋中置簿籍二，一书所作何工，一书所需何物乎？”云云，按平民之钟乃一种小说，近于寓言之体，所谓共产屋者，譬之共产社会也，簿籍二种，譬之各尽所能各取所需之天然大法也，人人皆书于簿上，譬之人人皆实践此原则也。设谕之词，幸勿误为事实，否则共产社会中，有所谓共产屋及如何之簿籍，岂非千古之笑话乎？

关于无政府共产社会之概情，及吾人如何能达到此目的，已拟为“无政府共产党之目的与手段”一文，业经刊布，来书所谓传播上不能少者殆近之乎。

一九一四年，七月。

《师复文存》，革新书局1928年版，第293—295页。

# 答敖霜

来书谓“世人误会共产主义以为共他人之产，而不知所谓共产者，乃以己之产与人共之也，”云云，窃以为二者皆非也。所谓共产主义者，乃本此主义以改进现今之社会，非少数人之单独行为也。共产主义，乃社会问题，而非个人之道德问题也。推翻现社会之私产制度，取回地主资本家所窃据之生产机关，如土地工厂机器等，全归之公共，由劳动者自由使用此生产机关，共同劳动以致力于生产，凡所生产，亦全归之公共，若是者谓之共产主义。至语其理由，则以一切生产机关，（土地器械等）皆由数千百年来无量数之人力所垦辟所经营所造成，不应为少数人所占有，故当由地主资本家之手取回来以归之公共，是谓取回少数人所夺据之私产与社会全体共之，而非某人之产与某人之共之也。至各个人劳动所得之结果，（衣食住及用品等）察其由来，亦无一事不须社会之协助，（例如耕者必需乎他人所制成之耕具，制造者必需乎农人所种植之原料等等。）故亦不应据为己有，而当归之公共。凡致力于生产者，皆得自由使用之，是谓以社会全体共同劳动之结果与社会全体共之，亦非取某人之产与某人共之也。是故共产云云者，谓取他人之产与我共之者固非，谓以己之产与他人共之者亦非。必曰以全社会之产与全社会共之，其说始可通。若来书所谓以己之产与人共之，此乃朋友通财轻肥与共之义，乃个人道德问题，非“共产主义”之的解也。共产主义必须推翻现社会之组织，非革命不能成功者也。每见世人不明此理者，一闻共产之说辄来相诋曰：子言共产，子之衣曷不解以与我，子之屋曷不迁出以让我乎？此等择之言，其根本之谬误，即在此混社会问题为个人道德问题耳。今来书谓宜先注意共产，然后从事于推倒强权，其误略同。须知不推倒强权，固末由实行共产也。

来书又谓同志中有以酒食征逐为共产者，此无异杀人放火而自称仁慈，自非瞽人，断不受其所□，苟有此者，亦即不能复名为同志，吾人鸣鼓攻之可耳。凡无政府党，牺牲目前之幸乐以图将来者牺牲一己之生命以为社会者也，非具此精神者，决不足与言无政府主义，决不能为无政府党。

一九一四年，八月。

《师复文存》，革新书局1928年版，第297—299页。

# 答飘飘

来书曰："蒙所疑者。恐将来（指无政府之初期）之工作，分配不均。例如机器未十分发明之时，必有挑担之工。然同是挑担，草担轻而粪担臭，孰不担草而担粪乎？"答曰：无政府之世，工作之分配，纯以自由之意志及互相之热诚为根本。吾人苟认互助为人类之本能，则规避工作及苟且塞责之弊，在无政府之世可决其必无。虽有用力较劳之工作，其筋力较强者，必争先担任之，而决无所畏避。至于一切有碍卫生及令人厌恶之事，则必竭力求其改良。如笨重之输运，秽浊而危险之矿坑，以至如来书所举之挑粪等等，均必改用机器。此等机器，现在欧美发明已久。其应用尚未广者，则以有资本制度之故。凡较人工略贵之机器，即不肯采用耳。若一旦无政府共产实行，便可自由使用。其未有此种机器之地方，立发一电曰：此间需用某种机器若干，朝接电而夕装运，不及数月，无论天涯地角，机器辚辚于道矣。若谓需用太多，一旦不能应其所求，此亦不必过虑。盖此时凡军事之大工厂及一切无益之消耗品制造厂，皆将改为制造日用必需品之工厂。且各处均可招请技师，多开机器制造所，依式仿造，则机器之出产，自无缺乏之患。至于运输未到及制造未成之最短期间，吾无政府党当力守多劳力而少享福之格言。凡一切艰苦之工作，吾无政府党当率先勉力任之，须知无政府何以能实行，必无政府主义已得多数之赞成而后可。是即无政府党已占多数也。以多数之无政府党，独不能任此区区乎？

来书又曰："初行共产之时，道德尚本［未］充分，又无法律之限制。共聚一方之人，固能尽其所能，取其所需。若志好游历者，今日之东，明日之西，东西之人，岂可不许其各取所需乎？苟其许之，道德未充分之多数人，尤而效之，将若之何？欲摈之一群之外，则彼辈东西无定，摈之无所摈。若设法限制之，则彼辈任意掠夺，限之无可限。若武力对待，又恐寡不敌众，此则不能无疑耳。"答曰：讨论此问题者，当先承认两前提。一则无政府共产之所以能行，必无政府共产主义传播已广，赞此主义者已居多数。二则私产虽废，不道德之根苗已绝。（"道德"一语，本无界限。在无政府党之意见，则以为不道德之根苗，纯由社会组织之不善。宗教法律固足为道德腐落之原因，而私产尤为万恶之源泉。若一旦私产废除，复无宗教上法律上之伪道德以束缚人心，则人类本来之良德，必异常发展。此理由无政府浅说曾详论之。）此两前提既认定，则来书所疑"道德未充分之多数人"一语，必无从见之事实。而所谓任意掠夺，寡不敌众云云，尤可决其必无者也。至对游历者之工作，办甚易解决。盖聚处一方者既当工作，则游历异地者在理亦当工作，在势亦未尝不可工作。（如以半日游历半日作工于势极顺。）且聚处一地者既能各尽所能，则游历时亦必思有以尽其所能。是事实上亦断无于此则工作于彼则不工作之虑也。至谓专藉游历之名，以规避工作，此等卑劣不进化之种子，吾不敢谓天地间必无其人。然即有之，亦必最少最少。此则可断言。既属最少数，则屏斥之，或感化之。均属不难。断不至如来书大多数云云之所虑也。夫人而至于借名游历以规避工作，其苦更甚于今世之逃犯。游历之快事，反变而为无限之苦恼，人又何乐而为此哉？（逃犯为避惨酷之刑罚，且为抵抗强权之一端。故比较上又觉其乐。若仅避轻易之工作而受良心责骂，社会摈弃之苦恼，谁肯为之？）

**一九一四·六·廿七**

**《中国无政府主义和中国社会党》，江苏人民出版社 1981 年版，第 137—139 页。**

# 安那其

安那其 Anarchie（法）Anarchy（英）Anarko（世界语）一语，华文译曰“无政府”。此术语之定义及其内容，时人不甚研究，而种种谬解，遂缘之而生。今特略述数种定义，以为研究之一助。

（一）“安那其”Anarchie 乃政治的及社会的学说。主张个人自由发展，不用一切政府之统治（见法文新百科词典 Nouveau Dictidnnaile [Dictionnaire] Encychopedigue [Encyclopedique]）。

（二）“安那其主义”Anarchism 乃一种新社会制度之哲学。以绝对自由（不为人造之法律所限制）为根本。又断定无论何种政府，无不凭藉暴力，故皆为悖理害人之物，当废弃不用者也（见母地杂志 Mother Earth 引）。

（三）“安那其”Anarchy 乃社会的学说。主张人群联合，废绝一切以人治人之统治制度者也（见英文百年词典 Century Dictionary）。

（四）“安那其”Anarko 乃政治的及社会的学说。主张个人独立生存，无一切首领或政府（见加比氏世界语词典 Vortaro Esperanto de Kabe）。

据上所举，则凡释“安那其”者，皆以无政府之义诂之。而克鲁泡特金亦谓“安那其”Anarchy 即无政府 No-government 之社会主义。又谓将来之社会，政府职权消灭净尽，是为无政府之社会。Society Without Government 是为“安那其”。Anarchy 又谓安那其共产主义 Communisme Anarchiste 即无政府之共产主义 Communisme Sans Government [Gouvernement] 是克氏之解释“安那其”。亦直以无政府为注脚，尤为简单直捷。然则华文译“安那其”为“无政府”于义甚切。(惟有当注意者“无政府”为一具体之名词。其分量与“安那其”相等。犹言无有政府之自由社会。非但排斥政府之意也)。不知者乃疑其名之不当，必欲易以种种支杂破碎之名词，不免庸人自扰矣。

其名既定，义亦随之。“安那其”之定义既如上述，撮要言之，废却政府之自由社会是也。废却政府之自由社会，各个人完全自由。无一切强权，惟藉自由之联合，满足生活上之需要，而无须乎强权之统治。若是者谓之“安那其”，谓之“无政府”。故无政府主义即反抗强权之主义。凡一切依附强权及为强权之保障者，无政府主义皆反对之。世有嫌“无政府”为不足而以无宗教，无家庭，无政府(或国家)三者并举，名之为三无主义。又未知“安那其”之真相者也。

一九一四·七·四

**《中国无政府主义和中国社会党》，江苏人民出版社 1981 年版，第 143—145 页。**

# 黄凌霜

黄凌霜（1901—1988），又名文山，广东台山人。早年曾在香港学习，后考入北京大学。1917 年，他与袁振英、区声白等创建了无政府主义团体“实社”，并出版了《自由录》。之后，他又主编《进化》月刊和《北京大学学生周刊》等无政府主义刊物，并在上面以兼生和兼胜等笔名发表了一系列鼓吹无政府主义的文章。五四运动时期，他和区声白等人大力传播刘师复的无政府共产主义，他曾撰写《师复主义》，并翻译了大量的国外无政府主义者的论著，如《近世科学与无政府主义》、《克鲁泡特金的社会学说与未来》等等。他 1922 年赴美留学，后获哥伦比亚大学文学硕士学位。1927 年回国后，陆续在一些大学任教，曾任中央大学社会学系教授、系主任等职。1949 年自台湾赴美，定居于纽约。他长期致力于“文化学”学科的建设和发展，成绩显著。

## 《自由录》弁言

世界进化可谓至缓。以数千年之扰攘，而后进为今日之共和。从表面观之，平民之幸福似稍增进矣；然强有力者睹平民之知自求幸福也，辄复出其虎狼之手段以摧残方新之气。此其去吾人理想之社会盖远。吾人既感于现社会之不平等，与乎颠连无告者之盈天下也，于是思有以变革之。于政治上则蕲无政府之组织，于经济上则主张共产之真理，而希其实现。悬此以为的，百折以赴之，亦曰求一日之效而已。艰难困苦岂吾侪之所计及哉？虽然，无政府至美也，共产至善也，欲成就之，盖未可以旦夕几也。吾人于是不能不先将无政府共产主义之观念，灌输于一般平民之脑海中，以促其自觉。灌输之方术，有激烈焉，有温和焉。前者以炸弹、手枪而为荆轲、苏菲亚之行动，后者以教育、言论勤其感化，求大多数之同智同德。二者初似不相侔，实则并行而不相背。斯篇之作，窃欲于后者稍稍尽力焉耳矣。呜呼！今日社会制度之恶劣，孰不知之。吾人苟自甘之，则亦已矣；否则急起直追，与各国先进谋革新之进行，宁有他道？诗曰：“风雨如晦，鸡鸣不已。”吾侪固陋，窃不自量，欲以蚊虻之力，导其流而扬其波。并世明哲，有以襄之，固所望也。

**《自由录》第1集，1917年7月。**

# 答思明君

惠书备悉。足下湛深托氏之学，今复出其心得讨论真理，感极佩极！尊书所论者四：（一）戒杀；（二）戒色；（三）戒奢；（四）建立宗教。就以上四端论，（二）、（三）均为不佞所赞同；（一）、（四）则适与鄙见刺谬。今敢以不佞观察所得，相商榷焉。

（一）“戒杀”足下持论之要点有二：（甲）暗杀为残忍之行为，故凡道德家，不应行暗杀之事；（乙）人人皆有良心，可以道德感化。故吾人所急者，立德而已，不必效强权家之行为也。

余之所欲陈于足下者：（甲）革命之代价果何物乎？彼仁人志士，掷头颅，为一群求幸福者，其手段虽各有不同，其欲置强权家于死地则一。吾人是否认此为不道德？如其非也，则吾人又何丰于此而啬于彼？社会革命与政治革命，革命一也，不过鹄的较远耳。吾人瞻既往，察将来，知社会革命必不能凭口舌书报及个人之感化力可以达到。其最不得已之一法，则出于暗杀。如为人道而暗杀，可云皆合于正理，不惟无罪，反有功于社会。托氏不主张革命，亦无怪其反对暗杀。若近世著名之无政府党大师克鲁巴特金，其所主张则异夫彼。而吾亦以克民为切当，托氏近虚渺。（乙）个人道德之能力是否可以潜移人心，引众生登大同之域，此诚一疑问。邃者、深者姑弗具论，即以托氏而谈。托氏世界公认为道德家和平家者也，考其生平，反对战争最烈，而日俄战争终不能因之而停止。由是以观，则道德属于个人自修问题，若欲以之为手段，借以达其鹄的，靡特事实所无，抑将为强权者所窃笑矣。足下止恶惟以善之论甚当，惟非所论于革命也。革命含有破坏性质，若欲达到吾人理想之“各尽所能，各取所需”之社会，非经几次之扰攘不为功。借曰，社会革命乃平民革命，非独少数贤且智者之事；然其始也，不得不出少数之先觉，牺牲一切以去人群幸福之障也。

（四）“建立宗教”，科学发明。一切智识问题皆由科学证明，与宗教无涉。顾足下建立宗教之说，原于托氏（参观托氏答日本友人书）。托氏建立宗教最要之点，则欲以新宗教而增进民德是。其所陈之理由，已略见来书宗教之界说。余以足下所云云，乃属于哲学范围，而不应附会于宗教。尝以尊论及鄙见质诸孑民先生，亦无异议。其解答宗教与道德问题之言曰：“不信宗教之国民，何以有道德心？全恃美术之作用。盖道德属于意志。近世哲学家谓人类不外意志；然心理有三方，而意志不能离智识与情感而单独行动。凡道德之关系功利者，伴乎智识，恃有科学之作用；而道德之超越功利者，伴乎情感，恃有美术之作用。美术之作用有二方面：美与高是。”观此，则宗教与道德全无关系可知；而足下建立宗教之说，亦当不复成立矣。质诸高明，以为何如？

《自由录》第一集，**1917**年**7**月。

# 答思明君

今岁端月，与都中二三好友发起极端自由之小社团，以进德修学为目的，而以研究无政府主义之学理为范围，与广州之心社，南京之群社，鼎足而三。因思吾人欲以远大之眼光促人类之进化，事事求真，故名曰“实”，聊相期也。发起以来，今经三月，除昔日同志加入外，新社友甚少。为今之计，只有竭力倡导，俾一般人民晓然于吾人主义之纯正，翻然来助可耳。

足下实行素食，闻之甚为欣慰。予志行薄弱，前虽屡行之，而以种种之阻碍，辄行辄止。今惟决心向前，有恒做去。都中同志素食者反不若南方之多，殊憾殊怜。

托尔斯泰所著之书，不下数百种，吾现所见及其最有名于文学界者，为《战争与和平》、《我的忏悔》、《未来世》、《何为美术》、《我的宗教》、《第一级》、《致中国人书》、《宗教与道德》、《与农谈科学书》、《自反》等。《战争与和平》及《自反》二书为托氏反对军国主义之杰作。《第一级》言素食为吾人道德之第一级。余外《何为美术》等篇，想足下早已读之，今不复赘。

予尝怪以托氏之贤，对于世界思想影响之大，汉文托氏专传，竟付阙如，诚译述之憾事。近以课余之暇，编《托尔斯泰之生平及其著述》。全编分为五节：（一）绪言；（二）传略；（三）著述；（四）著述之性质；（五）结论。顷已脱稿，都万余言。然以托氏功业之伟，一生可纪者何可胜道，兹篇之作，挂一漏万，自在意中。近得美人亚马谟得所著《托氏传》两巨帙，为托氏夫人所手订。若能纠合同志译成中文，则托氏专传庶有可观欤。

足下云：“欧战终结，托氏学说将为世界宗教。”予殊不赞同此论。盖“宗教”二字，含有迷信性质。吾人服膺托氏，以其学说具有真美善诸种良质也，若离此质而徒崇拜托氏之为人，奉之若教主，如今日之孔子，不特无益于世，反于佛老耶回之外加一赘疣，岂吾人服膺托氏所宜出此乎？

今日民德薄弱，人欲横流，推厥原因，未始非由于社会组织之不良有以致之。吾人欲于黑暗之中骤起庄严，非积极进行莫能为力。牺牲物质快乐，吾辈自应尔尔也。

**《自由录》第1集，1917年1月。**

# 非是非篇

老学究之骂人，辄曰：混乱黑白，淆乱是非。及其立说也，则曰：公是公非，质诸后世。是则彼固非不知是非之当辨，但其所谓是非，未必即是非耳。武王伐纣，伯夷叔齐以“以暴易暴”加之，仲尼则称之曰：“汤武革命，顺乎天而应乎人。”之斯二说，其谁是耶？其谁非耶？今得一言以决之曰：有益于人类社会者为善，善，是也；有害于人类社会者为恶，恶，非也。武王革命，所以救民于水火之中，善也，善故是。然伯夷叔齐果非耶？史迁作传，则称之矣，退之为颂，则圣之矣，曰：伯夷叔齐之所持为善者，黄农虞夏不以武力取人之政府，而以己之政府代之。然则彼何尝尽非？是非之分歧如此其难定也，故孔子主张正名。正名者，是己之所是，而非人之所是也。一人一义，十人十义，百人百义，其人数兹众，其所谓义者亦兹众；是以人是其义，而非人之义。墨子恶之，故说尚同，又以为辩论可以定是非，故曰：辩争，彼也，辩胜，当也。然即使其辩胜，其果当耶？吾尝见有以战胜有益无益为题而辩论，其所得之结果，正者胜而反者负矣，若此可谓之真是非耶？墨子曰非之曰：“杀一人谓之不义，必有一死罪矣。若以此说往，杀十人，十重不义，必有十死罪矣……当此天下之君子，皆知而非之。今至大为不义而攻国，则弗之非，从而誉之，谓之义……今有人于此，少见黑曰黑，多见黑曰白，则以此人不知黑白之辨矣……今小为非，则知而非之，大为非攻国，则不知而非，从而誉之，谓之义。此可谓知义与不义之辨乎？”请引伸之曰：穷人窃一斗之粟以救夕旦，则曰贼；政府剥人民之生产以安其逸乐，则曰赋。就字形言之，贼从贝，从戎，赋从贝从武，二者之罪，以后为甚，而天下之待迂之者，则反之。今日之所谓正当之理，几何不见其为非也。十五世纪之间，欧洲教皇之权达于极度，自笛卡尔作《方法论》，于是怀疑之说兴，世俗之所谓是非，有见其未当者，皆进前而摧陷之，廓清之。以故亚里士多德之所传说，耶稣基督之所垂训，乃至古今中外贤哲之同称道，一世人所信据之理，苟返之于吾心而有所未安，则弃之如敝屣。出吾之所有，以与古今中外贤哲挑战。至是上帝万能之说破，而中国三纲五常为天经地义之道灭，是非于是始明。

求诚去妄之学曰逻辑。换言之，逻辑所以定是非，正诚伪也。凡一切之事物，苟不为俗论之所囿，见闻之所局，客气之所中，按之逻辑而表见之，是非之辩思过半矣。印度足目陈那之徒创因明，因明，明因也。因明必先立宗，与演绎法之大前提无异。

然宗也，大前提也，果何能知其必不陷于谬误，而准之以得结论？倍根倡归纳法，首重观察实验，而演绎法之大前提始有可言。虽然具体之物可以以是二法而得正当之结果，而据之以推论，如化学上 CHO 之为酒精，数学上二五之为一十与 $(a+b)+(b+c)+(c+a)=0$，物理学上 $PV=K$ 与重物之下坠，虽帝皇之威权，军队之武力，不能易其得数，故直可称之曰：放之四海而皆准，百世以俟圣人而不惑。若夫抽象之物，所重者只为观察，设观察而谬也，其所得之结论不问而知其谬。今以法律为有益于人类者，以政府为可有。法律果有益于人类耶？此之为大前提，尚待研究，而遽断之曰政府可有，岂非欺人自欺、愚人自愚耶？或曰：然则是非诚妄，逻辑之应付，于此不几穷乎？曰：否。请得有以毕吾说。

生物学者之言生物进化，陆谟克则言演习，达尔文则言天择，戴禾利则言骤变，克鲁泡特金则言互助。之斯数子，其所持说果皆是耶？陆谟克言突生，巴斯德则以实验而知其非矣；达尔文言天择，克鲁泡特金则以考察而知互助为进化之一要素矣。由此可知，学说，进化者也，由较不是进而为较是者也；是亦有非，非亦有是者也。质言之，比较的而非绝对的也。诚哉庄生之言乎："物无非彼，物无非是……彼出于是，是亦因彼……是亦彼也，彼亦是也。彼亦一是非，此亦一是非，果且有彼是乎哉？果且无彼是乎哉？……是亦一无穷也，非亦一无穷也。"克智尔亦言人世之真伪是非皆循序而进化，实如有甲以 a 为是，久之有乙以 a 为非，而以 b 代之，又久之，有丙起而非 b，更以 c 代之，如是进化以至无穷。列式如下：

（一）甲以 a 为真理，

乙以 a 非真理；

（二）乙以 b 为：

丙以 b 非；

（三）丙以 c 为：

循是说也，则吾人之论是非，庶不至以古人为标准，——非先王之法服不敢服，非先王之法言不敢言——吾人之言是非，乃由较不是而进于较是，世间一切事物，或地，或人，或风俗习惯，以及思想，无有不随时势而变者，吾辈之所见，无非一过渡状态，而终当更易。吾人标揭无政府主义，以排斥有政府之非公理，亦不过循是非进化之公例，而求人类之较为幸乐而已。吾人既以情感迎合之，概念把握之，于是吾人所注定之鹄的，较近于最后鹄的之作用，而吾人所当合全世界而经营之，以图达吾人之所信以有是之主义。千万年后，有起而非之者乎？是则非吾人之所问也。吾人之责任，循进化之线而趋，如斯而已矣。今之学者，多拘虚于现象，局束于见闻，而妄言是非，妄信是非，与真是非相去愈违，因作是非篇。

**《自由录》第 2 集，1918 年 5 月。**

# 《进化》月刊本志宣言

“进化”这两个字，现在社会上、报纸上，常常有人说的。但是进化的定义究竟是怎么样呢？我们既然用这两个字来标示这本杂志，“开宗明义”，也应该将他的定义和道理说个明白，给大家晓得进化的趋势才是呀。

如今的进化论和从前的创造论是相反的。大学教授苏里曾为进化论下一个定义说：“进化是宇宙和有机体的机械的进行程序，而用物理来说明他的自然历史。”这个宇宙的系统，始初是由很小的物质一步一步自然发生来的。现在我们所见的现象，就是这种物理进程的结果，进化论不外［乎］将他的始原和历史，说得明白些就是了。①

就“进化史”来看，从前倡进化的人物是很多的。② 我们不必一一去理会他，但说影响于二十世纪最大的，就算达尔文的《原种论》了（一八九五年出版在达尔文之前，法国有必丰、陆谟克都说物类由环境如何，以为变化）。又与达尔文同时证明人类与猿猴同出一原的人，有华拉士，这种学说出世的时候，那教会用死力来反对，但是空想的东西，无论怎么样总不能够敌得实验的学理，所以后来猾头的教徒，就用《默示录》来调和进化论了。

达尔文的学说，不但可以说明那物理和人类的现象，就那社会制度，我们也可以应用“顺应性”来将他完全改变咧。但是我们第一要声明的就是：斯宾塞、赫胥黎诸人所说达尔文“生存竞争”的道理都是误会的多。斯宾塞以为不独是动物的种别互相凌竞以求生存（例如豺狼之捕食野兔，飞鸟之以昆虫为食料等），就一种内的各个生物也有猛烈的竞争。其实这种现象没有如此的甚。据达尔文的意思，不过想用这种道理证明新种的发生以“天择”为最重要就是了。后来他作《人种由来论》，说物理中的单位“同情性”越深，越有生存的机会，而后裔也越多。由此可见，他已将“物竞天择，适者生存”的观念完全改变了。③

一八七九年，动物学家嘉司黎搜集许多事料，证明物种的向上进化，“互助公例”比那“互竞公例”还较重要些。有一位克鲁泡特金是地理学家，也是著名的无政府党，因此搜集许多动物上的事料和历史上互助的证据，作了一本《互助论》（一九〇七年出版），证明互助在生物社会的利益是很大的。他说：“动物团结而成社会，最弱的虫鸟

① 参观《英国百科全书》第11版内《进化》一文。

② 请参阅《进化之马前卒》一书。

③ 这是克鲁泡特金在“近世科学与无政府主义”所说的话。

和哺乳类都可借社会的保护，抵拒强权。生产养育，不须过劳，并可托庇社会，随时安居。故互助不但为反抗天然界的敌力和他种侵害的利器，也可算是向上进化的好工具。”

巴黎大学生物学教授戴拉尔著《进化论》就用这种学说来做结论。斯宾塞说：社会进化和生物进化是一样道理。我们如今要将“互助”的公理传播到社会上去，使人人晓得他、实行他。这就是我们《进化》杂志的志愿了。

人类知识的进步，是由神学迷信时期进到玄学幻想时期，又由玄学幻想时期进到科学实验时期。① 这二十世纪的世界，果属那一个时期呢？我们看见自然科学的发达，就不能不说这个世界已经进步到第三个时期了。所以康德解释道德，用些什么“必然命令”的玄谈；黑智儿的论理学，说些什么“由相对以至绝对”的“三演法”和那形而上学家的“辩证法”，我们“一概谢绝”。我们研究“道德”、“政治”、“经济”、“宗教”和“社会”，都用着自然学的“归纳的演绎”法。与那自然学家研究“天文”、“生物”的问题，取同一的态度。我们所得的断案，若是他人不用这种方法来批评，而只说些“笼统”、“不合逻辑”的鬼话（如说无政府主义是“邪说”，说社会主义是“洪水猛兽”，或用些艰涩词句自饰浅陋之类），来辱骂我们，我们就“厉兵秣马”，与他们宣战，看那个得最后的胜利，这就是我们《进化》杂志的态度了。

社会是机体的总称。各种机体，各尽所能，各取所需，求便于他的类，（人）要费较少的工夫，造成较多的幸福。由此可定人类社会发展的标准，由较不高尚而至于较高尚。这是为全世界人类造幸福的目的。所以社会进化，要讨论的问题，就是那一种制度最适合于某种情形的社会，怎么样才能够增进人类幸福的总数和发展他的质量呢？② 近世无政府主义就是昌明这个公理。公理既明，我们更要实行革命，才能达到公理的目的。什么叫做革命呢？革命这个名词，西文叫做 Revolution，Re 就是“更”的意思，Evolution 就是“进化”的意思，合起来看，革命“更进化”的意思就罢了。虽然，我们所主张的革命，和那不关痛痒的革命，大不相同，譬如说：协约国战胜德奥，社会上何尝不说公理战胜强权呢？但是我们意中的强权，不惟是德奥的军国主义，和尼采的“超人”主义，现在社会的政治、宗教、法律、资本家，阻止人类全体的自由的幸乐，使他不能实现，都是强权的，我们应该“百尺竿头，更进一步”，从根本上将他们扫除。（全世界革命）由平民自己去行那“互助”的生活（各尽所能，各取所需），这才算进化的公理（无政府，无私产），完全战胜强权呀！这就是我们《进化》杂志的主张了。

---

① 孔德的《实验哲学》所分的。

② 前一段是巴黎《新世纪》周报记者真民君翻译克鲁泡特金的学说，后一半是作者翻译的。

赫胥黎说得好："若是现在知识的进步，不能够将多数人类堕落的情形，从根本上求个改变，我就敢大胆说一句：快请那慈悲的彗星，将这地球用尽力一扫，使我们同归于尽罢了!"[①] 这一段话，我也十分赞成，不晓得守旧派的心理是怎么样呢？虽然，阅者不要误会，我们并不是叔本华厌世主义的人物，我们也不是"乌托邦"的梦想家。我们所主张的公理，是实验的，快要实行的。我们试分析那世界思潮的趋势，是否与我们的倾向相吻合呢？英国有一位社会学家叫做奇的著了一部《社会进化论》，他的引言就说：社会主义现在渐渐变了人类的信仰，这种信仰，也渐渐到了实现的地步，不是从前的空想了。又有那法国学者鹿华利做了一篇《共产主义》[②]，也说道：从前你们是贵族和专制人物的奴隶，现在你们快要自由了，独立了。所以我们《进化》杂志"慨然以促进此种景况自任"，诸君呀！你们既晓得"互助"是进化的要素，岂不应该和我们分担这个责任么？

**《进化》第1卷第1期，1919年1月。**

## 评《新潮》杂志所谓今日世界之新潮

近接友人从北京寄来《新潮》第一卷第一号，其中持论颇为新颖，记者极为钦佩。内有《今日世界之新潮》一篇，似有可研究之处，亟本所知，略为批评如次：

原文第一二段好像没有什么要紧的话，然而却有几句很要紧很精确的，就是："以前法国式的革命是政治革命，以后俄国式的革命是社会革命。"

第三段说："革命以后（按此指社会革命），民主主义同社会政策必定相辅而行。其大概的趋向，大约可以分为经济、政治、社会三方面。经济方面的趋向，将来都偏重保护政策，以一切的实业全受社会主义的支配，使最大多数的人民都有可以享受的幸福。威尔博士说：'以后民主主义想达到他的目的，必定要将一切的实业收归政府所有，为政府所管；税制必须改革；经济上不完备不正当的组织必须改良纠正。'但是实行这大的改革，如何可以没有流弊呢？威尔博士又说：'以后凡一切处治遗财私产同订立契约等事，必须取决于法律；法律生于立法、行政、司法三机关；立法、行政、司法三机关又产生于地方选举。所以正本清源的法门，我们当先从选举方面着手。民主主义若是要统一政治，必定要有五个条件：……'看威尔博士这番话同近来路透社的专电，欧洲现在的潮流向着这方跑是确切无疑了。"

---

① 见《十九世纪杂志》。

② 1890年《同世杂志》3月号。

我们想明白这一段文章是不是确当，第一：要说明民主主义是什么；社会政策是什么；社会主义又是什么。第二：要说明法国式的革命所主张的是什么；俄国式的革命所主张的又是什么。

“民主主义”（Democracy）在政治学上说，系一种政府，其国民或直接自治，或被治于代表。今日各国盛行的制度就是民主主义。法国式的政治革命也是主张这个民主主义。民主主义国家不承认社会革命，即法国式的革命。

“社会政策”（Social Politics）社会政策不主张从根本上推翻现在社会的组织，但想借政府的力施行各种政策，来补救现在社会的不平。如限制资本家，保护劳动家，行累进税和单一税，设立公共教养机关，这都是社会政策。这种种的政策，欧洲各文明国已有实行的了。所以我们常说，社会政策系民主主义制度下较良的政策，却非社会革命所主张的。

“社会主义”（Socialism）社会主义反对私有财产，主张以生产机关（土地、机器等）归之社会共有，这是各种社会主义根本的出发点。但是对于生产物的分配方法有好几种，所以分为种种派别；然而粗枝大叶分别起来，不外“共产社会主义”和“集产社会主义”两种。（世称“国家社会主义”（Socialisme d'Etat）、“科学社会主义”（Socialisme Scientifique）和那“社会民主主义”（Démocratie Sociale），都是“集产社会主义”。德国马克思算做他的创造人。）共产主义主张生产机关及生产的物属诸社会，人人“各尽所能，各取所需”。集产社会主义主张生产机关属之公有，他的生产物由国家或社会分配。两派虽有不同，但想实行他的主义，必定推翻现社会组织，由资本家手里取回生产机关，两派却没有分别。社会主义的首创家如圣西门（St. Simon）、福烈（Fourier）、蒲鲁东（Proudhon）都不敢主张“社会革命”（Révolution Sociale）。到了一八六四年，万国劳动会（Association Internationale des Travailleurs）成立，形成“近世社会主义”（Socialisme moderne），始敢大声宣言“社会革命”。现在俄、德的革命就是社会革命的表见。然而民主主义的国家和主张社会政策的人却不大赞成的。

以上草草将民主主义、社会政策和社会主义已经分别清楚了；我们又知道法国式的革命主张的是什么，俄国式的革命主张的又是什么；那原文说：“革命以后，民主主义同社会政策必定相辅而行”，自然没有存在的价值了。原文又说：“将来都偏重保护政策，一切的实业全受社会主义的支配。”保护政策系资本主义对劳动家所说的，社会政策就是主张这个。若一切实业全受社会主义支配，那里还有保护政策呢？说到这里，作者忽引入威尔博士的言来做根据。威尔的言是主张民主主义而又夹些社会政策的意味的。据我的鄙见推测起来，威尔博士必不主张社会革命，而社会党也没有这种拉杂的主张。照这样说来，社会革命以后的组织决不是这样。以下虽说什么五个条件，岂不是削足适履么？然而欧洲现在的新潮究竟是什么样？这也一言难尽。日本人布施胜治著有《露国革命记》，说得很详细，请读者自己去参看罢。但有一件可以相告的，就是：马克思的集产主义现在已不为多数社会党所信仰。近来万国社会党所取决的，实为共产主义。（马克思派的不当，下文略说明之。）

原文接着说道："但是我还有几句话要申明：就是民主主义同社会主义固无大区别，就是社会主义同个人主义也是相关的，而不是反对的此后的社会主义并不是要以雷厉风行的手腕来摧残一切的个性。……"

民主主义，经济上许可自由竞争，所以有资本家劳动家的分别。社会主义主张一切生产机关都归社会所有，人人都是劳动家，没有现在的"托辣司"。这是民主主义和社会主义的大区别，作者乃一勾抹杀，说这两个主义没有大区别，恐怕有点不对罢！

社会主义同个人主义也有很大的分别，克仑瑞[①]所分的就是：

（一）个人主义　主张私的生产、私的消费。

（二）社会主义　主张共同生产、共同稍费。

以上两条解说，已经将个人主义同社会主义不相同的点分别清楚，但是集产社会主义还有与个人主义不相容的，因为集产社会主义以国家为万能，所以蔑视个人，故变成极端干涉主义。由此可见，集产社会主义为个人主义的敌人，作者乃谓"社会主义同个人主义也是相关的，而不是反对的"，岂不是囫囵吞过么？但是"近代社会主义"却渐趋于"无政府主义"（Anarchisme）[②]，无政府主义以个人为万能，因而为极端自由主义，所以无政府主义乃个人主义的好朋友。若是作者从这一方面说"社会主义同个人主义也是相关的，而不是反对的"，也未尝不可；[③] 但是无政府主义主张废除政府，和原文说些什么立法、行政、司法的话，根本上已有不对，所以我认作者的主张为集产社会主义，说他和个人主义是相反的呢。

原文第四段说："这个潮流涌入德、奥国内，尚无十分危险；因为德、奥人民大都受过教育，兵工两界也都是有常识的。若是传到中国来，恐怕就可虑得很；因为中国的普通人民一点知识没有，兵士更多土匪、流氓，一旦莫明其妙的照他人榜模做起来，中国岂不成了生番的世界吗？"

普通人民对于社会革命每每怀着这样的疑虑，其实智识问题不成重要的问题，我们试看十年前中国保皇党和革命党的争论可知。庚戌年我还听说满清预备十年以后才开国会，那里知道，不到三年，革命起了，国会也开了几次。所以我不信智识问题足为社会革命的阻碍。德、奥平民的智识恐怕也不是很高深罢。况社会革命的真理没有什么深妙玄微的地方，叫他们知固然容易，叫他们行也不算难；但是传播这种真理给人人都晓得，这是先觉的责任了。至于"兵士更多土匪、流氓，一旦莫明其妙的照他

---

① Klein Wachter，Lehrutuch der Nationalokonomie S. 159.

② James Bonar：Socialism.（See Encyclopaedia Britannica，II th Ed. Vol. 25. p 301.）

③ 详见马凌甫译津村松秀著《国民经济学原论》八一二页。

人榜模做起来，中国岂不成了生番世界吗？”不知道社会主义正为兵士、流氓、土匪太多，所以倡改造社会的论调来救济他们，给他们复回“人”的本位，不要做杀人放火的兵士，做劫掠的土匪，做随街叫化的流民；而要人人尽力去取回生产的机关，从事劳动。纵使一时有不安的现状，这是资本家和劳动家的战争，有什么希奇？我们要晓得社会革命和科学革命不同，社会革命是将全社会的恶制度从根本上推翻，拿新的来替代了他；若是畏首畏尾，这简直是基督教的改良主义，还能算做社会革命么？而作者所说的：“我们何妨架起帆桨，做一个世界的‘弄潮儿’”，也算多事了。

原文第五段又说：“我们将来所希望的成功，是平民伟人的成功，不是贵族伟人的成功。所以我们与其崇拜大彼得，不如崇拜华盛顿；与其崇拜俾士麦，不如崇拜佛兰克林；与其崇拜雷竭奴（Richelieu）的理财，不如崇拜马克思（Karl Marx）的经济；与其崇拜克虏伯的制造，不如崇拜爱狄生的发明。……”

平民伟人是什么？崇拜又是什么？科学家发明真理，我们就应该崇拜他做平民伟人么？社会革命的时代大彼得固然不要崇拜，华盛顿恐怕也受不起社会革命党的崇拜呢。还有那马克思，虽然现在还有许多人崇拜他的玄想的经济学（Metaphysical Economie），我们却是反对的很。马克思的《共产党宣言》（Communist Manifesto）是主张集产的。其中关于学理与经济两部分，实由一八四三年 Considérant's：Principles of Socialism：Manifesto of the XIXth Century Democracy 而来。至于实行的一部分，又抄自巴布夫（Babeuf）和班那洛奚（Buonarroti）秘密共产党的唾余。[①] 更进一步来说，社会是对个人而说的，所以既称为社会主义，则凡社会的物，概当属之公有，却不能为个人所私有。现在集产主义，以衣食房屋之类可以私有，足明明尚有个人财产，根本上已背乎社会主义的定义；况且同一房屋，牛马的圈厩既为公有，人居的房舍则为私有，于理论上也说不上去。还有一层，集产者主张按各人的劳动多寡来给他的酬报，那么强有力的将享最高的幸福，能力微弱的将至不能生活。能力薄弱的缘故，或关乎生理，却非其人懒惰的罪，而结果不幸如此，还说什么幸福呢？[②] 所以我们极端反对马克思的集产社会主义。作者说得好：“近来中国学问界异常寂寞，对于世界上的新学理几乎一无知闻，就是对于一切不合真理、早经世界上大学问家驳倒了的学说，还是‘奉如瑰宝’、‘视若家珍’，你说可怜不可怜呢？”我很望大家不要奉集产主义为瑰宝，为家珍。

**《进化》第1卷第2期，1919年2月。**

① Kropotkin：Modern Science and Anarchism，p. 57.

② 师复著《伏虎集》，第十三页。

# 马克思学说的批评

马克思的学说大约可分为三大要点：（一）经济论，（二）唯物史观，（三）政策论。世人对于这些学说的批评多得很。那攻击社会主义的人，不必说了。（例如 W. H. Mallock 所著的《A Critical Examination of Socialism》第十八页说：马氏的经济学“在现在的科学界”正如古人分元素为四种，或如 Thales 万物皆出于水的理论之在现今的化学。）社会党不满意于这种学说的人，也是不少。无政府党对于他的政策论，绝对的不赞成，早已成为历史上有名的争论，更不必说了。作者批评马氏的学说，对于他的经济论和唯物史观，以德人 E. Bernstein 的批评为根据。对于政策论的批评，以俄人 Z. Kropotkin 的批评为根据。现在且把马氏学说的缺点和他的好处写出来：

**（一）经济论**

马氏的经济论大约见他所著的《资本论》(Das Kapita1)。他的演绎的经济学，以余值说（Theory of surplus value）为根据。他所发明最重要的社会学原理，就是唯物的历史观（conseption of history)。这本书第二、三两卷，是他的遗稿。后来他的朋友 Engels 才将他印出来。有许多人说马氏始初的观念：一个时代的社会组织，必与生产方法相应；不然社会革命就不免了。自从古代的共产或半共产的部落解散，国家制度成立之后，新旧战争最烈的，就是阶级战争；所以社会阶级一日没消灭，这种战争一日不能停止。到了资本家的社会，就是无产或是劳动的平民，和资本主决战，而最后的胜利，却在劳动家。——不对。我以为不然。为什么呢？这种现象，征诸历史事实，是的确无可疑的。马氏经济论最缺点的地方，还在他的记载，有不尽不确的地方。他所根据来做演绎的统计，有许多没有证明他所要证明的东西。他的价值说，与唯物历史观，在经济学上，最为重要，他的学说，所以卓然成一家言的，也不外乎这两要点。不知这两种观念，在他前头的社会党，和社会学者，早已说过了。马氏不过说得较着明白罢了。（即如强夺说（ausbeutungs thorie）令人信以为创自马氏，其实蒲鲁东(Proudhon）在他所著的《什么是产业?》(Qu’est-ce que la Propriété?）第一章已屡言“财产是赃物”“财产所有主是盗贼”。）又马氏所引以为演绎根据的统计证明，有许多地方不特不够，也有不着边际的。此外有一极危险的论调，就是他屡次指出关于某问题的现象，后来却忘记了这些现象的存在，而犹申论不已。却不自知他后来的论点，和先前的，已有不对呢。例如资本论第一卷记载资本家增加的历史的趋势，到了最后的一部份，却说资本家减少，是一种已经成立的事实，而他的统计，又证明资本家没有减少，但有增加。至在他处，还要极力说这种事实的确当！

马氏所用的方法，还不出黑格尔（Hegel）的辩证法之外。他虽然说过若是要这个方法合于理性，必要将他转过来，搁在一个唯物的根据之上；但是他自己却不能处处依着这个范围立论。难道马氏不知严格的唯物方法的断案，不能离事实太远的么？他的著作，本来要以科学为根据，不从预存的观念，和从表面观察所谓现社会的进化律，推演下来，以为断案；然而他最后的断案，却是一个预存的观念！简单说：马氏不过把辩证的事业，代了前人辩证的观念罢了。空想会弄坏了科学，马氏恐怕不能自辞其咎罢。

以上将马氏《资本论》的经济学不当的地方，说出来。但是他的“余值说”、“工值说”，就现在看起来，他的价值，是不可磨灭的。那些劳动家所生产的东西，他们自己所得些少之外，还有许多盈余，为他人所掠夺，这是无论何人不能否认的。他的工值说是社会主义的根据。他的信徒 Gronlünd 以此为他的“思想之母”（idés mére）说得倒是不错。那反对马氏主义最烈的无政府党，对于马氏这些重要的证明，也无异辞，他的价值，就可想而知了。

**（二）唯物史观**

马氏历史哲学的方法和原理的发明，可算是他最大的创造，为学问界开一新纪元。他所说的生产者在历史进化上的重要，可谓发前人之所没发。况且他能证明他们在社会机体的形式和意义的影响，所以姑无论他有时出自假托，到底可算是他著作中最重要的一部分。有人将马氏这种发明，和达尔文的发明相比较马氏的《政治经济学的批评》（Zur Kritikder politi schen Okonomie）出世，恰和达氏的《种原论》同时。马氏在他的历史的哲学序中，说明社会机体进化的原理，和达氏所发明的生物机体进化的论据，很是相近。

**（三）政策论**

马氏的政策论详见他和 Engels 合著的《共产党宣言书》（Manifest der kommunistichen Partei，The Communist manifesto）（马氏所谓共产主义即今日的集产主义，和他同时在万国劳动会相对抗的无政府党巴枯宁（Bakunin）自称为集产主义，实即今日的共产主义）。这宣言书中有十条件，可算是社会民主主义的政策。这些政策，是什么样呢？其大意如下：

（一）废除产业。

（二）一切交通机关，收归国家管理。

（三）一切工厂及生产的机器，并为国有。

（四）设立工兵，而犹注重农兵。

批评这种主张的人，以无政府党为最多，这是因为他们的共产方法，与马氏的集产方法，有根本不对的缘故。无政府党人以为国家的组织，从历史上观之，无非建立私权，保护少数特殊幸福的机关。现在教育、国教、和保护领土种种大权，都在政府掌握之中，若更举土地、矿山、铁道、银行、保险等等给了他，谁保国家的专制，不较现在还要利害（这是克鲁泡特金（Kropotkin）的话，见《英国百科全书》他所著的 Anarchism 一条）。我们的首领，谁保他们不变了拿破仑、袁世凯呢？且社会主义，不应当压制个人的自由，社会民主党的政府，又要设立什么工兵农兵，这不是压制个人的表征吗？此外还有他们所主张的分配问题，也有可批评之点。社会是对个人而言。即称为社会主义，那么，社会的物，概当属诸公有，不要为个人所私有，这才对的。马氏的集产说，以衣食房屋之类，可以私有，是明明尚有个人财产，根本上已和社会主义的定义不对。况且同一房屋，牛马的圈厩，既为公有，人居的房舍，则为私有，在理论上也说不过去。还有一层，他们主张按各人劳动的多寡，来给酬报。那么强有力的，将享最高的幸福，能力微弱的，将至不能生活；能力微弱的缘故，或关乎生理，非其人懒惰的罪，而结果如此，还说什么幸福呢？无政府共产党想将国家的组织改变，由平民自己建立各种团体会社，如办教育就有教育会，办农业就有农业会等等，由单纯以趋于复杂，以办理社会所应需的事，去除一切强权，而以各个人能享平等幸福为主。他们所主张的劳动原则，就是“各尽所能”四个大字（To each according of his capacity），他们所主张的分配原则，就是“各取所需”四个大字（To each according to his needs）。无政府党和马克思派争论的焦点，就在这个了。

马氏的学说，在今日科学界上，占重要的位置。我这种批评，究竟对不对，我可不敢武断。今更引马氏致友人书数语，做这篇的结论。他说：“我们决不学那些空论家，想以自己的主义，征服世界。说道：‘这就是真理，跪下来罢！’我们由世界自己的原理中，抽出新的原理来，我们不叫人：‘你的奋斗，是不好的，你离了他罢。你听我的话，跟着我来战斗就够了。’我们不过说明奋斗的真目的，就使他不赞成，也要自己找出一个必要达到的目的来。”作者很愿传播新思想新学说的人，都有这种态度。

**《新青年》第6卷第5号，1919年5月。**

## 克鲁泡特金的道德观

人生在世，应该如何行为？这是伦理学所要解答的问题。可是行为的标准，要随着一个时代一个地方的环境而生变化。比方民国以前以忠于宣统为道德，如今却以是为迷信了；这是一个现成的好例。道德既随着环境而为变化，所以绝对的标准是没有的。近世学者多以治生物学的方法，来治道德；以为道德亦有可征验有可计量。克鲁泡特金 Kropotkin 也拿这种方法来说明道德，并且将动物的道德，同人的相比较。他所著的那本 Anarchist Morality 就是解答“我们的行为应该怎样?”的问题。兹篇之作，是想介绍他的意见到中国来。

道德是什么？我们为什么要服从道德的信条？所谓道德的，为什么一定要迫人服从呢？克氏说：

平民虽然想解答道德情操的问题，但是他们用那时代的科学来解释，把人类看做万物之灵，不想同那动植矿的道德相比较，所以总不能得到完满的答案。

十八世纪的平民，对于道德问题，已经起了怀疑。一七二三年有匿名著作家 Mendevlle①，做了一篇“蜜蜂的故事”，痛骂英伦的社会。他又添上些注解，大胆攻击社会上戴着道德假面具的左道说：“什么道德信条，不过虚伪的假面具罢！有许多平民，想做些好事，却因为这些左道的权力太大，所以卒至变了一个坏人。”可惜这位作者生在那个时候，不懂得动物的道德，所以把谄媚父母和官吏的行为，来解释道德观念的始原。

到了苏格兰的哲学家和法国百科全书的编纂者，他们评论道德观念，还要利害。这是我们所知道的。

“我们为什么要道德呢?”这就是十二世纪的唯理派，十六世纪的哲学家和革命党所要解答的问题。后来有英国的乐利派（如边沁 Bentham 和穆勒 John Mill），德国的唯物派如布希纳 Buchner 一八六〇——七〇年俄国的虚无党和那无政府党的人生哲学少年创造家居友 Guyau——可惜他不久死了，——都要解答这个问题。我们现在又不能不解答他了。

这是克氏研究道德的发端。他以为我们遵依道德而行，不是因为康德说的什么“必然的命令”；不是因为服从边沁“乐利”的道理；也不是因为教育要我如此，父母要我如此，我便当如此。我们的行为都由于一个单纯的动机——趋乐避苦的念头生出来的。

比方有一个人，抢了小孩子将食的面包，拿来自己食，人人一定说他是利己派了。比方又有一个人，这位人人都称他是贤德的，他分了自己的面包，给那饥者同食，解了自己的衣裳，给那赤身的人有得穿；要是一个宗教家——满脑子宗教话头——立刻就会说他“爱邻如己”了。但是我们想一想，他们两位行为的结果，在人道上虽然有很大的分别，而他们行为的动机，却是一样的。动机是什么？那就是求快乐的念头了。那个人脱了自己的衣裳，给别人穿，要是不觉得快乐，他一定不干。那抢了小孩的面

① 伯纳德·曼德维尔（1670－1733），荷兰作家，哲学家和政治经济学家。——编者注

包，拿来自己食，因为他觉得这样快乐，所以他就干了。我们为利便而不使这个意思混乱起见，可以说这两人的事情，都出自利己主义的冲动。所以克氏接着说：

一枝花在白天中转了他的花儿，向着日光，到了晚上，又将花儿闭了。这也是求乐避苦乃需要所使然的。那杀身成仁舍生取义的志士，视自己的生命，为不足惜，本来都出于一样的动机。

总而言之：趋乐避苦，是有机界的一般道路。要是没有这个，生命就不能有了，有机体就破坏了，生命也就停止了。

所以无论一个人的行为和品格是怎么样，他所做的事，不过遵依他的性质的欲望生出来罢了。

易言之：他的行为，是由个性的需要产生出来的。这是已经成立的事实，又是什么“利己说”的结晶。

照这样说，人类的行为，无论如何，都没有差别的了。世界还有什么善和恶可说呢？一个为着自由而上断头台的烈士，和一个鸡鸣狗盗的鼠窃，都是求满足自己的快乐，试问这两人行为的价值，究竟有没有分别呢。克氏道：

我们只问 Ass a Foetida（一种发臭的植物），臭不臭；那条蛇咬我不咬；那说谎的人骗我不骗。那些植物鳞介和人类都是依着他们本性的需要做出这样的事情来吗？我可以不管，但是我为自己计，也要依着我的本性需要不高兴那发臭的植物，害人的鳞介，和那些比动物还要利害的人。所以我们做事，不必问那天使如何；那比蛇还毒的官吏如何；我们觉得那一条道理对了，我们就遵依本性的需要去做。我们照这样研究，见得那圣贤一类的人物，虽不能将善恶分别清楚，然而一般动物，由昆虫以至人类，完全知道什么是善，什么是恶。他们不用那基督教的圣书，也不用同哲学商量，却能够做到这样的缘故；因为他们为着保全自己的种类，和求每个体的最大可能量的幸福，——这也是本性的需要所致呢。

社会的动物，能分别善恶，与人无异，是一件很惊人的事实。且看克氏所举出的证据：

（一）蚂蚁　一支蚂蚁贮满蜜糖在他的嗉袋中，遇着没有东西食的小朋友，这个朋友立刻就会问他拿一点东西来食，在这种小昆虫之中，那个食饱蚂蚁，分他的食料给那肚空的朋友也得一饱，是他的责任。要是问那些蚁子自己饱食了之后，遇着同山的朋友问他取东西食，辞而不与，对不对呢？他们就会答道：这是很不对的；因为我们的行为，是不会弄错的。要是有一个蚁子敢于自私，那同群的蚁子，就当他是敌人了。这种事实，曾经许多证明，已经的确无疑了。

（二）麻雀　当一个人掉了些面包屑在地上，被一只麻雀瞧见，他不回去告诉他的朋友们，却自己私自食了。或比方他们同巢的朋友，自己不肯去收集禾草，却飞到邻家巢里偷些回去，要是这些行为，被他的朋友瞧见，就要飞到这两位的身旁用嘴啄他们了。

（三）鼩鼠　鼩鼠分食和蚂蚁相同。

（四）还没开化的 Tchoukche 人比方一个 Tchoukche 人，当他帐里的同伴偶然外出，静俏俏［悄悄］的偷了他的食物是对的吗？他就答道：要是那个人能自己去取食，这是不对的。要是他倦的很，或是找不到东西食，那就应该随便取食。但是他总要留下他的帽子或是刀子，最少也要一点绳索，如此那位猎者回来，知道来过的是朋友，不是敌人，他就不打紧了。

象这样的事实，要是详细记下来，可以做成一本书。

这些昆虫鼩鼠和野人之类，没有读过康德的书，没有看过教会牧师或是魔西的训诫，然而他们却有同一的善恶观念。你回想一会，你就可以知道蚁子鼩鼠和那耶教徒或是无神论的道德家所谓善的，就是那些有利于保全他们族类的，所谓恶的，就是那些有害于种族的，——他们并不是好象边沁、穆勒一样，当他是有益于个体而止。

动物既能分别善恶，然则我们所得的教训是什么呢？看他说：

耶教徒说："你不施诸人家的那种事情，你也别要人家施诸你。"（这二句是将他们的训诫改成正面的 Positive 原意是"你望人家施给你的，你也要施给人家。"——《马太》第七章第十三节）他们又说："要是不然，你就被人送到地狱里去了。"

我们在动物界观察所得的道德，比这种好得多了。总起来可以说："你要施给人家的那些，你想别人于同一事情中也照样施给你的。"

还可以说道："你们要注意这不过是一点劝告。"这种劝告，是动物在社会许久经验的结果。要是没有这一点，社会就不能够存在了；无论那一种类也不能打胜自然界的阻碍了。

善恶观念的始原如何呢？克氏对于（一）宗教家的解释：——以为一个人能分别善恶的缘故，就因为上帝能用这个观念来鼓励他的功效。（二）法律家的解释：——例如霍布士以为人类所以有公道和不公道、真和误的感觉，为法律发展的功效。（三）乐利派的解释：——以为人类所以有行善的，由于自利，他们却忘了爱他的一面；都不满意。而独有取于亚丹斯密 Adam Smith 之说，所以说：

亚氏做了一本好书（The Theory of Moral Sentimentv，Works and Life of Adam Smith vols 465）用同情的感情，说明道德情操起原的真相。

亚氏说：比方你看见一个人挞打一个小孩，你的想象力，或者那个小孩的哭声，令你觉得那小孩的苦痛。如果你不是一个胆小的汉子，你必定救了那个小孩，免被他人挞打了。

克氏以为这就是"休戚相关" Solidarity 的感情。这种感情，不特人类习惯中有之，一切动物都同有的。他说：

崇拜达尔文的，不知道他除了从 Malthus[①] 得来的观念外，他自已却相信“休戚相关”是社会上所有动物最［显］著的性质。那鹰固然捕那麻雀，那豺狼固然噬那鼰鼠。但是那鹰和那豺狼出猎的时候，却互相帮助。那麻雀和鼰鼠也合起来，反对他的敌人。所以要不是顶愚笨的，都不怕敌人捕了去的。由此看来，在动物社会之中，“休戚相关”是一条自然律，这条律比那“生存竞争”还重要些的。

我们研究动物界知道休戚相关的原理，在他的社会愈发展，愈有保存的机会；并且于竞争场中，反抗困难和敌人，可望得最后之胜利。

人类社会中“休戚相关的”程度，比别的动物大些，这是显而易见的事实。猴子的社会，为动物最高的一级，已经显出许多这种行为。人比他们又进一步，所以同情的心，比他们较高。——单独有了这个，人类才能在自然界的艰险中保存他的弱种，发展他的智能。

这是动物界进化的全体告诉我们的。这种进化，已经久了，极久了，几百万年了。一个人想将他的道德情操去了，比那要学以两手两脚行路的人，还难一点。所以道德的感觉，是我们自然的功能，和味觉触觉无异。

克氏说明休戚相关的感情，为一切动物所同具。但是他以为法律宗教和强权反将这些感情利用了，叫一般平民个个有奴隶的服从性。要是我们因为这些东西，弄坏了道德原理，就不承认道德，是何异于因为“可阑经”教人每日洗澡，我们就索性永远不洗。或因为魔西禁止希伯来人吃猪肉，我们就索性吃猪肉么？所以克氏以为道德是万不可少的。无政府主义的根本原理，就是平等这条原理与“待人如已”和“望他人待我好象他待自己一样”相仿佛。克氏以为不能实行这个原理，就不配称做一个无政府党。看他说：

“我们不要被人所治，所以宣言我们自已决不治人。我们不要被他人所骗，所以我们要永远除了真话之外不说，因此之故，我们宣言无论何人决不骗他，我们立愿说真话，说完全的真话，真话之外不说。我们不要自已的劳动的结果被他人所掠夺，所以同时宣言尊重他人的劳动结果。”

或以为无政府党想达他的目的，便主张暗杀手段，是很不合道德的。克氏以为不然，他引一个例证来说：

“Perovs Kaya 和他的同志杀了俄国的皇帝，世人虽不高兴流血的惨剧，虽然表同情于放农奴的人（皇帝）。但仍是承认他们杀他的权利。为什么呢？这不过是因为他们想除去世界上的暴虐罢。人类想将特权打倒，而用武力从事，无论他是开仗，或是暗

① 马尔萨斯（1766－1834），英国人口学家、政治经济学家。——编者注

杀，我们都不反对他的。要是他所行的事，能发生一种印象，深入人心，这种权利，更加可以使得。不然，我们所做的事，无论有用没用，不过是一种野蛮的事实罢了。那里能够增进世界的进步呢？我们平民只见他是‘以暴易暴’罢。”

克氏更进一步，以为有意识的生活之外，又有无意识的生活。无意识的生活，在一百椿事情之中，占了九十九件。这九十九件大概都由习惯依着道德做去，间有遇着例外的事情，——复杂的或是猛烈之情欲冲动，——他就疑惑起来，脑子各部互相冲突，当这个时候，那个人愈能设身处地所想反对那个人的地位，愈能决定自己的道德。

现在叫人遵依道德的，大概用强迫的手段，或言语来恐吓他，如宗教家用地狱轮回诸说，法官则用刑罚之类。克氏以为这是顶不对的。他说：

“我们相信人类依着他们文明的程度，廓清现在的束缚，恢复了自由，他所做的必定向着有益于社会一面做去，正如我们是由父母而生，属于‘人’Homo 的类，自然会站起来，用两支脚走，决不会用四支的。

我们对于他人的行为，只有劝告可以使得。当我们劝告他人的时候，我们还要说：‘要是你的经验和观察，以为不必这样做的，我的劝告，就用不着了。’

比方我们看见一个少年垂着头，缩着胸，我们就要劝他直立起来，扩张胸部，又劝他行深呼吸，因为这样可以免了肺痨病。同时又可以教他学一点生理学，使他明白肺的机能。他自己自然会知道他的姿势应该怎样最好了。”

但是设使有点黠杰的人，有过份的行为，我们对于他应该怎样？克氏以为我们日常的人，常常生出同情和厌恶的两种感情。试问我们那一个不爱道德能力丰富的人。那一个不反对道德有缺点——卑怯奸骗——的人？可是现代的虚伪教育造成许多虚伪的道德，等到恶制度去了，善恶观念就可以达到某种的水平线，决不至有出轨的行动了。

但是那杀人的奸淫的，我们应该怎样对待他呢？据我看来，那为快意而杀人的很少很少。要是有的，就要救正他，或是避了他。至于那奸淫的，我们先要考察社会有没有弄坏那被奸淫者的感情，如此，我们就不怕有纵欲的事情了。

克氏极力称道那为人类牺牲的人，——如真理的发明家，热心的革命家，——此种人之中，有没名的，有在决斗场中的。我们人类的进步，都靠住他们的创造。我们平常人所最缺乏的，就是胆量，美，善，情爱，真挚，而他们都一一有之。所以克氏赞他们道：

“象这样的人，所做的才是真道德。——不愧了道德二字的价值。其余的不过我们相与之间的平等关系罢了。要是没有他们的胆量，诚挚，恐怕人道还在泥涂之中。惟有这样的人，预备着我们将来的道德，久而久之，我们的后人，履行这些善德，成了习惯，而道德观念，就一天比一天进步了。”

所以克氏非常注意一个人所持的主义。一个人的主义，是不能今天这样，明天又是那样的，看他说：

“生命是活泼的，丰富的，有感觉的，这都是答应理想的感情的条件。要是反抗这种感情而行，你就觉得你的生命退缩了，不成一个人了，失却精神了。你不信你的主义，你就破坏了你的意志和你的主动能力。你再不能回复你的活泼了，你就失却你从前所认识的定见了，总而言之，你变了一个残缺不完的人了。”

克氏于没结论之先，又将英国派道德家所分别利他主义 Altruism 和利己主义 Egoism 的界限，加以严重的批评。他说：

“比方我们说：‘我们待别人应该好象别人待我们一样。’试问这样的主张，利他主义么？还是利己主义呢？

我们再进一层说：‘个人的幸福和人群的幸福有密切之关系，虽然在社会上，有他人不平等而自己却得着数年中比较多一点的幸福。可是这样的幸福，是建于沙上，风雨一至就倾倒了；况且他的幸福和社会一律平等可能有的相比较，不过一个可怜虫么？假使你以最大多数的幸福为目的，你将来自然做得好了。’当我们谈到这个，试问我们研究是传播利他主义，还是利己主义呢？

总之那些道德家用假设的利他利己两种反对情绪，建立他的系统，已经走错了路了。如果这种反对，是的确不移的。如果个体的利益，真是同社会相对，人类还能保存么？动物的种类，还能发展到现在的地步吗？恐怕不能够进步，还要退步罢。……”

克氏最后有极诚恳极忠挚的话，来劝我们竞争，真是我们少年人的一副兴奋剂！我且将他写出来，做这一篇的结论。他说：

“你要散布生命于你的四周。你要小心不要欺骗作奸，因为这种行为，足以降低你的人格。有些人以为自己不及主人的高明，就低心下气做人家的奴隶和姬妾。如果你自己高兴去做，也未尝不可；但是你要知道人道就当你是一个微末的柔弱的可憎的人，并且要这样待你了。如果你不为社会出力或做工，证明你的能力，人道就当你是一个可怜的人了。要是你无做事的能力，你不要看低了人道。大胆些罢！如果你见有不合正义的，认为人生不平等的，在科学上成为棍骗的，或使他人受苦的，你应该反对他，革他的命。”

“竞争罢！竞争就是生存了。（To Struggle is to Live）竞争愈猛，人生愈有趣味，如此你就生存了，做过人了。数小时这样的人生，比那虚度岁月于腐败之中，如蔓草一般的，有价值得多了。”

“竞争罢！这样的竞争，你将来便知道你的快乐无可伦比了。况且用你竞争的代价，将来人人可以有丰富余裕的生命吗？”

**《解放与改造》第1卷第6号，1919年11月。**

# 黄凌霜与朱谦之讨论无政府共产主义文

(1) 批评朱谦之君无政府共产主义的批评

同学朱谦之君以所著现代思潮批评（新中国杂志社出版）见赠，诵读一过，不胜喜慰。孔子说得好："不得中行而与之，必也狂狷乎，狂者进取，狷者有所不为也。"狂狷之言，虽不合中道，要其言足以厉风俗，异夫葛茸习热媚世以取容者，则固余之所倾倒也。原书分七章，第一为批评方法论，朱君自言他所主张的批评，是主观的批评，全般的批评，绝对的批评，与哲学的批评又极推崇黑智儿的"三分辩证法"(Trilogy)。这种方法，同我的批评方法，恰立于相反的地位，这是我先要声明的。朱君批评新庶民主义和广义派主义（这个名词，还要斟酌的!），多以无政府主义者如克鲁泡特金和巴烈（George Barett）的话为根据，再看他批评无政府共产主义，则又无的放矢，完全不懂得这个主义是什么。真理既以批评而愈明，记者负笈大学，平常研究经济学，颇沃闻无政府主义者之言，（如 Charles Gideet Charles Rist，最有名的经济学史 Histoier [Histoire] des doctrines economiques 说得最详）敢出其所学所得，质诸朱君，并以求是于读者。然余涉笔草此文，不能无感焉。举世滔滔，指鹿为马，偶有研究经济学上已有之学派及思想者，乃目为过激，夫过激对和平而生，今试执一学术思想史而读之，试问何者为和平，何者为过激？以经济科学研究所得之思想而目为过激，实为不辞。昔在先秦，"无为无治"，"兼爱非攻"，"白马非马"，各还其词，学术思想，比美希腊，延至一禹既定，神州学术，因以不振者垂二千年，今稍知振拔矣，而不察者犹欲追踪汉武，此余期期以为未可者一也。文化之所以发达，由于思想自由，言论自由，出版自由，微是三者，则社会几何而不见其为枯朽无生人气，乃今之执政者，明知世界思潮之不可以长城抵当，见有稍似者，复掩耳却步，蜀涓梁畏影，绝尘而奔，不至气断，仆死不止，此余期期为未可者三 [二] 也。程伊川先生有言，"吾人则更进一步曰天下事要大家为，"若揽权自恣，以少数为国家，阻碍社会之发展，其罪过岂无公论？吾闻之哲学家矣，社会之事，当由哲学家开会决定之，科学家亦如一其说，进而考克鲁泡特金之论，亦不过谓各地方之事，由各地方之个人，自由联合，以为各种职业学术之团体，自由处置各地方的事务，不许有强权肆于其间，此其为说，至为平易，英国数理名学家哲学家罗素（Russel）有言"克鲁泡特金所主张之制度，去最良者不远，这是我不思疑的……。"(I have no doubt that the best systemo [system] would be one not far removed from that advocated by Kropotkin. 见 Roads to

Freedom：Socialism，Anarchism，and Syndicalism，July，1919，London. P. 192）乃今之达人，知斥孟子排杨墨之非，而不知斥自己排非己者之非，其专权自恢者无论矣，此余期期以未可者三也。鸣呼！天下本无乱事，庸人自引之、而蔽塞为其总因，各安得起荀子而解之！“辟四门，明四目，达四聪，”此言虽古，可以起今涉笔所感，率焉书之，不复辨文体之新旧，读者祈谅焉。

朱君说“克鲁泡特金之言曰：‘无政府者无强权也，’今强权之大者莫如天地，是安可恕者，而竟恕之矣，故不至虚空破碎，大地平沈，以言无政府，实有所未至；何则强权所在，无解脱可言，而离破［跂］自以为得，‘是得者困可以为得乎？别鸠鹗之在于笼也，亦可以为得矣……’（庄子·天地）”

朱君此言，已承认强权之不当存在了。不过更进一步，否认天然强权之应该存在而已。无政府主义者所反对的强权，并不是指政府而止，法国有名的无政府主义者格拉佛（J·Grave）说“Ni Dieu，ni maitre；chacum［chacun］n’obleit qu’a sa propre volonte”可见上帝，主人都为他们所反对，质言之，凡有阻碍人的生活之东西或学说，都为他们所不恕。那么天然界的“暴风疾雨”，此固天地之所以“刍狗万物，”当然为他们所反对，岂特他们，近世科学家，日夜思想，都想减缩自然界的强权了。举例言之，从前舟子航海，一遇暴风，每至全船覆没，现在则有天文台，预测风雨的变化，又藉无线电以报告于航海者，预为之避，所以天地的强权，也渐失却他的权力，不过自然界的范围较广，非立可以把他摧灭或避了罢，他们何尝“竟恕之”呢？若必以大地平沉，空虚破碎，然后可算是无强权，其思想则高矣妙矣绝对矣。但我们要知道“绝对”可形诸思维，在事实上，那里有所谓绝对？物理学家说摄氏零度以下的冰窟，还有微热；古代哲学家 Parmenides① 说：“凡物由甲点动至乙点，必定经过两点距离之一半，之一半，之一半，如此以至无穷；”又如庄周天下篇“一尺之棰，日取其半，万世不竭；”此可为事物无绝对之证，朱君乃以一不可达到的“空”为“至”，安知“空”仍有未空，——离心缘相——也不能算是空。所引庄子之言，犹不能证实其言，为什么？生物处于笼中，失了自由，谁不知道是苦，若“以天地为屋庐，”还其固有的自由，则返乎“自然”了。

朱君接着说：“墁于天国家者，不过毁瓦画墁于天地之中，而政府者又不过内包于国家，故天地其政府之蓬芦乎？其所由以生乎？天地不毁，政府不可得无，则何如进而从事于宇宙之革命也。”

这种“类推法”（Analogy）犯了一个很大的谬误，我试照样设一援例，便显就明白了。……故天地其屋宇之逢［蓬］芦乎？其所由以生乎？天地不毁屋宇不可得无，

① 巴门尼德约（前 515～前 5 世纪中叶以后），古希腊哲学家。——编者注

试问这种类推，究有几许的真理？这间屋子旧了，不能蔽风雨了，把他拆毁，乃当然可能之事，然至此犹能谓住所为人类所必需，若不良的组织，其存在徒足以阻碍社会进化，则人类安肯长此迷信国家是上帝造的呢？姑退一步说，政府既不可得无，宇宙革命，当然是无政府，便可得有么？原文结论说："余固认无政府革命为虚无革命之过程，"何以一拒一迎，反覆至此！试问是矛盾不是？就朱君的话来论，亦可谓不知国家与政府的始原了。据近世科学的历史家研究的结果，国家的发端，不过千余年间事，人类生在地球，据生物学地质学之所考见，已不知几百万年了。

朱君接著说"身由地水风火合成，犹之人民集合体而构成国家，……请〔谓〕地水火风及单体分子原子电子皆为国家可也，如是，则无适无莫无非国家用偏咸三者（?）异名同实……"这些话完全昧于生物学的原理，同玄学家康德说的道德上"绝对命令"（Categorical imperative）"普遍律"（Universal law）的抽象玄谈差不多，用不着我去驳他了。最奇怪的就是朱君一方面反对国家，（参阅广义派主义派［批］评）一方面却要说国家无乎不在！试问 Tchoukche 原人社会中，国家也存在吗？同原子电子一样存在吗？朱君请［谓］为"异名同实"，吾则谓"名异实亦异。"

朱君说："总而言之，有'有'即有政府，无'有'，方无有政府，果能举乾坤而毁之，此真大彻悟之事……恐非今日之无政府主义者所能言所敢言也"。这话犹为笼统。推朱君的意思，有这个"有"等于政府，试问这个"等"（Equal）有什么算式可以推算出来？不然则凭空断说"政府＝有"，玄学家也许信他，奈我们的头脑，却不轻易信这种笼统的观念呵！又"举乾坤而毁之"是绝对的思维，上边已经说过，不赘。

以上已把朱君的总论批评竟，再看他批评无政府主义。朱君的批评分为五类：（一）有组织即非真实（二）有产即差（三）性善说不可能（四）劳动非人生归宿（五）教育与学说之迷梦。总现［观］朱君这五类批评；都是采用绝对的怀疑主义——什么东西，学说，都要打倒——要知道绝端的怀疑论，自己的论断，也应在怀疑之列，若递据以为是，以之为立脚点，得非独断？今姑舍此不论，还到本题。

（一）朱君说："……今所取于无政府主义者，为其无'有政府'之组织也，所不取于政府者，为其由个人组合，假有非实有也；（参观章太炎国家论）所不取于个人在为其犹无有自性也：即凡有组织在皆非真实……今无政府学在固常反对政府之组织矣，然反对今日之旧组织复向一新社会之组织进行，不知因组织而有者，分之却还为个体，举无真实之可言，岂独所谓新社会之组织而独不可分析乎？"

朱君此言，大仾［抵］根据章太炎君的国家论而来这种论调，根本反对有组织，细味其所以反对之理由，则以组织为可分析，——分之则为个人——这种理由完全不能为否定组织之根据；因为社会是由单独的个人组织而成各个要保全各个的个性循着"自由合作"（freeco-operation,）"自由契约"（h-ee［free］Agreement）而进进行，

"各个为全体，全体为各个"，c［each］for All，all for each 组织之所以形成，不外为朱君谓组织可以分析，即非真实（本军［章］氏之言）是所谓真实有如哲学家之论实体，夫哲学家之论这［实］体，本没有一定的成说，乃取以驳组织其无当必矣，且实体对于人生有什么价值，既无价值可言，发逴幽出渺，都成废话！但人无政府主义，（如现在美国的 Tucker 犹为著名）反对组织，有"各人自扫门前雪，莫管他人瓦上霜"的主张，在今日文明发达，万事错集的社会，这种主张，违反了一般的趋势，简直是"乌诧［托］邦"，而已！

朱君接着说："且强权非他，即在组织之中，组织之有，'力'为之维击［系］也，舍力即无所谓组织，舍组织亦无所谓力，'力'即强权，故我之主义乃根本废弃组织，即欲根本废弃强权，……。"

无政府主义者既主张自由组织，自由联合，根本废去强权，则组织中不容许有强权之存在可知，那么朱君所谓"且强权非他，即在组织之中，"何所见何云然？朱君答道："组织之有，'力'为之维系也，舍'力'即无所谓组织，舍组织亦无所谓'力'，即强力即强权。"这话甚辩，但细按之，一无是处，夫组织之成，由于契约（areement［agreement］），克鲁泡特金说，我们要知契约有两种，有自由的，是以自由允诺而结合，在这个结合之中，各个都是平等，自由选择各种不同的道路。有强迫的，是由一部分把持，横施于他部分，他部分所以承受的，全由于必要（necessity）；其实并没有允合（agreement），他部分不过单纯受一部分所限制罢。不幸现在所谓契约的，大多属于后一个范畴（category）。当一个工人卖了他的工作与一个雇主，他总知道他的生产价值之某部分，被雇主制［剥］夺了去。……这叫做自由契约，难道不是一个悲惨的笑话？……当人类四分之三，一日还没有脱离那样子的契约，强力自然是不可逃免的，第一因为他们用以施行那所谓契约；第二他们用以维持这样的一个环境。强力——和许多的强力——是压止那劳动者，使他们不得取回那少数人据为私有的必要物；……。斯宾塞派的"不用强力会"（No－force Society）完全明白这个；但他们一方面既主张不用强力去变更现在的环境，他方面却还主张多用一点强力去维持他。至于无政府与全力政治（plutocracy），如冰炭的不相容，正与别的政体无异，这是显然的。

我们不见得自由协合的契约，必要藉强力去施行他。我们从来没有听闻过那救生艇的船员，要以刑罚加诸同伴，……。我们也没有闻过，那投寄论文给巫利先生的字典（Mr·Muray's Dictionary）的人，因为延迟了，就要受罚。也未闻过加里疲的底义勇队，要用警察队驱赶他，才肯上战场去。自由契约，是用不着以强力催迫的。（见一八八七年，八月号英国十九世纪杂志克氏著的 Anarchist Communism：Lts［Its］Basis and Principles，末段。）由此可见朱君舍"力"无所谓组织的谬，还有他说舍组织亦无所谓“力”，我们从物理学上所见何尝是这样？我们走路，吃饭，也要用“力”，我们思想也何尝不用力，这种“力”是自然的“力”，正与地心之有吸力同，如无这种力，自然就没有秩序了，就自然力（natural force）并不是强权，（authority），朱君说“力”即强权，殆忘了“力”和“强权”的定义之分别了。

朱君接着说：……无政府学者非不言组织，特所谓组织的，以自由为据耳。虽然自由组织云者，其可信乎哉？Hobles[①]［Hobbes］，Rousseau[②]均以邦国之立，为由于众人所欲，Rousseau之民约论，曷尝不云邦国之组织，以自由为依据，各以意愿之乐从，而为自由之团体乎？如以组织为然，则国家原同此理，何事而必遮拨之乎？

无政府学者非皆言组织者如德之Stirner[③]，美之Tucker[④]的个人派都反对组织，这是朱君忽略了的。复次霍布士卢骚所谓国家起原于民约，不过学者的假设，在历史上并没有什么民约，早已经为一般学者所证明。据克鲁泡特金的研究，人类自有社会以来，即有两种思想和行为的潮流，在里头对抗并进。一方面那大多数的平民，自己找寻人生的道路，建设应该要有的组织，以维持和平，调停战争使社会的生存，不要弄糟了；和在那些要协力来做的事情之下，可以实行互助。他方面又有术士沙门，巫觋祈雨师，圣人，祭师之类，……惨淡经营，结为秘密的社会，有时他们自相攻击起来，不久也就订立盟约，相好如初了。（见Moderm［Modern］Science and Anarchism Ch·I·和The State：Its Histoical［Historical］role）。国家之始原，就是由后一方面的人，结立秘密会社，发布命令，以压制前一方面的平民，要他们替代自己做工，不然则诛！由此说来，国家的起原，何尝自于民约？卢骚自己说“约以意不以力，屈于力者乃势之事，非意之事。”（Ceder a la force et un acte de necessite non de volonte）朱君据是以批评自由组织之不可能，好象是没有仔细研究的结果。

朱君继续说：“且可得而自由组织者，即可得而不自由组织之，今由不自由组织之国家而求可得自由组织之社会，是则不自由组织乃有自由组织之可能性，而自由组织亦有不自由组织之可能性明矣。又况绝对自由，固不能存在于团体之中，因公同之利益，而有多少之牺牲，谓之自由，实为不辞”。

社会趋势由专制而自由，乃必然的程序，我们只见社会畏专制政体（不自由的组织）进而为共和政体（较自由的组织），从末［未］闻有由共和变为专制，是站得住的。十九世纪以来世界有两种趋势：（一）为政治的自由，（二）为经济的自由，故斯

---

① 霍布斯（1588－1679），英国政治哲学家。——编者注

② 卢梭（1712－1778），法国思想家、哲学家、作家。——编者注

③ 施蒂纳（1806－1856），德国哲学家，小资产阶级无政府主义创始人之一。——编者注

④ 本杰明·塔克（1854－1939），美国个人无政府主义的主要思想家。——编者注

宾塞关于政治组织所得到的论断是："我们向着前进的那个社会之法式（form），其政府将被减缩至最小的可能之总数，而自由增进至最大的可有之总数"（amount）（见Essays，vol·Ⅲ·）。朱君之论，昧于进化之理，似非通人所宜取，然因此亦可以见立言之不可不慎！绝对自由，非能存在于国体之间，这话很对。试问朱君所最称崇的黑智儿辩证法，亦有可能看绝对的全体吗？进化论告诉我们：世间一切事物，只有比较的，相对的，变迁的，没有所谓绝对的，固定的。故自由组织中，不能有绝对的自由，也何足怪？例如巴枯宁说："Nous reconnaissons l' autorite absolue de la science; vis—a—vis des lois naturelles, il n' est pour l' homme qu' une seule liberte passible [possible], c' est de 1es reconnaitre et de les appliquer toujours davantage"（见Bakounine Ceuvres t·Ⅲ·p. 51.）夫科学的绝对强权，无政府主义者，为什么要从服他？就是因为科学的应用有益于人类。所以朱君若离人类而说绝对的自由则可，既为团体之一员，那里有所谓绝对的自由？

（二）朱君说："……盖无政府党之主张，在社会主义中为共产主义，与集产主义独产主义各殊"。

此为朱君不懂社会主义学派之铁证。试问无政府还不有主张集产的，不有主张独产的吗？我们只能说无政府党大多数是主张共产的，而不能如朱君以上所云云。

朱君又谓只见共产集产独产之同，而不见其异，朱君既不见他的异我可以把他写出来：

集产……凡物不得为某人所有（Proudhon）

独产……凡物皆我所有（Stirner）

共产……凡物皆社会全体所共有（Kropotkin）

然朱君接着说道"自相对之差别相而由同一律（Law of Identity）则见其绝对无差别"。今共产，集产，独集［产］因为分配的方法不同，所以不能相等，那么，以同一律来牵合这三个主义，岂不是削足适履？若以惠施"万物毕同毕异"之说，来相辩难则何如更引一元论之论调，非难一切差别相，可是在科学上，"四"不能等于"五"呵！差之毫厘，谬以千里呵！

（三）朱君所引克鲁泡特金社会进化与无政府主义之位置一书想即指克氏在巴里演说的"The Place of Anarchism in Socialistic Evolution"而言若然则译名已经错了。闲话少谈罢，朱君引克氏小儿陷河一个比喻，以证无政府学者主张性善，今请先把克氏的学说译出来，然后仔细为之讨论。克氏说："道德学说，虽有种种变化，然而都可以三个大范畴概括他 1. 宗教的道德，2. 乐利派的道德，3. 道德习惯的学说（theory of moral habits）——是由生活在社会的真心需要之结果。……姑无论他的变化如何，最后有第三个道德系统，见得道德的行为在那些最有力量去令人在社会最适合于他的生活之行为——是单纯个人乐他的兄弟之乐，忧他的兄弟之忧的一个必要；这一个习惯，是一个第二的天性，在社会以生活而慢慢完成。这是人类的道德；这也是无政府的道德。……比方一个小孩掉下河里，有三个人立在河岸，这三个人，第一个是宗教的道德家，第二个是乐利派，第三个是清白的平民。譬如第一个首先对自己说，以为救那个小孩，今世或来世，总有幸福的报应，于是去救他；但是他这样做，纯是一个计算家，再也没有了。至于那个乐利派呢，比方他这样想：人生的快乐，有高尚和卑下之不同，救那个小孩，将给我以高尚的快乐。那么，任我跳下河里罢。但是假使有人是照这样推想，他也不过一个计算家，社会能够进步，也不十分依靠他……。这里还有第三个人。他不计算那么多。但是他有一个习惯，常常觉得他周围的人之快乐，和觉得人家快乐，自己也快乐，人家苦痛，自己更加苦痛。他照这样做事，是他的第二天性。他能见那做母亲的之喊声，他看见那小孩的生命，危存顷刻，他就如同回一只好狗一般，跳下河里救回那个小孩，……。而当那做母亲的谢他，他答道："为什么！我是不能不这样做的。这是真正的道德。这是大多数平民的道德！这是成为习惯的道德，始无论那哲学家做出来的伦理学说是怎么样，这个习惯，将必存在，且将慢慢的随我们社会生活的环境进步而进步。这样的一个道德，用不着法律去维持他。他的自然长成，是由于公共的同情心之帮助，同情心在所有人类之中向着一个废润的和高尚的道德，都找寻出来的。"（见 Ant·Corn·P·36·）克氏之意不过谓道德感觉出于同情的本能，这个本能固心理学家之所承认，克氏亦当从动物的行为，说明这种同情本能的重要："我们研究动物界，想解释各个体因为生存竞争，维持自己，反对不好的事情和散［敌］人，我知道休戚相关，与平等原理，在动物社会越发展和习惯了，他越有保存的机会，并且于竞争场中，反抗那困难和敌人，可［渴］望得着胜利。社会中的分子越和别的有休戚相关之心，越能发展。进步大元素的两种性质，——一方面是胆量——他方面是自由个体的创造——要是动物的社会，……失了休戚相关的感情，——这种感情，有时特别稀少，有时特别丰富，——那两种进步的元素，愈加减少，以至消失，这社会受了枯未就坏敌人所灭了。"（Anarchist Morality Ch·5·）以上所引克氏的话可以着［看］见他的真意了，那么，朱君推论道："由是观之，克氏立人性本善之前提矣……性之善恶，本为哲学上之重要问题，而未能解决者，今既无充实之证明，而遽以性为兽，恐未免独断之口吻，而非科学家之所宜也。"同克氏之说，简直毫无关系；因为克氏只言这是动物的本能，并未说性善与否。朱君更进一步，谓"即如克氏所倡之互助论，亦未必便善"转语说"今谓互助为善，则罗马神圣同盟非善之尤者乎？"朱君把互助的真义，完全埋没了！克氏对于互助，并没有说他是善，不过纯从动物社会，和人类历史的事实，证明互助为进化的一因子（faelhe［factor］）。凡读过互助论的，想无不知道这个意思，今朱君以"莫须有"之名，加于克氏，克氏未必肯受吧。

（四）朱君说劳动非人生归宿，因说道："劳动主义"之起因实由于重视财产之思想，其根本已不足取。

据我的意思劳动主义之起因，实由生活的需要，古者凿井而饮，耕田而食，何莫非生活使之然？苟人类无生活之需要，则决无劳动主义，换言之，劳动主义乃因有需要而起，财产不过为满足生活需要的手段，并不是为劳动的目的，朱君乃说劳动主义之起因，实由于重视财产，误矣！

朱君说："吾等自想"果为劳动而生乎？至苦莫如劳动，而倡之者何心，虽然吾乃大愚，而谓劳动主义之好劳动也，特欲利用他人之劳动，而减却自己之劳动耳！故其言曰：每日每人劳动时间，大约由二小时最多至四小时为准，是劳动主义实不欲劳动之表征，虽不欲劳动而不可不以劳动责人者也。诸君不信乎？请观劳动主义昌明之日，即罢工运动极盛之时，罢工为何？非欲减宿［缩］工作之时间乎？非欲求加工金乎？以前言之，即不欲劳动之自觉，以后言之，即重视财产之思想……。

我们为什么而生？这个问题，古今东西的哲学家都没有能给他一个圆满的答复。然人生为什么要劳动？我们却能给他一个圆满的答案：就是为生活而劳动。朱君又说"至苦莫若劳动，而倡之者何心"。克鲁泡特金说："现在做一个手工的工人，不啻被迫做一世的苦工，每天做十小时或十小时以上，所做的只限于某件东西的某部——比方一个针鼻；不啻说他所得的工钱，以之供给一家，只有极端限制所有一切需要，才能生活；也不啻说做一个工人，时时刻刻害怕雇主把自己辞退——我们又知道那工业的危机，时时降临，和他包含怎还未到老如果不死于工厂，便死于穷人的病院；做一个劳力的工人，就一世被那劳心的人看做没有人格；科学与美术给人类一切的那些高尚些的快乐，他们都不能享——这无怪乎人人……只有一个梦：想升到使别人替自己做工的地位。当我看见有些著作家，夸说他们是著作工劳动家，看那手工的劳动者是偷懒的……我一定问他们道：那么你四周的东西，你住的屋子，以至椅子，地席，你走的街道，你穿的衣服，是谁做的？谁建筑那大学让你求学，你在校里求学的时候，谁供给东西给你吃？……所以我能断说，智能之士，如未转过来，想一想那欧洲的劳动阶级，甚至在这样的恶劣条件之下，还且甘心做工，是不会彻底明白他们的生活。"（见A·C·P·36）那么，朱君所说"劳动主义倡明之日，即罢工运动极盛之时，罢工为何，非欲减少工作乎？"直把偷懒的大部分人，轻轻放过，把这个罪恶，为［加］到工人身上，试问"利用他人之劳动，而减少却自己之劳动"的人，是治人阶级，还是被治者阶级？今劳动者觉悟了，始有减缩工作时间之要求，不想把自己劳动的结果，尽为资本家的私囊，乃至平等至公道的举动，朱君却要说"即不欲劳动之自觉，即重视财产之思想，”这真可算是资本经济学之逻辑了！

朱君说：“无政府主义以人人均从事于劳动为理想，假令一人不服劳，则将有以迫之乎？如有强迫，则劳动为法律之诱因；如无强迫，则趋逸避劳，谁不如我，然则留此劳动，即不啻自责其主义，何如无动之尤愈乎！”

这个答案，无政府主义者已经屡次说过了。克氏说：“我们在美洲黑奴和俄国农奴未解放以前已经听惯这种话了；幸亏现在有机会欢迎这话的公正价值。至于那些推想——他们应该知道——如果有某部分最低级的人民真是这样，可是我们所知道他的是什么？——或者有些细小的社会，或分立的个人是这样，但是为同不良的环境竞争，必不能成功，或至完全失败，那大多数文化国是不如此的。至于我们呢，做工是一个习惯偷懒是人力所养成的（As for us，to work is a hobit [habit]，lazy is an rtificial [artificial] growth.）”（An. Cm. P. 34）

抑朱君尤有说“夫使民……治体涂足，暴其发肤尽其四肢，以疾从事于田野，此何曾有爱心可言！”克氏也说过：“背乎人类天性的不是工作，是过度工作（overwork）为供给少数奢侈，有过度的工作不是为全体的幸福而工作。工作（work）劳动（labour）是生理的必要，这个必要，所以使费身体贮蓄的能力，这个必要是康健的和生命的。”（An. Cm. p. 34）

（五）朱君竭力反对教育与学说，谓为迷梦；余意无政府学者在所主张的教育学说，或许与现今的有差异之点，然要之教育与学说乃普遍的问题，而非无政府主义自己的主张，所以朱君反对教育，科学，与批评无政府共产主义，漠不相关，故余亦不复为之批评。

最后朱君说“总括一句予不满意于无政府共产主义者，为其有所蔽塞，而不能一迳向虚无而去，然余固认无政府革命为虚无革命之过程……若其根本意义，则予深表同情，而无非相非者也”。

朱君此意，似与上述不相一贯，今姑不论，即朱君所谓虚无主义，犹待探究，——未来社会的趋势如何，虚无主义果能适合未来的社会吗？——今乃以黑智儿辩证法演绎而来的玄谈遽定为无政府以后必达之境，朱君为什么不怀疑自己的论断？我固非极端反对朱君之说者，即其所为之思想论，余亦深表同情，不过极端的怀疑主义，在消极方面，阻碍社会的进步不少，故不自顾其不学，与勇猛精进的朱君，有所辩难，幸朱君出其所见，为继续之讨论，这是不佞的厚望。

兼胜　二月十三日

**《北京大学学生周刊》第7号，1920年2月。**

# 实际的劳动运动

世界上最可贵者，莫理想若；但只有理想而无实事，则理想为多事，为空谈，为乌托邦、华胥国，为黄农虞夏。经济学派之所谓社会主义、无政府主义、劳工组合主义，虽不能各自成为独立完善之理想，而同为今后社会进化必经之途径，此固吾人研究社会趋势不囿成见不囿方分者所同得之结论。此较善之理想为对岸，吾人今方徘徊踯躅于彼岸之对岸；然则诞登彼岸，舍舟楫桥梁莫济矣。劳动运动为理想社会之舟楫之桥梁。何以言之？盖将生之社会，从经济上说，不外生产自由、消费自由；从政治上说，不外个人自治、工业自治。凡此种种，远西各邦已有彰明较著之趋向。理想与事实，虽不能一致，然其根本原理固毫无变易。其所以能此者，虽曰工业社会进步之过程，亦何尝不是先觉者之劳动运动有以致之？

今有一个问题，请为读者解之：吾人先求工业发达，工人知识增高，而后讲劳动运动耶？抑反之耶？从前者之说，是见患肺痨病者，而不肯医，唯朝夕培以自来血补脑丸，而冀其强壮；虽或有万死一生之希望，其希望盖鲜。从后者之说，是见有患肺痨病者，先洁其居室，清其室气，静其心神；痼疾既去，而后随之以培养。

此非拟于不伦也。凡稍熟悉欧洲工业革命后所养成之痈痔，以待今日之事倍功半，固知今后中土所应采取之方向，在此不在彼也。故吾敢断言曰：现在之工业如何不发达，工人知识如何不高深，我们可以不问；我们现在所急者，在于把吾人经济政治之理想，从实际上一点一滴、一勺一合、一两一斤灌溉到工人的脑子里去，教他们明白私产之当废，新组织之当兴。则一旦有成，孔先生曰不患寡而患不均，不患贫而患不安之言验矣！语曰："十［千］里之行，起于足下；百丈之台，必有基础。"吾人愿从今日起，即以广州为出发点，从事于实际的劳动运动。

然而积个人而成社会，积个人之情意知而成社会之现象，其复杂之度，迥非社会学者所尽知，所以改造云云，革命云云，自然不是东方曼倩之谐谈，丘八先生之勾当。社会改革家有一共同之信仰，以为若无组织、无统系、无步骤而犹漫漫然号于众曰传播，曰革命，曰炸弹，是不啻缘木求鱼，筑梯登天，岂特鱼不可获，天不可攀，抑将坠于深渊，随彭咸屈子之所居，永无转轮之日矣！

吾言至此，离题甚远——请更端言之。

吾人今后劳动运动之进行，应该持"科学试验室的态度"，洗除"空想的乌托邦态度"。斯言何解？科学家整天只在试验里过来过去，不是嘴吹玻璃、手配器具，就是眼看温度、笔记压力，今日世界之文明，于斯是赖。若空想家之态度，则适与是背道而驰，曰："小国寡民"，曰"不知秦汉，安辨晋魏？"是皆非吾人之所欲言也。吾人详细之组织计划，固不能宣布于此，然劳动运动之步骤，不外（一）在劳动界内组织行会；（二）由行会组织工业联合会；（三）集合行会组织全省联合会；（四）由各省联合会组织全国工业总会；（五）谋东亚劳动会之成立，进而与万国劳动会携手。

以上为大概之意见。至将来新社会之改造，利用强权乎？抑自由组合、自己管理乎？则视吾人劳动之效力与能率而定。

草于广州东山

《劳动者》第1期，1920年10月。

## 《近世科学和安那其主义》汉译本选中译者引言

此书初版，系在四年前，那时还是用文言译的。翌年见得白话比较文言容易懂些，所以费一月的光阴，重译一番。第二次的译稿，到如今又经三年了。今年夏天南行过沪，我的朋友倍光先生，始把稿子要去，印成这样的一本书。我对于此书的出版，有几种极简单的感想，现在且把他写出来，做此书的引言。第一次因为系意译的，所以非常疏略，后来我觉得意译不大妥当，才再用白话直译出来；但是现在又觉得意译固然不好，直译亦不称意。意译使读者容易领会，而每每与原文或有删节增加之处，直译诚然为作者最忠实的舌人，而每字每句，都要与西文密合，因为中西文法上构造不同译出来就令读者有不快之感。年来我本想把未印的直译稿子，全改一次，后来因为时候［间］很少，而要读的书却很多，所以蹉跎复蹉跎，没有把我最近的理想，施诸实行，此欠付印，心里总觉过不去。克鲁泡特金的社会学说，在社会上占怎样的一个位置，世人类多知道，如今亦不说。但是中国的学者，每每以耳为目，连克鲁泡特金的著作还没有读过，就作起无的放矢的批评来，如近人以为安那其主义主张性善论，或往往拿从前人口稀少农业时代的理想，来改造现代人口发达的工业社会，以及其他种种，都是把"莫须有"的罪名，硬加上安那其主义的身上去。我不怕人家詈骂，但我总为中国学者羞！我以为无论那一种学说，不过是人类反应他的时候和环境的结果。人是知觉最发达的动物，而尤以推理的知觉为最。由他的推理的能力，他便找出他的环境是不自然的，所以用他的努力，想出种种方法，去与这种不自然战斗。世间所谓发明，所谓发见，所谓学说主义，都是由这样生出来的。人的推理，非绝对可靠，所以学说亦非绝对可靠。这种不正确的地方，端赖后人不断去修改，保守是非科学的态度的。我对于安那其主义的感想，就是如此。然而安那其主义的根本观念，无论何人都不能否认，然而观念不会变成事实，必要观念变为感情，才由公共的感情，发现而为人生的事实。经济史观虽然是重要，而唯心史观，亦有同样的重要。因为人生事实虽随经济情形而改变，但是思想也是人生事实变动的一个重要原因。凡是反对新思想的民族，便是劣陋和退化的民族。克鲁泡特金这种伟大思想其于未来的影响，不啻汽机发明之于近世工业进步的影响一样。我敢以最诚挚的态度，介绍克鲁泡特金的科学的安那其主义到中国来，我不盼望世人去做克鲁泡特金的守旧派，我盼望世人对于克鲁泡特金，正如爱因斯泰因之于奈端一样。

译者志于广州东山。一九二一年九月二十四日。

**《近世科学与安那其主义》，广州平民书社 1921 年版，第 1—2 页。**

## 同志凌霜的一封来信

这封信是同志凌霜写给某同志的。因为内中讲到俄国革命的事情，又因为凌霜是亲身到过俄国的人，谈论俄国问题，自然亲切实在，所以我们郑重地介绍给读者。

编辑部志

……足下：

往者同学京师，朝夕与共，扪膝谈道译著互证，迴环明德，佩感何极？其后足下发愤西去，留学巴里，分散至今，遂成独学。燕山远念，未尝不叹人生之无常，感盛会之难再也！足下去后一年，余亦南归，隐迹东山，筑庐珠海，以钩游为乐。间复有事乎旧学，金石残碑，观摩不已，方谓长此远蹈，坐待委化。不料是时美国有华会之招集，露西亚亦随其后，发起远东会议，谋与抗衡。留沪之露国代表，密派私人，阴召各地团体，使派代表与会。此种政治行动，余早已厌恶痛绝，不欲闻问，乃广东机器工人维持会之会长马超俊君，以余素与俄人交游，对于俄事，夙所注意，遂欲乘此机会，请余远行，观察马克斯主义试验之结果，归国报告，使人知所取舍。初，余峻拒甚力，乃马君不惮烦劳，屡征余行，情义所感，慨然远征。归国以后，虽私人谈话间，对于劳农政府，多所批评，而未尝发抒所见，公诸当世。途中独有致陈独秀君一函，寥寥数语，不具理由，有似杨雄剧秦美新，颇引起同学故旧之注目。足下前书谓“相处日久，相知甚深，不信以多年社会运动之中坚人物，一旦弃其素守，归心为布尔扎维克之信徒。”声白兄况且谓以我考察之结果，报告当世，必有影响，不料《新青年》竟发现我之“奇怪通讯”，深感不怿。数月以来，接到此类似之质问，不一而足。即有所答，答而弗尽，弗尽则滋疑益甚，若长此不喻，费时耗辞，甚无谓也。今且图穷匕见，白云在天，清霜满地，谨为知己陈其梗概可耳，若夫仁人君子之谅解与否，固不足以少攖鄙怀也。

游露经过，时阅数月，事极错综，欲纪载无遗，非巨帙不能罄，兹分三端，次而述之：一行程，二会议，三访问。

一九二一年秋末，余自广州北上，经上海、北京、奉天、长春、哈尔滨，复西北行，至满洲里。满洲里为中俄交界之小镇，落车时，中国兵丁盘查甚严。余伪为商人，安然出关。同行之凌钺君，以出语太文，疑为过激派，立被拘留。满洲里地本僻小，加以严寒，风尘飞舞，街上只见蒙古土著，骑马四溢，到此已令人精神上生不快之感，遑论西行！入旅馆后，秘密告知露党机关，晚上由党人以马车偷载吾等出中国境界。此处最为危险，半途若遇中国兵，则鲜有幸免者。吾等乘夜色沉沉之际，越尽许多雪山，始达露国火车；车停荒野，四顾苍茫。留车数日，绝不能下车散步，每日只食黑面包，间或少尝牛肉汤而已。由此西行，三日至赤塔。所谓远东共和国者在焉。由此复西行，约两日，道经贝嘉尔湖，湖水至为清洌，相传苏子卿尝牧羊于此，盖贝嘉与北海同音，想或然耳。复西行，约一日抵伊尔库斯克（Julkutrk），此地为西伯利亚重镇，人口不及十万，冬时，气候苦寒，生存竞争，至为不易。忆昔读克鲁泡特金之《露法狱中述闻》，谓三百年来，露国青年，因思想新颖而远谪者，莫不以此地为外府。从莫斯科步行至此，为时约二年半，或死或残，其有生还之希望者，百无一二。克鲁泡特金少时，尝以改良监狱至此，至今回想，不禁悚然。余居伊城约三月，以一九二二年一月一日复乘车西行入欧。道经乌拉山，山为欧亚分线，其上有碑，东向刻亚细亚，西向刻欧罗巴。车行二十余日，方抵莫斯科，居此约二月。再北行，至露旧都彼得格列，逗留不及一星期。本欲由此南下，道出德法，与诸兄畅谈，然后横海东归，卒以不得共产党之许可，遂废然循故道折回。中途稽滞，延至春阑，始达中国境界，其怅恨为何如也！过满洲里时，余与高丽金女士，伪饰夫妇，以黄璧魂女士为大妹，登车后，被军警截回，经一昼夜，卒以金女士用露语为之辩护，始得回复自由。及抵哈尔滨，揽镜自照，才知头颅尚在，不啻死而复生之人。半年之内，经尽人生之患难忧虞，非可以平常笔墨曲述，即述之，亦非亲历其境者。不能尽喻也。

远东会议本为政客之虚文，无聊之勾当，然而与吾之此行，不无多少之关系。虽吾赴露之动机，固不若是其卑鄙，但行动之背景，若置不述，则图穷匕见之情，终无由白，而此耗时费辞之长函，于吾为悬痈，示人则徒供刍狗已耳。无已，则一并及之，以质足下。社会之集合，其中感情行动，复杂无端，变动靡常，若欲一一形之笔端，不特回忆之力有所未周，摹写之才，固难兼备，足下之于此函，以同一之观念而把握之，虽不中［亦］不远矣。

伊尔库斯克城，僻小鄙野，无文化之可言，然而却为露西亚控制远东，兼揽蒙古之重镇，远东共产党即设于此。其部长露人某，本属武人，素有西伯利亚之王之称，中国、高丽、日本数方面之共产主义宣传，皆由彼总其成，最近蒙古之独立，彼实左右其间，而远东会议之召集，说者谓彼实主意。忖其意：外固欲借此以恫吓资本主义国家之侵略，内亦思藉此以表扬其勋劳，既贡媚于巍巍乎之列宁，又标示于离心之群众，自彼言之，是一举而数利兼备，安得乐而不为乎？抑考此会召集之动机，实出自其秘书某君之献策。所谓某君者，即前在上海俄文报之编辑，而与吾人在北京天津上海广州都曾共事者也。到会代表，中国约三十，高丽同之，蒙古约十余人，日本则七八人而已。初至伊城时，各代表团每星期均在共产党部内开会，由各代表将所代表之团体内容，作文报告。露人方面则举行宣传之演说。妇女方面，则由女子主之。余对于此会，除作过数敷衍之文章，及替共产党部长翻译过几次演说外，绝无贡献，谓之尸位素餐可也，谓之无所表见，供人傀儡可也。孰知世事之变，固有出乎主观之外者。余固欲以傀儡自任者也，而中国共产党张某，本属同窗，且曾共事，以中国共产党之长老自居，利用二三工人，为其爪牙，各事均由其把持，真有指鹿为马之势，露人亦遂信之，于是代表中有对于张某敢怒而不敢言者矣。远东会议，后以第三国际之命，改为远东共产党会议。有人以为此次会议，固亦有国民党与无政府党在焉，安得以此律之？后卒改为远东共产党与革命党会议，迁至莫斯科开会，实隐寓监督之意云。去年一月一日自伊城出发，火车客位分头二三等，代表团团长特许坐头等车，而张某则中国团之所谓团长也。头等与三等，床位颇相悬殊，既上车，有一部分之中国代表（多属学生）以处置之失当，大为鼓噪，团长不得已，乘夜迁还三等，与平民为伍！兹事之起，乃群众心理之偶然的表现，谁为魁首，信难言之。乃张某神经过敏，迁怒于余，彼意以为反对首领者，乃无政府党故也。自此事发生，中国代表团中隐然分为二派，积不相能。抵莫斯科后，余因身任委员会职务，犹出而办，乃张派恨余刺骨，加以罪名，密控余于共产党，于是会议之第二日，该会取消余之发言权。中国代表团三十人中有二十人签名反对此事，而高丽、日本两国代表，更表同情于余，竭力争辩，江亢虎，优林诸君助之，张某阴谋遂遭最后之失败。该会除由各代表团报告国内劳动运动状况，及由露人作千篇一律之“马克斯方式”之演说外，别无可纪，今亦欲勿陈矣。散会后，谣言甚盛，有谓张某之手下，欲置于死地，当时亦毫无所惧。抵彼得格勒时，曾因此事，访共产党之秘书，要求其对于生命上完全之保证。彼谓：使足下归国，不表示反对共产党，则一切谰言，都不足信。余佯诺而退。车返西伯利亚，两方感情，益趋极端，而谋余与璧魂女士之阴谋，竟亲入吾之耳鼓矣。余因此事，复于车上访远东共产党之部长，叩其对于此事之处置。彼谓：足下能表示赞成共产主义，则吾人当与以安全之保护。余佯应之曰：此易事耳。有此前因，而《新青年》之“奇怪通讯”竟为后果矣。呜乎！以强权临人者，虽能屈人于一时，实难服人之心志，吾生有难言之恫，此为最甚，自念当时，沉吟不语，偷生苟活，使知我者反而疑我，真一文不值也。陈君独秀对于国内青年，本有某时某度之贡献，吾素佩服其敢为之气，惜近来为利禄功名之心所中，凡百作为，一无是处，其近来转运式之文章，真不堪读，此固非余一人之私言，哥林比亚大学院某君谓陈君近来之文章都可入“什么话?”栏内。吾友陈独秀君近致余书，谓“国内有名之杂志如《新青年》、《改造》等，反不似从前之可观，才尽之叹，匪独江郎。”其或然欤？初陈君独秀本不审吾函之所以然，当吾返沪时，彼数遇余于黄克强夫人之住宅，余对于在露事，以既过去，亦不复喙。其后在广州（去年五月），彼遣其左右梁君绍文约余谈话，余辄辞焉，且表示吾坚决之意志，与对于露党之批评，梁君以告，于是彼等皆知吾之意趣，终不可以威武易矣。后以冰弦兄意，复一度访陈君于《新青年》社，彼只谓“无政府主义者与共产主义者，都是今日改造社会之健将，只可联合并进，不可分离排挤。”此次谈话之后，虽曾遇之于璧魂女士住宅，却未多谈。七月，余与日本同志山鹿过申，陈君当时虽亦在沪，却未谋面，独日本老革命党片山潜自莫斯科致余一函，嘱陈君转交，陈君之夫人亲携与余而已。

余将离吴淞江之前一日，伯时、敦祜诸位过访，出示陈君在《新青年》之复函，余不禁废书而笑曰：“余读《俄国革命史》，已洞烛列宁之智术矣，其未得志也，则联合社会革命党左派与无政府主义者以推倒克罗兹基政府，其既得志也，则‘狡兔死，走狗烹，飞鸟尽，良弓藏!’仆窃欲与无能者为伍，浮海而东，力学待时而已。”

复次，请略述露国民间之生活，想亦足下所乐闻也。露国之生活与民间之感情，虽不能表现共产党革命之成绩，但总可以显见国家社会主义试验之一种重要结果，凡研究社会改造学之人，固不可以稍稍放过者也。一种主义不过人类对于环境反应，其能超国情与民性能实行无碍与否，实为疑问。一种主义不过人类对于改造环境之或然的献议，人类与社会都是“相互作动”（interaction）者也，苟某部分对于其所献议，不能如量以纳，尤能假强力以施行其献议，而不受同样强力之反抗与否，又属疑问。社会总为有机体，如斯宾塞诸贤之所陈，亦必非物理的有机体，其集合也，非以物质为绳系，唯以了解、同情、兴趣为关联，以物理为基础。今以强力施行主义之故，缺乏人民间之了解、同情、兴趣，而不由其最兴盛之点，日益衰落，亦属疑问。凡此种种问题，年来颇往来胸际，吾观露国政府之背景，吾之疑问遂得否定之答案矣。吾相信无论何人，苟能对此种问题，平心静气，从客观上观察一番，不特于学理上，辟新境域，即于实际上，亦示人以通行与不通行之路，其为功盖非浅鲜也。顾此种观察，呈功至为不易，社会学今始进于科学之研究，幼稚已极，今谓以一人一时之审察，而能偶合科学真理，缜密无间，精确绝疑，斯亦未敢深信。从相对线以进行而已。

明乎此，则吾于露国革命，虽然表示十分之同情，而于其试验之结果，则不能稍事假借，使人盲从以自焚也。若夫投鼠忌器，则为一般人说法，非可以语于高明也。

余初至西伯利亚时，每日只食黑面包与腊肠，初试此种生活，本极难堪，同行之黄女士，因以致病者数月，其食品之恶劣，可想见矣。日常食料，以黑面包为大宗，其他白面包、糖果、鸡鱼之类，市上亦有出售（此时露国政府已改行新经济政策，亦谓之国家资本主义，即一切大企业仍归国有，其他小商店小产业都归私有），但价奇贵，每磅白糖，几乎需卢布三十万，约合大洋一元，其他日常必需品，虽有金钱，亦无处可购。吾人旅居外国日常所不可少之白领，在露国便找不出来，所以彼等罕用白领。推原其所以致此之故，第一固由于货品之不能进口，第二则由于露国自革命以后，天灾人祸，相继并至，原料缺乏，工厂停闭。卢布日益跌落，物价日益飞涨，工人日益失业，于是社会之组织崩坏矣。吾尝谒一自然科学之老教授，彼谓每月所得之薪金，远不足以供生活之消费，一家数口，真有嗷嗷待哺之势，故常使其子（亦大学生）携家中衣物，往市上待善价而沽。此种现象，在市场上最为普遍。多数城市居民，既无业可就，故男女老幼，手持什物，鹄立市场，由朝至夕，以待购者，几于触目皆是。吾尝与张君秋白，往购一狐皮外衣，只须卢布九百余万，其实合当时现洋三十元而已。余旅居伊城时，得友人介绍一女大学生，日来余寓授余露语，对于平民生活上之苦痛，言之綦详。后来共产党以防止侦探为名，禁阻其进代表宿所，余力与交涉无效，而学习露语之机会，亦遂中止。余在露半年，除共产党外，相与接近之平民，百分之九十九都表示不赞成劳农政府，而劳农政府，尤毅然存在，盖以武力为后盾，偶语者弃市而已矣。故新至露国者，无论何人，多不敢自由发表意见，其平民无论矣。报纸除共产党所办之几种外，绝不多见，外国书报，几乎绝迹。有某大学教授，尝语余谓四年以来，未尝得外国科学报告矣。犹忆西行入欧，中途遇见之赤贫妇人孩子，遁迹车上，坚不肯行者，不知凡几，后以兵士之强迫下车，吾等赠以少许之黑面包，乃含泪而去。呜乎！吾安得郑侠为绘此流民图也乎？自西伯利亚东返时，又遇一中年之女美术家，余询以生活状况，彼一似重有忧者，问以对于劳农政府意见，坚不肯答，只曰："余若抵哈尔滨，则当为先生尽情言之，今则非其时与地也。"余颔之。惜至赤塔，彼不能同车再行，遂不复遇，为可惜矣。

凡此种种事实，不过杂记一二，若详细缕举，则累日不能尽。露国僻处北陲，邮便检查甚严，吾等寄往国内之信，皆被束诸高阁，故真实情形，鲜能外播。即其国人之欲移居他邦者，亦多不得政府之允许，余遇此类之人，已不少矣。当吾抵莫斯科时，高曼女士已先十余日密赴芬兰，故仅及见其友人与克鲁泡特金夫人。克翁夫人年已六十，精神矍铄，能操英、法、德、意诸种语言，本在乡中居住，以余之约，特来莫斯科相会。余询夫人对于劳农政府意见，夫人谓其意见与其夫大略相同，以为真正之社会主义，固非强权集中主义也。余复问劳农政府将托尔斯太博物院之街名，改为克鲁泡特金街，聊示不忘，然则劳农政府对于克翁之感想，或不大恶，况克翁撰著，尚公然出售于市上乎？夫人谓克翁死后，劳农政府将克翁从前出世之房屋，送作克翁博物院，现在克翁之图书及遗物，尚存伦敦，将来拟运回，置之博物院云。夫人所谈之话尚多，今不复赘，临别时出片为余介绍于纽约某经济学院校长某君。某君与克翁交情甚厚，又复同志者也。余在莫斯科时，虽尝与无政府主义者往还数次，但共产党侦查甚密，交际殊不自由，彼等约余到彼得格勒时，开谈话会，交换意见，但抵彼数月，除赴共产党会议外，绝不能自由行动，只有惆怅而已。

溯自稍知世界潮流以来，受露国急进派之影响甚深，昔在京校，为译《一九一九旅俄六周见闻记》(北京《晨报》出版)，足下曾为余读稿，想尚忆之，其后与李君大钊会露人于天津，余复携露人某君南至广州，设立通讯社，遂开露党在中国活动之局。要之，余对于露国诚实平民之感情，始终如一，然而对于把持的共产党，藉无产阶级之金字招牌，本身既为智识阶级，而又囚禁智识阶级之犹太人，则深恶而痛绝之。

露国今已恢复资本主义，市上熙往攘来，唯利是夺之现象，渐与各国相近，所谓革命者，已为人类僵迹之展览，而非活态之再现矣。当余旅居伊城时，搜集参考资料颇多，乃归至满洲里，以兵士检查甚严，悉行弃去。归至京师，李石曾先生过访，询余以露国革命失败，乃程度之不合，抑性质之不可。余谓露国本为西方最晚进之国家，工业极不发达，其以农立国，几乎与中国相类。夫农人生活，本与国家无关，其不爱好强力的政府，乃其环境所造成之通性，露国革命，工业出产品，既不可靠，一切消费，悉取求于农人，农人竭力反抗，政府加以高压，于是政府与民间，遂形成一种界限，至为竞斗。竞斗之日，既日益增长，消费之恐慌，亦随之而日甚，反革命之行动，愈演愈烈，列宁乃不得不提出改变政策。由此观察，露国工业程度，太过幼稚，分配颇难，此程度不足之说，似亦可信。若工业发达之国如北美，则实行共产，当然较易，此则自马克斯之说，固应如是，即露国党人，亦深以为然。故彼辈日望英、美革命之发生，有如大旱之望沛霖。自性质言之，余觉政治家假强力以施行政策，固非马派之所独创，自有社会史以来，此种试验，已屡见而不一见，马派不察，以为此乃独得之秘，四出宣传，以专政为无上妙乘，一似非此不足以普渡众生，入安乐国者，此已大谬。彼执政诸公，更以智识阶级之人物，假劳农之名以统治，名不副实，已难为政，更有甚于此者，则迷信武力是也。曾不思人类思想、感情、行动，非如世间物质，可以任意压迫、改变。此则马派偏于唯物之过，当世学者，已多异辞，不容复赘。吾尝谓武力独裁，苟可以统治，则秦政可以万世不废，陈涉吴广之徒，不思发难，而吾人对于“社会统治”一科之专门研究，可以扫地矣。昔斯宾塞尔论治，谓社会生活，可以从两种根本上相反对之原理而组织，即强迫的协合与意愿的协合是也；前者为强权组织，后者为自由组织，而强权的国家之为祸于社会，正与其武力之活动为比例。证诸露国，斯言益信。当马克斯之像遍悬于全国之时，即自由、自发、怀疑、创造之文化的因子摧残殆尽之时。自由思想家遭其监禁，报馆被其封闭，异党任其诛夷，学校由其停止，而革命之精神，亦随以俱亡。此则性质上似亦有所未可。吾固不欲从理论上对于露国革命多所批判，只从实事上归纳而论断之而已。露国革命，缺点甚多，不能为韪，亦不必为韪，若病入膏肓，犹忌医者之施药，则扁鹊见之，亦当却步。此则列宁亦有感夫此，且屡言之。吾人对于其勇于改变之诚，当深致敬意。且大战未终，而社会革命之旗，遽扬于北欧，亦足以表见时代之精神，扬新世纪之光华，开新生活之道路，事虽未就，其功有足多者。窃尝论之，共产党人作事之成功，由于专横与武断，其失败亦即坐是。夫汞能愈病，多用则毒质永留身体，其病未愈，其人已死，世事类多如斯，岂不信哉？然共产党人自信之笃，任事之勇，条理之精，造诣超迈前辈，此则凡有事于革命之役者，所应平心静气，师其长而去其短。孟子曰："取人为善，与人为善"，吾非有以与人也，取诸人而已矣。

余自露国实地考察一番归来后，深多感触，乃投鼠忌器，始终默然。昔在莫斯科时，与江亢虎君约，归国后，各当本其不满意于露党之处，尽量发表，去年颇见江君已践前言，独余碌碌无所表见。去［归］国时，屡晤江君于京中，江君以此为问，愧无以答。与江君同行之黄君士龙，亦乘兴而往，失意而返，彼亦欲有所发表，频征材料于余，去国之后，光阴苦短，遥望故人，帷呼负负而已。(中略)

弟尝清夜自思，有生以来，所作之事，所为之文，所译之书，至今无一不为忏悔之材料，比达新大陆以后，睹哥伦比，华盛顿之遗泽，欲深自振拔，恢复人生价值于一二，常以曾涤生从前种种，譬如昨日死，从后种种，譬如今日生之言自期，前路茫茫，不知有所造就否也。吾校有"自由社"(Liberal club)，主张无政府主义者颇多，以此颇引起社会之注目，同学辄在校中月刊辩护，以为此种自由思想，乃学者应有之自由。抑有欲为足下陈者，吾校教授彼洛博士(Pevott)，任数学教授，垂三十年，今年八十，通三十种语言，近习华文，朗然贯通，终身不婚，近亦不食肉，衣服褴褛，有如乞丐，家无长物，而书籍满架，白发过颈，而精神矍铄，思想新颖，超绝群伦，作文辄用数国文字，而不求人知，此真可谓直证心源，得其常心者矣。余从先生游，肆习欧洲各种语言文字，尝谓先生德业，过乎托尔斯泰，先生笑而不答。(中略)

近复于通讯录中得见延年兄致 T. W. 兄书，已悉其思想之变迁。延年兄前两月曾有书来，言其入少年共产党事，弟以课忙，搁置未答，今因来书，请述鄙怀。延年兄与弟相处甚久，情同兄弟，今一旦因思想上之分歧，演为行事之异径，实人生之至恫！足下谓其对于无政府主义之信仰，建在浮沙之上，弟固未敢以此待延年兄，但延年兄最近发表之言论，弟愚昧，实不得其理解之所在。其致某兄书，有谓："做革命事业，在乎……力求理解社会生活的实际关系……，马克斯很有先见之明，一生精力，全用在这个研究之上"。此所谓社会实际生活关系，不知何指？我想曹锟，张作霖一班人，都是实际之人，了解社会实际生活关系者，难怪彼等反对吾人之经济理想，政治理想！“马克斯一生精力，全用在这个研究上”，就有价值，然则别人如何？吾恐研究之结果不在何人之一生与半生，而在乎其断案与过程之正确与否而已。马克斯学说，在美国大学中，已批评净尽，吾只欲从事实上以观察马克斯主义之结果，决不欲为空论以相难也。夫时间与实际者，主义之试金石也，马克斯主义之试验，幸吾犹见之（中国之国情、民性，社会遗传，时代思想与露国完全不同，俟另篇言之）。至于对于中国之革命，吾人有一分力尽一分力，宋儒所谓天下事非一家事，延年兄谓吾人之“无望”，是其识见在宋儒下矣。夫“道不同不相为谋”，古有明训，而社会之发展，在乎异者各守其异之范围，对抗对进，延年兄致 T. W. 兄书，乃多所劝诱，吾不知官僚派将持何种主义，革命党联络也，若恐革命势力之分散，则延年兄大可主张与政治革命党携手，若吾辈则羞与为伍也。此非感情架空之论，任读何种革命史，当能了解吾之意趣，不为已甚。弟最近之人生观，以为无论何种社会运动，都是失败，吾人不必因为其永远失败，遂不去做，因为积聚许多失败，而人类生活因以改善，是则失败者，革命党所要求者也。若夫希慕成功，手握大权，富贵故乡，则预为安排之官僚耳，楚骚曰：“鸷鸟之不群兮，自前世而固然，自方圆之能周兮，孰异道而相安，屈心而抑志兮，忍尤而攘诟，使清白以死直兮，固前圣之所厚。”此吾之心的消极态度也。“君能兴楚，吾能覆之”。此吾之心的积极态度也。吾固不欲求异于吾者之同乎我，所谓“士各有志，不能相强”，延年兄何去何从，惟听其自择可耳。

去年过津时，姜更生告余谓子冈归国，至印度洋蹈海死，当时曾为诗以恫之，今奉来书，知其未然，堪慰。前译之书，倘有错漏，如承指正，则一言之锡，皆吾师也。

《自由报》所要求之文，当觅暇为之。以上所陈，拉杂书感，不复成文，有以教之，幸甚。

弟凌霜敬启

克乐大学院

三月十日

**《工余》第16号，1923年4月。**

# 区声白

区声白（1892—?），生于广东南海佛山，曾就读于广东高等师范学校及北京大学。早年加入广州无政府共产主义同志社。在北京大学学习期间，他与黄凌霜发起组织“实社”，并在其发行的刊物《自由录》上发表文章《平民革命》，提倡无政府主义。五四运动时期，他在北大学生中宣传无政府主义，很快成为当时北京大学的无政府团体进化社的骨干。1920 年毕业后，他到岭南大学任教。在岭南大学工作期间，他开办了世界语班并在无政府主义者的“互劳俱乐部”中创办世界语夜校，以推广世界语。1922 年赴法国里昂大学留学，参与无政府主义团体“工学社”的一系列活动，并与国外的马克思主义者论战。在法国期间，他还加入了国际性世界语组织“全世界无民族协会”。1925 年回国，在广州进行推广世界语的工作。1929 年发起创办了广州世界语学会。1936 年任广州市社会局科长。1938 年广州沦陷后，他又在伪政府任职。抗战胜利后，他到澳门定居，遂病逝于澳门。

## 平民革命

世界之革命无已时，斯社会之进步无止境，革命者，去其恶而代之以善也。何为善？足以增进人群之幸福斯为善，否则为恶。顾往昔革命，纵观历史，亦屡屡见。夏桀之暴，成汤之革命以兴；殷纣之虐，武王之革命以起。有路易十六之专制，法国于以共和；有英政府之苛敛，美国于以独立。若斯革命，必谓之尽善尽美乎？则曰：未也。何以故？此种革命不过以甲政府之不良，民心厌极，思废除之，而代之以乙；他日乙亦如是，则又思代之以丙；易数千百日，而其结果亦不外如是。不求其病之源，而妄行下药，此方不愈，更易他方，以一身为试验品，病未见其稍痊，而其体益不可支。易政府之革命何以异是？

政府者，威权之所属，号令之所出，一旦柄操其手，未有不滥用威权而妄施号令者。或曰：君主专制政体则然已，若民主共和政体，则有议会以监督之，未必如是。此实政客欺人之言也。当其未为官吏议员之时，则口如悬河，谓吾辈一旦得志，将如何福国，如何利民；及之权位获得，则面目全非，欲其不与政府朋比为奸几希矣！

世界最亲爱之同胞，其听吾言：专制政府固恶，即共和政府亦未必善。政治之良否，于汝之生活何关？法也，美也，世界所谓较良之政治，观其官吏资本家托辣斯之专横，军民之困苦，何以异于未革命之前？政治家之所关心者，其权位之高低，薪俸之多寡，所谓国利民福，其口头禅，汝曾日日希望有良政府，恐待至星球灭日，犹未之见也。

吾辈饥则可耕而食，寒则可织而衣，劳则可筑而居，无待乎政府之指挥也。有政府以保护私产制度，虽有制造之能力，奈一般生产之器具均为资本家之所盘据何！是政府者，社会之赘瘤，不速去之，适足以养痈贻患。造成今日不平等之社会者，政府之罪也。故吾大声疾呼曰：革命！速革命！摧陷而廓清之，无留余毒。

顾吾辈之革命，非欲取而代之，亦非若政治革命党之出其卑劣手段，以金钱运动军人举事，胜则其功归己，败则其过归人。全由平民多数之觉悟，或则单独进行，或则联合举动，并非为一国设法，全球所有之政府亦一概铲除之，誓必杀尽皇帝、总统、官吏、资本家之怪物而后已，以造成一真平等、真自由、真博爱之无政府共产社会。斯时也，各尽其所能，各取其所需，科学家可发明种种之技艺，何愁用器之缺乏？天下一家，更无所用其战争。今日之飞艇潜舰，可用以接济各地物产之不足。无婚姻之制度，男女交际，绝对自由，爱情浓厚则交亲，性情睽异则交疏，无旷夫，无怨女，所爱者即吾之夫妻也，则家庭废，私心灭，人人均可专心一志，以尽力于社会也。无宗教之崇奉，以塞吾人之智识。盖宗教者，利用民智之未开，凡事之未明者，均以上帝代之，使不应用其思想之机能，甘受强权之压制，亦以为上帝使然，不知反抗，阻碍社会之进化，莫此为甚。今日科学昌明，吾人判断皆以真理为鹄的，此等虚妄邪谈，断不容其存在，以谣惑人心也。

政府既去之后，倘仍有不耕而食，不织而衣，不筑而居，以命令役使他人为其奴隶，而已则安坐以享幸福者，是为人类中之蟊贼，驱逐之无稍顾惜，此亦过虑之言。要之，无政府之世，道德高尚，人人皆以作工为荣，无业为耻，良心上之制裁，其效力远胜于国家之法律，宗教之信条也。

或有虑无政府则无秩序，必至于扰乱，此实未深思也。秩序何以有扰乱？实由于幸福不均，未得者则欲攫得之，已得者则欲保守之，此相争之所由起。若政府既去，则财产归于社会所公有，人人皆得而使用之，尚何争之有？更不必以物产不足供给为虑，今日之所求过于供者，实由资本制度之害，资本家可以不作工，将其资产贷借于贫民，以取利息，于是工人终日劳苦，尤不足以赡其生，更为社会所贱视。苟稍有智力，便出其奸险之手段，以掠夺为生涯，故任官数年，未有不得暴富者，反为俗人之所尊敬，视为应得之权利。人人皆以得官为荣，作工为辱。故欲救今日之社会，废除政府，铲灭资本制度，实为当务之急也。

或谓平民赤手空拳，断难与政府为敌。不知政府所恃者，军队耳。军队亦平民也，岂生性为杀，而自伤同类？特迫于饥寒而为此耳。吾辈若晓之以大义，未有不倒戈相向者。欲政府之覆灭，实易于反掌。今当战祸蔓延，各国平民正呻吟床席之际，所得之结果竟如何？食衣缺乏，赋税增加，亲爱友朋均相继死亡于枪林弹雨之中，要此扰乱之魔，究有何用？倘若以战事死亡之数，而向政府轰击，想死数不及百分之一，而政府必绝迹于天壤间耳！亲爱之同志乎！其速奋斗！勿永为他人之牛马奴隶，以终其身，积极进行，今其时耳！

**《自由录》第2集，1918年5月。**

# 区声白致陈独秀的信

## （一）

独秀先生：

先生前天在法政学校讲演，对于无政府主义批评，弟有很多怀疑的地方，兹特列举出来望先生指教。

1. ……先就经济而言：现在工业发达，一个工厂往往有数千数万人；而无政府主义要保护人人绝对自由，不许少数压多数，也不许多数压少数，九十九人赞成，一人反对，也不能执行；试问数千数万人的工厂，事事怎可以人人同意，如不同意，岂不糟极了么？

据我所知，到无政府主义的社会，是自由组织的，人人都可自由加入，自由退出，所以每逢办一件事，都要得人人同意。如果在一个团体之内，有两派的意见，赞成的就可执行，反对的就可以退出，赞成的既不能强迫反对的一定做去；反对的也不能阻碍赞成的执行，这岂不是自由吗？若照先生说“九十九人赞成，一人反对，也不能执行。”就是以少数压服多数，无政府党人是绝对不敢赞成的。但是先生所批评的，不知是那一种无政府主义？如果是个人的无政府主义者、无抵抗的无政府主义，我们共产的无政府主义，有组织的无政府主义者，也是极端反对的，我很希望先生声明一句。

2. ……那知一面赞成绝对自由，一面又赞成联合，是不对的，也不能成功的，我常说要绝对自由就不能联合，要联合就不能绝对自由，这是不易的道理。

我现在举一个最简单的例证，中国有一种旧习惯，每逢一地方遇了火警，各地方的居民都很踊跃同往救援，无论在冬天雪夜，一闻告警，即争先恐后，跑到患灾的地方，救灾的时候，无论怎么危险，亦没有畏避的。患灾者对于他们，亦没有什么酬报，社会亦没有替他铸铜像，大总统又没有给他一个嘉禾章，又没下过一度［道］命令各地方居民如不联合救火的就杀无赦，法律又没有规定不救火的罚一年以上五年以下的监禁，如果是邻近的，尤可说是恐怕连累，但是很多在城中由极东跑到极西的。因一处地方的灾难，各地方的居民竟能以一最短促的时间，自由联合起来，可见联合与自由是完全没有冲突的。又如五四运动，一天之内，而联合数万的学生，齐集天安门，举行示威运动，更联合全国之学生、各地方之工商各界举行罢课罢市罢工，以对抗北京政府，这都是自由联合的。法律没有规定，如不联合就要处无期徒刑，又没有军队来强制他，如不遵从就格杀勿论。不特是这样，能够以法律绳人，军队压人的北京政府，竟要屈服。于此更可证明法律之无用，军队之无能，而自由确可以联合，有联合就不能自由一言之不足信。至于不顾社会的福利，只要个人有绝对的自由，这是个人的无政府主义者所主张，共产的无政府主义者所不敢赞同的，我很愿意先生把无政府主义务派别分清一下，再下批评。总之，无政府党人所持的态度，是科学的，进化的，即如巴枯宁之主张由未善而至于较善；克鲁泡特金主张由较未幸乐而至于较为幸乐，亦即是由最不自由而至于较为自由。若是先生所说的“绝对的自由”，不知是那一个无政府党人之所主张，还望指教。

3. ……再就政治方面而言：他主张人不干涉人，要根本废除法律，这件事也是很错的。因为我们固然不满意现在的法律，但将来只可以把他修改，不能绝对的废除，如果绝对的废除，便发生种种困难。但凡有社会组织，必有一种社会制度，随之亦必有一种法律，保护这种制度，不许有人背叛，就在无政府时代也必须是如此。发癫的人，任何时代都是有的，我想不会有人主张放任发癫的人去杀人放火，倘若干涉他，把他拘管起来，便是压制他的自由。不过发癫是极端的现象，由发癫以至最轻的精神病者或强汉，都应该受法律之制裁。又如两性恋爱，以两男恋一女，或二女恋一男，彼此便会发生冲突，冲突剧烈的时候，又怎样裁判呢？再从事实上着想，象中国人赌钱吸鸦片烟这等恶习，是不是应该有法律禁止呢？无政府党所不干涉的人，是善人，不是恶人。如果无论善人恶人都不能去干涉他，那么，无政府党人之暗杀官僚，推翻资本家，是什么意思呢？先生所批评的想必又是无抵抗的无政府主义，我们主张反对强权的无政府主义者，也不敢赞同的。至于先生恐怕法律废止之后，如有发癫的人就怎么办，这是容易的事，把他送到癫狂院医治便得了，因为发癫是由于生理上的关系，没有甚么罪过，若果疾病都要受法律制裁，虽民主主义的国家亦没有这种的法律。至于强汉之杀人放火，我们准可以善言劝导他，并拉他到学校去教训他，使他悔悟。假使先生问这时没有政府没有法律，怎能够处置他呢？人类是活的，不是死的，不是没有政府，没有法律，便连饭不会吃的。我举一个例，比方五四运动后，北京大学有少数不良分子，想破坏大学，后来经共同的意见，把他拘禁起来，这是不是法律。总之，无政府主义的社会，虽然没有法律，但是有一种公意，凡事皆由公众会议解决，公意是因事实之不同，而可随时变更的，不象法律是铜板铁铸的，由几个人订定，不管他人如何一定要他人遵守的。且订法律的时候也没有得遵守法律之人的同意，这是不对的。由此可以证明无政府之不难实现，若果依照自由自立自主的原则向前进行，沿途那是康庄大道，除了盲目的人外，断不致撞得头破额裂的。

## （二）

1. 来书云："有条大街，住户一百，内有数户的住屋，因公共利益的关系必须拆毁，而此数户的住民因为他们自己交通或职业或特别嗜好之关系，决计不愿迁移；这时候若不拆屋，那主张拆屋的多数人之自由在那里；这时若竟拆屋，那不愿迁移的少数人之自由在那里？无政府主义既不主张多数压服少数，更不主张少数压服多数，请问上列的这件事如何办法呢？"

我前次不是向先生说过吗？"至于不顾社会的福利，只要个人有绝对的自由，这是个人的无政府主义所主张，共产的无政府主义者所不敢赞同的。"巴枯宁说："人之穷居独处，不得谓自由；人之自由，乃众人以人视之以人待之，故自由非独处乃连合。自由者乃人权也，人将来不维持以强力，而维持协约。"我们借社会方能生存，个人为社会之分子，故欲求个人之自由，当先求社会之自由。来书既云"因公共利益的关系"，便是社会的自由，又云"因为他们自己……之关系"，使是个人的自由。我们自然赞成社会的自由，而反对妨碍公共利益之个人的自由，这种个人主义的顽固派、施之以善良教育，达到无政府共产实现的时候，一定很少很少。假使遇了这种人，我们准可用诚恳的态度把正当的理由告诉他，主张拆屋的多数居民可因他们的需要而互助他，如因交通上之关系，附近热诚之居民，如不与交通上有重大之关系，可自行迁移而让与之，至于职业上之关系，则共产之世，人人共工作，相向的工作，无论什么地方都有，为什么一定要住在这一条街上才能够工作，迁移了后便不能工作吗？至于特别嗜好不知指什么。建筑好么？同一的建筑一定很多；空气足么？那一处没有相同的空气。如此仍不迁移，便甘与群众为敌，虽为众人所屏斥亦奚足惜。有人难我说："你们主张自由，这岂不是侵犯他人的自由吗"？不知这种不顾公共利益的个人的自由，并不是自由，而且是自由的大敌。资本家何尝不自由，我们为什么反对他？就是因为他夺大多数工人之自由，以为一己之自由；官吏何尝不自由，我们为什么反对他？就是因为他夺大多数人民之自由，以为一己之自由。总之，无政府之世，众人协约而为群，既志愿而为一群，则必共守信约（自由契约是共同订定共同遵守的，与几个人订定强他人遵守之法律不同），共同工作，互相协助。出之于感情，其中之人，亦恐为众人所不谅，或众人之干涉，即设有不肖，断不敢犯众怒！若有不践行信约的，可为众人所屏斥。总之，无政府党人既然能推翻政府和资本制度，那么，迁移的小事，是很容易解决的，我们何必过虑呢?

2. 来书云："我现在假定反对的不取消极的退出手段，而取积极的固执主张；两派的意见绝对不同而两派都不肯退出，请问先生，无论何种事业在这状态之下，依无政府主义如何处置呢?"

我们如何能够合起来做事，合起来做事的时候是不是有一个共同的目的，既然有了共同的目的，便可共同订定一种契约，如果违反了契约的，当然要退出。比方我们欲组织一个大工厂，我们就找一班人来，彼此相约说"我们每天作工四小时，如果赞成的，就请加入，以后如有不践行信约的应受众人所屏斥，"他们既然能合起来做事，焉有不履行信约的。且这种契约是共同订定的、愿意的、自由的，不是强迫的，那么，先生所忧虑纷扰的现象，断不发生的。一团内各人之联络是这样，一社会各团之联络也是这样，更何纷扰之足云。

3. 来书云："我们要明白，我们无论如何反对我们所生存的社会制度，在我们未曾用我们的力量把现存的制度推翻以前，我们仍旧必然为现存的我们所反对的社会制度所支配，除非自杀或是单独一人逃到深山穷谷没人迹的地方，绝对没有方法可以自由逃出……因此我们应该觉悟，我们唯一的使命只有改革社会制度，否则什么个人的道德，新村运动，都必然无效果的；因此我们应该觉悟，非个人逃出社会以外，决没有绝对的自由，决不能实现无政府主义。"

先生以上所讲这一段说话我十分赞成，但是不免有点误会。我所讲的自由，是指推翻了现存的制度而说，不是处于现存之制度就能够实现自由。处于各种恶制度之下，一举一动，都不能自由，所以欲得自由，就要推翻现存的制度。至于"个人的道德，新村运动"，这种消极的手段，断不能有达到社会改造的目的，我也不赞成的。所以共产的无政府主义者，多置身于工团派的运动，且用革命的手段，以扑灭现存的制度，实现无政府主义，断不是想个人逃出社会，以实现无政府主义，先生请勿误会。

4. 来书云："先生反对个人的无政府主义，又反对无抵抗的无政府主义，我以为无政府主义已经由先生打得粉碎了。因为我不相信有人人同意及可以自由退出的社会；我更不能相信有不用强力及'绝对不赞成多数压服少数或少数压服多数的'抵抗的无政府主义。"

我确是反对个人的及无抵抗的无政府主义，但是我不反对一切的无政府主义，然先生竟说我把无政府主义打的粉碎，于理论上实在讲不去。北方袁世凯是人，我反对袁世凯，然不是反对人，先生竟因我反对袁世凯，便说我反对人，我是不能承认的。先生既不相信有人人同意及可以自由退出的社会，我没有强力一定要先生相信，先生亦没有强力使我不信。但是如果做事不必人人同意，那么，陈独秀可以和王敬轩合起来办杂志，康有为可以和孙中山合起来组织政府，真是妙极。既然意见不同，还不许人自由退出，你想他人服从你，他人也想你服从他，相争不下，必至于杀戮，这种悲惨之现象，吾实不忍言，不堪言。至于先生不相信“绝对不赞成，多数压服少数或少数压服多数的”无政府主义，我也不能不怀疑，因为先生在女子师范演讲（演说辞见正月廿四日《群报》），先生说：“我的意思，以为物质上的生活，能够做到平等自由，便是正当的人生，因为人人都是人类，不应该受他人们压迫，如果我压迫人，或人压迫我，都是不正当的人生。”又说：“正当的人生，就是我不压人，亦不受人所压”，这几句话真可为无政府党人的格言。我请问先生，物质上的生活和政治上经济上的生活有什么分别？为什么“物质上的生活，能够做到平等自由”，政治上经济上的生活，便不能够做到平等自由？“不施压于人，亦不受人所压”和“多数压服少数或少数压服多数”又有没有冲突？

自由之与联合绝对的没有冲突，我前函已经证明了，但是先生还没有十分明白我的意思，今再为之说明。克鲁泡特金在《面包略取》第十一章《自由契约》说：“吾人自由团结，做共同的事业，其结果很是庄严。比方欧洲十七万五千里铁路，纵横如网，四通八达，自马得利地，到彼得堡，自加立师到君士坦丁，不停留，也不换车；更便宜的，是旅客如有携带的零碎东西，仅用一方纸片，写明去处，投于车站，再不费什么手续，就可以给你带到目的地了。建设铁路的方法，就是依自由契约，互相讨论，使各路线彼此联络，这不是政府的命令，也没有政府的监督，和与什么道路大臣、独裁官、大陆会议、调理委员会，都不相干的。万事全由诸小社会的契约，就成功了。”克鲁泡特金又在《无政府共产主义他的根据和原理》说：“十九世纪还有一个令人惊异的状态，帮助这同样的无政府趋势，他就是自发的力量，逐渐广大，大的组织，一天一天发达。结果便全用自由的契约。欧洲蛛网一般的铁道，始初是由各处自己建筑，后来才联络一气，运载搭客和商品，直接经过许多路线，却未尝有一个欧洲铁路的中央部去管理他。这是那些以契约而做出来的最动人的实例。如果五十年前，有人敢预说那怎［有这］么多的分立公司所筑的铁道，最后能措成一个完全的网形，如今日一样，他必定被别人目为呆子了”。这是自由联合适宜于大规模的生产事业的铁证。既然有了一种自由契约，那么如果两方合意，便可联合。联合一年也可，两年也可，何得云东挪西变，一堆散沙？如果他违反了自己承认的契约，便失信于社会，不用你去惩罚他，他自己也站不住。就现在而论，凡经营商业的人，全靠契约来维持，很少有敢胆破约的。所以维持社会秩序最好的东西是“信权”，不是“法权”，中国的孔老二也知道“民无信不立”，这是一个例呵！然且自由乃相对待的名称，巴枯宁说：“人之穷居独处不得谓自由”，必要以一己之自由尊重他人之自由，方得谓之自由。所以人与人相交，你不侵犯我的自由，我也不侵犯你的自由，便是真自由。个人与个人结交，互相敬重其自由，便是个人的自由，团体与团体相联合，互相敬重其自由，便是社会的自由，所以孤立便不能自由。以上反复申论，自由与联合不特没有冲突，我可简直说：“惟联合才能自由，惟自由方能联合”，这是一定不易的道理！

5. 来书云：“五四运动发生之前，各校各班的学生是否有组织，组织时是否人人同意？……五四运动后的学生联合是否人人同意，是否有多数同意用法律的形式惩罚少数不同意的事？”

总上几句说话，先生都以为无论做什么事都是断难得人人同意，这也是我所承认的，但虽然不同意，有一部分能够愿意牺牲自己的意思以就他人，不用武力，也不用法律，这是自由的同意。我见五四运动的时候，各干事都是自由认定的，如果不干又没有人用法律惩治他的，这是我亲眼的事实。至于学生联合，确是人人同意，如不同意，就不能联合，所以去年广东就有两个学生会。

6. 来书云：“先生既不赞成这种个人的无政府主义，但不知在先生眼中，不顾社会福利的少数人与不顾社会福利的个人有何分别。依先生所谓共产的无政府主义，对于这不顾社会福利的个人或少数人，一概予以自由，还是加以裁制呢”？

凡是只享权利而不尽义务，或是只顾一己之自由而侵犯他人之自由，都是叫做个人主义。凡是主张个人主义的是个人主义者，并不是指一个人而言，无论他是少数人或是多数人或是一个人，都不赞成。如资本家掠夺工人之幸福以为一己之幸福，如官吏掠夺人民之幸福以为一己之幸福，这都是个人主义。我们之反抗他，并不是干涉他人的自由，因为他们侵犯他人的自由，就是自由的魔敌：我们之铲除他就是为自由之保障。至到无政府共产之世，虽然不能说是绝对的没有，虽有亦是很少很少，我们准可用善言劝导他，说明个人主义不能生存的道理；如果仍不觉悟，我们就可对他说：“朋友，我们和你作的事，然而你常不尽责任，且常侵犯他人的自由，我们和你共事的人因此不能不和你分开，去罢，去找寻那不管你偷闲及受得你气的人去罢。”先生一定问我，“如果他不肯去就怎么办？”因为人人都有廉耻的，断没有受人驱逐还不去的道理。

7. 来书云：“自古以来，无论如何专制暴君时代，也未曾订过一条法律要干涉善人，我们所以不赞成绝对的废除法律，也正为要干涉恶人；先生既不反对干涉恶人，可见也不是主张绝对废除人干涉人的法律，彼此意见相同，便不须讨论了。”

我确是主张干涉恶人，恶人不过是侵犯他人自由之人，我们之所以干涉他，完全是正当之防卫，断不能说是干涉他人之自由，但是先生竟因我主张干涉恶人，而说我不主张废除法律未免近于武断。法律不过是一部分之人要来压制他部分人之一种方法，未必能够干涉恶人，有时反侵害善人，是不公道的，不平等的，所以无政府党人主张废除法律而代之以自由契约，必要共同合意才订立的。因为将来之社会团体，如蛛网之密布，各团体均有一种自由契约，由各会员共同订定共同遵守的，不象法律是一部分人订立要他部分人去遵守的。法律禁止奸淫，而执立法者可以宿娼纳妾；法律禁止抢掠，而官吏可以大扒特扒。陈独秀反对安福部要受法律制裁，吴佩孚反对安福部则可领大功；张勋反对共和而主张复辟，而可以逍遥法外，陈独秀主张共产，就要被逐出境；约法上大书特书人民有言论出版集会之自由，而政府可以随时干涉人民言论出版集会之自由。照此看来，政府之法律，可谓一点的价值都没有，我们断不可再作法律万能的梦想罢。

8. 来书云："五四运动我们固然可以说是善的，但义和拳和荷兰市民迫害斯宾挪萨，巴黎市民杀死柔勒以及欧洲中古虐杀异教徒，象这类群众心理所造成的公愤，未见得常加于社会上恶人，若照先生主张用这种盲目的群众心理所造成之随时变更的公意来代替法律，实在要造成一个可恐怖的社会。"

先生所举出的几个例，皆由宗教迷信迫之使然，科学进步，便可消灭，在近日已经很少见，何况是在科学昌明之无政府时代。因为无政府党人所提倡的是科学真理，所反对的是宗教迷信，所以无政府主义进一步，科学也进一步，到了实现的时候，盲目的群众心理，断没有出现的，而先生拿宗教迷信之群众心理比方科学昌明之群众心理，未免时代错误了。

## （三）

1. 来书云："你说施以善良教育，达到无政府共产实现的时候，一定很少很少。我请问照你的说法，善良教育未普遍以前无政府主义是不能实现的了，那末，在私产政府之下有何法何人施行善良教育呢？这才真叫做走途无路了。"

无政府共产实现是不是要等到善良教育普遍之后，我虽不能断定；但是在无政府共产实现的时候，假使善良教育还没有普遍，我们对于不良好的份子，就要请他去受善良的教育，因为用教育来训练他，使他悔改，使他觉悟，总比用法律惩治好得多。但是施行善良教育，现在就要去做，这是教育家之责任，不必要等到私产政府倾复之后。即如蔡元培、陈独秀、胡适之处在最腐败顽固北京政府的底下，都可以施行他的善良教育，不必要等到蔡元培、陈独秀、胡适之一班人通通做了大总统阁员后，才能够施行善良教育。假使他们做了大总统阁员，一班教育家的头脑还没有改变，也是没有用的。即如处于现在私产政府之下，就要去宣传社会主义，不必要等到社会主义的政府成立后才去宣传社会主义。若果说处于私产政府之下，不能去宣传社会主义，一定要等到社会主义的政府成立后才能够宣传社会主义，等到无政府共产实现后，方能够施行善良教育，这才真叫做走途无路了。现在各国的无政府党、社会党，车载斗量，这都是人民宣传的力量，各国私产政府没有设立几千百个社会主义学校、无政府主义学校制造出来的；施以善良教育，也都是我们人民的责任，不必倚靠政府的。

2. 来书云："你说假使遇了这种人，我们准可用诚恳的态度把正当的理由告诉他；我请问照这样告诉他，他仍然固执，那便怎么样呢？即以你对于岭南学生而论，你总用过诚恳的态度把正好的理由告诉他们，效果如何呢？"

人之所以固执，皆因没有知识，和不知合群的道理的缘故；如果与公众没有妨碍的，准可听他自由，但是如果与公众有妨碍的，就拉他到学校去教训他，对于教育上更要加倍的注重，不过三两个月他便不固执了。至于我对于岭南学生，用诚恳的态度把正当的理由告诉他们总比用武力强迫他们信从我的主张效果大得多；因为我对于他们用一种诚恳的态度，他们对于我便有感情，既有感情，那么我所讲的说话，他们便可相信，若果我对于他们怒目相视，他们对于我必发生一种恶感，那么我无论讲什么他都不听了。

3. 来书云："先生所谓信约，也可以说就是法律，不过是名称不同。但先生说信约是共同订定的，法律是几个人订定的，这种全称肯定，在逻辑上殊欠妥当；因为自来共同信约不见得尽是全体共同意思，并且有时还是一二人煽动群众盲行的；反之，自来法律底实质多半根据在全社会的习惯及心理底基础上面，至于成立法津底手续，几个人订定法律底时代，不用说欧美，就是中国和日本也过去数十年了。"

信约（或自由契约）和法律完全不相同，断难混合为一。信约之英字为Contract，他的定义为："an agreement between two or more person（两人或多数人的合意）"；法律之英字为Law，他的定义为："A rule of action，prescribed by the supereme power of a state（国家最高权力所制定的行为规律）"。所以信约一定要经过守约的人之同意，法律是没有经过守法的人同意，如果法律有经过守法人的同意，为什么守法人未出世以前，法律已先他而存在？至于信约一定要经两方同意方能订立，断没有一方面可以订立的，如果只有一方面的创制权，这就是法律，不是信约了。先生说我说法律是几个人订定在逻辑上殊欠妥当，我请问先生，立法权是不是放在几个代议士之手中，抑或在于人民全体。先生既说"法律底实质多半根据在全社会的习惯及心理底基础上面"，更要使各地方及各团体自行订定自由契约，好过定一种全国死板板的法律，因为各地方的社会习惯常有相差很远，若强一地方以从他地方之习惯，实为人生之最大苦事，如不遵从，就要受法律所制裁；且各地方的人民常因天时气候地理之关系，心理也不一样，以心理不一样的人民，一定要遵守同一样的法律，你说有道理没有？至于先生说："几个人订定法律底时代，不用说欧美，就是中国和日本也过去数十年了。"我请问先生：满清的法律是谁人定的，就是现在的中国和日本是不是代议制度？代议制度是不是议员才有立法权？几个代议员能够代表人民全体否？不知代议制度在二十世纪已经破产，先生反去崇拜讽歌，我实在不敢附和。我更问先生：中国和日本的治安警察法是不是政府几个人订定的，抑或人民全体定的，治安警察法有根据于社会的习惯和心理的基础上面没有？可知政府所制定的法律，都是保护政府治安罢了，什么保护人民都是欺人的说话。

4. 来书云："若是不履行信约，怎么办？若是取退出的办法，那末，一个家庭一个学校一个工厂还可以退出，试问社会如何退出？"

无政府的时代没有法律，维持社会的秩序全靠信约。如果有人一旦疯狂起来，破坏了他们自己所定的契约，若是出于不得已的，我们准可原谅他：但是如果有意的，我们就可以宣布说某人破坏契约，以后大家请勿上他的当便得了。因谓现在之不顾廉耻，甘犯众怒者，皆因私产制度迫之使然，到了共产之世，这种人——除了疯狂的——当可绝迹，纵有，亦居极少数，断不能与大多数的人为敌的。万恶的资本制度都可推翻，少数之破坏分子，亦何难解决。如果他一定要甘与社会的我们就敌，极其量我们就用对待资本家的手段对待他便得了。先生又问社会如何退出？凡是合一群人而有一种共同的目的共同的契约，不论人数之多少，都可叫做一个社会，不必要人类全体才可叫做社会；如果社会不能退出，我请问先生社会是不是一个地球抑或一个监狱？

5. 来书云："我们还以为工团派的组织不适于革命；然在无政府主义看起来，工团派已不免有权力集中的倾向，其实权力集中是革命的手段中必要条件。"

我看法国"劳动总联合会"会章第二十七条：本会（总联合会）以联合主义及自由底原则为根据，保障及尊重加入各团体底完全自治权（见《新青年》八卷四号）。与权力集中完全相反，先生所说不知何所据而云。然至工团派的组织为什么不适于革命，和为什么权力集中是革命的手段中必要条件？先生没有说明理由，我不明白，还望指教。

6. 来书云："先生一方面不赞成个人的无政府主义，一方面又赞成人人同意及人人可以自由退出的社会；一方面不赞成无抵抗的无政府主义，一方面又赞成不以多数压服少数的社会；请先生想想矛盾不矛盾？一切无政府主义都已经打碎了没有？人人可以自由退出社会，这是何等极端的个人主义？"

个人的无政府主义是主张个人绝对的自由，不承认有所谓社会，更不承认有他人的意见；我既说人人同意，可见得不是以一人之意见，而侵犯他人之意见。又有社会可以自由退出，因为个人主义是不加入社会的，所以没有社会可退出，可见得我所主张的是有社会的无政府主义，不是个人的无政府主义。反之以一方面之意见，不许他人自由退出，如日本之不许朝鲜独立，只顾一己之权利，以侵犯他人之权利方算个人主义。无抵抗的无政府主义，是任由他人压服都不抵抗的，我不赞成多数压服少数的社会，所以我就不赞成无抵抗的无政府主义，请先生想一想何尝有矛盾，何尝把一切的无政府主义打碎。

7. 来书云："抵抗主义中是否含有压服多数人或少数人的意思？我原文是'我更不能相信有不用强力及绝对不赞成多数压服少数，或少数压服多数的抵抗的无政府主义'，先生改为'不相信绝对不赞成多数压服少数或少数压服多数的无政府主义'，删去抵抗的三字，语意大不相同，请再细心看一下。"

先生原文确有"抵抗的"三字，一时忽略，很是抱叹。但是抵抗和压服完全不相同，抵抗是把被人夺去的权利取回来，压服是要把他人的权利据为己有；即如朝鲜现在为日本所征服，他们一旦起革命脱离日本而独立，也不过是取回朝鲜的自治权，何尝有压服日本的意思。又如一个盗贼把我的东西夺去，我只要夺回自己的东西，岂有把贼所合的东西都要夺为己有的道理。一方面反对人做贼，一方面自己又想去做贼，这种以暴易暴的办法，实在不敢附和。

8. 来书云："为一群或团体之意见无法一致，而又当不能分裂或不宜分裂的境况，不得已只有少数服从多数的办法"，又云："为社会公共利益不得不压服少数顽固派，甚至于有时还要压服多数的顽固派。"

不知先生说"人人都是人类，不应该受他人的压迫，如果我压迫人，或人压迫我，都是不正当的人生。"先生之所谓"人"，是全称的，不是特称的，断没有一群或团体以外之人才算是人，一群或团体以内之人便不算是人。凡是二人以上之集合都可叫做一群，如果除了一群之外便只有一个人，一个人怎能够说"不施压于人，亦不受人所压"？可见得先生之所谓"人"，是指一群或团体以内之人，并不是指一群或团体以外之人。我请问先生："不施压于人，亦不受人所压"和"多数压服少数或少数压服多数"有没有冲突？至于在一团之内因意见之不同，有时我牺牲意见来就你，有时你牺牲意见来就我，这都是很平等的；如果讲到压服，只可有一部分人的意见，不管他部分人的意见怎么样的了。比方一学校之内，校长发表强迫学生遵守的命令，这可算是压服；如果学生自治会的决议案，学生大家去遵守，这种便不能叫做压服，因为讨论的时候，各各人都可参加在内，没有指定那一个应该服从那一个。所以牺牲一己的意见以就他人也是很公道的，因为今日我可以牺牲意见来就你，他日你也可以牺牲意见来就我，没有压服与不压服。至于校长的命令便不同了，因为他只有一己的意见，没有经过学生讨论过，且学生一定要服从他的意见，他可以不服从学生的意见，这方算是压服。至于对待少数顽固派的办法，我上文已经说过了，若社会上还有多数的顽固派，则社会革命断不能成功；所以社会革命以后，只有少数的顽固派，断没有多数的顽固派。

9. 来书云："先生所引克鲁泡特金的两段话，仅是说明'联合'之可能，未曾说明'联合而且自由'之可能。欧美各国间在资本家管理之下大规模的生产联合很多。试问其中办事都须得人人同意吗？都是自由而无强制执行的事件吗？倘然能够这样，便不必无政府主义，就是资本主义也足令先生讴歌崇拜了！"

克鲁泡特金所引出各种的联合都是以自由契约而联合的，既以自由契约而联合，便可依照自由契约而行使他的自由，这是人人都晓得的。比方我说"把东西放在口内吞落肚下去，"我虽不说明"吃"字，人人都知道是吃了。先生既承认这种联合有联合之可能，便可以不必再讨论了。我不过证明自由联合之可能，并没有说过惟资本家方能够联合。至于处在雇佣制度的资本主义之下，劳动者不满意于其主人，都可以解辞职务，到了共产主义时代各团体之份子反不能自由退出，先生想必以为现在雇佣制度的资本主义罪恶未深吗？

10. 来书云："广东有两个学生会，是好的现象吗？这正是自由便不能联合底好例，多谢先生举出，一切社会一切生产机关如果都象广州学生会那样不同意便自由分裂，大团结大联合如何能成立呢？"

先生既多谢我把两个学生会不能联合底例举出，但是有一件事先生还要多谢我的，就是这两个学生会没有经过武力，现在因得两方的同意，又自由联合起来了（见三月四日《群报》）。可见得大团体大联合一定要同意及自由才能够成功的，如果只有一方面的意见，怎能够联合呢？若不是自由的联合，如日本之并吞朝鲜，英国之灭亡印度，陆荣廷之掠夺广东，这是好的现象吗？那么，军国主义帝国主义先生以为如何？

11. 来书云："先生说人人都有廉耻，受人驱逐的必定走，我要请问：倘若他不顾廉耻坚不肯去，怎么办？我还要问：驱逐他到什么地方？"

我又请问比方先生在北京提倡新文学的时候，被恶气所压迫，为什么先生又不肯去呢？姑退一步讲，只是先生才能够有廉耻心，在别人一定坚不肯去，我们就用几个人抬他出去，谁人抬呢？阿保、阿胜、阿茂、阿寿。抬到什么地方？就是抬到出于和他有关系的人之团体外头便得了，如果他再来，就给他一个闭门羹。

12. 来书云："各团体内虽有自由契约的裁制，而无关系之各团体间及个人之于其他团体抵触时，法律的需要便发生了。"

个人与个人间既以自由契约集合而成小团体，团体与团体间也是以自由契约集合而成更大的团体，无关系之各团体及个人于其他团体有冲突时，就可找第三者之团体出来就理排解，如有恃强欺弱的，我们就可联合起来干涉他，象协约国之对待德国一样便得了。将来各地方各团体之联合，也如协约国一样，不必要有一中央统治机关来干涉他的，所以不必要一国压服那一国，一地方压服那一地方。如果自由就不能联合，为什么英、法、日都能够联合呢？可见联合是不必要武力的，只求两方的契约便得了。

13. 来书云："群众心理是盲目的，无论怎样大的科学家，一旦置身群众，便失了理性，这是心理学说及我们眼见的许多事实可以证明的。用一二人可以利用的群众心理，一时感情所造成公众意见来代替那经过长久时间理性的讨论及多数议决之法律，不能说不是无政府主义最大的缺点之一。"

先生所说的一二人是什么人？为什么一二人可利用群众，大的科学家就不能利用群众？反要置身群众便失了理性？未免自相矛盾了。总之，我主张固定的事，就用一种自由契约来维持；一时的事，就由公众的意见来解决。法律是死板板的，不能更改的，如果随时都可以由人民自己修改，这就成为一种公意，不是法律了。天下之事，千变万化，定法律的人怎能够有预想的天才，知道将来有什么事情发生呢？这又不能不借公众的意见来解决了，此又不能说不是无政府主义最完善的地方。

**《民声》第30号增刊，1921年4月。**

## 答陈独秀先生的疑问

陈独秀先生在新青年九卷四号第三次答复我的信，对于无治主义，还有许多怀疑的地方，今特按条解答，倘有不明白的。还望独秀先生指教。

1. 教育与法律。先生以为达到无治之世，教育的力量还未灭尽恶人以前不可以教育代替法律，更恐有许多个人主义的顽固派，一定不肯去受善良之教育。我们试考察现在的人所以不肯去受教育之原因。（一）由于经济压迫。（二）教授法不良。因为处于资本主义之社会，一切学校均征收巨大之费用，没有资产之人，因为生计所困迫，便没有可以求学之机会。若社会改造以后，所有学校均不收费，教育虽不能一时普遍，也不患没有人不肯去求学。至于教授法更要加意改良，假使能把教育变成一种艺术化，即如把现在之戏曲电影改良，尤足以改变个人之性情，这时候教育不过一种娱乐事业，更有谁人不肯去受教育呢？即如讲历史就用戏曲演出来，讲地理就用电影演出来，断没有人听戏曲看电影也要有法律干涉才肯去的。所以我以为现在之所谓罪人，不过由于（一）经济制度迫之使然（二）生理病（三）嗜欲病（四）精神病（五）智识病。第（一）种则经济制度改变以后便没有了。第（二）（三）（四）（五）种经济制度改变了以后还是有的，也非法律所能禁止的。即如强奸妇女，不过生理病之一种，其原因由于欲火过盛，假使你用法律去解决，把他监禁一两年，他仍然是要去强奸妇女的。

对于这种病症只有医学可以解决，给以清欲火之药剂，一服便可全愈，何必乞灵于没有效验之法律呢？又如吃鸦片饮酒这是嗜欲病之一种。人之所以吃鸦片饮酒，是由于社会没有正当之娱乐机关。若能多设各种有益身心之娱乐机关，吃鸦片饮酒者自然减少。治这种病症之方法，也要用医术，给以戒烟戒酒之药剂，或用教育说明烟酒之毒害。假使你用法律去解决，或罚他一点钱，或监禁他几个月，他仍然是要去吃烟饮酒的。又如无故而杀人，这是属于精神病者，法律也没有效力，非医学是不能解决的。即如中国人迷信偶像五行风水，近日科学发达，这种迷信便日渐减少。假使你不把科学真理告诉他们，只说迷信五行风水便是犯罪行为，这是不对的。以上反复证明，法律完全不是一种必须要的东西，想先生也能十分明白了。

2. 岭南学生与新思潮。岭南学校为宗教家所办的，学生思想久为牧师诚恳之态度所陶溶。且学费极昂，能入岭南学校之学生多是资本家之子弟，我所抱之主义，与他们之环境完全立于相反之地位，若要改变他们的顽固思想，断非一极短小时期所能奏效。学生衣食多由父兄供给，没有感受经济压迫之痛苦，其对于社会革命有如痛痒不相关。也是环境上之关系，并不是岭南学生之一种罪过。至于宗教问题学生对之较有密切之关系，故对于我反对宗教的说话颇受影响。因我看学生之课卷，多有对于宗教表示不满意者。我们负教育责任的人，当要晓得儿童心理，若当教师的有一种和蔼可亲之气象，学者很容易受其感化。我记得从前在小学的时候，有一算学教师，对于学生有疑问时，辄出恶声，以后学生有不明白的地方，绝不敢向他询过，于是他所教的学生，绝无进步，可见以诚感人，实教育家唯一之责任呵！

3.（一）契约与法律。先生来书云“若无国家最高权力所制定统一的法律以为各个人各团体间契约的标准及监督，便必然会发生两个弊病：第一是没有监督无以制裁违背契约底责任者，第二是没有标准无以制裁侵害甲种人权利的乙种人底契约发生。”契约之发生，完全是由于双方之需要，既由于双方合意而订立，便可以互相监督，互相遵守，而且将来之社会是由各自治工会之总联合，断没有只有两个团体这样简单。假使有人竟违背了自己所订立的契约，在社会上完全失了信用，再没有人肯和他联络，必立于失败之地位，这是自然的制裁，不必要有一个最高权力的。反之有一最高权力，各团体之自治权完全被剥夺了，实足为人类进化之大障碍。且最高权力侵害各团体之权利时，没有方法可以制裁他，所以最高权力实为万恶之渊薮。假使你说各团体可以联合起来反对他，各团体既能有此能力，何尝不可以排解两团体之冲突，何必要多此无用之物呢？你又恐怕“没有标准无以制裁侵害甲种人权利的乙种人底契约发生。”不知我们反对法律，就是因为法律是，乙种人要来侵害甲种人权利工具：如资本家侵夺工人之剩余价值是为法律所保护，工人起来，反对资本家就要受法律制裁。政府侵犯人民自由，是为法律所许可的，人民反抗政府就是犯了扰乱治安之罪。所以你既不赞成乙种人侵害甲种人权利的契约，就不应该赞成法律。（二）无治主义与进化。你以无治主义主张自治，由各地方及各团体自行订定自由契约为退化学说。我们虽然主张自治，但是更主张联合，无治之社会，就是自治团体之世界大联合。因为我们要谋世界之大联合。所以要主张用自由契约去联合。所以这个思想是进化的，而且是容易做得到的。反之你要用一最高权力建设统一世界大国家，其结果不过得多几个拿破仑威廉第二罢了。无论那一地方或那一个团体都不肯甘心受人支配的，所以若有一最高权力，非小部落断难做得到，断不能谋世界之联合。你的学说进化呢？还是我的学说进化呢？古代之战争完全是由于宗教迷信及争政权而起，近世科学昌明，宗教战争当可绝迹，无治主义普遍，人民便不肯甘心，为野心家所利用而做他争政权之傀儡。所以你想消灭战争，就要去提倡科学，反对宗教，提倡无治主义，扑灭政权。（三）契约与性质。我之所谓契约是自由契约，是以自由允合而订立的，在这个允合之中，各个都是平等，自由选择各种不同之道路。若是法律则全由一部份人所把持，横施于他部份。他部份所以承受的全由于强迫，其实没有允合，他部份不过单纯受一部份所限制罢了。姑无论是一地方的或一国的或全世界的，如果经过双方允合，及各个都是平等的，便叫做契约，如果没有经过双方允合，只保护一部份人权利，便叫做法律。现在国家所订定的大都属于后之一部，所以我就叫他做法律，我是说“使各地方及各团体自行订定自由契约”并没有说要一地方之最高机关去订立法律，总之，凡是互相允合而订立，及各个都是平等的，就是自由契约，若以一部份把持，而侵夺他部份权利的，就叫做法律。法律是一部份人要来剥夺他部份人权利的东西，防止他部份人起来反抗，所以不得不要用强力来制裁他，即如以少数资本家，掠夺大多数劳动者的东西，所以不能不用法律来制裁他，强他遵守。若是双方允合的自由契约，虽不用制裁，也没有人不肯遵守的。克鲁泡特金说：“我们不见得自由协合的契约，必要用强力去施行他。我们从来没有听见过，那救生艇的艇员，要以刑罚施诸同伴，和在一个特与的时期，宁愿脱离那个社会。如果他溺职不干，他的同志会代他做，再后或者辞了他，不肯同他一块儿做了，我们没有闻过，那投寄论文给巫利先生的字典的人，因为延迟了，就要受罚，也未闻过加里波的义勇队，要警察队驱赶他，才肯上战场去。”自由契约是用不着以强力催迫的。各地方各个人间姑无论他的习惯是不是完全相同，但能以自由契约而联合的，总是同一样的了。一地方之内，各人所执的事业未必尽同，可以各因职业之不相同，而设种种团体，各团体更以自由契约而联合。依种种不同之情况而可以开一联合大会来修改，不是永久不变的，天经地义的。而我所说“守法人未出以前，法律已先他而存在。”就是一个人出了世以后，没有经过他的同意，及至违反了法律之后便要受罚，其实他还不知犯了什么法律，这是不对的意思。你竟解为要去征求未出世人的同意，这不是我的脑筋坏、不过你的眼朦罢了。（四）契约底效能。你又恐怕有人在无治的社会里自行订定契约准许吸鸦片烟或赌博。我先要问你一个人为什么要吸鸦片烟及赌博？人之所以吸鸦片是因为社会没有正当之娱乐机关，用来消遣时日，若多设娱乐之机关，还有谁人肯去吸鸦片烟呢，又现在的人种烟，完全为谋私利起见，到了无治之世，人人为大家而工作，更无私利之可图，谁肯去种这种害人的东西呢。又一个人吸了鸦片烟之后，便不能工作，试问谁人肯去替他工作呢？这时候他岂不是要饿死吗？赌博之起完全由于私产制度，共产之世只要作工才有得吃，赌博究竟有什么用处呢？所以到了共产之世是没有赌博的。你又恐怕到了无治之世有一地方一团体拥戴出一个皇帝或一个总统，不知人之所以能为皇帝为总统，完全是由人民迷信以为一日无主则乱，到了有几处地方实现了无治主义，该处地方的人民非常之自由，那么皇帝和总统之尊严久已丢在粪坑了，谁肯取回来奉之如神明呢？总之，总统和皇帝都是侵犯大多数人的自由，以为一己之自由，我们为保全大多数人的自由起见，就不能不牺牲一个皇帝或一个总统的侵犯他人自由的自由了。你又恐怕有一地方一个团体自行订定契约有损于他地方他团体底利益，或有害于他地方他团体。不知无治主义者是主张自治的。如果有人侵害他地方他团体底利益便是侵犯他人的自治权，便是强权的行为，无治主义者为保全自由起见，不得不取正当防卫之手段，我老实告诉你，无治主义者不是一位菩萨，任人侵犯自由都不起来反抗的。至于契约与法律之分别，我上次答复你的信已经解释得很清楚，怎能混为一谈呢？你又恐怕没有国家最高权力所制定统一的法律，以为各个人各团体各地方契约底标准及监督，便不可以维持契约底效能。不知契约之赖以维持全靠信用，人至于不顾存信用的时候，必为各种境遇所困迫，虽法律也失其效用。反之有一最高权力所制定之统一法律，他只知保全最高权力的权利，各地方各团体之自治权全被破坏净尽了。你如不赞成一地方一团体订定契约来侵犯他地方他团体的权力，就不应该赞成最高权力所制定的法律。因为法律就是一部份人侵犯他部份人权利的东西。若果你说我们要各地方各团体彼此自由允合订立一种平等的契约，共同遵守，互相监督，我也很赞成。因为最高权力实为战争之起原。中国南北之争，杀人如麻，无非为争最高之权力。假使权力争得，无论南方政府也好，北方政府也好，张作霖的政府也好，吴佩孚的政府也好，不过牺牲无数人民之生命做成几个新军阀罢了。而且我们的革命是世界的革命，不是部落的革命，试问世界之大人数之众，谁能用武力以夺取此最高之权力呢？这不过是做成几个野心家罢了。那么以武力统一全世界既然做不到，只有听各地方各团体的劳工自决。我们革命已成功的地方，只可把我们革命已得的经验贡献他们，或帮助他们，断不能定了一种计划，把自己看为一种最高之权力，强人遵守，如不依从，就当作敌人看待，因为各国情形不同，革命的方法就因之而异，若以一党之意见，不顾各地方之情形，思以武力统一全世界，则没有不失败的道理。俄国共产党因以一党专制而失败，以至为资本家所屈服，施行新经济政策，换一句话说，就是恢复资本制度，今已知错了。要和无治派社会党左派，工团党及无党派的人携手了，提倡“前敌联合”了。可见虽有一个最高权力定立法律以压制各党终要失败的。（五）立法权与代议士。来书说“瑞士及美国都有全民直接投票的创制权”这是不错的。但是据我看来，全民之中劳动者占最大多数，资本家占最少数，而美国和瑞士的政府只是保护资本家，而不保护劳动者，可见得代议士之不能代表全体民意。虽美瑞号称世界最自由的国家，立法权也不过放在几个资本家的代议士手中罢了。（六）无治的革命与人人同意。无治派人既无所谓国家，也没有所谓法定人数。只要革命者人人同意就可以起来革命了。假使同意革命的人多一点，革命成功就速一步，同意革命的人数过少，则成功较难罢了。（七）代议制度。代议制度之流弊，克鲁泡特金在“无治的共产主义他的根据和原理”一书也有批评过，他说：“代议政府的真正价值也可以约限，他是一个工具，曾有功于反抗专制政治之竞争。却不是自由政治的组织之理想，从哲学的系统看，国家（文化的国家）内边的进步，如果不为国家干涉所阻疑，则进步非常之速，由此可以明白社会生活的往前发展，不是在此把集权和法定之职务交给治人团体，惟在于地方的职务的分权——把公共的职务依着他们做事的范围和职务的性质再次分开以至于成为自由组织之团体，各个有自发的能力，废除现在看做政府一切职务”，他又说“议院制度和代议政府都快要变成荒废了，那少数的哲学家已经把他们的缺点指摘出来，但仍不过畏首畏尾的把公众不满意的地方综合起来罢。”选举几个人叫他们关于一切不完全懂得的事情立此法律去规定他，这岂不是显然很愚蠢的吗？人类也将了解多数的统治之缺点，正如别的各种统治一样了。人类要另外找寻解决那悬而未决的新方向，那邮务联合未尝设立一个万国邮务议院订立法律管理一切附属于那个联合的邮务组织，欧洲的铁道未尝设立一个万国铁路议院管理火车的来往，和瓜分万国商业利息，还有那欧洲气象学和地质学的社会未尝设立一个气象学的或地质学的议院，去绘画恒星的位置，或统一地质学结构的分类，与地质学图的颜色。他们的进行是用契约的。他们为着想大家允合，便依赖会议，但是遣派委员到会议去，并不是选举样样都能干的议员，他们未曾对那些委员说：“你们讨论什么东西，请你们随便投票，我们都肯服从的。”他们提出问题，先由自己讨论过，才遣派委员一者到会议去讨论，他们只遣派委员——不是治人者，他们的委员从会议回来，袋裹没有法律，惟有拟定的契约，这样是现今对于公众利益的问题所行的路（也是很老的路），不是用一个代议政治创制法律的路。而且近代科学发明，交通器具已是非常之便利，我们派人往开会议去，如果有意见不合，准可打一个电报回去问过。议妥之后，就回去大家做，不是命令他人去做。大凡无论做什么事，如果是知行合一主义，这件事成功一定非常迅速。现在的代议制度，是知而不行，而命令他人去行。所以于进化前途颇多阻碍。所以我以为关于教育的事，就由教育家开一个联合会议，议好之后，就由各教育家回去自己执行，如现在的全国教育大会一样，但是不必要等候政府之命令，或议会之许可，只要教育家自己愿意去做便得了。（八）法律与人民来书说："你有何种理由可以举出一个中国和日本底治安警察法，便全称肯定所有政府制定的法律都不是保护人民的。"各国的法律，都是保护政府和资本家的。人民杀人就要犯罪，政府杀人便为法律所许可。劳动者没有经过资本家之许可，把器械拿来自由使用，便犯了侵夺他人财产之罪，资本家掠夺劳动者劳力之剩余，则为法律所许可。即如俄国是社会主义的政府了，假使人民对于统治者加以批评便算犯罪行为。除了政府官僚能够自由外，人民言论出版集会之自由，一概取消。在俄国未施行新经济政策以前，假使有人说共产主义不对，便算犯法。现在他政府去恢复资本制度，反算是合法行为。所以我说各国的法律都是保护统治者，或资本家，不是保护人民的。

4.（一）共产之世与恶人。先生总是以为到了共产之世还有恶人，如果没有法律便没有办法为虑，关于人之所以作恶之原因及对于恶人之办法。我在第一段（教育与法律）解答得很详细，今不再说。（二）自由与社会。社会二字有两种解释，（一）狭义的解释：是个人与个人有一种共同目的之集合。如严复君译之社会通诠，社会形式分第一说："社会之等差众矣。宗教学术，懋迁行乐，无，教之为社会。灵山法会，基督宗徒，教之社会也。庠序党塾，学之社会也。为想迁，则若今之公司，为行乐，则城西之游邸。推之建一宗旨，以缔合同人，皆社会也"；（二）广义之解释：是社会为人类群居生活之全体，有种种的社会关系，或生命的关系，或政治的关系，或经济的关系，或教育的关系。我所说之社会，是专指第一种，姑就照你所说，社会是不能退出。试同在一个社会内，个人与个人间，团体与团体间，彼此意见不合，乃解除联合的契约。试问有什么不可能的地方？

5. 权力集中与革命。历来之革命都是各派革命党人之联合。即如中国革命党之推倒满清，是民权革命党和民族革命党之联合。袁世凯之失败，是由国民党和进步党之联合。俄国之三月革命，是由政治革命党和社会革命党之联合。十月革命是由共产党无治党社会革命左党之联合。至于权力集中，乃革命后各派争权之结果，并不是革命必要之条件。反之，自由联合就是革命最良好之武器。

6.（一）Stirner 的无治主义。Stirner 之个人无治主义，克鲁泡特金在《近世科学与无治主义》一书论之颇详。他在第十章说："士多奈反对国家及国家的强权共产主义，以形而上学的方法，主张尊重个人而还'我'之自由，各个人以自私为根本，不应有所谓道德云。无治派之著作家，如近来法国大无治主巴斯于其所著之士多奈之个人无治主义，谓此类之个人主义，其目的不过欲发展少数之所谓才智者之特别权利，非欲全社会之份子，皆享完全之幸福也。若然，则此主义殆与今日之'垄断教育'无异，惟垄断制度之能维持于不弊者，因有保护之者在，今此种个人主义若欲见诸实行，则非藉国家之力不可，而国家又此主义之所反对他。然则此主义不免如斯宾塞及棉舍斯他 Manckrter 之经济学派，既评论国家之不当，而为维持其垄断制度起见，则又承认之。何其矛盾之甚耶!”他又在第十二章说：“自今日之个人主义以观，大抵分为两支：一为纯粹个人主义，士多奈为其代表。近日尼哥之诗，皆维持此派者也。惟玄想与实事相去甚远，吾人已屡屡言之，此等闭门立说之个人主义，只以增进其所谓‘超人’之个人，且借国家教会法律巡警军国主义帝国主义以为发展，与吾人平等之思想不能相容，若竟得以成立，其危险为何如者。”我以为士多奈这种个人主义，断不能实现。假使实现了，必至于复回少数强者压服多数弱者之地位，所以我不相信他。至于我之所主张人人同意及人人可以自由退出，就恐怕以少数，或多数强者压制少数弱者的意思，不特于社会之组织绝无妨碍，实为社会组织最良好的方法。（二）Tolstoi 的无治主义。托尔斯泰之无抵抗主义，是反对一切暴力的。故只用一抵抗方的抵抗方法，如不当兵不纳税。他人却去当兵纳税，那么我们的主义怎能够实现呢？所以我们要再进一步，要把强人当兵，强人纳税的人推倒，自然没有人去当兵纳税了。现在印度甘地氏之不合作运动，完全采取托尔斯泰的方法，虽已略收效果。不过迟缓一点，未免延长资本主义及政府的寿命，所以我不相信他。至于你说“抵抗需要强力”我也承认。但是我们的强力只是用于反抗强权，却不用来欺凌弱小。即如你所指出“少数或多数顽强拥护政府及私有制度的资本阶级”，他们都是以强凌人者，所以我们用强力推翻他们完全是一种正当之防卫，并不能叫得做压服他们。若你一定以我们这种正当防卫之行动为压服他们，你虽知压服是强者施于弱者一种之不合理行为，然则你以为“少数或多数顽强拥护政府及私有制度的资本阶级是合理的么”。（三）克鲁泡特金的无治主义。你说“克鲁泡特金一面迷信个人的自由，一面又赞成社会的组织；一面提倡大规模的交通工业，一面又主张人人同意权及人人自由退出社会；一面主张抵抗的革命的行动，一面又反对强力反对以多数压服少数，这种矛盾的学说，不但不是真的无治主义，并实在没有什么存在的价值。”个人与社会是调和的，不是相反的，个人乃社会的单位，社会乃个人的集合。没有个人的社会，也没有没社会的个人。因为没有个人社会便不能成立，没有社会个人也不能独存。所以个人为社会而努力，社会为个人而组织。士多奈只知有个人不知有社会，马克斯只知有社会不知有个人。二者均属同一之谬误。大规模的交通工业，是人类生活所必须的，所以不必强迫便可以得到人人的同意权，但各种工业未必适合于各人的个性，故各人应该有选择职业的自由，试问因这种工业于他的个性不合，而另找他种职业。试问与社会组织有什么妨碍？若选择职业也不能自由，请问是不是要把工人作犯人看待？我们因为反对强权所以要主张抵抗的革命行动，强权不是自然可以消灭的。试问有什么矛盾？此克鲁泡特金之无治主义最得世人信仰，因他是最真正的能够实现的无治主义。

7. 抵抗与压服。你说“抵抗必须强力”。抵抗的强力，是我们革命的无治派所不反对的。因为抵抗的强力，与政府的强权完全不同。抵抗的强力是被他人侵害方起来抵抗的。即如劳动者集合大群挟迫资本家承认他们所要求的条件，平民之以手枪炸弹对待政府。弱者被压所施于强者之强力，不过是一种正当之防卫。这种抵抗的强力，乃动物的本能，虽小如蜜蜂，受人被害的时候，无不用强力起来抵抗，但蜜蜂并不是害人的动物。反之专恃一己之强力而欺凌弱小方算得是强权（法定的权力）是压服。若因人侵害而起来以强力抵抗，也不过是自卫罢了，不可混为一谈。朝鲜可以脱离日本而独立，并不必一定要压服日本。若讲到压服日本，就是朝鲜人做了统治者，日本人做了人民，更要把日本人现在待朝鲜人的手段来对待日本人，那么，你是不赞成民族自决的了，你还不承认是主张军国主义吗？试看美人离英独立后，何尝有把英人对待他的手段来对待英人呢？我们把贼打倒，也是一种正当之防卫，并不是压服贼。因为压服是不合理的。试思贼若不侵犯人，何至被人打倒？然则你以为贼偷人的东西是应该的么？你不说：你既然不敢附和“以暴易暴”的办法，那末，将来推倒资本阶级以后，你们无治派一定反对以资本阶级压服劳动者的办法压服资本家了，难怪有人说，“无治派是资本阶级底好朋友。”你试细心想想，现在的资本阶级怎么样压服劳动者，就是资本家自己不作工，坐在家里享福，掠夺劳动者劳力之结果以过活，劳动者终日辛苦勤劳，却不得一饱，如此不平等，方算得是资本家压服劳动者。若推倒资本阶级以后，就人人作工，没有那一人压服那一人。今你要把资本阶级压服劳动者的办法压服资本家，就是想现在的劳动者不作工，坐在家里享福，资本家却做了劳动者的奴隶，替劳动者工作，这真是以暴易暴，我绝对的不敢附和，你不特是资本阶级底好朋友，更且想要做成一个将来的资本家了！你所讲的究竟是什么［样］的社会主义？

8. 社会革命与顽固派。先生既以“人人都是人类不应该受他人的压迫”为正当的人生观。先会行所谓正当之人生观，亦即无治主义之原则，先生的目的既然和我完全相同，便可以不必再行讨论。现在所要和先生讨论的，是社会革命时期对于顽固派的办法。先生不信我所说“社会革命后没有多数的顽固派，”我以为社会上还有多数顽固派，还在社会革命时期，不能算得是成功时期。克鲁泡特金说“社会之改变，非一旦之革命所能成也。必以数年之久，以成共产及人群之组织。于是时中，无治主义，乃深入多数人之脑思，而今日中立之徒，亦遂确信此意矣。然社会革命，非愤怒而行其残酷也。当革命之时，必不无应剪［翦］除之人，如虽然，之流，足为革命之仇者是也。虽然，吾民万不致如彼帝王之残酷，且必去其虐苛政也。”巴枯宁说：“因人之无道，杀人流血之革命，常为必须，此固大不幸也，然不得免。虽然与其屠杀多人，不若直破其事，即政府也，私产也，为革命之公益计，必力毁此二者，无加怜惜，此即革命要法。”总之无治派之革命方法就是“由较未幸乐而至于较为幸乐，由较不自由而至于较为自由”。无治主义是我们的哲理，社会革命是我们的作用，但是只要向于自由自治这一条路上走，断不能走回专制这一条路上去。所以在社会革命期中，对于反革命的顽固派夺取了他们的武器，是免不了的事。但是我们的社会革命，是由于群众的协议，而不由于首领的独断。你问我“中国倘有一万万人献身社会革命能否成功?”我以为够极了。克鲁泡特金说:“无治主义者之数日增，然非革命之日，不成为大多数。如法大革命以前，欲除王国贵族者，居何等少数，然不久少数起，而大众随之矣。”在我以为提倡革命者只占最少数，反革命者也占最少数。在社会上占最大多数者，就是中立派，他们只知作工吃饭睡觉，实为头等好人。所以革命者只要把反革命之少数人推到，社会革命即可成功，更何必要将大多数的幸福中立派压服呢?所以没有多数压服少数，也没有少数压服多数，只要革命者为大多数排除障碍，把少数之压人者推倒便得了。俄国共产党之最大错误是把无党派之工人看作资本家之中附属物，表面上看来似是顽固派居多数，其实顽固派只是反革命的少数人罢了。

9. 联合与自由。联合与自由之没有冲突，我已经解释得很详细了。今你既不十分明白，我再来详细告诉你。你问我“欧美各国间在资本家管理之下大规模的生产很多，试问其中办事须得人人同意?都是自由而无强制执行?”现在虽然处于资本制度下，工人如有不满意，便可解除职务。若果到了共产之世，应该比之现在更为自由。如果照你说一定要强制执行，比方有人要你去吃粪，你都要去吃粪么?所以强制执行是完全办不到的事。我虽然反对资本属于个人私有，但是以两方合意而经营生产事业，也何尝不可行之于共产之世。比方现在资本制度之下，人人都是吃饭的。所以到了共产之世，也要人人吃饭。若果你以为资本制度人人吃饭，到了共产之世，就要人人吃粪么?所以我们反对资本私有，但不反对自由联合。你说“在共产时代，劳动者完全是替社会和自己做工，不但无正当理由不应该自由退出，并且怠工罢工都应该受相当的制裁。”我以为工人应该有选择职业的自由，如果对于这种职业与自己的性质不相同，应该自由退出而另寻别种职业去。为什么没有正当的理由呢?工人之所以怠工罢工，完全因为大部份的劳力为资本家所夺去。若到了共产之世，工人之生活完全由自己支配，他既没有了主人，更没有怠工罢工之必要。你以为到了共产之世，还有怠工罢工发生，你之所谓共产主义，恐怕还是资本主义罢了。我以为无论做什么事，如果有一部份人被他部份人把他的权利夺去，就应该彼此分离，不应该再做奴隶之生活。今你死命说不能自由退出，恐怕奴隶制度才有这个办法。我虽反对资本主义之奴隶的自由，但是我更反对奴隶制度之奴隶的不自由。

10. 自由联合与大团结大联合。大团结大联合是我最赞成的。但是我深信大团结大联合一定要以自由契约才能够联合起来而且能够永久。假使有一部份人把大部份人的权利完全剥夺，如日本之于朝鲜，英之于印度，试问这种大团结大联合有何价值呢?

又美国之脱离英国而独立，试问这种分裂是好现象呢，还是不好现象呢？我是始终主张以自治单位之大联合，假使有一部份人被他部份人把他的权利完全剥夺，就应该彼此分离了。你又恐怕分之又分至于个人而后止，这是完全没有的事。因为一个人在社会上是互相连带的，孤立便不能生存，因为生活上种种需要他们就能够联合起来，不必强迫的。即如男子到了春情发动的时候，就会去找女子，女子也会去找男子。但是假使一方面是不能人道的，无论你怎样强迫他，不能联合起来。所以联合在乎双方之需要，不用强迫的。

11. 恶人与社会。社会虽是没有界限，但一个人在社会里，必有一部份较有密切关系，假使侵犯这一部份人的自由，与之脱离关系有何不可，若因侵犯他人自由而被逐，跑到别处地方也是不见容的。到了这步田地，除了神经病的人外，是没有不觉悟的了。

12. 协约国与德国。德国因为侵犯比利时中立，致惹起协约国出而反对。协约国虽然是使用武力，但是他们是反抗的武力，被强者欺凌出而反抗的，乃是正当之防卫，与借武力以侵凌弱小的国家完全不同。一个人恃强凌人，以致失败，是祸由自招。若弱者被强者欺凌，起而抵拒，幸而战胜，乃是公理战胜强权，并不能说是压服。强有力的中央统治机关，完全是强弱吞并纷争之结果。所以你想有一强有力中央统治机关，非经过一场大战争，使强有力者把所有一切弱小的民族完全灭亡不可，这是帝国主义，我绝对不敢赞同。我始终却是主张各自治单位以平等契约的大联合，纵有两团体争论起来，就由各团体出而解决。因为有一强有力的中央机关，他就借此可以作恶，或开烟，或开赌，或剥夺各地方之自治权，而保全少数人之利益，人民只是敢怒而不敢言的了。我们的社会组织就是以自治的个人联合而成一团，自治的团体联合而成一大团体。将来的个人或地方或团体确是如协约国之以平等契约联合起来，不是如日朝及英印不平等之联合。

13.（一）群众心理与科学家［。］野心家既能置身群众之外，有自动的意识来利用群众。大的科学家何尝不可以置身于群众之外，有自动的意识来利用群众呢？将来社会革命的时候，就由我们革命党人跑到群众里头，把革命的利益报告大众，大众就起来把所有资本家官僚军阀一概赶走。到了这时候，你如果说："群众心理是盲目的，你们不要利用群众心理来起革命，等我跑到议院去，以清净的头脑，定几条法律来专制你们吧。"我一定在群众中高呼反革命，反革命！你们快把这些法律虫一同赶去吧！（二）自由契约。自立契约是各人自己愿意订立的，是应该遵守的，今有人违反自己所承认的契约，便完全失了信用。我们只有布告大众，以后不可再上他的当便得了。若因于不得已而违反契约，虽法律制裁也是没有效果的。（三）公众的意见。我之所谓公众就是关于他们本身的事的公众，即如教育的事，就由教育家的公众会议去解决。铁路的事，就由铁路专门家的公众会议去解决。不必要这种笼统的万能的议员大老爷规定几条死板板的法律。因为把特权放在少数人的手，他们就可借此图谋少数人的利益，是不公道的。所以无治派做事是公开的，不是秘密的。既然是公开，凡事都可由公众解决，更何必要这种死板板的法律呢？因为一有法律，少数的强有力者都藉法律为一己之护身符，假使有人起而反抗，就加以犯法之罪。你既然说“法律底实质多半根据全社会的习惯”，那么社会的习惯既可以维持社会的秩序了，更何必要法律呢？习惯如不能消灭社会的争端，那末，法律也无所用。

除了以上答复先生疑问之外，还有先生对于阅者所附告之二点，我也要申明几句。

（一）先生说：“声白虽相信无治主义，却也极力赞成阶级战争和革命行动；现在和我讨论的大半是远的将来社会组织问题和终极的法律存废问题，若劳农俄国现行制度，他也认为革命时代过渡时代之自然现象，并不加以非难”。我确是主张阶级战争，因为我相信要废除阶级，非被治阶级联结起来，推翻治人阶级，阶级制度却不容易废除。要用阶级战争来废除阶级，并不象你们想用阶级战争来颠倒阶级。所以大部份之无治主义者之从事于工团运动的都是主张阶级战争的。我们之所谓劳动阶级是真正的，不象你们组织一个政党便算是劳动阶级，结果必至劳动阶级为政党所利用，或以一政党而专制劳动阶级。我虽然对于俄国制度没有加以非难，但是我还有很多不满意之地方。因为处于资本制度之下，彼此共同之敌人却是资本家，社会党人不应该互相非难的。不特不应该非难，且要互相扶助。但是你要把俄国的制度完完全全搬到中国来，我却不敢加以赞同，今把理由说明如下。（一）劳工专制无论任何种之专制政治，统治者却有莫大之威权，所以一实行起来便变成了官僚专制，断没有真正的劳工专制。现在在俄国已实现了数年，所谓劳工专制者，不过共产党专制劳工。而且专制必定集权，若集权于少数人之手，只可谋少数人幸福。若谓集权于少数人而能谋大多数人幸福者，这不过是政客欺人的说话。拿破仑袁世凯当权力最集中的时候，就要发生皇帝梦，虽后来终归失败，但他的爪牙布满四方，中国数年来人民受军阀战争之痛苦，也是中央集权之所赐。就是现在俄国而论，何尝不是最坚固之中央集权，而竟要与资本家携手，恢复资本制度。而且我们是主张世界革命，断不能以少数人统一全世界，只可谋各地方之联合，依照各地方之想以一形，由各地方之工人自决。若想以一地方而统一全世界，非把世界人类杀去十分之八不可！（二）资本集中。马克斯社会主义，不特主张政权集中，而且主张资本集中，只是政权集中，已经有莫大之危险，还要把一切财产送给中央政府的手里。那么所谓国家，社会主义，简直是国家资本主义。把所有一切生产机关属于国家，工人替国家做工，论工给值。那么，官僚就是主人，工人就是奴隶。虽然，他是主张劳工专政的国家，但是专门治人而不做工者便是官僚，专门生产者方是工人。所以工人处于国家社会主义之下，他们的痛苦，与处于私人资本制度之下没有差别，而且私人资本家之压制工人其力小，国家之压制工人还有武力为后盾，其惨状必不在资本制度下。此我对于俄国制度之不满意的地方。如果先生以为不对还望指教。

（二）先生说："声白的思想信仰克鲁泡特金的，不是中国式的无治主义，所以什么虚无治主义，无抵抗主义，个人的无治主义，他一概反对，他的行为算得是一个纯洁的青年，绝不象一班'下品的无治主义者'，我很为中国无治派可惜少有声白这样的人！"我虽然是信仰克鲁泡特金，但是我不象你们把马克斯当作一个教祖，把资本论共产党宣言当作圣经，把各派的社会党人当作仇敌，如旧教徒对徒新教徒一样，把首领当作牧师，一味盲从，不讲理性。试问描写出一个最优美的社会组织，除了克鲁泡特金外还有谁人？马克斯的社会组织方法，不特不能解放工人，而且要使工人受了国家资本主义莫大之苦痛。虽然。马克斯之唯物史观和阶级战争说也有很大部份的真理，所以我们主张在革命时期不妨采取马克斯之阶级战争说。至于社会组织非采取克鲁泡特金之无国家的世界大联合不可。无治主义在中国宣传已有十多年之历史，信之者多，间或有少数品行不端之人也信仰无治主义，我们却无从加以禁止。个人还是个人，无治主义还是无治主义。假使共产党人中有喜欢逛嫖子的，也是个人之行动，与主义无涉。至于我对于先生提倡社会主义之热诚也非常佩服。虽你的社会主义和我的社会主义不完全相同，但也是反对资本主义的同志。我以为在中国，无论马克斯党也好，克鲁泡特金党也好，应该合力推翻旧社会的势力，然后再去解决社会组织问题。不可因为将来之社会组织不同，便要互相非难，致给反对党莫大之便宜。若果想以一党包办革命，不特不能成功，一定无好结果。不知先生以为如何？

自里昂大学寄

《学灯》，1922年10月14—15日出版。

## 中国目前的政治问题如何解决

自奉直之争起，而北方政府倒；自陈谋害孙，而南方政府也无形消灭。于是国内的军阀官僚政客学者，对于时局之解决，均各发表其政见，有主张武力统一的，有主张联省自治的，有主张好人政府的，有主张普遍选举的，其主张虽各有不同，而各为其一己之地为起见则一。如主张武力统（一者），必其人握有最高之权威，势力可施行于数省，欲全国各省俯就其范围，故发为武力统一之论调，如南方之孙中山，北方之吴佩孚是。主张联省自治的，多属于各省的军阀，一方面不欲服从中央，假借联省自治的美名，把全省的政权财权夺归一己之手，如湖南之赵恒惕，广东前日之陈炯明是。主张好人政府的，多属于学者，此辈平日自命清高，大有当今之世舍我其谁之概，如蔡元培、胡适之等是。主张普遍选举的，多属于政客，如从前俄国共产主义势力最盛的时候，极力提倡马克思主义，及见俄国政策改变，忽而改变主张，投身入国民党，把他们的政见说得天花乱坠，无非欲利用群众以拥其出台者，如陈独秀等是。各派的主张，虽各有其理由，但一旦实施起来，都与民众的幸福完全无关。所谓武力统一者，处于地广民众的中国，断难以一党或一派之势力统治全国；假令做得到，也必须经一长久的战争时期，若成功了，也不过民国元二年的光景。试问袁世凯时代，人民之幸福竟如何！以大多数无罪的人民的血肉，徒供少数军阀官僚政客学者个人权利之牺牲，实在殊不值得。所谓联省自治，名词说起来象很好听，但究其实，人民绝对没有自治权，不过少数军阀欲利用之以割据地盘，如主张联省自治之赵恒惕，任意杀戮工人，陈炯明之纵兵淫掠，均是为联省自治之特色。所谓好人政府者，自蔡元培、胡适之等之“我们的政治主张”发表后，所谓好人的王宠惠、罗文干、汤尔和均相继而登政治舞台，北京的政府，已可算是“好人”的政府，已可算是“好人政府”了。试问现在人民的幸福比之徐世昌时代又如何？也不过二五等于一十罢了。所谓普遍选举者，不过欲废除阶级性别财产之限制，依照人数平等之原则，作政治家之说法，却也无可非难。但是假使人人皆得而为议员，最好也不过如瑞士、美洲，何曾选出真正的人民代表？大多数的议员都是借金钱运动而来罢了，欲想其代表人民谋幸福，比海枯石烂尤难希望！代议政治在中国试验十余年，究其实不过多养一班寄生虫，以榨取平民的血汗，所以欲想普遍选举来求人民幸福，完全是梦想罢了。

我们得了种种经验，深觉得现在人民所以痛苦的原因：

1. 由于现在的政治制度把全国大权集中于少数人手里，而大多数的民众绝对没有自由参与的机会。

2. 由于资本制度把一切生产机关集中于资本家之手，工人每月所获得的利益大部分为资本家掠夺而去。

所以我们欲为人民谋幸福，一方面谋政治上的改造，同时更谋经济上的改造，而其改造之原则，不外由最不自由而进于较为自由。其重要之点如下：

1. 废除一国的及一省的军阀官僚统治制度，实行各地市民自治，而后合各自治的村市而为一全国的民族大联合。

2. 废除资本制度，把一切生产机关收归生产的劳动者所公有，惟生产的劳动者方得享有及使用之权。

自政治学说方面来说，国家的权力愈小，人民的自由愈多，所以在国家尚没有废止以前，欲求人民之幸福者，首先减削国家之权力，而至于最小限度。自经济学说方面来说：一己劳力所得之结果，其利益属于一己之所有，或属于一己愿与之人所有，则其人必尽力于劳动，而使生产增高。所以“市民自治”“产业公有”实为达到自由和平等之要路。

阅者注意：这篇文章是声白先生上年十二月寄来的，因本刊出版延期，至今方得刊出，甚为抱歉，幸望阅者勿以明白黄花讥之！记者

**《民钟》第1卷第5期，1923年7月。**

# 朱谦之

朱谦之（1899—1972），中国当代著名史学家、哲学家。字情牵，福建省福州市人。出生后不久母亲即去世，10岁父亲又去世，由姑姑抚养成人。幼年的孤苦伶仃令他很早就产生了悲观厌世的倾向。在中学期间，他曾发表了《英雄崇拜论》。1917年，他考取北京高等师范学校，不久又转入北京大学学习哲学，在此期间，又发表了《虚无主义和老子》和《虚无主义哲学》等，开始宣传虚无主义。1920年，将之前在刊物上发表的一系列文章收集起来，出版了《现代思潮批评》，文中对虚无主义和无政府主义进行了评论。1920年他又和郭梦良、易家钺等人创办了《奋斗》旬刊，提出了无政府主义革命的口号。1920年10月因为参与无政府主义团体并散发传单而被捕入狱。1921年他出版了《革命哲学》一书，在书中，他系统地阐述了无政府主义和虚无主义间的关系。1929年赴日本研究哲学，后回国在中山大学任教。1949年后又转到北大哲学系担任教授，1964年调往中国社会科院世界宗教研究所任研究员。1972年病逝于北京。

## 近代哲学与奋斗主义

近代哲学的特色，是活动的不是静止的，是进化的不是倒退的，是变换的不是呆板的。换句话说，从前的绝对主义，主知主义的哲学，是已经过去了；现在的哲学，是以生活情意为本位，所以是生命的行为的哲学，并不似那班理性派的哲学家，只管凭空去结撰那不变不动的普遍的实在，就完事了。因理性派的哲学，都把知识看作一件现成可以装，可以装到脑袋里去，所以除求知识以外，一切有影响于人主行为的问题，都从来没关过心，不消说是偏于保守，而养成惰性的习惯了。若近代哲学却不然，以为知识这一回事，是立于情意要求之上，我们求这种知识的目的，正为着要作实行的准备，使生活的能力，格外发展，可知近代哲学所与从前别异的，在于重“行”而不重实知，唯其重“行”，所以主张向前活动，而带着非常丰富之奋斗的色彩。再者近代哲学，多不认有现成的永远存在的“存在”，以为“实在”是未成的，不是已成的。因方在创造的过程中，所以我们应仗着一丝不断的努力，才能把他一点一滴的长成起来其而近代的哲学，遂完全布满奋斗的精神性。我可以说奋斗，就是近代哲学的骨，自从司多奈，Mar Stiruer 的自我主义以来，无论所持的主义如何，凡是真正的哲学家，都是持奋斗主义的，就是主张无抵抗主义的托尔斯泰，Tolstoy，对于人生问题，尚且积极的主张奋斗，他何消说了。虽然如此，我是不可不举出近代几派的哲学来证明的。

第一，自我主义代表这派的为司多奈（一八〇六——八五六）与尼采 Nietsede 的诗。最重现身的，我以为真理只是主观的努力，与热情所得认识的东西；所以我的就是善的，我自己就是善，换句话说，凡能增加“我”生活的价值扩大“我”权力意志的发展，那才是善的。因我为着“我”自己的善，所以不可不极力奋斗，我只知最有价值的是“我”而已。无论什么信仰，什么神，什么灵魂，什么道德的义务，一切限制“我”的自由，阻碍“我”的前路的，我都要破坏他，征服他。总之“我”因脱尽道德的观念，所以能够创造，又能进步，我仗着“我”的“力”，有力的是善，没有力的是恶，有益于力的是善，有害于力的是恶。因之尼采等所理想的超人都是含有主张热情与强权的无道德的性格。但是无道德的哲学家，实最敢于奋斗的人，而所持的哲学为彻首彻尾的战的哲学——就是奋斗哲学，虽然他的方法，似乎超出奋斗的限制以外，但那毫不客气最为极端的奋斗，却正好应用到革命方面。

第二，实际主义代表这派的为哲姆士 James（1842—1912）与提倡人本主义的席勒 Sehiller。他的中心意义，为主观的主情意论，以为真理的认识，是由于主观的情意作用，是迫于行为的要求，以要求而得的真理，又可以要求而变化，所以真理是相对的条件，我要时时创造新真理，以适应于我的新要求与新事实，因这派如此看重行为可明白他奋斗的意味了。又实际主义也不认主观以外，别有客观的实在，以为实在是可以改造的，于是由这种创造的实生论，发生一种创造的人生观。以为这个世界，虽是真正危险的，但我们可以用奋斗去换平安；生活不是固定的东西，（要该）要冒险，要活动，要创造，然后生活的意味，才格外浓厚了。这就是实际学派的奋斗主义。

第三，直觉主义代表这派的为柏格森 Bergson，（1859—X）出于生物学心理学的新研究，而提倡所谓“生命哲学”。原来宇宙的真相，不外全生命的潮流的创造进化；而生命的意义，也不过是活动而无消耗的“连续”由原始的生之冲动，而现在，而未来，而向着不知道的前途，永远申去，这便是精神的活动。换句话说，便是意识侵入贯澈于物质之中，而节节战胜物质，又藉物质以自表现的努力。所以生之冲动，就是宇宙创造的原动力，由此而时时，去征刻刻变化，以排山倒海的力量，去征服物质，这不是“自强不息”的奋斗是什么？而且这个唯一不可分的冲动力，动物比植物强，人类比动物的能力更伟大，若全体的人类，那就好似有一种不可思议的神力，可以打破一切的罗网，虽“死”也能冲破之。由此可见生命的奋斗是有绝大的效果，我们决不可退缩，而须在那无穷无极的生命里面，为无限的发展。

第四，新理想主义代表这派的为欧肯 Eucken（1846—X），肯定精神活动，而为超越自然的哲学，以为自然生活是无意识的，精神生活是自意识的；所谓“人格”，与人类的自由，不外能把精神生活自我实现罢了。但这个精神，生活，不是已经得到的，必须要“我”的活动，“我”的努力，才有机会，加入宇宙的精神生活的世界里。因此新理想主义最重行为和活动，始终不脱“为精神生活而奋斗”的色彩，为精神生活之超越的独立的存在，而与现实的，直接的，经济的世界相奋斗，现在正在激烈奋斗之中，精神生活实现了，然后人格向上，由人类的生活而为宇宙的生活，所以新理想主义就是精神生活的奋斗主义。再者欧肯是主张“唯行论”Activism 的，以为真理是人生的事实，以可以实行为特性，我们不是藉已成的真理而活动，实以活动而发见真理，所以宇宙的难题，可以实行而解决，所以实行是抵御危险唯一的武器，实行又实行，就是奋斗又奋斗。

由上面的证明，可知奋斗实是近代哲学的骨。而奋斗的主义，实可以包括近代哲学的全体。虽然如此，这些哲学上的主义，并不是新时代的产物，而为十九世纪的残余。我想二十世纪已经二十年了，何不可创造个新的奋斗的主义，以与柏格森等分道扬标［镳］，我所理想的新奋斗的主义，也有生命的，行为的一种哲学，乃是虚无主义的人生观，现在且不用饶舌，有机会再谈罢！

**《奋斗》第1号，1920年1月。**

## 革命家的性格与精神

考察革命发生的（知道革）就知道革命不是一时盲目的冲动，实因不满人意的环境，到了非革命不可的时候，才能唤起他。所以革命是自然不可逃避的事实，假使不能从根本上将环境改善，就绝其不能阻住革命发生。晓得革命是自然的，我就可老实承认革命的必要。须知依照现在的趋向，绝不会老成忠厚下去，一般有思想的青年，都是忍不住了，都想打开窗户去换新鲜的空气了。所以现在的希望，只是将革命去换平安。因革命是破坏不善的，而进于较善的，由渐善的而进于较为尽善的，革命是策进社会永远进化的事业，我又安得不讴歌革命，又安得不讴歌革命之魂——就是革命家，是我奋斗的朋友，大勇猛大无畏的青年。

我这篇的意思，就是要说明革命家的性格与精伸，不但对那些反对革命家的，加以辩护，而且要积极的从学理上着想，使有志的知道趋向。但在说明之先，我还要肯定革命家所认为绝对的真确的道德与方法，因革命家的性格与精神，都是根据在此。我可以说这些新道德与新方法，是能够支配革命家，而且常常支配当时群众的心理，使他去从事革命事业。由此可见，革命的动机，是建立于新理论之上，懂得新理论的意义和价值，就可明白革命家的立足地了。

**（一）新道德** 革命家的主要特性，使他与人别异的，就在于道德观念的不同，因普通所认识的道德，都摆不脱于环境的束缚；换句话说，便是把历史传下来的虚伪道德，看做神圣的真理，这自然不是革命家所敢承认了。我以为革命家的道德观，是有最明显的两要件。(a) 自然的一切矫揉造作的道德，都是管不住他。因人造的便不是自然的，真正的道德只是自然如此，反之，人造的道德，便是大乱的根源。所以常人所说的道德，就是不道德；而革命家所说的道德，就是常人所认为不道德。总之，他能脱尽常人的道德观念，而另有他们赤裸裸的道德。而这赤裸裸的新道德，也不能别求，打破现实的道德便是。因他要破坏现实的道德，所以关心于世道人心的老人们，都说他是无道德，其实无道德，就是新道德。(b) 自由的革命家最恶的是权力的压迫，最喜欢的［是］发展个人绝对的自由，打破从前以服从为道德的本务，而主张不服从，同时提倡反抗权利。因他不受拘束为主义，所以反对种种秩序，把一切限制我的自由、阻碍我的前路的，都破坏他，推翻他。我为着自由而战，就是为着道德而战，所以暴动、暗杀、威吓，一切破坏殄灭的行为，都是革命家的新道德。因革命家是受了新道德的支配，所以绝不服从于性质相反的道德观念，那些关心世道的人，都想介绍道德给革命家，革命家只得付之一笑。

**（二）新方法** 稍做过方法学工夫的，都知道一种方法就是一种学说的根据，如其没有特别的方法，就绝不会有特别的学理发生；就是革命的一切学理，以至于一切行为，也都支配于他的特别方法。Lebon① 在他所著的《革命心理》上，很晓得这个道理，不过他是保守主义者，所以极力排斥这神秘的感情的论理罢了。其实神秘的感情的论理，正是革命的福音，由革命家的主观观察，这类新方法，正是最有哲学意味，而较近于真理的路。我想一般学者，如果肯定革命的价值，自不至反对他了。现在且把革命家所用的方法，分作两段说。(a) 直觉。反对革命家的，都以为他是无思想无

① 勒庞（1841－1931），法国社会心理学家，社会学家，群体心理学创始人。——编者注

意识而且犯了神经过敏的毛病，不知革命家观察事实，本来用直觉的方法。——直觉是无上的知识，就是在所谓纯粹知觉的悟性上，更加以知识的热望与努力；所以表面上好似是废绝思想，其实这种“无思”思之的元知，比由推知所得的，更确实可靠。就是革命家所具有的“无踌躇”、“无顾忌”、“无似是而非”的特性，也是由直觉方法养成。(b) 反感。我常说过：黑格儿的辩证法是一种革命的、破坏的帜旗，因用辩证法的，最容易想到一物的反面。如由“有”的观念，就想到“无有”，由“政府”一个概念，就想到“无政府”。似这种方法，在骨子里，实含有唤起无数反情的可能性，所以到一个地方，就引起无数的革命军恐怖党来。也可见革命家是有偏于反面的倾向，对于大家所以为美的善的，常常发见出腐败的虚伪的地方。因在无形中间受了方法上的支配，而养成丰富的反感，对于一切事物，都敢破坏他推翻他了。

由上面研究的结果，就可明白革命家的性格精神，都是从他的新理论流出，当新理论最占势力，能够支配革命家的性格与精神的时候，然后才有革命发生。所以革命家，还不是革命的原动力，只是革命的实行者。由着理论而形成革命家的性格和精神，也就是从无形的革命，而实现革命时代之花。

(第一) 性格　凡能成为革命家的，都有他特别的性格。我以为这种性格，只是人类的本来面目，普通人因被习惯管住，积渐的汩没了本性自然性，革命家也不外能还我本来罢了。今试分析革命家的性格，有两件最可注意的。(a) 感情的。考察感情的要素，自然有同情和憎恶的两面，革命家因眼睹政治与社会上的腐败，而激起暴烈的感情，须知这种憎恶心，实是人的本性自然性。李卓吾说得好：“每见世人欺天罔人之徒，便欲手刃，直取其首，岂徒暴怒哉，纵遭反噬，亦所甘心，虽死不悔，暴何足云！然使其复见光明正大之夫，言行相顾之士，怒又不知何处去，喜又不知何处来。”可知喜怒都是天性的自然。革命家所以主张破坏，也是率性而行，因对于所憎恶的对象，原是一无情恩，又那里用得客气呢？再者革命家不特有憎恶心，而且最富于同情心。一个无政府党员，对裁判官说：“我不忍看现世界人类的不幸福、不平等，我要跑去，我要自杀。”可知革命家对于世界的不幸，有何等的恻隐！因他要除却社会的苦恼，而至于流血或发狂，似这样热烈的性格，不值得赞美吗？我由此觉得反对革命家的，都是根本错误，因他把感情看得太轻，将理性抬得太重，以为革命家只是由感情作用所结合而成的性格，一些儿理知也没有。不知据近代心理学的研究，原来情意作用实是支配知识作用的根本原力，知识并不能离却情意而单独存在，所以情意居第一位，知识只是附属物。革命家的好处，正在于尊重感情而蔑视理知。我想主知主义是过去了，那末托于主知主义以攻击革命家的，只是时代错误，反证他是不知现代思潮的人，与革命家的价值，原不见得有什么损伤。(b) 自我的。凡是革命家，都是有个人主义所不可少的条件，因他的真理观，只是由于主观的努力，与热情所能认识的东西，所以肯定自我的价值，而主张个人的自由。即因肯定自我，所以对于自己所抱的主义，有非常的信念。李卓吾说得好："我确然以为是，虽刀刃在头，雷霆在顶，终不为少屈。"真是革命家的性格哩！又因革命家主张自由，为着自由而战，凡一切的暴动、捣乱、威吓的行为，都可证明革命家是属于硬性格的。换句话说，革命家是有血性的男儿，是负责任的好汉，并不是怕事的懦夫了。

（第二）精神　革命家所要求的，是解放，是自由，他所能作的，就是破坏现实的圈套，以求个根本上改善。但现实是不容易破坏的，不是笼着手，抬起头来，就可以做到的，所以革命家还须有一丝不断的努力，与现实拼个你死我活。这种精神，我叫做革命家的精神。而革命家的失败和成功，也全看他的精神如何。我现在将本段分作两面说：（a）破坏的精神。革命家是最敢于怀疑的人，因他能够从根本上怀疑，所以能找出根本的解决。这根本上的解决，便是破坏现实。反之改良派因缺乏了破坏的精神，想随时随地去找出具体的病，而谋具体的补救或修正，这自然不是革命主义的朋友了。再者，革命家不但有破坏的意思，而且还实行破坏。手枪呢！炸弹呢！都是革命家的工具；政府呢！资本家呢！都是我破坏的东西。总之，革命家有的是背叛的精神，是更激烈些，就要目的不认手段，只管认定目的，可不管手段如何了。（b）奋斗的精神。据我的朋友易家钺君说："奋斗是有三个必备的条件——决心、忍耐、牺牲。"（见本刊第一号《奋斗主义》）我想革命家对此，也是缺一不可。因是革命家须先有革命的决心，对革命这桩事，有了把握然后由这毅然断丝的实心，养成金刚不坏的实力。又因革命是有失败的可能，如果一失败，就流于悲观，还又有什么事业可成？所以革命一最必要的，决心以外，即有忍耐。能够忍得住了，才能做那"扎硬寨打死仗"的工夫，以一不可调和不可妥协的态度，与黑暗［势］力作激烈的奋斗，奋斗失败了，还要努力，作最后的奋斗——就是牺牲。总而言之，革命家的奋斗精神，只是为着奋斗而牺牲，无论如何决不牺牲奋斗。我奋斗的朋友吓！大勇猛大无畏的青年呵！你那破坏的、奋斗的精神那里去！

我既说明了革命家的性格与精神，自是有绝大的希望在"革命之魂"的身上了。但我同时细思一过，觉得革命家固是必要，而革命的理论，也一样的必要，所以我尊革命家，而在革命未发生以前，也很重革命理论家，去唤出他，来切切实实地将社会政治的组织，重新改造。我奋斗的朋友啊！大勇猛大无畏的青年啊！

你负责任的时候快到了！你快些准备，将你的性格和精神弄好，率性打开窗户去。

**《奋斗》第2号，1920年2月**。

# 朱谦之与黄凌霜讨论无政府共产主义文

## 再评无政府共产主义

（答兼胜君的批评）

我很感谢兼胜君对於我无政府共产主义批评之批评，使我得益不少，而且有机会去申说我的意见，我想学理因辩难而愈明自，既承兼胜君不弃，允为继续之讨论，我为着真理关系，也非说不可。但我细读兼胜君的批评，觉有许多误会，都由於不明白我的立足地，我的虚过我的虚无主义（现代思潮批评 139—173）便可省却许多争论了。现在为慎重起见，不可不尽先表明态度，以免再误会之处。（一）我是老实承认虚无革命，系无政府以后必达之境，所以以无政府主义为手段，而以虚无主义为目的，只因无政府主义有做媒摆渡效能，所以很赞成他，又因他不过是过度［渡］的方便法门，其实还不彻底，所以我敢批评他，而兼胜君竟说我“何以一拒一迎反覆此”了。（二）我用方法，是形而上名学，以直觉法与无名论为基础，辩证法不过形而上名学的附属部分，（参看我做的虚无主义与老子的第一章），何况黑格儿的三分辩证法，本是我所极力反对的呢！我在现代思潮批评说过“我所取於黑格儿的，只是（a）对待的原理（b）绝对的原理。至於三分辩证袪，有些不敢恭维，因我对於这个‘合’的方法，认他是保守的调和的。虚无学者是用绝对的不可调和态度而另有他们的辩证法。”（页147）兼胜君说我“极崇黑格儿的三分辩证法”，不消说是误会了。（三）我的怀疑主义，是从思想论起点，对於“现实”而发，和知识问题，有什么干涉？而且“哲学上所指为绝对的怀疑论，是没有目的而且没有顺序，虚无主义的怀疑，是从存在发题。虽否定一切，却有否定的方法”。（页 143）今兼胜君把有方法的基础的怀疑主义，看做空无所有的怀疑主义，又把思想上的怀疑主义，移去知识上看，我以为这是错误的。

既已了解虚无主义者的位置，才可进论本题从学理上着眼，将兼胜君的批评，仔细推敲一番，要是我说的完全错了，我愿为着我热情所得认识的真理低头，不然就请兼胜君反省自觉。

虚无主义与无政府主义都是从根本上反对强权，不过前者以不可调和的态度，连天然强权都推翻，后者虽对於上帝，主人凡有限碍人的生活之东西或学说，他是否认，只可惜是夹带着调和意味，缺乏那反对的诚意罢了。我可引一个譬喻，无政府主义者，遇了天然强权的障碍，只想迂回通过，虚无主义者必要破坏天然强权的，所以虚无主义是极端的推翻宇宙，而无政府主义只是想减缩自然界的强权之戡天主义。我想自然界的强权，要是不当存在，那么我们就非想种种方法将他扑灭不可，象无政府学者既反对天地之刍狗盖物，又不简直推翻天地，这就是不彻底觉悟的铁证了。而且所谓戡天主义，只想减缩强权，却不知我所反对的，乃是强权本身，虽能减缩至最少限度，还是天然强权，不过程度之差罢了。由此可见我说的“虚空破碎，大地平沉”这正是从根本上着想，求出根本的解决，我要不是改良派，自不以戡天主义为已足了。

但兼胜君说“若必以大地平沉空虚破碎，然后可算是无强权，其思想则高矣妙矣绝对矣，但绝对可形诸思惟，在事实上，那里有所谓绝对?”这话真正高明！我畏辩证法的研究，也得如此断案，原来宇宙事物，都只是相对的，但虽是相对的，而绝对的道理，就在相对之中。须知我说的“虚空破碎，大地平沉”也正是相对的绝对，却永不是绝无危险的涅槃。“换句话说”绝对是永不达到的境界，所以事实上不能实现，但我们为着真理之向上的努力，而向着绝对方面进行，这就是与绝对接近，而融化於绝对之中了。闲话休题，且说我的宇宙革命，是要仗着一丝不断的努力，去扑灭自然界的强权，一旦天翻地覆，虚无主义的目的达到了，然而真空就是妙有，一尺之棰“日取其半，万世不绝，”所以宇宙依照自然的进化，还要自无而有的。就是说自然界的强权，灭了还要生的，虚无学者的责任，即在于“虚而不屈动而愈出”的宇宙当中，而节节扑灭自然界的强权，破坏了又建设，建设了又破坏，因有永续不断的自然强权，因而有无穷无极的虚无革命。兼胜君说“我以一不可达到的‘空’为‘至’，安知‘空’仍有未空，”不知宇宙革命正因“空”而未即空，所以格外有意义了。

我因根本反对自然的强权，因而反对偏一切处的自然界，何则自然强权是藉现实的，直接的，经验的自然界以自表现，假使没有自然界的存在又那里有所谓自然强权?所以说：“天地不毁，政府不可得无，则何如进而从事宇宙之革命，”又说“有‘有’即有政府，无‘有’方无有政府，……举乾坤而毁之，此真大彻大悟之事”。在此处应注重的，所说的政府，是指着强权，——克鲁泡特金说：“无政府只是无强权，”反一而说政府是强权，——所谓“有”，“天地”，是指着自然界，似此广义的解说，我早已再三申明过了（原书 161），不料兼胜君因未仔细探讨的原故，竟来了无谓的非难。须知“有有即有政府”[,] 也只是说“有了自然界才有自然强权”[,] 这可以说。因果的关系与政府＝有的算式何涉？难道依兼胜君的意思自然强权能够离却自然界而单独存在？要不然就是兼胜君错了。又我对於国家，以为无适无莫，无乎不在，这种“国家空间说”似乎抽象玄谈，其实国家本是抽象的东西，所以不能用具体的事物，去说明国家，犹之乎不能用空间的道理，来律时间，试看“国家机械说”，“国家人格说”那一说能有完满充实的意义？实际哲学教我，真理只是工具，我们因研究事物之便，假定一个便捷的法则，以为真理，例如我的国家说，我认他是与虚无革命有利的，是能够做媒摆渡的，所以有此假设，只因空间是具备国家所必要的条件，的确有国家的性质，所以我们反对国家，应推广去反对空间。兼胜君说："我最奇怪的就是一方面反对国家，一方面却要说国家无乎不在"，因此竟疑我迷信国家万能，这真无的放矢，须知虚无主义之反对国家，是极端的，而且过度的，恐怕这种态度，还是无政府主义者所梦想不到的呢！

我从前批评无政府共产主义，分为五项，唯第五项兼胜君认为普遍问题，不欲为之批评。我也因尊重辩论的条件，——辩论的对象，必须立敌共许——与对方的意见，所以不讨论他，此外（一）有组织即非真实（二）有产即差（三）性善说不可能（四）劳动非人生归宿等项，我都要仔细再考究一番。

（第一）我是反对一切的组织，而主张虚无，至所以反对的理由有二（A）组织只是名（B）组织只是力。

（A）我说组织唯名，是有两种意义，（a）组织是虚伪的不是自然的，因自然的便只是自然如此，若组织之成，无论由於自由而结合的契约，或强迫的法律总不免是凑成的人造的，并不是自然如此的实在了。而且组织——名——的作用，一方面是包括这个那个而成全称的共相，一方面是分别这个那个而成特别的类名，似此毁瓦书墁於大自然之中，使他因有比较的原故生出许多竞争，唤起许多罪恶，这可见虚伪的组织是有应废绝的理由了。反之无组织的好处，也只是反於人为的，而回复大自然的天真。（b）组织是抽象的不是实体的，原来组织之成，必以人类之复数存在为断案，换句话说便是用抽象的名，将个体的特别的实管住，而个体的特别的实，在於这个有涵盖力的共相以下，而不能不做他们的牺牲，我想当着现在无名主义盛行的时候，我们应该自觉不取於代表实的共相的组织，而确认具体事物之实际的存在。因组织与个体，名与实，本无有共通的尺度，一切抽象的名词，断不是原来的具体事物，所以事实上仅有这个那个具体的事物存在，若由此而集成的共相，如家庭，国家社会等等，都是压住有实体的伸张适成其为无意识的行动。由此可见仅有空名的组织，是应该反对的，就是兼胜君所说"社会是由单独的个人组织而成，各个要保全各个的个性，循着自由合作，自由契约而进行"的话，我也认他是未能了解名与实，组织与个体的关系，至於"各个为全体，全体为各个"的误谬见解，更不待说了。总之我是从名学上证明，组织即非真实，而无政府共产主义者，要在组织以内自由发展个人，只是一番迷梦，终"乌托邦"而已。我前论根据於章太炎的国家论，以为凡可以分析的，都非真实，兼胜君以为这种理由完全不能为否定组织之根据，何以故？却说不出来，只是对我无甚紧要的话，极力攻击，最妙的把我"即浅显者言之"的实体，直认做哲学家所说奥妙的实体（参看原文 59 页），将名学上所说个体的特别的"实"，移去哲学上面看，於是乎竟把实体看做无价值，不知人生要务，莫先於能够知道自己存在的真意义，所以名实问题，是与人生有实际的影响，为有价值不过的。但可惜无政府共产主义，尚没有彻底的觉悟，虽也注重具体的实，同时又把这个实，限制在组织之内，使他自由发展，不知这相对的个人主义，是有两个弱点，（甲）不确认自由，因有组织以内的自由，并不是将为（to be）绝对的自由，只是减缩不自由至於比较的限度，所以是消极的，不是积极的，换句话说，就是改良不自由，并不确认自由。（乙）不确认实在，个人因有体格的存在，所以较於由个人所集成的，比较的真实，无政府共产主义既摆不开於限制个人的组织，就是不确认实在的铁证了。由上二说，可见无政府共产主义，真有可修正的地方，我们要不是认他是一颗百宝灵丹，吃了百病消散，我就不至於无条件的代他辩护了。但兼胜君或者有见於此，只以为反对组织在今日文明发达，万事错集的社会是不可能的，兼胜君是对着无政府个人主义（如现在美国的 Tucker）而发，原与我无干，但我根据於近代科学家 Metchnikiff 的新说，不见反对组织就违反了一般的趋势，互助博爱，也不是永久不可缺乏的道德，而且反对组织的学者，正是顺着潮流而现身说法，因冒危险，供牺牲，舍己济人，种种的社会行为，当跟着文明进步而日益减少，以至龄无。Metchnikoff 又说“据生物学之所教［,］凡组织愈复杂者，其个体之意识愈发达乃至有个体不甘为团体牺牲之患，惟劣等动物若粘菌若管状水母等其个性全然没却於团体之中……。”（见陈独秀著的近代之二科学家）可知由大组织而渐求具体的实在，再至於无组织，正是合於进化的自然趋势，须知自然进化是与论理家法，自相一致，而无机械的学说，也是与自然界事物之实际的发展相应，所以是必然的，决不是或然的“乌托那［邦］”。我说到此应该申明一句，虚无主义之反对组织，与无政府个人主义不同，他以为名——组织——是万恶根源而主张废名，因包括这个那个而成全称的名，不如至大无外的无，而分别这个那个而成特别的名，也不如至小至无内的无，毕竟“名”不如“无”，所以要实现那真实的普遍的“无”而反对那虚伪的差别的组织，但这话说来很长，请看我做的虚无主义与老子（新中国第二卷第二期）便明白了。

（B）我反对组织的第二理由，因组织只是“力”，我前文说过“强权非他，即在组织之中，组织之有，力为之维系也，舍力即无所谓组织，舍组织亦无所谓‘力’，‘力’即强权，故我之主张，乃根本废弃组织，即欲根本废弃强权……”今因申论的便利，且分两面说：（a）舍力即无所谓组织，因组织之有，由於“力”为之维系。据近代唯力学派研究的结果，知道质即是力，力即是质，所谓阿屯，只是众力合成的一小系统，舍力以外，原无所谓质，由此可见力即一切组织的总因，无政府主义既有个自由结合的组织，叫做社会，那就不能无力，不能无力就不能无强权了。须知一切的力，都是用来支配各分子的行为，不过因程度之差，而分道德上的力与物质上的力两种，无政府主义对于拿强力迫人服从的力，虽然反对，而却承认道德方面的力。兼胜君曾说组织之成，由於契约，又引克鲁泡特金的话分契约为两种，有自由的，是以自由允诺而结合；有强迫的，是由一部分把持，横施於他部分，大概无政府派所愿意遵守的契约就是这第一种道德上的力，至於代表物质上的力的法律，就绝无存在的理由。不知契约与法律，原无何等分别，而精神的力与物质的力，也很难定他界线。杜威先生在社会哲学与政治哲学曾说到此，也很可参看：——

精神的力与物质的力没有分别，试举几个意见最专制野蛮的暴君，也不能全用武力，把人民个个都关在牢狱里，加上脚镣，叫他们只许这样做，不许那样做。其所以能被他压服者还有许多是心理的作用，和精神的反应。他能叫他们“恐怕”不敢不照他命令的那样做，这是心理方面的动机，而不是物质方面的关在牢狱加上脚镣等的办法，所以物质的力与精神的力很难分别。

我想无政府主义者，既想解除一切物质上的力，何以同时又承认这换汤不换药的道德上的力？推其原故，只因无政府主义还保守着有名无实的自由组织，既有组织，就不能无“力”，所以精神的力，还是必要的，而个体的特别的事物，仍然要为着契约低头。唉！契约？我想不到无政府主义者，一面拒绝政府法律的力，一面又把自由送给这新偶像。——就是道德上的力。我的意思，以为契约与法律，本有共通的性质，那些自然法派的学者，也说法律为政府与人民的双方契约，虽然这种见解，和无治派说的契约不同，然亦可见有制裁力的契约，无论自由至何限度，都不过是“力”以下的自由，与用法律来支配个人，控制个人，只不过分量不同，从本质上看去，是没有差别的。但兼胜君说“我们不见得自由协合的契约，必要藉强力去施行他。我们从来没有听闻过那救生艇的船员，要以刑罚加诸同伴，……。我们也没有闻过那投寄论文给巫利先生的字典的人，因为延迟了，就要受罚；也未闻过加里疲的义勇队，要用警察队驱赶他，才肯上战场去，自由契约，是用不着强力催迫的。”（见克氏著的 Anarchist Communisim［Communism］：Its Basis and prineiples［Principles］末段）我敢问此谓自由协合之不用强力催迫，是绝对的呢？或是相对的呢？进化论告诉我们：世间一切事物，只有比较的，相对的，变迁的，没有所谓绝对，固定的。（用兼胜君语）那么在自由组织中，也不能有绝对的自由，反一面说便是在可能的范围以内，尚有用强力催迫的事实。由此可见克鲁泡特金以“且然”的命题，看做“全般”的断案，根本已是差错，而自由协合的契约，有时尚须强力去施行他，也可见了。我在此敢再引罗塞尔有多少理由的话，来证明他。依照他说“我们总不便预先断定无政府主义的社会里没有疯人，而且疯人欲杀人，也是不必疑的。那么这种疯人，总不能仍旧任他自由了。况且疯人杀人和不疯人因一时的恶性杀人，这中间的界线很难分别。极文明的社会里其男女也往往因妒忌而致残杀……。”罗塞尔因此决定法律应该存在，这自不免因噎废食，然亦可见自由协合的社会里，做法律原因的分子存在一天，则用强力迫人的可能，便一天也摆不脱。所以无政府主义者，所想象的自由组织，在事实上，非但要藉道德上的力，如劝诱，去限制个人，或竟至於用物质上的力，去施行他，也未可知。总之无政府主义因有个组织，便不能不有连结组织的“力”，假使能一切组织都推翻，都就可以根本废去强权。今见不及此，自然不能无强权，而个人的自由也将没有确实的保障，所以尼采批评无政府主义道：“It is childish to desire a society in which every individnal [individual] would have as much freedom as another”（Will to Power P. 59）今无政府共产主义尚徘徊留恋於社会组织之中，而不察者犹用尽曲折的方法，去代他辩护，不知社会组织，也只是“力”，我要是真个求自由的，应该舍却组织的观念，而一迳向虚无去。(b) 舍组织即无所谓力，我很相信 Ostwald 的唯力论、将自然界里无论有机无机的一切组织，都用“力”包括净尽。而力之存在，实藉物质以自表现。依唯物派的意见，物质和力是紧连着的，不承认非物质的力，就是我说舍组织亦无所谓力，也很受这物理学的影响。但我於此似乎有些矛盾，因物力不可离的学说，与 Ostwald 的唯力论，根本不同，Ostwald 发明的新学说，虽以为质即是力，力外无质，但他却不承认，舍组织即无所谓力，因力是天地万物的本原，物质不过力的表现，所以力外无质，而质外有力，我同时承认这相反对的学说，虽然难者未提出这个疑问，我也不可不申明的。我的意思，以为 Ostwald 的普遍的创造一切的力，其原始的只是心，因藉物质以表现，而凝结於物质之中，这叫做力。所以力外无质，质外无力，至於质外之原始的冲动，那只是心不是力，心是原始的，力是派生的，心是主观的努力，力是外物运动的原因，晓得心与力的分别，那末我们可以简直承认质外无力，对於唯物派“物力不可离”的说，也大可以无疑了。

我说力即强权，兼胜君驳我，以为我们走路，吃饭也要用力，我们思想也何尝不用力，这种力是自然的力，正与地心之吸力同，……并无所谓强权。不知这自然的力，就是我所反对的天然强权，象难者所举地心的吸力一样，不然既肯定自然力的存在，我也不用反对暴风疾风而要推翻宇宙了。又如吃一顿饭的力，已啮杀了许多生物，佛家主张契素，就因不忍见吃饭的强权的原故，至於思想那又是主观的努力，是心不是力，前已说过了。总之我是反对一切强权，所以反对一切的力。至於所用以反抗的阻力，通常都认他是力，我以为只是力的反面，只是“非力”，自然不是力，更无所谓强权，所以我不反对他。(未完)

## 再评无政府共产主义（续）

由上两说可见组织都是“力”，都是强权，而且但有空名没有实体，所以宇宙间任何组织的存在，我都根本推翻，就是无政府主义所谓自由组织，我也认他是组织之一，既是组织就有组织之属性了。而且所谓自由组织，不外以自由为根据的组织，不知于组织内求自由，本无自由可言，我所求的真自由，对此似是而非的自由，如何信得住他？但兼胜君说：无政府学者非皆言组织者，如德之 Stirner，美之 Tuckre [Tucker] 的个人派都反对组织。这我何尝不知，但我本篇所论的，是无政府共产派，所以无政府学者，是指他而言，我在原文说：(页六一)

今夫社会者由个人集成，无有个人即无有社会，比较的个人尚为实有，社会则无实之可言，所以 Mar Stirner 于所著"个人与私产" *The ego and his own* 公言社会空虚，个人真实，而倡所谓无政府个人主义者，亦本根据于分析之哲理，知今使社会空虚，则如克鲁泡特金辈之组织论，可以休矣，使知凡组织皆非真实，则如 Mar Stirner 唯我论，亦未当也。

我因为个人，尚无有自性，所以对于无政府个人派，尚恨他不彻底求真，何况无政府共产派的自由组织，在学理与事实上，都说不过去，我如何能袒护他？至我原文说自由组织之不可能，本有三种意义，或者因文言阻碍的缘故，令人易于误会，今申论如下：(1) 自由组织只是学者的假设，霍布斯卢梭所谓国家起于民约，与无政府学者说的自由组织，从意义上着想是很相同的，何则国家的起源，在事实上原无所谓民约，就卢梭的民约论，也未必指建国的实迹而言，不过要证明国家为不得已而设，以为其理不可不如是而已，就是我引此，也无非以理论上牵合无政府主义的自由组织，与拿强力执行而谬托于自由的国家，(请参看 Spinoza 的 *Ttratcaus Politicusch*. P. 20) 以见其没有分别，至于事实呢？言国家起源的，那里有"参验而必之"的学说，就是无政府主义在未实行以前，也未便决他自由组织之可能，所以自由组织说只是一种假设，也不过是一种假说罢了。(2) 我于是再进一步讨论，自由组织的假设为能不能，但我要是劈空论他，而无所根据，其结果岂不终于或然数，所以我在这里采用了辩证法，以论理的有规则的辩证，以求合理的必然的底结论。我说：自由组织，就想到他的反面，而有不自由组织，与他对立，所以自由组织，与不自由组织因可以连结的缘故，而有彼此相通的可能，我们要是真求自由，就应该将自由组织与不自由组织连环打破，因有了自由组织便有不自由组织，可见自由组织是不自由组织的根源，而根本解决只是将组织推翻，不但将不自由组织废去，而且连带将自由组织也归于一尽。如是既将对待根本取消，组织既无而真自由活跃现出了。这些辩证，或者兼胜君因反对辩证法的原故，以为只是演绎而出的玄谈，而不了了之，那末我虽能证明自由组织之不可能，而已失立敌共许的结论，也不算数。我于是不能不另寻反证他的方法，以其矛攻其盾，再决定自由组织之不可能。案克鲁泡特金说："人类自有社会以来，即有两种思想和行为的潮流，在里头对抗并进，一方面那大多数的平民，自己找寻人生的道路，建设应该要有的组织以维持和平，调停战争，使社会的生存，不要弄糟了；和在那些要协力来做的事情之下，可以实行互助。他方面又有术士，沙门，巫觋，祈雨师，圣人，祭师之类，惨淡经营，结为秘密的社会，有时他们自相攻击起来，不久也就订立盟约，相约如初了。”（依兼胜君译*Modern Science and Anarchism* Ch. 1）可见这些术士，沙门，巫觋等等，捣乱的分子，就在于自由组织之中，也有他们存在，而社会的进化，又由于对抗并进，更可见他们不特能存在，而且是不可不存在。今敢问这些人，在自由组织中，他肯驯服，或是还惨淡经营，去革自由组织的命呢？那自然还是私自连结，去与克鲁泡特金的社会为敌，一旦他得胜利。于是发布命令，以压制前一方面的平民，而组织国家，这就可见自由是有不自由组织的可能性，用无政府主义者的话，已可以证明，何况自由组织和不自由组织两界线，本难定他，怎么样是自由组织？怎么样是几于自由的组织？想任何人都答不下来，总之组织就是不自由，所以无政府主义的自由组织，已是陷于根本错误，本是不可能的。（3）绝对的自由，不能存在于组织之中，此所谓绝对，只是 to be 永不是 is。须知绝对自由的到达只是积极的向着他，而将与他合一的便是。但无政府主义只想在组织内自由发展个人，所以只能减缩不自由至于最小的限度，这是消极的，不是积极的，换句话说，是与绝对的自由，背道而驰，所以我说绝对自由，不能存在于组织之中，而根本反对无政府主义之自由组织，想打开他，而跳向绝对的自由去。再者难者引巴枯宁说：Nous reconnaissons I’antorite〔autorite〕absolue de la science；vis－a－vis des lois naturelles，il n’est pour l’homme qu’une seule liberti possible，c’est de les reconnaitre et de les appliquer toujours davanaget（见 Bakonuine Oeuvres t·Ⅲ. p.51.）我因此更可见无政府主义者，尚不能打破阻碍自由的迷想或学说，不然科学的绝对强权，为什么要服从他？既知道他是有绝对强权，反因计较利害的原故而屈服于此新神力的足下，这就是不忠于其主义的明证了。须知科学是空间性的，理性的，律例的，现实的，所以很是保守的。反自由的，不进化的，只无顾眼前的速利小效，终忘却现在要灭的道理，无政府主义，既迷信他，服从他，何怪与自由背道而驰了。兼胜君又说“若离人类而说绝对的自由，则可，既为团体之一员，则绝无所谓绝对的自由。原来无政府主义立于‘人’的假定上这是我执问题，不便说他。”我的思意，以为我为着真理而求真理，似不应如此说，既然离开人类而有绝对的自由，那末我就宁可牺牲人类，力向这自由的路上去罢！

（第二）我说：“无政府党之主张，在社会主义中为共产主义，与集产主义独产主义各殊”实本师复著的无政府共产主义释名（见民声杂志）其原文曰：“社会主义原名 Socialisme，其定义曰社会主义者，主张以生产之机关及其产物属之社会之学说也。惟社会主义分为两派即共产社会主义与集产社会主义。共产主义 Communisme 主张以生产机关及其产物全属之公共，人人各尽其所能各取所需。集产社会主义 Colectivisme 主张以日用之物属之私有，生产之物属之公有，（或国家）二派之外，复有独产主义

Individualisme之支流，无政府党所主张者为共产主义，而集产主义则社会民主党所主张，独产主义则独产党所主张，二者皆无政府党所不取者也。是故无政府党常自标其主义曰无政府共产主义 Anarchiste—Communisme”我想这一段，是很明白的，而兼胜曰“此为朱君不懂社会主义之铁证”，似此不异说师复那无政府主义的大师，不懂社会主义，我小子更敬谢不敏，由他那懂得社会主义的去说罢！原来无政府主义的派别很多，但我原文批评的只是共产主义，而无政府共产主义，也常简称叫无政府主义，我原文所谓无政府党即指此。若明白言之，从财产分配的方法下手，本可分作三派：（一）无政府共产主义如克鲁泡特金一派；（二）无政府集产主义如蒲鲁东也否认私产，以为一切财产无论何人不能领有，应该把他通通收集到公共仓库里边，然后按着劳力多寡以为分配的；（三）无政府独产主义如司多奈以为一切财产都是我的，凡我以有力量取得的东西，就是我的。晓得这些派别，那末兼胜君说无政府党大多数是主张共产的，不如说无政府党有一派是主张共产的，兼胜君高明，以为如何？又兼胜君因见我说“只见共产集产独产之同而不见其异”，因此竟把他写出来，这自是我应该感谢的。但可惜我在现代思潮批评一六四页已经写过，而且我写的是与兼胜君同根据于克鲁泡特金的一论文中，似乎为着辩论的公正价值起见，不应如此作弄我了。但我既见共产集产独产之异，何以又只见其同？原来从“自相”上看来固然是异的，而从“共相”上看去，那末就只见其同，而不知其异，我说共产主义是有产的，集产主义是有产的，独产主义也是有产的，所以从有产这点着眼，一切共产，集产，独产是没有差别，兼胜君说我以同一律来牵合这三个主义，岂不是削足适履？我却以兼胜［君］不认“共相”以下的相同，才真正不逻辑呵！以上都是代我辩护的话，尚未说出我批评无政府共产主义的意见，我原文说，“要之有产即差也，人世所以脊脊大乱，为有产故耳，今不谋所以消灭此产，而谋所以支配此产，不问产之可以存在与否，而言产之当如何如何，呜呼！见可欲则真正之心乱，势利陈则劫夺之途开，吾意一切生产要件，即为万恶之源，五〔吾〕等纵有何法支配财产，亦不过支配万恶，若谋扩张生产，要不过扩张万恶，已矣乎！煮砂欲成嘉馔，纵经尘劫知其不可得也，而昧者犹津津乐道之，此吾所以重有概〔慨〕于社会主义之欺人，而愍于无政府共产党之根本借乱也。”我在虚无主义的第八章（页一六五）又说：“蒲鲁东一派非不知财产就是赃物，财产的所有者就是盗贼，但他却不愿意消灭赃物而要分配赃物，也不愿意盗贼不做，却要依样做盗贼，原来如此。所以我根本反对无政府的共产主义，和巴枯宁反对马格斯学说的一样。巴枯宁攻击马格斯学说，不确认自由，把一切的财产，送给资本家政府，我说共产主义，明知财产万恶，却依样留恋他。”这是很激烈的批评无政府共产派，兼胜君既已不吝指教，何以对此竟无一言？这是我所最抱歉的。

（第三）我以克鲁泡特金著的社会进化中无政府主义的位置，因而推论他是主张性善的人性观，这本有取于冈悌治原批评无政府主义的话，就令有错，我也不能绝对负责。何况主张本能的道德的人，在哲学的系统上底意义看去，实在都是主性善的。如孟子，卢梭就是好例。但兼胜君既肯说性善同克氏之说，简直丝毫无关系，那末我为着尊重立敌共许的条件也不用有什么辩论了。复次克氏所做的互助论，由他的序言，便可见克氏不但以互助为进化的一因子，而且承认他是道德的本能，兼胜君既根本上不以主本能道德的，为立人性本善的前提，所以我也不说他了。

（第四）我对于劳动主义，只是比较的疑他。以为非人生归宿而已。换句话，在人的生活里应该［用］劳动去换平安，然而我们为什么而必要这人的生活呢？难道没有比人的生活更好更有意思的么？哲学家告［诉］我，生活不但是很短促的人类生活，我们应当急起奋最大的努力，以加入于宇宙的精神生活里，由此可见人生的归宿，是那更伟大的，总体的，由此宇宙的理想，乃有真正的人生出现。所以我反对劳动，也为著人生观的不同。兼胜君既肯定人类生活的意义和价值，那么双方的辩论，都成废话了。但于此我要申明我的主义，也是行为的生命的，和无政府主义相同，不过我以宇宙的生活为归宿，所以主张为这生活而工作，而无政府主义则摆不开于人类的范围，那自然要极力工作，以求社会的幸福了。因有这些分别，所以徒从劳动上辩论是无益的，而应该从最必要的基础上——人生观——著眼才好。但这话说来很长，我不如从别方面找几句话来说：（A）物质文明，现在是可算愈进步的。（B）文明进步的结果，使人类大感困难，而精神病者自杀者日多。这可见人类的生活——就是人类征服自然者，而自夸文明的生活——在今日已渐渐令人失望，而劳动者的种种罢工运动与乎减缩工作时间的要求，在骨子里实是不欲劳动的自觉，我可说这是工作于人的生活的劳动者的觉悟，而亦可见宇宙的精神生活的前程近了。但兼胜君对于我这种大胆的宣言，直斥我是资本经济学之逻辑，其实这种挖苦我实是不明白于自然的趋势，我们要稍留意于劳动者所用穿木屐 Sabotage 的方法就可以知道那日与自然奋斗的劳动者，已渐次露出偷懒的本性，须知物极必反，劳动者是很不愿意劳动，好些觉悟了的世人也都顾不得什么康健和生命，用自杀，犯罪行为去免为生活而劳动痛苦了。兼胜君呵！我试从心理上或观察那劳动者的心理，一定来往于苦恼无聊之间，我正应该引他逃到虚无地方去，再有一层，我们试再看劳动者对于资本家的要求！是都抱着无穷无极的欲望，无论求之不得，是要生烦恼，就是如以愿偿，而一顷刻间，已生起厌倦，厌倦呵！我们因势利导的，都愿意与他同离开苦海。虽然知此，我在而今尚不敢说时候到未，不过我就各方面看去，都似有这种倾向，须知势极主义最盛的时候，就是劳动要照抛物线的轨道，而向“非劳动”的方面进行的，即如许多烦闷青年因无事做别的原故而由劳动自遣，力倡泛劳动主义。但我细心研究，这些聊要以劳动，求幸福的，他在一瞬之间，就觉得由劳动得来的快乐，远敌不住他的痛苦，不于是乎他也厌倦了，由此可见我说“劳动主义为不欲劳动的自觉”是很有理由［的］。我的意思，只是要顺着这个潮流，人类的生活，而入宇宙的精神生活——那便是虚无地方，是人生归宿所在。

我最后所要说的，还是从前的几句话：我所不满意于无政府共产主义的，因他有所蔽塞，而不能一直向虚无方面跑去，须知（A）无政府主义也不过一时做媒摆渡的工具。（B）无政府实现后必有更好更有理的主义来替他，因宇宙是永远进化，所以无政府主义，不过较好的，永不是最好的。今如这派的学者肯老实承认这句话，那末无论如何，总有较于尽善的主义在后，就是我的虚无主义也不过以为较于尽善的假设罢了。再者兼胜君他自己说不是极端反对于我，我做的思想论，他也很赞成的，不过极端的怀疑主义在消极方面，阻碍社会的进步不少，所以很愿和我申辩，不知我极端怀疑主义，只在思想论中，舍此以外，实无极端可言，而且常尊重那能做媒摆渡的真理，我的虚无主义，也不过此种工具之一，若谓这立于工具主义的虚无论，是能够阻住社会的进步，那又不然，因进化不但是空间的社会进化，而且是时间的绵延进化，即就进化的范围而言，也是由个团体的而进至群体的，再推大些，自然是宇宙全体的总进化，所以虚无主义，虽曰阻碍社会进步不少，而从进化的全体看，则正是进化的最大原力。何况从这方面看去，虚无主义是受过进化论说［洗］礼过的厌世观，一则宇宙的进化是“自无而有”“自有而无”，所以虚无主义裹着“自有而无”的时的来策进他。再则虚无主义对于人类生活，虽抱悲观，但这生活，是快要灭的，若从宇宙生活的全体上着眼，却很抱乐观，由此或见虚无主义是积极的，是进化的，不是倒退的，我想兼胜君要真能洞澈生活的意义，必不至于反对那生命的行为的虚无主义，兼胜君呵！最后一句话我所要求于汝的，请继续指出我的错，我也安知我不是个彷徨迷路的少年？假使汝有力量使这少年一旦觉悟，那么我因登了彼岸的原故，如何感激汝似的，要不然我还这有信力的，如李卓吾说得好，“我确然以为是，虽刀刃在头，雷霆在顶，终不为少屈。”我为着我主观的努力与热情所得认识的真理——就是虚无主义，还是极力拥护的，拥护的能力，也决不后于人。兼胜君呵！我们虽然于辩论上为对敌，但因主义接近的原故，我相信汝是我亲爱不过的朋友。

**朱谦之　新世纪二十年二月十九日**

**《北京大学学生周刊》第9—10号，1920年2月。**

## 革命底目的与手段

有意识的革命，是自觉的，积极的，从下而上的。因许多不安于现实生活的人，心觉着社会政治的腐败，非根本推翻不可，于是因不满意的境地，定革命目的，因革命目的，定革命底进行。

我说革命底目的，是有四种意义：

(A) **革命是打破旧环境** 考察革命发生的原因，由马克斯的唯物史观看去，只是随着物质变动而来，然而这经济的命运之机械的理论，毕竟不能得革命真相，而且把他的价值看低，自己也犯了矛盾的误谬。何则？唯物史观是本于历史的经验去思考事物，今既绝对不认精神的存在，那么代表感觉思想的经验，又是什么？何况唯物史观的自身，也是由于马克斯思索而来，要不认思想的存在，那唯物史观的学说，岂不是根本推翻？由此可见，心的要求可外于物质而有，换句话说，有了那种心的要求，才有那种物的要求，而物的要求，决不能外于心的而有所变动。所以用唯物史观来说革命，是不可以的。而革命的真谛，反由于心的要求，不过心的要求，同时不能不发生物的要求罢了。但我既把革命这回事归于心的原因，就不可不说明心的作用如何。原来心的作用，只是变动不息，同流水一般，所以叫做意识流。而这意识流时时刻刻的变，自然是统一的，不间断的。然而从表面上看去，在于流动变换的现象中，究有个自然的法则，我们要是用历史的态度去理解那永久不息的渗透，生灭，很容易发现出两个基本观念：第一，心的作用不外情意的选择作用。因其迫于要求而来，故可因要求而变化；换句话说，就是对境厌境，在一个境地当中，一刹那间，便生厌倦。即因有无穷无极的厌倦，所以有永续不断的翻新。第二，心的作用起于时时刻刻的反情，而唤起时时刻刻的兴趣和意志，由是认定未来目的，而选择方法和工具，去到达他。由这两个观念看来，就可见心是追求无已，以动作为中心的作用，要求——厌倦——要求——这就是意识之流。

只因心的作用是厌旧喜新，故此人类普通的性质，多不满意于现实生活，而力求那理想的新生活。换句话说，就是因旧环境的不安，而要求其所安。革命就是求其所安的方法。将旧环境根本推翻，完全改造，这就是革命的第一鹄的，与心理作用之实际的发展恰合了。

(B) **革命是要打破旧环境而向着进化的前途申去** 革命不单以破坏为目的，而且要努力向前，做宇宙间一切进化的原动力。须知进化是为着变化而有意义，好象永远往前不息的水，滔滔不绝。而革命就是在于滔滔不绝的进化当中，时时努力，时时引渡，将旧环境节节打破，将新生活一点一滴的长成起来。须知这一点一滴的创造，永远是向前的，所以是进化的。总之，进化与革命的关系，只是动与变的关系，革命是动，进化是变，动的时候，便是变的时候，所以革命的时候，就是进化的时候。依照西文原名，革命叫做 Revolution，进化叫做 Evolution，可见革命是更进化的意思。假使要永续不断的更进化，就不可不时时刻刻的去革命了。然我可更进一层，决定革命是促进“进化”的唯一因子，因为动是变的因，变是动的果，故此没有动，就决不会有变，就是没有革命，也决没有进化可言。《周易》说得好：“变化者进化之象”，又说

“动则观其变”。我很愿“观变”的进化论者，以后对于革命这回事，还是多多注意，或者由“变”与“动”的中心意义，竟发现出进化的真谛，也未可知。不然像达尔文派（Darwinists）的学者，支支节节的研究那不关痛痒的生物进化，究竟与全宇宙的总进化有何干涉？我的意思，以为革命既是进化的原因，那末，我们努力革命，就是努力进化，而革命的范围愈扩张，也就是进化的效能愈大的时候。我么？是主张宇宙革命而要求宇宙全体之总进化的。我以为范围最小之个体进化，像那“物竞天择”、“适者生存”的信条，是过去了，克鲁泡特金（Kroptakin）的互助论已代替他了。可见现代的进化学说，已由个体进化而注重到群体进化，由着群体进化再推大些，自然是宇宙全体的总进化。所以我对于进化的前途，非常乐观，反正我对于革命这回事，也非常的有希望了。

**(C) 革命是要打破旧环境用人力来策进自然的进化**　进化是自然不可逃避的事实，所以是自己如此，决无所用其怀疑，即就进化的程序而论，也只是自己如此的绵延，用不着外面的东西，来加增他。虽然如此，进化固是天道的自然，然天道不外人道，所以笼着手，抬起头来而望自然进化的人，只是一般懦夫，进化亦决不可能。须知进化这桩事，一面是天道的自然，一面是自我实现；一面是自己如已的必然关系，一面就是意志自由。所以进化也是有为的结果，而一味旷达无为的名流，转是进化的最大阻力。反之，因势利导，用人力来策进自然，使自我的意志，融化于大自然之中，而自然的进化，也自我实现。达就是无为而无不为，这才是进化的真意义。

今要说的革命，就是循着自然状态底进化，而时时用人力来策进他、改造他，打破旧环境，创造新生命。在表面上看去，好似全靠人为，其实是人为还是受了自然支配，而又支配自然，所以革命是自然的，也就是人为的，若分开来说，即是用人力来策进自然的进化罢了。总而言之，自然进化虽是永续不断的向前，然还须革命的活力去促他动，促他变，所以革命是有意志的，行为的，由着时时的猛进，使迟钝状态变成活的、承前启后的、一系不断的自然进化。

**(D) 革命是要打破旧环境循着自然进化而力向着光明底前途走**　革命是从自觉而起，所以一方面为着不安而破坏，一方面却要循着进化的趋势，力求那更光明、更安稳的新生活。须知革命所以有价值，因其向前而不倒退。向前的路，自然是破坏不善的，而进于较善的，换句话说，就是从黑暗到光明，永不是从光明到黑暗。但是这个“光明”究竟是什么呢？据巴枯宁（Bakmuin）说：在人道进化当中，由未尽善的，而进于较为尽善。据克鲁泡特金说：人道进化，是由较不幸福的，而进于人生较为幸福。我的意思，以为这都是偏［片］面的解说，应该给进化的前途——光明——下个更广大的界说，然后他的意义和价值也格外浓厚。我以为进化前途的光明只是：

（一）真

（二）美

（三）善

但我所说的真美善，都不是固定的，呆板的，实际哲学教我，真美善都是价值的名称，以能够适合我们的要求为标准。须知革命的起源，就是由于心的要求只因心的要求无已，所以革命无已；革命无已，所以趋向的光明——真美善——也都随时变换。由此可见，革命一面将旧环境随时打破，一面向着真美善的前途走，因真善美有无究无极的引申，故此革命也无时无刻的在那里动作。但在这里应主意的，第一，革命底目的，是在真美善的增加，故革命的范围，不妨扩大。何则？革命是为着最大多数之最大真美善，所以国家革命不如无政府革命，无政府革命不如宇宙全体的总革命。第二，更完全的就是更好。虽然真美善是相对的条件，但我为着真理之向上的努力，却要力求那绝对的真美善，虽然绝对的真美善，是不可到达的境界，但我们并不退怯，还要努力，奋斗，以求与绝对接近。懂得这两个条件，那末革命的意义，可谓完全说破，更无遗漏了。

由上面答案，可知革命的目的，在于创造将来。但“将来”是现在的绵延，要不将“现在”打破，就无所谓“将来”。因此革命的手段，势不能不出于“破坏现在”一途，而且“破坏”以外，也实无所谓手段。芝山君说得好：“建设的目的，不过应着时势要求，拿来维持破坏的里面；若破坏功夫，才是求进化的重要元素。世界民族愈有魄力，愈向进化的，就必愈觉不安，愈富于破坏之力。”（《闽星》第二卷第三号）这话真正不错！因破坏就是更新，就是创造，所以真有创造能力的人，只是最敢于破坏的人。破坏——破坏——革命因他而称为进化的原动力，宇宙因他而日进于真美善之境。由此可见，革命除破坏外没有什么，真美善除破坏外，也无什意义！破坏——破坏——革命手段，就是这样的向前破坏，要实现真美善的，也只得向前破坏罢了。

我且不论破坏外，没有建设，就令建设可以离开破坏而单独存在，我还是看不起他。因破坏是何等痛快？何等进取？建设又是何等造作？何等保守？须知真正的真美善，是自己如此的，是不待建设的。若因建设的原故，而反害到破坏进行，那就简直与革命的宗旨相违，简直不成其为革命，所以自然派的革命家都只晓得破坏。破坏是复归于自然的，真的、善的动机，建设只是反于自然，所以凡言建设的，都是不知革命手段为何物。真正的革命，只是抵抗，只是暴动，抗税哪！罢工哪！爆烈弹哪！暴力的威吓哪！这都是革命的福音，这都是革命家唯一的能事。陆安君说得好：“金刚性的革命党，只管尽量破坏，破坏成功，就让 Gentleman 去创造。”这句话请那些空谈建设的先生们听着！

三月十一日

**《奋斗》第 4 号，1920 年 3 月。**

## 破坏与感情冲动

我们因不忍看现代制度的不公平，不幸福，所以主张完全推翻，要用热烈暴烈的手段，去根本解决，——就是破坏。须知道破坏的方法，实是我们心理的要求，我们觉得现在改良派说的，什么妥协，什么调和，什么杜威的政治哲学与社会哲学，这种踌躇，顾忌，似是而非的学说，真不值得一笑，休了罢！我们除却向前破坏以外，简直没有再可以过瘾的了。那末我就破坏去罢！破坏——破坏——一旦把旧制度，旧风俗，都放在爆烈弹里，这才是我们的胜利！

改良派说我们受了感情支配，是的。我们所可以自夸的，就在有丰富的感情。感情？那就是自我不是？就是本性自然性不是？要是如此，反证我是受了本性自然性的指使，也可见是极有价值不过了。呀——我的血已经沸！——我已叫着我，去破坏去了！汝呢？汝没有血？汝没有感情？汝没有本性自然性？你为何动也不动？我想你都是气闷极了，也该伸一伸腰，吐一吐气，把一切的旧制度，旧风俗，都破坏他一下，要是怎样办，多爽快？

我说的破坏，的确是感情冲动，而且仅仅是感情冲动，你怕冲动吗？躲开！别阻碍我们的前路！我想你们的知识太多了！逻辑的法式也装得太满了！因此我才觉你的无能，才知道你干不了甚事！我么？不要知识，更无所谓逻辑，因我的逻辑，就是无逻辑，我所有的，只是感情，我所能作的，只是感情冲动，就是破坏。

**《奋斗》第5号，1920年3月。**

## 革命与哲学

### （一）

现在一班著名的学者，都把科学看做百宝灵丹，以为科学就是真理，我们只要跪在科学底下，无论在什么境地，什么的候，照着他做去了，都是好的。似这样没头崇拜，把别的关于思想方面的，都一概抹煞，却不知科学也只有相当的位置，应用去做一种研究的工夫把他，自然是再好没有了，但采用他去说明理想的价值，就很容易陷于谬误。我想科学万能的时代已经过去了，那么我们对于科学也应该用一种研究的态度，问他的方法，在什么时候什么境地当中，是管得住，或是用不着，这么一分，自然把科学的范围缩小，就是科学的绝对威权，也要从天上丢到地下来。但我这样糟蹋科学，并不怕现在自命为新学家的反对，因为这种方法，才真正是科学的态度呵！

我原不是极端反对科学，只因革命时候，没有提倡科学的必要，而且科学方法，在底子里实和革命的理想冲突，所以要主张革命，就不免对不住科学了。因为科学是现实的（Actual），所以仅仅把耳目可以接触的自然做材料，以事实做基础，以试验做证明，舍此凡不能在现今发生影响的，不能够消化受用的，都把他划出正知识之外，这自然是和理想（Ideal）为敌，反正与革命这回事是背道而驰了。何则？革命是有想象的目标，多少总带些理想，虽这理想，原是现在事实所可达到的完全状态，然在未实现以前，总不便问他现兑成人生经验值得多少。故此用科学方法由来估定革命价值，结果不得不把革命思想看做负知识。其实依照革命的起源，何尝不是根据事实？何曾是不切题的空想？不过科学家的眼光窄小，看不到有时间性的理想罢了。

复次，科学的唯一职务，在于发明制造以供人生的要求，所以是建设的，并不是破坏现实。若革命便不然。革命是由不满意而起，对于现实不良的组织，都要根本推翻。因此目的不同，而拿科学来说明革命的，都是牛唇不对马嘴。再有一层，科学家最重的是系统的建立，他常常用一个普遍的定理、律例，来包括许多特别的叙述在一处。例如物质引力的定律，定数比例的定律，都可以证明科学是从普遍的抽象的律例着想，根本上已和革命由特别的具体的下手不同。总之，革命是一种破坏的事业，所以注重个体，并不知高级的普遍为何物；而由科学出发的既不得见破坏的必要，充其力量，也何怪他只能牢牢守着应付环境的主义了。

我们再细察科学的实质和内容，就知道科学是很保守的，凝固的，并不象科学家所想象的那样进步。因为科学是以叙述为事，既要叙述，就不能不假定那被叙述的，是永远存在的事实，由此可见，以叙述为起点的科学，实在都是包在一个大圈套的假设里边。换句话说，就是把预存的观念为研究的目的，所以说来说去，都跳不出这个大圈子，这自然是保守极了。再次，科学是要征求事变而造成通则的，须知一种道理，既变成通则，就要凝固了，永久了，更那里有自由思想可言？反一面说，革命家都是确认思想的绝对自由，什么假定，什么通则，这些强制信条，都应该把他的价值，碎为微尘，因为革命家都是力求真理，所以绝不能与任何等的强制信条相容。今科学既以假定为前提，自然存在都是疑问，更可见他和革命是没有共通的尺度可言了。

我并不是说科学没有创造能力，只可惜他所谓创造，还不过是向空间性而趋的活动。换句话说，就是把创造的冲动，安排在空间里面。因为科学跳不出数理的范畴，这自然对于非概念非数学的创造，老不明白，所以应用到政治哲学上去，也只能够做那浅见而无远虑的改良，却永不是从根本上着眼而求根本的冲动的革命主义。总之，科学的创造，并不是真的时间的绵延，而为绵延所停滞而成的逆转，（现在社会科学方面，似乎懂得时间是什么，然其实乃把时间放在空间里面，那里是那创造自新不可分割的个体?）故此科学是空间性的，并不是真的时间的。反之，“革命是要在那滔滔不绝的时间当中，时时努力”（引本刊，见第四号《革命底目的和手段》），所以革命是以动作为中心渡，而科学则不免于迟钝，革命是循着时间而向前的流，科学则不免于搁浅。晓得这些分别，那末科学也怎能比得上革命，革命也何必靠着科学呢？再进一层，科学所要求的进步，是零的不是整的，杜威在《社会哲学与政治哲学》说：第三派的哲学，不是总攻击，也不是总辩护，是要进步，可不是那天演的进步，是东一块西一块零零碎碎的进步，是零买不是趸批，须知这派的哲学，是以科学方法为立足点，而科学说的进化，又是零买来的。可见科学的进化观念的确与革命家根本冲突，因为革命家都是要求那更完全的天演进化，对此零买的进化，何消说是看不起他。而且进化也是有为的结果，象科学家要一步一步的演进，其实和突进的道理不合，反正这是改良派的进化主义罢了。

科学是把智识做标准，理性做权衡，所以对于超理性的感情，非常反对。赫克尔（Haeckel）说：“我们唯有用理性才能得着正确的世界知识，才能解决世界的大问题，理性是人类的至宝。”这种理性派的口吻，我真不爱听了。他接着又极力排斥感情，以为我们必定要立刻把这种危险的谬说去掉才好。又说：“寻求真理绝用不着感情，所谓感情是头脑之一种精微的活动，全是些好恶的感觉，赞成和不赞成的情绪，欲求和厌恶的冲动……真理的兴趣，不能由感情的条件动摇而增进的。不但如此，达种的情形反倒往往搅乱了那能求真理的理性，并且时常扰害其理解力。”（见《宇宙之谜》第一章）这话真对！因为科学家本来都关在理性的监狱里，又那里懂得感情？须知革命所与科学分离的原因，就因为革命是以感情为基础，是一感觉的感觉，赞成和不赞成的情绪，欲求和厌恶的冲动，所以革命的效率，恰和感情成正比例。由此可见，从心理的要素看去，科学实在受理性的支配，革命却是感情所结合而成的情绪，因此根据不同，而性质和作用，也恰恰相反。科学是知识的，革命是本能的；科学是静止的，革命是活泼泼的；科学是必然的，革命是意志自由的。总之，科学家是用冷静的头脑，去控制一切；革命家就反一面来，只管顺着感情而行。当知信奉感情的，就是信奉自我，至于理性哪！知识哪！这些东西，俨然在革命家的面前，也不能使他屈服。因革命家脱尽理性的羁绊，所以既能创造，又能进步；至于科学家，因为没有感情，故此除却实验室以外，实在无事可做，反正都是呆子罢了。

我反对科学的最大原因，是因为科学精神远够不上革命程度。何则？革命的背景，是当着政治社会约扰不安的时候，即因那时种种的不公平，不幸福所以有许多志士对于这时生出偌大的不满意，对于一切的制度，风俗，习惯，都要发生疑问，但这疑问，究竟是研究的呢？还是批评的呢？在这里我和杜威教授的意见，截然不同。因他在《社会哲学与政治哲学》上，明明把这个疑问，当做研究的态度，却不知研究有研究的本位，批评有批评的本位（参看《现代思潮批评》1—28页），这里既是不满意的境地，当然是要批评了。无如有偌学问的杜威，竟看不到此，却要笼统的介绍那研究的态度给革新家，不知这种态度，恰和不满意的情境相违。因为科学方法只能问现在有某种需要没有做到，某种有用分子、有用能力没有发展，某种应该改革，某种新制度应去推行，至于现实的根本推翻，问题的根本解决，就做梦也未想到。我前面说过，科学是不能无所假定，换句话说，就是对于所研究的对象，不能不假定他是真实常住的事实，故此杜威要应用研究的态度，去应付现实，就不能不预先肯定现实的存在。但可惜，革命家都是要破坏现实，自然对这"把预存的观念为研究的目的"的方法，认他是没有一顾的价值了。而且我们由心理的研究，知道那由不满意而发生的疑问，实在是由于自觉，实在是一种欲望。须知欲望是根本于情绪的，他所预期于自我而外所得的新境界都是变态的。因为这种不满意的表示，强半迫于生理作用，所以往往要排除阻力以进行，其结果就成为一种冲动，非破坏不可。那末在社会政治纷扰的时候，可见没有疑问便罢，既有疑问，就都是批评的，破坏的，革命的。象杜威一派既知道疑问的必要，却要限制疑问，达种改良派逻辑，和心理的发展反背，然亦可见科学方法实是不可以笼统采用的。因为把研究来代替批评，和把空间的道理来律时间的，同一样误谬，所以杜威既舍不得科学方法，就没有开拓发展的余地可言，又更何消说和那有活动，有自由，有创造的革命主义来了。

由上种种，可见革命和科学的不相涉。那末，利用科学方法去研究批评，以免掉流血等祸的改良派（杜威教授的政治哲学，便是如此）固然是要反对，就是拿科学方法来证明革命，象克鲁泡特金的无政府主义，想把科学来证明他的主义和近代哲学的自然科学的论理上关系，也实在有些不彻底。我么？愿把革命思想从科学方法里解放出来，这种革命思想的光复，实在开了革命成功的途径。我想，科学方法固然是一种有根据的、有条理的、肯寻思搜索的方法，但可惜给改良派弄糟了，这固然不是科学方法本身的罪状，然亦可见改良派把科学方法应用到思想方面，实在是存心不良，结果阻碍宇宙的进化不少。现在我已经悟了！敢奉劝抱革命主义的朋友，以后都舍弃了科学方法，完全采用哲学方法。因为哲学和革命的关系是密切的，我们假使稍加研究，就发觉哲学和革命的出发点相同而哲学方法才真正是革命时代的逻辑呵！

## （二）

我既证明了革命和科学的矛盾，还要从积极方面，将革命和哲学的关系表出。原来革命思想最风行的时候，就是哲学思想最发达的时候。这种例证，可用历史的事实来证明，实在是百试不爽的了。第一，如法国的大革命，当时诸哲学家，象卢梭(Rousseau)、福尔泰（Voltaire）都是偏重理想，而卢梭尤其奇特。因他思想的特色，是反动的，感情的，对于科学的精神，不但缺乏，而且完全没有，他用的逻辑，谁不说他是感情逻辑？但这主情的浪漫主义的哲学家，的确是大革命的源泉。可见哲学和革命是很相关的了。第二，如俄国的革命思想，差不多都受黑格尔（Hegel）哲学洗礼，自从黑格尔学说传到俄国，就造成许多的偶象破坏者，如巴库宁（Bakunine）赫尔岑（Herzen）以至现代的革命家，几乎没有一个不受其影响。这又是哲学和革命息息相关的例证了。此外，如中国当战国时候，可算是哲学思想最发达了，但细察起来，如老子、孔子、墨子、杨朱等学说，那一个没有革命的性质？那一个不是时代思潮的产儿？总而言之，哲学与革命，多少都带着理想，就他的发生境地上看去，都是因不满意而起，即因有这个那个的刺激，所以有这个那个的哲学，而这个那个的哲学，又都是正对着时势发生。故此哲学常常指导革命，革命常常依靠哲学。我常说道：真正的哲学家，都是要反抗当时政治和社会的强制信条。就是那些形而上学家，只管高谈本体，好似和革命没有多大关系，其实这些要返朴归真的，都是对于现实生活感着不适，故此才有这伟大的要求。由此看来，那玄学家所得到的以为“玄之又玄众妙之门”的实体，也正是革命时代的产物。我们要是懂得革命的真意义，就不至于笼统排斥他了。

我的意思，以为哲学是革命的学问，就是哲学家所讨论的问题，看来极不相干，其实在革命史上都是极有价值。又如一种理论，象厌世的人生观，表面上似乎太消极了，实在也是一种暗示，使实行者看破生死的关头，于是乎把身命看轻了，就敢于实地破坏了。再有一层，革命运动当中，多少总要个共同的信仰，这种信仰，说坏些，就是神秘的潜势力，说好些，是无宗教的宗教。其实革命者都是无神论家，既不知什么神，也不晓得什么道，所以没有宗教观念，也无所谓神秘，不过他由哲学上推论的结果，知道尊重个人，知道要求自我之绝对的自由罢了。须知这种信仰，实是根据于形而上学的方法，因为形而上学教训我们，那是真实的，那是虚伪的，这种求真的态度，就是哲学的态度。大概革命家在无形中间，都受了这种暗示，由此可见哲学实是革命的理论上根据，大无可疑了。但我要是泛泛地把哲学看做革命学问，岂不太于笼统？因此再把历来学者对于哲学所下的定义，批评研究一番，然后再断定哲学究竟是革命的学问不是？

**第一，哲学是批评的学问** 试察哲学底心理的起源，就知道疑问是哲学的发端。因为对于宇宙间的现象变化，觉得在在可疑，于是由疑问而想出解决的方法，这就是哲学。故此哲学最初是一个疑问符（?），就含有评判的性质了。但哲学家的疑问，并不是无条理的怀疑，笛卡儿说得好："That in order to seek truth，it is necessory once in course of our life to doubt，as for as possible，of all things"但他又说："That we cannot doubt of our existance"（*A Disco mse on Method* P.165），由此可见哲学的疑问，是先有所立，就是先确定自我的意义和价值，然后拿主观的见解为万物之衡。这自然不是空无所有的绝对怀疑主义，正是带个人色彩的绝对怀疑主义了。须知这种绝对怀疑，实在就是革命家的唯一逻辑。何则？革命家都是把感情的自我所认识的看做唯一的真理，所以真理就是主观，主观以外没有什么正的，故此我对于自己觉得有点不很正的，都要推翻他，否定他。这种评判的态度，是要重新估定一切价值，自然是和哲学的精神，没有分别了。复次，关于哲学的定义，康德（Kant）一派都说批评是哲学的唯一能事，到了现代这定义更得多数学者的赞成。象罗索（Russell）、柯亭（Cohen）都说批评是哲学的最大贡献。劳会（Alsred H. Llogd）更说得好："纯粹科学的精神，曾崇理性主义和效率，不能再算作特著的精神了，纯理性和冷峻的效率，是形式主义和制度主义提炼出来的精神，已经成过去的事了。生活脱离一切因袭的传说，获得自由是前所未有的，哲学领着头去做，哲学本着他的真情神，应当代表有生机的、有创造的气象的，而且是进化思想。"（刘国钧译的。）似此注重批评的精神，实在是哲学的特色。换一面说，革命是从批评而起，因批评是革命之始，革命是批评之成，故此革命除批评的态度外，没有什么。现在既已证明哲学是一种批评的学问，那末哲学是革命的学问，自不待详证而自明了。

**第二，哲学是自由研究的学问**　但哲学也不是没有研究的精神，不过哲学的求真，是从根本上着想，所以研究时候，总要免掉客观事实的束缚，其结果不仅以排列那必然的规律为已足，所以是极自由的，没有什么限制的。反之，科学的研究，因为把论理家法看得太重了，故此无论如何更变，总要有点限制（杜威教授说这种限制，是人身自然的组织依照人性自然的趋势，是免不了的限制，也少不了维持这种限制，其实杜威用这种道理，来攻击无政府主义，实在是科学中毒，除此以外，也没有可说了）。须知这种限制，就是科学所以不能为革命学问的原因。H. Wildon Carr 说得好："what is the knowledge that Philosophg may and Science cannot attain? What object is it that Philosophy can comprbend but that science by it very nature cannot? we may answer in wordfseedom"（*Tcephilosophy of chang*. 的第一章）这话真正高明，我想人类因为被科学所囿，把自由的精神，抛了不知多少，现在应该承受一种教训，就是科学的律例，根本上是和自由冲突，假使我们要自由的，还是请科学让开，别阻碍哲学的路罢！再进一层，科学因受律例的限制，故此虽在疑难的境地当中，也不能够超出论理一步，去做那深刻的研究。哲学便不然。因为他是不要一致的真理和一定的成说，所以能够独立研究和批评，这样求自由的态度，与革命的性质恰合。当知革命所要求的，这是自由，故此我说哲学就是革命的学问。

**第三，哲学是根本的学问** 历来学者对于哲学的定义，虽然各自不同，却有个共同的地方，就是把哲学看做关系根本问题的学问的思想。近代 Paulsen 说得好："Jspeak - figuratively realily is a great riddle put to the human mind, Each of the seperate sciences offersdata for determug the answer, philosophy is the atte mpt to solve the riddle, to find the key to the mysterinm maghun"（*mtroduction of Philosophy* P. 19）我们胡适之教授也说过："凡研究人生切要的问题，从根本上着想，要寻一个根本的解决：这种学问叫做哲学。"（《中国哲学史大纲》页一）。但由我细心研究的结果，以为哲学能做根本学问的原因，只为他是综合的，究竟的，而这综合的，究竟的，实在就是革命的内容。何则？革命本来是彻首彻底的要求那更完全的真理，从他发展的程序看，便知道革命最初是个（a）根本上着想，因为他能够彻底觉悟，所以能够彻底求真。对于一切虚伪的东西或学说，都敢于批评他了，否定他了。复次革命是个（b）根本上解决，因他不信那零碎的、不相干的解决，拘定"非完全则宁无"主义，把一切束缚个人的制度、风俗，都不要了。复次革命也是（c），根本上推翻，不但空言解决，而且要用热烈的手段，去把旧社会、旧风俗，从根本上着手，将他根本的推翻。总结起来，可见革命和哲学，都是从根本设想，而哲学也就是革命的学问，大无可疑了。

**第四，哲学是理想的学问** 原来哲学志在穷理，自然少不得思想作用，但这思想不必就是用来应付环境，有时也用来创造将来，这便叫做理想。但近代自从思辨学者失势以后，那些浅见而无远虑的哲学家就极力攻击理想，以为这是专任虚玄的道理，教人难以捉摸。其实思辨学者的坏处，在他把理性看得太重，至于那能够去思去想的态度，实在比实验派还百倍高明。闲话少说，且问哲学何以是理想的学问？何以理想的学问就是革命的学问？在这里我们应该知道，哲学虽然离不开现实，然人生的现实，究竟要求那更高尚的标准，就是真美善，这就是哲学不能不为理想底学问的原因了。复次，一种理想的发生，都不是凭空而降，大概都是因现实的不满意，因此另有从积极的进化方面着想底理想，所以理想的内容，就含有革命的性质在底子里，这就是理想的学问所以为革命的学问的原因了。

由上种种，可见哲学确是革命的学问，而革命和哲学的关系也就密切不过的了。但我还要申明几句，现在的哲学，是主情意的不是主知的，这自然恰和革命的性质相同。至于从前的理性派哲学家那就不敢恭维，因为革命家都是排斥理性的。如德国的司多奈（Max stirnes）他就反对那绝对主义、主知主义的主动者，这根据于巴斯（Prof. V. Basch）的无政府个人主义书里是很够证明的。由此可见，那根据科学的哲学，象赫克尔的一元哲学，实在和革命思想如冰炭般不相容，自然也是革命家所要排斥的了。我想现代的哲学，已不是那理性派的哲学家所站住了。当知现代的新哲学，可用柏格森（Bergson）的直觉主义来代表，所以我如不想发展一种革命思想则已，如其不然就一定舍却科学方法而取其于新哲学。何则？柏格森的学说，实在大有造于革命、加苏鲁（Georges sorel）应用柏格森的哲学，去组成工团主义的基础，这就是很明显的例［子］了。因此我越觉得现代哲学，那样的看重行为，冲动，这都是和革命思想越接近的证据。不但柏格森，就是詹姆斯（James）的实际主义，欧根（Euchkon）的新理想主义，我以为都是革命的福音，如能因势利导，都可以造成绝大的革命不难。至于杜威（Dewey）呢？他何曾是真正的哲学家？看他那一味的只管应付环境，只晓得协和调和，就可以证明他是个哲学的落伍者，自然是和革命主义不相涉，不消说是我所极端反对的了。我现在简单一句话，哲学与革命都是要悬一个理想的目标，然后认定目标，而设法达到他。要是分开来说，哲学就是革命的理想，革命就是哲学的实施，所以哲学是革命之始，革命是哲学之成，而两者中间，实在只一个工夫，并不是截然两事。这么一说，就可见革命委实不是无理由的蠢动，而实都有这么种哲学上的根据的。反之，哲学假使不能够供给革命思想，来做那策进永远进化底事业的，也实在算不得什么哲学。须知真正的哲学，都是正为那时的革命而发，所以只说一个哲学就含着革命的意思，只说一个革命，就知道他有哲学在内。更进一层说，革命所以可贵，因他能够实行，所以凡不能引起一种行为的哲学，要不外假冒招牌的哲学，自然算不得哲学了。但若仅仅有个理想，虽这理想有行为的可能性，而在这行为未曾实现以前，还是算不得尽了哲学的职务，因为他不过是一种未证实的学说，不见得就可靠，自然只算得未完的哲学罢了。总之，革命和哲学的关系，实是合一并进。假使会得时，以后对于非哲学的革命，或非革命的哲学，都是不取，因为革命和哲学不相离。所以我说：

革命就是哲学，哲学就是革命。

这种大胆的断言，固然使大家吃惊不小，然我假使把那不可分的，勉强分作两截，结果不但不知哲学，而且不知革命。所以我在这里，不能不主张知行合一主义，使那含有恶意的横暴举动，和革命分离，也使那不敢活动，不敢自由，不敢创造的科学家，从此不敢挂革命的招牌了。我说到此，不觉有句很忠直的话，请我们学哲学的以后别要再受杜威的伪哲学的骗了。何则？哲学的目的，是在用理想来改变环境，至于那最令人绝望的现世主义，只管一味的东一点西一点以求苟且生活，糊过眼前底日子，便算是实际的效用（本《海潮音》第一期《味盦读书录》），这种应付主义，实在当不起哲学的名称，我们又不是要做政客先生，何必学他这乘风掌船的伎俩？须知我们既然要在哲学上讨生活，就应该学个真的哲学，对于宇宙的进化事情，也应该老实负责任。但是真的哲学究竟是什么？那自然是行为的生命的哲学，就是那用理想来改变环境的革命主义。

（三）

我有个神交的朋友兼生君。他对于我虚无主义很加怀疑，以为最大的谬误，是由于所采用的方法不对，因此便介绍那科学方法给我。他说：“近世的知识所以有长足的进步，科学所以有无限的发明，都是由于采用科学的方法所致，至于那采辩证法的，不特不能发现真知识，就使他所得到的以为‘玄之又玄众妙之门’的近似之概括，也去真理远甚”。又说：“朱君若不想发展一种学说则已，如其不然，则舍弃了辩证法，完全采用科学方法，以最公正的心——不要以预存的观念为研究之目的外，恐怕没有第二条康庄的大道”（见《北京大学学生周刊》第十二号页五）。其实革命思想，是不是和科学的方法相容，这还是先决的问题，假使这问题不解决，那末兼生君的介绍，岂不是白费心了。由我的意思，无论哲学或科学的方法，其本身都是对的，但我们拿方法来应用的人，总应该知道那种方法，在那时候适用，那时候用不着，要是不懂得这种分别，而胡乱的把一种方法看做万能，要他“浮之四海而皆准”，这自然是用方法的不对，和方法的本身何涉？我说到此，不免又要见怪科学家了，因他所用的方法，何尝没有相当的位置？但他总是不安分，想把他的方法来代替哲学方法。其实哲学是哲学的方法，科学是科学的方法，我们不能把哲学方法，来侵占科学，犹之乎科学家不应把科学方法来喧宾夺主。我现在请科学家算了罢！一道同风的时候，已经过去了！那末，我们不如各自干各自的，把界限分清。由此哲学独立，科学也不把用不着的工具来做幌子，这岂不是更好的事情？但我虽然要想把哲学的方法独立，究竟从何做去？依我的意思，可以稍取柏格森的学说，把有空间性的研究，让给科学方法，至于时间性的绵延，实在是科学方法奈何不得的，也只好还给哲学方法去研究了。须知这种分别不打紧，实在把知识和思想分开。因为知识都是静止的，研究的，所以是属于科学方法的范围。至于思想呢？那实在非用直觉法或辩证法不可，因为思想都是活动的，不间断的，——若论革命思想，那就更明显了。故此我对于知识方面，以为哲学方法是不必要的，反之在思想方面，也觉得科学的无能。我想这种分别，实在是以公正的心——不曾以预存的观念为研究的目的，假使这是没有错的，那末我想把虚无主义在哲学方法上找个基础，这正是适如其量，何至于方法不对？但我知道了，那采用哲学方法的，因为都为科学界所不承认，所以便反对他。其实科学家那里懂得哲学方法？而且他既然把科学方法，看做唯一法宝，自然对于非科学的都是无条件反对。似这样笼统攻击，也不是科学方法所许，反正那用科学方法的，早已本身犯了方法的误谬了。但我在这里，也应该申明我不单用辩证法的，因为辩证法还差却直觉一着。在吾友兼生，自然把辩证法看得太玄妙了，其实还是粗极，因辩证法所得到的，只不过那“玄之又玄众妙之门”的近似之概括，至于“虚而不屈动而愈出”的本真，实在非直接证会不可。所以辩证法的弱点，正在其不能够“玄之又玄”，这自然去真理远甚了。闲话休说，我还是反转归根，请以后那想发展革命思想的，还是对于哲学方法，多多注意。如其不然，把科学方法来限制思想，姑无论思想是不能限制的东西，就使限制得住，也早已失去思想的真意义了。由此可见，我主张用哲学方法来说明革命的，是绝对的真确。而兼生君说我“采用的方法不对”，我以为这就是兼生不明白革命与哲学方法的关系的铁证了。

我说的哲学方法，是指那特别的部分而言。因为哲学方法，本可分作普通的和特别的两种。那普通的，就是演绎法和归纳法，与别的科学相同，实在不是哲学方法的本身，我可以不论他了。我现在所要极力介绍的，乃是哲学所特有的工具，须知这种特有的工具，实在是哲学的骨，换句话说，哲学所以成为哲学，就因为有方法做主体。所以我们既明了革命和哲学的关系，还要进一步来问哲学方法和革命的关系如何？假使我对于这疑问，没有完全答案，那末从前所说的，都是落空，关于这点，请读者注意。

我在数年前，就想把虚无主义的基础，确立在一种方法上，因为一种特别方法，实在是一种特别思想的根源，所以我既要传布虚无主义，就不可不有虚无主义的骨，我于是乎就采用了一种逻辑，叫做“形而上名学”。须知道形而上名学，其实就是哲学的特别方法。因为哲学的特别方法，原不外“直觉法”和“辩证法”两种，我说形而上名学虽然再加上“无名主义”，其实最必要的，还是前两种。由此可见我说的形而上名学，原不是向壁虚造，而一味决心排斥我的，真不知何所见而云然？但我现在既说到“形而上名学”，就应该把我提倡这种方法的意见说出，——我简单的意见，可用一句话表出，就是要倡导革命。我常常说：“形而上名学是极端的、破坏的、革命的、理想的一种旗帜，所以到一个地方，就惹许多的恐怖党，革命军来”。就因形而上名学，是革命家所用的方法，所以我立意要提倡他。但我又为什么说形而上名学就是革命主义的逻辑呢？这层理由，可分两方面说：(a) 形而上名学，是把黑格尔的辩证法和柏格森的直觉法，合拢起来成的。须知黑格尔哲学本来很有保守的性质，但他所用的方法，却非常的进取，试看辩证法在革命思想史上的价值，和黑格尔在俄国思想界的影响，就知道他真是当得起革命工具的名称了。复次，柏格森的哲学，极力崇拜直觉和本能，就他的直觉方法论，也委实能够做革命者的号令，你看那劳动的无政府主义之Syndicalism，岂不是把他做主张的根据？由此可见，柏格森和黑格尔的哲学，都是能够给革命做媒摆渡的，而形而上名学和革命的关系，也不难想见了。(b) 形而上名学，就他形式的内容看去，都是主张动和变的方法，这不但直觉法如此，辩证法也如此。虽然辩证法把宇宙的原理，看作合理的，必然的，结果似乎稍近保守，不知辩证法的大体，也正是所以说明“流动”、“综合”进化种种变换的原理，只因万物虽是永远在那里变化，而在于流动变化之中，究有个自己如此的法则，辩证法就是发现那自己如此的法则，本历史的眼光，去思考宇宙间的进化。他告诉我们：世界没有绝对的、神圣的、永古不变的真实，真实只是随时变化。似这样从历史上理解那动和变的道理，自然是有革命的性质了。复次，直觉法不止似辩证法，只教我们以流动、综合、进化、灭而复生、断而再续的绵延，还要引渡我们去契会那意识界绵延的本真。须知这种体验上的直觉，实使我们看到浑一不可分的时间，——就是那滔滔不绝之内质的变化的绵延（Duration），这自然是动和变的方法，更无疑义了。当知这动和变的方法，实在能够发生出一切动和变的革命思想。故此我决定形而上名学，就是革命主义的逻辑，而革命主义的逻辑，还到本身道理，也只是哲学的特别方法。由此更可见哲学和革命的关系，实在也是方法上的关系了。

但我对于前面的证明，还不甚满意，现在率性把直觉法和辩证法分开来讲，看他在革命思想上，究竟做了多大功夫。依我的意思，直觉法是有几件效能的，能够影响到革命思想的。

（1）直觉法能够看得到本体。在那短见的学者，一定以为玄之又玄众妙之门的本体，究竟和革命何涉？不知革命发生的原因，只为一念真实，不愿受现实管束，既然要超出现实，自然要有个理想的新境界，——就是从理想中体悟现实。由是打破那种种界限的名字障，在大的方面，看得到宇宙总体的精神，就把虚伪的差别看轻了在小的方面，看得到具体而微的真际，就把个性的自我看重了。而大的小的方面，又是对待发展，成为一多无碍的境界，这又是革命时候所必要的根本观念——自由、平等、博爱——所有发生的根源了。由此可见，革命和本体的关系，实在潜伏在底子里，所以本体学的研究，反在社会政治纷扰的时候。而章太炎在革命运动当中，极力提倡佛学，也是这个意儿。可惜凡思不悟罢了。

我说直觉能够看见本体，这是根据于柏格森的新哲学，请参看他的《形而上学发凡》（*An introduction to Metaphysics*），和《创化论》（尚志学会的译本）便知端了。须知这种学说，是由生物学和心理学研究的结果，是很可靠的。因为那无穷的绵延和不断的创新，除却现证心性，都不能看得完全，而且这绝对的东西正是科学方法的没奈何，所以这超出寻常感觉和论理以外的直觉，实在是求真如本体的唯一方法。晓得直觉是能够看得本体，就足证明直觉法在革命思想上的真价值了。

（2）直觉法能够致绝对的境界。我在这里，又要攻击杜威的政治哲学了。因他用的科学方法，只看得到事物的关系，所以应用到政治方面，就只管一味讲妥协，把各方面的希望，都采一部分，这就是他的根本观念。他说：“吾们的哲学，是要去补救修正那现社会和现政治，使各种组合不但不互相冲突，并且互相为用。所以这一派的学说并不是要一种组合趋前，是要各种组合都趋前，既不是完全保守，也不是保守推翻。”这种调和派的政策，只见社会组织的关系，却忘记了人类有一种要求绝对的天性。据杜威的意思，以为劳动者可以和资本家调和，自由权利等等可与制度法律秩序等等调和，无如我们本已往的经验，已知道劳动者和资本家的利益，根本冲突，实无调和的余地可言，所以资本阶级的铲除，才是劳动者凯旋时候。这种绝对思维，固然不是科学家所能设想，然亦由于方法不对，因他只处旁观的态度，去估量劳动者，自不知劳动者心中的意思了。

反之，直觉的好处，是能够脱却皮相的方法，而直接证会之。这种证会，是要置身内里去观察他。柏格森说得好："Kelative Knowledge, he pursues, implies That from a Point of View ectemal fo Ah e objtct we express he objecl bg means of symbolds; whereas absolute Know ledge isdepenent cnno sgmpol"（*An Miloduction to Meta physicpl*）故此我说直觉是能打破关系的束缚，而到达绝对的路，把他应用到革命方面，就敢于根本解决，并不踌躇顾忌了。再有一层，科学因不知道证会，所以极力反对革命，至于以直觉起点的哲学家，因他看到革命的真相，所以满口赞成了。

（3）直觉法是能使革命者更决心。我在《革命家的性格与精神》（见本刊第二号）里说过：革命家观察事实，本来用直觉的方法。表面上似乎无思想无知识而且犯了神精［经］过敏的毛病，其实这种“无思”思之的无知，此由推知所得的，更确实可靠，就是革命家所具有的“无踌躇”“无顾忌”“无似是而非”的特性，也是由直觉的方法养成。按工团主义的哲学家苏鲁和我的意思，恰恰相同。他说："Man hea Tenins only in Propotion asheacts wittovt refletiu"，这种无踌躇的态度，正是革命家所以和别的不同地方，因为不用三思，故此才敢做敢为，而革命的成功，也受这方法的支配不少。总之，革命是本能的冲动，所以只管率性而行，都是不会错的，至于瞻前顾后而自夸为“谨慎”的人，其实都是懦夫，假使一有机会，就要加入于现社会里，这自然不是革命主义的朋友了。

直觉法外，更有个辩证法，也是和革命思想有关系的，但我对于这种方法，总觉得不大信任，因他所见有限，不能见真理的全体。至于黑格儿的三分法，那更不敢赞成，因那调和的、折衷的态度，实和革命思想根本冲突。虽然如此，我们要是专靠直觉，也不见得能自悟悟他。因直觉是不可说的，今既不能无说，就免不开一切的表示方法，和争论境界，所以直觉以外，为便利起见，还有取于辩证。但不过我要用的辩证法，实在和黑格儿不同，这是不可不申明的。我可以说虚无主义的辩证法，是有数种特色：（甲）从前用辩证法的，又不如直觉法，用直觉法的，又无条件的看轻辩证，由我看来，这两法实在相反相成，可以互相帮助的。何则？辩证所得，虽不如直觉的完全，然直觉实能借辩证以自表现，而且从表面上看去，辩证只见一支一节的片段，若能用“直觉”去证会辩证，还是本真，完全的，不间断的本真。由此可见，辩证法要是活看，也见得到真的时间，而由直觉法一旦移入辩证法，也无非为着实际的需要。故此我说的辩证法，是受过直觉洗刷过的，并不似从前的哲学家，除却审辩物象的重复——就是“自无而有自有而无”的连续——以外，便不知辩证为何物了。（乙）从前的辩证法因含理知的分子太多，所以看得到的，并非纯然时间的，而且常是空间的，如黑格儿的三分法，可以拿来做个好例。因他筑基于概念的范畴上，故此太近于科学家法的派头了，结果只知道空间的开拓所求的进化，也只是保守转移，至于绵延不绝的时间的流行实在还未会得。我么？总想把辩证法去证会时间的流转，所以根本上反对黑格儿的三分辩证法，这就因这个原故。（丙）从前的辩证法，实在没有什么根据，故此那实验派的科学家，都是莫明其妙，不消说是要极力排斥他了。至于我说的辩证法，实在可以新心理学来证明。詹姆士的新心理学教我，一切心的作用，都是反应作用，当知辩证法所说的连结，也是时时刻刻的反应作用，而这反应作用，实在也是连贯不断的大整块，只因表出时，总不免把这反应的完全状态，割成无数的小段落，这真是说话的错，无可如何的了。由上说得数种特色，可见虚无主义的辩证法，已不是黑格儿的辩证法。我想黑格儿的方法，尚足引起无数革命思想黑格儿比黑格儿更进步的辩证，丝毫不带调和妥协的意味的方法，自然是更足帮助革命的成功的了。辩证法对于革命思想的贡献，也是非常伟大，把他分开来说，可得如下之数端。

（一）辩证法是能够引起反动的思想——辩证法教训我们，宇宙的道理都是由比较成的，老子说得好：“天下皆知美之为美斯恶已，皆知善之为善斯不善已，故有无相生，难易相成，长短相较，高下相倾，音声相和，前后相随”（《道德经》二章），因为才知美的是美便有“不美”的对象，知善是善的，便有“不善”与“善”对立，推之一切有无、难易、长短、高下等，都是对待名词。有“有”所以有“无”，有难所以有易，有长所以有短，有高所以有下，有高音所以有低音，有前面所以有后面，（参看《楞伽阿跋多罗宝经》佛说的百八句，就更明白了。）总而言之，辩证法对于任何事物，总要看他反面。因为对待的原力中间，都有互相连结的可能，故此从正面想到负面，从负面想到正面，这种反动作用，在骨子里很够暗示革命家，使他生出反动的心习，对于大家所以为美的善的，常常发见出非美的非善的地方。当知一切迟钝不进的惯习，在常人所看做无可疑问的，革命家却敢于批评他、破坏他，这无非是受了方法的暗示，而影响于行为上面。须知这种的反动态度，无论是自觉与否，都可以说是辩证成就的效果。我说辩证法是革命的旗帜也不待详证而自明了。

（2）辩证法教我根本推翻——辩证法告诉我们，对于对待的概念，非根本取消不可。因有了善便有恶，有了美便有丑，有了贤便有不肖，所以善的、美的、贤的便是恶的、丑的、不肖的根源，而根本取消就是把这些对待的事物，连环打破，不但将恶的、丑的、不肖的废去，而且连带将善的、美的、贤的也归于一尽，那末正面的名取消，负面的名也不单独存在了。老子说得好："绝圣弃智，民利百倍；绝仁弃义，民复孝慈；绝巧弃利，盗贼无有。"（《道德经》十九章）。只因有圣智，所以生不圣不智的名；有仁义，所以生不仁不义的名；有巧利所以生不巧不利的名。辩证法对于任何事物，都由非量去研究他，问正面的反面从何发生？从何得来？知道反面只是正面的化成，因他互相"熔铸"、"吸引"、"连结"，而发现其因果的关系，知正面是反面的因，反面是正面的果，所以要除负面的果，不可不推翻这正面的因。似老于说的"绝圣弃智"，"绝仁弃义"，"绝巧弃利"等，便是从根本上著想，而要根本的取消了。这种根本取消的方法，我叫他做连环椎破，而这种方法的暗示，在革命方而，也不知不觉的，成就了根本推翻的心习了。

（3）辩证法是能够造成革命的信条——辩证法不但教我们以对待的原理，而且告诉我们以"绝对"的真意义，——就是相反相成的原则，使我知道在种种的对待当中，并不是截然相反，因他有互藏交错的性质，周流往复的情状，故此都有互相连结的可能。老子说得好："福兮祸之所倚，祸兮福之所伏。孰知其极？其无正？正复为奇，善复为妖。"（《道德经》五十八章）因他看得世间一切对待，仗着达观力看去，都只见得相反相成。如祸由于福，福由于祸，祸福尚且倚伏，可见一切坠于两边的事物，穷其所极，无论善恶、吉凶、大小、长短、强弱、盛衰、动静、内外、邪正、是非，都无何等正确的区别。所以"正复为奇，善复为妖"，所以"唯之与阿，相去几何？善之与恶，相去若？"这种"万物一体"和"无物不然，无物不可"的理论，实在能够打破一切分割区别的偶象，在革命时候，不消说是极占势力，就是革命的信条——自由，平等，博爱——也都将他去做主张的根据。何则？辩证法说的是屈伸反复对待相成的道理，自然是绝对自由的。复次，辩证所得的，是那"天与地卑，山与泽平"的理论，所以是平等的。惠施根据辩证法所得的结论是"汜爱万物天地一体"的极端的博爱主义，这更可见革命的信条，都包含在辩证法里面。这就是辩证法能够做革命的逻辑的又一种原因了。

总结起来，可见哲学的方法，就是革命的方法，就是我提倡形而上名学的意思，也是没有些儿可疑的。但在这里我还要郑重申明一下，直觉法和辩证法都是以经验为根据，前者是生命底全体的经验，后者是用历史的态度，去理解那盛衰生灭。由此可见，哲学方法也都是从经验下手，何曾把实际的具体的事料，置之九霄云外？须知凡是经验都是有事实的基础的，倘由经验出发的理想，也都有可以实现的特性，所以革命思想，断断不是说了就算，也不是胡思乱想所能够假冒的。我说到此，不觉使我胆子一壮，因我对于由形而上名学所证出来的宇宙革命，只为方法很对，所以结果可以预期，依着自然的进化，我觉得这种革命是非实现不可了！

本篇当中，有些是要批评杜威教授的《政治哲学与社会哲学》，有些是对于吾友兼生君《批评朱谦之君无政府主义的批评》的答辩，请阅者参阅杜威的演讲录和《北京大学学生周刊》第十二号兼生的大文章。

**《奋斗》第6—7号，1920年4月。**

## 劳动节的祝词

这回三十周的劳动节，使我无产阶级的朋友们，更决心，更大胆，去联合多数的工人，共同干那阶级斗争。我们假使回想近年来罢工怠工的成绩，何尝不值得纪念！然而这屡次同盟罢工的结果，究竟铲净了资本阶级没有？究竟全世界里最大多数的劳动者都得救了没有？如其不然，一个的劳动者没有享受相当的生存幸福，或一个不劳力而掠夺人的寄生虫存在一天，那么这回劳动节，就是含有血和泪的忍痛，好似给我们以良心上的责罚，使他为着自己责任，他只得暗地羞惭。虽然如此，我们难道退怯不成？当知二十九周的劳动节，已给我们以无限光明，已昭示我们以偌许希望。假使从此努力，一点一滴地把种种因袭的制度根本推翻，那么一九二一年的纪念日，一定有更美满的完成在后，反证这回劳动节，虽不是完全得到胜利，却是胜利的发端。因为最后的胜利，还在将来，便是理想中三十一周的劳动节，那时候共产实现，阶级的社会完全消灭，这才是我们无产党的解放目的达到了。

从前的劳动阶级，因为志气窄小、知识缺乏的原故，除却减短工作时间和增加薪金以外，更不敢有所妄想，直到如今，才觉得这些唠叨的解决总不算数，所以要从根本上着想，将劳动者环境，求个根本的改善，就非直接行动不可。何则？劳动保护法的制定，表面上似能够保护了劳动者，其实骨子里纯以资本家自身幸福为前提，就是现行的代议政治，也只是资本家的牢笼手段。但可惜现今的劳动者，都已经彻底觉悟了，都否认那政治家的劳动政策，而主张直接行动了。故此现在的劳动问题，并不是改善劳动条件的问题，也不止要改正工场组织，更不是由劳动所得的分配问题，实在是劳动者要直接，把工场，把从前由资本家掠夺去的生产机关，一切收回社会公有，然后按着自由的原则，共同生产，共同消费。这就是叫做直接行动，这就是劳动问题的真意义，劳动节的真精神！

这回劳动节使我们勇气百倍的，就是社会革命的成功已操左券了。在前时候，虽也觉得资本家与劳动者间的利益根本冲突，然而许多怕事的懦夫——政客们不必说了，就是社会党里也有很怕社会革命的——总想在两阶级当中，求个妥协调停的地位，但自李宁托罗斯基振臂一呼，把从前所认为空想的阶级斗争，竟实现起来，于是劳动者才如梦乍醒，知道社会革命必不可免，而阶级斗争实是解放无产者的方便法门。虽然广义派的革命计划，在无政府学者看去，本来就不彻底，但从这方面看去，总算是无产者解放的初步。而社会革命的动机既开，自然由此浩浩荡荡，将红色的旗，代替白色的旗，一发不可御。这不是劳动者的胜利是什么？这不是社会革命的过渡是什么？

我们再睁眼去看现代社会运动的趋势，除却英国的消费组合较为稳健外，其余如法国的工团主义，美国的I. W. W，都是含有革命的性质。革命的工团主义不消说了，就是美国的I. W. W，他的主义为革命的产业组合主义，也是要依着激烈手段，舍却和平的或妥协的而取革命的态度。由此可见，在现今社会运动的劳动团体里，已渐渐脱却从前温和的色彩，而亦可见火烧眉毛的社会革命，已是刻不容缓的了。但就中不可不注意的，我们是信奉无政府共产主义为理想的，虽从社会革命入手，却断不以集产派的施设为然。我们所要求的，是各尽所能各取所需的新社会，假使这新社会一日不实现，就是社会革命的路程一日未完。我们努力罢！集产党已经告厥成功了，我们难道自甘落后？须知这回劳动节，仗着各国工党的气焰，赤卫军的势力，已经很够使劳动者眉飞色舞，然而最后的解脱，和普遍的胜利，究竟还要靠着无政府革命的实施，看呵！看呵！一九二一年的五月一日再看是谁的劳动节？是谁的胜利？

我最后所希望于劳动者的，从此更不妥协，更不退转，更不从事于政治活动，然后拿极激烈、暴动的革命手段，去和资本家永远为敌，假使资本家死了，那才算无产者生的时候。无产者要再生么？请对着劳动节宣言，从今后一面企图社会革命，一面脚踏实地去运动世界的总同盟罢工。

**《北京大学学生周刊》第14号，1920年5月。**

# 革命的真意义

## （一）

平常的人怕革命，比怕世界上什么东西都厉害，其实革命何曾可怕，你要是个一念真实的人，就请凭着真情把革命的性质，穷原竟委的想过一番，觉得对，就欢迎他，觉得不对，那也由你帮助黑暗势力，去摧残革命去了！

从表面观察革命，固然是破坏的，暴动的，好似提倡革命的人，都是杀人不眨眼的破坏狂（Clastomania）；而从底子里看去，那些高唱革命，不怕危险，大胆奋斗的朋友，究竟为的什么？难道真个假托革命，作犯罪的掩饰？不对！革命是有主义的，在他破坏的运动背后，还有新理想的建立，可惜那决意排斥的人们，没有看到罢了。

元来真正的革命，是为着求“真理”而有意义。因为不真求真，凡真理所在的地方，就是赴汤蹈火，也只管向前；反之，与真理违背的东西，任他是天大的证据和权势，也要极力推翻，非革其命不可。复次，革命是求“实在”的向上努力，对于不实在的东西，如一切人工杜撰出来的圈套，都要根本上取消他，打破他，似这样求真理和实在的态度，便是革命的第一义。

故此革命并不是盲动，却是求真实的工具。而那从事革命事业的，也都是绝对的真实。因有这种根本精神，故能和一切习惯的虚伪挑战，除了真实以外，无论在任何等的迷信强权之前，都不能低头。总而言之，真实是革命者信仰中的无上价值而世界上也没有一件东西，比虚伪还要憎恶的。

依以上的结论，知道革命是求真实的；然而革命者所认识的真实，果能算得真实吗？现在讨论这个问题，先要指出真实的意义。原来真正的真实，是绝对的不是逼近的，如由科学得来的真实，无论如何，终不能证出完全真实之所在，这就不是真实了。反一面说，革命者要求的真实，都是永远向着绝对的路上进行，因他要求绝对的真实，这就是真实了。晓得这层，就可见革命和改良的不同。改良派说：“真实都是相对的，没有绝对的，我们不要妄想根本解决，只须改良好了。”因为改良派没有求真实的诚心，所以穿茅补漏。只知一点一滴的解决，得到半截的真实就很够了。革命者便不然，以为不求真实便罢。既求真实，就要从根本上着想，而求绝对的真实。故“非完全则宁无”，大着胆子去求那绝对的真实，于是绝对真实，就不会不达到了。这种态度。正是革命的真精神，我可以进一层说：革命是以要求绝对的真理和实在为第二义。

然绝对的真理，绝对的实在，究竟是什么东西？由我看起来，归本只是“自然”。因为绝对的真理，并不是人工所能勉强造成的。在这现实世界，只得见虚伪的生活，就有真实，也不过相对的，那里有所谓绝对？次说，绝对的实在，也不存在于人造的科学的可得见的世界。由前者说，唯有合下元有的“自然”，才算绝对真理；由后者说，唯有那自己如此的“自然”，始真个实在；可见真理和实在，推到绝对，都只是自然，懂得自然时，那就是绝对的真实了。所以革命的意义，换句话说，是为着求“自然”的努力而有意义。

## （二）

革命在积极方面，是要求真实，就是求自然的向上努力，而从消极方面讲，却是用批评的方法，怀疑一切而且破坏他。须知这两方面是相反相成；怀疑和破坏，也正是由不真实到真实的一回手段罢了。但在这里不免引起别人疑问，为什么怀疑一切，却不疑到真理本身？为什么破坏一切，不连实在也破坏完？换一句话，就是对于“自然”何故还肯定他存在呢？这层道理，不容我不出来分辨一下：

当知我们说的怀疑，虽不是绝对的怀疑，也就是绝对的怀疑；因要彻底求真，自不能不彻底去伪，所以对于半截的怀疑，而主张完全的怀疑，对于零碎不相干的怀疑，而主张根本解决的怀疑。不过这种绝对怀疑，不要误会他是空无所有的怀疑主义；因空无所有的怀疑，如希腊哲学家辟罗（Pyrrho）所说，一方面是很怀疑，一方面又说那真理不能研求出来，而且不必研求出来的话；这种怀疑，除怀疑外，更无能事，其本身并无所立，自然和革命者能破能立的绝对怀疑主义不同了。

革命者的怀疑，是有方法的；屠格涅夫 Turgenev 曾经把历史的作品中所代表出的人物，来说明没有方法的怀疑的短处。他说：“有一种人，就是哈姆列脱自负心很强，所以没有信仰，大凡利己主义的人，连自己都不能信自己，所以哈姆列脱是个怀疑家，无论何事，皆不能成就的了。第二种人就是东克霍迭他常和风车相斗，并且常以理发店的铜盘，当作玛姆普利诺魔术的帽子；这个人实在是民众的指导者，因为大凡被仰为民众指导者的人，绝不介意于俗人的嘲笑迫害，只一心向着自己所信仰的方面进行，纵令中途蹉跌，立即又爬起来前进，卒至发见真理出来，其眼光非常的锐，他总是瞧着正当的东西，决不肯疑自己的了。”由此可见哈姆列脱的怀疑，一面绝对的否定，一面又迷惘了自己，这是很不对的。真知怀疑的意义的人，应该似东克霍迭虽不相信一切，却不怀疑自己。

这种怀疑的态度，便是哲学的态度。但说来又和笛卡儿 Descartes 的学说不同。依笛氏说：只有一个地方，万无可疑，这个便是“我”。我在这儿疑，故能怀疑的我，是存在的。这话固然很有理，然我还要迫着问那不可怀疑的我，究竟是真我呢，还是假我？假我就不可怀疑他了。由此看来，笛氏的怀疑主义还未免笼统，而且有不彻底的毛病。我虽主张把“我”作怀疑的基础，但对真我固用不着怀疑，而对假我还要怀疑他的。于此，我要严别出那些是真我，那些是假我。

简单几句话，真我就是我的本来面具，就是绝对的真实，直截说，便是自然。所以我们虽怀疑一切，却并不怀疑自然，照着自然本身的道理，便知道他是自己如此；人们要怀疑他，也是决不成功的。

我们为什么否定一切，怀疑一切？假使从根本上求个答案，只能说：“我们的真情觉得非如此不可，我真情叫我不能不怎样做的”。须知这个真情便就是我的本来面目，就是自然。因为我们有了这个自然做根底，所以流行于已发之际，也都是自自然然，并无些儿牵强，除真情外再没有什么的。可见我们能怀疑，正为有自然做怀疑背后的护持力，使一切怀疑成可能的状态。我可以说能怀疑的便是自然，——真实的我。故人们自然能怀疑，但不怀疑自然，因为自然便是人们怀疑一切的立足地。

自然既是怀疑的根据，所以怀疑的方法，也只是以自然不自然为标准。凡是自然的，都可以存在，因为自然便是自己如此，就是绝对真实，不待我们认他存在，早已存在了。就是我不认他存在，因其自己如此，也没法使之消灭。可知自然的存在，决无可疑，而怀疑到此，也失其效用。换句话说，我们对于绝对的真实，只能直接承当，因这已疑到万无可疑的地位了。

怀疑的第一原则，已如上所述，是属于能立方面；反之，第二原则，是属于能破方面，就是说："凡不自然的，都不能存在，只管怀疑他"。合此两种方法，才叫做革命的怀疑主义。

## （三）

革命是把思想方法，引申到行为里；故革命的思想，还有行为在后，假使仅仅怀疑，而不能引起破坏的行为，那么，这种怀疑，便不是革命主义的思想。总之，怀疑是不能不引申的，怀疑的引申，便是破坏，革命除破坏外，也没有什么。

知道破坏在革命当中的重要，又知道怀疑的结果，接着就是破坏；于此，我可以把怀疑的第二原则，更进一层说："凡是不自然的，都不能存在，不但怀疑他，还要破坏他"。因那不自然的东西，本来就不是真实，我们既以究竟真实为依据，就不能不根本摧除他了。所以革命的怀疑，是存在不存在，真实不真实，一切分判的问题。直截说，除自然存在的不消说了，其余不能存在的东西，为着求绝对真实起见，就要把他彻底推翻和盘拆卸了。这种深刻的解决法，便叫做根本解决。我们一向的主张，只问存在不存在，真实不真实，却不问那可以苟且存在？那可以敷衍他？

由此可见革命的破坏方法，是根本的不是零碎的，是完全的不是半截的，只要瞧着不自然的东西，就要用"快刀斩乱麻"的方法，把他破坏一番，所以破坏的目的，在于根本消灭，并不是变换其外形就算了。我在这里可以更明白的说一句："凡是不自然的东西，不但要破坏他还要从根本上破坏他"。

破坏就是从不自然的态度，还复于自然的态度，他那不自然是由羁绊束缚而成，破坏就是把羁绊解放了，束缚除掉了，但这不自然的东西，究竟是什么呢？如不能明白说出，而胡乱破坏，这破坏也始终不能彻底的，故此我在下面还要略略指出那不自然东西的性质，使那抱破坏主义的人，有个更明确了解的指针。

前已证明自然是什么，就是绝对的真理和实在底合一体，所以反过来说，不自然的东西，也只是绝对的真理和实在的反面。须知真理就是价值，实在就是本体，所以要认识那不自然的东西，也正可从这两方面着想；既知道那和绝对的真实相反的是什么，就不难发见不自然的东西是什么了。

（一）价值上的观点——绝对真理是价值之最高的，这最高价值，实基于个人的直觉力所认识的真情而来，而同时自然有客观的一致，换句话说，就是“此心同此理同”。所以绝对的真理，根本只有一个，凡与真理不合的东西，也不能苟从，就只管破坏他了。这种精神，直接影响于革命者之思想的，如反对（一）强权，排斥（二）迷信，和（三）习惯的虚伪。强权如政府法律等，迷信如宗教神道等，虚伪的习惯如旧道德旧风俗等；这些东西，虽然在政治哲学宗教上认为天经地义，无如与此真情的自由，真情的真理不合，所以勇猛至诚的革命者，对此不能不使出激烈的否定，和深刻的批评，给他一个大破坏了。

（二）本体上的观点——绝对的实在，是自己如此的，所以用不着造作，一造作就不是实在了。因实在是自然的，故凡不自然的，人工的，圈套的东西，都应该把他破坏，例如一切迫人服从的强力，和一切凑成的勉强的组织，还有一切有名无实的文化文明，这些自无而有的，无自相的，无自性的东西，我都认他是和自然反背，是不实在的东西，不消说是要破坏他了。

综上所说，已知不自然的是什么，该破坏的是什么；但这里应该申明一事，就是绝对的真理和绝对的实在，是互相符合的。而这符合，是自然的符合，也正是作用的符合。从前的人说，真理就是实在的摹本，似此硬用“模仿”的方法，去求和实在符合，这是不对的。我的意思，以为真理就是实在，凡不合真理的，也必无实在可言；反之，凡不能实在的，也算不得真理，因为真理和实在，归本只是一个自然。只说自然就是真理了，就是实在了，可见两者的符合，不是摹本的符合，乃是自然不能不符合的。复次，自然也并不是永远完成，不过是生命进行——进化——之途上的赤裸裸活动；在这活动的长途当中，实在载真理而行，真理因实在而有，可见真理和实在，一面互相融合，一面又同为生活进行，简单说，就是真理和实在，是作用的符合，并不是静止的符合。晓得两个是符合的，那么，和真理相反的东西，不问而知其不能实在，不实在就早该破坏他了。

## （四）

革命是要根本解决，却不是笼统的根本解决，而是由于这个那个的根本解决，因而推出这个那个的总解决。因为这个那个的部分问题，都是密切相关的，相联而存在的，如有了国家，就自然发生那私有财产制度，工佣制度和租税制度；因这些制度和国家的存在，是有因果的必要的关系。所以非实行国家革命不可。由此可见国家革命的通盘计划，最初还是从具体的各种制度下手，无如要革私有财产的命，便不能不革工佣制度的命，而要革私有财产和工佣制度的命，便不能不革国家的命，所以零碎的革命不能不牵到全体去，这个那个的根本解决还不够，就不能不从根本上着想，而求根本的总解决了。革命者的主张，固然要那最根本的总革命，然这种总革命，也正是从这个那个的根本解决下手，故此这种破坏，也不是笼统的破坏，却是这个那个的总破坏。因此，可以用具体的例子，来指明我所要破坏的是那些：（一）政治方面　政治这个东西的神髓，是实在真情的障碍物，要想发展真情的自由，这政治是万万要不得的。何则，政治的基础是立在强权上面，其原理总不外乎“命令”“强制”和“威吓”三种；因此，政治的自由，除却治者虐待的自由以外，实无可说。例如（a）国家，无论是法制国家或叫做立宪国家，或赞为文化国家，而既有国家，就不能不限制个人的意志自由。又如（b）政府，他是权力所从出的地方，种种横暴不仁，灭人个性. 压制人的创造力，使他变为奴隶，这狠足证明政府是万恶之源了。又如（c）法律，论到任务，只是保护治人阶级，维持强力，察他发达历史，也和强权阶级同其运命。由此可见种种的政治组织，都无真实可言。再就从事于政治的人物讲，如什么（d）官吏、什么（e）政客、什么（f）议员、什么（g）警察、什么（h）兵，这些助强凌弱的，那一个是好东西？那一个不是丢了真情去欺压平民？若由政治发生下来的罪恶讲，最明显的如战争制度，不管是胜是败，结果总是弄得百姓受束缚，负重税。其关于经济上的许多不公平的制度，都是和政府有关系的，这也不容我细说了。总之我主张的革命，是要从根本上把政治推翻，虽然治者阶级那些人，总要死的争成活的，说政治的必要，然我可不管这种哄人的话，我想革命发生的时候，非把政治者组织完全消灭，那末这种革命也不算彻底的了。（二）经济方面　罗素把私有财产制度和工佣制度，认为一对吃人的怪物，这话真对！试看地主和资本家致富的秘诀，便知道“私有财产，都是从平民贫困中得来，就是对于饥饿穷困的百姓，给他半格拉母金钱，使他们每日作出五先令价格的物品来，用这个手段积蓄起来的金钱，更得国家的帮助而成就的，要不是有饥饿的人民供他掠夺，只把他所有的金钱贮蓄来，那金钱的自身，一定不会有发生增长的作用。”（见克鲁泡特金著《面包略取》第四章）可见私有财产把少数人占这种多数人的生活共同资料，这种不公平的制度，早就该破坏了。复次工佣制度，也是要不得的，似集产派一面主张废除私有财产，一面又要保存工佣制度，推行劳动券，不知工佣制度恰是维持私有财产，其结果不过资本家手里的财富，越加积厚，至于那大多数困苦的增加，人人生命的不稳，也是决不可逃的命运了。总之保存现社会贫富贵贱不平之怪状的，就是这一对吃人的经济组织，所以我们简直要破坏他，而不承认私有财产的制度了。（三）宗教方面　宗教是以错误虚伪为基本，都是从恐惧和愚惑产生的。他用一个妖怪名词，如什么“上帝”，什么“天堂”，来欺骗大家，使他迷信，尼采是反对宗教的人，最能说老实话，据他说“宗教在强者和主人手中，是一种增加权力克服抵抗的方法，在常人及大多数的心中，这些人是为了服务和普通乐利而生存的，宗教可以产生心理的和平，服从的可贵。”可见宗教这个东西，实在是能够帮助强者，去制造奴隶的“多数人”，因此我们对于宗教，也不能不根本推翻他了。（四）道德方

面　我们相信道德，都是虚伪的假面具，无论是宗教的道德，乐利派的道德，习惯的道德，只要叫做道德，都要破坏他的。何则？根据于道德法则而制行的道德信念，尽管怎样变迁，也不过名词变了，而道德的本身，还依然在那里作怪，总之凡一切道德，直截说都是以命令规定我们的行为，以权威示我们以当为的事，那末我为什么还要道德呢？依我的意思，道德的时候过去了，我们不要像克鲁泡特金把平等的道德——无政府党的道德——来代替康德的“无上命令”，我们应该有勇气去破坏道德，连无政府党的道德，也老实否定他了。（五）家庭方面　我很可惜彻底的克鲁泡特金还要什么家庭，他说：“社会革命后，仍然是要依各人的自由，各个组织家庭，又设备精巧的器械，以便利于家庭”。（见《面包略取》第十章）这种似是而非的话，真令我没有适当的字，可以表明我的愤怒了。我的意思，家庭非废除不可，因为家庭是妇女解放的障碍物，要是家庭不革命，那末异性的恋爱，也不能自由，我们最恨的是那卑鄙没趣的家庭生活，是那矫揉造作的婚姻制度，我们赤裸裸的旗帜是“Free love”两字，对于家庭的“天罗地网”，自然要打破他了。（六）风俗习惯方面　风俗和习惯，常使人有保守性和不进步性，因他的发达，永远靠着一种历史的惰性，使他流传，拿他做底子，所以风俗习惯的结果，就是天经地义，其权威极大，使个性不能发展，使革命思想不能发生，故就风俗和习惯的本身论，根本上和革命冲突，现在既要革命，对此死的窳败的麻木不仁的旧风俗，旧习惯，自不能不破坏一番，就是那迎合社会的风俗习惯的保守派，改良家，他是认他是“革命之敌”。总而言之，我们所要破坏的，分开说有这么多方面，而总结起来，却只是一个组织。因为政治经济道德风俗习惯等等，都无非是一种组织，可见政治的根本破坏，就是政治组织的根本破坏，宗教的根本破坏，只是宗教组织的根本破坏，推之风俗习惯的破坏，好似与组织无关，不知风俗习惯，也正是组织内的风俗习惯，故此从根本着想，知道这个组织——政治组织——的破坏，不能不连带到别的组织——经济组织——去，因动一部则牵及全体，所以根本解决的方法，何如把各种的组织都完全推翻，换句话说，就是不但革这个那个组织的命，简直是革组织的命，似此无组织的革命主义，固然是虚无学者的特别见解，也正是革命的真意义。

## （五）

革命的根本精神，是绝对的真实，所以革命的破坏行为，也一样是绝对的真实，但有人误会革命，以为革命唯一的哲学，就是无秩序，唯一的理论，就是暴力，这样反对论，太很浅薄，固然主张革命的人，是要用激烈的手段去实行，然在这激烈的手段的背后，还有一种求真实的理想，所以革命的批评者，只要问这个那个的破坏行为，是否是一念真实？是否凭着真情做去？却不要用皮相的方法，去占量革命了。

克鲁泡特金说得好："若论秩序有利的效果，如波尔邦党（Bourcons）在纳布尔（Naples）所做出来的那类秩序，人人一定宁愿加里波的 Garibaldi 所弄出的无秩序，至于英国的新教徒（Protestants）或者也说路德（Luther）引出来的许多不秩序，最少也比罗马教皇治下的秩序好。"可见秩序不必就比无秩序好，而掀翻一切朽腐和虚伪的大破坏，大暴动，反比那奴隶的、服从的、柔弱的、拙劣的、有秩序好得多了。

最后的结论，就是革命这种行为，似乎有些粗野，然而这粗野以较于那貌似真实的虚伪，不知和平得许多，须知那只愿虚伪的优美形式的人，其内心实在就如蛇蝎一样，反之我们主张革命的，宁肯以粗野的本来面目示人，却不愿做那看不出的吸血鬼，所以这种粗野，反可证明革命家真实的态度。

**《革命哲学》，泰东图书局 1927 年版，第 1—16 页。**

## 革命与进化

### （一）

革命是变和动的表现，而这个变动，却是向上进行，是追求那个无穷无尽的"目的"，就是追求那个无穷无尽的"真实"，这便是进化。所以革命和进化，根本只是一个，革命的时候，就是进化的时候，进化的时候，便是革命的时候，即因进化就是生生不已自强不息的"动"，而在"动"的时候，同时必伴有不可思议的破坏力，以排山倒海的力量，去冲破一切网罗，这便是"革命"。可见革命自身就是生活进行，就是进化。

元来关于进化的学说，是有两派说法，一派是科学家，以生物进化的观念，来说明变易的道理，如达尔文派是。一派是哲学家，把心理的自然进化，来说明变动的道理，如黑格儿派是。即如现代柏格森说的"创造的进化"，好似是根据生物学，其实他所发挥的进化论的意义，完全是从心理学起点，纵使用生物学说，也不过视为象征的表现罢了。所以柏格森的进化学说，也正是哲学家的进化论。我很可惜现在有一帮人，只管胡叫乱喊的，说什么物竞天择，什么生物互助，好似除了这种进化论以外，便没有进化学说，不知哲学家对于进化的说明，那比他有理的多哩！

我不是说科学家的进化论，一点没有道理，不过说科学所能理会的，只是很粗很粗的进化。换句话说，就是外界生物的进化，却不是心的绵延。依我意思，真知进化的人，一定不满意于进化的外的观察，而要发见那生物里面的心的进化。须知心的进化，那才是根本的进化，如懂得根本的进化，于是外界的进化也没有不知道的了。因此我在进化学史当中，所认为最圆满的，就是柏格森的进化学说，其次则为黑格儿派的进化论，再次才是达尔文派，克鲁泡特金派的进化论。因为柏格森说的进化，就是真的时间的绵延，他的好处，在能看到永远不断的生命。次如黑格儿说的进化，是理性的自然发展，他的好处，能够把不断的本体，分作一片一片一段一段的分段生命，使实际上可以应用，然这是黑格儿的长处，也正是他的短处，故同是哲学家的进化说，柏格森从真情起点，黑格儿则不免于理知的分子太多，这自然不如柏格森多了。然以言科学家的见解，则比黑格儿派更为不如，为因黑格儿讲的移行，虽然带有空间的方式，尚不如科学家那样执着，科学家简直把宇宙的进化，割成片段，因他硬用人的知识去说明进化，不知知识是有机械观的天性，所以知道的进化，比黑格儿说的还要呆板些，这自然不能看到进化的真象了。

由我看起来，这三种各别的进化学说，都不无用处，我们只要问那时候应该用那种进化学说，却不能把一种进化学说，来解释一切，推断一切，即如科学家的学说，虽不能知道生命的全般进化，就是心的进化，然正好应用去说明物质的进化，物质是从永远变迁的实在里面，分散出来的，坠落下来的，所以把科学家的进化学说，来研究物质的变动法则，这正适如其量，反之把他来说明生物之心的进化，就是真的时间的绵延，那就“牛唇不对马嘴”了。复次柏格森的进化论，应用他去说明全生命的真象，自然再好没有，然为实际上的需要起见，却不可不和黑格儿的进化论，合拢起来。不然尽管柏格森讲得“天花乱坠”，只可惜这大宇宙全体绵延的创化，还和我们现在“分段的生命”，全没干涉。

因要引导现在“分段的生命”，到绵延创化的路上去，于是乎有虚无主义的进化学说。这种进化学说，兼有柏格森黑格儿两派的长处，而没有他的短处，所以既不是柏格森的进化说，也不是黑格儿的进化说，却是要引到新的真理和合宜的行为的学理。这种进化的新学理，也是从心的经验下手，元来心的经验，在本体上看去，柏格森的话是不错的，他把心的经验看做不断的流水，没有时候休息的，也不会重复的，也没有部分的，这样发挥进化的真象，和我的意思全然相同，然我虽则一面主张那不间断的永远进化的心的经验，而从他方面看去，为着实际的需要，又把心的经验，分作一片一片一段一段的“分段生命”，须知这一片一片一段一段的进化，也正是真实的。何则，柏格森由心象的绵延创化，所认识的真实，那是大宇宙全体的真实，而这里割成一片一片一段一段的真实，这是个体的真实。总之心的经验在虚无学者看去，实在是“不常不断，不一不异”，即因这个原故，所以断与常，异与一，均有他的位置，但都不是凝住死定无用之法，我们只要该用断的时候便断，该常的时候便常，因说明心经验的真相，应该用常，而在实际上的应用，却要用断，今既要把进化学理，拿来引导实际生活，就不能不抛却柏格森“常见”的创化说，而另立一种“亦常亦断亦一亦异”的虚无主义的流行说了。

总而言之，虚无主义是一面不埋没进化的真象，而认识那绵延创新，永不间断的进化，一面却要把进化的道理，应用到现在，去引渡“现在”到进化的路程上，所以前者不失其为求真的态度，而后者又能把进化学理拿来消化受用，这种的进化说，就是革命的进化说，因为革命的意义，是为着要求那绝对的真实，而革命的方法，却永远是打破“现在”，去创新“未来”，须知既有“现在”和“未来”的分别，可见这种进化，的确是一片一片一段一段的，决无可疑了。所以我说，革命的进化真象，只有虚无主义的流行说，才够得上去说明他。

虚无主义说的“分段的进化”，与科学家说的很有不同，前者所割断的是真的时间，而后者所割断的仍然空间。复次，虚无派虽然把时间割断，而实已知道真的时间的意义，不过为说明起见，不能不把他分段，若科学派之割断空间，则完全由于机械观的天性，自然是由于“愚昧无知”了。晓得这些分别，那末虚无主义的进化说，把真的时间分作有——无——有——无，生生灭灭继而再续的进化，就这一点论，实在比柏格森格外有意义了。

## (二)

但这种进化说，究竟和革命有多大关系呢？这是个大问题。

(第一) 革命是有目的性的，因为他备有一定之内部的要求，而革命的进展，就是这要求的实现，可见革命虽不有那论所说的“究竟目的”，而由活动形成的“创造目的”，却是有的。因此柏格森的进化说，还不足说明革命的进化真象，而有待于虚无主义的流行说了。依照柏格森说，创造的进化是没有计画的，没有一定的目的，只是生命的冲动，努力往前推，似此把进化看作自然的，盲目的，固然很得进化的真象，然亦只能知道大宇宙全体的绵延而已。若问他由“现在”到“未来”的分段进化的途径，就是怎样从进化的前一段，到进行的后一段，那就不能没有“目的”了。总之就进化的全体看，固然没有目的，而就一段一段一片一片的进化讲，却不能不给他一种“创造的目的”，木村泰贤说得好：“生命之根本的活动式样，是有一定的要求的，这个要求不仅为‘创造的进化’的原动力，并且为指示他的方针的，……譬如生命的方针，恰像放箭似的，纵使把那根箭，偶然从手里放出，并无预定的目的，但既放出了之后，那箭必在一定的方向上进行，好像有预定似的；吾人的生命即使是偶然而生，但既然生了，由他自身讲起来，这一生是不可不有个一定的进行方针的。”（见他的《人生论》）由此可见要不承认“目的”的表示，那也无从说明“分段生命”的进化了。须知流行说的好处，即在于没有“目的”的进化当中，时时找出那“创造的目的”，譬如从

"现在"到"未来"，这中间就不能不有两种表示（a）向未来的目的做，（b）选择做到目的的方法和工具，流行说成为真理，就全靠他在这"分段的生命"当中，能够充分做那摆渡的本事罢了。所以流行说一面在本体上看到那永远不断的绵延创化，而一面在实际上却承认进化是有目的的，不过这个目的，并不有"前定"和"究竟"的意思，如从前哲学家那样"粗朴的目的论"说法，这个目的，也还在永远创造之中，即因有永远变动的无穷的"目的"，故有永远变动的无穷的"绵延创化"，故把他应用到革命上面，就能够定"理想"的目的，而跳出"现在"去到达他了。

（第二）革命也是有为的结果，如柏格森说的自然进化，固然已得进化的真谛，在偏信弊在偏信"自然"，须知进化者，就是自我的进化，因自我的努力，节节打破一切的网罗，而进化乃可能，故进化虽是自己如此的"绵延"，但还要自我实现，所以一面是自然的，也就是有为的，若只任其自然冲动，更不用"自我"的力量去策进他，那末"自然"自"自然"，我自我，进化既不是我的进化，也那里更有进化呢？总而言之，进化不但是无为的，而且是无为而无不为的，因自然就是"我"的自然，我就是"自然"的我，在"自然"固然是无为的，苟知自然就是我，那就变成"无为而因不为"了。流行说的好处，即在一面看重自然，知道"进化"必不可免，一面却要因势利导，用革命的手段，去摧迫进化，但这种摧迫，也不是勉强的，却是顺着"自然"潮流，不能不这样做的。因流行说能脱出"绝对无为"的窠臼，而以有为，奋斗，为进化必带的条件，故和革命的性质恰合了。

由上所说，可见柏格森的"创造的进化"学说，实不足以说明这一段到那一段的进化真象，假使问他由"现在"上进化的途径，他是不能告诉我们的，因他没有指示将来，管理将来的能力，换句话说，就是不能把我们一部分的经验引渡到别一部分的经验，所以在生命的实际上——分段的生命——不能发生影响，我们切身的问题，是要问"现在"怎么进化？所以虚无主义的流行说，在这点反比他更能有一种满意摆渡的作用，就是从破坏现实下手的革命，也只靠这种真理，才能够说明的。

## （三）

我说进化的真象，是"自无而有，自有而无"永远的流行，故叫他做流行的进化。因在无限的时间当中，有了不能不无，无了不能不有，现在是有了，所以现在的进化是向着"无"的路上跑。有人说：这样有和无互为推演的进化，除循环往复外，并无所增进，那末有什么价值呢？不知这"自无而有，自有而无"的流行，他和真的时间只是一物，不可分开的，不过说明上的需要，只能这样讲，实则方生才死方有才无，这其间也是永远没有间断，知道"流行的进化"，本是一线相延，那末第一就不至误会这"自无而有，自有而无"是轮回不是演进。第二，既知这"有而无无而有"是心象绵延，可见这刹那的有，不是那刹那的有；这刹那的无，不是那刹那的无。如说自“无而有”的“无”，和“自有而无”的“无”好像是一个，其实大不然，时间变了，内在的“分段的生命”也自然变了。因为流行的进化，是在永远创新，永远变化的过程当中，所以是前进不是轮回，是向纵的方面生化，不是向圆的方面循环。这一点是极应该注意的。

流行的进化，可用宇宙自然律——辩证法——来说明的。辩证法告诉我们，以有无相生的道理，使我们知道“自无而有自有而无”是进化的历程，然我们虽用辩证法去指示现有进化的理势，同时还要用直觉法，去直接体验吾人心意的绵延，使从前由辩证法所得证的“分段生命”，由心意连串起来，于是把那一片一片一段一段的静相，都给打碎了，遗漏于其中间的真时，也都充实了，而“流行的进化”也就是永远绵延创化的“真的时间”了。由此可见虚无主义的流行说，不特看到进化之一片一段，而且早已窥测大宇宙的真相，反之“创化说”只能推断生物现象的“绵延创化”，而不能替现有的生命，摆过渡，做过媒，这种真理，自不如流行说更有实际的影响了。

吾人现在所要解决的，是一段一片的进化问题，——就是“现时”进化的途径，这自然不能不用“流行说”去说明了。然流行说虽能发挥进化之分段的原理，而从这一波澜到那一波澜的“流注相”，究竟如何，这就不能不引人疑问了。是突变呢？还是渐变呢？是前一波澜消灭而后一波澜生起，或是前一波澜还包在后一波澜当中呢？这些疑问，都是我急着要寻思解决他的。

(1) 突变说　本来生物渐变的学说，在现在已不满人意了。自从和［荷］兰的植物学者提佛里（Do Vries）发明突变说以后，一般生物学者都知道渐变说不是事实，而生物的新种，实由于突进的激变而来，但我引此并不是要受生物学有说明，不过指明最近二十年之生物学说的倾向，以见和我由心象的“流注相”所得的结论，是一样罢了。元来“自无而有自有而无”的流行也都是突变的，依据辩证法，我们知道“有”的时候，一定由“有”而连结到“无”，须知这种连结，并不是反复的思考，却是由于意识突起引之，譬如有想一个“善”的观念，忽地由“善”趣得“非善”，我不能说这是积极的想到，因为“善”和“非善”本来矛盾没有“不善不不善”的容中，所以由“善”到“非善”，中间并无预备的一时间，不是“善”便是“非善”可知是突变而不是递变了。推之由“有”到“无”，也是一样道理，因“有”和“无”都是纯然独立，故此“自无而有，自有而无”，也只是突变的，而宇宙进化的真象，不过永远的“活跃”罢了。再有一层这“自无而有，自有而无”的进化，固有如柏格森所说：“遗漏中间的真时”“只看到时的两边，而忽略其中间”然这是他的短处，也未始不是他的长处，因为就生命的全体看，固然如柏氏所说，是无时无刻的“活跃”，若从生命的一段落看，那自然是从这一段跳到那一段，由“有”跳到“无”，由“无”跳到“有”，只能说明时的两边，而于中间的“空处”，则不可说了。因此更可见“自有而无，自无而有”的中间，既有“空处”，那末就进化时所起的距离之感，已可证出宇宙进化是突进而无可疑了。

但在“突变”以外，还须注意他的“潜变”，如“分段生命”，到了相当时候会自有而无，在没有“无”的时候，那“无”的因已潜伏在“有”的当中，这便叫潜变，潜变是突变的酝酿，换句话说，就是在那里潜滋暗长的动因，直到“薰习”成熟了，便忽然突变起来，而由“有”跑到“无”了。故就现“有”看起来，于表面上虽未由“有”到“无”，而里面却不能没有“自有而无”的动因，我确信这种动因，在今后一定只有增加，等到突变发生的时候，那就是进化的时候，也就是宇宙革命实现的时候了。

（2）绝缘说　当法兰西革命时候，好些理论家，主张过去绝缘说，以为过去的种种，都可以和他根本隔绝，而一切政治上社会上的资料，都能够重新造过。这种学说，我虽没有研究，然我由进化上所得的结论，也承认“绝缘说”是一种真理，我现在就说他好了。原来“自无而有，自有而无”的进化，虽是一线相延，而“有”和“无”两者却永没有同时存在，如“有”消灭了，然后才进化到“无”，无消灭了，那时宇宙又进化到“有”了，可见宇宙进化是无穷的流行，也就是无穷的消灭，消灭，——消灭；这是进化必经的径路，假使没有消灭，那末既无所创新，也说不上进化了。即因这一段落消灭，而后一段落才能生起，所以过去的早已消灭了，现在和过去绝缘，到了未来，又和现在绝缘，柏格森说这种进化说，“只有现在，而无过去”，真说得着呵！但虽无过去，却仍然有“熏习”的功能，所以在现在当中，尚可推知过去的种种经验，把他来指导现在，引渡将来，由此可见绝缘说，虽不认过去存在，反可见过去的展长了。不然像柏格森主张“绵延累积”，将种种的过去都包在现在当中，这种说法，固然很得全生命之流行的真相，无如把他应用到“分段生命”上，便阻碍进化的道理不少，因为“过去”的既都积存于现在中，可见“现在”不能摆脱“过去”的残余，还有什么创造，也还有什么进化呢？流行说则不然，“过去”变为“现在”的时候，止有“现在”存在，那“过去”早已过去了，推之“现在”变为“将来”，也只有“将来”，那“现在”也早已飞腾了。这么一说，可见“过去”不消灭，便没有“现在”，现在不消灭，也无所谓“将来”，照着进化的趋势，消灭“现在”，去到达“将来”，也是决无可疑的事了。

上面很多是批评柏格森的创化说，以见流行说的许多好处，今再总结一说，柏格森讲的“创造的进化”，表面上好像极其进取，其实底子里是再保守不过的，据他说的“绵延”，是有两个意义，一个是未来的前进不可预测，一个是过去的堆积永无穷期，既然未来不可知，那末“维持现在”好了，既然过去不能消灭，可见存在的都是合理了。所以柏格森学说，把他应用到“分段生命”上，我总觉得危险，而且未来、现在、过去既凝于一本上，从根本上不能引渡“现在”到进化的路上去，这自然不如流行说多了。

**（四）**

把流行的进化观念，介绍到思想上，便是革命思想，结果以为非革命就不能进化了。第一：因为进化不是徐徐而来，是以急激速度的变动力发生出来——突变说——的。所以吾人不求进化罢了，要求进化，就一定不取于一点一滴的改造，而主张应该加以催迫，这就是革命。第二，因为进化的道理，“现在”灭了才有“未来”，所以现实的制度，要不根本推翻，理想的生活，也决不会实现——绝缘说——而那些改良派一味想敷衍现实，这自然和进化的道理不合，我们诚实的人，便反过来而主张革命了，由此可见革命这回事，实根据于真正的进化观念而来，我们假使承认进化是一种事实，那末无论何人都不能否定革命了。

本来科学家的进化说，何尝不知道物质界的变动原理，只可惜进化不必存于无机物世界之现象，却是存于生命内心的“绵延创化”，换句话说，进化是时间的流行，不是空间的开拓，所以科学家要把不中用的进化说，来解释那永远创新，永远前进的真象，实在根本不对，而由这种误用，其结果以为进化只是缓慢而来，是一点一滴的了。如杜威说，“现在世界上无论何处，都在那里高谈再造世界，改造社会，但是要再造改造的，都是零的，不是整的，进化是零买来的”，这就是受科学家的进化说的影响，因他只在外边去估量进化，却不跑到进化的当中看进化，何怪他发这样渐变的论调，自不为我们主张革命的所敢赞成的了。总而言之，我说的“流行的进化”是要引导“现在”上进化的路，而且指明“革命”是进化的必要条件，因为进化是自然的事实，“自无而有，自有而无”是自然的程序，现在是有了，所以“现在”的进化，只有用革命的破坏力去策助他，知道进化必不可逃免，可见宇宙革命也一样是不能避免的了。

**《革命哲学》，泰东图书局1927年版，第17—30页。**

## 革命与创造冲动

**（一）**

革命是一种行为，而这行为的动机，却由于冲动——创造的冲动。这种冲动自然很激烈的，然激烈尽管激烈，却永没有“占有”的性质在内，所以革命这回事，要是误会他做坏的冲动，那就根本不知革命是什么了。

考察革命发生的源泉，本不止由于冲动，因为从根本的经验看去，固由冲动鼓舞起来，而从他方面——历史的经验看去，却由于欲望，欲望所做的事，就是罗素所谓“当人类觉得他们自己不大满意，或是不大立刻得到可使他们满意的东西，他就会想像到这些可以使快活的事物”，所以欲望是比较的有一个目的性，他所指导的，也只是人类行为的一部分，就是包着一段时间，却不是时间的全体，这段时间就在觉得需要与满足这欲望的机会的中间，这层道理留在讲到“唯心史观”的时候详说，今且表过不提，单论革命与冲动的关系。

元来就革命的根本的性质看，真正是受那活动的冲动所统辖，是正直接冲动做出来的。但冲动是什么呢？罗素在《社会改造原理》一书中，把冲动看作可善可恶的东西，他说：“盲目冲动有时可酿成销毁和死亡，有时也可酿成世界上最好的东西；盲目冲动是战争的根源，也可作科学艺术和爱情的根源”，这样说法，其误点在把理知的方法，来分析本能，却不知理知的方法，实脱然于本能之外，对于由本能自发来的直接冲动，怎能解释他？依我意思，冲动没有不善，因他是生命的流行，所以绝对的单一，是不可分析的；因他已经直取无上真实，摆脱了善，既不受有意识的、有目的的欲望支配，自也不能把有目的的性恶二边的牵制的善恶名词来说明他，知他是“无善无恶”，就可见是最高的善，任情而行，难道还会错了吗？总之冲动便是人们的本来面目，只是在我全无杜选，所以冲动就是：

(1) 生命的表示；(2) 真情的表示；(3) 创造的表示。

因有本能冲动作生命的护持力，所以生命在长途进化当中，才能够奋发前进，虽[随]时打破了一切障碍，因生命就是本能冲动的活动体，故冲动和生命根本只是一个，不消说这是生命的表示了。复次，冲动也正是那冥然孤往毫无轨范，任情而表现的自由，他的心理的基础，就是在我元有的真情，只要真情觉得非如此不可，就能无踌躇，无顾忌的冲动起来；可见冲动之为冲动，本不受理知的支配，完全是真实的赤裸裸活动罢了。复次，在真情向上进化的时候，同时必伴有自内涌出的创造力，时时更新，刻刻变化，这创造力便是本能的冲动，由此可见冲动从这方面看，又是由爱好创造的心思所感动的生活状态，假使人们没有理由去反对创造的进化，那末就该老实承认冲动的真意义和真价值了。

但有人说：“冲动既没有不善，为什么有那一种好战争的、死亡的绝灭的占有性呢？”不知占有冲动，并不是本来的冲动，因为依照人心的自然，是有那相反的二种趋向，一是顺其自然的趋向，是伸张的、自由的、创造不息的；一是逆其自然的趋向，是散涣的，有空间性的。前者是本来冲动，一旦冲动中止，便自行涣散，因为涣散，所以才见有空间；因有空间，所以才有“占有性”。可见，占有冲动是由自然冲动向逆转而见，这就是逆其自然的冲动，不消说不是本来的冲动了。明白说吧！占有冲动，表面上好似和那无意识、无目的的本能一样，其实他骨子里，满含着理知分子，四围环境所支配，不但不是无意识、无目的的，而且是利害观念极分明的时候，就他的冲动的趋势论，也是顺乎物质而前进，和那有生俱来不学而能的冲动，实朝着两相反对的方面去伸张，这点可惜罗素没有看到罢了。罗素说：“占据冲动强盛的时候，很妨害创造的进行。这个发见重要的东西，那个同时竞争的发见家，或者要生出满肚子嫉妒，又如这个人发见治癌的方法，那个人发见治肺的方法，或者你喜欢我发见有错，我喜欢你喜发见错。”这就可见占有冲动本伴着分别彼我自私自利的理知而来，知他是以理知为依据，就可见是杜撰的反于人的本性自然性的，自然不能和本来的冲动相比，也说不上冲动了。

本来的冲动，就是创造的冲动，因他是真的时间，是紧张的流行，不是弛缓的开拓，因此不占空间，没有广袤之性，自也没有“占有”的性质可言了。何则？占有不是别的，只是“占有空间”，今案愈有绵延，即愈有时间性，愈有广袤，即愈有空间性，现在说的本来冲动，既没有广袤，又是永不间断的绵延，这自然和“占有性”刚刚相反了。再者本来冲动的趋向，是以排山倒海的力量，去侵伏物质，因他不为物质浸染，不受物质支配，更可证是超越了占有性，而为生命之本质的冲动了。

革命这种行为，正是受了本来的冲动而发生，我们假使知道革命所要求的进化，就是真的时间的绵延（绵延就是真的时间非二），那末，就可老实承认革命是创造冲动而不是占有的冲动了。再进一层，革命不但不是占有冲动，而且把这种冲动，看做“革命之敌”，要破坏他，推翻他，所以革命的创造冲动，也就是抵抗占有的冲动，我们要是否定占有冲动，自不至反对那创造冲动，和由这冲动发生下来的“革命行为”了。

因为革命是创造冲动，故此也是自然的冲动，不能排除，而且应该任他自由做去，非何等势力所能强制他的。至于占有冲动，那是反于自然的趋势，不合于人的本性，自然性的，知他和“自然”反背，我们就应该用“革命的破坏力”，去根本消灭他了。归结一句话，我理想的社会政治的目的，就是绝对的没有占有冲动的时候，因此我极力主倡情的自由，要用革命的创造冲动，去铲除一切的占有冲动。

## （二）

我评判一切的标准，只问这个那个是根据于本来的动作——创造的冲动——不是？如果是，那就是良能，万用不着限制他了。反之一切占有冲动，都是不自然的冲动，我为着真理起见，不能不出来否定，更须知这是无论何时，都要根本推翻他的。我最痛恶的是改良派的调和政策，如罗素所理想的政治社会，说好些是使“创造的生活尽量增多，使占有的冲动尽量减少的生活”，说坏些便是把创造冲动和占有冲动互相调和，妥协起来，却不知创造冲动和占有冲动的不同，只在一个是真的冲动，一个是从“真的冲动”坠落下来，详说起来，前者是情的活跃，后者是理知的开展，前者是继续前进继续创造的，后者是附着于物质的情形而向着空间的；所以这两种冲动，简直是一纵一横，一时间一空间，却不是同排在空间当中，互相消长互相妨制的关系，因此创造冲动和占有冲动，是不可调和而且决用不着调和，似罗素他没有胆量把“占有冲动”来根本消灭，却要在这两冲动当中求个调和妥协的地位，所以他说的“创造的冲动”，也只是把“创造冲动”放在占有冲动当中，似此变形的占有冲动，也假冒着“创造冲动”的招牌，自然是我所极端反对的了。我的意思，并不如罗素所说要阻抑占有冲动，却要从根本上消灭那占有冲动；也不但要把创造冲动发展到大部分，却要把他发展到无穷大才肯罢休，我以为不求真的冲动罢了，如有求这冲动的热心，那末，就应该从根本上去认识他，就是超出空间的方式去求他，须知唯有内在于真的时间的冲动，才叫做真的冲动，才算做一切行为的动机；可见最初的行为，都没有不好的，后来受了理知的影响，才散漫了变坏了，向着物质而行动了，这便叫做占有冲动。所以占有冲动不能和创造的冲动共存，我们假使一念真实，就不能不否定罗素的新学说了。

总结起来，我和罗素有个很相同的地方，就是都承认人生行为的动机，是由于本能的冲动，但在同的当中，却有很多差异的意见。（其一）罗素把占有冲动也看做本能，我却以为是和本能反背的理知。（其二）罗素只承认占有冲动的减少，我却要把他根本消灭。（其三）罗素把冲动分作善恶两面，对于善的“创造的冲动”要培养他，对于恶的占有冲动，要利导他到好的地方。我的意思不然，冲动本来是善，而且都是生命的，真情的，创造的表示，至于占有冲动却是从此中坠落下来的，涣散出来的，这自然不是本来的冲动，也算不得冲动了。因为真的冲动都没有不好，所以只凭“直接冲动”做去就很对了，那里还用得着什么制度习惯来节制纠正他呢？（其四）罗素对于自然冲动的生活，很悲观似的，以为自然冲动太发达了，结果会变成禽兽的世界。我意不然，把占有的冲动，也看做“自然的动作”，这是罗素学说的根本差。实则自然冲动，都是生命的，真情的，创造的表示，所以自然冲动越发达，生活的意义，也格外增加，格外浓厚，这样乐观的态度，自然和罗素大不同了。固有这些分别，所以罗素还认不到真的冲动，结果把创造冲动限制在占有的世界底下，而其政治哲学，也只成为改良派的政治哲学，反之我的政治理想，因为根据于真的冲动，故此引申下来，便成革命主义的政治哲学了。

我说罗素讲的创造的冲动，是变形的“占有冲动”，这话不是没有根据的。但有人很疑惑这话，以为罗素虽把创造冲动，安在空间里头，然何以向着空间的，便就是占有冲动呢？在这里我有两个答案。其一：占有不是别的，只是指着“占据空间的地位”而言，因为空间是有数量的关系，为可量性的、可属性的，故向着空间方面来动作，便都是占有冲动。其二：罗素所谓创造冲动，并不是指那时间的绵延，不过对于“物质财”的冲动，而主张“精神财”的冲动罢了。例如知识艺术等等，便是罗素所说创造冲动的直接表现，不知物质财和精神财本无绝对分别，故占有物质财的，固然是占有冲动，而占有精神财的，也一样是占有冲动。何则，物质财和精神财，都是有可属性，可量性的，其不同处，据罗素说：“物质财可以私人据为己有，若精神的财就没有私有的性质，因为他不能据为己有，一处有了各处便都可以有。”不知两者既同是可属的可量的财，那末精神的财，也何尝不可以强夺了去偷盗了去。试看人们平常谈话，如说这个人有知识，那个人没有；这个人的知识多，那个人的知识少，这就可见精神财也只是占有冲动的表现罢了。罗素自己也说过：“求知识的人，也许不是为知识的本身，或知识的用途，而以知识为求名誉的手段。”这么一来，更可见那以精神财为目的的冲动，正是占有的冲动无疑了。总而言之，财的本身便是赃物，所以无论精神财和物质财，只要是财，都是赃物，精神财也包括在内。推之物质财的所有者，是叫做盗贼，而精神财的所有者，也不过盗贼而已。再进一层，物质财和精神财既同是赃物，那就无论“所有者”是多是少，个人的或公有的，据为私有的，或分给别人的，只要是所有者，就可证明他是盗贼，盗贼是我所要排斥的了。依罗素学说，要把公有和私有，来严别精神财和物质财，创造冲动和占有冲动。这理由也过于单薄，因为物质的财，在无政府共产主义者看起来，也能够变为公有，而精神的财虽然可以公有，有时当着知识私有制发达时候，也何尝不分你的我的，可见公有和私有，本不能拿来做批判两种“财”的标准，而创造冲动等于占有冲动，也不难想见而知了。即因这个原故，所以罗素说的创造冲动，我根本上给他一个“不相信”，而他把知识艺术种种含有占有性的东西，当做创造冲动的表现，难道是我所敢恭维的吗？虽然如此，我不满意的是罗素所谓创造冲动，——变相的占有冲动——却并不反对“创造冲动"的本身，我以为真的冲动，只是占有冲动的反面，是本能的不是理知的，是向着时间流行的，不是向着空间弛缓的；是自然的不是杜撰出来的，须知这种冲动才没有可属性和可量性，故根本没有“财”之一字，这便是本来的冲动，换句话说，就是本能，唯有本能才是革命行为的动机。

## （三）

把创造冲动的道理，来说明自由，我的意想，也和罗素不同，因为罗素认冲动作可善可恶的东西，所以自由应该限制，也免不了这个限制，反过来说，我却以为冲动就是至善，所以要求那绝对的自由，无论对于特殊的威权，已成的制度，适意的习惯，只要是依据于占有冲动的，都要打破他了。

他深信真正的自由，是创造的或建设的冲动所以不是那思想和欲望被占有冲动所蒙蔽的人所能够假托的。因自由能供人们的活动，以真情的色彩，即其自身，本无丝毫损人利己意思，故自由用不着限制，而且应该需要积极的状况，去求极端自由。何则，自由这个东西，是自己发动力和个性的表示，他自身就有理想，就是力谋自我生活之良好，堂堂地实现真“我”，去表出“我”的个性，我的真情，我的性格，所以自由就是积极的自表，不但不是占有冲动，而且自由越占最多的部分，而中心贪得的冲动也越少了。再进一层，自由是精神的事业，所以有理想眼光和想像力的，故真知自由的人，决不至自私自利，因他能够体贴人情，故也非常的尊重别人的自由，由此可见自由是决无流弊，我既不认自私是自由的解，那末我们也何须限制自由，不使他自由发展呢？总而言之，我们既反对那引起竞争，猜忌，权威，暴虐的占有冲动，就应该提倡我们自身的根本冲动，就是自由。明白说：我们是把自由来阻止那占有冲动，即因要从根本上推翻他，所以不能不绝对的提倡自由。至于那些社会改造家，一面提倡自由，一面又说“最大的自由，不能由无政政府和”，因而要主张维持政府和法律，这种似是而非的学说，我是很看不起的。依我意思，占有冲动和创造冲动，根本不能两立，故占有的冲动不去，创造的冲动也不来，换句话说，什么政府哪！法律哪！这些迫人服从的机关一天存在，那末真正的自由就一天不能实现，所以罗素要调和自由和管理，实在太不彻底，他只知道最好的生活，是那创造的冲动占最大的部分，而占有的冲动占最小部分的生活。却不知那能鼓励人向着更好更完美的生活，是占有的冲动完全消灭，而创造冲动完全代替了占有冲动的时候，我们虽不是已得到绝对自由，然为着求真实的向上努力，不能不这样做，因有绝对的希望和想像，这就叫做“绝对的自由”了。由此可见绝对自由的到达，并不是不可能，只怕我们退缩，没有那求其的精神，和热烈的勇气去破坏一切的占有冲动，如其有之，那末无论何时，我都不至代那占有冲动——政府、法律，——辩护，也决不像罗素把占有冲动来限制自由了。但在这里我觉得罗素对于自由完全误解了。他于《政治理想》里说：“大约有一个目的，仅有一个目的，为政府用武力有益的，即减少世界上所用的武力的总额。比方法律禁止谋杀，可减少世界上横暴的总额，这是很明了的，并且没有愿望主张父母应有无限的自由，虐待他们的子女，在有些人要对于别人施行强暴的时候，决不能有完全的自由，因为不是施行强暴的欲望必须制止，即是被害的人，必终于忍受。因为这个原故，所以虽然个人和社会在关于他们自己的事上，当有极端的自由，他们对于别人有关的事上，不应有完全的自由。给自由于强者使得他可以压制弱者，不是谋得世界上自由的最大的总额的手段。”这一段可见罗素还是把自由看做自私的一回事，而不认他是真情的发展和绝对的“创造的冲动”了。假使知道自由的真意义，这些话岂不是全无价值，须知完全的自由，是和那有强暴的武力，正立在反对地位，倒转来说，罗素所尊重的政府和法律，反是武力的朋友，所以政府只足增加世界上所用武力的总额，而法律也只足增横暴的上横暴的总额，我很可惜罗素是个大数学家连这最简单的“全量等于部分之和”的公理，都不知道，还高谈什么“数理逻辑”呢！总之罗素简直不知自由为何物，也不知政府和法律是什么，依我的意思，真正的自由断不靠着占有冲动，所以罗素的改造原理是不对的。而应该另立一原则，就是说政府和法律一切的占有冲动，都必须消灭，而自由的范围，却不可不伸到无限大。再者完全的自由，就是更好的自由，放我们往自己的事上，固然有极端的自由，就是对于别人有关的事上，只要一念真实，也没有不能“完全自由”的道理，这么说法，自然和社会改造家截然不同，反证是革命者的“自由观”罢了。

**（四）**

真的冲动，在革命事业上，是极有关系，因他是与生俱来，不学而能的，故此没有那左思右想迟疑踌躇的性质，而只凭一念真实努力做去，说来有几件好处。（一）能够摆脱利害关系，平常的人，因为满脑袋装着知识，所以凡事都要瞻前顾后，把那冷静的死理性，去限制自然冲动。反之，革命事业，只是顺着自然冲动而行，他有无踌躇，无顾忌，无似是而非的三大特性，故能不管利害如何，轰轰烈烈的做了去。（二）能够激发革命家去实行他的知，平常人总是知而不行，而冲动则好似有绝大的神力，使人不能不奋发踔厉，不能不鼓起那最勇敢、最深沉、最活动的“情”，向前猛进，因有这个原故，故真的冲动不但是革命行为的动机，也正是实行革命行为的原动力，假使没有这种冲动，也许我们就受了许多压迫，还是安安静静的坐着，连吐气都不敢，还说得上革命吗？（三）根据于来威士（W. H. R. Rivers）的新说，我是相信“自然冲动”之心理的特点，就是这种反应，完全从“不完全则无”的原则的。即因这冲动有“不完全则无”的特点，所以非根本解决不可，结果就是革命了。由上看起来，可见革命和真的“创造的冲动”，实有首尾不离的关系，我们要提倡革命，假使不启发大家的“创造冲动”，也怎能成功呢？

**《革命哲学》，泰东图书局 1927 年版，第 31—44 页。**

# 革命底心理

## （一）

冲动是有心理的基础，故我接着要提出的，就是什么是革命心理？那是革命心理的根本元素？我据我研究的结果，只承认人的心理，有二个重要部分，就是冯德Wundt所说，只认感觉感情为心作用的原素，感觉属于智，感情属于情，所以归结起来，只有“情”“知”二种。而机能心理学又告诉我们，“情”之发动，是在“知”之先，知识是附属于情的第二段作用，故知识是情的派生，从情涣散下来的东西。我们在此更研究“情”“知”作用的趋向，又知道“情”是向着时间流行的，“知”是向着空间开拓的，把这种种道理来说明冲动，便知道在行为上的创造冲动，是从心理上的真情发生下来，真情是永远向上伸去，当其弛缓时，才成知识，这真和占有冲动从“自然冲动”坠落下来的情形相同的了。既知革命就是创造冲动，创造冲动又以情为心的基础，可见从根本上看起来，可知革命的心理，是根据于“情”无疑了。

然从进化的全体看，革命固根据于情，而从进化的一段落看，革命却是根据于意。我上面只认知情二分法，并不是否定意志存在，须知有意作用是人人共有，断不能否定的。不过这种作用，乃是心的复杂的作用，不是简单的元素，换句话说，意志是由情知混合成器的，故此不能够和感觉感情并举。闲话休谈，只说在真情永远进化的路程中，他是和知识正相反对，就中有个意志作用，这作用不在“情”“知”以外，也不是全在“情”“知”之中，他却是包涵情知而成一种的活动，这种活动在进化路上，使真情依意志的紧张而有伸缩，当意志紧张的时候，便是意依于情的时候，也就是意志以“真的时间”为根，随逐流行而无间断的时候，此时心的状态，自然愈有绵延，愈有时间性。反一面，当意志弛缓的时候，那时真情因弛缓而逆转，意志向着空间，最有“周偏计度，分析执取”的作用，所以又和“知识”接近了。由此可见意志之一弛一缓，足证他是可情可知的东西，须知情是真理的实性的，也是活动的，进化的，故此意志向着情的时候，这意志便是觉悟的、解放的，就是所谓“一念真实”罢了。反之意志向知的方面进行，那便成为不进化的死的迷妄颠倒，丝毫不得自由了。我说革命的一段落，是由于意志作用，这是专指那真实的进化的意志而言。

我相信人类一切活动，均发生于两种源泉——冲动与欲望。然我又分别冲动与欲望，以为前者是情的直接表现，而后者则以意志为依据，详说起来，是有三大不同：

（其一）欲望只能支配人类行为的一部分，而冲动则支配行为的全部分。（其二）欲望是较有意识的有目的性的，而冲动则没有目的的，无意识的。（其三）欲望是有善有恶，而冲动则无有不善，知得这些分别，就可明白欲望不如冲动，也因为“意”不如“情”那样纯粹的缘故。何则“意”是包涵“情”“知”作用，“情”固然是永不间断的，而“知”则不免于间断；“情”固然没有目的，而“知”则不免于有目的，推之“情”虽绝对的善，而“知”则并无善可言，“意志”包括两间，自然是有善有恶了。总而言之，就进化的全体看，虽由于自然冲动，而由进化的一片段看，却是受了欲望统辖。欲望是有两种，一是向善的方面走，一是向恶的方面走。前者是“情”的欲望，就是创造的欲望，这欲望是和进化的顺潮相结合的；后者是“知”的欲望，就是占有的欲望，这欲望是和进化的逆潮相结合的，晓得欲望有这两种，所以我们所希望的不是把欲望消灭，是想利导他，不朝着有空间性的，反于自然进化的方面走，只要他朝这时间的自然进化的方面，不绝的跑去，须知唯有这种向上的欲望，才正是求真实的欲望，而这求真实的欲望，在底子里便含着革命的精神了。

因为意志可善可恶，很是自由，所以只要一念真实，那末代表意志的欲望，也自然向着真实走去，这就是与真实相接近了。当知这种欲望是不可少的，革命的一部分的成功，本全靠着这真实的欲望。故英国某诗人说欲望的重要，以为欲望能鼓励我们努力去改进环境，人无欲望，便蠢如鹿豕，因为有欲望，才能不满意于现状，才能发扬踔厉去从事改造事业，所以欲望为进化发展和改革之本源。有人问某德国社会改造家说，什么是社会改良最大的阻力？他说：就是难使社会不满意于现状，因为不满意，才能有改革的希望，才能努力去行。（见杜威的《伦理演讲》）由此可见欲望在革命行为上的重要，他的特性，就是不足求足，换句话说，就是因旧环境的不安，而要求其所安，因此将那不安的一部分根本推翻，而求那理想的一部分，这就是叫做革命了。

故革命行为的动机，不但由于冲动，也藉着欲望的要求，欲望是指导进化的一段一片，而冲动则兼及进化的全部，同理革命的心理，不单是感情的，也就有意志作用的；感情是包括革命心理的全体，意志也占着心理的一部分，但在这里，我还要申明几句，须知那伴着进化前进的欲望，其自身和冲动的分别极少，虽然含有理知分子，然不过是最小的限度。复次，形成革命心理的意志，那也是向着情的方面进行，所以和情因非常接近的缘故，几乎融化于情之中，这自然和那充满理知的意志，大不相同了，这么一说，就知革命行为中，冲动比欲望的能力更伟大，即专就革命心理论，情这个元素，也比意志占更重要的地位了。

## （二）

考察革命的心理原因，意志且不甚看重，何况那种冷静呆板的理知？须知意志所以不如情的缘故，正因为他里头有理知分子，还没有涤除净尽，至于知识这个东西，不但不是革命的心的要素，而且简直是“革命之敌”。因为革命是一种行为，行为不特不靠知识，而且知识越发达，就行为的能率越减少，而进化也为之停滞不前了，所以革命的好处，正在用真情来激动行为，至于利害关系如何，那就管不了许多！即因行为超过知识，故真正知道革命意义的人，一定不说什么“理性的行为”“理性的革命”这些无着落的话，反证理性和革命是个两极端罢了。

详细说起来，理性和革命是有几件矛盾：（a）革命是活动的，理性是静止的；（b）革命是自由的，理性是机械的；（c）革命是向着时间流行的，理性是向着空间开拓的，然这不过说理知和革命的本质不同，还未说到革命思想家不满意理知的缘故，今为方便起见，不妨提一提虚无学者对于知识的态度：

（一）知识就是赃物。知识是有可量性的，也是有可属性的，所以知识可以被人占有，可以灌来灌去，我一个朋友说得好：“把知识当做一种所有物，就是盗贼明抢暗夺的行为，侵犯人家的权利，我们可以说知识是赃物，”这话很对，由知识私有制所发生的罪恶看来，知识是赃物，即就知识的自身论，也只是赃物，故虚无学者之否定知识，是否定知识本身，而废止知识私有制的方法，也只是要简直取消知识，总之私有知识制固然不好，就是公有知识制，也不过公同分配赃物，晓得这层，可见，只要是知识，便是赃物，只要是知识所有者，就可以证明他是盗贼罢了。

（二）知识就是罪恶。知识发达一步，罪恶也跟着前进一步，因为知识是反于“淳朴的真情”，所以自有知识，而浇淳散朴，天下始大乱。什么道德哪，政治哪，制度文物哪，这些人工的，反于自然的圈套，何一不从知识发生出来，可见知识是罪恶之源，为大乱的根本，假使没有知识，也没有什么罪恶了。《庄子·马蹄篇》说得好：“同乎无知，其德不离；同乎无欲，是为素朴。素朴而民性得矣。及至圣人，蹩躠为仁，踶跂为义，而天下始疑矣，澶漫为乐，摘僻为礼，而天谓始分矣。”又《胠箧篇》说：“夫弓弩毕弋机变之知多，则鸟乱于上矣；钩饵网罟罾笱之知多，则鱼乱于水矣；削格罗落置罘之知多，则兽乱于泽矣；知诈渐毒、颉滑坚白、解垢同异之变多，则俗惑于辩矣。故天下每每大乱，罪在于好知。”，这席话真足代表虚无学者对于知识的态度评，也不用我再说什么了。

（三）知识是不平等因。知识是有分析的倾向，所以应用到各方面，总要唤起千差万别，不同的阶级来，今且不说别的，单就辩证法检点知识。如“知”得善的是善的，便有不善与善对立，“知”得美的是美的，便有不美与美对立，可见没有知识便罢，有了知识就都是相对的，差别的，因此虚无主义者从方法论上的见地，已明白知识就是不平等的原因，今既要求那绝对平等，就不能不根本废弃知识了。

再从知识的效用上着想，也得了同样结论，来证明知识不可不废弃的理由。

（一）知识是不能创造的。实验派很看重知识，所以 Dewey，Moore 诸人，还有什么 Creative Intelligence 之说，以这样想从知识中发展创造的生活，我以为完全错了，应知真有创造作用的心的元素，是真情并不是理知，因为知识常常引导人家去顾前思后，只见眼前的速利小效，却永不见那创作，长进变化和更新的理想生活，所以知识常毗于保守，而那些最有知识的人，满脑袋装着知识，其实不过证明他是保守家。复次创造全靠着活动才能成功，今案知识是有“静止”的特性，这自然和创造性质不符，反证知识是不能创造罢了。

（二）知识是不进化的。本来进化是时间的流行，今由知识去说明进化，于是所谓时间流行，都变成有定的，必然的，因为知识的机能，只能辨别具有空间性的图式，所以只可解释那固体的事物，却不足解释流体的行为，——就是进化。即就知识自身讲，也正是凝固和永久的东西，与那“无时而不动，无动而不变”的进化，正相反背，故我说知识是不能进化的。

（三）知识是不能发现真理的。知识所发现的真实，永远是相对的不是绝对的，是有限的不是无限的，因知识本身有不完全的毛病，故由知识得到的真实，都只是逼近的，或然的，假定的，老实说这种真实，简直算不得，因他对于绝对的真实，没的法子去求，所以我们要求真实的人，势不能不抛却知识，用直觉的方法，去直接证会真实了。

由上虚无学者的意见，可见知识这个东西，不但无用而且有害，把他和革命的真相比较一下，就可明白革命者之排斥知识，是很有理由了。何则知识从消极方面讲，是不能创造，不能进化，不能发现真理，而革命则正要创造，要进化，要发现真理的。其次从积极方面看起来，知识就是赃物，就是罪恶，就是不平等因，这三事都是革命者要破坏的对象，可见知识和革命的不相容，可不待详证而自明了。

即因知识和革命处敌对的地位，故组成革命心理的要素，只有情意，没有知识的。推之那充满知识的社会，我也敢决定他革命之不可能。就是好些高谈革命，一面又尊重知识的人，表面上好似也懂得革命，只可惜他“知而不行”，因其被知识管住，知识怎能够指导行为，反证那空谈革命的，也不过“空谈”罢了。说到这里，记得我在《破坏与感情冲动》文里，有很反对知识的话，率性引来，做本节的结论。

我们因不忍看现代制度的不公平，不幸福，所以主张完全推翻，要用热烈暴动的手段，去根本解决——就是破坏。须知破坏的方法，实是我们情的要求，我们觉得现在改良派说的什么妥协，什么调停，什么杜威的政治哲学，这种踌躇，顾忌，似是而非的学说，真不值得一笑，休了罢！我们除却向前破坏外，简直没有再可以过瘾的了。那末我就破坏去罢！破坏，破坏，一旦把旧制度，旧风俗，都放在爆烈弹里，这才是我们“情”的胜利！

当知理知的时候已经过去了！我们所可以自夸的，就在有热烈的真情，而没有冷静的理知，真情？那就是自我不是？就是本性自然性不是？要是如此，反证我是受了本性自然性的冲动，也可见比那做知识奴隶的强得多了。呀，我的血已经沸了！我已叫着我去破坏去了！你呢？你没有血？你没有真情？你没有本性自然性；你为何动也不动，我想你都是气闷极了，也该打破理性，去伸一伸腰，吐一吐气，把一切的旧制度，旧风俗，都破坏他一下，要是怎［这］样办，多爽快！

我说的破坏，的确是情的冲动，而且不仅是情的冲动，你怕冲动吗？躲开！别阻碍我们的前路，我想你们的知识太多了，逻辑的法式，也装得太满了！因此我晓得你的无能，干不了甚事。我么，不要知识，更无所谓逻辑，因我的逻辑，就是无逻辑，我所有的只是感情，我所能作的，只是感情冲动，就是破坏。

## （三）

我说情为革命心理的根本元素，但“情”究竟是什么，要不能明白说出，那末根据于“情”的革命，也可见是没有意义和价值了。于此我简单的答案，“情”就是本体，就是真实，就是个性自存的实体，不但如此，就是柏格森说的“真的时间”，也只是这个东西。

但我怎么证明说就是本体呢？我的根据有两种：

（1）构造心理学的根据——这派学者用解剖“心内容”的方法，承认知情意是精神作用的基础，近代哲学家如叔本华等又证明了“知”是“意”的派生，但所谓“意”，其实还有“情”的作用存在，原原本本由意志推到无意志的境界，再推到情的境界，既知道“情”可以脱却“意志”而有，就可见情是精神的最后本体了。

（2）机能心理学的根据——由这派学者研究的结果，知道心理的自然发展，最初是兴趣，次为注意，最后才是知识，可见情意作用实是支配知识的根本原力，情居第一位，意次之，知识只是附属物，由此可见从认识活动的次序着想，也可见情是最根本的心的要素，便就是精神的本体了。

本来求精神的本体，就是求宇宙本体的唯一方法，精神变起宇宙，宇宙由吾心认识出来，故“情”为精神的本体，也就是宇宙的本体了。但在这里，我要申明一事，须知机能心理学，注重在“行为”方面，这是不错的，然这“行为”，毕竟是吾心的行为，若不先把心的内容，详为分析，又那里知道行为的根本原力？所以我研究的方法，先由心理构造着手，既知情是心的最后元素，然后再由内而外，去研究“心”的发展，再由外而内，去追究行为的动机，知了动机所在，就知本体是什么了。由这方法，我已决定“情”就是本体。然“情”的本身，也自有体用的分别，我曾说过，“情”有动静，喜怒哀乐未发的时候，也有个情，喜怒哀乐已发，也有个情，只是一个情，流行于已发之际，敛藏于未发之时，当其未发而静，那便是情之体，已发而动，那是情之用，这个情的用，永远更新，前进，便是柏格森所谓真的时间。因为柏格森把变看得太重，却不承认变的本体，以为体就是变，自己在那里变动，变动以外没有旁的东西，却不知变只是情的流行，并不是变自身在那里变动，实在是情在那里变动，情好似波浪一样，时起时落，变化万千，知情是变的东西，又知情是心的根本原素，那就可见柏格森的学说虽好，也只见情的用，不见情的体了。虽然如此，体和用只是情的两面，今无无体的用，也无无用的体，所以只说情的体，便有情的用，只说情的用，也就有情的体，因体用不可分开，故把情之流行——“真的时间”认为本体，这也并不是大错，何则，情本来是以虚空为体，虚空无体，不能不以虚空的作用，——就是虚而不屈动而愈出的“绵延创化”为体。可见即用即体，只认得情的流行，也早已认得情的本体了。今且表过不提，专论“情”的本质，是什么？

（一）情是自然的 情的存在，是自己如此，因他是精神最后不可分的元素，这元素无始无终，独立自存，所以是自然的，即就情之作用立论，有了情就自自然然的会绵延、创化到无限的前途去，故说自然就是情。

（二）情是真实的 情不是别的东西，只是我的本来面目，没有些［法］子杜撰，因他是个性自存的本体，没有何等虚伪，而为绝对的诚实，故说情就是真实。

（三）情是虚无的 情是透明的本体，空无所有的地方，详说起来，他是无元的，就是无心、无物、无神的“无”。(a) 无心。心是以意志为基础，有了意志而后可见心的状态、作用，若情简直是无意志，是超过于自无而有心的时候，故“情”是在“心”之先，可见是无心的。(b) 无物。有心而后有物，物是从心放射出来，今情是无心的，也自然是无物的了。(c) 无神。情既无心，自没有那有意志的神存在，且情是自由的，不受什么限制的，似宗教家凭空立一个上帝，这种不自然的人造的偶像，更和情的本性不合。总结起来，可见情就是虚无，无知无名，无是无非，一切矛盾不相容的东西，到了情的当中，都融化无有了。

上面说的，还偏于“情的体”的方面，至于情的流行，也有几件可说，如情是变动的、是自由的，这都可见情和革命的性质恰合，因革命的趋势，不外是力向着那自然的、真实的、虚无的方面跑，而革命的本身，也正是变动的自由的一种“行为”，由此可见革命心理，实在是符合本体，而革命的行动，也正是真“情”的流行罢了。

## （四）

晓得革命的心理要素，是一种真情，又知道革命的行为，是由真情发生出来，那末我们不但不宜反对革命，而且应该使这真情尽量伸长，尽量流露，须知真情就是本体，以本体为心理的基础的革命，自然是不会错的了。

平常的人，以为革命不免破坏，那暗杀暴动的行为，何等可怕，这难道也是真情的表示吗？不知革命所破坏的，都正是那阻碍人的本性的东西，革命者嫉恶如仇，为着真实起见，自不能不铲除他了。须知嫉恶的情，也正是真情的发露处。杜威说得好："怒也可以养成堂堂正气，和健全人格，一个人要是没有义理之怒，断不能大有作为，和恶魔作战。要是见了社会罪恶，还是漠不关心，无一点愤慨，断不能望他改良社会。"可见没有怒，连做个社会改良家都不配，何论那革命事情？既知嫉恶的本能，是不可少的，便可知革命者的暴动，暗杀，都不过为求真实缘故。和那杀人不眨眼的破坏狂，大不同了。

有人误会革命就是神秘的心理，或是犯罪心理，如吕邦做的革命心理，就这样说。实则革命心理，本无所谓神秘，即如真情，许多人都认他为不可思议的东西，不不虑而"不虑而知"，"当下便是"，只要发自本心，见自本性，便可发现真情，所以再容易知道的也莫过于这一点"情"了，还有甚神秘可言？复次革命是要打破现实，自然和现实的法律不合，故由现实的法律看去，不消说是陷于犯罪的心理状态，但这犯罪的心理，也正是革命的好处。

晓得革命是以真实为根据，就知革命心理，不是变态的，而是本来的，常人因为情意汨没，沉溺于理知的生活，所以把任情的人都看做狂热的精神病者，却不知狂热的精神病者，正是恢复了他元来的心理，所以极其活泼，而且真诚得很，反之，那沉溺于理知的人们，他无处不顾忌一些，就无时不和心的自然状态反背；看他常常用大力把持住，使应时而生的反动力量无形消灭，就知道理性派才是变态心理，而任情的革命家反不然了。

**《革命哲学》，泰东图书局 1927 年版，第 45—59 页。**

## 革命的思想

### （一）

黑格儿 Hegel 用三分辩证法，来说明思想进化的过程，虽不很对，然把思想看作进化的活用，和宇宙一切活动进化的本源，这点是不错的。因为宇宙的进化无穷，真理的进化无穷，在这"无穷"当中，我们精神，所以能够跟着发展，就因有思想的原故。思想的作用，是要打破旧环境，创造新生命，所以思想是创造进化的。欧肯 Enoken 说得好："在思想的进步之内，重新把人生的各方面再造一番，现代的特征，即在此点。思想以豪迈的气概，包围了世界，而且发出一种强裂的要求——从他的本性内发生的要求——绝对主张实在界的全体，应该与他们恰相符合，就是这样，就革了旧生活的命。思想现在是捷足的先锋了。他伸张观念与原理，把人生拔出了旧窠臼，并且要使人生发表内部的需要。最使现代的运动有力量而且有热情的，即是思想所表彰的'为实现真理而竞争'（Struggle for realization of principle）。"由此可见思想的性质，是能够努力产生自己的内容，是有生命的活动体，这自然和那固定的呆板的物质界，大相冲突了。即就思想活动的方向论，也永远搭着"实在"的活动部分进行，因思想对于实在界，正是能够做媒摆渡的工具，而实在界又超越了同质的空间，所以思想的活动，是向着真的时间流转的，并不是向着空间开拓的。

如杜威一派的学者，把思想看作应付环境的工具，这是错的。思想这个东西，实在是独立的，早已脱离了环境的羁绊，无论对于特殊底威权，已成底制度，适意底习惯，都不受他们的限制，而独往独来，所以思想是创造环境的活动，而这种活动，和杜威一派说的思想，实朝着两相反对的方向去伸张。依我意思，杜威在《试验论理学》说的思想，实毗于保守，只能呈献我们到环境的台前，供环境的牺牲，完全把思想的意义埋没了。

思想何所来？据杜威教授说："这不是因个人或种族之中，有一种理想或真理，悬在那里，然后才发生思想的；因为要应付现实的状况问题需要，不得不去思想。人类不是一个纯粹思想的动物，实在是要生存的动物，如使自然环境中能够生存，能够全体适应，而不受环境的妨害，那末就用不着思想了。"又说："人在没有困难的环境中，也不觉得用思想的必要，人与社会环境，自然环境相接触，要想应付种种变迁，必须能适应这种环境，那末就不能不用思想，那个时候，并不是故意要思想，实由于困难的逼迫，叫我们不得不去思想。"似此把思想完全看作被动的惰性的东西，既不能唤起思想革命，又要阻住革命的思想发生，看他排斥理想，只顾眼前的速利小效，就可见这种似是而非的学说，正是限制思想自由，使他无形中屈服于此新神力之下，所以我为着思想的真正价值起见，不能不首先摒弃他了。

我绝对否认杜威教授的说法，因为他把思想看作只有机械的因果，没有意志自由的活动，其结果把人们的精神努力，都陷在物质圈套中，为四围环境所支配，无自由的余地。不知思想的起源，正因为一念真实，以现实的，因袭的世界为未足，所以抛开现在，而另有高尚的理想；理想在思想的认识活动上，占最重要的位置，倘若除却理想，思想便没有意义了。老实说吧！杜威教授说的思想，其实只是满腔子的利害观念，何曾说得上思想？固然这种思想，是要本着科学的精神和方法，用智识来整顿环境，改造物质，说来又好听，又稳健，但由思想看起来，这种局隘量浅，没有冥然孤往，向上发展的精神的思想，除了把科学方法来限罚创造进化的革命思想外，简直没有什么!

须知真正的思想，是有一种投影作用，时时创新，刻刻变化，因他永远向着真实，指示我们到那“宇宙生命”的路。所以不受现实管束，正是科学方法奈何不得的东西。简单说，这种思想，是从我所自行破坏的现实中，而渗透于我所自行创造的实在界的活动状态，故此从这方面看去，是理想的，不是现实的，而从横的方面看，又恰是批评的，革命的，破坏的了。罗素教授在《社会改造原理》说过：“思想是崛强的，革命的，破坏的，可怕的，思想对于特殊的势力，已成的制度，适意的习惯，是无情的；思想是无政府，无法律，不怕强权的；思想是伟大的，敏捷的，自由的，是世界的光明，是人类的最大荣耀。”似此把思想看作“破坏的智慧”，和我的意见很相同。

思想不是凭空杜撰出来，思想的好处，只是在我全无杜撰，他的心理的基础，是情意的不是理知的。元来理知作用，是我们后天所得，虽能告诉我们种种事情，但是对于实在界的活用，却接触不到，所以那单靠理知判断的思想，——把逻辑的方法，来限制自然思想底，——算不得思想；而真正思想，实本着我们本能与情意的要求，才能破坏一切，向着创化的前途伸去。须知这种“非理知的态度”，正是思想所以能发现真理的地方。

那主知的思想，实在是占有冲动的根源，他常常帮助万恶的资本家政府，去求利益，去愚弄平民，就是应用到科学发明上面，毕竟也和平民的利益无涉。所以这种思想是贵族的，那些代政府资本家张目的大学教授，自欢喜提倡他，我么？是“掉首不顾”的。反之主情意的思想，便是创造冲动的根源，因这种思想，是根于情感的直觉，为有生俱来不学而能的东西，而且什么人都有，故这种思想，是平民的。又这思想，是创造的，是不要样本的，是不要模子的，并不像主知思想，为听环境的摆布的玩意儿，因此，唯有主情意的思想，才有思想的真意义和真价值，也唯有他，才能引渡我们到那永远长进，变化，和更新的理想生活去。

我不相信创造的智慧，就是适合于人的当时的生活的思想，且以为唯有超越于当时生活的思想，那才是创造的原动力。所以思想都是现在的捣乱分子，未有不逆反当时的人心的。虽他所理想的世界，在于将来，然终必有实现于事实之一日，我们不要在短促的期间内，去估量他的价值，却要向其大处着想。晓得这层，就可见思想和现实根本不能相容，在现实中，也不易领悟他的真价，即因这个原故，所以思想有“危险思想”“过激思想”的头衔，我也特别叫他做“破坏的智慧”，以别于杜威一派的思想方法。

## (二)

这破坏的智慧，和杜威说的思想法，也有个大同的地方，就是都从“怀疑”着手；

其绝对不同处，在于怀疑的态度，和怀疑者立足地的不同，于此我可以把他分别比较一下：

(1) 革命思想的怀疑，是当着不满人意的境地，而保守思想家的怀疑，则在疑难时候，前者真个是怀疑现实，而后者则不过于解决一个问题时，而引起怀疑的态度罢了。(参看《现代思想批评》页五)

(2) 革命思想的怀疑态度，是绝对的，直到破坏方休；而保守思想的怀疑，则略一怀疑，便停住不进了。所以这种怀疑是相对的，并没有澈底“求真，去伪”的诚心！

(3) 革命思想的怀疑，是自动的不是被动的，因思想者自己有能动的倾向，所以和那保守思想专靠外围环境来唤起怀疑的材料的，大不相同。

因有这些分别，所以革命思想不但和保守思想不同，就是方法的内容，也不相一致。因此，我对于杜威教授的思想方法，不赞同他，推翻他，而另立我热情所认识的思想方法——就是革命的思想法。

革命的思想法，是极端的，单简的，无踌躇的，无顾忌的，只凭一念真实，全无许多伎俩，故虽唤做思想，而在我也不会添一些。他的方法，只是“怀疑”和“破坏”，做一番“打破”的工夫罢了。

(一) 怀疑 思想的第一步，是一个疑问符（?），不过这个疑问符，是由不满意的境地而起，和那解决疑难问题的态度不同，这里要问的，简直是从存在不存在，真实不真实上着想，如不满意法律，因就疑到法律本身，因不满意政府，便要迫着向“政府能够存在吗”? 这种怀疑的态度，便是革命思想的方法。

(二) 破坏 思想的第二步便是怀疑的引申——就是破坏。我们由心理研究的结果，知道那由不满意而发生的疑问，实在由于自觉，是一种欲望。(或者简直是冲动) 须知欲望是根本于情绪的，他所预期于自我而外所得的新境界，都是变态的。因为这种不满意的表示，迫着于本能作用，所以往往要排除阻力以进行，其结果就成为一种冲动，非破坏不可。所以怀疑和破坏，是一贯的工夫；怀疑而不破坏，那便不是革命的思想法了。

由此可见革命的思想法，只是（一）怀疑——（二）怀疑的引申——（三）破坏。分开说好似有两部分，根本只是一个彻首彻尾，没有间断的工夫。所以怀疑就是破坏了。破坏就是怀疑了。反之保守思想，如杜威说的“思想的历程”，硬把人的知识，将思想割成许多阶级，好则惜全是可惜全是伎俩，和那进化，创新一贯的思想无涉！

## (三)

革命思想是把行的归纳在方法里，——思想的方法里，这是虚无学者的新见，很堪注意的。(实验学者首倡此说，但他应用到空间方面去，成就他缓进主义的思想法。)

元来革命思想，就是怀疑和破坏，而破坏便就是行为。依我意思，怀疑而不破坏，只是未曾怀疑，因怀疑是破坏的主意，破坏是怀疑的工夫，怀疑是破坏之始，破坏是怀疑之终，思想是从怀疑而起，怀疑是不能不引伸的，怀疑引伸，便就是破坏，可见思想的方法里，本有行为在内，要是接着没有热裂暴裂的行为，也不成为革命思想了。

故革命思想是“知”和“行”合一并进的，换句话说，先有了大胆的思想，便不能不有革命的行为，在后面跟上去。所以知而不行的思想，算不得革命的思想；革命思想是能够实现的，故不实现的思想，也只是不切题的空议论；那在将来永不能够消化受用的，纯粹理想，纯粹理论，也没有存在的理由。总之革命思想是包括行为，因能够影响到行为上面，所以叫做真理。

既知革命思想是知和行合一的，不是分开的，那末缓进派想把知而不行的革命思想，来做幌子，也是决不成功的。如罗素教授在《政治理想》中说：“革命的行为，可以不必要，但革命的思想，是不可少的。”（原句 Revolutionary action may be unnecessry，but Revolutionary thought is indispensable. *Political ideals*. P. 77）他又在别的论文里，极力攻击广义派的革命手段，这种似是而非的论潮，阻碍我们的革命方针不少。本来缓进派的人物，老成稳重，怕暴动，怕危险，是不足怪的，但罗素外面既假装着革命的，破坏的态度，把思想看作好像爆裂弹似的。而内里却用这曲折的方法，把革命思想和行为分开，以免丢破坏的危险，这种无形打消革命思想的方法，实在不真得很。老实说吧！革命思想真正是可怕的，如罗素教授说：“人类怕思想，比怕世界上什么事件都利害，比怕死，怕灭亡还要利害。”这话真对！但思想为什么可怕呢？自然因含有热烈暴动的行为的原故，像罗素说的没有行为影响的思想，其实只是空洞的思想，纸老虎吓不住人，这种一味空谈的革命论，有什么可怕？反证起来，可见罗素教授明知行为是思想可怕的所在，却故意要避免他，以求迁就他的缓进主义。

总而言之，思想所以可贵，全凭着“革命行为”，如果我们不愿意宇宙进化，罢了，如有思想的必要，那末抵抗哪！暴动哪！罢工哪！暴裂弹哪！暴力的威吓哪！这都是革命思想的内容，丢开这些，思想还有什么意义？

**《革命哲学》，泰东图书局 1927 年版，第 99—107 页。**

## 革命与自由

### （一）

“人一生出来，本是自由的，但是现在无论什么地方，都是被铁锁锁着。”——卢梭 Rousseau《民约论语》——我们因想极力摆脱这些铁锁，向着自然的路上走，便震天撼地的叫起自由来，这便是革命了。所以自由就是一种革命的旗帜，如果要讲自由，就是要来革命。试看法国的人权宣言，美国的独立宣言，便知道自由，就是革命最有力的动因，因为从历史上的沿革看起来，社会间的制度，组织，没有不和自由根本冲突的，今既提倡自由，就不能不把旧社会遗传下来的东西，完全推倒，所以革命是获得自由的唯一方法，而自由在革命者的信仰中，便是最高的善。

我深信自由，是比平等，博爱重要得多，如社会党人专向平等方面去主张，结果把国家来压迫个人，这是根本错误的。依我意思，唯有绝对自由，才把平等，博爱合拢起来的，是能够兼包三大主义的。因为普通来说平等，博爱，仿佛是很容易做到，其实这种平等，博爱，永远在"差别相"当中。如你怜悯我，体恤我，叫做博爱，我和你地位相同，势力相同，便叫做平等，有了这种形式，反把自然真情，用理知的分子分开，变成不平等，不博爱了。故此平等，博爱便是大乱的根源，而真正的平等，博爱，必需到那融合人我，无差别的境界内，方能获得。换句话说，平等、博爱，到了极端，都只是不可说的"无"都融化于自由当中了。因自由是绝对的，是没有一切界限的，凡一切在经验上无论如何有重要差别的东西，到此都可以相比，所以只说绝对的自由，就是彻底的平等了，彻底的博爱了。故我极力提倡自由，虽不说平等，博爱，而自然平等，自然博爱，我的革命主义，完全是以自由为依据，是建筑在自由上面的。

我虽羡慕自由，愿为自由奋斗，但对他也不是一个迷信，也不是偶像，却是一个实行的理论，行为的计划。欧肯说得好："自由能给与我们的活动，以个人的色彩，自由能给与人生以自动力。"即因自由这个信仰可以使我们跳出于社会组织之外，增添个人的努力，去制服生活的障碍，打破种种锢闭束缚人的东西，而充满我们以成功底愉快的深信。由此可见自由所以可贵，即因他有所贡献于行为，使革命者当不满意的境地，引起最勇敢最深沉最激动的革命行为，这便是自由的效验了。总而言之，自由！自由！绝对的自由！也许不一定成为事实，但我革命者为着真理的向上努力，却要向绝对的方面进行，为绝对的自由而战。世界的革命者呀！仗着大勇猛大无畏的精神，苦斗不休，虚无有望。

自由是要有代价的，这种代价，曰血和泪。换句话说，要获得自由，唯有用革命的方法。我们不相信命定主义和机会主义以为只要时候到了，自由会从天而下，所以我们不得不努力去争自由，更须知道这是无论何时，都要争的。而且争的方法，也越激烈越容易成功。故"没有虚无党那样流血，暗杀，几百年的造因，俄罗斯仍然是独夫专制；没有一八八六年美国工人的炸弹，世界劳动界还照样八时以上的工作；不是十八世纪的流血，法兰西没有今天；不是梭谷士一九〇一年的短枪，芝加哥 Chicago

无政府党人那得如许惊人。”——吾友增恺“自由和强力”中语——由此可见，自由不是那些无抵抗的懦夫，所能得到，我们正应该急起奋最大的破坏力，去到达他。自由呀！我亲爱的自由花呀！我愿为你而粉骨碎身了，就是到断头台上，也爱不尽我的自由。

## (二)

自由究竟是什么？这个问题，在近代思想史上，是极关重要，许多思想家如洛克(Locke)、卢梭（Rousseau)、孟德斯鸠（Montesguieu)、边沁（Bentham)、穆勒(Mill)、斯宾塞（Spencer)、诸人，对此各有各的意见。由我看起来，都是不能彻底，人们虽酷爱自由，可惜所认识的，只是半截的自由，即如穆勒著的《自由论》(*Liberty*)，虽也把自由看做神圣不可侵犯，凡是拘束个人自由的东西，都是否定，然他却免不了限制，譬如普通教育制度可由国家强制施行，这就可见穆勒还不脱“强制的自由”的色彩，不然为什么将国家抬出来呢？

我说的自由，是无政府、无法律、无道德、无宗教的自由，也唯有这种任情肆意，毫无轨范的，才叫做绝对的自由。如洛克虽承认人们在完全自由世界中，自己想怎样便怎样，但他脱了人为法的拘束，又钻入那自然法的势力圈，不知道自然法的限制，和人为法不过分量之殊，我们如要完全的自由，为什么不连那自然法也废掉呢？至于卢梭好似很懂自由似的，他说：“英吉利国民每自命为自由，其实大误，其所谓自由，惟选举下议院之议员而已。议员既选举以后，英国民就是奴隶，不成为何物，其自由之时间极短，选举既终了以后，即无所谓自由。”这话很对，只可惜他一面攻击代议政体，一面又摆不开直接选举制，而提倡“多数决”主义，依他意思，个人对于国民总意应该服从，如果不服从，便可以强迫，所谓强迫，并不是剥夺个人的自由，乃是强迫他，使他得到自由，似此曲解自由，实在把自由的本义，完全埋没了。

外此如孟德斯鸠想把国法保障自由，那更不对了。他只知把自由用到政治事情上去，却不知人们一切行为，都要极端的自由，何况孟氏说的政治的自由，也只在不滥用权力罢了。那里说得上自由？复次：斯宾塞他信为独得之奇的“平等的自由律”，也依样不懂得自由，何则？自由就是个人真情的表现，所以不是那思想和欲望为占有冲动所朦蔽的人所能够假冒的。故无限制的自由，本毫无那损人利己的意思，斯氏为什么还要这“平等的自由律”去限制他呢？

我对于黑格儿的哲学，虽有些很表同情，而于他所谓奴隶自由的理论，却是极端排斥的。依黑氏说，国家是超越个人意志之客观的意志，而这意志，不像个人意志之有限，不合理，相对的，而为无限而真实，合理而绝对的存在的。因此，这就是自由，而国家的法律，也不外这自由的表现，所以个人依于绝对服从国家，而合于客观的无限的、合理的，绝对的真意志，这就是黑氏发见的真自由。似此奴隶的自由观，谁都知道排斥他，但是我们若拿最近学者的著作来看，有的说“劳工独裁专制”，有的说“民治政治”，甚至罗素在《到自由的路》中，也还要政府和法律。他们喊呐的口语，都是代表一件的东西，——奴隶的自由，他们很笑黑格儿的自由观，是一种妄想欺骗，迷信，术策的遗骸，但由我看起来，这些学者给国家摇旗呐喊的，和黑氏不过五十步百步之间，那也何必笑他呢？

我敬爱不过的巴枯宁 Bakunin，他说：“Nous reconnaissons，Pauntorit’e a Bsolue de la Science；vis - a - vis deslois naturelles，il nest ponr l’ homme qu’ nne spule libert’ e possible，C’ est de les reconnaitre et de les appliquer tonjours davantuge.”（见 Bakounine o'ouvrest Ⅲ. P. 51）因此，我便知道，无政府主义者也还不能完全解自由的。不然科学的绝对强权，为什么要服从？他既知道他是有绝对强权，反因计较利害的原故，而屈服于此新神力的足下，这就是不忠于自由的明证了。而且科学是有空间性的，理知的，律例的，现实的，所以很是保守的，反自由的，不进化的，只顾眼前的速利小效，终忘却现在要灭的道理，无政府学者既迷信他，服从他，何怪与自由背道而驰了。

现代美国的哲学界，也把自由看作很新鲜的问题，但细察起来，都完全不对。亚历山大（Alexander）说自由应当和法律调和的，脱夫恣 Tafts 说自由应当注重经济方面的。依我意思，真正的自由，就是无限制的自由。故把自由凝固到任何方面，都不可以的。而且自由是积极的条件，不单是纯属外界束缚的解除，所以脱夫恣说的“自由应当注重经济方面”，也只知道消极的自由若知精，极自由的好处，那末自由就应当注重精神方面的了。次如亚历山大学说，以为自由总是存在个人的智慧能活动的国家，又谓真正的自由，须得有正当的法律与公道观念，似此把自由限制在国家和法律这些强制机关的底下，当然不是我们主张无政府主义或虚无主义的人，所敢赞同的了。

就是说自由是应当根据人类的冲动和本能的麦克鲁尔（Mceline）的学说，也含着很大的误点，因他一面提倡冲动和本能，一面又说这些冲动散漫得很，必得要给他们一种客观的制度的根据，来约束他们。敢问既有这客观的制度，来约束主观的活动和创造，这就是不自由极了，还有什么自由？那里算得本能和冲动？明白说吧！真自由就是真冲动——创造的冲动。只管任情而行，都没有不对，故无须什么客观的制度去限制他，而且真自由也不受限制的。

平常的人把自由看作自治，以为自由是以能够管束自己为条件，这实在荒谬极了。当知自由就是没有强制的色彩，故和自治不同，自治的意义，仔细说起来，不免含理知的分子太多，他并不是自由，却是要节制自由。自由是根于本能，没有些儿杜撰的，自治却反过来，要用克己的工夫，去三思而后行。即因自治是要克己，把那冷静的理知去毁灭本能，就是把非我的分子来强制我，所以我否认他，以为有自由就够了，何须自治？因为自由是本于真情的根本冲动，也只是率性而行，率性而行是不会错的，故此我们不要管束自己，只须依照自己的自由去做，那就是最高的善，就是真实了。

这绝对任情的自由，才是生命的流行，才是进化的根本原力；而从那方面看，“情”又是个性自存的本体，所以任情而表现的自由，也是绝对的单一，是不能比较的，因他已经摆渡了平等的牵制，才称做“绝对的自由”。

（三）

虚无学者要求的是绝对的自由，所以主张要根本消灭那一切不自然的，拘束我们自由的东西，并还不赞成无政府主义的自由组织。本来虚无主义和无政府主义都是从根本上争自由，不过前者为爱绝对的自由起见，连天地强权都推翻，后者虽对于上帝，主人，凡有阻碍人的生活之东西或学说，也是否认，只可惜是夹带着调和意味，结果只能在天地的大圈套内求自由罢了。我可引一个譬喻，无政府学者遇了天然强权的障碍，只想迂回通过，虚无主义者必要破坏天然强权的。所以虚无主义是极端的推翻宇宙，而无政府主义只是想减缩自然界的强权之戡天主义。不知自然界的强权既是阻碍我的自由，那末我们就非想种种方法将他扑灭不可，像无政府学者既反对天地之刍狗万物，又不简直推翻天地，这就是缺乏争自由的诚意的铁证了。而且所谓戡天主义，只想减缩强权，却不知我所反对的，乃是强权本身，虽能灭缩至最少限度，还是天然强权，不过程度之差罢了。由此可见我们的主要口语——虚空破碎，大地平沉——这正是从根本上着想，求出绝对的自由，我们如果想和绝对自由接近，就请爽爽快快向大虚无上边去。一旦天翻地覆，人类灭种，那就绝对自由的目的达到了。

**《革命哲学》，泰东图书局1927年版，第109—117页。**

## 革命与群众运动

（一）

革命是群众心理的结果，毋论革命的原因如何，要不印人入群众心理以后，都是决不成功的。吕邦的《革命心理》语——即因革命是群众的事业，所以群众的研究，比什么都紧要，关于现在群众的势力，有一日千里之势，便知道革命的潮流，也是一转直下，断不到此而止。

群众因为没有觉悟，故虽屈服在强权底下，也不敢反抗起来，于此不可不有少数主倡的人，或煽动的人，去促他自觉，这少数的个人不是别的，只是理想家，他能把群众所要说而不敢说的理想，宣布出来，然后认定这个理想的目标，共同努力前驱，去到达他。

须知这革命的理想家，他志是坚决的，血是热的，情是真的。一面做群众的先觉者，把那必然到来的革命，告诉大家，使大家为这命运努力奋斗。一面又是革命的实行者。本着无慈悲，无踌躇，无似是而非的三大特性，努力做去，所以理想家和"领袖"的性质不同，他虽站在指导的地位，却不是那躲在大众背后说风凉话的。他是有热烈的信仰的，是敢作敢为的。就是吕邦很轻视群众的指导者，对这点也不能不说几句公道话。他说："群众之指导者。与其谓为思想家，无宁谓为实行家，……惟对于其所确信者，一意孤行，当此之时，推理功能，全失效力，即使加以轻侮，施以凌虐，终不得而动之，有时反激其气而扬其波。盖彼辈于一身之利害，家族之安危，一切皆可牺牲，且举人类所具之自卫自保之本能，全然现而不见，惟知殉其主义，乐为之死。"（《群众心理》译本页一六三）

复次，领袖是从权力上成立的，无论何时都是驱策群众，去盲从他。理想家便不然，他不是做群众的领袖，乃是做那朋友；不是做制人教人的人，乃是为的使人觉悟。因其可以具相同的性质，又不必要有权力的组织，所以和群众，纯是平等的关系。虽在传播革命思想时期，好似群众受了这种思想征服的形式，其实"此心同，此理同"，他也不过一时代趋势的代宣者罢了。由此可见理想者不是把"架空造桥"的理想来给大家，他只是把那潜伏在大家心里的意见和信仰，揭穿出来；譬如无政府主义，我不能说这是谁人发明的，只可说这是无政府学者代表群众的真情说出来的，即因这个原故，所以少数的理想家，和那迫人服从的领袖不同，他和旧制度，旧风俗的冲突，便是群众和旧制度旧风俗的冲突，就是旧势力对于理想家的压迫，也实是和压迫群众的一样。

理想者代表群众，是代表群众的真情，却不是代表那组成各个人心理的"理性"。原来理性是差别的，是不能代表的，而真情则自然一致。故此理想者的真情，也就是群众的真情，他不过能认识自家的真情，同时知道"群众的真情，皆备于我"，而他真情之单独实现，也等于群众的真情的总和。所以我就是群众，群众就是我。我的一举一动，莫不和群众合德了。因为群众的特征，就在已构成了单独的"真情"，而为"群众心意一致律"所支配，而理想者，则完全具备这个要素，他的好处，就在多情，多情就和群众心理密合无间了。

就使有了群众，没有群众的理想者，也是决不成功的。因为群众运动是各个人自觉的自决行为的总和，其中如果没有理想者，去自觉觉他，就不能有真正的群众运动。

比如荷负重税之苦，什么人都知感到，唯群众中或不知这是根源于暴君污吏而来，则他觉性无由发动，一旦有个“理想者”知其如此，原原本本的告诉他，使他振发其他觉性，与其痛苦之自觉，成一冲动，于是便革命起来了。由此可见群众之心意中，本来自觉，不过这种潜伏的真情，“寂然不动”，必须理想者去唤醒他，然后“感而遂通”，便成一种冲动了——就是革命的冲动。

所以孤独的理想者，实是极重要的。因为重要的行动，最初莫不是这些人因为个人真情的自由而发生的行动。然而个人的真情，便就是群众的真情，故此由理想家个人发生的革命，结果常得了群众同意；虽然在起初时，“群众是错的”，常常帮助黑暗势力，去摧残这少数人，但归根结底，群众终不能不为真理低头，对这孤独的理想家，自不觉从风而靡。孤独呀！最孤独的奋斗，是最有力量的，也唯有最孤独的理想家，才有革命的创造力的。

## （二）

由我看起来，群众运动只是彻首彻尾的“真情运动”。因为真情只是一个，所以少数理想家从他个人的仓库，引出真情给群众看，大家也因此悟到自己现前元有的真情，结果便顺着本能冲动——就是革命。由此可见群众与其指导者，要说他“精神常相联合”，不如说群众和指导者，真情自然一致；要说“群众常服从指导者的命令”，还不如说群众是照着自己真情的命令去做。诸君！指导者是什么东西！他怎能鼓动群众？须知能鼓动群众的，只有蓄在大家心里的一点情，这才是革命的原动力，才能唤起群众运动。

群众心理的构成，只有这个真“情”，更无些子造作的。可惜这个道理不明，许多研究群众心理的，都把他看做很坏的现状，如洛士 Ross 把群众心理的表示分作两种：（一）狂 Craze，（二）迷 Fad。依吕邦说：“群众心理是有四个主要特征，一、各个人意识的个性消失；二、无意识的个性优胜；三、暗示及传染的结果，构成群众的人人感情思想趋于同一的方向；四、被暗示的思想，直接现于实行上。”又说：“群众的心理特征，是无限的轻信心，极端的感情，没有先见，不受理论的支配，不为真相实验所动”。这些话都很知得群众心碑的真相，然这正是群众心理的好处，却永不是坏处，这点可惜社会心理学家没有看到罢了！

我对于群众心理，是处辩护的态度，如吕邦做的《群众心理》一书，我无论如何，总是爱他有彻底的研究，至于那书批评的话，我却不敢赞同，因他是一位保守家，故不免有许多错误的地方：

（第一）他错认群众心理，是组合各个人心理而造成的特别化合体。所以说：“无论一群之组织，其分子为何等人，其人之职业生活性格知识之齐等与否，皆可不问，惟既由个人结而成群，则此后即别成一种集合之心意，静则为感想，动则为行为，其态度与方法，结果必与孤立时之个人大异。”依他意思，群众心理和各个人心理的关系，好似合无数细胞而造成的生物体，当这生物体造成之后，即呈一种特征，和各个细胞的特征，大不相同了。似这种持论，我以为是吕邦的根本错误。何则［?］群众心理是本来蓄在个人心里的，并不是结合成群才有的，如少数的理想者，他孤单的一个人所感、所想、所行，都和群众心理相合，可见群众心理虽表见于组成群众的时候，却不必限于群众当中，只要是有情的个人，他底狂热、勇猛、真实、高洁，就自然和群众心理不谋而合了。换句话说，群众心理有所谓冲动性，易激性，缺于推理，暗于辨别，等等，其实都只是“情”，孤独的个人，有这个“情”，组成的群众，也只是这个“情"，不过在群众团集之下，更容易表［现］出罢了。

（第二）他错认群众之中，其所积聚的，是愚昧的部分，而非智慧的部分。所以说：“凡组成群众之分子，其文化之程度，必较其人之本来程度，降低数级"。其实群众运动正是社会上各个人普遍的自觉，这种自觉，是本能的，不是理知的，吕邦只晓得“尊其知之所知”，而不晓得“恃其知之所不知而后知”，对这“不假闻见”“当下便是”的元知，自然老不明白了。实则这种“无知”的“知”，才是无上的普遍的“知慧”，而吕邦所认为智慧的部分，则不外虚伪的差别的理知而已。他既不知革命者的智慧——直觉——的好处，那也只可任他作不关痛痒的批评好了。

（第三）他错认群众是受外界刺激力之作用，完全不自觉似的。所以说：“当个人联而为群时，其所作为，自己亦冥然罔觉，一似被催眠者然……一受暗示之鼓动，遂轻率躁进以赴其所事。”固然群众运动是暗示及传染的结果，然须知理想者当暗示时候，并不会把“什么”灌在群众脑中，群众虽受暗示的鼓动，在他也不会添一些，所以群众是自觉的，和那盲目追随的大不同，就是构成群众的人人感情思想的一致，也只是“真情”的自然一致。晓得这层，那末由暗示及传染的结果，使群众趋于同一的方向，这正是自觉到了极点的时候，怎可把催眠者和被术者的关系来比他呢？再进言之，那被暗示的思想，都是理想者根据于真情所发出来的，所以这种思想排列在群众面前．也不期然而然的“共鸣”起来，不但共鸣，且要直接现于实行上，因我真情觉得非如此不可，故能无踌躇，无顾忌的努力做去。吕邦说他“轻率躁进”也很对，可是这“轻率躁进”是顶真实不过，而且完全是自觉的啊！

（第四）他错认群众的本性，是保守的，反改革的，所以说：“群众之保守性，其坚牢不易摧除，与原始人民无异，社会上一切遗传之迷信，无由破其藩篱，苟有一二新奇举动发生，或足以变更其生存之状况者，则根性上所潜伏之恐怖心，必立时随之而起。”又说：“群众为保持遗袭思想之最顽固者。”这样说法，实在和他别处所说的，自相矛盾，由我看起来，真正的群众心理，决不会有恐怖心，因他早已超过利害观念了。且群众的本性，谁都知他是偏于破坏的，革命的。洛士说得好："要求群众否认一样事，比要求群众承认一件事容易得多，群众可以推翻专制，而不能建设共和，可以打倒社会的恶魔，而不能谋公共的利益。"就是吕邦自己也说过："群众的动作，好像征［真］菌在尸首里的动作一样。"由此可见破坏是群众的本性，吕邦说群众为保持遗袭思想之最顽固者，真是"正言若反"了。

那些不满意于群众心理的，都虑及个性消灭一层。洛士以为群众精神上的主要原素，就是暗示，暗示是有重速积 Momentum 的力，凡脑经［筋］简单的，意志萎靡的，一遇到他，意志坚决的，虽可以和他反抗，也难保护完全有意识的我。(见谢承训的《洛士的群众心理》)吕邦说："组成了群众的时候，各人的个性通通消灭，他们要是孤单的一个人所感、所想、所行，是照着各别的态度方法，到得成了群众，这种个性决不发生，纵使发生，也是那决不会发现到行为的思想感情，有多少存在罢了。"这话好似都实把个其实把个性完全看错了。真正的个性，并不是个人意识的"理性"，却是各个人的真情。原来理性是再坏不过的东西，有了他便把人类的真情分开，变成千差万别起来，所以各个人意识个性的消失，反证是真情流露，烂漫天真的时候。而群众运动的好处，即在他把"情"的个性，尽量发挥，也唯有这"情"的个性——无意识的个性——才是真实的个性。把真实的个性来代替皮相的个性——意识的个性——这不是群众心理的好处是什么？由此看起来，群众运动，不但不把个性消灭，而且是恢复"个性"的良好时机，一面各个人充分发挥其真的个性，一面又自然构成一单独的个性，即因这个性，对待发展是个人的，同时也是群众的，故表面看起来，好像是在各个人心理以外的新化合体，其实依然是各个人自家的"个性"。可惜这个道理涉入玄学范围，如洛士等社会心理学家，永看不到罢了！

## （三）

群众的行为，本脱然于理性之外。所以吕邦一流，要用科学的态度，去解释群众心理，怎能发现他的真价值呢？如吕邦说群众心理，只是无限的轻信心，极端的感情，没有先见，不受理论的支配，不为真理实验所动，由我看起来，这话不但不足排斥群众心理，而且反证出他是不受理知的束缚，除真情外，没有什么的。真情！真情！试看翻山倒海的革命运动，那不是由真情发动？可见没真情打不破虚伪，而理性这个东西，只注重形式秩序，等等，这正是虚伪的朋友，当然是不必要的。

(1) 群众运动倘若没有信仰的精神，一定不能实现的。但这信仰，并不是什么偶像、崇拜物、经文、信条种种形式的东西，简单说就是信仰真我。所以我热情觉得对的，那才真个相信，真个牺牲虚名浮誉去到达他。看吧！法国大革命时代的雅谷宾党人 Jnoobins，其真理的自信力何等的真挚！也唯有这种坚固的信仰，才能破坏一切，就是立意决定以后，便不去东顾忌一些，西迁就一些，那不顾忌不迁就，便可见群众信仰的真精神，吕邦说是“无限的轻信心”，也很对，很对！如果群众的信仰，不是绝对的，只是那虚诞漂渺的，那末他就立刻觉得他破坏了他的意志了！他的主动能力退缩了！他就失却他从前所认识的真实了。

(2) 群众是真情用事，本不知“顾忌”、“迁就”为何物。不错！吕邦说群众的感情，无论如何，都不外夸张的，真率的两种倾向，但须知这夸张和真率，是有一个好处，就是爽快。平常人因受理知的束缚，也不敢伸一伸腰，吐一吐气，把我也越看越小了。反之当组成群众的时代，那时已摆脱了皮相的我，而获得真我，所以觉得我大而物小，结果要“忘其平日之卑陋无能，竟自谓其能力绝巨，一时莫与伦比”了。总之群众有的是极端的真情，没有的是冷静死的理性，所以夸张和真率，都只是群众的爽快处，和［比］那迟疑不决的，科学的态度不知真实得多！

(3) 群众是没有先见的，但吕邦说：“群众之行为，只有临事之张皇，而无先机之熟虑”“苟有术以反覆鼓舞之，虽与本性相反，亦无不应之如响”；似这就未免一笔抹煞把他看作完全受动的了。其实没有先见不是别的，只是无踌躇，无顾忌，不顾利害如何，只凭一念真实做去，所以没有先见，正是勇往奋进的武器，也唯没先见的，才能“运用之妙，存乎一心”，创造哪！进化哪！不是靠着先见，所能成功的啊！

(4) 群众是不受理论的支配的，因为理论本管不住行为，而重要行为常超过理论，所以当群众之前，要把拂人之性的理论，限制应时而生的革命行为，结果诲者谆谆，听者藐藐，一定没有效果的。吕邦说“论理学者尝谓三段论者，必为真理，……然惜乎群众之不能领会”，即因群众不受三段论法的限制，故既能创造，又能进化；由一面看起来，可以说“群众无推理力”，然唯其无推理力，才能扩大那本有的“直觉力”，而群众的行为，即受这不可思议的“直觉力”的支配，所以群众不可以理喻，这正是群众超越理论的地方。群众的好处，即在吐弃理论，不给三段论法限制住。

(5) 群众心理是不为真相实验所动的，因他理想的目标，常倾向未来，为着未来而有意义，所以短视短听的人，要立刻考验他，稽核查察他，那是不可能的事，而持这种论潮的，也自然不会感动群众的了。如吕邦攻击社会主义，说“提倡此主义者，敢揭其未来之幸福，以夸许于人群，至于事理之究为何如，悍然勿顾”；似此牢牢抱着眼前的事，来批评社会主义，社会主义者怎能心服他！不消说群众是更不能够心服了。

总而言之，凡群众运动，都是把个性自存的本体——真情——作底子的，所以非常纯正，非常真实，而那些要用科学方法，来批评群众心理的，反多见其不知量罢了。我么？是确认群众运动的意义和价值的，以为“真情”就是群众心理，群众的行为，就是真情的表现，生命的流行。

## （四）

从前研究群众的，多从犯罪方面着想，好似群众的一举一动，除犯罪外，没有什么。其实群众是要打破现实，故由法律上看去，当然是犯罪行为，然这行为的动机，可是再真实不过，就是表现在行为上，如无我，敢死，任侠，慕义诸美质，也不是那些酒甕饭囊的道德家、法律家，所梦想得到，自不能估定他的真正价值了。

如吕邦洛士一面承认群众的美质，一面又说是不道德的行为。这种矛盾的论潮，我真不爱听了！洛士说："群众是感情用事，感情固然有些是道德的，但正当的行为，定要经几番思索。群众的头脑，大都上了点闷药，不能精密的思索，那里有真正的道德？感情热的时候，往往不能自制"。似此把理知看作道德的本身，和我的意见，截然不同。我以为真正的道德，只是一念真实，是把存在于自我中的真情做根据的。至于理知这个东西，其自身就是赃物，就是罪恶，就是大乱的根源，那里有道德可言？反证起来，那反主知的群众，因他无先见，无踌躇，无似是而非，所以才是真道德了。

就是吕邦对于群众的道德，也不敢绝对否认。他说："一身利害可算是单喹高独的个人行为的唯一动机，移到群众上，却不能做有力的动机，群众就着自己不甚理解的事，奋勇健斗，视死如归，断不能说他是利己心的指导，虽系有名的恶人，在群众中也能守严正的道德训条，极放纵卑劣的人，在集会席上，也有君子之风，……如是将奉公献身，及对于事实上或一种理想上尽心竭力，认为道德上的美质，可以说群众这些美质，恐怕贤明的哲学者，有时还不及他，群众最系无意识的表现这些美质，我们可不必深究，而且他们无意识的做去，不经推理，也不当引为憾事。如果他们在什么时候，都有慎重的推理，并且打算直接的利害，那会弄到地球上面简直没有文明，人数简直没有历史，也说不定。"依照我论敌的话，更可见群众的道德，是再好没有了。

然我总不相信，群众中有什么严正的道德训条，我此为群众的道德，其完全发动力，只是一点真情——绝对的诚实。这真情是率直而行，去把一切虚伪非自然的东西，完全推翻，所以群众的道德，是破坏的，是无道德的道德。这任情的道德，在革命的群众运动，最容易看出这种美质，但有人把"互助"的道德，来解释他，那又是错误。须知互助还是偏于理性，而群众则出于真情，真情比社会心理学所谓"同情心"还高。同情心往往局于环境，如因国家的区划，人种的偏见，所发生的敌忾心，而真情则只凭一念真实，凡我热情所不能承认的，无论是谁，都驱逐他。

晓得革命的群众运动——是存在于自我中的真情的表现，那末群众的运动的价值，也不待详证而自明了。但有人反对吾说，根据于泰特（Gabnel Trade）的摹仿律，以为群众运动是由于摹仿的结果。"因为感情是最容易摹仿的，比方大群众的集合，只要一人高呼，便可万人响应，不愿意学的事，只要以感情相动，便立刻激昂奋发，无事不可为。”这话错了！因为群众运动，必定是以群众中各个人的本能冲动发生出来的，就是理想者在群众的集合当中。也唯有真情——绝对的真实——才可以感动群众，使他反省自觉，所以是自动的，不是被动的，和那盲目的追随大不相同了。总结几句话，我只认群众运动，是真情运动。凡不合于群众的真情的事，必定是劳而无功，换一面说，凡从前所不愿做的事，因为唤起了个人真情，真情觉得非如此不可，也自然会激昂奋发起来了。

**《革命哲学》，泰东图书局 1927 年版，第 119—132 页。**

## 革命与唯心史观

### （一）唯物史观的批评

马克思（Karl Marx）的唯物史观，是以经济事情为中心的历史观，因他说明历史上的社会变迁，注意在社会上一切关系依于物质的条件而变化的原则。故此学说推到极端，把理想那样东西，也看作不过物质的影子。他在《法兰西政变论》文中说：“人的感情、想像、思想及人生观，都在财产所有权的状态，社会的生活状态上，有其根据，就是此等心理皆从社会物质的组织，及伴此而生之社会的关系起的，各个人为或种行为的时候传说及教育的结果，必不能免其社会事情的影响。”又在《经济学批评》序文中说：“生产关系的总和，为社会上经济的构造，是法律上、政治上，建筑物的真实基础，又是相应于社会的意识形态的真实基础，物质的生活之生产的方法，可以决定社会的，政治的，及精神的，一切生产过程，不是人的意识，决定人的生活，倒是社会生活，决定人的意识。”由此可见这唯物史观，无论因格斯（Engels）柯祖基（Kautsky）诸学者，怎样给他辩护，洗刷，而由马克思的话真去。总难免把能动的精神，看得太无意义；结果何怪给卞斯天（Bearustein）几句话就驳倒了。

但我对于从批评唯物史观，总不大满意，一半是因他的批评方法不好，一半是因这些批评者的立场，不是那官学教授的经济学者，就是一味讲调和妥协的修正派，须知马克思学说，虽很有保守的性质，然以较那只是东一点西一点，以求苟且生活，糊过眼前底日子的社会改良家，实在高出万倍，至于依靠政府资本家的学究先生们，那更不配去批评马克思的学说了。总之唯物史观何尝不值得批评，然而批评的人，才应该有更高明的见地，像守旧学者要从地面去看天上东西好和坏，自然老不明白，不消说是完全错认了“唯物史观”的性质了。但我在这里，也应该将无政府学者的态度表明，因为无政府主义，无论从何方面看去，都比马克思派更彻底，只可惜他对于唯物史观，却又满口赞成。又如我朋友凌霜君对于马克思的政策论虽然极端反对，至于论到唯物史观一层，就不但没有攻击，而且把他看做最大创造，为学问开一新纪元。（看他著的《马克思学说的批评》）何则？无政府主义和马克思学说，在社会革命的原理原则上，多少总有个相同的基础，所以就是纯粹的克鲁泡特金派，——凌霜——也不能不肯定唯物史观的意义和价值，然亦可见无政府派既然绝对的排斥辩证法，而于根据辩证法结合而成的唯物史观，也怎地恭维，这便是他的矛盾，反证他曾对于唯物史观，也还未曾下过一番评判的工夫罢了。我么？既不似无治派那样一味宣扬，也不愿做那无理由的决意排斥，我的立足点是虚无主义，自信是比马克思派还高些，而且在消极方面，去否认唯物历史观，在积极方面，还是有所建立，——就是我的唯心历史观。故此这番的评判，或者较深切些，要是我批评是对的，那末把唯物史观做宗教般信仰的，也应该早些觉悟，把那误谬的信条，自己推翻！

我对于唯物史观的批评，是从他的实质的内容下手，原来唯物史观是由两种见解合拢成的。一个是辩证法的思想法，一个是唯物的世界观，由此本历史的眼光，去思考事法。将人类运动的原因，都归到物质方面，这便叫唯物史观。我现在批评的方法，是把他构造的本身分析出来，作我们批判的材料。

（一）辩证法——本来黑格儿 Hegel 的辩证法，我就不大赞成，因他把必然的道理，看得太重，以为概念的论理的发展，必定和自然界事物的实际的发展相应，所以宇宙原理是和论理家法自相一致，而成为合理的，必然的动的法则。似这种哲学说，固然也很有理由，因为自己如此的进化当中，是不免有自己如此的法则，但是要把这历史法则，看作“百效膏，万应锭”，从此更不想用意志力来助进，那就非常危险，结果是要极端守旧的。如黑格儿本身，就是好例。他的哲学，马克思说他是有保守的一面，但这保守主义，马氏却以为是相对的，黑格儿革命的性质，是绝对的。这种解说，自是深知黑氏哲学的了，但黑氏的保守方面，究竟是在那里？我看马克思实在没有彻底的答案。依马氏的意思，“在黑格儿的哲学当中，如在某时代之某种见解和某种社会制度，因和那时代的情形符合，所以就应当承认这种见解与这种社会制度是合理，这就是他哲学的保守的方面。”（参照顾兆熊著的《马克思学说》）不知这“现实的就是合理”的误谬思想，实从他的必然论引申出来，所以返本归根，黑氏的保守方面，实在于必然论的基础上，这么一说，不但黑氏哲学的真相表出，就是唯物史观的根本弱点，也不难想见出来。何则？黑格儿的辩证法，还是从心理概念的发展着想，所以一面是以必然为根据，一面还是极力主张人类的思想能够驾驭万物。至于马克思便不然了，因他说的唯物史观，本来所根据的辩证法，已难免有保守宿命之讥，何况再凑上个唯物论，结果使那较有自动手续的黑格儿辩证法，变成更保守些，更机械些，所以辩证法到了马克思手中，实在把他融化成为呆板，死的方法，而他的意义和价值，也减轻了许多了。

（二）唯物论——马克思对于黑格儿的理想辩证法，而说物质的辩证法，于是乎把历史上一切变动，都归到经济条件的变化一点，而且把人类的理想，意见，凡是属于人间意识的，都说他受了物质支配，因物质变动而变动的。呀！这种唯物的见解，在那些短见的功利主义者也许信他，但由我们稍了解现代意义的人看去，不由得不抿着嘴笑。何则？经济命运的绝对思维，就是极信奉马克思的，也觉得过于单纯；因为现象界当中，绝对是不能够似“飞将军从天而下”，所以历史上一切变动的原因，就是把事实来证明，也都是多方面的，决不是一方面的。今姑不论那些经济以外的一切物质的条件，如人种的地理的条件，都和人类社会有影响，就是法律、政治、宗教、道德等等，也难道不是那能够左右社会组织的种种原力？但唯物史观告诉我，这些东西，并不是社会变迁的最终原因，而都是社会基础上头的建筑。

似此把普天下的事理，拉在一个轨道上，好是好极了，可惜这种学说，只是布准克鲁斯脱的床（Procmstean Bed），我们现在已不信那推诸万世而皆准的绝对思维，自然对于这经济一元论，只得付之一笑罢了。复次，自十九世纪的末期以到现代，唯物主义的破产，已经决无可疑，那末谬托于唯物论的唯物史观，从进化的逻辑看去，无论如何，已犯了时代错误，这自无一顾的价值了。然我且姑退一步，认唯物论是值得讨论，我就要问他有广袤的物质，何以能够生出无广袤的意识来？何以唯物论家，也自己承认脑髓能够生精神作用的道理，为不可解？由此可见那专凭皮相的物质现象，来说明精神作用的，都是根本差错，误谬不待言了。再进一层，马克思在一八四五年，已经完成他的学说，而这一年，又发表过反对（旧派机械的唯物）的论文，说及“吾人不是像一个机械，就被他蒙昧的经济势力所驱迫，至于总不能抵抗，假如照物质主义所说，主张吾人是环境与教育的产物，所以人有不同，就因他的环境不同，和教育变更之故，这个说法，已经忽略了时势可以为人转移，与教育家能够使他自己受教育一层。”由此看来，可知马克思的唯物史观，要硬定（社会一切关系依于生产方法之变化而左右）的原则，实和他无意中发出来的老实话，自语相违，也可见唯物史观的根本，已经自己崩坏，就是他在《经济学批评》说的“社会生活决定人的意识”的话，也是不可靠极了。

总而言之，马克思既把人类的精神努力，抑制在物质的境遇之下，也何怪他不承认人类的文化史，由人类造成，却主张那极无意思晦滞背理的经济决定论了。但可惜这种理论，在稍研究过社会心理，知道人类心情的，假使告诉他，“人类于关联经济价值的刺激，其适应他的方法，能够决定人类对于一切别种刺激的适应方法”，我想是没有不失笑的。不但如此，就是和马克思相得的朋友——因格斯——也说过：“物质的状况，虽是历史的基础，然而仍旧各种原料，方能成为历史构造模型，政治制度等阶级竞争，和他结果，他的构造，如同其他一切政治上，宗教上，哲学上种种背景，影响于历史竞争的发达，所以一定经多数的演进，才能够定他们的结果。”这就可见那主张唯物史观的，早已没有胆量去承认他自己推理的逻辑的断案。而理论的矛盾，也不难想见而知，就是好些代他辩护的人，要用尽曲折的方法，来证明马克思是承认思想，其实也都是自来反证唯物史观的无意义无能为罢了。

我以下是要证明唯物史观的根本误谬，由他本身的性质和用处着想，是有几件说不通的地方：

（第一）把物理的法则硬用到社会化上去——因为唯物史观的要旨。只承认环境可以改变有机体，却不知道这种历史法则，只是极粗笨的物理法则，把他来说明社会迟钝不进的移行，是可以的，至于社会进化这回事，那就绝其不可能。何则社会进化是有目的性的，分开说，是有两种表示：（1）向未来的目的做；（1）选择做到目的的方法器具。由此可见社会进化，还须人类的精神的努力，这自然和物理的法则不相容了。因为物理法则，只能看到有因果性的必然关系，故此由此去观察变动状态，也只看得到物质的变动，就是空间的变动。陈启修教授在《唯物史观与贞操问题》说：“照物质不灭和物质普遍的公例说来，物质的数量和性质，虽然是无古无今，无东无西，皆是一样的，然而物质的结合和物质的位置，若从新陈代谢周流延环等生理学化学社会学经济学等的公例看去，却是转换不定的。”这话很对，物质的确是有变动，但这相对的变动，假使留心研究，就知道他是弛缓的，不是紧张的，是向着空间开拓的，不是望着时间流转的，这自然没有向前的目的，把他来说明白然科学，是对的，至于社会进化现象，那就用不着了。因为社会进化的法则，是永远向前的，不间断的，自动的，而这自动也都有其满足需要的目的，故此那空间性的，因果的，盲目的物理法则，在他本身的性质上，就没有力量去应付社会进化的道理，由此可见唯物史观要用自然科学方法，去探讨“物质的运动”——经济现象的变化消灭——是很有理由，但把物质的运动，就说是社会进化，那便非常没道理了。须知物质运动，由甲状态变到乙状态，由乙状态变到丙状态，由表面上看去，似乎有进化，其实这种进化，乃排在空间之中，自然不是那继续前进，努力往前推的进化真象。复次，由唯物史观的见解，凡以前存在的社会的历史，都是那直接间接，或多或少各殊异阶级间团体竞争所表现的结果，由此可见他所说的进化，只是现成的，是没有新的分子的，而此后的进行，也都是重复的，这自然和永远变化，永远创造的社会真生命，大不相同，然亦可见把物理的法则，应用到社会进化上的唯物史观，是差错无可疑了。但我在这里，还要申明几句，以免误会。元来在社会的变动当中，是有顺逆两转，那顺转是创新的，向着未来做去的，所以叫做进化；至于逆转呢？因他附着于物质而行动，所以是机械的，向着空间顿时发散的，唯物史观的用处，是在于后者。却永不是前者，故他在社会进化当中，也不为无见，只可惜他所见的，不是进化的全体，而是那从此中分散出来的，坠落下来的物质界，从这点看来，唯物史观也并不可轻视，因他虽然不能把物质融化于动的进化中，就是把经济现象的变化消灭，回归社会进化的潮流里，然而对于静止的死的社会的研究，当也很有用处，不过不能说明社会进化的真意义罢了。

（第二）只知历史法则却忘了意志自由一节——马克思对于人类意志的势力，或是心理的作用，在一方面看去，好似很承认的，其实他所承认的，是意志的存在而已。所以说："人类能够造成自己的历史，但必要依于一定条件之下去做。"此所谓一定条件，就可见他是把意志自由限制在"必然"的大圈套内，似这种自由，只是在一个极狭小的范围内，自然算不得意志自由了。但有人代他辩护道："最近多数伦理学者，讲到意志自由四个字，也认为是于相当范围之内，可以有选择的自由［,］并不是脱离一切自然和社会的限制，而有绝对的自由。"依《经济学批评》序文的话，"当着生产力的变动，社会关系随着变动的时节，这个社会关系的变动，当然要靠社会的活动，所谓阶级的斗争，便是人类意志的势力，却是这种活动，也是顺着经济行程自然的变化，所以既不是绝对的自由，也不是无意识的机械。"我想这些话，不但不能反驳那卞斯天和爱尔和特，而且反正马克思是个必然论者否认意志自由罢了。为甚么呢？哲学上所谓必然论，并非不承认有意志，只是要把人类的意志，限制在外界事物底下，似马克思的唯物史观就是这样，他何尝不认意志可以影响历史的发达，和个人的行为，但他同时又说人类意志，究竟要跟着物质的脚跟走，这么一说，可见社会制度的改革，依着人间意志是不成功的。换句话说，意志自由是以物质的障碍为基础，这难道还是意志自由？这就是不承认意志自由的铁证了。须知必然和自由的分别，一个只知道机械关系的变动，所以"今所有者，必为于昔既成之中；果所含者，必为已在因中之件。"一个是说意志有决定的能力，所以"一切经验都是新的，一切事体，都是继续创造出来"的。由此可见，前者只知道环境可以改变有机体，所以结果偏于保守，后者却说意志可以改变环境，所以结果是要创造自己。晓得这些分别，那末意志自由与否，也只是意志自动与否问题，和绝对不绝对有何干涉？而且世间除了将为（to be）绝对以外，更那里有（is）的绝对？故此马克思既然不主张绝对的自由，就可见他抹煞了意志的自由；既然不是无意识的机械，也可见他不过是有意识的机械唉！有意识的机械，难道不是机械？马克思既已反对旧派机械的唯物，何以屏去旧机械，又换个新机械？如此换汤不换药的机械论，就是马克思不彻底的明证，故此卞斯天批评唯物史观的话，说他"总迫人假定人的一切事业志向，行为，都是物质的出产情形的影子"，也正是搔着痒处，恐怕就是马克思复生，也巧护不来了。

（第三）唯物史观忽略了一个心理的原因，就是欲望——马克思的历史观，他观察社会的变迁，注重在社会上经济条件的变化，所以唯物史观，就是经济的决定论。其实单独经济的势力，是否能够断定历史发达的程序，这还是很大的问题，今姑假定这种理论，是不会错的，然而经济现象，如物价涨落等等，假使从根本上的意义着想，都没有不由于心理上的原因，就是欲望。（本津村秀松说）总之欲望是经济行为的动机，人因充足其欲望而演成的共同动作，这才叫社会经济，所以欲望为主，而物质的条件，反是他的臣仆。总之求满足是人的本性，所以心的要求在物的要求之先，因有这个那个心的要求，于是去努力满足这个要求，假使人们没有心的要求，那末经济的物质的条件，任他如何更变，与我有什么相干？由此可见心的作用，实是支配经济现象的根本原力。取于经要是穷源追本，自不取于经济史观，而要另立个（社会组织随于心理得变动而变动）的原则，来代替他了。

由上面的证明，可知唯物史观，只是过去的理论，如使稍采用新理想主义来审察评判一番，就觉得他千疮万孔，已没有存在的价值了。我想凡是一种学说，都是应着某时代的心的要求，故此学说，都不是放诸四海而皆准，却要依照心的要求而变化的。就如马克思的唯物史观，我以为是不合于现代人心的要求了！是已站不住脚了！所以我敢大胆批评他，批评以后，还要提出我的唯心历史观来！

## （二）唯心史观的学理根据

唯心史观不是什么新的历史哲学，本来黑格儿辩证的方法，就有这种倾向了。因这方法能够证明历史发展的观念，又告诉我们物质不过人的思想的反射，所以从根本上看起来，辩证法也就是“历史的唯心论”，一切过去的历史，由黑格儿看起来，都是思想史。只可惜他的逻辑里，虽然说人的思想和行为没有最终的归结，而他哲学全体的结果，——就是“绝对意象”的概念，应用到实际方面，却变成极端的保守主义，因此，唯心史观的创始，虽不能不穷溯到黑格儿的历史哲学，而唯心史观的成立，其责任却在虚无学者；而且我说的唯心史观，十分脱掉保守的观念，也唯有这新颖的解释，才有真正的意义和价值。

我对待马克思的唯物史观，虽施翻，但推翻，但这推翻，却正是历史哲学的再造，依我意思，把经济来解释历史，实在是把结果认为普遍的原因，今苟知历史是我思想自己造成，只有我的思想能够作历史的主宰，那末我的历史观，就应该倒转下来，把“心”作观察的出发点了。要知道这个心，则体认自心经验的工夫，为最紧要，因为历史哲学，就是生命哲学。所以归根结底，非认得生命之全体的经验，——就是意识之流，就也难于发见真的历史法则，只为真的历史，是生命的活动，就是活动于物质上向上自由的现象。所以要说明历史，也非从根本上着手不可。我的唯心史观，就是本这使命，从“心”方面着想。根据于新的辩证法，和新的心理学，把他合拢起来，便是我的唯心历史观了。

（一）新辩证法——黑格儿辩证法的好处，全在他思想之论理的进化观念。罗素Russell在《德国社会民主主义》解释得好：(a) 辩证法一方面承认事物的现状，一方面又承认结果归于消灭。(b) 辩证法以为历史上进化的社会形式变动不居，故不特计及其过渡的性质，且计及其暂时的存在。(c) 辩证法不愿有任何事物加诸其身，就他本质说，就是批评的而且革命的。由此可见辩证法所以成为“破坏的工具”，即因他能变更现存事物的形式，向着进化的前途中去，就是我所受于黑格儿的，也不过如此。总之，我对于辩证法的本质，是赞成，而于进化程序的三分说，认他是保守的，调和的，却要从根本上求个改换，这就是新的辩证法了。须知这新的辩证法所论究的是时间的流行，不是空间的开拓，如黑格儿的三分法，虽力言世界万事万物的运行，莫不随同一必定的继续不断的进化，可是这种进化，是移行的，若以术语表之，即由“正”Thisis而“反”Antithisi复为“合”Sythisis这自然不能说明绵延不绝的“时间的流行”了。我么？是把辩证的方法，去说明真的时间，固然真的时间是不间断的，也不会重复的，也没有部分的，然为着实际需要，想引渡现存事物到进化的路程上，所以又应用辩证法，把他分作一片一片的“分段分命”。

（二）新心理学——詹姆士James的新心理学，是把进化的道理，应用到心理方面，他把意识看作变迁之流，以为前辈哲学家对于意识的见解，都只作分析的片面观，把意识看作零碎凑成的，却不知意识的作用，是很像永远往前不断的流水，是一贯的不可劈分的。但“意识之流”虽不可分，而为着区分的目的，也可自求原子说，把“意识之流”分作片段，所以把心的经验看作“意识之流”，便不一不多，一和多都有位置，该用一元时便一元，该用多元时便多元。总之这新的心理学，就是主情意主义的心理学，所谓“意识之流”，就是我所说的“情”；意识之流的一部，就是我所说的“意”，“意”可分“情”不可分，所以“意”是一段一段的，“情”是永远向前不断的，而这一段一段强为区别的各部，仍旧汇合于变迁之流，故这向上的“意”，其自身已融化于更完全的“情”当中，这仍是“情”了。詹姆士又说，有心作用时，有两种表示：(1) 向未来的目的做；(2) 选择做到目的之方法器具；这种说法，我以为是从“意识之流”的一部着想，因为心作用之这个两部分，向来的人把他看作意志的。这意志的两种表示，依我看，前者就是“目的观念”，若目的观念受外界的阻力，[不]能直接实现，则不得不求第二目的观念，用以驱除阻力，以求实行他的目的，这就是“手段观念”，也便是詹姆士说的选择做到目的之方法器具的一番工夫了。

把辩证法和詹姆士的新心理学，合拢起来，便是唯心史观的进化观念了。原来唯心史观，是一种历史的“动的法则”，是要“执古之道，以御今之有”；不过这种法则，固有必然的次序，但也是有为的结果。换句话说，这历史的法则，决不是概括事实，使成定律，不过本自心经验来预测将来，管理现在，引渡现在到永远进化的路去。再进一层，我相信历史法则，也不是说法则可以使现象发现，不过得着这个法则，更容易使我们继续力行，去到达我们所期望的将来罢了。

唯心史观是说明经验的法则，换言之，就是“心的经验的历史法则”，这种经验说，是从根本上着想，和经验派说的意义不同。依洛克学说，把经验分作二种：(a)外观，研究外面的事物；(b)内审，自己观察自己里面心的作用——感情和思想。而内审的经验，又根据于外观，即先有感觉所得的观念。用以经营精神的作用，我更返观这精神的作用，而后内省的观念始得。由此可见经验派所谓经验，都只是外观增加来的东西，——物的经验，却不是心的经验，因此，有个很大的缺点，就是把经验看作被动的，不是能动的，心如素丝白纸，经验印之，吸下就是了。反之唯心史观对于经验的说明，以为经验是活动的，创造的，心是永远向前流行的，所以心就是经验，不必把外面印下来的才算经验。而且外来的物，也逃不出“心”的范围，说“心”是素丝白纸，不如说心的本体，好似一面净镜，这镜子里，自能够森罗万象，把大地山河，都摄在里头，然而这些表面的“物”，任他怎地，都只是依他起自，决不能有所增加。可见“物”不能外“心”，物的经验也怎能离心的经验而单独存在呢？所以说：心经验是根本的经验，而物质这个东西，反是心经验的影响，如果没有心经验，就也无所表见那物经验了。总结起来，真正的经验，只在心中，不假外求，是能动的不是被动的，是自由的不是必然的，似此只承认心的经验把心经验为中心的历史观，就是叫做唯心史观。

## （三）唯心史观的解释

唯心观的大意，用最简明的话说出来，就是：说明历史上种种变动，注重在那时候的思想，依于心理的条件而变化的原则。

由唯心史观看起来，思想就是动作，是迫于行为的要求而来，故和实际生活，有极大的影响的，因为思想是到达真实目的底过程，所以思想是有意志的，有目的的，是能生长的，能变化的，然而一时代的思想，实契合于一时代情意的要求，而一时代的情意的要求，却要唤起一时代的新革命。由此可见历史上的种种变动，莫不是思想变动的结果；换句话说，只有思想支配历史行为，历史是人的产物，不是人是历史的产物。

晓得思想是原因，物质上的变动是结果，还要知道思想之所以成为思想，纯是生命内部所必具之本质的要求上发出来的。不然像马克思的唯物史观，虽也承认历史里思想的成分，却把他看作社会势力的产物，或者反映，那就未免倒果为因，无异乎把车子驾在马的面前了。总而言之，思想这个东西，不由于理知的要求，而由于情意的要求，也不因外的条件而决定，而因于我们自身的生活经验而决定，所以思想只是在“我”，只是表现于“我”之中。明白说罢！历史的种种变动，只是“我”的思想的变动，而“我”之为我，是为历史立法，永不受什么限制；这么一来，就可见“我”和历史确有相互的关系，“我”是能创造一时代的真正精神的，就说进化一事，也是由我思想的努力，去发展造成的。

什么叫做“思想依于心理上条件而变化的原则”呢？原来心的作用，虽然是那统一的，不间断的“意识之流"，然而从表面上看去，在这蝉联的现象当中，究有个自然的“动的法则”，我们要用历史的态度，去理解那永久不息的渗透生灭，很容易发现出两个心理上条件：第一，心的活动，不过情意的选择作用，以其迫于情意的要求而来，故可因情意的要求而去。换句话说，就是到境厌境，在一个境地当中，一刹那便生厌倦，即有因无穷无极的厌倦，才是永续不断的翻新。这便叫进化了。第二，心的作用起于时时刻刻的反情，而唤起时时刻刻的兴趣和意志，就是选择我们所渴望的较高的目标，而认识他，且到达他。由这两个条件看起来，就可见心是屏弃和要求之继续的历程，是追求无已以动作为中心的作用，由要求而摒弃，由摒弃而要求，这便是心理变化的原则了。至于思想呢？在这心理变化的原则中，乃是一个能够做媒摆渡的工具，因他依傍一个目的，无处不为意志所兴感，所以一面打破现实，作破坏的智慧，一面循着理想的目标，以创造未来。由此看起来，思想的本身，是和心理变化的原则，适相符合；而连续不断的思想，也只是连续不断的心的变化而已。那论究思想依于心理的条件而变化的原则的，才是唯心历史观。

唯心史观就历史发展中，寻出一种最根本的原动力，就是“欲望”。因为欲望就是这不足之感（欲），和求其充足之愿（望），两个合成的心作用，故此把欲望为基础，来考察历史上的种种变动，这实是唯心史观的最大贡献。为什么呢？因为历史不是独立存在的，不过一串一串事情的关系，如果没有欲望，那就决不会有什么好与不好，要与不要，喜与不喜的事情，又那里会发生历史的行为呢？由此反证起来，可见历史上的种种变动，莫不以欲望为基础，欲望对于所欲的，想念他，渴望他，成功了就高兴，失败了就悲哀，所以有欲望就有要求；欲望底目的，即因旧环境的不安，而要求其所安，因这要求的冲动之发现，于是才要革命，才有新历史发生。简单几句话：我们自己的历史，是依我们自己的欲望，而且是在自己所选择的情形上有其根据，我们的思想，正是随心之所欲的一个产物，故可以自由发达，打破一切物质的网罗，不受什么限制，就是所有的历史，也都是思想史，或者欲望的发达史罢了。

我把欲望分作二种：（一）占有欲，（二）创造欲。前者是向着空间的，多拘于物质方面，自然要引起战争，强力，种种不好的事情来了。后者是向着真实方面的，因他要排斥外来的制限，要求自己活动的本能欲望，故又叫做自由欲。也唯有这自由欲，才是由于生命内部所必具之本质的要求上发生出来，所以木村泰贤著《人生论》把他看作根本欲，以为进化的现象，也是根据于这自由欲递演递进的结果。但我要申明一句，这种根本的原始的欲望，虽并不是要求物质，而要求物质的，如色欲，性欲，假使是由于自发的活动之要求，那末这两种欲，也正是本性自然性，自然是汇合于自由欲当中了。反一面说，那求知识艺术的欲望，如使是伴着分别彼此自私自利的理知而来，那也只是占有欲罢了。由此可见占有欲和创造欲的分别，只看他是否出于自发的活动的要求？只要是内的要求，那就是生命的活动了，就是创造欲了。

把这生命的本质的要求，而支配人类历史的种种变动的形式看起来，我也是说“只有欲望支配经济，决不是经济支配欲望”，因为欲望就是生命之流的不绝的历程，所以欲望在前，经济的行为在后；就是经济的内容，也是跟着欲望的高低，或者思想的不同而改变。何则［?］创造的欲望，那是生命的自由的表示，不消说了。就是占有的欲望，因受物质诱惑，把能动的精神；然就这种欲望的本身说，也正是创造欲的逆转，其初还是支配经济，结果受了经济支配。由此可见历史上的种种变动，不是没有经济，但并不起于经济，而起于心理原因，就是欲望。所以历史是欲望的产物，就是心理的变化的纪载，创造欲越发达，则进化的程度越高，等到占有性得到胜利，则历史的发展，又迟钝了，弛缓了。故欲望实是一切历史最初的原动者，而所有历史的变动，也都随着欲望的变动而变动。再明白说吧！欲望是经济行为的动机，人们先有这个那个的欲望（心），才有这个那个的要求（物），如使没有欲望，那就无论物质的效用如何，也自始等于无效用，即因欲望是价值发生的原因，所以没有欲望，便不发生经济行为，而欲望在这方面的重要，也可见了。

## （四）唯心史观与阶级竞争

唯心史观说明历史上一切进化，固由于自然趋势，然也由少数思想家的理想实现的结果，因少数思想家，本着个人生命之本质的要求，而提倡一种学说，这种学说，断没有和别人全没交涉，而为纯粹的幻想的，一经有了交涉，那么因感受传达的结果，这少数人的理想，便成为社会的理想，思想者的新要求，便可代表一个时代，或是一处地方的新要求了。到这时候，则思想变成极可怕的东西，好似那洪水样，潮流样，在那里传播，这就叫思潮了。须知一切历史的变动，都是随着思潮的转移，而一时代的思潮，又必有其满足需要的目的，因有这个目的，才选择最方便的方法，去到达；他结果就时常产生革命，而一切过去的思想进步史，也就是革命史了。

我以为过去革命的历史，都是两种不同思想相冲突的历史。一是主情意的思想，便是革命思想；一是主知的思想，便是保守思想；须知这两种思想，实朝着两相反对的方面去伸张，前者向着真时，而为批评的，破坏的，理想的新思想，后者则附着于物质而前进，变成固定的，狭隘的，保守的思想；因前者的动机，和后者的动机截然不同，所以利害冲突最剧烈，于是难免不发生战争了。但在这里，还要注意这两种思想上的冲突的背后，实在是代表着两种不同的欲望，前者是代表创造欲，后者是代表占有欲；如资本家，政客，那些高级社会，都属于占有欲一边；至于革命者和提倡新的思潮的人，都属于创造欲这边，因此，两方的欲望不同，思想也因之各异。资本家一流的思想，总属于守旧方面，而革命者一流，总属于自由方面，这就演成新旧思想的冲突了。再进一层讲，因新旧的思想不同，所以影响到物质生活方面。资本家总想把财产据为己存，而革命者总想把他公之社会，于是由思想上的冲突，移到物质上的冲突，表面上争论的好似是财产的分配问题，而从底子里看去，却是从意识上发源的思想问题，就是思想的新旧问题。那有革命思想的人，因眼见旧派——他的敌人——所引下来的罪恶，所以大声疾呼，把自己根据于自由欲的思想，竟直接现于实行上。这就是革命了。由此看起来，过去革命的历史，都是革命思想和保守思想相冲突的历史，换句话说，就是新旧思想冲突的历史。

新思想发生的那一日，便是同旧思想竞争开始的那一日。因为旧思想是把过去支配现在，新思想是要由现在到达未来；又旧思想实是占有冲动的直接原因，新思想却是各个人自觉的独立的运动。因此，新思想家要不将那保护高级社会的旧思想推翻，自己的理想，也决不实现。即因这个原故，带着两阶级的色彩，于是乎新思想家就结了革命团体，去对抗保守党，分裂成为对垒的两大营寨，互相敌视的两大阶级，末后便爆烈起来，成了公然的革命了。由此看起来，那酿成物质上最急激的破裂，当然是思想不是经济，所以唯物史观一派，把每次阶级的竞争，都看作由于他们自己特殊经济上的动机，不消说是根本差了。

固然一切过去社会底历史，是那直接，间接，或多，或少，各特殊间团体竞争所表现的结果；但须知他们所以牵入这竞争中的缘故，完全因为思想底不同；即因思想不同，故影响到经济方面，也不免有阶级的对抗。看吧！“自由民和奴隶，贵族和平民，领主和农奴，行东和雇工，总而言之，就是压迫阶级和被压迫阶级，从古至今，没有不站在反对的地位，继续着明争暗斗”。（见马克思的《共产党宣言》）他们究竟为了什么呢？据马克思看起来，自然是社会的和经济的原因；但由唯心史观看起来，这经济情形，还不过被动的结果，而唯一的原因，即是从人类意识上发源的思想。总结起来，我可以说：“一切过去社会底历史，都是建筑在革命阶级和保守阶级底对抗上面”。

### （五）唯心史观与虚无革命

唯心史观并不是拘泥于辩证方法，或语句的幻术的学说，他的真价值，简直可由他实际所产的效果而定。依我意思，惟有唯心史观，才能给目前以一个意义，一个价值，一个目的，使他向着更完全的新生命走；也惟有唯心史观，才能够说明生命之全体的经验，使人们更满意，而且为自由欲所兴感，不能不努力前程，上更真实的路。由此看起来，唯心史观确是一个最有效能的工具，我们假使囿于现实生活，不想宇宙进化罢了。要是一念真实，不愿受现实管束，那末就应老实承认唯心史观的真价值，把他来促进宇宙进化，由现实去到达本体。

革命一事，由唯物史观一派看去，完全是由于物的变动，所以说："革命须要一个被动的原素，一个物质的基础。"（马克思的《德法年旧书语》）其实革命时候，不是没有物的变动，但这物的变动，实在由于心的变动。因为心的自然趋势。常常因旧环境的不安，而要求其所安，革命就是求其所安的方法，所以把唯心史观来说明革命，无论何时，都说得通。而且唯心史观告诉我们的，是三种理论：关于过去理论，就说"心是一刹那一刹那，自无而有自有而无的聚散起灭，流转相续。"关于现在的理论，就说有的不能不无，凡存在世界上的东西，将不久归于消灭一途。至于将来的理论，那就是用革命的方法，去打破现实，把从前有而无，无而有的宇宙，洗得干干净净，然后大踏步上那开解超脱的大道，永远绵延，永远创化，这就是虚无革命了。由此看起来，可见唯心史观应用于历史的前史一段，是革命的，就是这历史法则自断自灭的一段，也是革命的；可见唯心史观，就是"革命史观"。

把唯心史观来观察现在，便知道现在的一切，总有消灭那一天，因为有的不能不无，现在是有了，所以依照心理变化的原则，不能不向着"无"的路上走，而这种运动，便就是虚无运动。试本这层见地，去审察现在各方面的思潮，便知虚无的种子，正在各方面潜萌暗长，不过突变的时候，还没有到罢了。

（一）哲学方面——自哲学发生以来，经二千多年的时候，还没有一定的成说。这就可见哲学也是沿着历史进化的路径，为自然而生的结果了。依我意思，近代哲学的变迁，可分作三时期：（A）现实哲学　自十八世纪法国的启蒙思潮期起，唯物论才大兴盛，代表当时思潮的书有 System of nature，就是因为排斥一切超自然的思想而作。到十九世纪中期，唯物思想在德国又蓬蓬勃勃的发展。他若孔德（Comte）的积极论，斯宾塞（Spencer）的不可思议论，都是教我们去承认现实生活的价值，而有排斥理想化的倾向。（B）新理想哲学　自百年来，已经使哲学者熟知现实生活的破裂和困难，前哲学的学说，都不能给人生以意义和价值；因此，对于前代哲学生起反动，而有詹姆士的实际主义，柏格森的直觉主义，和欧肯精神生活说，这些都是要从内的生命出发，光大我们的人生，并使人生完全成为我们自己的人生；换句话说，这时期的哲学，就是要在现实生活中去实现理想生活。（C）虚无哲学　我现在觉悟了，现实生活和理想生活是根本冲突，如果现实生活存在一天，那末理想生活也决难实现，所以晚近哲学界，想把理想改造现实，那是不可能的事。依我意思，现实就是根本错误，非完全打破不可；一旦把伪的幻的错的暂的宇宙万有，归到了本原的究竟的真实的生命之流，这才算是真正生命的，行为的哲学了。所以第三期的哲学，是破坏现实的圈套，而向着"自有而无"那方面走，这自然和唯心史观的进化观念相符合的了。

（二）革命思想方面——试观察近代革命思想的进化，也是沿着宇宙进化的路程走，我常说革命思想，是有四大变迁：(A) 政治革命，如一千七百八十九年的法国革命，就是属于政治的性质的，他的目的，是在确立基本的政治上权利，所以这时革命，也只是资产阶级对于贵族阶级的斗争，其最后的胜利，还在资产阶级，和多数的劳动家无涉。(B) 社会革命，近几年来，社会革命的趋势，已经一转直下，自从李宁 (Lenin)、托罗斯基 (Trotsky) 等振臂一呼，于是"无产者专政"的理想实现，这种革命，是劳动者阶级对于资产阶级的斗争，比前代的政治革命，更彻底些。(C) 无政府革命，对于布尔札维克派，把政治力放在经济力前面的社会革命，还否认他。以为真正的革命，是应该从根本上着想，把一切的强权都推翻，而实行无政府、无国家、无法律、无宗教、无军队、无监狱、无婚姻制度的无政府革命来，须知这种革命，又比社会主义的革命强得多了。(D) 虚无革命，因为无政府革命，虽革掉强权，仍然有个组织，不知既有了组织，就不能没有强权，强权不是别政府革，就是组织。所以无政府革命，还不过一种过程，而最彻底的革命，还在后头，就是把宇宙间的一切组织都推翻，几时革到"虚空破碎，大地平沈"，才算归宿。总结起来，可见照着现代的革命思潮，也是从有到无，结果是要到大虚无上边去的。

最后几句话，把唯心史观来解释现在的各种思潮，无论那方面，都是以自有而无做进化的路程。而唯心史观又是基本于历史的经验，是证明自然不可逃避的事实，故凡为唯心史观所能说得通的，都是必能实现的。所以自有而无的"虚无革命"，我认为自然必致的事情，或激或徐，不问他的方法手段如何，他的成功，总是历史的经验所能推测得来。再明白说罢！凡存在的都是不真实的，故不真实的宇宙，非灭亡不可，而且依照自然的次序，宇宙也总不免于灭亡。

## （六）结论

但我虽肯定唯心史观的意义和价值，却不是把他看作究竟终极的学说。因为唯心史观还不过到达本体的工具，就其本身道理，实在立于历史法则支配之下，而我们的目的，则在超越[方]面支配这法则的最终真理；所以唯心史观，在这方面说，我们固然完全领受，在那方面看，却不是以领受为目的，是要因领受而脱于法则之外，晓得这层，才可说我的唯心史观了。

**《革命哲学》，泰东图书局1927年版，第133—161页。**

# 革命与新生活

## （一）

新生活的要求，是当着现实生活有病的时候，因不满意于现实，而觉得许多烦闷，烦闷不已，遂引出无数的怀疑；怀疑的结果，遂从积极的进化方面着思，而有新生活的问题发生。所以新生活的要求，是从失望的海，而跳向光明所在的一种运动，就中有两个不可少的条件：（一）须有不满意于现实的共同倾向为起点；（二）因不满意于现实而另有从积极的进化方面着想的“新生活”观念。

但在同一烦闷时代之中，也有许多人虽觉着不适；只因“识域”的限制，除去现实或过去以外，便不能设想。如抱复古主义的，因对于现实的反感，而想像古代的好处，以为现实是坠落的，古代是如何快乐安稳的，因想，将现实打破，而回复古代浑浑噩噩的时代，似这种新生活观，早已失却新生活的第二条件了。因他是消极的，不是积极的，是倒退的，不是进化的；因摆不［脱］关于“过去”的残余，虽也能逃出现实，却不肯稍费气力去创造新路，所以是与新生活背道而驰了。又如抱独善主义的，以为现在生活方法的不良，可以实行改善，于是有“小组织”“新村”的提倡，似这种新生活观，我说他是没有彻底的觉悟，而且与新生活的一条件，根本冲突。因新生活只是将现实重新造过的，换句话说，新生活和现生活，必不能同时存在，须先将现生活推翻了，征服了，然后新生活才能一点一滴的创造起来。所以独善主义的新生活，只是一般怕奋斗的懦夫，由此去求眼前的速利小效，若从根本上着想，这些换汤不换药的新生活，都不外敷衍现实，不消说是失却新生活的意义了。

我所说的新生活，只是现生活的反面，因具备了新的两个条件，所以叫他“新生活”。他是为着将来而有意义，因过去是已经过去了，“现实”更不成问题了，我们所认为有意义的，除却将来，没有什么！我们意中的生活，正在由黑暗的现在，而跳向永续不断的将来，因有无限的将来，所以有无穷的新生活，故所谓新生活，不外连续，就是为自己向上创造之正常运动。但话虽如此，我却不愿用哲学上的说明，今要将新生活的观念弄清。因先把现生活研究一下，然后由反正的方法，说出新生活究竟是什么。

## （二）

我所恶于现实生活的缘故，只因现生活是因袭的，而且没有真情的，所以不满意他；简单说，现生活就是不自然的生活，因其不自然，所以引起各个人的不自在来。卞彭塔（Edward Carpemer）说得好："自从以所有权为基础的文明发生之后，于是各个人身心的统一，就渐渐消失了，各个人和社会的生活，也渐渐失其健全了"，可见现生活，的确是一种病的状态，是一种不可思议的生活，详察起来，我可以说：

（1）现生活是伪的不是真的。自太古野蛮时代逐次进步，以到现在自是文明极了，但文明的进步，都是由于人为的结果，而所谓人为的，都是反于自然的生活；所以越文明，就越技巧，自有了人造的道德，就有许多不道德的事与他对立；更进有科学美术，就连道德都要破坏。我常听说现时代有三多：一法律多；二精神病的，自杀的，犯罪的多；三花柳病多。推［究］三多的原因，都由于物质文明进步的结果，这层理由，研究社会学人类学经济学的，都晓得很清楚，也不容我详说了。由此可见人为便是大乱的根源，文明程度越高，生活也越复杂，一切罪恶也有加无已了。所以人为的，都是虚伪的，而文化（Civilization）竟成为梅毒化（Syphilization），现生活的内幕，可想而知了。反面说，自然的就是真实的，所以从前的哲学家，如老子、卢梭（Rousseau）都喊着要返朴归真，跑出不自然的生活，而向着本性自然性的生活方面发展。就我个人的意思，也是不满意于虚伪的现生活，而求真实的新生活快些实现。

（2）现生活是名的不是实的。现生活是免不了种种组织的，有了组织，就要阻抑着各分子的伸张，把一个空洞名字，似"家庭""社会""国家"的种种组织，"三纲五常""孝弟忠信"的烂索子，就可以将个体的特别的一类事物管住了。所以现生活就是种种限制，把完全无缺的真情，割成七零八碎，又利用"涵盖一切"的"名"——神通广大的魔王，将具体的"实"的自由，剥夺尽去。所以现生活是强力的，不是自由的，是组织的不是个性的；是差别的不是平等的；换句话说，现生活只是要压制具体的事物，在"名"的底下，反之新生活只是"实"的自觉，将名根本推翻了。

## （三）

现生活既是不自然的，那么新生活一定是自然的了。现生活既是虚伪的，抽象的，那么新生活一定是真实的，具体的。但何以真实的，具体的，就是自然呢？原来自然的，就是自己如此；而真实的，具体的，都不外自己如此的，所以说新生活是自然的。但既是自然的，那么有什么创造可言？而且何待创造？不知自然是流动的，不是静止的；是变换的，不是呆板的；所以自然可以不自然，不自然可以自然，而自"自然而不自然"，"不自然而自然"这也是自然的。我现在再简直说句，自然的迁移，便是新生活的创造，因"自然"与"不自然"虽是相互的东西，而有互相连结的倾向，"自然"了，自然要渐渐的"不自然"起来；"不自然"了，也自然要"自然"起来；所以宇宙的进化，只是“自然了又不自然，不自然了又自然，可以说常常自然，常常不自然，因有无限的不自然生活，所以有无限的自然生活”。我说的新生活，就是从不自然而向自然发展的创造，一面不满意于现生活，一面向进化前途申去；一面是憎，一面是爱；一面是破坏，一面是建设，懂得这些话，就可以明白新生活的意义的大半了。

因为自然的就是真实的，所以自然即善，一入人的手中，才变坏了。所以新生活不是什么灵秘的生活，就是简简单单的要返于自然，返于人的天真，近代如卡彭塔很可代表这种思想。他说：“我们所应进的生活，是复归于自然，思想要自然，生活要自然，非以此为目标不可。现代的人，离自然太远了，所以身体才虚弱，精神才不健全，救之之道，唯有复归自然而已，复归自然，则衣服很可简单，精神自可统一，……如是我们才可以享受慰安和幸福，我们的社会，在此种状态之下，才可以得一大调和，外界的权威和统制，都可以废掉。”依我意思，卡氏的学说实在还未彻底，因他不过厌恶纷浊，思返于淳朴而已。若我所谓返于自然，就有“复归情”的意思，所以要离去现象界，复归本体界，而这自然观，比那合一于人间的大宇宙的自然主义，自更进一层了。闲话休谈，且说我所谓自然生活是什么？

（1）自我的。我的就是自然的，自然的就是我的，因我是无始终，无生灭的，若我而有始终，必始终于“无我”或“我”，无我就无我了，所以始终于我的话，无有是处，而我之外更没有我，所以始终于我的话，无有是处，这说无始终无生灭的我，就是自然。所以自然，即自我的自然，主观的自然，而所谓自然的生活，也不过自我的生活罢了。现在分作两段说：

（A）自觉的。新生活对于一切的制度，都要加以主观的评判，我觉得是对的，就许他存在，倘是不合于我的真理，那可就要尽力的抨击了。所以新生活只是评判的态度，苏格拉底（Socrates）当在法庭上替自己辩护时，说得好：“不曾省察过的生活，是不值得过的”；我要晓得曾省察过的生活，这便是新生活，为了这曾省察过的生活，已送了一个最喜说老实话的七十岁哲学家，但我们自觉的青年，还是要送着生命去与现实拼命，却断断不能过那醉生梦死的生活了。

（B）自由的。从前过的是奴隶的生活，现在我要努力做主，对于任何等的证据和权势，凡是压制我的，都要尽数划除，什么国家家庭法律宗教，一切的束缚，一切的命令，我与他都无一点情恩；我只认定自由，凡与自由冲突的，便是强权，我就要对不起他；所以新生活一面是反对强权的压迫，同时提倡个人之绝对的自由。简单一句话，新生活就是“不为罪恶的奴隶”而返于人类的天真。

（2）主情意的。新生活最重的是本性自然性，所以反抗以智识作用来支配生活，而主张情意主义，依近代心理学的研究，智识作用是附属于情意的第二段作用，所以智识是派生的，情意是自然的。从前的生活，把那不相干的智识学问，看作重要不过的一回事，好似把现成的智识装进脑袋去，如此生活的意味，就格外浓厚了。新生活便不然，以为真理是要与生活有关系的，所以知识很可以看轻，新生活却当立于情意为主的生活上。

只因新生活是主情意的，所以也是生命的，行为的，具体的，以无穷的努力，要求世界的无穷改造；由无限的发展，要回复到人类生命的本原；但这话说来很长，我只可略提一过就算了。

总而言之，新生活就是自然的生活。自然生活只是摆开一切不自然的限制，而为自己向上创造之正常运动。

**（四）**

我已将新生活的意义说过了，但知而不行，还不算数，现在最必要的疑问，就是由什么"方法"能够使新生活实现，由我研究的结果，有个简单方法，这简单的方法，就是创造新生活的唯一方法。

由前面的结论，我可以决定的：（一）现实生活是不自然的生活；（二）新生活是自然的生活。我又晓得新生活的要求，是由于反抗现实，要从不自然生活而到自然生活的，但是自然生活是本来自己如此的，所以要创造自然生活，只须将不自然生活根本推翻，既没有什么不自然的，那就是自然了；所以自然生活，除去不自然生活便是换句话说，我要求新生活的实现，不必枉费工夫去创造他，因他是自己如此的，是用不着人为来增加他，因一增加便是不自然了。但我却是有方法使"新生活"实现，就是从自然上面，抽去不自然的生活，既将不自然的分子，扫除净尽了，那所剩的就是自然了。所以我对于实现新生活的方法，就是只管向前破坏，将现实的制度根本推翻，这就是革命了。

我常说过，既不满意于现实，而唤起无数的怀疑，怀疑是不能不引申的，怀疑引申，那就是破坏了。今证以新生活的要求，也是起于不满意的境地，因不满意而破坏现实，这是心理上自然的倾向，用不着大惊小怪的。而且依照上面的证明，可知除了破坏，更没有建设，如不将现实根本推翻，便永不见得有新生活的实现，然则我们要求新生活的，也只得这样办，我们所能做的，也唯有革命罢了。

**《革命哲学》，泰东图书局 1927 年版，第 163—171 页。**

# 革命的人生观

## （一）

宇宙是从我心变见出来，只是本体派生的模型，只是那被黑雾迷困的假我，所以是虚伪的世界，不是真实的世界，平常人因被这虚伪的世界骗住了，以为这就是实在，因此种种执着，种种颠倒，好像除却耳目所接触的世界外，更没有什么。似此皮相的宇宙人生观，实在把宇宙看得太大了，把“我”看得太小了。

虽然宇宙间的一切，都是空的，都是没有自性的，但于幻有的当中，却自有唯一不二的本体，尽管天地生生灭灭，本体却独立不改，而革命者的好处，即在于一切皆幻中，体认出这个性自存的本体，就是“真我”，而且恢复他。

## （二）

所谓觉悟，就是自觉我是什么，换句话说只是体认得“我”，——永远绵延永远创造的“真我”。即因我是时时刻刻的变，所以在这变的当中，能够时时刻刻的体认真我，这就是无穷无极的觉悟，由这觉悟，才打破了现象界有我他彼此的分别的我。

我常恨现在没有觉悟的人，因他只认得“人”，却认不得“我”，不知在人生观的进化当中，是有三大变迁。神道已经过去了，人道也要踮不住脚了，现在的倾向，实在是向着我道方面进行，详细说起来：(1）神的人生观。这时所知道的只有神，把人和我都迷住了，一致依着神去。(2）人的人生观。这时把人来支配我，把社会来强制个人，换句话说．就是只看见人家，不看见自我。(3）我的人生观。到了这时才能摆脱了神和人的限制，去还我的本来面目，没有神，也没有人，只有我的本体是真的，(我的本体就是绵延创化非二）我以外没有什么真的。须知这人生观的进化，实在是自远而近，自粗而精，而且自名而实，从前不知道自我，所以把皮相认作我，现在已有清澈的觉悟了，已经现证那遗世而独立的真我了！

唯有真我才是绝对的真实，才是个性自存的本体。塔果儿 Tagore 说得好：“在那方面看，我是离开了万物，我已经摆脱了平等的牵制，而独立像个人咧！我是绝对的单一，我是我，是不能比较的，这宇宙的重量，也不能压碎我的个性；在外像方面，个性是藐小的，在实际上面，个性却是伟大的，因为他能坚持他所固有的去抵抗外力的引诱和侵掠。”似此有肯定自我的态度，就是革命者的态度，因为革命者都是自豪他的孤立，自矜他本着真情所认识的真我。

(四)

当真我实现的时候，那就我大而宇宙小，我能立我和宇宙宣战，并且宣布人类的罪状，所谓口吞佛祖，眼盖乾坤，就可见我道主义的精神所在了。详细说起来，有如下的十八条：(1) 我就是宇宙的本体，所以超越一切，作宇宙主。(2) 我比宇宙还大，宁可为我而牺牲宇宙。(3) 只有宇宙投身于我当中，我决不在宇宙中实现。(4) 我是永续不断的和宇宙奋斗，把我来征服那“无而有，有而无”的永远轮回。(5) 我是革命的神，敢取宇宙革命家的尊号自夸。(6) 我的存在比宇宙还早，宇宙尽管生灭，我却是独立不改。(7) 我是为宇宙立法，宇宙从我而生，也从我而灭。(8) 我是绝对的单一，和宇宙万物永远分离。(9) 我不是宇宙的产物，宇宙是我的产物，所以生天生地，唯我为万物母。(10) 我是超神，如有上帝还要征服他，赶他下去。(11) 我是不能比较的，我以外更没有我，也没有非我，能够和我对立。(12) 我所感，所行，所说，都是本体的流行。(13) 我是至大无外至小无内的，一切经验上有重要差别的东西，都捣碎在我的面前。(14) 我是遍一切处，无所不在，无所不包，无所不为之根抵的。(15) 我是绝对自由的，打破一切的罗网，不受任何事物，加诸其身。(16) 我是宇宙万物的根本大法。宇宙的消长变化，就是我的消长变化。(17) 我就是无我，就是大我，所以天上地下，只唯有我，更没有人。(18) 我是金刚不坏的，故能破坏一切，却不受一切的破坏，宇宙万有都当不住我。但须知这个“我”，已经在本体界了。

(五)

我并不是极端个人主义，如司多奈 (Max stirner)、尼采 (Nietzsche) 一流，只知现身的我。尼采告诉我们“人是可以超的东西，但这超人是地的意义，让你们的意志说：超人应该是地的意义！我恳求你们，我的兄弟们，留忠信在地上，而且不要相信那些告诉你们超于地上的希望的人！”由此可见这诗人哲学家，无论怎用他的超人的希荣的翅翼，向上飞升，也逃不出宇宙的大牢笼。自比虚无学者不彻底多了。复次：尼采的超人，只是以自己为目的，所以一切闲事不管，只晓得把自己弄到最强的地位，最胜利的地位。反之，我说真我，虽超越宇宙而把精神贯彻在宇宙当中，所以我就是宇宙，宇宙内事，就是我分内事，似此以向真实意志的发挥，作真我实现的标征，不消说是和尼采所理想那向权力意志的查拉图斯特拉 (Zarathustira) 是根本冲突了。

(六)

真正的觉悟，不是“知”了就完事了，却是要引起实际行为的，如已体认出真我，就不能不恢复他，把自我的皮，——就是束缚真我的假我，——一层一层的排除打扫，这就是革命了。所以没有真正的觉悟，决引不起革命行为，而革命的目的，也不过要洗涤假我，把假我洗得干干净净，那时真我也自然显出了。

因要实现真我的缘故，而洗清假我，在表面上好像是牺牲，而在牺牲的背后，还有最后最大最真切的获得，——就是获得真我。须知这个真我，在那方面看，固然不待离垢惑方净，离迷惘方清，而从工夫上着想，要不采用革命的方法，则真我亦决不能获得，所以革命是实现真我必由的途径，而人们为"革命"尽一分力，即成就一分"为我"的功绩，——故不能革命，即不能为我。

## （七）

革命者的好处，在他能够顿见真我的本来面目，所以终日腾腾任运，任运腾腾，只管任情去做，都是非常纯正的，非常真实的。依我意思，真理只是真我的努力，与真情所能认识的东西，所以我的就是真的，我自己就是真；换句话说，凡能增加我生命的价值，扩大我向真实意志的发展，那才是真的。因我为着我自己的真，所以不可不尽力革命，我只知最有价值的是"真我"，无论什么信仰，什么神，什么道德的义务，一切限制"真我"的自由，阻碍"真我"的前路的，革命者为着真理的向上努力，都要打破他，征服他了。

## （八）

不错！当这溷浊世间，活着真没有趣儿，所以革命者很多都抱厌世思想，作个咒生赞死的人，但他为什么不自求解脱——自杀——呢？我的答案，是因为：（a）革命者虽把现实看作凄惨的修罗场，同时又把直接证会的"真我"，看作情和自然的乐园，所以革命者是有理想的眼光的，在理想未实现以前，决不愿自杀。（b）革命者是以人类生活全体自现象的世界解脱的［为］目的，所以宁愿为普泛的解脱而忍［受］自己的痛苦，不但不忍自杀，而且要硬着头皮，为绝对的自由而战。由此可见革命者敢自杀而不自杀，也无非为要实现"真我"的缘故，因他相信我的真理，可自我实现，所以格外奋斗，决不说我不干了！

## （九）

总而言之，革命的人生观，就是真我本位的人生观，就是我道主义，所以真正的革命者，都是肯定自我，而含有主张情热与破坏的无道德的性格，然这无道德，却是有道德的最大者，故只是一个真我，而真伪分明，只要在我确以为是，就要实实落落，依着他做去。真便存，伪便去，该爱时便爱，该憎时便自然憎他，憎呵！爱呵！都纯粹是一种真情的流露，也是真我的表见，由此可见我就是情，情就是我，因为情我同一，所以人生观上要实现真我，正是宇宙论说的“复情”罢了。

**《革命哲学》，泰东图书局1927年版，第181—187页。**

# 革命主义在进化中

## (一)

我不相信那一种主义是“万事万物的终点”(The end of all things)，以为任何主义都不过一种工具，因心的要求发生的，故有一时的心的要求，必有一时的新的主义，即因这个原故，所以真理绝不是什么天经地义，主义也正是随时变迁进化的东西，就是我们谈主义的人们，也应都取一种历史的态度，搜求各种主义沿革变迁的线索，和思想所以不同的原因。于是更进一步，用批判抉择的态度，将各种主义，重新估量一番，使大家打破主义神圣，名词万能的心理，免得把过去的主义，也囫囵吞枣的吃将下去。

依唯心史观看起来，主义都是一时共同趋向的理想，本为应付心理的要求而起的，以要求而起的主义，即可因要求而变化，所以就主义发生的背景说，便知主义是活动的，不是静止的；是变换的，不是呆板的；是进化的不是倒退的；一种主义在一时代看作真理，也许时代变了便一钱不值；或者现在所谓异端邪说，时候变了就是真理，可见真理是随时变换，只须我们能够指挥他，引导他，教他朝真实的路走。如布尔札维克不合于人心的要求了，那么我就任其消灭，而另取无政府主义，无政府主义又露出破绽了，这里还有虚无主义来代替他。

我更不相信主义是什么人能够发明的，因为一种主义，都不外由于自然的趋势，而那提倡主义的人，也不过因势利导，使那要实现的理想自然实现罢了。即因主义不是从勉强杜撰得来，所以穿凿附会的，算不得主义，而在人的方面，也只有主义的代宣者，没有主义的发明家，似现在许多人把克鲁泡特金看作无政府主义的创造者，那实在错了，克氏自己说过：“We did no pretend to evolve an ideal commonwealth out of our pratical views as to what a society ought to be, but we invited the workers to investigate the causes of the presen evils and in their iscussions and congresses to consider the pratical aspects of a better social organization than the one we live in.”(见 *Memeeoirs of a revolutionist* P. 211) 由此可见真正有意义的主义，既不是那些伟人，贤哲，玩煞

活孩子的大把戏，也不消说是不能由那登垄断，左右望，图利市的贱丈夫所可包办的了。晓得主义是本于自然的，自然是由于自己底真情去认识的。那末对于思想家，就不应该过于推崇，因为太推崇思想家的结果，反阻碍了历史进化的自然路径。

上面泛论主义进化的原理。把他范围缩小来说明革命主义，就更容易明白了。因为革命是要打破旧环境．而向着进化的前途申去，故革命主义也是要打破旧的信仰，而要求宇宙的进化，知道他是为要求进化而有意义，就可见革命主义不是凝固死定的法，而是能够做媒摆渡的真理，复次进化是自己如此的事实，革命主义则本于这事实的使命而来，故即就主义本身的道理，亦不能不有进化，不能不在进化中转。我最恨的是一种人，牢牢守着过去的革命主义，而不承认主义进化的可能，似此无意识的崇拜，真不值得一笑！其实我们提倡主义，是为求真理，并不是要崇拜偶像，真理所在，什么都可以牺牲，更何论从前的旧主义，自弃之如敝［屣］了。若因新主义和旧主义不同，因而一面决意排斥，一面极力作无条件的辩护，那末这种不真实的态度，真要弄到思想没有进化可言，所以我亲爱的同志光涛哥！即有见及此，对那崇拜克翁学说的人，宣言道："世界进化是不息的，学说只能在一个时代，能有补偏救蔽的效能，我不相信世界生了一个克鲁泡特金从此就不进化啦！更不信他的主义就能推诸万世而皆准，就是包医百病的万应如意油，无论那一个人的主义，都不能是人们的归宿，只不过空间时间画一个痕迹，占一个地位罢了。"

就是我们真情认识的虚无主义，虽确信是前无古人，却不敢说后无来者，何则？世界的进化无止境，则革命主义的进化，也无止境。不过在二十世纪当中的青年，总觉得什么马克思哪！克鲁泡特金哪！李宁哪！这些十九世纪的残余思想，早已经过去了，虚无主义就要代替他了。所以虚无主义对于现代的革命主义，实在彻底得多，他是真理上的最光明的路灯，他是二十世纪青年的新思想，在这时代当中，总算是更进化更美满的革命主义。

## （二）

试由革命的历程看来，我也可见革命是有进化的。譬如俄罗斯式的革命，无论如何，总比法国式的革命，格外彻底，因革命的趋势，永远是向着更高尚更彻底的地方跑，因此革命的范围，也是逐渐扩大，从前只知求第三阶级的利益，现在却要求第四阶级的利益了。从前只知革神的命，现在更进一步要实行宇宙革命了。

过去革命的历史，可分作四时代：

(a) 宗教革命……革第一阶级——僧侣——的命；

(b) 政治革命……革第二阶级——贵族——的命；

(c) 社会革命……革第三阶级——中产阶级——的命。

德国的宗教革命，不消说了。单道法国的政治革命，据福克斯 Fex 说："这是世界上从来没有的事情!”德国的哲学家哥德 Goethe 说:“这天是为全世界开辟新纪元,”由此可见巴士丁狱击毁那一天,在革命思想史上,有何等的价值!何等的荣耀!但细察起来,这次革命就真能把那种种锢闭束缚人的东西都一[把]火烧毁了吗?一切被枷带锁的囚犯们都得到自由了吗?否!否!法国的政治革命,虽然革了第一第二两阶级的命,然最后的胜利,还和多数和劳动家无涉。有田寿昌兄的《法国革命和阶级斗争》说得十分清楚,今照录于此可资参证:

元来当时法兰西的国民,区分为三阶级,第一级僧侣,第二级贵族,第三级平民。这个第三阶级中却包括了上下两级,上级的人有才能识见,也有资产,因为僧侣贵族所妨碍,不能得高官厚爵,所以向政治以外活动于商业工业学术各界,发挥他们的才识,这班人就是于今所谓中产阶级。而国民的大多数——四分之三——都沉沦于平民的最下层,服工业、农业的劳役,贫窭不堪而负担特重,对于地主要纳地价,对于教育要纳教育税,对于政治要纳国税。英国人 Alther Young① 当时游历此地的日记中一节有曰:“余于各村落所见的人,多呈体屈色青,系病前病后的状态”于是乎这些体屈色青病前病后般的人,便是于今所谓劳动阶级。劳动阶级和中产阶级结合而为第三阶级,以与贵族僧侣战,以为贵族僧侣败,而他们遂可以由水火而登衽席,中产阶级者亦利用劳动阶级的多数势力,(一)可以倒国民的公敌;(二)可以遂他们自己政治上的野心;于是乎第三阶级主义。……

当时第一阶级的僧侣,第二阶级的贵族合起来家数五六万,人口不出来三十万,占当时法国全国民百分之一内外。而属于两阶级的土地,几达全国之半。对平民暴戾贪污,对国民又不纳税,穷奢极欲至于破产的,由政府支给年额达数百万元。这种食人而肥的第一第二两阶级,所藉以维持自己从前的地位的,便是正统主义……因他是正统主义的产物,与正统主义有共灭的运命。于是乎正统主义和平等主义——第三阶级主义——间利害全相反,乃不能不起绝大的冲突。

……

马鉴齐《十九世纪史》谓法国一千七百八十五年五月的三民会议当日情形,谓僧侣丰丰裕裕的穿着红色的僧服,先头进行,贵族穿着金色灿烂的礼服,载着白白参参的礼帽,走第二队,走最后面的,便是穿很质素的黑衣服的平民虽没有穿贵族僧侣那样的美服,而员数较二者合其拢来的还要多。全级会议召集后,第三阶级主义在议会内外如火如荼,七月十四日[革命]大爆发后,法兰西穿黑色的,遂战胜穿红色和金色的。

由此可见法兰西革命,归根结底,原不过中产阶的胜利,以确立基本的之政治上权利而已。这自然和现代阶级斗争的意义不同。因现代的阶级斗争,是劳动者对于中

① 阿瑟·杨(1741—1820),英国作家。——编者注

产阶级的斗争，属于经济的性质，法国当时则系中产阶级对于贵族阶级的斗争，属于政治的性质，所以现代的革命可称为社会的革命运动，而法国的革命运动，则不过政治的革命运动。因此立足地不同，政治的革命自难免要受社会主义家所诋斥的了。就中如拉萨尔（Lassalle）在《工人计划》书中说的最痛快，他说："当时这种革命的领袖，自称是为人道而起革命，所以大家对于这种革命，都有一种极大的热忱，但是不久大家就知道这新领袖是为中产阶级的利益而起革命，所以贫民阶级，就是一般无产业的工人，便以为这种革命，是和他们的利益相反的！因中产阶级利用法律上的和政治上的权力，去谋他们自己的私利，他们的行动和以前的贵族是一样的。他们的财富为政治上和社会上权利的标准及基础，他们创造一种限制选举制度，他们对于报纸用种种警戒法，并且征收种种税金，使言论不能自由，他们又以赋税的负担加在工人的身上。"（见克卡朴《社会主义史》卷三，李季译）又克鲁泡特金在《国家论》里，对于法国革命，也深致不满之辞。即因政治革命太不彻底，所以我们都是提倡以劳动者为革命的原动力，把社会革命来代替政治的革命运动。

但在社会革命家当中，因为意见不同，生出许多派别，有的主张社会革命事业应该安置在第四阶级专政的信任上面的，如李宁在《俄国问题》里说："俄国革命不至于无地无食无工可作无家可归的各阶级，完全胜利，则俄国革命断不能得政策上成绩的结果；"这就是布尔札维克派的革命论了，有的主张在革命发生的时候，第一步就是把强权一一芟除，而劳动者独裁专制，也是要不得的，这么一来，就成为无政府派的革命论了。

现在法国的革命，早已经去了。近几年来，社会革命的局势，已经一转直下，自从李宁托罗斯基等振臂一呼，于是社会革命的理想证实，各国的劳动者才如梦乍醒，知道这种大革命必不可免，而阶级斗争实是解放无产者的方便法门。虽然如此，布尔札维克的革命计划，在无政府的学者看去，本来就不彻底，但从这方面看去，实是无产者解放的初步，而社会革命的动机既开，自然由此浩浩荡荡，将红色的旗，代替白色的旗，一发不可御，这总算是社会革命的开端了。

然这说的都不外过去的革命历史，却不是我们理想的革命主义，我们的理想，是以无政府革命为手段，而以到达"虚无"为目的。元来无政府革命和布尔札维克革命，虽同是社会的革命运动，然而比他彻底得多，试看李宁在《国家与革命》书中所说，就可见了。他说："我们不是空理想家，我们不作痴梦，以为最好是即刻把各种管理和抑制废除，这是无政府家的梦，由于他们不晓得庶民执政者的事业是什么，他们对于马克司主义是外行，在事实上他们只尽力把社会革命丢开，等到人类天性改变。不对！我们要社会革命，人性不妨和现在一样，人性自身没有抑制，驾驭，管理者是不行的。"由这话看去，可见布尔札维克的革命，还承认什么强权，这自然不如那无政府革命，绝对否定强权，要撤去政府法律的束缚，而建设一切放任个人自由行动的社会。

无政府革命和那些误谬方法，像什么普通选举，什么社会政策等大大不同，就是集产派所谓社会革命，把政治力放在经济力前面的革命，也实在不敢恭维。他以为不要革命罢了，既然肯定革命的意义，就应该从根本上着想，而主张无政府、无国家、无法律、无宗教、无军队、无监狱、无婚姻制度的社会革命来。须知这种社会革命是有几种意义：（1）这种革命和普通的革命不同，因他不是以区区的政治自划，国界自划，所以这种大规模的运动，就是世界的普及革命。（2）无政府革命实以劳工为革命的原动力，由他直接行动，把一切生产要件，如田地、矿山、工厂、机器等等都敢归社会公有，因而废除私有财产制度，实行共同生产，共同消费。（3）无政府主义都是反对那些想依靠国家的权威，去实行种种改良革命的方法，他以为国家这个东西，实在是社会的障碍物，我们既要革命，就不要改良他，简直废弃他才好。（4）无政府学者更不承认什么强权，他以为政府和法律都是最不公平的东西，论到任务，只是保护资本，维持强力，察他发达历史，也和资产阶级的同其运命，故此无政府革命的时候，就应先把这些迫人服从的冷怪物，一一芟除，然后垢秽磨光，而人类才能够向着自由的路上走。

综上所述，可见政治革命不如社会革命；而社会革命当中，社会党的革命主张，又不如无政府派远甚。即就现今革命的前途看起来，以有政府与议会故，而认国家是无益有害的思想和行动，各国与全世界已有风靡的趋势，可见无政府革命，依照人心的自然是不会不实现的了。虽然如此，我是不相信无政府革命就算极点，接着这种世界革命之后，以为还有大虚无大破坏的宇宙革命。不过在过渡当中，却不能帮助无政府主义者，共同做去罢了。

## （三）

任何革命都是有主义做根据的，如政治革命的根据是庶民主义，社会革命的根据，是社会主义和无政府主义，故革命的进化，也就是革命主义的进化，自政治革命进化到社会革命，也正是从庶民主义进化到社会主义，无政府主义，进化是不能拦得住的，所以我们也只能因势利导，向着那开解超脱的大国道前进。

革命都是要根本解决，不根本解决，依然不算革命，故此革命主义总要有通盘计划，要是只顾零零碎碎的改，有的部分革了，有的部分没革，若这两部分是密切相关的，相联而存在的，那末一部分革了而他部分不随着改革，那自然不能根本解决了。由此可见革命主义的彻底不彻底，全看他的根本解决的程度如何。最明显的例，如社会主义与无政府主义，社会主义只知置重于富之分配的公平；而无政府主义则以为经济革命，非依政治上的革命不能奏功，所以同时置重于权力分配的公平。克鲁泡特金说得好："社会党的政府，犯着一个很大的谬误，每个生活的经济状态，包含他自己的政治状态，如果政治组织的基础，没有一个变革，那现今的经济生活——私产——的总基，是不能摇动的”。“绝对的君主政治同农权制度相吻合，代议政治同资本制度相吻合，两者果然都是阶级制度，所以在一个社会，资本主和劳动者的界限，既然消灭，自不必要这样的一个政府，他也将成一个时代错误。”由这些可知无政府主义的彻底处，正在能够从关系上着想，而求一个根本解决，所以无政府主义者就是彻底主义者。

但革命主义到了无政府主义，也不是停着不进的，代替无政府主义的，元来还有虚无主义，这虚无主义是更能够从根本上着想而求出根本的解决，他的革命，就叫作虚无革命，必革到“虚空破碎大地平沉”而后止。须知无政府主义虽然反对强权，仍然有个组织，不知既有了组织，就不能没有强权，强权不是别的东西，就是组织。所以虚无学者以为无政府革命还是半截的，不彻底的，而最彻底的革命，在把宇宙间的一切组织都推翻，几时革到无天无地，无人无物，这才是归宿。这就可见虚无革命比无政府革命更是彻底，而虚无主义也比无政府［主义］进步的多了。

虚无主义并不是凭空杜撰出来，实因宇宙进化为自无而有自有而无，现在是自有而无了，所以种种的革命主义，也都是顶着这个潮流，向着无的方向走去。太虚法师批评虚无主义，说得很好：“虚无主义的起点，是不在无政府主义以后的，从旧庶民主义的无专制君主，新庶民主义的无阶级选举，早已是虚无主义的倾向的过程了。故彻面彻底的做去，便总谓之虚无主义，无政府等不过是虚无主义的一过程，包在虚无主义中的，不是可与虚无主义对等的。”似此把虚无主义来笼罩这些革命思想，我是不赞成的。然从这方面看去，总可见革命主义，是已向着大虚无的路前进，而我说的虚无主义，要求宇宙全体的解放，也可见是顺着进化潮流而发生下来的革命思想了。

总而言之，革命主义都是能够做媒摆渡的真理. 就是进化到虚无主义，也不是永安于“无”，便没有革命了。但这是后话，尚为现在的我觉悟所未到达之境，我们现在也只能脚踏那到虚无的路，而力倡无政府革命，因为无政府革命实现了，那末“虚空破碎，大地平沉”这一大事，也就容易成功了。

**《革命哲学》，泰东图书局 1927 年版，第 193—205 页。**

## 虚无主义——革命底哲学

### （一）

我说的新虚无主义（Neo-nihilism），是一种新青年思想，和俄国的虚无主义，很有几个不同的地方：

(1) 俄国的虚无主义，是极端主张唯物，俄国革命的文学家Stopniack[①]在《地底的俄罗斯》说：虚无党把唯物的思想感动人心，如同宗教一样，传布这种主义的人，比那传教的人还要热烈，奔走运动要从基督教的迷信里面，救出一切众生。他们更进一步，发行秘密出版物，德人布尔聂尔作的《物质与势力》一书，是力攻基督教元理的，他们把这本书翻译出来，秘密传布，这就可见俄国的虚无主义，是极端主张唯物了而我却反一面来主张唯心，因为我们的主义，是和现代的哲学，同其趋向，而俄国的虚无主义，却受了十八世纪唯物论的影响。

(2) 俄国的虚无主义，是以科学为依据，理性做权衡，反之我们是根据哲学，而直取情意的自由，所以我们所标的纲领，是绝对的任情主义，不论是政府、是社会、是宗教，凡是限制个人情意的东西，都要反抗，就是科学，或文艺也无诚意承认他。

(3) 俄国的虚无主义，有个最大的弱点，就是没有诚确的宇宙观、人生观，法国某批评家说——虚无主义在哲学上不过是物质主义的鲁莽者，在政治上也不过是一种特别压力下，发生来的一种激烈主义，若论学理上的根据，实在比孔德（Comte）的实验主义和萧本华（Schopenhauer）的厌世主义，差得多哩！这话很对！因俄国的虚无党向来不知道哲学的门径，他的主义，只成为一个由政治的压制专横所激成的社会的急进主义，却不是有组织的主义学说。反之我说的虚无主义，则从形而上学出发，是有方法学的根据的，所以这一种主义可谓盛水不漏的思想，和那刺激养成的虚无主义，大不同了。

(4) 俄国的虚无主义，实在太不彻底，他虽诅咒现实，却没有胆量，去推翻世间。他把现实生活看得太重要了，所以最喜欢的是讲究大家每日的生活，而颠倒于物质文明的迷梦中，却不知物质文明和人类一切工作，正是大乱的根源，那么我们为什么还要保存这不真的世界呢？为什么要这世界进行呢？故依现代的虚无学者看起来，既然世界是错的，人生是恶的，那末我们最后的冒险，一定要毁灭这世界——毁灭太阳的光，月亮的光，世界一切的光，和世界自己。

但我对于前代的虚无主义，虽不相信，然就他们的精神论，实在钦佩得很，他们都是热血喷涌的少年，勇猛至诚的革命论者，有的是：

(一) 真实的态度；(二) 否认的精神；(三) 革命的主张。

因他是以自我为本位，所以只认定真理，对于所自信的主张，毫不可屈，这种诚实的态度，把天地都充满了！复次，他们的主义，就是否认的主义。《父与子》书中的主人翁巴柴洛夫（Bazarov）可为否认主义的代表，他们有一种破坏和狂热的精神，对于政治哲学宗教上认为天经地义的东西，只是一个不相信，这种精神，表现出来，怎

① 司特普尼克（1852—1895），俄罗斯著名作家，无政府主义思想宣传者。——编者注

能不把那虚伪的对手应手倒下来呢？再进一层，他们不但用否定方法来扫除种种思想，而且简直主张革命，要用激烈的手段，去求根本的变换，所以俄国的虚无主义者，就是革命家，试看《地底的俄罗斯》（原著经日本宫崎滔天的哲嗣龙介君译成日文，吾友郭须静君，又转译之，刊于晨报）所引虚无党员的话，就更明白他们是一心一意，要为人类生活奋斗，到死不懈了。

（例一）柴挚夫 Zaizeff 出了一种秘密出版物，中间有一通现时的新虚无党致旧虚无党的宣言，前边畅论时局，后尾有一段说："我当着神明向诸君言誓，我断不是像诸君所说的那抱利己主义的人，诸君所见实在错了，我老实告诸君说，我们为人类幸福尽力奋斗，绝不懈怠，我们要全蹈刑戮一人［直］不懈，我们应该像赞成慕烈肖德（Moloachott）和达尔文（Darwin）主义的人，拼着身命殉他的主张一样，横卧在死刑台上。"

（例二）有一位远处来的青年，访问一位老者，这位青年英气勃勃情真语切的向老者道："君是已经纳福，不用说我也可以知道的，但是在君乡土的同胞们，又是怎样的景况呢？君是晓得的，那些人就是仅仅有了一文钱，也是要被政府夺去的。他们的手中，是一钱也靡有，饥不能吃饭，寒不能穿衣，抱着那饿得好久的婴儿，旁皇道上，向人叫苦，人也不顾，向天哭号，天也不应，不能无情的人生，如同无情一样，虽属近亲，也是相望待毙，没有法子可以救援，这不是他们今日的情况么？他们的情况既然如此，君怎样独享幸福呢？君并不是不知人民怎样惨状的人，怎能对于那些同胞的哀号，冷眼看过呢？君数年前发的宣言说：为人类幸福奋斗，如今还能记得？唉！君实到了老境了！我是不能不横尸山野的！"

由此可见俄国的虚无党，这样悲壮的青年，不但是人间的历史上所绝无仅有，就是一想起来，也觉得他一点真诚，要顿时把我的热血不禁地喷出来了。虽然如此，他们主张革命和实行，我固十分同情，而他思想上的基础，则未免过于浅薄，自不是我所敢承认的了。我以为俄国的虚无主义，在现在已成为历史的陈迹了，过去的化石了，所以我力倡虚无主义，并不是要恢复十九世纪的虚无主义，却是要创造我们二十世纪青年的新思想。而且直接见于实行上。因俄国的虚无主义，只适应于前代的心的要求，而我们的虚无主义却从现代发端，所以前代的革命运动，俄国的虚无主义——虽可适用前代的革命哲学——而现代革命的运动，则唯有这新的虚无主义——革命哲学——才够得上去利导他了。

## （二）

我们都知道虚无主义这个名词，是由俄国小说家屠格涅夫 Turgenjeff 才用起来的，屠格涅夫在《父与子》书中说的，是有两种意义：

1.“虚无”有否定的意思，虚无主义就是否定主义，不崇拜各种权威，对于现实，心怀革命。

2.“虚无”主义是无主义的主义。

但这两点，虽仍可说明现代的虚无主义，然现代的虚无主义，却不止此，所以把这两种意义，去解说俄国的虚无主义是很够了，若把他解说新虚无主义，便觉得不周不备了。Cross说“虚无”这个字，到西历一八五年至一八七年，是特别制限当作扰乱的意思。不错!“虚无”在当初说起来，本含有一种嘲笑轻蔑的意儿，然自被虚无党采作他们的党名的时候，就和从前不同了。故有人还把虚无主义，看作协迫运动，那实是误会，克鲁泡特金说这种误会，就和将斯脱伊克派及实验哲学派，混为共和主义同样的政治运动，同一误谬，而承认虚无主义就是真实主义。

我说“虚无”，是有四种意义：(a) 方法上的意义；(b) 主义上的意义；(c) 本体上的意义；(d) 进化论上的意义。

前二者和屠格涅夫说的是一样意思。因为虚无主义在方法上是注重批判，用批判的方法来怀疑一切，否定一切，所以“虚无”就是否定。复次，虚无主义也不过一时做媒摆渡的工具，故并不是天经地义，和别的主义大不相同，因他不把虚无主义看作主义，所以是无主义的主义，如果把虚无主义看作凝固死定的“主义”，那便万要不得。

由本体上看去，“虚无”不是别的东西，便就是本体，本体一向空无，是名不得状不得的，是透明的，自然的。因他是无形、无声，整个的不可分断，却又无所不在，故从具体的方面着想，用那空无所有的“虚无”来形容他，晓得本体就是虚无，虚无就是本体，那末虚无是什么，也不难证会了。复次，照进化论眼光看去，虚无两字，可分开来讲，虚是表明宇宙全体是虚而不屈动而愈出的，无是表明现在宇宙进化的倾向，因宇宙有其自无而有的成而住，便有其自有而无的坏人空，所以我说虚无，就有“还灭”的意思了。总结起来，可见“虚无”虽有种种不同的解释，而归根结底，“虚无”的意义，总是批评的、破坏的、理想的，而且可受流动变化的说明，这就可见虚无，是为着革命思想而有意义，而虚无主义之为革命哲学，也是决无可疑的了。

## (三)

虚无主义的派别，我很想把他胪举起来，然后指明新虚无主义的位置，和别的有什么不同的地方。所惜材料不够，而那些抱着虚无思想的，又没有明白标明他的主义，所以现在说的，一定挂一漏百，至于详细的研究，只好再待我《虚无主义史》的专书好了。

我是把虚无主义分作两大派：

(一) 人生的虚无主义，(二) 宇宙的虚无主义。

如俄国的虚无主义，他们大声绝叫，无非要肯定人生，所以说："靴工能作必要品，比那作与人生没有用处的美术的拉非尔氏 Raphael 实在强得多"，这样为人生而破坏艺术的态度，可以想见那些人冷酷而空漠的虚无思想，均建筑在人生和人生的真实上面，这就是人生的虚无主义了。又如弗劳贝 Flaubert 他把艺术的真，看作世间唯一的东西，除艺术外，什么科学，什么道德，什么法律，都一切否认，这虽和俄国的虚无主义相反，但也属于人生的虚无主义。总之这种虚无主义，有的是否认的精神，然究竟偏于理性知识方面，所以较于宇宙的虚无主义，范围自然狭窄得多，我现在也可不论他了。

我要说的是宇宙的虚无主义，而现代的虚无主义属之，就中有：

（1）无为的虚无主义　这派把自然看得太重，以为种种变化，都是一种天道作用，人们只可"正而待之耳"，因此达观一切，对于固有社会，既不思打破，对于进化，又绝对不许人力有助进的效能，如庄子就是好例，他明知"无动而不变，无时而不移"的道理，却要"不谴是非，以与世俗处"，明知有的会无无的会有的道理，却要"大而化之，乘万物而未始有极"，这种达观的虚无主义，实是宇宙进化的大阻力，而这派学者其实就是懦夫，结果把存在的都看作合理，"依其天理，因其固然"，一切归到命定，自然是守旧极了。

（2）断灭的虚无主义　这派知道生必有灭，有必返无的道理，但他以为灭了就不再生，无了必不更有，所以这种虚无主义，实在落见成执，而成为断灭的虚无主义了。《瑜伽师地论》说："有断见论者，计我有粗色四大所造之身住持未坏，尔时有病有痈有箭，若我死后断灭无有，犹如瓦石，若一破已，不可复合。"这"断灭无有"四个字就是这派哲学的根本观念。

由我看起来，这两种虚无主义，都是不懂得宇宙进化的道理，因为宇宙进化虽是自然的运行，但还要自我实现，所以真正的无为，是无不为，就是一个"因"字，试看淮南子原道训的，便知无为是"不先物为""不易自然"，而无不为就是"因物之所为"，所以一方面虽有自然的次序，一方面仍是"因势利导"的结果，换句话说：就是"自然＋因而为之＝进化"，应用在革命上，就是"自然＋革命＝进化"。似无为派的虚无主义，只知无为，只知"因其天理，仍其固然"，把进化看作现成的东西，不消说是偏于保守，而养成惰性的习惯，而宇宙进化，为之停滞不前了。复次：断灭的虚无主义，也是我所极力排斥的。我常说过，"宇宙进化是自无而有自有而无，现在是到了自有而无的时代了，所以须应用虚无主义从有进无，然从有进无之后，却又能从无进有，从有进无从无进有是流行着前进没有止境的，所以进于无是进化不是断灭"，今断灭的虚无主义，只知自有而无，却不知可自有而无的，亦可自无而有，所以他于进化的道理，还只见半边，若现代的虚无主义便不然了。他所说的，宇宙革命，决不是绝无危险的解脱，因他很知道在这“虚不屈动而愈出”当中，解脱虽不是永不能达到的境地，然还仗着我们一丝不断的努力，才能消灭那“无而有，有而无”的宇宙法则。所以现代的虚无主义，正因“空”而即空，所以格外有意义，对于断灭派之反生命的，反行为的倾向，此则可谓生命的行为的虚无主义。

有人以为新虚无主义，是从老子学说引申下来，这种错误，尤不可不办。本来老子学说，如关于形而上学方面，自然再好没有，若能说到工夫上那就未免把天道看得太重，自不是我所敢赞同的了。分开来说：（1）我是主张反抗，以为无抵抗就是放弃天职，今案老子学说，处处抱着“无抵抗主义”，如第八章称赞水德的谦让、卑下、柔弱，第七十六章四十二章，斥“强梁者不得其死”；又要人知道“夫唯不争故天下莫能与之争”，似此虚无恬淡的思想，何曾不是虚无主义，只是可惜他怵于利害，胆为之怯，而且在本体上，又加了“无为权首将受其咎”的意思，反失却虚无的本色了。依我意思，任情就是虚无，所以真正的虚无主义，都是以勇猛无畏为宗，以革命破坏为必由的程叙［序］。对于那被恐怖情绪弄成麻木的遁世派，自和他根本冲突了。（2）我是主张离去现象界，复归本体界，老子却不然，他的最大希望，只在于合一于人间的大宇宙。因老子不主张身体灭尽故和我说的新虚无主义不同。谢无量说：老子复归道的意思，很好地说：“老子之意，固无有如厌世家，求杀身以去世，不过厌恶纷浊，思返于淳朴耳，今细玩老子复归道之旨，大抵以吾人形体，虽为凡质，而心则灵妙，能合于本体，故宇宙之体用，与一心之体用，殆相同符，其繁赜亦不异一心，吾人能进而融吾心于宇宙，即复归道之说矣。”由此可见老子“复归道”说，并不曾打破现前的长途生灭，自不如新虚无主义远甚，若新虚无主义则不但如老子所说将精神真如出斯世，还要举宇宙的存在物而悉灭尽之，这样一来，这可见我的虚无主义实和老子学说不同。也自不能说新虚无主义是出于老子了。

晓得新虚无主义，是生命的行为的哲学，就可见这种虚无思想，所与从前别异的，即在于重“情”而不重“知”，唯其重“情”，所以主张向前活动，而带着非常丰富之革命的色彩，而为一种彻首彻尾的情的哲学——就是革命哲学。

**《革命哲学》，泰东图书局 1927 年版，第 207—218 页。**

## 宇宙革命的预言

### （一）

有一物，从本已来，性自清净，明明不昧，了了常知，名不得，状不得，不曾生，不曾灭，会得时当下便是，动念即乖。因他绝诸表示，不可以心知，所以非色非空，非自非他，非内非外，非能非所，非体非用，非一非异，非有非无，非生非灭，非断非常，非来非去，非因非果。似此一切俱非，如何说得？但为方便起见，不妨假设一个表记，叫做“本体”。本体是寂然不动，感而遂通，虚而不屈，动而愈出，所以把不露色相的“情”字来形容他。其实这里“本体”字“情”字两个抽象名词，都是凑成的，人造的，已不是从本以来那一回事了。

“情”是以灵知寂照为心，不空无住为体，无性为真实自性，听以不假闻见，更无待于逻辑。因为逻辑原于推知，故只能体会事物的关系和生命的皮相，至于绝对无比的东西，实在没的法子去求。由此反证起来，“情”是不二而最初，既不能用理知的方法——逻辑——去推证其所以然，也可见是脱然于理知之外，和理知是根本不同了。

“情”是真心本觉，怎么忽生大地山河呢？原来大地山河，都因妄念而起，这个妄念，就是分别性，就是理知。所以要说明宇宙的缘起，则认识起的时候便是。何则？“觉性圆满，无待有明，妄欲有明，而觉非所明，由是因明立所，而生妄能。宇宙之辟非他，从一觉性中，忘开能所也。能所非他，能所认说之能所也。”（见梁漱溟《印度哲学概论》页二四六）因有认识，方于无同异中而起同异，忽然地一声而宇宙生起，千差万别，便有许多事了。

准上，可见宇宙就是“情”之化为理知者，因情化自身为客观、相对、有限的东西，才为宇宙的森罗万象而现，放宇宙的存在，是因理知作背后的护持力。而理知这个东西，则不外分别彼此，其自身就是罪恶，和情根本相违。所以我们的宇宙，不是真情的本体，实为一种占有冲动的世界。而我们所能作的，也只是要脱去这虚伪的世界，到达那本原的究竟的真实的本体去。

## （二）

宇宙革命就是一种“还灭论”，是要把宇宙的存在物，都一概消灭他。这种学说，从消极方而看，是“反知”；从积极方而讲，就是“复情”。而“反知”和“复情”，根本也只是一个工夫。因理知是万恶之源，宇宙则理知的表现，故世界自身，即冷酷无情。而人生在世，亦不外自始至终，作那自私自利的勾当。所以宇宙是错的，人生是恶的，要复我真情的本体，就非宇宙革命不可。几时革到“天翻地覆人类灭亡”的时候，那时“有穷”消失于“无穷”，这才算归宿。

本来人一切的劳碌，就是日光之下的劳碌，我都以为烦恼，都是度空，都是捕风（见所罗门的传道书），那么我为什么要这世界进行呢？为什么不顷刻之间毁灭世界呢？而且宇宙是一个大组织，是一个最大的魔王，有了他就有虚伪，有痛苦——有极重的痛苦，可见宇宙是不可不消灭。我们一定要把太阳的光吹熄，把凡有理知和数目的东西，悉行废掉。但我们又怎样消灭他呢？又怎样到达那夏脱（William Butler）所盼望的“无物即是万物，无身即是万身”（“Where there is nothing that is anything，and nobody that is anybody”）的境界呢？

有的，就是用革命的方法，去实现本体。因真正的出世，是要从奋斗悲剧［中］得来，而宇宙的一切理知现象，如一天存在，则真情亦一天复不得，所以出世的境界，不是和平的境界，却是奋斗的境界。因情是自己如此的，故不假修为，只须打破理知便是。打破了又打破，打破了又打破，打破到最后的一回，什么都没了，

到那时我们的真情，自会活泼泼地流出了。由此可见不求真个解脱便罢，如有解脱的真心，则除却革命外，便没有别的方法。

我们要“举乾坤而毁之”，并不是什么妄想，而且以为这是“返朴归真”的运动。似从前理性派的哲学家，只管凭空结撰那不变不动的普遍的实在，究竟和实际行为有何干涉？依我的意思，本体不是知道了就完事了，还要有一种工夫跟上去，所以顿悟以后，还须顿修。革命就是顿修的方法。由这方法“损之又损，以至于无为”，把宇宙人生都还没于“情”的当中，而后“真情”可见。既复了真情，就理知和情永远舍离，这就叫解脱。故此解脱不是不可能的，但还须我们努力革命，革命就是得果的因。

但同在出世家中，其出世法也各自不同，有的投渊赴火，唯望生天；有的只要眼光见地超出“形骸之外”；有的修持瑜伽，立志出离；有的禁欲苦行，求复清净本体。由我看起来，这些解脱方法，实在完全错了。因为解脱的究竟，就是“复情”，故要解脱，即须任情，若用强制的方法，去拂人之性，无论是外道也好，是佛法也好，是叔本华的学说也好，总归要失败的。复次，瑜伽方法，似乎好些，然也和真正解脱的道理相违。因真正解脱都是从动转施为上得来，是要在事上磨练的，若只管向静中讨生活，饶你坐破蒲团百千万个，究竟跳得出吗？再进一层，我们眼见世间的苦痛、无聊，正应该求真个解脱，如那些高谈佛老的人们，以中道为教，一味的想调和生灭，却不知调和生灭，仍不免于生灭。何以故？生灭现见故，生灭眼见故。有生灭而说生灭本空，这固是本体上的说法，但在工夫上，却应该从生灭着手。因为现见的宇宙，是生生灭灭的，所以我们应有个方法，去灭尽存在物，而向不生不灭的本体进行。因这不生不灭的本体，还算未到达的境界，故此我们还须努力，不应该似那些宗教家，用尽曲折的方法，去糊眼前的。就是对于出世法，也应该舍却那反生命的，反行为的——怯懦和柔弱的——佛老的态度，而采取虚无主义大勇猛大无畏的宇宙革命方法。

## （三）

虚无学者虽确切以为宇宙革命是有益的，但多半是证明宇宙革命是所不能免的。因他是自己如此的事实，所以只须因势利导，决用不着著意安排，但我究竟怎么证明

宇宙革命是必然到来的远命呢?

(a) 方法论上的证据——辩证法告诉我们,一切存在的东西,都有消灭那一天,有的不能不无,存的不能不亡,完全的不能不毁坏。因为事物都有互相反对的两端,而这两端又互相连结,所以现在既有了宇宙,就不能不向无宇宙的方面行,现在既有了人生,就不能不到消灭人生的路上走。可见宇宙革命正是方法上自然的趋势。知他是合理的必然的结论,就知道宇宙革命是不能不实现了。

(b) 进化论上的证据——虚无主义根据于辩证法,知道宇宙的进化,是自无而有自有而无的迁移,所以现在有宇宙,而宇宙革命就是进化的过程。复次,进化的前途,永远向着真的,美的,善的方面,而革命的范围,也好似滚雪球一般,越滚越大。故从中等阶级革命到第四阶级革命,从政治革命到无政府革命,依照现在革命的思潮,决不会就停住不进。而宇宙革命,也正是应着更真的美的善的需求而起,这自和进化的道理恰合了。

宇宙的究竟为寂灭,这不但是我的私见,法国付立叶(Charles Fourior)早就用辩证法证明过的。但有人根据科学来反对我这种学说,以为“天地毁灭那简直违背了生物自存(Self preservation)的通性,且和物质物力不灭的定律不符。”这种驳论,我听不一听,其实他们所根据的自然科学的根本律,早已成老式的教科书上的理论了。

近来在科学界的革命,总算是安斯坦(Einstein)的相对说了。他告诉我们,一向科学家假定物质是不变的,绝对的,实是错误,物质并不是不变,只要速度有变迁,物质也跟着起变迁。由这相对说,就可见物质断灭,并不是不可能。而赫克尔(Haeclel)在《宇宙之迷》要证明物质定律的万能,现在可不兴了。再进一层,近代科学不但把从前所信的物质定律,从根本上掀翻他,而且即从科学的基础上,也可以证明宇宙革命并不是空谈,却是不可逃避的真理。

因为近代科学家,如吕邦(Le Bou)已告诉我们物质断灭的道理。他著有《物质的进化》(Evolution of Matter)书,又于一九〇七年在比国倭斯丹市,本其研究结果,为通俗讲演。(见《东方系志》十二卷第四、五号黄士恒译篇。)依他意思,“以太”就是万物的本原,一切物质因力的作用,经过生成衰灭的一轮回,仍消灭于以太。所以说:“物质非徒善变也,且必趋于死之途,而从所谓宿命的法则者也。”“物质者莫大之力之贮蓄者也,且此物质,变形而为他之形式之力,遂复归于虚无之中而消灭也。”由这话看起来,可见吕邦学说虽不尽和虚无主义相同,而就物质断灭一点,则大可资参证。因即照录他根本的原则并要语如左:

(一) 物质昔虽假定不灭,而实则其形成之原子,由连续不断之解体而归于消灭。

(二) 物质之变为非物质,其间遂产出一种之物。据从来科学所主张,物体有重量,而以太无重量,二者如划鸿沟。

今兹所发明之产物，其性质乃位于物体与以太二者之间者。

（三）物质尝认为无自动力，故以为必加外力而始动。然此说适得其反。盖物质为力（即原子内之力）之贮蓄所，初无待外部之供给，而自能消费其力也。

（四）宇宙中力之大部分，如电气日热均由物质解体之际所发散原子内之力而生者也。

（五）力与物质同一物而异其形式，物质者即原子内力之安定的形式，若光、热、电等，为原子内力之不安定的形式。

（六）总之原子之解体，与物质之变为非物质，不外力之定的形式（即称为物质者），变为不定的形式（即如电、气、光、热等），凡物质皆如是不绝而灭为力也。

（七）适于生物之进化原则，亦可适用于原子，化学的种族，与生物种族同，均非不变者也。

（八）力亦与其所从出之原物质，同非不变者。又，宇宙之力，以质力二者失其平衡性，以复平灭。

又，质渐分解归于万物第一本体，不可思议之以太者也，物体因燃烧或其他方法而破坏，斯为变化而非消灭，可由天平不灭其分量验之，而所谓灭，乃一切消失。

又，此以太之涡动，与由此而生之力，如何而失其自性，而消归于以太乎？如液中漩涡以失平遂颤动，放射周围，转瞬而消灭于液中。

又，宇宙无休息，纵有休息之所，非吾人所住之世界，而其间亦必无生物。死非休息也。

又，总括之云：一、翕聚其力于物质之形之下；二、力复归消灭。此为一循环，几千万年更为新轮回。

原文的归结是："从前科学以物质之恒久为基础，将来科学则当以物质之解体为基础。苟能发现物质速于解体之方法，则可掌握无限力之源泉。此为科学研究之主目的也。"这更可见吕邦的命意所在，虽他诠明的理论，也不见得全对，但我无意中得此旁助，对于宇宙革命主义，一发有坚决的信念，而那些抱定物质定律来批评我的，也大可以不论他了。

## （四）

虚无主义是要革掉宇宙的牢笼，几时革到"虚空平沉，大地破碎"，那是才算虚无主义的目的达到了。但我们究竟用什么方法，去实行这种理想呢？依我意思，这实在很难有一定答案。因为虚无学者虽预言未来的宇宙革命，却不必要惩前毖后，用深思和经验去预备一种新方法，关于这点，我和苏鲁（sorel）——工团主义的哲学家——的思想一样。他以为理性这个东西并未能够引导我们，引导我们却是我们的理想。人若有理想，必不能安静静的住着，当我们的感情屈服理性的时候，平常防止我们的戒慎和节制我们的动机，都失了他的能力，我们才能够去做一种超过寻常的事情。所以你若有去做的决心，你便当去做，不必踌躇什么，否则，徒然使你勇猛径进的前途，无端地生了满地的荆棘，那时候你还能去行为吗？（见《奋斗》第六期《工团主义的哲学》）由此可见，宇宙革命只要认定目标向前去做就是了，却不必问实行革命时候的状态如何。

但我们怎么向前去做呢？这就不能没有问题，依我意思：其一，我们对于未来的革命虽肯定他的真价值，但为实际上需要，却要特重现前的革命事实，要扩充他，使能够实现的革命实现，这就是虚无主义的效果了。所以我于宇宙革命的计划，是从无政府革命下手。因无政府革命是虚无的过程，所以我们只得和无政府的赞成者一齐手牵手地去打破阶级、强权、资本家等，做到怎么样便怎么样。这就是实行宇宙革命的方法了。至于无政府革命以后的事，我现在也不便说他，以为到那时候，自然会发生别的困难，那时因要解决这种困难，宇宙革命也自然再进一步了。其二，我研究宇宙的起源，知道宇宙是从心法而生，又可因心法而灭，所以实行宇宙革命的方法，是要用一种“心的工夫”，先使一切众生都有厌弃现实的倾向，然后宇宙也为着众生的心的变化而变化，以至消灭。故此现在的急务，在怎样使众生都有宇宙革命的决心，这简单的答案，自然要极力提倡虚无主义了。假使虚无主义能够变成一种共同的理想，那就是宇宙革命的时期近了！

因此虚无思想的传播，也就是实行宇宙革命的一种方法。等到这种思想成熟，那时突变起来，就要到虚空去了。

## （五）

本来天翻地覆，人类绝种，并不是我们说来开玩笑的，实在是自然不可逃避的事实。因这是自然的事实，所以只可因势利导，在这大变动当中，能够使众生们早些解脱，这就是虚无学者的发心处了。闲话休谈，且说推翻宇宙的主义，虽在无政府革命后面，但两者的中间，还距离太远。如果详细说起来，接著无政府主义，还可提出无人类主义，无生物主义，无……无……主义，乃至无宇宙主义。所以要实行宇宙革命的理想，则无人类主义实是打破宇宙的一种过程，但怎么样才教人类灭种呢？说来只有两种方法：

（1）自杀。

（2）自由恋爱。

在现代思潮当中，有一派学者，主张人人自杀，他以为世界是错的，人生是恶的，我们要毁灭人生，只要用自杀来毁灭自己，把社会上各各的自己，都归消灭。这种学说，是由萧本华的厌世主义引申下来，自然和虚无主义的思想，很相吻合；因为虚无主义，也正是要毁灭人生，既要毁灭人生，决没有不赞成自杀的了。所以我在一九二〇年七月，曾实行自杀，可惜没有成功。就中遗言，有几句话，很可代表我的意见。我说："吾预料死后，必有反自杀论者，对我极力攻击，然吾乃无惧，吾只信自己有决定自己运命之自由，舍此以外任何伦理、社会、政治、法律，……吾皆熟视若无睹，如是则持此谬说以诋我者，均何有于我？吾今自杀则自杀耳，不能自由而生，渠不可自由而死？……"虽然如此，自杀一事，究竟是个人的，我能自决我的运命，然实没有解决别人运命的自由，所以人人自杀的理想，很难实现，因为无论何人，都不能以自杀望之他人。复次，自杀实在过于人工的，勉强的，一切有情有一种共同倾向，就是非迫不得已的时候，决不自杀，——哲学的自杀，是例外的，——所以人人自杀的理想，结果必不可能，而抱无人类主义的，也只可用自然方法来利导他，却不能用这自杀的方法，来消灭人生了。

自杀的方法以外，我还寻找一种有普泛性的、自然性的方法，来促进"人类灭亡"的大事业，这种方法，便是自由恋爱。本来自由恋爱是现代世界的新思潮，是新时代人心的倾向，把他看作毁灭人生的武器，好似毫无道理。不知人生成为人生，都是从父精母血生下来的，故此归根及底，要毁灭人生，非从恋爱问题下手不可。何则？有男女恋爱才有生育，有生育才有这许多人来；倒转来说，假使没有生育，就许没有人生了。今据我研究所得，知道自由恋爱的结果，一定人们不喜欢生育，所以把自由恋爱来实现人类革命，实在很有理由。

有人说废止生育的方法很多，独身主义不也是能够毁灭人生的吗？不错！但独身主义只能行之少数学者，至于寻常的人便不能了。而且独身是要压抑情欲冲动，似此不自然而又没有普泛性的方法，实在比自杀还不澈底，所以我对于独身主义不认他是一种方法，不过或种的人，因不喜异性生活的缘故，而主张独身主义，我也并不反对，因为这种主义，也未始非毁灭人生的一大帮助，不过还不及自由恋爱有极大的效果罢了。

我说自由恋爱是有普遍性的，因为人们无尊、无卑、无贤、无不肖、无男、无女、无利、无钝，无论贩夫、走卒，谁都有性欲的本能，谁都爱寻找那称心情热的伴侣。所以自由恋爱是由解放性欲的观念而发出的异性的爱，这正是现代人极普泛的要求，也可见是有普泛性的了。复次，自由恋爱是自然的，依照现在社会、经济、道德、生理的种种需求，已知道自由恋爱是自然不可避免的事实（参看《奋斗》第三期我做的《自由恋爱主义》）。而且自然恋爱本来是因反抗那不自然的异性生活，而要求率性而行，凭着烂漫天真，去实现那"本来"，——就是纯粹的情，故为有自然性的，较之稍有勉强意味的自杀方法，真优美愉快多了。

然我赞成自由恋爱主义，实和那提倡自由恋爱的宗旨不合。因那提倡的人们，是以自由恋爱为目的，虚无主义却把自由恋爱作手段。老实说吧！那些人是因自由恋爱而提倡自由恋爱，我们是因要毁灭人生而主张自由恋爱。因有这些分别，所以提倡自由恋爱的人，最忌那自由恋爱使人类灭亡的话，而虚无学者却大胆承认他。

自由恋爱的好处，在自身的道理外，正因为他能够使人类灭亡。但我有什么证据，说他的结果一定使人类灭亡呢？我的理由，简单说之如左：

(1) 从前婚姻，男女是把金钱来代替真情，所谓夫妇制度的中心，其实完全是经济关系，所以有钱的人，可以用金钱来买恋爱。今自由恋爱便不然了。这时纯以恋爱而结合配偶，故男女之间，假使不得互相合意的人，实无结合的机会可言，就是有结合机会的人，也一定很少。因此自由恋爱的结果，使人口便自自然然的少起来。

(2) 在婚姻制度底下，男女要衣食同栖共处，女子是以生育为唯一责务，所以并不顾惜自己，拼命的生殖起来。到了自由恋爱的时候，女子渐知觉悟，晓得生育是卑鄙，没趣，而且很痛苦的事情，于是不情愿孕妊，而生殖率也自然减少起来了。

(3) 当实行自由恋爱的时候，一定在无政府共产的社会中。那时人人做工，然做工的时间，总是力求减少，而生产的数也一定不求多过消费，因此，社会对我不负责任的生育、使大家加多负担的人一定很不满意，而男女们也自己不愿生育，使社会因养育儿童的缘故，而增加他劳动时间。

(4) 这时子孙观念打破了，男女们既在社会中共同生产，共同消费，自没有那(a) 衰老之时靠子孙生活，(b) 死亡之后靠子孙祭礼，(c) 子孙名利发达了，好光大门楣这三种观念。即因这个原故，所以男子除却满足自己情欲以外，实没有生子孙的必要。何况这时社会，是极端自由，不生育也说不上“不孝有三，无后为大”的话。自由恋爱是和无后主义很有必要的关系，这也是能使人类灭亡的一大理由了。

(5) 自由恋爱的社会里，人人因有余力从事于思想方面，故一一都富于理想，而喜欢过那精神的生活。仿佛吴稚晖先生说过，无政府时候的人们，脑部都比现在大一倍。这虽过甚之言，然这时人们脑力的发达，却是真的事实。今据心理学说，用脑力过度，生殖力自然减少，可知这时脑力发达，又是促人类灭亡的一原因。

由上面的证明，可见自由恋爱实是人类灭亡的武器，如果真个实行，那末人类就要渐渐的减少下去，以至于无。因此，所以我主张自由恋爱，一面却很讥笑那高谈儿童公育的人，以为白费心了。何则？自由恋爱不但在学理上可证明他有消灭人生的倾向，即在事实上，都可以证明：如法国近来男女间因求自由的缘故，而力避孕妊之苦，这就是好例了。总而言之，自由恋爱是不要生育的，而人生真路，也只有永远向着消灭那方面走，那末我们为什么还要生育呢？

宇宙革命成功后，那时有穷消失于无穷，——而我们所理想的真情本体，就完全实现了。但虽则实现，我还须奋最大的努力，自由突进，使这绵延创化的本体，不散漫了，不坠落了，我也从此达于绝对真、美、善之境，这就是永远的解脱了。

最后，要勤勉我们尚未到达的目的，因高唱“到虚空去”的歌儿，作本书的结果：

我从虚空来，还向虚空去。

虚空是我本来身，也正是我们归宿。

我去！我去！把身意断灭，吹成灰的我，也自和虚空无二。

虚空里没有国，没有人，没有嗔，没有喜，既远离你和他，也没有他和我。

那不是净土？那不是涅槃？

证得虚空时，方知道人间的坠落，生存的凄楚。

谁送我从虚空来？谁送我向虚空去？

但谁也不送我从虚空来，谁也不渡我到虚空去；

我来时自来，去时自去。

我去！我去！用不着渡夫渡我；

只凭一念真实，我自赤条条地到虚空去！

**《革命哲学》，泰东图书局1927年版，第219—235页。**

# 巴金

巴金（1904—2005），原名李尧棠，字芾甘，出生于四川成都，笔名除巴金外，曾使用过芾甘、黑浪等。1920年入成都外国语专门学校学习。“五四”时期受到无政府主义的影响，开始大量阅读无政府主义的相关著作。后加入了四川重庆的无政府主义组织适社。1921年，巴金在成都创办了《半月》月刊，并在上面发表了一些宣传无政府主义的文章，如《怎样建设真正自由平等的社会》、《爱国主义与中国人到幸福的路》等。1926年，他与黎健民、卢剑波等人在上海创立了民众社，并出版了《民众》半月刊。1927年应好友吴克刚之邀赴法国。在法国期间，他参与诸多国际无政府主义者的活动。1927年7月，巴金与吴克刚创办了无政府主义刊物《平等》，并在美国旧金山出版发行。1928年12月回国，继续宣传无政府主义。从30年代开始，他把精力逐渐转向文艺创作，成为著名作家，影响颇为深远。

## 怎样建设真正自由平等的社会

近来“自由”、“平等”两个名词已成一般人的口头禅。但是问他们甚么是自由？他们回答说：“自由就是言论自由，出版自由，结社、集会自由，书信秘密自由。”甚么是平等？他们说：“凡是一国的国民在法律上个个都平等，没有什么尊卑的区别。”但这些绝对不是真正自由、真正平等，诸君不信，请看下文。

妨碍人民自由就是“政府”。自从有了政府后，我们的自由全然失去，一举一动都要受政府的干涉。我们想与世界的弟兄互相亲爱，但政府偏要我们爱国，叫我们去当兵，去杀世界的同胞；在中国更不成了，甚至本国人杀本国人，象湖南、陕西、四川这几年杀得“血流成河，尸骨堆山”，惨不忍见。这都是政府给我们的好处。

那些资本家，垄断世界公有的财产，使我们贫民不能生活，政府不但不去罚他，反设法律保护他。人民没有吃的，只得抢些来吃；没有穿的，只得抢些来穿；没有用的，只得抢些来用；这都是那些资本家强迫我们人民做的，但是政府又说我们是强盗，要拿我们去枪毙。我们固然不该，但不过把我们失去的财产夺些回来罢了，却要拉去枪毙，像资本家抢世界公有的财产，反安然活着。既不要人民抢人，便不得不流为乞丐。有时政府、资本家看不过了，把他们抢来的钱赏几个与贫民，却美其名曰慈善；甚至有些还要骂我们，说不去做工，却来要饭。诸君！未必我们不想做工吗？不过他不拿工与我们做罢了，却来骂我们。照这样看起来，前头所说的“自由”、“平等”，似乎与我们人民没有关系了！这样还算“自由”、“平等”吗？我绝不信世界上有这样的自由！这样的平等！但什么才是真自由、平等？我说：安那其才是真自由，共产党才是真平等。要建设真自由、真平等的社会，就只有社会革命。

什么是安那其？安那其就是废弃政府及附属于政府的机关，主张把生产的机关及他所产的物品属于人民全体。人人各尽其所能，各取其所需，并依各人的能力去分配工作：能做什么就做什么，能做医生就做医生，能做矿工就做矿工；事容易的就可多做几点钟，事难得、苦的就少做几点钟。你要吃，就有个机关拿饭给你；你要穿，就有衣服给你；你要用，就有房子给你。人人都受平等的教育，没有智愚的分别。法国某安那其党说：“每人每日作工二小时已足供全社会之需。”克鲁泡特金也说：“每人每日作工四小时，即足支持全社会的生活而有余。”照这样看来，我想这样少的作工时间，绝没有人不愿的。

既没有政治法律，这才是真正的自由；没有资本阶级，这才是真正［的］平等。

劳动界的朋友们！你们看无强权的社会何等自由啊！何等平等啊！你们想建设这种自由平等的社会吗？那么就请你们实行社会革命，推翻那万恶的政治。那时，这自由平等的社会就要实现了！望你们赶快起来联合你们的朋友们啊！若是再一味的隐忍，那么，你们就要为资本家的鱼肉了！你们不怕，请看嘛！

**《半月》第17号，1921年4月。**

# I. W. W. 与中国劳动者

## 一

我们现在尽管一味的空谈“劳动运动”，究竟对于中国劳动者有什么益处？我们尽管大吹特吹“劳工神圣”，难道劳动者享受过这“神圣”的幸福吗？“五一劳动节”这名词传到中国人耳里，也有几年了。但虽有几家报纸大大的鼓吹，究竟有几个劳动者懂得！照这样做下去，将来能得到什么效果？我们鼓吹“劳工神圣”的人，还不觉悟吗？

我相信美国的I. W. W. 是有益于中国劳动者的，故特把它介绍过来。

## 二

I. W. W. 是“The Industrial Workers of the World”的缩写，译成中文就是“世界产业劳动者同盟”。它是现在美国最占势力的一个劳动组合。美国这几年所发生的同盟罢工，差不多都与它有关系。它的势力几乎可支配美国全国。美国政府和资本家把它当作眼中钉，要消灭它，但大多数的人都是狠信服它的，所以把政府弄得没法。总之，我敢说：将来美国的社会革命必定由它起始。

它起源于一九〇五年。那年秋间在美国有六个狠热心的劳动运动者开了一次会议，讨论当时美国工人的情形，并决定在第二年开一次大会。到第二年又约了三十多个劳动运动者，开了一次秘密会议。同年六月在芝加哥召集了一次劳动大会。那日赴会的有代表八十六名，所代表的劳动团体有三十四个（会员有几万人）。讨论了两星期，遂成立了一个团体，——就是最有名的I. W. W.。

## 三

I. W. W. 的主义和法国的工团主义狠相似，故有人说它是“美国的工团主义”。

它起先便主张打破资产阶级，它以为不把资产阶级打破，劳动者便不能得真正幸福。因为“国家”、“政府”、“法律”都是保护资产阶级的东西，所以它又主张打破这些怪物。

它以为资产阶级绝对不能和劳动阶级调和，必定要等劳动者把土地和生产机器取夺回来，并且必至消灭“工资制度”而后止（《I. W. W. 旨趣书》第二段）。

它以为打破资本主义，必须组织生产军，一面可同资产阶级战斗；一面为将来资产阶推倒后处理生产品之用（同上末段）。

它又主张联络一切产业的全体劳动者，协同一致，组织产业的劳动组合，一遇某产业有同盟罢工，或厂主闭门不纳等事情，各产业当共同一致援助，视一部的利害为全体的利害（同上第四段）。

它对待资本家的手段就是“总同盟罢工”，这是他们最有效力的武器。若同盟罢工不能胜利的时候就代之以“怠业”。

以上都是它的主义，也就是它的特点，照这样看来可见它是最好的劳动组合。不过我有点不满意它的地方：因它的组织是中央集权的，执行机关之理事会的权力很大，可以任意命令某组合起同盟罢工。——这个缺点或者因为它的会员尽都是不熟练劳动者的缘故。

总之它是以激烈的手段，创造他们理想底真自由平等无强权的劳动者世界。

四

中国劳动者现在最需要的，就是纯粹劳动者组织的团体。这缘因，只举一个例就可明白了。如某工厂工人因工资太少的缘故发起全体罢工。但他们回到家，屋里又没有米了，若再不做工，又怎么能吃饭，然而他们的厂主，又要另外去招一起工人，他们便不得不去恳求他们的厂主收留他们，这回就完全失败了。这样看来，就可知道要救中国的劳动者，必定要先使他们自己起来组织一个极大的革命劳动团体，同心协力，打破“国家”、“政府”、“法律”等制度，推翻劳动者的最大敌人资产阶级，再把生产机关及其产物收归劳动者所有。

这是最好的方法。I. W. W. 的目的就是这样。可见它和中国劳动者的关系是再重大没有的了。

资产阶级的世界，快到末日了，劳动者的世界快来了。中国的劳动者，速速从好梦中醒来！联合你们的同胞，解决你们自己的问题，庶几能生存于将来的世界，再不可做时代的落伍者了。

**《半月》第21号，1921年6月。**

## 爱国主义与中国人到幸福的路

（一）

现在中国的社会黑暗到了极点，一般的青年人处在这种势力下面，被他弄得全无生气，力曼薄弱的只能顺世堕落，不敢稍有反抗，稍有血气的也只有忍气吞声，听命于天，即或有时实在受不得了，也只有往自杀那条路走，从没人敢反抗的。因此一天一天的弄下去，竟成一个麻木不仁的中国，那还有幸福之可言？现在有一般较为觉悟的青年，以为要把中国弄好，非提倡“爱国主义”不可，因此就把“爱国主义”当作中国人到幸福唯一的路，于是“爱国主义”之声遍于全国。我以为这种现象实在可怕。我承认“爱国主义”是人类进化障碍，我既为人类中之一份子，便不能昧着良心不去反对他，故不得不驳他一下，并且把我的“中国人到幸福的路”的意见写下来。以下的话，都是本良心说的，我想这样大的中国，也许有几个不肯昧良心的人给我表同情——这并不算是苛求罢。

（二）

爱国主义究竟是甚么？托尔斯太说得好：“爱国主义者，杀人之制造场也，其所练习者，杀人之术也，其所讨论者，杀人问题也，与平民生活无与焉。”这句话初看起来觉得无甚道理，若是仔细看下去，“爱国主义”的精义都在这里了。我们人类除却一般没良心的军阀政客外，没有一个不反对战争、诅咒战争的，但我们考察战争之起源，却是由于“爱国”。假使人类互相亲爱，欢欢喜喜的一伙做事，那里还有战争呢？自从“兽欲时代”产生了国家后，就有所谓“爱国主义”出现，其原因，其作用，无一处不是作伪、自私、自利。这一国的政府想扩充他的土地，不惜牺牲人民的性命去发挥他的兽欲，叫人民去给他侵伐别国，若是打胜了，只有那般军阀政客享快乐，打败了，几百万的军费那一些不是平民的脂膏？到底于平民有什么利益？可怜的平民，他那里知道所谓爱国主义就是杀害他们最亲爱的父子兄弟姊妹的武器呢？还有一事足以证明“爱国主义”是个杀人的怪物，就是在十九世纪末叶，德国政府奖励人民的爱国热诚，并且实行征兵制度，全国的壮年男子，都应服务兵役，就是文人、教士也要做杀人的事，听军阀政客的指挥，去杀他人，一旦有工人罢工等事发生，亦在该杀之列，有时甚至于杀自己的父母兄弟。唉！要是这样还不算暴虐、残忍，我恐怕世界上没有暴虐残忍的事发生了。

（三）

上文把爱国主义驳了，我的意思以为爱国主义的发达，绝不能使中国人享幸福，只有使中国人越受痛苦。中国人要寻幸福只有一条路可走，要想走那条路，非先把下列的几种制度推倒不可。这些制度是什么呢？

（一）政府　政府是一种强权机关，是保障法律的，它只有杀害我们，掠夺我们的衣食住，又能侮辱我们，帮助资本家杀害贫民的。我们人类本是自由的，它却造出许多法令来束缚我们；我们是酷爱和平的，但它却叫我们去战争；我们本应同各国同胞讲互助，但它却叫我们讲竞争。它种种举动都和我们多数人类的意思相反，从没有做过一件有益于我们事情。而且它最大的坏处，就是爱国主义的根据地。我们要想寻幸福，第一步就要推翻它。

（二）私产　私产是掠夺的结果。财产本来是人类公有的，乃有一二强有力的人，用他们的强力同智识，把公有的财产据为己有，遂使一般软弱的人流离失所，复用金钱买别人劳力，替他们生产，所生产的物品，劳动者丝毫都不能用，他反享尽快乐。世界上不平等的事，这算是第一。且有私产，一般人遂起争夺的念头，欺骗盗贼的事常常出现，民众的道德扫地尽矣。我们又考察政府之所以能维持久远，都是有私产的缘故：我们能把私产制度废去，那政府也就容易推翻了。

（三）宗教　宗教是束缚人群思想、阻碍人群进化的东西，我们要想求真理，他却叫我们迷信，我们要进取，他却叫我们保守。一般耶教家说“上帝是万能的，上帝是真理、正道、善良、美好、势力、生机，人类是诈伪、不平、罪恶、丑陋、无能、死：上帝是主人，人类是奴隶。人类不能自已找公正、真理、永久的生机只可由神力暗示之。上帝创造世界，那些君主、官吏等都是上帝派下的，是上帝的代表，所以人民应为吾主官吏的奴隶。”（英皇查理士第一说的“君权天赋”就是这个意思。）这就是耶教的精义。耶教为宗教中极有势力之教，尚且如此，其他可想见了。巴枯宁说得好：“若然有上帝，我们也应把他来毁灭。”我们起来试试罢！

**（四）**

上面所列几种，都是我们的敌人，我们到幸福路的第一步，就要推倒这些。这些东西消灭后，再分配财产，自由组织，互相扶助，各尽所能，各取所需，各图众人之利益，众图个人之安宁。达岂不是幸福吗？但我们要先出代价，然后能得到这幸福。这代价是什么？就是无量数的热血。巴枯宁曾说：“人生到世间，最痛快、最愉乐的事，莫有过于革命的事业！你们都一想，与其蜷伏于淫威之下苟延残喘而幸生，何若磊磊落落、赌一点自由新血，与魔王破釜沉舟一战而亡！”这话说得何等痛快！何等壮烈！我愿我们的朋友和我们预备着满腔的热血，来干这最痛快、最愉乐的革命事业，齐向这幸福的路上走！

**《警群》第1号，1921年9月。**

# 杂　感

太一同志在《无政府党的精神》一文里说无政府党和恐怖党一样，……他的意思以为无论用何种手段，如果能达到我们的目的，都可以使得。……因为欲实现人类的避大幸福，非由暗杀或爆裂弹不成功。这种思想我认为是错误的，因为一种目的并非任何手段所能达到的。……

暗杀和爆裂弹在革命运动中是不可免的，但社会革命并非能由单纯的暗杀行为所能成功的。暗杀也许胜于书报的传播，但暗杀之后必加以书报的说明。暗杀是个人行动，并非主义的运动，因为不是无政府主义，而是现社会的罪恶叫他们去做的。

苦力同志说：“一切集权的暗杀行为，完全违反无政府主义，因我们不信，可用政党的纪律去强迫同志牺牲生命。”这是不错的，集权的暗杀行为，便会产生俄国的那种“职业的革命者”来。

太一同志又说“无政府党人以杀害有特权者为义务”，这我以为也是错的。我从前在《无政府主义与暴行》中曾说过同样错误的话：“刺杀了一两个食人者总可减少贫民的痛苦。”后来和苦力同志讨论了一两次，我才发现我的错误。并不是人生来便是坏的，而是现社会的制度使他们变坏的。假若现在社会制度一天不推翻，那我们一面在杀坏人，它便一面在造坏人，那么我们虽以杀坏人为义务，一生也杀不尽的。

杀坏人的行为并非谋杀。莫斯特曾说：“谋杀是杀一个人的意思，但我从未听见说警察是一个人。”

法国无政府党人朋诺杀了侦探和警察后，被捕处刑死了。他的遗嘱上写着：“我是一个光荣的人，……难道我会悔恨我所做过的事么？也许我要悔恨；然而我必要过我的生活。……我与那些掠夺贫人的比起来，我并没有多大的罪。”

关于林肯被杀事件，知道详情的人很少。这“刺客”名叫布斯。他刺杀了林肯数日后，曾发出一篇宣言，“我被人追着像一只狗一样，跑过了树林和湿地，昨夜我又被炮艇追着了，便不得不逃回来，又湿，又冷，又饿，所有的人都不援助我，我在这里完全失望了。为什么呢？布鲁达斯刺杀凯撒，做了便受人尊敬，威廉退尔做了便成为一个英雄；而我，我刺杀了一个最大的暴君，现在却被视为一个平常的凶手了。这是甚么缘故呢？”这大约是由于一般人平常对于林肯表示尊敬，假若布斯不发出宣言，难道我们知道他的行为的意义么？这也是暗杀后需要书报说明的明证。

**《民钟》第1卷第15期，1926年6月。**

# 无政府主义的阶级性

## 一

谁都知道鸵鸟的方法（危险来时便将头藏起）是无补于困苦的。一切苦痛的然而却知道得很清楚的真实性，较之自欺还是要值得赞美的。我们现在要来考察无政府主义运动及其在现代的重大意义，便不得不特别注意这些久已知道的事实。假若我们要夸大的宣传，说出各国的联盟、联合，大团体、小团体来（如阿根廷、智利，乌拉圭等国），我们自然可以使人惊异的。在北美有不少的无政府主义者；在欧洲各处的无政府主义团体和联盟更以数百计。中国、日本、埃及、澳洲都有不少的无政府主义者。……实在，哪一处没有无政府主义者呢？现在世界中有一万或十万人自愿为无政府主义者，这是何等伟大的力量！虽有这许多的无政府主义者，然而实际无政府主义者内部的现象却不能满人意。我们因为怕敌人快意和讥笑的缘故，常常把这苦痛的事实隐藏起来，然而这举动反阻碍我们的认识力，并且表示出我们的无力，我们的错误，反而使那些我们所欲隐瞒的敌人快意。我们现存要来观察危机；我们的自述也许会被敌人利用，我们这一次却是他们对于别人失败而快乐的最后了。我们要防止我们这运动的退化，因此敲着警钟，要那些把我们运动的创伤视作个人自己的创伤的无政府主义革命者来静听！

固然在全世界中有千万个无政府主义者，然而他们并没有联合成一个整体，并不曾走上同一的道路。他们所相同的不过是“无政府主义者”这个名称而已。除了那些终日与资本家企业主斗争的工人的无政府主义者（劳动团体的活动份子）而外，我们到处所见着的无政府主义者都是些无政府个人主义者、尼采的信徒、新虚无主义者，以及许多带有托尔斯太派或佛教或玄妙精神的无政府主义者，他们根本反对阶级斗争，反对加入工团活动。还有一些终日在咖啡店或茶馆中销磨时间的人以及一些小资本家，他们自己也浪费别人的劳力的结果，也雇用别人的劳动力，然而他们却自称为无政府主义者，还有人挂起无政府主义者的招牌而不做实际运动的。到现在这许多人还以无政府主义者一个名称，把这许多抱着相反的意见的人团结在一起。自然，无政府主义，那是劳动群众的革命理想，那是以暴力推翻现在“秩序”而建设无压迫的劳动社会的解释；这种现在无政府主义的出发点、革命的观念居然被人误解了，这是无足怪的。

约在四十年前克鲁泡特金便讥笑过那些自称倾向于社会主义的资产阶级：其实他们的全生活完全埋在资本主义的社会中，而他们居然自谓“在理论上”是倾向于社会主义的。要是资产阶级都倾向于社会主义了，那么，至今为什么平等、自由、博爱还不能实现呢？（《大家都是社会党！》《一个革命者之话》中的一篇论文的题目）。到了现在，各种不同的份子又“在理论上”倾向于无政府主义了。大家都是无政府主义者！各个人以为无政府主义是他个人所喜欢的那样的，譬如在十个人中间，每个人的主张都是不同的。唯心论者要和唯物论者称同志了，甚至资产阶级也和无产阶级称同志了；重视个人享乐的人也和在工厂作苦工的工人称同志了。这样一来，无政府主义的精神便失去了。有人把无政府主义看成无上的“救世仙方”，说它可以消灭全世界各阶级所感受的痛苦，可以救济各阶级。所以他们便说无政府主义是全人类的理想，建立在超于阶级斗争之上的。于是他们自己也戴上博爱的面具，觉得自己是立在群众上面的超人，还有一些人他们完全忘却了无政府主义是从劳动阶级中生出来的，甚至把这种说法视作违背主义，所以他们反对阶级斗争。他们说阶级斗争是马克思派的主张，其实无政府主义者的阶级斗争与马克思派所主张的大异。无政府主义者的阶级斗争是直接的，并非为着政治的目的，所以排斥一切专政，便是马克思派所主张的无产阶级专政也是我们极端否认的。我们所注重的是经济的目的，即是用武力把现在社会的财富从资产阶级手中夺取回来，归还于社会，由生产者（工人）自己组织去接收。至于国家咧，政府咧，都是应该消灭的。

阶级斗争实在是无政府主义的特性，只有由阶级斗争才能实现无政府主义。

二

无政府主义的运动史只能从国际工人协会（第一国际）的时代算起。在十九世纪上期只有几个著作家有这种思想，然而这些人并不曾想到叫做“无政府主义者”。第一个自称为无政府主义者的，便是那个乡下人蒲鲁东，他是排字工人。他对于法国工人中无政府主义思想的发展，曾予以绝大促进力。他也知道阶级斗争的重要。他曾说过；“有产者与无产者的战争是世界史的全部。”然而蒲氏的主张充满了人道主义的色彩，所以他竟想在资产阶级中找寻他的信徒，这是一个缺点。第一国际的拉丁诸邦的工人大都是信奉蒲氏的教义的，他们喜欢自称为“互依主义者”（Mutualist）。他们相信蒲氏所主张的国民银行，并且和平的由资本制度进化到无政府。

后来在七十年代初期，巴枯宁和意大利，法兰西以及其他各国的无政府主义者，在第一国际中完成了无强权的劳动社会的理想，这种社会只能由工人阶级解放自己的战争达到的。第一国际承认工人与资产阶级间并无共同利害，所以宣言“工人解放是工人自己的事”。

一八七一年“巴黎公社”失败后，资产阶级对于公社人员的一星期间残酷的大复仇，使指示出来在现社会中两个对抗的阶级中间，永远横着一条大沟，永无合作之可能。特别在“巴黎公社”被压服后，无政府主义者便尽力从事于工人阶级之组织，预备来举起反叛之旗，实行革命，来报这一次的大仇。

三

还没有人明白的宣言无政府主义是建立在阶级斗争上面的。在无政府主义运动的创造者，第一国际的工人看来，无政府主义自然是工人阶级的理想，被掠夺阶级的理想，一直到芝加哥的殉道者柏尔孙司、司柏司、恩格尔、斐失儿诸人上了绞刑台时还是这样。这可见无政府主义运动的起源和发展都是从工人阶级中生出来的，与无政府主义思想的起源和发展一样。事实是这样：工人阶级用武力对付资产阶级的战争不到全胜不止，只有由这剧烈的战争才能使工人阶级从权力与资本的铁链中解放出来。当革命运动衰落的时候，社会民主党再造的国际便发达起来了，另一方面有一些无政府个人主义者“倾向于都加（Tucker）、墨几（Mackay）及司丁纳一方面的”，组成了一派的无政府主义者，他们完全注重在“我”（司丁纳的《自我及其所有》的第二部的名称便是《我》），忽略了群众，尤其忽略了劳动群众。不仅无政府个人主义者，并且还有许多自称巴枯宁，克鲁泡特金信徒的无政府共产主义者，也在宣传满足各阶级的无政府主义。他们也说到工人，说到群众及其自身行动，说到革命。但他们并不是说现在的劳动群众工人阶级和农民（这些人事实上是为较好的未来奋斗的），那些反对阶级斗争的无政府主义者以为革命的到来好像是全人类互相宽恕的日子。他们虽说“革命”，但他们所想象的却是：当民众起来把现政府和平的推倒以后，那些掠夺者和压迫者便会自愿的加入胜利的革命党中，——工人与农民也会和他们的敌人和平的握手。人类互相亲爱的日子来了，狼与绵羊会和平的在一块游玩。这样便会走到无政府共产的路上。——果然吗？

一八七一年巴黎公社的被压服，芬兰、莱多维亚，匈牙利国资产阶级的复仇，波兰，保加利亚的白色恐怖，意大利法西士特之横暴，智利政府屠杀工人，欧美各国反动势力的伸张以硬［及］苏俄“新资产阶级”的赤色恐怖——这些足以证明出来无产阶级与资产阶级间的鸿沟是永无法填塞的。狼与绵羊是不能在一块儿的。

巴枯宁在批评马克思派党纲时曾说过：“这党纲中的主张，最为我们无政府主义者（要解放全人类的人）所引为痛心疾首的，便是他们把无产阶级的工人作为阶级看待，而不认为是一般民众。”我们不要忘记巴枯宁在十九世纪中叶便说过这样的话。他要把劳动阶级看作“民众”和“人类”。他在《与法国人的信》内曾鼓动工人去拘囚一切扶助旧制度的人，他把工人的利益和工人的胜利看作最重要的事。

克鲁泡特金也不是立在超于阶级斗争之上的。他一生都是站在工人和农民一边的。我们若读他在一九〇五年出版的论文集《面包与自由》和他编辑的俄国无政府共产党人的议决案，便可知道他是赞成阶级斗争的，便在《现代科学与无政府主义》一书内，我们也可看出这种主张。克鲁泡特金和他的友人都赞成阶级斗争，劳动阶级的解放只有靠不宽恕的阶级斗争来完成。他们以为劳动阶级必需基础在日常生活的利益上面组织起来。武力的革命是不可免的；从旧的到新的中间是有一种过渡期的；那时对于那些拥护旧“秩序”的个人团体或阶级，不免要加以狂暴的攻击。至于有几个富于空想的无政府主义者所宣传的非武力的和平的革命，并且等着群众的自动，不去从事于革命前的组织，以为有一天资产阶级会痛悔前非，舍弃了以前的地位，来投身于民众的旗帜之下，无政府的社会便和平的实现了。那些终日坐在咖啡店或茶馆销磨时间的，以及过资产阶级生活的无政府主义者的信仰，大概如是。

## 四

我们应该起来纠正他们的错误了。无政府主义是革命的无产阶级的理想和观念学，它绝对不是资产阶级的理想。因此无政府主义者的革命并非和平的，而是武力的。只有不屈不挠的阶级斗争才能实现无政府主义。

然而无政府主义的阵营也不是不容许资产阶级中的“觉悟者”参加的。“无论何人，如生长教育于资产阶级的社会，而真欲抛弃原有地位而为工人的友伴，则必须与原来的生活及一切资产阶级的习惯、感觉、思想完全脱离关系，并且还应认他们为仇敌，而与之宣战。”（巴枯宁语）假若他们仍然多少与他们有点关系，则是工人的仇敌，也就是无政府主义的仇敌。

**《民钟》第1卷第16期，1926年12月。**

# 无政府主义与实际问题

有些人说我们中国无政府主义者不顾实际问题，我虽然是一个无政府主义者，但我也不能否认这事实，不过我可以说仅有一小部分的同志是如此，并不能代表中国无政府主义者。固然我们不能否认，在中国无政府主义的刊物上有一些批评时事的文章，其内容只就一个原理演绎出一切，而不顾到事实。但陷于这种错误的，并不是中国无政府主义者全体而是少数的同志。我觉得对于那种意见我们仍有纠正之必要。

有一些同志往往只拿着一个原理，奉为天经地义，从里面演绎出一切来。说我们是反对战争的，于是对于奉直的战争，以及国民党与北洋军阀的战争都以相同的话来批评。说我们是为着全人类谋幸福，于是反对阶级争斗，在谋全人类幸福的社会未能实现以前，对于其他的暴动以及没有带着无政府主义色彩的民众运动，都不去参加。说要谋民众的解放，而自己不与民众接近，对于民众的疾苦和要求不能知道，也不想去知道，仅仅把几个很好的名词写在纸上，而不想法去把它们给与民众……这种态度对于主义的进行并无利益，然而一部分的中国无政府主义者确实是如此。

无政府主义并不如某一些人所想，是由少数聪明的个人在研究室创造出来的，它是平民的运动，最初发生于平民中间。起先只有微弱的趋势，后来逐渐明显，到了巴枯宁、克鲁泡特金等才把这种趋势弄成一种有系统的主义。所以有人说无政府主义到了十九世纪的后半期才成为一种理想的和实际的组织，这是不错的。克鲁泡特金之所以能完成无政府主义的系统，并不是因为他的思想卓越到某种程度，而是因为他是生在资本主义的崩坏和无产阶级活动的时代。克氏自己从不曾说无政府主义的某部分是他创造的。那么我们自然不能单把原理奉为神圣，而不顾实际问题了。

而且原理不是死板的，不是可以呆板地解释的，应该应用到实际问题上，由实际问题来证明它。假若原理不能解释实际问题时，我们也不妨修正它，因为我们并不是迷信的宗教徒。

我这些话的意思并不是说无政府主义的原理有错误的地方，不过是说明一个原理不是垂诸百世放诸四海而准的东西。而且无政府主义是实际的民众运动的产物，所以特别不是可以离开实际的。实在说来，无政府主义并不是超时代的空想，所以有系统的无政府主义不会出现于工业革命之前，而且无政府主义的发达也不会先于法兰西大革命时期。中国人很多说老庄是无政府主义者，这是错误的。老庄的思想与近代无政府主义很少有相同的地方，而且在那样的时代决不会产生近代无政府主义的思想来。

再说到原理的本身，我觉得许多的人对于原理多少也有点误解。说无政府主义者反对战争吧，但无政府主义者所反对的只是军阀政客为争夺利权而起的战争，假若被压迫者反抗压迫者的战争，无产阶级反抗资产阶级的战争，我们是主张的。为自卫而战，为自由而战，马拉铁斯达且认这“战争最必要而神圣的。”甚而至于殖民地脱离“母国”的战争，弱小民族反抗强国的战争，虽然其目的与我们的理想不同，但我们也并不反对。说到为全人类谋幸福吧，有人便反对阶级斗争。《民声》第三十三期便有一篇这样的文章。其实无政府主义者并不反对阶级斗争，而且还主张着。无政府主义乃是阶级斗争中被掠夺阶级（克鲁泡特金在《近代科学与无政府》里用“民众”这个名称）的理想和观念学。至于谋全人类的幸福的话，也是不正确的。因为人类已不是整个的，早分成为两个对抗的阶级。“无政府主义从来不是治人阶级的理想”（克鲁泡特金语），“无政府主义真正的创造者是革命的无产阶级”（阿利兹语）。

所以就原理来说，有些无政府主义者的主张也是不合原理的。而他们竟从里面演绎出一切来，在不知道的人甚至误会这就是无政府主义的真相，致发出许多无谓的非难，于此我们不得不辩明。

既说过了原理与实际，现在再来说实际问题，最重要的自然是中国革命问题。我们无政府主义者朝夕所想念的，也就是怎样能使中国发生社会革命的问题。但是我们是唯物论者（著名无政府主义者如巴枯宁、克鲁泡特全都是唯物论者），我们知道社会革命之到来并不是由于我们个人的好意所能决定的，而是社会进化趋势所必至，只能由历史的需要来决定的。个人的劳力在物质条件的可能范围内可以促进社会的进化，然而不是社会进化的唯一要素。我与惠林同志的意见不同，我是一个定命论者，而且定命论（Determinsm）与宿命论（Fatalism）不同，它并不否认人类意志的表现，且承认人类不是被动的物质，不过他也受环境的支配，他的努力也要受环境的限制。惠林所说的并不是定命论。

革命与进化并不相冲突的，邵可侣说：“进化与革命是同一现象的连续的行动：进化先于革命，而后演进到革命。”无政府主义并不是一个短时期内就可实现的，乃是由不断的革命与建设积累起来，然后可以成功的。阿利兹说得好："无政府主义实现并不是突然而生的，我们最初不能把无政府主义理想的全部完全实现，我们只能一部分一部分的去实现它。"这样在中国现在的环境之下，我们要立刻去实现无政府主义理想的全部是不可能的事。我们的理想——未来社会的理想并不错误，而且并不是空想，不过它的实现是要受物质条件的限制，就是说他的实现不是象奇迹一样的突然降临，而是逐渐来的。我们每次的努力可以使它的到来快一点，但是也有限度。这纵然不是我们所愿意的，但事实确是如此。譬如中国一旦起了社会革命，我们要使无政府主义的理想社会完全实现，在生产事业完全不发达、日用品都要靠外国供给甚至食粮多少还仰给于外国这样的情形之下，各尽所能各取所需的原理能够施诸实行吗？在这样情形之下，我们便不得不退让一步，多少迁就一点。这并不是我们主张的失败，这是我们意料中的事，所以我们在革命未发生时即要先有预备，同时以合作主义的方法使工人自己来发达生产事业。革命发生后，也只能引社会向着无政府主义的理想走去，不是一步便可走到的。

这是假定中国一旦发生社会革命后的情形，而实在我们也不能断定这在最短期间是可能的事。一则中国物质的条件尚未完成，而中国无政府主义者与民众的隔离还远得很。有些无政府主义者只拿几个原理向民众宣传，而不问他们的宣传能否达到民众中间，而且不问民众的要求。譬如从事于工人运动而不明白工人切身的需要，叫他们饿起肚子来革命，是做不到的。自然我们不能因为中国现在不能立刻发生社会革命，便不去做预备的工夫，我们要使它的发生快一点才对。

中国现在已进入了革命的时期了。中国现在的革命运动已不是国民党的运动，而是民众的革命运动了。许多万的工人罢了工，许多的青年跑到战场去作战，在白色恐怖之下许多的革命者带有献身的精神去受死刑，去进监狱，要说他们完全是盲目的受着少数人的指挥，要说他们是妄想升官发财的人，要说他们是新的军阀的走狗，要说他们是纯正三民主义的信徒，要说他们想建设一个资产阶级的政府，我是绝对不相信的。国民军的北伐是一回事，中国的革命运动，又是一回事。一个半殖民地的国家谋脱离列强而独立的战争，虽然不是无政府主义者的目的，但无政府主义者也不反对，不过主张更向前走一点罢了。同样，在我们不能消灭资本主义以前，对于打倒帝国主义的运动也不能反对。我恨苏俄，但我更恨列强；我恨国民党，但我更恨北洋军阀。因为苏俄总不比列强坏，国民党和北洋军阀并不是"一丘之貉"。我们现在能给一个更好的东西与民众自然更好，否则，袖手旁观的空言反对，在资产阶级的学者可以做到，但在一个革命家，这便是一个罪恶。"不完全，则宁无"。个人主义者可以这样想，然而一个为民众福利而奋斗的革命家至少不能说这样的话，因为民众的要求不会如此。难道在你不能带来完全的幸福与民众时，你便连民众从别方面得来一点些微的幸福也不要他们享受吗？何况这次革命运动不是一党派包办的，倘没有民众参加，没有民众的后盾，北洋军阀孙传芳等会得那样的失败么？我们在这次运动中没有多大的影响，这是自己的错误。若因此就站在旁边痛骂这次运动，说只是政治的斗争，只是军阀的战争，说国民党和张作霖等是一丘之貉，那么，国家主义者和研究系等定在旁边大声称谢哩！

我们要知道参加这次运动的并不是纯正的国民党人，譬如一个罢工的工人，你能说他的意见会与蒋介石一样么？他完全懂得三民主义么？他读过孙中山的《建国方略》么？参加战争的学生，你能说他的意见和他们总司令蒋介石一样么？假若你注意到实际问题，你将知道事实决不是如此的简单。十一年前的《民声》第二十八号上恰有一个很好的例子！“习闻劳动家及小本营商者平日恒痛心切齿于袁政府者，谓非革命不足以图存，然苟叩以政府之恶迹何在，则曰增多恶税也，剥夺平民生计也，军队骚扰闾阎也，而一般伟人政客所揭示之大题目如谋叛民国，解散国会，总统专制，混乱宪法等等皆不与焉。”假若你说那些“劳动家和小个营商者”是和“一般伟人政客”一样想法，要夺取政权，要升官发财，要建立一个好的共和国家，有谁肯相信呢？同样，你若向罢工的工人说蒋介石与张作霖、孙传芳是一丘之貉，他们也不懂的。他们的要求是与他们切身的利益有关的，他们并管不到政治，蒋介石究竟怎么样，国民党究竟怎么样，他们完全不知道。他们只晓得几个口号，什么“打倒军阀”、“打倒帝国主义”，“拥护工会”咧！他们知道北洋军阀封禁工会，压服工潮，帮助资本家，视工人如眼中钉，所以他们对之异常痛恨，他们要打倒它。他们这种举动，我们不能反对，因为这是关系于他们切身的利益的。总之，我们固然要记着原理，但同时不要忽略了实际问题。马拉铁斯达曾说过，无政府主义者从事工人运动时，有时为看工人的利益也要一点妥协，而一般从事于工人运动的无政府主义者，也不曾鼓吹工人即刻去实现无政府主义，而且对于增加工资缩短时间的罢工运动也常赞助，并没有人因此种运动不彻底而加以攻击的。（增加工资缩减工时的罢工，也有许多人认为不彻底，说工资虽增加而资本家同时提高物价，其结果与从前仍是差不多。其实问题不仅在这点。每一次罢工胜利后，纵然实际上得不到多大的利益，而工人的组织便会更坚固一点，而他们对于革命的希望也更多一点。我们知道要有希望才容易起革命，因为每次罢工的胜利使他们知道自己的力量并不是不能抵抗资本家。这样的希望心一次一次的增加，到了一个时间他们便要起来革命了。那时工团的组织经过多次战斗后，也能成为极强固严密的团体，足以适合革命的需要了。）

所以对于这次中国的革命的漩涡，我们应该投身进去，不仅空言反对是不对的，便是袖手旁观也不该，假若我们自认是革命家的话。

号称“暴动的天才”的著名无政府主义者巴枯宁，他的一生参加了许多次的暴动，这些暴动并不都带有无政府主义的色彩，然而他总是热心去参加。他不因为它不带有无政府主义的色彩便加以攻击，他要跑到它（暴动）的里面去，想法使它带有一点无政府主义的色彩，我们看一八七一年里昂的暴动便知道了。我们假若要做革命家，那么我们也应象巴枯宁那样投身于一切革命的漩涡里，把革命的潮流引向无政府主义之海里流去（不管流到多远）。如果你以为这潮流流不到多远，便想修造一座堤来防止潮流，那么结果这潮流一定会冲破了堤甚至掩没了你，而无政府主义之大海里仍不曾加上一点一滴。这一点克鲁泡特金对于俄国革命的态度，我认为是极其公正的。

就拿俄国革命来说罢，当时无政府主义者也曾尽力于革命运动，结果列宁登了尼古拉的宝座，无政府主义者受着残酷的迫害。有许多人定会说无政府主义者上当了，其实，俄国革命之所以带得有社会革命的色彩，成为历史上的一次伟大的民众革命，还是多少靠着无政府主义者的力量。“工人管理工厂”、“农民管理土地”等口号，最初还是从无政府主义者中间喊出来的，后来流行于工人与农民中间，最后布党也不得不承认这口号。假若当时无政府主义者只袖手旁观，那么俄国革命也许要减色多了，然而对于他们，对于民众也没有什么好处！

固然俄国的结果与当时革命者的希望大相悬殊，然而我们不能说革命后的俄罗斯一定不及沙［皇时］的俄罗斯，只有反革命党才可以说这样的话。我们假若曾研究过历史上的革命运动，我们可以发现一椿事，即每次革命的结果是和革命当时的希望相差得很远的。在革命时的思想总要进步一点，过后一定会有一个向后走的时期。法国大革命时，热狂勇敢的民众拿起武器奋不顾身地向巴斯提堡垒进攻，无产阶级的妇女向着凡尔赛猛进，逮捕国王路易十六，各地的民众都拿着棍棒去破坏市政厅和监狱……结果怎样？你能说那些人的目的只是建立一个资产阶级的政府么？“自由，平等，博爱”，这是当时的口号，在拿破仑政府以至于在现在普茵开雷内阁政府之下，这三个字眼实现了多少？假若你看见监狱墙壁上写着“自由”“平等”“博爱”几个大字，假若你知道现在法国还有不少的王党，你也许要骂法国革命不彻底，你甚至要骂它是多事。然而假若没有法国大革命，我们现在不知还在怎样一个时代里呵！

再说到中国的革命上来。国民党的主张是与我们相反对的，在原理上它是我们的敌人。它要建设一个好政府，我们要推翻一切的政府，这是谁都知道的。然而在某一个事业上，如打倒军阀，打倒帝国主义等，我们是不反对的，不过我们要更向前走，反对国民党所建立的政府，反对他的一切建设罢了。（我从前在《民众》第一期的封面上印了一个口号“要打倒一切帝国主义，弱小民族自己努力”，一部分武昌同志及湖南同志都来函反对，他们说打倒帝国主义是不彻底的，在资本主义未消灭以前，帝国主义不能消灭，打倒帝国主义是舍本逐末的事。又说我们无政府主义者不应该承认人类中有弱小民族的存在。这在我的意见完全不同。弱小民族的存在是事实，我们不能否认事实。难道在无政府社会实现以前，弱小民族便永该沦为列强的奴隶么？同样，在资本主义未消灭以前，殖民地半殖民地便永不该独立吗?）一般民众同情国民党的地方，只有几个口号，在别的地方也许他们的意见是与国民党冲突的。在现在，国民党差不多是领导着群众，要是我们也跑到民众中间，投身于革命的漩涡里，引［导］民众向较大的目标走去，那么，民众自然会离开国民党，跟着我们来，使这次革命运动多带一点无政府主义的色彩，使无政府主义在中国民众的脑筋中留个很深的印象。如此逐渐的做去，虽然不能立刻实现无政府的社会，但至少民众得着向这方面走去（至少总比现在好）。然而，要是我们努力，或许种下一点如的种子，但若我们要筑堤防止这革命潮流，我们只有被淹没的。

现在中国革命的表现已有多少比较国民党主张还要进步的地方，譬如农民起来打倒土豪劣绅，各地农民组织农会抵抗地主，工人组织工会以抵抗资本家等等都是好现象。我在上海时曾看见报上载武汉劳动阶级“横暴”的情形，通信者的意思是反对这现象，而我却觉得是很好的。我相信若我们参加入革命的漩涡，我们也可造几个新口号如“农民自治”、“农民管理土地”、“废除工头制”等……在战争的混乱时期，我们也可以烧几处县知事衙门，捣毁几所监狱，也可以帮助农民组织农村公社，以他们自己来管理他们的事，不要与政府发生多大关系。工人方面的运动，我们应该以工人的资格去参加，斟酌他们的要求创出新的口号，如减少工作时间以及工人生活的保障，工人教育的开办，在现在中国都很需要。但最重要的还是鼓吹工人有直接监督工厂一切设施的权利，废除工头制，工人与厂主间的交涉由工会担任。至于工厂收归工人所有，在必要时可以鼓吹，但在中国现在是做不到的；在刊物上我们可以这样鼓吹，但做事时用的口号须与民众多少接近。

至于对于国民党、共产党的态度，我们可就原理上批评他们的主张，但决不应该漫骂的口气。对于敌人，我们也应该尊重他们的人格。自然，对于张作霖、张宗昌、吴佩孚、孙传芳等野蛮军阀又在例外。有些同志主张在某一个事业上不妨与国民党取联络的手段，如打倒军阀等，俄国同志马哈诺（即大杉荣称为无政府主义的将军的）甚至想到中国来参加国民军去打张作霖，对于这种主张我尚没有一定的意见，这是要在做事的时候才能决定的。不过有人主张加入国民党，这我并不赞成。

总之，我们若投身到中国革命的漩涡里去，虽不能立刻使无政府的社会实现，但至少能使中国民众与无政府主义的理想接近一点，使这次运动多少带上无政府主义色彩。这样比袖手旁观的在旁边攻击好得多了。

我因为感觉得对于主义缺乏深的研究，所以跑到近代无政府主义的发源地——法国来，专门研究无政府主义。这样我自己在中国革命的时期中象一个逃兵一样的跑了出来，看着别人在战场里苦斗，哪里还有说话的权利！而且这篇文章的性质又是鼓吹别人去做事，而自己却置身事外，在良心上说是不应该的。不过我相信这些话也有值得注意的地方，我虽不配来说话，希望同志们不以人废言好了。

**《无政府主义与实际问题》第二节，民钟社 1927 年 4 月版。**

## 无政府主义与恐怖主义——复同志的一封信

太一同志：

你在《民钟》一卷第十六期上致我的信，今日才读到，这两天正想写一点关于恐怖主义的文章，现在趁此机会就将我的意见写下来。是否有误，还望你指教。

我在本刊十五期发表的杂感，写得太不清楚，意思也不大明瞭，因此使你觉得我对于你的主张“稍有误会”的地方，这是我自己的不好。

对于暗杀，我的意见与你的还是不同。我并不反对暗杀，然而我也不象某一些人把暗杀视为唯一的方法。而且实在说来，我之所以赞成暗杀，并非因为它是实现无政府主义，或宣传无政府主义之一个方法。克鲁泡特金所谓“一枚爆裂弹，胜过十万卷书”这句话也不是绝对的，而且也不是指单纯的暗杀。

我并且不承认暗杀本身与无政府主义有直接关系的。因此我不赞同你所说“无政府党人以杀害有特权者为义务”的话。无政府主义者所反对的是制度而不在个人，制度不消灭，杀了个人，也无用的。你的意思是“在宣传时候往往被有特权者压迫或阻碍我们的进行，我们想完成我们的革命，非把有特权者杀掉不可。”但你要知道假若我们有力量足以起革命，那么我们可以把特权者推翻，用不着暗杀了；若我们没有力量，则纵使杀了一二人，流血数步，事实上新压制者又将起来，而民众仍在下面受，我们的进行仍不会有好的现象。在俄国沙皇亚历山大第二被刺杀后，继之而起的亚历山大第三对于革命党的压迫更是猛烈，这便是一个例子。并且当一个革命党，以党的全力注意到暗杀这方面，有时杀一个暴君或显官费了许多精力，失败了许多次然后才得成功，在这种时期中，因为周围形势的危急，这个党必定会把其他的事都荒废掉而且无余力预备以后的事，纵使暗杀成功，革命党亦会到束手无策的地步，没有人再能注意到这暗杀后的计划了。亚历山大第二被刺后的俄国革命党人的举动正是如此，以致新的专制者安然地起来继续与革命党开战。难道俄国革命党当时竟连这个也不明白么？事实上集权的暗杀只能有那样的结果。

你说“社会革命不能即时实现，……他方面也由于有特权者把坏制度维持下去，来和我们革命者对敌。”你把“个人”看得太重要了。社会革命之不能即时实现，并非由于某几个人之私意所能决定，这是受物质条件之限制的。民众之不觉醒，民众组织力量之不足，这使得现社会延长下去，有特权者的几个人算得什么一回事？一旦暴动一起，军队叛变，在民众的势力下，那时我们会知道有特权者是怎样的无力了，杀也可以，囚也可以，还用得着像从前那样牺牲多数人的生命和精力为孤注一掷之奋斗么？

若说宣传，暗杀有时反能妨碍宣传。如梭谷逊之刺杀美国大总统麦坚尼，布斯之刺杀林肯，结果对于主义之宣传并无丝毫之利益，反引起一股人对于主义之厌恶。柏克曼之刺杀福利克，著名无政府主义者莫斯特异常反对；拉瓦曼之举动（法国无政府党，有炸弹大王之称）格拉佛极端攻击。我虽然同情于柏克曼等，但我也不能说他们的举动与主义之宣传有多大好处。再说一句，就是暗杀是个人行动，其本身与无政府主义无关。

许多时候以来，人们便把无政府主义者和恐怖主义者（Terrorist）当作同意义的名词，这种错误的认识对于主义的运动很有妨害。柏克曼自己曾经刺杀过资本家福利，然而他在从前致中国某同志的信上说："欧洲大多数有知识的人都不会把无政府主义和恐怖主义混为一谈了。恐怖主义者在其他的各种政党里都有，这是某种政治的、经济的与乎社会的情形之结果，但与共和党、社会主义或无政府主义的学说无关的。"中国人之易把无政府主义和恐怖主义混为一谈，一方面固由于我们宣传之不得力，但一方面，这也是"地底下的"国家里应有的现象。秘密运动的团体，四围都有敌人，时时都在危险之中，这种变态的生活会使得这团体的分子趋向于恐怖主义，所以这恐怖主义者在"地底下的"俄国特别发达。现在在中国无政府主义者中，也有不少自称恐怖主义者的人。

恐怖主义是什么？这并不是很难解释的。日本有人译为天诛主义，这有两种解：(一）有"替天行道"的意思；（二）指刺杀亚历山大第二的事。但这只能适用于当时俄国的革命党人。照恐怖主义本身来说，这恐怖是指报复政府白色恐怖的赤色恐怖(革命党的恐怖，与现在所谓赤色恐怖不同)，那么，恐怖主义就是报复主义，亦即所谓"一命报一命"的主义是也。著名俄国虚无党人司特普尼克在刺杀了麦孙采夫将军后（一八七八)，曾刊行了一本小册子，题目就是《一命报一命》（A life for a life)，马沙里克说："这题目就是恐怖主义者革命的伦理学说。"司特普尼克的意［思]，现在政府的军警如何厉害地用武力来压迫一切有自由思想的人们，并且杀害他们，那么对于那一群匪徒谁都有权利来以武力保护自己了。他这"一命报一命"的主张，即是有特权者杀了我们一个人，我们也要把那杀人者杀掉；这全是防卫的报复的性质。一八八〇年民意社党加可层斯基因暗杀运动被捕，在法庭受审的时候，曾宣："我们采用这手段（指恐怖主义)，是为着保护我们团员的缘故，并非想以此实现我们的目的。"一九〇二年，巴尔马雪夫因暗杀内务大臣西波雅金被处死刑，在受审［时]，他说他的唯一的助手便是政府。他宣言："反抗武力的唯一利器便是武力。"一九〇六年，沙恭诺夫刺杀了蒲烈夫后，在监狱中写给他的父母的信说："我杀了人，手上染满了血。然而这是由可怖的斗争与受苦所致，这是由于见着生活之可悲的实际情形所致。……"这便是恐怖主义的"一命报一命"学说的实行。阿尔金在《俄国革命之灵魂》里解说得很好："他们是受着内心的驱使的。这样暗杀工作是由于道德情感的兴奋，使他们不忍人民的痛苦和治人者的卑劣行为而不立刻起来报复。"在这里，没有义务的观念，理智没有活动的余地，感情完全占着上风，报复的行动都是如此的。再举事实来证明：麦孙采夫之被司特普尼克刺杀，是因为他劝"沙皇"对于一九三人事件施以加倍的刑罚，彼得堡警察总监因虐犯人布哥路博夫，便被沙苏丽奇枪击，汤播弗省总督残害农民，即被玛利亚司拔多诺瓦刺杀，哈尔可夫总督克鲁巴金因同情狱吏虐待犯人，也被人暗杀。这样的事很不少，现在也不能多举。这许多次的暗杀都含有报复和自卫的性质。这"报复"和"自卫"便是俄国恐怖主义的两要点。只要在有政治的自由之国家内，在他们看来，恐怖主义的实行便是不必需的了。所以一八八一年英［美］国总统加非尔德被刺杀后，俄国民意社执行委员会于十月二十三日发表宣言，攻击暗杀者，说"在人民能自由发表他们思想，他们的意见不仅造成法律，而且会使司法的人施诸实行时，在这样的国家内，政治的暗杀无异表示一种专制的趋势，这与我们要在俄国内所破坏的专制正相同……"

这可见无政府主义和恐怖主义是二而非一了。无政府主义者中也许有恐怖主义者，但这两种主义的本身并没有多大的关联。有许多同志要用暗杀手段来实现无政府主义，或以为无政府主义的实际运动只是暗杀，这在我看来是不合无政府主义的原理，对于无政府主义，对于民众并无好处。要实现无政府主义除了有组织的群众运动外，并无其他的路可走。

那么，我便反对恐怖主义，反对暗杀么？不，不然。就恐怖主义的本身来说，它也有它的价值，我非但不否认，而且多少还赞同。

恐怖主义的要点在"自卫"与"报复"，"自卫"是儆戒以后政府的行动，"报复"是报过去的仇。这在"地底下的"组织里是需要的，但在公开活动的公开组织，这便不必需了。所以被动的自卫与狭义的复仇已不适用，在西欧国家内的暗杀事件，这恐怖主义的范围已扩大，而且不纯粹是被动的了。一九〇一年美国大总统麦坚尼被梭谷逊刺杀后，美国无政府主义报纸《自由》把一八四八年海岑写的一篇论文《以死报死》揭载出来。这"以死报死"使得司特普尼克"一命报一命"的学说更广大了一点。这意思是我把你杀了，我自己也把我的生命来报偿，即"我杀你，人杀我。"与"你杀人，我杀你"的"一命报一命"已不同了。这离开了"自卫"与"报复"，所以没有以前的那样简单；其实行也不是仅由几个单纯的理由所能决定，这不一定经过理智的判断，大都是由连续的感情冲动而起。在这样的事件中掷炸弹放手枪的人都有他不得不“放”，不得不“掷”的苦衷在，我们的毁誉都生不出效果的。因此，对于那些鼓吹恐怖主义，叫人去实行暗杀的同志我觉得他们对于恐怖主义本身还不能明瞭，与反对无政府主义诬无政府党是专门掷炸弹者的人一样。

“你为什么要杀人?”从前俄国的恐怖主义者的答复是：“为了自卫和报复。”但若以此问西欧及他处的恐怖主义者，他们的答复便不如是简单了。他们的暗杀行动已不含有“自卫”的性质。他们的答语一定会是：“我看不惯这样的社会，我们不能再忍受下去现在的生活，故不得不走向恐怖主义的境地。”日本古田大次郎的态度便是如此。古田大次郎因实行恐怖主义在断头台上殉了道。他自己答复“我为什么要杀人”的问题道：“为的爱”。

为了爱而杀人，这是多末奇怪的事呵！我且引用路卜洵的名著《灰色马》里佛尼埃的话来解释：“我知道世界不能用刀枪来救——但须用爱……我心里感得我没有力量为爱之故而活着，我明白我能够而且也应该为爱之故而死。”佛尼埃的话，“须用爱来统治世界”，这是不错，但在这世界上爱已渐渐被铲除了，人造的各种制度使得人们彼此相恨，使得少数人压制多数人，使得多数平民生于忧患，死于痛苦。我们既不能活着使得人们彼此相爱，使受苦的多数人过幸乐的生活，那么，我们可以牺牲自己的生命来破坏那制度或维持着制度的人，使得“憎”早点消灭，“爱”早日降临。因为我不能生活在这没有爱来统治的世界上，我没有力量来实现爱，那么我只能为爱之故而死。所以为了爱而杀人，而自己被杀。以我的一命报被杀者的一命，被杀者会感到种种痛苦，然而同样的我以自己的痛苦来报偿。像《灰色马》中佛尼埃在死囚牢里所写的“我的血使我痛苦”，古田大次郎的《狱中记》也是一部血和泪的结晶。

古田是一个纯真多感的青年，他有那爱他的父亲，他有那爱他的妹妹，他有那爱他的朋友，他对于他们的爱情也是极其深刻，甚至于一只猫一只狗，他也时常想念。这真是一个无所不爱的人！对于他的父亲，七月二日（临刑前一百余日）的日记上他写着：“父亲的信来了。……文中有‘父和同胞会永远把你抱在胸中的’的话，我读的时候，不觉落泪了。”对于他的妹妹呢，七月二十日午后六点钟他在日记上写着：“妹妹们！睡了罢。”只这两段短短的话便是表示出他们的爱情，是血，是泪，我真不忍重读了。对于他的朋友们呢，在他的许多好友中我只举出一九二六年四月十五日在大阪殉道的中滨铁来。中滨铁也因同样的事件在绞首台上牺牲了生命。古田先中滨铁六月死。中滨铁的吊古田的那首长诗在他的个人创作集《黑面包》上发表。我且举出很短的两段，便可表示出他们俩的友情。

我的眼头燃着灼灼光辉，

我的心里却结了很厚的冰层；
露么，一滴都没有了。
同志哟！
在这心已干枯了的时候，
难道我的眼也同枯了么？

京城之夜——三月，
从北面山袭来的，
烈风一般，严酷的余寒，
尚不能冻灭我们的强烈的火焰；
两人的握手呵，在黑暗中烧燃。
噫，生离么？还是死别！

这友情不真是到了“你的‘是’便是我的‘是’，我的‘否’也就是你的‘否’（见中滨铁诗）”的程度么？然而这一切——父亲的爱、妹妹的爱、朋友的爱，他都牺牲了，“为了真实的缘故只得不顾亲之泪与肉身之血，而做下去了。……父哟，请给有理解的爱与你的儿子！”这真是血泪中迸出来的呼声了。

他的最后是这样的：“他带着一只狗（名‘太郎’）和一只猫（名‘克鲁’，纪念克鲁泡特金的意思）的照片，以及他的妹妹寄他的一片枯叶上了绞首台。那狗、猫都是他生前所爱的。于此我们可以知道，就是在绞首台上他仍怀着慈爱的心呢。”这样的死比耶稣之被钉十字架、苏格拉底之仰毒药，还要光荣得多。这才真正是为爱之故而死呢！

他的父亲说：“厚于人情，连猫犬也爱的纯美的心，这时如何了？”这应该去问现社会和同时代生存着的人们。极端的爱而不得不用恐怖主义表现出来，自己无所不爱，而不得不抛弃所爱的一切，杀身成仁，来为将来的人谋普遍的爱的生活。这种人固是有伟大人心之至人，而使得他去这样做的现社会却是应该如何诅咒的了。他的手枪，他的炸弹，不是钢铁和炸药，而是自己的血和泪以及无数平民的血和泪造成的。

同样，沙恭诺夫在一九〇六年寄他的父母的信中便明白写出：“我做了世界上所有事件中的最可怕的一件了。我杀了两个人，把我的双手染满了腥血。而这由于可怖的争斗与人民的受苦，这由于见着那可悲的生活实际，我才来拿起实力。然而就是这样，我们也不是先下手的人。……请试试了解我并宽恕我罢。让人民批评我及我们的同志（那些被死刑的以及现在活着的），像我的辩护士批评我一样。他说：这个人所掷的炸弹并不是装满了炸药的东西，而是满载着全体平民的眼泪和痛苦的炸弹。向他们的治人者掷炸弹，平民希望这至少可以消散他们胸中的可怕的‘梦魇’……”

这满载着眼泪和痛苦的炸弹谁能抵抗？谁又能说掷这炸弹的人是暴徒？这样的人，他自己甘愿受尽无穷的苦痛，牺牲他个人的幸乐的生活来为将来的人建立爱的世界，虽然他的炸弹未必就能有益于爱的世界的建立，然而这种崇高的人格，血和泪结晶的心情，谁也不能不承认是人间最优美的。这样的人谁也不能不承认是世间最优美的人，而他们竟不能把他们的精力应用在建设事业上，在青年时代（大都二十岁左右）便在断头台上送掉了性命。这种社会还不应该改造么？

这样，近代的恐怖主义已较从前的范围大了许多。除了“自卫”与“报复”外还有一个重要的特性，就是“破坏”。这“破坏”的出发点便是一个“爱”字，——爱而不能得适当表现的爱，因为不能为人们建设爱的世界，故只得来破坏这恨的世界的一丝一毫。这虽然较广大了，但仍是现社会中的种种罪恶造成的。这与无政府主义本身没有什么关系。

这恐怖主义既是现社会的罪恶造成的，则只要现社会——多数人受苦少数人享乐的社会存在一日，它便不能避免。我们鼓吹也好，反对也好，这毫不会有影响的。

我个人对于恐怖主义相当赞成，并且对于“恐怖主义者”也极佩服。但我却反对鼓吹和宣传恐怖主义的举动，而且我也反对把无政府主义和恐怖主义连在一起，说恐怖主义是实现无政府主义的一个方法。无政府主义的实现只有靠有组织的群众运动，暗杀的行动对于无政府主义没有多大好处。因此，对于恐怖主义者，我希望他们把精力用在革命的工作上，大家都来一致的干那有组织的群众运动，这才是确切的必胜的工作。

至于暴动一层，我赞成，但这与恐怖主义无关。

因为前次的杂感写得不明瞭，不曾把我的主张详细写出，故趁此机会写了这许多话，这已不仅是答复你个人的了。倘你不嫌讨厌，肯指教我，这是我无任欢迎的。

**芾甘　一九二七．六．十一于巴黎**

**《民钟》第2卷第6—7期合刊，1927年7月。**

## 我们的宣言

“平等，平等！”一个何等美妙的名词呵！你是几千年来平民的脑筋里唯一的理想，你是许多人渴慕仰望的福音，为了你，为了要求你的实现，我们无数的同胞已牺牲了他们的幸福，他们的生命，他们的一切了。美国的独立，法俄的革命，这几次惊天动地的伟大事业，哪一次不是为的是你，血战场中河一般流着的腥血，山一般堆积的尸骨，断头台上，绞绳和利刃下殷殷的血斑，监狱内囚犯的眼泪以及陋巷茅屋中妇人小孩啼饥号寒的哭声，哪一样不是为了你。这许多世纪以来，人们已付出了这样大的代价了！

然而事实上现在的社会却是一个多末不平等的社会啊！一条大的沟把人类分成了两个大的阶级，掠夺者和被掠夺者，有产者和无产者。一些人个人每天的浪费足以养活一千多家的人还有余，另外一些人连每天必需的饮食也难得到。一方面吃的山珍海味，穿的绫罗绸缎，住的高楼大厦，另一方面吃的残汤剩饭，穿的破衣烂鞋，住的茅屋陋巷。一方面穷奢极欲，一方面贫困惨苦。一方面许多的富人全不作工，毫无出产，只靠着他人的劳力而生活，他们享受各种娱乐，花费许多金钱，雇用许多仆人，占据许多房屋，垄断社会财富。另一方面许多的贫民去寻找工作却找不到，他们的家族受着饿，受着冻，受着极大的困苦。有工作的，每天挥着汗来养活家族，因为工作过度，饮食恶劣，到了三四十岁便死去了，留下他的妻子儿女受苦。这是何等的可怕呵！然而还不只此，一阶级的人握着另一阶级的人的生杀之权，可以任意的加以杀戮囚辱，而别一阶级只有匍匐去就死。

“饿死了，冻死了，平民什么权利都被剥尽了，到后来你们只有含泪吞声的哀悼你们自己的命运，然而那些靠着你们的恩惠而生活着的无耻的富人们却公然在举酒狂饮呢！”我们一读十八世纪末期流行于法国的这首歌曲，谁能不为他们流一掬眼泪呢？然而可痛的是，这正是为我们自己的写照！

翻开一部历史来看罢，那光荣灿烂的记载未尝不冠冕堂皇，然而字里行间，哪一处不是世世代代流离辛苦的平民的血迹。好血腥呀！难道我们竟不能闻着么？我们的祖先的血也已流够了，我们自己的血也已流够了，难道我们儿孙的血还应该继续的流下去么？

我们一样的是血肉的身躯，一样的有天赋的智慧。我们辛辛苦苦地造成了现社会的财富，为什么我们还应该匍匐在一阶级的势力下面，沉沦在贫穷的苦海之中？

“平等！平等！”，从这被苦痛贫穷悲惨等所包围着的穷人的世界中，洪亮的钟声响起来了。

我们不愿意再做被压迫的奴隶，我们不愿意再做那在命运之神势力下过活的弱者。我们知道了我们的权力。我们要来要求“平等”。这不平等的社会应该消灭，不平等的阶级应该铲除，人治人的机关，资产阶级用来压迫我们的工具，政府法律军警等等应该打倒。

我们要求的是经济上的平等，事实上的平等，人人都能享同样的幸福，尽同等之义务。没有主人，没有奴隶，没有政府，没有平民，没有资产阶级，没有无产阶级。我们要持着大旗向着这自由平等的社会猛进。我们的旗帜是“各尽所能，各取所需”，实现它的方法便是“革命”。

有了“革命”，我们的“平等”才不是空想，有了“革命”，我们才能打碎奴隶的镣铐而作一个自由的人，所以我们都是革命党。

白纸上印了黑字的这每月一张的小小刊物，并不是我们的主要工作，也不是我们的唯一武器，这不过是我们的呐喊，我们的旗帜，唤起我们同胞的一片钟声。在这里有我们主张的说明，在这里有我们运动的记载。有的是如火如荼的激烈风潮，有的是点点滴滴的血泪结晶。沉沦与黑暗世界中的未觉醒的同胞以及一切同情于我们的人请快来团结在平等的旗帜下罢！我们愿推起二十四生的大炮为你们的前驱！

**《平等》第1卷第1期，1927年7月。**

# 中国无政府主义与组织问题

关于组织的问题，我的意见与全中国同志的意见一样，即是无政府党是需要组织的，而且需要严密的组织。在从前同志中也许有主张不要组织的人，但在现在差不多没有人会有这样的主张了，故在从前中国无政府党大多数是知识阶级，在中国的进步较迟缓的国家，他们不能公开活动。因此在秘密进行的活动中，他们完全不明白组织问题，甚至有人说无政府就是无组织。但后来，一方面由于原理上的研究知道无政府主义所需求的社会，并不是无组织的，一方面由于过去的经验证明无组织便不能发展。所以在现在中国同志中最迫切的问题便是组织问题了。

我们都知道无政府主义的先觉如巴枯宁、克鲁泡特金等都赞成组织。巴枯宁常常说到组织团体的必需。而且从俄国革命以及中欧革命的经验中，我们更知道无产阶级如无组织能力，管理工业、农业、分配，生产等则决不能从资本主义的束缚中解放出来，故我们如要谋群众的解放，则必须发展群众的组织力。我们要进行革命工作，也必须发展我们自己的组织力。

印一种小册子，出版一种刊物，这是个人的力量所能办到的，然而实际的革命工作，有方案有策略的社会革命，便不是靠着个人的力量所能奏效的，这非由有组织的群众来完成不可，而为之先驱的，便是有组织的无政府主义者。

在从前有些同志深恐严密的团体组织只能妨碍个人的发展，这种思想实是错误的，团体组织非但不能妨碍个人的发展，反能帮助他发展的。团体组织所得的功效，除了各个人活动的效果外，还有一种群体活动的效果，这是分立的个人的活动所不能有的。

组织固然必要，但无政府党的组织是和其他政党不同的，这不是集权的组织，这一点，中国同志也是很明白的。中国同志所企求的组织是以自由联合的原则为基础的。关于此组织法，同志抱朴曾参考一九一八年乌克兰无政府党大会的议决案、同年全俄无政府工团主义者两次议决案，以及一九一九年全俄无政府大会的议决案等并参照中国的情形，写了一本《中国无政府团纲领草案》，最初陆续在《民钟》等杂志上发表，后来又印成一本小册子。在大体上中国多数同志都赞成他的意见。其组织法的要点：团体的基本单位是以工厂、学校与其他机关内的同志组织的五人以上的小团体。这些小团体与各村镇的小团体联合起来成立区同盟，再由各区同盟进而成立全国联盟。在这里我举出一个极简略的组织法如下：

一、目的　无政府主义是有阶级性的，它不是 Bourgeoise 的空想，它是无产阶级的 Ideology。所以无政府团的目的在援助劳动阶级，进行革命的事业。

二、团员　凡信仰无政府共产主义，愿为劳动阶级尽力者均可加入本团，但须经团员一人以上的介绍，得大会通过登记后，才能为本团团员。

三、组织　凡工厂、学校内之同志有五人以上者得组织小团体，各小团体联合成立区同盟进而省同盟更进而为全国联盟。每小团体选举书记一人办理事务，任期是限定的。区同盟及省同盟组织书记部由全体大会或代表会议选出。书记部须注意宣传事业组织劳动阶级。如发生某项重要问题，各团体代表召集会议，讨论一切进行事宜。其议决案交书记部执行。全国大同盟分书记、编辑、宣传、工农等部，其职务为经营出版、报纸宣传、召集大会、与各国同志联络。工农部专门应付工人农人运动。

四、规约　团员应执行一切团务，并向团体报告其所执行之职务。对于大会委派所做之事不得推诿。如破坏团体名义，不履行团员责任或无故不到会三次，即予以警告，如不听，得由大会通过开除之。

以上的大纲在大体上中国同志是同意的，不过各地所采用的组织纲领因各地的情形多少有点改变，有的更为严密了。

总上面的叙述，可略知中国同志对于组织的意见，全国同志意见既能大体一致，则组织问题已不复成问题，将由讨论时期进到实行时期了。

**《平等》第1卷第2期，1927年8月。**

# 给急弦的信

急弦先生：

接到了你的信，我们异常高兴，同时我们还向你表示热烈的感谢。你的信想已由三藩市的平社同志回答了。因为这封信又转展到了我的手里，并且很使我感动，所以我也与你写几句话，说得对不对，还望你指教。

其实我也没有多的话可说，因为你的见解已很透彻了。像你这样明白而又虚心的人，是很容易了解真理的。我们要说的话，你大概早已知道了罢。

孙中山的人格自有他的相当价值，然而他说的话未见得就对。人是人，主张是主张。主张要是不对的话，无论是什么人说的，我们也要反对的。智者千虑尚有一失，我们万不能因为信其人便推而信其主张！

你既然相信信爱先生的话是不错的，那么你便承认我们反对国民党的理由是不错的了，承认三民主义是不对的了。然而你却说出一个“但是”来。你说：“三民主义是对中国现状而发”，是“对中国的过渡手段”。但在你所认为“对的”，信爱先生的小册中却明明说：“恭维孙中山的三民主义是怎样适合于中国国情，其实所谓三民主义的内容完全是西洋政治界中很普通的主张，孙先生并没有丝毫加以修正，就完全移用于中国……”可见三民主义还是洋货。那么所有的洋货都可以运到中国推销，何必定要三民主义牌的洋货来专利呢？其实只要一种主义是对的，便可行之于全世界，无所谓洋货土货之分。固然各国有不同的习惯风俗，但全世界的趋势则一。主义也就是世界进化的产物，他是就大体而立论的。无政府主义者的理想社会是一个无阶级的自由平等的社会，由人民自己组织的自由联合的团体来管理他们自己的事业，这在各国都适合的。至于中国人应该吃米饭，西洋人应该吃面包，这些小事现在便管不到了。所以若拿风俗习惯等等的不同来反对从西洋传到中国的主义，那么我们也可以说中国南方与北方的风俗习惯不同，因此三民主义是适应于南方的，北方应捧张作霖做皇帝，这岂不是很大的笑话吗？而且就事实来说，三民主义倒不及无政府主义适合中国国情呢？

至于说舍近图远的话，你知道现在因为一般人都不懂无政府主义，怕做一个无政府主义者，这样无政府主义的实现才远了一点；假若知道无政府主义好，就相信无政府主义，就宣传无政府主义，那么无政府主义的实现也不是很远的事！在满清的时候，保皇党的梁启超，不是也说共和政体不合中国国情，同盟会是舍近图远，中国应该实行君主立宪吗？然而到了辛亥满清一倒，他自己的论调也就变了。

有人说中国要成了富强的国家后我们才可以讲无政府主义，这种人大概见了列强帝国主义者在中国历年来的暴行，受了很大的刺激，故有此种主张。自然中国富强了以后，一般资产阶级可以享一点福，资本家也不因内战而受损失，富人也不会被军阀敲榨，知识阶级在社会上的地位会增高，留学生在外国可受优待，中国的资本家可占有外国资本家在中国的地位，而得发大财，而平民呢？他们仍然苦于饥饿，疲于劳动，饿饭的仍然饿饭，作工的仍然作工，受苦的仍然受苦，做奴隶的仍然做奴隶。所谓国民革命只不过资产阶级革命罢了，可怜的平民，难道他们应该牺牲性命来替资产阶级谋幸福吗？难道他们还要永远做这二层奴隶么？看吧，欧美各国的平民何尝受着强国的福！他们的苦痛谁不知道！今天保不定明天的安全，自己拼命作工，到老便象狗一般的死去！可怜呵！中国的国民党员还拿这来骗中国的平民，还要他们牺牲性命求这样的幸福！

推翻国家是要在国家富强后才能推翻吗？那么女子放足也要等到把脚绑得极小，然后才能把他放开了！外国人有时甚至没有中国人那样的自由，然而中国人却要拼命去入这种圈套咧！

就拿法国来说吧，那居留证把人民拘束得象笼中的鸟一样，一举一动政府无不知道。那野蛮的征兵制度更强迫人民去过非人的生活。甚至后来还定下法律：在战争的时候，人民无论男女老幼都得到战线上去防卫“祖国”。就是说要是法国政府和别国的政府闹了意见，法国的野心家要想满足他的权力欲，大资本家想把货物的市场扩大，那么全国的人都要去杀人或被杀。为的什么？为的“祖国”！

中国的国民党员！你们的目的原是这样，自己照照镜子，能不惊心动魄！

国民党打倒北洋军阀，打倒帝国主义，我极同情，但打倒之后要建设一个强固的政府，要把中国弄成富强的民主国家，这我却极端反对。

假若打倒北洋军阀，打倒帝国主义，是为着人民的幸福的，那么我们便不应该拿三民主义做口号，我们便不应该重建政府！南京政府也好，汉口政府也好，都是一套鬼把戏！

我个人对于一般下级的国民党员是佩服的，我觉得他们的本心是好的，可惜走错了路！至于那些领袖们却有点骇人。好在先生说“我简直不敢恭维现在的国民党所谓领袖。”可见先生也和我们同意！而且先生更说“求一人如中山先生为我们信仰者恐怕海底捞月还算易一点呵！”先生自己是国民党员，对于贵同志当然比我们局外人知道深些，先生既说国民党内无人，那么还有什么希望！难道中国的命运便随孙中山先生死去了吗？不！谁也不会说这样的话！

先生，你若记得中国国内还有无数陷于水深火热之中急待拯救的平民，那么请你抛开那无望的党！加入我们的队来！我们是极其欢迎的。虽然现在我们无政府党在中国没有象国民党那样大的势力，那样多的党员，但我们这里面尽是些诚心的人，我们的团体是自由的组织，没有野心的领袖，也没有盲从的人。只要真理不灭，这革命之少数未尝不可做出惊天动地的事业来。希望先生勿自馁！不必坐等象孙中山那样伟人出世！此复。并祝健康。

黑浪　八月二十日

《平等》第1卷第3期，1927年9月。

## 寄《革命周报》编者的信

编者先生：

我曾反对过《革命周报》的主张，便在现在我也反对它的，——虽然我也是一个无政府主义者。

虽然我曾攻击过《革命》，也许在将来我还要攻击它，然而我却要向你说，你们关于萨珂与凡宰特（你们译作凡齐蒂）的文章我是极表同情的。不但我，我想假若萨、凡二人还存在的话，他们也要感激你们的。为什么呢？因为你们正如凡宰特向我所说的那样，默默地和那两个殉道者的感情共鸣，防护他们的生命，力争他们的自由，证明他们的无罪，辩护他们的信仰。

而且中国人素抱“各人自扫门前雪，休管他家瓦上霜”主义，只要没有人把他自己拉去坐电椅，那么，无论谁坐电椅，在他看来，都是没有什么大不了的事。所以“当全世界千万个心痛苦着等候这可怕的悲剧结局”时，（见巴黎“L′oeuvre”报）中国的名流胡适之却在《现代评论》上大说风凉话。幸好胡适之的文章没有译成法文，否卿L′oeuvre报的编辑会拿他骂美国资产阶级的话来骂中国的大学教授了：“在那边的人，那些有铁石心肠的人，是不愿意听怜悯和理性之声的。”

在这种情形之下，读到《革命》的“萨凡纪念号”怎能不令我感动呢？

人类这个东西真是可恶，他总是常常把他最爱的人杀掉，而把他最恨的人奉为神圣。过去殉道者的悲剧现在不必说了。然而我们谁也不能忘却的是：一九二七年八月二十三日早晨一点十一分到二十六分的时间中，两个近代的伟大人物在麻沙秋谢州被烧死在电椅上了。这两个伟人便是萨珂与凡宰特。

胡适之在美国住过很久，他总知道美国著名文学家辛克拉（Upton Sinclair）的名字罢。（辛克拉最近发表的长篇小说《煤油》（“Oil”）也曾轰动过全世界。）那么，我把辛克拉四年前所写的文章抄一节与他看看："一年前我曾去拜访世界最优美的精神之一，他现在被囚禁在麻沙秋谢州的查理司登监狱中。他并不因为我不曾和他在一起被囚禁而责备我；他以他的精神的优美和温柔，使我觉得自己羞愧异常，不久我自己也盼望去坐监狱了。……这个麻沙秋谢州的伟人是谁呢？他的自叙传刚出版，正放在我的案头。这叫做《一个无产阶级的生涯底故事》。著者是巴尔托罗美凡宰特。纽约《世界报》的主笔布龙（Heywaod Brown）也说凡宰特是近代罕见的大人物。至于萨珂呢，甚至麻沙秋谢州州长弗勒的周围的人也赞美他。然而胡适之却"是站在刽子手的一边"而"反对殉道者"的。他捏造事实，颠倒是非，而且还替州长辩护. 当他说下面的话时，我不知道他心理是怎样的："邦长本可以特赦或减刑的，但美国与世界的无政府党人做出了种种示威运动，……这种暴动不能救他们的命，反激怒了一般公民的心理，因为暴力若能影响司法，司法制度就根本不能成立了。"我反对法律这种东西，然而据胡适之的话看来，我懂得法律的程度还比胡先生深一点。照美国的法律，州长是有权力来减刑的。司法制度之能否成立，我且不管，但法官之受贿，审判之不公平，这却是激起暴动的唯一原因。假若故加人罪，枉法杀人，便能保障司法制度，便能维持司法的尊严，那么，你要杀人就杀好了，何必又借"暴力影响司法"的话来做口实呢？胡先生假若肯费一点时间把萨、凡案件的始末研究一下，他便知道那几个法庭方面的证人在法庭上是怎样说的了。攻击萨珂的共有五个证人：三个女的，二个男的，其中有一个是患神经昏乱症的（Mary Splaine），一个是娼（Lola Andrewo），一个是窃贼（Carlos Coodridge），还有两个是谎言者（Frances Deslin，Lonis Pelzer）。他们的供词是互相冲突的，而且在法庭说的和在外面说的又自相矛盾。一个人在一秒半钟内在高处可以把二十五米以外的人的相貌看得清清楚楚，甚至连那个人有一百四十磅到一百四十五磅的重量也看出来了。这是 Mary Splaine 的供词，胡先生能相信么？然而根据了这样的供词，法官便判决了萨珂的死刑。虽然有三十二个人到庭证明萨珂的无罪，但裁判官赛叶说他们意大利人的话是不可雉的。同样，有三个证人（Dolbeare，Reed，Vangie 都是说谎者）证明凡宰特有罪，三十一个证人证明他无罪。但法官听了三个说谎者的互相冲突的证人的话，就判决了凡宰特的死刑。司法制度要靠那些说谎者、窃贼、娼妓，患精神病者来维持，可见它早已倒塌了。假若对于这种制度还不反抗，那个人就无良心，就是禽兽，因为他连一点人的感觉也没有了。胡先生呢，我不敢说他是禽兽，但是他见着不义的罪恶行为，既不反抗，见着好人无罪而被处刑，又不援救，并且在殉道者被害后还作文来侮辱他们，这样我们能说他有一点人的感觉，有一点正义的感觉么？"对于你，我便要代你要求全世界息心尚未丧尽，还知道善恶的人来饶恕你了。"（La Presse）呜呼！资产阶级的学者！

这几月来，我研究萨、凡的案件，常常自问：州长弗勒，裁判官赛叶，以及罗成尔等究竟是怎样的一类东西，现在胡先生的文章已给了我一个完满的答复："他们就是胡适之这一类的东西呵！"胡先生要说什么司法制度，那么我们便来谈谈这事件的法律的一方面罢。赛叶自己承认被告方面的证人多过于法庭方面的证人，他又明白萨、凡两人的 Alihis 是不能推翻的，于是他只得发明出新罪名来。法国人权协会总书记 Guernut 在《晚报》上作文说："新世界发明丁一个新的罪名：La conscience de la coupabilite"。这就是赛叶所说 Conscionsness of guilt，这样奇特的罪名不但 Cuernut 说法律上没有见过，便是我连翻译也翻译不出来呢！胡先生是要拥护美国司法制度的人，这个新罪名他当然知道的，那么我请他"有以语我"来！

据胡先生及弗勒，罗威尔等说，萨、凡是因谋杀罪而被处死刑的。然而在裁判官向陪审官报告的全案要略里，有十四页是劝陪审官要像兵士们那样的忠勇，五页是列举责任与良心的事实，只有两页是批驳被告的 Alihis 的，其余的三页尽是夸张的话，与萨，凡并投多大的关系。二十四页的全案要略，便这样的分配了。假若萨、凡是谋杀犯，那么为什么裁判官要提到责任与良心和兵士们的忠勇，更何必提起在法国战场上战死的美国军人呢！

州长弗勒是一个资本家，是一个厂主。他曾叫过，要杀尽无政府党、共产党，I. W. W. 以及一切的革命党（在一九二〇年）。他又在《成功》杂志上发表过《我为什么反对废止死刑》的文章，他曾驱逐过他工厂里罢工的工人，他还希望做美国总统。他是一个胆小的懦夫，他几次想杀萨、凡，然而总不敢下手。所以他延迟了两次萨、凡死刑的执行期，而且一面向萨、凡表示好感，一面又拉罗威尔等来做他的帮手，想把责任放一半在那三个学者的肩上。其实凡宰特也知道弗勒的弱点，他在临死前七十多天寄我的信中还说，"我恐怕他们还不敢烧死我们。"实在，在最后的几天中，弗勒因为接到反对萨、凡死刑的函电太多了，心中很畏惧，不敢毅然决然地拒绝减刑。所以在那几天中这个无能的懦夫心中感到异常的苦闷。最后麻沙秋谢州的美军团（American Legion）来了一份电报叫弗勒不顾民意，拒绝减刑。该团的指挥官 J. W. Reth 还亲到弗勒的办公室见他说，美军团以有他这样的州长自豪，他们愿竭全力来帮助他。这样弗勒才敢在八月二十二日的晚上向萨珂的妻子，凡宰特的妹妹说："我是依着法律而行的！"

至于哈佛大学校长罗威尔呢，他是弗勒所委任的审查委员会的委员。然而他是一个无耻之徒，一个谋杀犯。哈佛大学卒业生，《三兵士》及其他著名小说的著者 John Dos Passos 在致罗威尔的信中说："你使你自己也做了一个政治的谋杀犯了。"而且还以一个残酷愚妄的，反对人道与文明的罪恶来沾污了哈佛大学了。而且正如名记者布龙所说，哈佛大学将来会被人称为养成刽子手的地方！为什么我说他是无耻之徒呢？请听我道来：罗威尔在审讯时，因为要推翻萨珂的 Alibis，便说那两个重要的证人

Mr. Bosco与Prof Guadagni是伪证。Bosco和Guadagni证明四月十五日南布朗垂的强盗杀人事件发生时，萨珂在波士顿和他们一起用餐，因为那一天意大利人有一个宴会，所以他们能把这日子记得很清楚。罗威尔坚持地说四月十五日那一天绝对没有意大利人的宴会，这两个人完全在说谎，这两个人和他辩论了许久，举出了许多的证据，他全然不理。第二天早晨，这两个意大利人抱了一本很厚很大的书到州长办公室里来，这是意大利文日报“La Notizia”一九二〇年的合订本。Bosca还把四月十六日报上关于十五日意大利人宴会的记事译成英文，和原书一起交与罗威尔。罗威尔读完了这记事，立刻站起来走到这两个人面前，和他们握手，要求他们不要把这件事在报纸上发表。他的同事（三个审查委员之一）格兰脱（Crant）还不相信，并且立刻打电话去问Williama君（因为耶夭的宴会是为庆祝他而举行的）。Williams说这两个人的话是不错的，于是谁是谎言者的问题才解决了。假若这两个人话是不错的，萨珂的Alibis是不曾被推翻的，那么，萨珂便与南布朗垂的事件无关，他便是无罪的而死的。

最后，我引我在《平等》第四期中所说的一段话来作这封信的结尾：

我们的同志——我们的两个勇敢的同志却昂然地在电椅上牺牲了他们的生命！他们死了，死得极勇敢极高贵，他们死得像殉道者，像伟大的英雄。正如法国《自由人》周报所说：他们像其他的无政府主义者一样，以伟大以自尊以勇敢而生，又以伟大以自尊以勇敢而死！就在电椅上，就在最后的一刹那间，他们还表示出来他们是为真理为正义为人类而死。而且他们就在最后的一刹那间，他们还向全世界抗议他们是无罪的人！这样他们的一生真算是“完全”的了。在生，他们是生活得像一个堂堂的“人”；临死，他们又死得像一个堂堂的“人”。难道在那一般困顿床褥，带着可怜和恐怖之色，终日哀号，终日呻吟，一秒一秒钟的，像脱了毛的狗一样的死去的资产阶级之中，我们能找着一个这样的人么？那么，究竟谁胜利了呢？

芾甘　11月5日寄自法国

《革命周报》第34—35期，1927年12月。

## 祖国——“穷人的话”之一

你们天天说什么祖国，叫我爱什么国。究竟我的祖国是什么呢？我的祖国就是我生长的地方么？就是我的祖宗所耕种的土地么？就是那立满了高楼大厦的城市么？或者就是那大中华民国、大英帝国、大法兰西共和国等等空招牌呢？

我生长的地方已没有我的立足地了。我的祖宗所耕种的土地已被那些有钱的地主带抢带骗的买去了。高楼大厦的城市里没有我的住宿处，而我那大——什么国的招牌，我饿了时不能给我饭吃，冷了时不能给我衣穿，它只是像泰山一般重的压在我的身上，叫我动也不能动。我还要它干么？

假若我的祖国对于我是有好处的，为什么我穷了便没有地方住？为什么我到城市里讨饭，而那些警察先生们要把我驱逐出去呢？为什么那般有钱人住的尽是高楼大厦，我却不得不睡在他们的大门口的石地上，而且还要被人凶狠地打骂呢？

"祖国"，我果然有祖国么？为什么我的祖国不保护我，只去保护那般有钱的先生们呢？为什么我的祖国抛弃了我呢？为什么我的父亲会饿死，我的母亲天天哭着，我的姊妹们为着生活问题而卖身与富家子弟呢？"祖国"！"祖国"！我们贫穷的工人果然有"祖国"么？我的"祖国"把我赶了出来，我便不得不跑到别的国家，而别国的人又要轻视我，欺骗我，他们说我是一个"外国人"，那么究竟哪里是我的"祖国"呢？

有人说国家的要素是"土地"、"人民"、"主权"。然而我是没有土地的，我是没有主权的，我们是被人掠夺被人压迫的人民。那么我们还应该爱国么？我们本来没有土地，还怕别人来抢去么？我们本来没有主权，还怕别人来侵害么？我们的国家便是压迫我们、掠夺我们的机关，我们还要爱它么？

有钱人说［不］爱国是不对的，因为他们有土地，有主权，有我们被压迫被掠夺的人民。而我们工人呢，我们是无祖国的。我们要做一个人，为什么甘愿做那吃我们肉喝我们血的资产阶级的牛马？

工人是无祖国的。全世界的工人都是同胞。全世界的资产阶级都是我们的敌人。只有资产阶级才有祖国，凡是拿爱国的话来骗我们的都是我们的敌人，我们就要先打倒这些骗子。

又有人说，要是你们人人都不爱国，那么一旦外国兵打进来，岂不是大家都要做亡国奴么？我说要是我们人人都不爱国，那么全世界上的种种国家都会立刻倒塌了，还有谁来灭亡谁的国呢？要知道我们虽不爱国，而国家却要来管我们，压迫我们；所以我们明白了国家的坏处，我们便要去打倒它，我们不能再受它的害。大家的肩上都没有了这面重的国家招牌，大家才可以做一个自由的人，而且那时土地也成了我们众人的公有物，我们高兴到哪里，便到哪里，再没有人来干涉了。土地上的产物我们可以自由取用，土地上的房屋，我们可以自由居住，再没有人来压迫我们，再没有人掠夺我们，这样的世界才值得我们的爱啊！

那些有钱的人呢，他们也许要拼命保护他们的国家，来和我们为难。但这是不足怕的。要是我们大家都觉悟了，谁肯去做他们的牛马！至于他们自己只会拿话来骗人，要叫他们牺牲性命来保护他们的祖国，他们是不做的。中国的一般国家主义者不是每天坐在租界里的公馆内高叫"祖国危急"了么，然而外国兵一到，他们又会"身先人民”的逃跑了。只要我们平民起来向他们算帐，他们顾自己性命还怕来不及，哪里会想到国家上面去呢？

起来罢，全世界的工友们，快来打倒那些资产阶级的祖国！

**《平等》第1卷第7期，1928年1月。**

# 一封公开的信——给钟时同志

钟时同志：

君毅的信我读过了。因为《平等》的篇幅有限，我未得君毅的同意，便把他的原信缩短成现在的样子，但里面的语句仍旧没有十分改动过。

君毅研究中国无政府主义者易于变节的原因，发现出两个来。虽然他信里的语句我不一定完全赞同，但他所说的两个原因，我却承认。

君毅在另一篇文里说：“黑浪说得好，离了劳动者就没有无政府主义了。”其实我自己并没有说过什么新鲜的话，我不过重述着许多无政府主义的先驱者（从巴枯宁一直到高德曼）许多年来所反覆不断说着的话罢了。但也很奇怪，虽然大多数无政府主义的著作家和战士不断地重述着，然而无政府主义至今还是在被人误解。有些人说无政府主义不是为某一阶级的，是为人类全体的，所以无产阶级不能专有无政府主义，无政府的革命，应有各阶级来合作。我说这是在做梦。

俄国旅法无政府团的组织大纲上有一句很适当的话：“人类不是整个的了，人类已分成两个阶级：主人和奴隶。”实在主人和奴隶这两个阶级的对立，在全人类中筑了一条大沟，是永远填不满的。只有在将来无政府的社会实现后，阶级的区别消灭后，人类才能成一个整体，那时才说得到全人类的幸福。

无政府主义并不是几个学者在研究室中空想的结果。它在民众中有深固的根底，它是无产阶级的欲求，又是时代的趋势。它是由生活的实际得来而又由生活的实际来证明。因此它不是浮泛的空想，而又不是适用于“生活情形完全相反对的两个阶级”的万灵药。这并不是我的偏见，我们想一想看，世界上真有能把两个相反对的东西连在一起的宝贝么？所以适用于两个相反对的阶级的，便是对于一阶级也不适用。狼是要吃羊的，要叫狼不吃羊，只有叫狼不要做狼。假若狼还是狼，羊还是羊，那么无论在什么好听的名词之下，它们还是不能生活在一处的。拿人类来说，主人阶级是狼，奴隶阶级是羊，主人阶级的正义人道，便是压制奴隶阶级，若叫主人阶级不压制奴隶阶级，这是做不到的事。所以若说将来有一天主人和奴隶联合起来实行无政府革命，谁也不会相信。

而且一个人要使他的思想脱出他的生活环境，这是很不容易的事，在主人阶级（资产阶级）的环境中生活惯了的人，他一定会以为现在的社会是安排得极好的，一切的制度都是能有利于人类的。他自己是现社会的骄子。他靠着一般工人的血汗享尽了现社会所能供给人类的幸福，在他自己是很满足的了。他维持社会，还恐怕力量不够，更哪里肯去推翻现社会呢？固然如巴枯宁、克鲁泡特金等都是出身贵族的，但这是极少数的例外，况且知道过巴枯宁、克鲁泡特金的生活的人，当知道他们之所以成为社会革命家，也是从实际生活的体验得来，并非读了一两本书受了感动就甘愿牺牲其地位而侪于平民之列的。

在无政府的社会中只有劳动的人才能生存着，这是谁也不能否认的。那么对于不劳动的资产阶级，无政府社会里就无他们容身的地位了。换言之，一个人要生存于无政府社会，必定要做一个劳动者。资产阶级不是劳动者，当然不能生存于无政府社会。那么无政府主义还能说是资产阶级的理想吗？离了劳动者还有无政府主义吗？

我们不要忘记许多以人道主义者自命的人，常常假借着人道的名义来维持着现社会。罗曼·罗兰便是一个。到现在还有不少的人相信罗曼·罗兰是一个无政府主义者，而实际上他反对一切的暴动，便是打倒极凶恶的暴政的暴动，他也反对，他的借口是“人道”。

自然假若我们是基督教徒，我们也可以说，生命是上帝创造的，人无权毁灭。但可惜我们不是基督徒。其实那些基督教徒也常常假借“人道”的名义，杀了许多革命家了。难道革命家就甘愿在这“人道”的名义下被杀；无产阶级就甘愿在“人道”的名义下受压迫；现社会就该在“人道”的名义下维持下去么？自然我们最好是连一根头发也不伤害，连一滴血也不使流。我们情愿揩千万人的眼泪，不使任何人再去哭泣。但事实上我们做不到，资产阶级不愿意这样，他们希望的只是不伤害资产阶级的一根头发，不流资产阶级的一滴血，不使资产阶级中有任何人哭泣。为了这个目的，虽使无产阶级流出无量的血液，受尽无穷的苦痛，他们也是愿意。

我在《工人的血染红了维也纳》一文里曾说过：“对于那些失了抵抗力的工人必欲一齐杀尽，这便是资产阶级的人道主义。在资产阶级的人道主义之下，工人只有往死的一条路上走了。”我觉得我的话并没有过分的地方。在无政府的社会中既然不能生存着不劳动的人，那么构成那社会的唯一分子便是工人。要是无政府主义也带上了人道主义的色彩，无政府的社会便永无实现之日，因为人道主义这个名词是资产阶级用来杀工人的最好的托辞，工人杀尽了，哪里还有无政府的社会呢？所以那些要把无政府主义染上资产阶级的人道主义的色彩的人，简直是不懂无政府主义。

诚然克鲁泡特金在老年也常说他要写的《人生哲学》不是无政府主义者的，而是人的。这句话常被人误解。记得有一次一个人反对我的意见，他说：“你所说的正义是无政府主义者的，我要求的是人的正义。”我至今还觉得说这句话的人的可怜——人是什么？能吃饭睡觉、娶妻生子、杀人抢劫的两手动物便叫做人么？我觉得这样的东西连禽兽还不如，不知怎么沾了他祖先的光，居然也披上了人皮，自己也以人自命了。对于这些东西，还有讲什么正义，什么人生哲学的可能么？野蛮人和下等动物的道德是：利于我者是善，利于人者是恶。“我偷邻人的妻子是善，人偷我的妻子便是恶”，这是俄国文学家高尔基描写野蛮人的道德观念时所用的话。近代的所谓“人”中，资产阶级中的百分之九十九都抱着这样的观念。他们的行动也能照着这样做去，所以为了保护他们一己利益的缘故，他们不惜用种种的方法来残害他们的同类。最近烧死萨珂与凡宰特的事件便很可证明出资产阶级的道德观念是什么样的。（我们不要忘记当萨、凡的无辜已大白于世界时，那般资产阶级还坚持说他们是罪人。法国许多要求州长减刑的人中，也有不少的人坚持说萨、凡是有罪的，不过因为他们已在死囚牢中过了六年的苦痛生活，为人道计，应该要求州长把他们的死刑减轻为无期徒刑！人道！人道！你难道竟能把两个无罪的人诬为谋杀犯，而要把他们判永远监禁么?）这可见资产阶级的道德观念是和野蛮人及下等动物的一样。“他们应该摒除在人类之外的。”只有不愿做资产阶级的奴隶的无产阶级才是人，无政府主义者不过是知道做人的道路，正向着做人的路上走罢了。克鲁泡特金所说的“人”便是指生在将来社会中的人，也就是指现在的无产阶级，无政府主义者只是无产阶级中已觉悟的一小部分而已，所以克鲁泡特金的《人生哲学》不是只为无政府主义者写的，是为无产阶级写的，也就是为“人”写的。

从上面的话我们可明白，最好的无政府主义者便是工人，从资产阶级出身的无政府主义者是靠不住的。自然我们不能否认说由贵族出身的巴枯宁、克鲁泡特金不是很好的无政府党，但我们要记着这只是很少的例外，而且我们不要忘记巴枯宁自己曾说过：“无论何人如生长、教育于资产阶级的社会，苟真欲抛弃原有地位而为工人的友伴，则必须与原来的生活以及资产阶级的习惯思想等完全脱离关系，并且还应该把它们当作仇敌，而与之宣战。”所以一个人虽出身资产阶级，只要他能脱离掉资产阶级的一切关系，而跑到无产阶级的阵营来，则他已不能算是属于资产阶级的了。反之若不能脱离资产阶级的习惯、思想等，则他虽口口声声自称是无产阶级，也是靠不住的，至于出身无产阶级想去做资产阶级中的人，竟不惜卖掉他的阶级观念的那一类的“汉奸”（现在欧美的政界中这类的人倒也不少）也将要和资产阶级同归于尽。在未来社会中他们是不能存在的。

我并不愿挑拨阶级间的恶感，我也怕见人流血，但我不能不说那快要来的事实。只要资产阶级没有真正的觉悟，只要他们还继续用武力来维持着这现社会，那么在最近的将来残酷的阶级斗争是一定不能免的，流血的惨剧也是免不掉的。

而且我还要说那挑拨阶级的恶感的不是我们，而是资产阶级自身。现在的情势谁都明白；谁都知道现在无产阶级对资产阶级的战略只是防御的；总是资产阶级先挑战，无产阶级为了保护自己，才不得不来反抗。为要维持自己的生存起见，无产阶级才不得不来革命。所以我们可以预料现社会多维持一日，未来的阶级斗争便愈见厉害。资产阶级是在“自掘坟墓”的。

我自己也是出身资产阶级，就在现在也不能把资产阶级的习惯完全除掉。并不是我自己不愿，是习惯太深，一时很难铲除尽净，无意中常流露出来。我承认这是不对，但我现在总是在努力“改过”！我因为见到目前的危机，知道将来的事实，受了无政府主义者的感化，才极力来摆脱资产阶级的束缚，做一个无政府主义者。我不过是知道自己的罪恶，来努力改悔罢了；明白时代的趋势，顺着它而行动罢了，所以我觉得我对于资产阶级的批评是公允的。

以上的话不过证明君毅所研究出来的第一个原因是不错的。关于第二个原因，因这封信已写了六页，可以暂告一个段落，下次再谈罢。

黑浪　28日

**《平等》第1卷第8期，1928年2月。**

## 法律——“穷人的话”之二

### 一

提起法律两个字真使我不寒而栗！我并不是怕什么刑律第几章第几条；什么死刑，无期徒刑，几等有期徒刑。我也不怕有人拿什么样的罪名加在我的身上。我怕的是那两个染满了无数冤鬼的血腥的字。难道你不看见这两个鲜血淋漓的字么？实在，这两个字已不知害死若干人了。

我不是一个法学家，我又不是一个学者，我不过是一个穷人。因此我没有时间去研究法律的起原和功用，也不配写几本大书来解释它，赞美它。我在这里只说从我们一般穷人眼里所看出的法律是什么样子罢了。

说老实话，法律究竟是什么东西我也弄不清楚，我们穷人既没有时间和金钱进法政学校去学习法律，也没有程度［能力］去翻阅解释法律的厚书，那么我们只得自认是愚昧无知了。

我第一次知道法律的时候，就是我的父亲病在床上，睡了几天，我的母亲坐在床边哭着。我向他们讨食物吃，我的母亲对我摇着头，她说："家里什么东西都没有了。"我说："隔壁大饼店里正有许多新鲜的大饼，等我去拿几个来罢！"我的小心里充满了快乐，正预备跑出去，我的母亲连忙阻止着我："儿呵！这是犯法的事，做不得的！"这时候我才知道法律这个魔王是不许拿新鲜的大饼给穷人吃，宁肯看他们饿死。

有一次我看见邻家的孩子满身绸缎，在挂着破衣的我面前夸耀，我回到家里问我母亲要新衣穿。她望着我哭。我说："大街上的店里不是堆满了绫罗绸缎么？"母亲又说："这是拿不得的，犯法的事呵！"我又知道法律是不许穷人有衣服穿的！

我看见邻家的孩子进学堂多么荣耀，我告诉母亲说，我明天也要进学校了。母亲说："不缴学费的孩子是不许进学校的。"我知道法律又不许穷人的孩子读书了。

最后我的父亲死了。他是短命死的。他病了睡在床上不吃药，也不请医生看。我又问母亲这是什么缘故，她说："请医生买药不付钱是犯法的事。"于是我知道法律是要穷人死的。

过后我又明白了许多犯法的事，我于是恍然大悟：所谓"法律"者，原是世界上最大的吃人魔王，一切"不平之事"的主持者。人世间的一切罪恶都是法律造出来的！从此我便立誓要做法律的大仇敌！

## 二

我也听过有人说法律是如何好，如何不可废。说这些话的人不是"家财万贯"的大地主和资本家，便是"身居高位"的官僚。他们的话也是不错的。法律的好处就在于能够使他们有"家财万贯"，或是"身居高位"，于是大多数人便不得不到了"贫无立锥之地"，"为奴为隶作人牛马"的地步了。

难道大多数的人都甘愿作牛马，作奴隶，饿死冻死么？那么为什么我们还要拥护这法律呢？

有人说法律是保护社会的安宁秩序的。我们来看什么是现社会的秩序呢？

少数人压迫、掠夺，奴使多数人；少数人全不作工、终日游玩、穷奢极欲，多数人终日作工、颠沛流离、困顿而死。——这是现社会的秩序。

战祸连年，民不聊生，军阀暴虐，土匪横行，"朱门酒肉臭，路有冻死骨"；人与人战，国与国战，阶级与阶级战。——这是现社会的秩序。

妇女们卖身养活她的家庭，幼童被逼到工厂里作工，以致夭死；男子们工作过度，像狗一般地死在贫民窟里。——这便是现社会的秩序。

这样的秩序还值得保护么？

有些人开口是社会的安宁，闭口也是社会的安宁。他们说，若无法律则强盗杀人的事件无法制止，那么社会便不成其为社会了。然而我们先问一问为什么人要去杀人，要去做强盗？这是法律逼他去做的。因为法律保障富人来压迫穷人，法律不许穷人有饮食吃喝，不许穷人有衣服穿著。穷人中有一都分强悍的人，他们为饥寒所迫便不得不铤而走险，去偷去盗，去抢去劫，有时甚至去杀人。他们明白这是做不得的，然而却不能不做。做强盗有时或可不死，不做强盗却不免要饿死。存着这种心理，他们便甘愿去冒险了。杀人的原因甚多，（有因财，有因色，有因仇，有因酒……）但这都是由社会的不和谐所致；要是万人安乐的社会实现了，大家快快乐乐地过日子，谁还肯去杀人呢？至于强盗事件，因为那时万物为万人所有，大家取之不尽，用之不竭，谁还有去抢劫偷盗之必要呢？然而法律偏偏要维持现在这个不和谐的社会，拼命阻止万人安乐的社会的实现，拼命杀戮囚禁那般改造社会的人，那么我们可以说法律便是强盗杀人的事的唯一制造者。

有人说法律是保护人民的财产性命的。然而我们穷人没有财产，至于说到性命，法律说没有钱的人是不许穿衣吃饭、该冻死饿死的。可见法律倒是戕害穷人的性命的东西。

三

我们姑且昧了良心说法律是不错的。那么我们再看法律对于它所认为的“罪人”的处罚。第一，死刑：杀、剐、绞，钉十字架、枪毙、烧死、电椅等等；第二，徒刑：什么终身监禁，一等至五等有期徒刑等等。死刑者，极野蛮极残酷的复仇举动也；监狱者，人间地狱之代名词也；法律之面子至少扫地尽矣。

而且监狱是罪犯的模范制造厂，监狱的生活非但不能使罪犯变好，反而使他们更加变坏。大多数人一旦入了监狱，一生便与监狱为缘，永远享不到人生幸福。（关于监狱，我以后在另一文里再来说。）

四

法律是少数人制定的（不管是国会也好，或……也好），司法的人是职业的，就是说这些人以定人死刑、判人徒刑、杀人剐人（说也奇怪，专门杀人的人倒不算犯罪）、监禁人们为职业的。他们这一般人有多厚的脸皮好意思来冒充为我们推举出来的代表？这是为着我们的利益么？不。立法的人都是富人，法官等也是富人，那么，无怪他们要保护富人了。于此可见，法律是富人压迫穷人的工具。我们不要它！

五

我还要来说，法律是一个欺骗的托辞，便是在法律的名义下，那般司法的法官还要枉法。有的法官受了诉讼人的贿，便故意开脱所谓“有罪的人”，冤害无罪的人。有的法官由于自己的偏见故入人罪，有的法官便连他们自己的法律也不顾了，全依着个人的意思去判定人罪。在中国在外国都是一样。我有一个亲戚，他在做律师，他办理的案件我都知道。有一次某一个人犯了八个死罪，他明明杀过人的，然而靠着我的亲戚的辩才，他居然得了无罪的判决。有一次，一件财产诉讼案件，这方面本来有正当理由的，但因对方向法官行贿便败诉了。

支加哥无政府党人案件（见本刊五、六期）正足以证明法官之受贿。萨珂与凡宰特事件更足以证明法官之枉法。谁都知道萨珂与凡宰特是无罪的。法庭方面仅有五个证人证明萨珂有罪，同时却有三十二个证人证明他是无罪的。凡宰特有三十一个证人证明他无罪，而法庭方面的证人仅有三个。而且法庭方面的证人自己的供词前后不符，有的是患歇斯特里的妇人，有的是娼妓，有的是小偷，有的是谎言者，然而法官便根据这几个人（不要忘记这几个人是被收买来做证人的）的话，判决了两个无罪的人的死刑。不管全世界成千成万人的反对，法律终于在一九二七年八月二十三日早晨把萨珂与凡宰特烧死了。萨珂与凡宰特事件不过是许多枉法杀人的事件中的一件而已。许多年来死在法律的名义下的冤鬼正不知有若干哩！于此可见，所谓是非曲直都是假话。法律者，一切罪恶之制造机器也。

**《平等》第1卷第9期，1928年3月。**

## 答诬我者书

读了《民锋》月刊第二卷第六期吕千的文章与梅梅的杂感，使我感到深深的愤怒。一个人的意见本来不一定就是对的，他人的批评乃是我们的良师，而且是应该欢迎的。然而像那样不在理论上讨论，但拿些含有恶意的语句来诬陷三个同志——三个纯洁的同志（我自己敢这样说）的所谓批评，却使人不能明白其用意之所在了。

我自己敢声明我从来不曾为着生活的问题与任何人妥协过一次，我与一切的政党都没有发生过关系。我除了向家里要钱或译书卖钱外，不曾拿过任何人一个钱。我的行为自信是光明磊落的，没有口里所说如彼而实际所行如此的事。所以我对于梅梅所骂我（所诬我的话）的话，敢恭恭敬敬的璧还。

我与惠林、君毅所作的三篇讨论实际的文章的由来，我现在在此地来说一说。这已是一年前的旧事了。那时我为了研究无政府主义运动史的缘故来法国，离开了正发生革命的中国，这时候我心里的苦痛在一个真实无政府主义者是容易明白的。这种心情就引起了我的讨论实际问题的兴味，我和惠林、君毅长期讨论的结果，就产生了三篇文章。惠林的一篇和君毅的一篇，意见是正反对的：君毅赞成名义上加入国民党去做解放民众的工作（并不做国民党的工作），惠林极反对，他只主张加入中国革命运动去宣传无政府主义。我呢，我主张中国革命运动是民众的，而非国民党的，不过国民党是领袖着民众运动罢了，我们无政府主义者应该加入一切民众运动中，把它引到无政府主义的路上，不应该站在旁边乱骂，让国民党（这所谓国民党并包含着共产党在内）去包办民众运动。我又声明加入国民党的主张我不赞成，我并主张在理论上反对国民党。我们的文章做好，又经旅法的各同志看过并且讨论修改过几次后，就与《民钟》月刊寄去了。不知过了若干的时候都没有得着中国的消息，忽然在一天下午中国的信来了：《民钟》月刊的编辑震天，放下了《民钟》，去做当时新出版的《革命》周刊的编辑去了，而且中国同志加入国民党的倒也不少。

我们当初寄稿的时候，本来就去信说明若此文登出易引起人的误解，不登亦可。这个意外的消息之来，就使得我们决定去信叫上海同志不要发表我们的文章，而且我个人读了《革命》周刊第一期后，就在《平等》上发表几篇反对的短评（因为我记起吕千他们曾责我不应该用一个名字在《民钟》上发表许多文章，所以这些短评的署名是不同的）。君毅在国民党大杀共产党的时候也做了一篇文章，说中国无政府主义者加入国民党的，此时若不脱离便是罪恶，这时候《民锋》第二卷第三期上发现了“就只是在这一点我们无政府主义者，是可以去参加（指国民革命）的”。至此我们坚确的相信我们的文章绝对不与世人相见（我在一封给钟时的信上也说过这件事）。

至于我们的文章之被印为小册子，直到读了《民锋》六期上吕千与梅梅的文章后我才知道。前一期《民锋》上黑囚批评我的文章（他的态度很好，只是不明白这些文章写成于何时，故不免有误解的地方）我虽然早看到了，但我以为他是看了我们的原稿而写的。至于在我们自己主张不发表此文之后面不通知我们，居然就私自印成小册子，这种举动无非是想利用我们的文章来图私利罢了。我借此机会声明我反对这本小册子之出版。

从以上的叙述，就可知道吕千与梅梅的话是全无根据的了。我既从不曾主张加入过国民党，从不曾与任何政党发生关系，哪里还会有刊小册子来骗你们的心思。我一生只帮助弱者。在国民党未得势以前，我不愿谩骂它（理论上的反对是可以的），在它成了升官发财的党以后的今日，我自己也已经在攻击它了。……我反对骂共产党为卢布党徒者也因此。

我自己相信我的文章内没有一点违反无政府主义的地方，我自己虽反对此文之发表，然而我至今还相信我是不错的。你就杀了我的头，我也相信我和自巴枯宁以来直到高德曼诸伟大的无政府主义者的主张并不相反的。我将在我所计划写的一系列的无政府主义者详细评传（巴枯宁、邵可侣、克鲁泡特金、奠斯特、马拉铁斯达、梅晓若、高德曼等等，各一二册不等）中发挥出来。现在呢，我希望吕千及梅梅指出我在哪一点违反无政府主义的地方。我特别求吕千君告诉我在哪一点"枪毙无政府主义"，更希望他把无政府主义运动史研究一下，以便知道谁"阻碍了无政府主义运动的发展"（我并且还要说我写此文的动机还是深受着高德曼的信函的影响，这也可证明我的动机是纯洁的）。

总之，吕千及梅梅都不曾在理论上纠正我的错误，只不过拿几句诬陷的话来把"妥协"与"投机"的罪名加在这三个纯洁的无政府主义者身上，要抹杀他们的过去的一切，使人相信他们是已经变节到国民党里去了。事实上假若我们的生平行事能证实我们是什么样的人，那么"无的放矢"的诬陷又有什么益处呢？

至于黑囚的批评中只有一处论到我的文章，然而他如果知道我此文写成于什么时候，他就知道他所说的话与我的文章没有什么关系了。国民党未得势的时候，我可以说"我恨国民党，但我更恨北洋军阀"……，然而我从未有说过帮助国民党的话。我只说俄国同志马哈诺（即吕千所说的"旅法俄国无政府团"的重要同志）想来中国帮国民党带兵打北洋军阀，我虽不曾反对，但我个人的意见是不赞同的。

无政府主义是我的生命，我的一切，假若我一生中有一点安慰，这就是我至爱的无政府主义。在我的苦痛与绝望的生活中，在这残酷的世界里，鼓励着我的勇气使我不时向前进的，也是我所至爱的、能够体现出无政府主义之美的无政府主义的先驱者们。对于我，这美丽的无政府主义理想就是我的唯一光明，为了它，我虽然受尽一切的人间的痛苦，受尽世人的侮辱我也甘愿的。然而你要说这个人"枪毙了无政府主义"，说这个人"要妥协"，说这个人"真是投机性重的很"，那却不能，你真正把你自己也侮辱了。

于此，我再慎重宣言：我永远反对国民党，我不但在过去，在现今，不曾卖掉过我的主义与任何人、任何党派妥协，在将来我也决不会的。从八年前我做了一个无政府主义者的时候一直到我将来死的时候，没有一时一刻我不是一个无政府主义者。我不仅反对一切政党，反对李石曾、吴稚晖，连《革命》周报派的震天（即碧波）我也反对的。我是一个无政府主义者，一个巴枯宁主义者，一个克鲁泡特金主义者。不但过去如此，现在如此，将来也永远是如此。至于惠林、君毅两同志，我相信他们也是如此的。

**1928年4月3日。**

**《平等》第1卷第10期，1928年5月。**

# 我们现在应该怎样做呢？——答 C. A. 同志的第一信

*为无政府奋斗究竟是度过生活之最美丽的方法。*

——凡宰特

假若你怪我很久不曾答复你底来信，你要知道这并不是因为我对你所提出的问题无法解答的缘故，我底沈默证明出来我是要给我供献一个慎重的答复。而且我在这反动的时期，在这苦痛的生活中，怀着一个苦楚的心，抑下了奔腾的血潮，以一个冷静的头脑所观察所思索得来的，并没有一点与我几年来所相信的主义冲突的地方。我不但不曾像那一般中途变节的人那样，发现了什么新的道路，违背了自己底真正信仰，而去做自己所反对的事，以求苟且生存于社会，反而我在这时代底前进中愈看出了我所认识的真理是不错的，我所走的道路是不错的。如果我能死一百次，又复活一百次，我仍要走现在所走的道路，我仍要做一个革命的无政府主义者，我既然又如此地将自己底思想和行为判断一番，评价一番，我明白我并不曾欺骗了我自己，我不曾卖掉过我底信仰，而且我还继续地生存于这浊流滔滔的社会中，并不曾玷污过我至爱的理想，那么我觉得我可以不带点愧色地立在你底面前，以同志般的真诚，兄弟般的友爱，诚诚恳恳地告诉你以我所确实感到而且想说的话语。

“我们现在应该怎样做呢？”你这样地问了。在你底问话中我看出你近来的苦闷，你近来的消极，我知道你对于多年的苦斗已经厌倦了，对于正义胜利之信仰已开始怀疑了。你接着又问道：“这样的情形究竟要到什么时候才终局呢？”亲爱的同志，相信我对于第一个问话，我底坚决的答复是：“照着我们底信仰所要我们怎样做的做去”；对于第二个呢，“这样的情形总有一天会终局的”。

“我们现在应该怎样做呢？”这一个疑问把我们引到一个人生底大舞台前面了，我们觉得我们自己是立在一个浊流滔滔的大海岸边了。我们还有什么路走呢？只有跳上舞台，跳入海里。然而我们在跳上、跳入之先，我们应该以透彻的头脑来把这舞台、这大海观察一下，然后才以泰山崩于前而色不变的定力，富贵不能淫，贫贱不能移，威武不能屈的毅力投身于其中。在那里我们便可立得定脚跟，不会随世飘浮了。

我们现在且来把这舞台这大海——中国的社会——观察一番罢。不过在我们作这个观察之先，我要告诉你：几十年前在另一个国度里另一代青年怎样得到了这同样问题底解答的故事。这对于我们是一面明镜，我们要从这上面照出自己底面影来。

其实俄国民众主义底创始者巧尔里雪夫斯基在一八六三年就提出过这样的问题

了。他在《我们应该怎样做呢》这部小说内，所下的答案便是一代青年（旧虚无主义者）底理想之“三位一体”——（一）意志之自由；（二）有知识的女性同伴；（三）适合于主义之职业。这个理想竟渐次实现了。

我现在正以血和泪来写《俄国革命故事》，关于这个题目，我愿意从我所写的书底第七章《毕沙列夫与虚无主义》里引出下面的话：

……总之，家庭底羁绊与习俗底束缚皆被打破了。虚无主义已大获全胜了。

“那么以后又怎样做呢？”旧虚无主义者至此已心满意足，不再前进了。巧氏底小说对于这个问题是没有回答的。有一天从远方来了一个充满热情的青年客人，他来拜访他底先生。他以热烈的语调问那旧虚无主义者道：“那么以后又怎样做呢？”老主人底答复是：“我自己是幸福的了。”充满了热血的青年客人听了这样的答语不禁愤激起来了，又说出比刀剑还要锋利的话：“自然你是幸福的，我也知道。然而要是你晓得你底乡土的同胞究竟处在什么样的境地，你还能够是幸福的么？他们快要饿死了，政府夺去了他们所有的钱，强迫他们在街上去乞求一点面包皮。他们底苦痛诉之于人，人不顾；诉之于天，天也不闻。号寒没人给之以衣；啼饥无人给之以食。人生并非无情的，但在他们看来，却不能不说是无情的了。也许你不知道这个罢；不然你怎么能够享乐呢？怎么能够不去替他们做点事呢？你不是在数年前曾说过你愿意‘为人类幸福而奋斗’么？”

巴扎洛夫式的旧虚无主义者毕沙列夫等对于这个青年底质问是无法答复的，因此旧虚无主义便不得［不］走上死亡之路了。而那个青年呢，他将抱着满腔悲愤而去了，从此他要用失望的语调来反复地自问道：“我们应该怎样做呢？”然而时节来了。一八七一年巴黎公社革命发生了。在这一个俄国青年面前现出了一幅图画：一个大的城市为着一个伟大的理想而起了革命了。这个青年用了全副精神注视着法国赛纳河岸上正演着的惊天动地的活剧。他看见洪水一般流着的血潮；他听见在大路上被屠杀的妇人，小孩底沉痛的哭声。他们是为着什么而死的呢？为着什么而哭泣的呢？为的是工人底解放；为的是伟大的社会理想。

同时他又回过头来看俄国。好像有一个洪亮的声音在向他说：把你底眼光转到田塍上罢，你且看这一个人。这是一个农夫，一个自由的人，因为据说在俄国已再没有奴隶了。你再看清楚一点！这个自由的人并不是在劳动或播种。他在吞食土块。固然人把田地给了他了；但是他没有耕田的耒耜和锄锹，他也没有牛马，因此他无法使土地肥腴。他没有吃的东西，饿得急了，只得吞食土块！要是他在土里寻出了树根，他还要留下带回家去给那个在破屋中等待着的妻子和小孩们。看看农民罢：他们底全生活充满了忧愁受苦和虐待。他们苦于饥饿，疲于劳动，永为特权阶级底奴隶，终日无休息，无慰安，无希望，无快乐地劳苦着；政府使他们永远生活在无知的状态之下，所有的人都掠夺他们，践踏他们，没有一个人援手救他们的。

热泪从这个青年底眼里流出来了，他底心苦痛着："要是我真受着苦，要是我真在痛哭，这是由于那个苦痛着的俄罗斯老母亲的缘故，她眼看着她底孩子们饥寒困苦地死在她底枯瘦的怀中。俄罗斯呵，我在哀悼你！"

然而徒然哀悼是无用的，于是这个青年便起来了，他现在得到了"我们应该怎样做呢？"这个问题的解答。他所下的答案是："要建设和平的理想乡，不得不靠刀剑的力量。"他找到了他应该做的工作——"到民间去"，他便向农民伸出了援助之手。他告诉农民怎样才能够想象他们自己，怎样才可以使他们得着幸福。为着这可怜的受苦者——只能痛哭的农民们，这青年底心像烈火一般地燃烧起来了。他底额上现出了红光，他底眼里喷出了烈焰。他于是在心里立下了严重的誓愿：愿牺牲他底生命，他底精力，他底一切来解放那般匍匐于特权阶级之下受着束缚和虐待的奴隶们；他知道那一类人曾流了生命之血来使得他——一个特权阶级的后代过着安乐的生活，能够安心读书增长知识。

于是这青年抱着不屈不挠的决心，抛掉那烧灼他底身体的锦衣，弃却那梗塞他咽喉的美食，身着褴褛的衣服，足穿农民底木鞋，离开了华丽的家庭，辞别了亲爱的父母，走上了"到民间去"的旅途。在那里他以一个贵族底后裔而加入农民底队伍，或入山间的僻地，或到田畔风暖之区，和农民把锄推犁，共尝甘苦，在偷闲吸烟的瞬间便把社会主义来宣传。只为了这个，这一类的青年就得了死刑与流放罪之判决。

"到民间去"的运动开始以后，又如何由宣传而进到恐怖主义，而进到皇帝之暗杀，而进到群众暴动，这其间的经过还需要一管调了血和泪的笔来写出的。一个十五岁的英国女孩说得好："在这些男女底面前我们发觉自己是何等的渺小！"我在这里是不再叙述下去了。然而就从已叙述了的一段中，我们也可得到一个教训，一副兴奋剂了。

俄国青年所找到的答复也就是我们现代青年所应当找到的答复："我们应该怎样做呢？"——"为人民解放这一个伟大理想奋斗"，俄国青年在这一句话中找到了他们底生命工作，我们中国青年底生命工作也只能存在于这句话中。

现在鸡已三唱，天色已由深黑变为鱼肚色，快要变成白日的光明了。我见着光明征服黑暗的事实，我底心更是强健，我底信仰更是坚定！我相信终有一天光明要统治全世界！然而我不能再写下去了。在第二封信里，我们再把注视在十九世纪后半期的俄国战场的眼光移到现今的中国去罢！

《平等》第1卷第12期，1928年7月。

# 无的放矢

凡是一个主义者，思想、言论、行动三者必须一致。对于主义，只是想想，只是谈谈而不能见诸行动，或者行动和思想、言论相反，决不能认为一主义者，明白地说，不能认为一纯粹的真实的主义者。把主义看做学术一样，加以精深的研究，即使对于主义的发展，很有帮助，也只能认为一个主义的研究者，而不能认为是一主义者。所谓主义者，是包含思想、言论、行动三者而言的。

吴稚晖、李石曾，以前对于无政府主义，曾经做过介绍的工作。中国首先介绍无政府主义的，不能不推他们在巴黎刊行的《新世纪》（约在清光绪二十五年）上面所发表的文章。可是近几年来，他们是国民党党员；不仅是党员，是国民党的监察委员；不仅是国民党党员，吴稚晖且做过南京政府政治部长；李石曾虽没有在南京政府中担任正式职务，然而他是[时]时和政府中人发生关系，干直接关于政府的事。这是共见共闻的事实。当一九一七年俄国革命的时候，据说有人请克鲁泡特金做教育总长，克氏说我宁愿做一个鞋匠。这才是真正的无政府主义者的态度。已经知道政府是万恶的，自己又跑进政府里面去，三尺童子，也会知道这是如何的矛盾的。世间哪有置身于政府政党的无政府主义者。一个人的思想、行动，都各有自由。吴、李一面虽为国民党尽力，一面赞同无政府主义的思想，表同情于无政府主义者，这自然是他们的自由。但是若说他们是一无政府主义者，是一纯粹的真实的无政府主义者，不但了解无政府主义者决不认以为对，就是只懂得无政府三字的人，也知其不可通。其实，在现在，如果和人谈论起无政府主义来，有不少的人都以为它的理想是很好，它是大家所喜欢的；可以说，有无政府主义的思想，表同情于无政府主义者并不是少数。但是他们有的以为高远难行，有的以为非当务之急，于是在行动上都干别的事去，对于无政府主义，只是随便想想谈谈就是了。他们决不是无政府主义的敌人，但是也决不能就认为是无政府主义者。

可是一些不了解无政府主义的人们，只以攻击吴、李为攻击无政府主义的不二法门。即使吴、李是纯粹的真实的无政府主义者，他们并不代表中国无政府主义者；他们真的有可以被攻击之处，被攻击的也只是他们二人，与中国无政府主义者无关，与无政府主义无关。何况他们明明是国民党党员，攻击他们者也明明知道他们是国民党员呢？这样的攻击真叫做无的放矢了。

**《平等》第2卷第1期，1929年1月。**

# 无政府主义原理——为克鲁泡特金八年祭而作

无政府主义之出发点似乎只是一个单纯的否定。否定国家，否定个人占据社会财富，否定一切的强权。还可以说把建立在不平等、不公道、压制及自利主义上的社会组织形式整个地加以否定，把社会上所认为天经地义的旧宗教旧信条根本地加以否定，总之一切不合理的、旧的，已经属于进化的较低级的东西都在否定之列。无政府主义即以这种否定开始而以种种的形式在历代的平民运动中表现出来。

而第一个使无政府主义成为完全的体系完成了无政府党的纲领的人乃是巴枯宁及其信从者。自然高德文、蒲鲁东已经具有了无政府的思想，蒲鲁东还是第一个公然高呼“财产是赃物”的人，然而事实上蒲鲁东的主张不免有点含糊，他的国民银行也和近代无政府主义差得远，所以他一生很难得人了解（见赫尔岑书），他的书也被人称为工人阶级的难懂的圣经（见波斯格的国际工人协会），著作虽多而翻译成外国文的却很少。在近代无政府主义战士中蒲鲁东是很少被人提及的了。真正值得被称为无政府主义之父的还是巴枯宁。

巴枯宁一派之能完成无政府主义体系者，在顺的方面是得着蒲鲁东的自由联合主义之鼓励，在逆的方面得着马克思的中央集权主义之刺戟。巴枯宁派加入国际工人协会之初，主张还不十分显明，到了后来在第一个国际中强权与自由之两种倾向才逐渐显著，彼此对抗发展，遂形成了近世两大主义（国家社会主义与自由社会主义）。巴枯宁派退出第一国际后才正式成立无政府主义的团体。

无政府主义虽以单纯的否定为出发点，然而在斗争中是常常会走到积极的、肯定的一条路上去。在历代平民反抗强权的战斗中常常发生出自由社会之理想的萌芽来。而后来在像高德文、蒲鲁东以至于巴枯宁那样深刻的思想家，是绝对不能以单纯的否定为满足的，他们在否定之后便接着来阐明他们的肯定（即无强权的自由社会之概念，在这社会中各个人在精神物质两方面都是非常幸福）。

“不要国家”、“不要强权”，在形式上虽然只是一个否定，然而在巴枯宁他们的口里说出来，却有了一个很深的肯定的意义。这句话同时是哲学的和实际的原理，其意义乃是指明现今社会生活全体（小自个人间的日常关系大至五大洲各种族的关系）能够而且应该依据无政府的几大原理而改造过。无政府主义的几大原理为何——个人的充分的自由、集体间的自由协意以及成为社会习惯的休戚相关而已。

无政府主义是一个大的哲学思想。它实在并不只是某种行动的动机而已，它是一大哲学原理。它是由社会事实、人类历史以及古今来进步之真正原因三者之忠实的考察，而生出来的一个总合的见解。我们要接受这种概念，必须把我们在过去和现今对于社会现象的大大小小的见解也和我们日常生活的关系的见解那样一起改变过。

无政府主义是我们日常斗争的一大原理。而且因为它能够把民众的深切的要求和愿望，概括出来，表现出来，所以能够成为这斗争中的一大原理。这个原理虽屡经治人阶级和官僚学者的摧残，却永远保持其寿命，而且一天天地活动起来，促成社会的进步。

无政府主义表明一个理想，就是：全世界生物和人类都具有团结的感情，只有这种感情才能够维持人类的生存，使社会进步。这理想并不是新的，自有社会以来，它便若隐若现地存在着。它永远在谋改善人们的互相关系，将来有一天它是会把种种使人们互相隔阂的障碍（如国家及阶级的界限）打破，而实现人类之大团结的。

最后我们还要承认无政府主义是根据最近的科学趋势要将物理科学、自然科学、社会科学改造过，这种工作已有许多酷爱真理的学者做过了，虽然他们在实际运动上并不是无政府主义者。

从实际一方面来说，今日之无政府主义所负的使命已较从前的大了许多，它如今不再是工人攻击厂主、百姓攻击官吏、部下攻击首领的一个单纯的斗争了。它虽然依旧把这一切包括在内，但它的范围却扩大了许多。

无政府主义如今乃是两大原理（即自由之原理与强权之原理）的斗争，二十世纪正是这两大原理决死战斗的时代。在这场大战中一边竖着强权的大旗，立在这旗帜下面的人数是多极了，各党各派都有；一边竖着自由的大旗，团聚在这旗帜下的有无政府主义者（无政府工团主义者在内），人数虽少得多，然而却得民众的暗中帮助，因为民众总是在有意无意地和强权战斗。

历年来少数的无政府主义者独力拥护着自由之原理和民众之利益以与强权的党派战斗。所有强权的党徒总是迷信强权，以为非用强权不能使人们幸福。如果他们也高叫“反抗压迫”，则他们不是仅反对别人来压迫他们，便是主张改变压迫的形式，或减轻一点压迫的苦痛。如果他们反对绞刑架，则他们主张用电椅；如果他们反对用牛筋的皮鞭来打人，则他们主张用马尾的鞭子来打人。一旦他们得势，依旧杀人如麻，压迫如故。只有无政府主义者才懂得自由，才酷爱自由。强权的党派说：“没有工钱制度和饥饿，没有法官和警察，没有随便某种形式的刑罚，社会的组织是不成功的。”而我们无政府主义者却敢公然地说：“这东西决不是进化的要素，有了它们，‘自由’便逐渐消灭，社会内部便失其和谐，而社会的进化便停滞了。要谋社会之最大可能的进步与乎人类之最大可能的幸福，非废除上面的那些东西，而单依据自由之原理不为功。”

自强权的党派与自由的党派明显地对抗以来，强权的党派便感到一大危机，它看见在它的面前有一个有力的原理，这原理如果有一天被民众完全了解，就会起大革命，强权的命运便难自保，因此它便不惜极力拖住一切旧的形式来防止自由，拿旧的成见来欺骗民众，以阻挠革命的势力。

无政府主义者在这时期中所负的责任更大了。

第一，他们应该把无政府主义的原理之哲学的一方面阐明出来，把它再应用到科学上去，由此便可使得思想界起一大改变：要它来纠正历史、社会经济、哲学等等之谬误，去掉学术上的、社会上的一切成见，把本世纪的思想界“无政府主义化”。克鲁泡特金后半生的工作便是这个，而且已经有了功绩了。在科学上，无政府主义的六师所得的结论和多少爱真理的科学家的结论是极近似的，或者相同的。

第二个工作虽然已经有不少的同志在做，但离完成之期还早，这就是根据无政府主义原理之实际的部分来建设无强权社会，——即以自由之原理为基础的社会。这种工作只能靠着有组织的群众运动之逐渐发展来完成的，现在应该我们来完成这种工作了。

克鲁泡特金说得好：“这种待完成的工作之伟大，对于那个觉得有战斗的人岂不是一个最好的鼓励吗?”

我们记着：“为无政府奋斗究竟是度过生活之最美丽的方法——如果这个人是值得生活的话。”(凡宰特语

**《平等》第2卷第2期，1929年2月。**

## 克鲁泡特金八年祭

克鲁泡特金之死，使科学界失去了一位伟大的学者。文学界失去了一个光荣的作家。在我们的现代真正博学的有创造精神的思想家是如是之少，所以失去像克鲁泡特金这样的人，是一件非常可悲痛的事；不仅科学界文学界受了损失，全人类全世界都受了绝大的损失呢。

然而如今八年又匆匆地过去了。

只有未来的历史才会完全地尊重克氏为一个“人”，人类的伟大的友人，因为只有在将来人们才能够完全见着克氏的学说和社会理想之一切的结果。

历史会把克氏的肖像不加修饰地画与后代的人看，如像一个反抗社会不公道的人，一个为工人争自由的战士，一个无限地爱人类的人。这些在克氏的著作的每一页里，他的每一篇演说里，每一句话里，都曾明白地表现出来。他的理想是改造社会之

理想。在将来的新社会中，压迫的事是不能够存在的，各人都能自由过活。只有克鲁泡特金才能够把个人间自由协意的理想，无阶级无国家的理想，在工人之前表现得如此有力，如此精美，如此完美。

诗人王尔德在他的狱中记里曾写着下面的话："在我自己底经验中，我碰到的有最完全的生活的两个人是凡仑和克鲁泡特金。他俩都是曾在牢狱中送过些岁月的人，前者是但丁以后惟一的基督教诗人；后者似乎是俄罗斯出来的，有着纯白的基督底精神的人。"（商务本）

和平地安息在墓场内的亲爱的大师哟，你的无限的爱，你的纯洁的一生牵引着千万颗的心到你的身边；这些心因你的失去充满了无限的悲哀；然而当他们想起你的理想终于会实现的时候，他们又强健起来了。大师哟，你的"纯白的基督底精神"将永远留存在世界中，指着我们这些曾经迷误过路途的羊群前进罢！

**《自由月刊》第1卷第2期，1929年2月。**

## 《革命》的性质

《革命》究竟是怎样的一种性质呢，无政府主义呢？三民主义呢？很有许多人怀疑。

无政府主义者中，有不少人反对它。

三民主义者中，恐怕难得找出几个人承认它是提倡三民主义的。

但是各人的批评，总不免涉有几分主观，未必完全真确。我且根据《革命》自己所表示的主张，以判定《革命》的性质。

《革命》名称虽然没有变，但其精神却有二变，可分为三个不同的时期。

第一期是初发刊的时期。那时一面主张"互助"，一面主张发挥民生主义。它所谓民生主义，并不是它的方法，如平均地权、节制资本之类，而是它的终极目的，如大同的理想，蒲鲁东、巴枯宁共产主义之类。那时的《革命》，可说是以无政府主义精神而去解释民生主义的时期，也可说是在民生主义的名义之下，而阐发无政府主义的时期。

第二期，在发表《我们是谁》以后。那时的《革命》显然揭示无政府主义的旗帜。

第三期，是在四十四期竞化答复黄明刚先生以后。这一封信，表示《革命》是三民主义的刊物了。我且举出证据来。

1. 这封信是竞化写的，但是信中常常说我们，可见他代表的，不是竞化个人而是革命周刊社。

2. 常有“忠实同志”字样。

3. 对孙中山称“总理”。

4. 替国民党辩护，十分忠实；赞美国民党，十分透澈。我只摘抄几句话如下：

“凡在革命军领域内的人民，所受数千年的压迫，一旦霍然解除，开从古未有之局。”

“革命虽不神验，却有几分神验。”

“……装点门面的教育，暂时只好停顿。”

“对于这种土豪劣绅，铲之不胜其铲，只有将他们尽数容留，这是根本解决土豪劣绅问题。”

“至于贪官污吏，并非生来就是贪污……于是从前被环境压迫而成贪污的那些人士……欣欣然加入党里面来工作。”

“……即或迹近发财，只是党员的个人行动，与党并无关系。”

凡是一般人所不满意于国民党的，如停办学校，收容土豪劣绅、贪官污吏，以及想升官发财的人，那封信上都以为事实使然，决不足为国民党病。其他如辨明纪念周并非神化，杀共产党人是应该，在国民党治下“言论真自由极了”，都是连国民党员都不敢说的。

竞化自己虽说不是忠实同志，但在那封信上所说的话，却不愧为国民党的真真实实的忠实同志了，国民党党员中，有那样忠于党而肯十分替党辩解的吗？

以上的话，我只是根据事实而说明《革命》的性质。至于《革命》的好坏，那是别一问题，不是我这里所欲论列的。

**《平等》第2卷第4—5期，1929年5月。**

# 《从资本主义到安那其主义》序

“有什么关于安那其主义的书可以读吗？”我从各方面得到这同样的问题。

去过伦敦大英博物院或巴黎国家图书馆的人当然会惊奇安那其主义文献之丰富。然而在我们中国内却找不出二三十部可读的书来。而且严格地说我们所希望的一部极其浅明而有系统解释安那其主义之理论与实际的书，在中国简直是没有。

我在安那其主义的阵营中经历了十年以上的生活。运动的经验常常使我感觉得理论之不统一，行动之无组织，乃是中国安那其主义运动之致命伤。在中国安那其主义的宣传虽有了二十多年的历史。然而至今能够明确地懂得安那其主义的理论体系的人，可以说是很少，很少，无论是赞成者，或反对者。所以在中国就出现了关于安那其主义的种种奇怪的误解。甚至有人在安那其主义的名义之下宣传反安那其的理论。

在这多年的痛苦经验之后我曾几次抑下了奔腾的血潮，以一个冷静的头脑来观察，来构思，来研究。其结果便有了写一部正确地解释安那其主义的书之计画。

我以为这是不可缓的工作。近几年来从运动的战场上退伍出来，到欧洲去过书斋的研究生活。在这时期中曾几次与高德曼通信讨论到这事。她告诉我说柏克曼有一部这类的书正在著述中，希望我将来把它译出。我会见柏克曼的时候，他因为病的缘故，还不曾写完他的书。我自己的书也因为忙的缘故，只写了大纲，并未起稿。一直到回中国以后的今年才读到了柏克曼的《安那其主义的 ABC》一书。

诚然我说过安那其主义的文献是极其丰富。可是其中大部分的著作都是在欧洲大战与俄国革命之前写的，所以近十几年来的经验并未曾被利用。这是可惜的事。我们知道这些经验是极其重要的，它使得安那其主义在战略与方法方面都必须有新的改变，新的修正。欧洲大战暴露了资本主义的罪恶，掘成了资本阶级的坟墓，揭穿了社会党的黑幕，促进了民众的觉悟，使他们更明白自己信赖自己组织之必要。俄国革命指示了社会革命之可能，而且靠工农阶级的自己努力，解决了许多革命的改造与防卫之问题。换言之未能达到目的而失败了的俄国革命却替安那其主义解决了许多问题。所以安那其主义的新的著作更是极其需要的了。

柏克曼的著作确实是把这些经验充分地利用了的。而且他的书还有一种长处，就是浅明，诚如他自己寄我的信上所说："这书的体裁是非常简明，非常通俗，对于那些完全不懂得社会问题的工人也很适宜。"

然而我并不曾翻译柏克曼的书，我却在写我自己的书。自然我的论据大部分是从他的书中抄袭来的（为了方便的缘故），但我却时常用我自己的言语，我的主张也不是和他的完全相同。在书的结构一方面，我虽然极力模仿他，但我也删了几章又另加了几章。柏克曼的书大体是很好的，不过因为一则他的书是写给美国工人读的；二则在有些地方他也许是太 Ldealist 了。而克鲁泡特金不是的。所以我只抄袭他的大部分的论据，而不译他的书，自然没有他的书则我的书决不会以这样的形式写成的。

我们安那其主义者没有教主，也不是某一个人的信徒，因为安那其主义的理想并不是由某一个人创造出来的。不过在大体上我愿意做一个克鲁泡特金主义者，这就是说我信奉克鲁泡特金所阐明出来的安那其主义的原理。所以如果有人读了这书，觉得我的安那其主义是和大部分中国安那其主义书报所说不相同或者还相冲突的话，那么请他们原谅我，因为我只是一个克鲁泡特金主义者。

我现在并不是一个战士，所以这本书里面缺少煽动的热情，只有理论的解释。我可以公平地说这不是一本宣传的书，这是一本解释的书，它的目的只是在用极其浅明易解的话语给人们说明安那其主义是什么，安那其主义又不是什么。

**《从资本主义到安那其主义》，上海自由书店1930年版。**

## 蒲鲁东与《何谓财产》

这是三年前的事了。那个被称为近代的基督的意大利卖鱼者Vanzetti在死囚牢中曾写信劝我读蒲鲁东底著作。他说蒲鲁东是比较更为接近真理。我并不全然同意他底话，但我在那时候也因他底劝告读了几本蒲氏底著作，至于蒲氏底风行一时的名著《何谓财产》，我早在一九二五年就读过，而且译过一部分发表于某杂志了，不过当时我还不懂得法文，不能直接读蒲氏底原作。

我爱读蒲鲁东底《何谓财产》，而且我想如果Vanzetti能够知道我第一次得到《何谓财产》时的那种情况，他不知要如何地高兴呵！当时的情况，我可以借用Roussanoff批评P. Lavrroff底《历史书简》的话来说明：

我们把它放在床头每晚拿出来读，一面读一面拿眼泪来润湿它。一种热诚占有了我们，使我们底灵魂中充满了一种愿为崇高的理想而生活、而死亡之渴望。我们底幼稚的心跳动得多么厉害；同时我们底大师底影象又十分伟大地出现于我们底眼前。这位大师虽是我们不认识的，然而他在精神上却是和我们非常接近。他叫我们前去为理想奋斗。……

然而如今我底激情已经消灭了，在将本书译成中文献给中国读者的当儿，且让理性来说几句话罢：

我虽然爱读本书，而且把它译了出来，但我并不完全赞同书中的议论。诚如赫尔岑所说："读蒲氏底著作和读黑格儿底著作一样，启发人底特别能力，磨炼人底武器，而且只把方法，而不把结果供给与人，"不过我们也应该承认蒲氏底书不是人人能读，人人宣读的，他底书可比一座金矿，里面有无穷尽的宝藏，但须得由你自己去发掘。他底书内容（英国Postgae曾将他底著作比之于古歌中所谓"印刷中的圣经"，说没有人能读它们，这未免过分）太博大太庞杂了。蒲氏固然天分极高，可是不善作文（这他自己也承认）。他不能把他所想到的一切马上全写出来，其结果便是说了又说，甚至于自相矛盾。聪明的读者自然可以从中了解他底思想之真髓，但是像教徒那样去读他底书的人，就不会得着什么有系统的东西了。

再就本书来说，谁一旦读到卷首的“财产是赃物”的名言，一定会以为蒲氏是一切财产之死敌。事实上并不如是。蒲氏本人后来在另一部书中说：“我自一八四〇年给财产下定义以来所追求的，以及我今日所愿望的，我已屡次反复说过，并不是财产之废除，因为这样做就会跟着柏拉图，卢骚、路易·布朗及其他反对财产的人一道陷入共产制度里面去了，而那般人本是我极力反对的。我所要求于财产的乃是一个平衡。”（见《在革命与教会中之正义》第一卷三〇二页）这样我们就知道蒲氏所欲杀死的财产（见《通信集》）是指“使用与滥用之权利”而言，即财产之罗马法的定义是也。如果把财产加以限制，作为所有（posaesion）解释，他就不攻击，而且还把它视为对付国家侵略之最好的保障。所以在建立了“财产是赃物”的名言以后，蒲鲁东又承认“财产是自由”了。（见《经济矛盾论》）他并不是财产之敌人，他只是那作为有产阶级支配之基础的私有财产制度之敌人，他要在财产中间建立一个平衡，一个平等。但这一层是一般责备他的人所不了解的。他们责备他矛盾混淆，就以这名言做证据。而事实上他底矛盾并不在此。

蒲鲁东很清楚地看见目的在他底眼前，他极力向着它走去，毫不踌躇，而且毫无顾忌；在他传播他底理想之二十几年中虽然经历了种种发展，但他底基本思想依然始终如一，他从来没有背叛过他底主张。他底著作中的矛盾更要深得多。这是在于他底思想之形式与夫他所属的时代。当时正是独断与归纳互争雄长的时代，而他底素质是过于诚实了，以至流于naive，所以他显明地表现出来，他立在两者之间，他既无力完全打碎一个，又不能完全驯服另一个。他底全生涯与全思想就是一场苦斗，攻击各种形式的独断之永无止息的苦斗。他反对宗教的独断主义，同时也反对社会的乌托邦主义，他反对政治的权威，同时也反对财产的独断，他要把社会主义放在严格的科学的与实在论的基础上面，使它与一切独断的宗教之羁绊脱离。这一个工作他虽然没有完成，但他已经立下基石了。

我们再把蒲鲁东底社会理想，继续说下去。

蒲鲁东不仅承认“个人的所有是社会生活之条件”，而且还反对共产制度，（我以为用原始共产制度更恰当一点。）他说“共产制度是压制，是奴隶制度”。他自己用黑格儿底公式把他底观念表现出来是：“共产制度——正题；财产——反题”，“拿反题去修正正题所得的结果”便是“自由——合题”。自由是社会之第三个形式，亦即“人类协同之真正形式”。

他说：“在决定自由底性质之际，我们并不是把共产制度与财产毫无差别地结合起来，这办法未免陷于荒谬的折衷说了。我们用分析的方法去寻求这两者中间所含有的，与自然法则及社会法则相调和的真实的要素，而摒弃其余。其结果我们便有了人类社会的自然形式之适当的表现——这便是自由。”

但自由究竟是什么呢？

自由是平等；是安那其；是无限曲变化；是比例性。这四项在本书中解释得清清楚楚。简言之即权利与义务之均衡。

蒲鲁东称他底理想为“互依主义”（mutuellisme），这主义底进行方法是缓和的。他甚至不想把现在那般大地主，大房主，矿山主，工厂主之类底产业马上充公。他宁愿设法使资本不能得利息，以达这同一的目的。因此他便预备设立一个国民银行，以生产者底相互信用为基础，这般生产者应同意拿代表生产各物品所需的劳动时间之工券作媒介，来原价交换他们底生产品。在这制度之下，一切劳役之交换均应该是极其相等的。这种银行还可以出借银钱不收利息，只收一厘息（或更少一点）作管理费用。那么无论谁都可以借钱来购买房屋，不必付出租金去租赁了。用这种办法就可收充公之效。对于矿山、工厂也可以用这办法。

在这种形式的社会中，国家当然变得无用了。公民间的主要关系便基础在自由公意上，而且单用记账的方法处理就行了，如有争端则由公意判断。对于国家以及一切政府形式之深刻的批评，与夫对于一切经济问题之深透的洞察，这便是蒲鲁东底著作中的最精彩的地方。蒲氏底书之所以能风行世界者就是因为这个缘故，而本书又是他底杰作，所以流传尤广，被译为各国文字。在关于财产的著述中，无论在素质上或分量上都当得“冠冕之作”这名称而无愧。

最后还值得特别提出来的，就是本书第五章在伦理学上有其绝大的价值。这一章内不仅如克鲁泡特金在其《伦理学》中所说“含有不少关于伦理学与正义之可贵的思想”，而且它使我们知道早在一八四〇年蒲鲁东就在社会性（人与动物所共有的）中看出了道德意识之起原，在生物学的事实中去寻求伦理学的根原了。

他提出了一个从没有人提过的问题：“人底道德意识与动物底道德意识间之差异是种类上的差异，抑或是程度上的差异呢？”

他底答复是空前的，是前人所未敢言的：“这只是程度上的差异。”他将社会性（我想这里也可以用道德）分为三个阶段：(1) 同情；(2) 正义；(3) 大量。前二者为人与动物所共有，第三者即最后一个阶段，才是动物所不能够达到的。

这样看来，蒲鲁东底伦理学的体系岂不是与后来克鲁泡特金根据数十年科学的、哲学的、社会学的研究所苦心建立起来的伦理学体系相同吗？然而可惜蒲氏只略略地描写出了这体系之轮廓而不曾详细地阐明它。虽然在他晚年的著作《在革命与教会中之正义》中我们可以看出他底伦理学说之大成，但实际上这部著作也还不曾含有“一个严密的体系之解说”，而且他误把道德与正义视作同一的东西，而忘了他底道德之三个阶段了。

这样看来，约道尔著《伦理学史》时把蒲鲁东列在造成道德学说之深邃的博学的哲学家之林，他确实是值得这个荣誉。

最后我还有一句话奉告读者：在阅读这本书以前，诸君最好要记着蒲鲁东自己底话：

“我底使命是……‘应该无憎无畏地说，说你所知道的’……”

**《时代前》第1卷第1号，1931年1月。**

# 梁冰弦

梁冰弦（?—1960），笔名两极，广东南海人。辛亥革命时期，曾加入同盟会，后逃往香港。辛亥革命之后，开始信仰无政府主义，后在新加坡主编《正声》杂志，并翻译了《世界工会》等一系列刊物。1918年，他从新加坡回到上海，在上海创办了大同书局，出版了《劳动》月刊，鼓吹劳工运动。1919年，他又在漳州出版《闽星》半周刊，宣传无政府主义。1925年他与郑佩刚一起创办出版合作社，编辑出版了《吴稚晖学术论著》。1931年，他又编辑出版《晦鸣周报》。1949年移居香港。

## 只有“我”是靠得住的

### （一）

我记得辛亥三月二十九革命党起事失败之后，八月十九武昌起义之前，某月某日，我在乡下里，亲见一个人来召集乡人，演说鼓吹革命，说得天花乱坠，舌底翻澜。讲了大半天，以为大家都领教了，突然有一个农夫大声问道：“先生说些什么？我们耳朵里只觉着‘革命革命’两个字，究竟革命于我们有甚好处呢?”

那演说员当时气得要死，愤然答道：“革命成功，马上一块洋钱买得六十斤上白米!”乡人齐声道：“阿呀！先生何不当咸丰年间早就告诉我们，那怕我们的祖公，早已革命去了，何苦吃着几十年的贵米，直到今儿才晓得这法子呢?”

哈哈！要是革命后能吃平米，好事不嫌迟。辛亥以前的人，吃亏够了；辛亥以后，绵绵无尽期，尽是取偿而有余。乡下佬正不必着急，可奈你们又是从新上当罢了。

我且不管什么汉族复仇（如今仇人还称皇帝，一年领着四百万），什么民权恢复（如今四万万男女还当着官僚武人的贱猪贱狗贱奴才），什么民生主义（如今只见有民死主义），这些媒婆说谎的鬼话一大堆，统统不提，单单提出吃贵米平米这问题来代表一切革命以后的人民幸福（对简单头脑人说简单话）。自从辛亥数下来，可不是由一元买三十斤面，二十几斤面，十几斤……现在更生绝食之忧吗？

说话如扶醉人，扶起这个，倒了那个，一齐说破，没有多大气力，总而言之，统而言之，你们并不是上了革命党的当，只错在你们自己的幸福不自己奋力去求，信任少数的革命党，连你吃的饭都几乎靠他把给你，这真岂有此理！你如今晓得了么？就要大着胆子、高着声儿说一句道："只有我是靠得住的！"

## （二）

英国、俄国、意国、日本的皇帝分住在伦敦、彼得格勒、罗马、东京十八重深的宫殿里头，美国、法国的大总统分住在华盛顿、巴黎十二层高的白宫顶上，写两张鬼画符的命令，一班元帅、统领、司令领了下去，又躲在距离火线三十六万里远的铁塔似稳当所在，下一度令。于是，几多千万亿兆的乖乖，担枪运炮、摇旗呐喊，用有情的血肉与那无情的炮火弄玩艺，老母妻子，哭着在家，亲戚友朋，皱眉在道。呵呀！时候已是二十世纪了，那里还有千万亿兆的蠢虫，蠢到这般田地。

不是他们蠢啊！你要晓得那两张鬼画符的命令如何说法？他们说："我们是为排除德国的军备主义而战，我们是为保障人类自由平等而战！……"所以那千万亿兆蠢虫都是些君子。怎么说呢？孔老爹有云："君子可欺以其方。""为什么什么而战"的鬼话，就是可欺君子的"方"了。那生命财产一切幸福来做那"方"的牺牲的，可不就是孔老爹们赞赏的"君子"吗？

真面目要揭穿了。我没工夫把联军国的可恶处一件件举出来。总而言之，统而言之，一个德国倒了，几个德国又赫然在上。佐治第五打个德律风给大正："哈哈！谢谢你帮忙监守着那印度奴才动也动不得。借花敬佛，不费之惠，拿山东送给你可好吗？"电话回声道："阿里亚督！阿里亚督！"普恩赉打个德律风给威尔逊："你的十四条件是真意的呢？还是拿出来骗骗孩子们的呢？骗骗便罢，若是真要如此，我们不要向瑞士滚蛋吗？"电话回声道："Oh I see, Let it be so"……你看他们臭得竟到如此！"面包啊！救亡啊！亡国啊！救亡啊！"这就是你们战后的幸福了！就是他们牺牲了千万亿兆生命财产来保障的自由平等了！

噢！你们并不是上了这回战争的当！只错在你们的大敌是一切政府，不止一个德政府，你们不自己去锄他，不真正为保存自由平等幸福去锄他，却信那狐狗政府的诓骗，你如今晓得了吗？就要大着胆子高着声儿说一句道："只有我是靠得住的！"

**《民风》第14号，1919年8月。**

# 家族的处分

## （一）

汩汩的新潮流荡了好些时候，才把“三纲”的大箍子冲破了一点点，复辟再难成功，“君纲”的箍子可再合不拢。然而什么“总”，什么“统”，论字的形义，和那“纲”字仍是同门的好弟兄，所以我作那篇《政治的处分》才是最近社会的趋势。社会既然有了这么一个趋势，可见得“君纲”的死是死绝了，决不会还魂的。只有那“父纲”、“夫纲”依然舞爪张牙，肆其毒噬。这恶物的凶焰决不减于“君纲”，家族的害人决不减于政治。于是我那“拿人智作中心，环绕着人的什么东西都应由人处分之”的大例又适用了。

家族的为害，前几年拙著《婚姻问题》一书，已经从底里翻过来，说个透透彻彻。近来也有许多研究社会问题的学者，把那家族之害剖析微细，指摘无遗，抨击得体无完肤，理解得详明尽致了。那么，我就不必再费工夫去揭发家族的罪恶，只不过举其大端，我们去处分它的理由便已充足得很。

第一，家族主义和人格主义抵触。家族组织起源于私，某是某的妻，某是某的子，……总拿人作“物”，不拿人作“人”。“人”不能为谁某所私的，这叫做“人格独立”。一经为谁某所私，便沦于“物”。人物之分，全在乎有没有“人格”，既为家族之一员，人格独立即宣告取消。

第二，家族主义为个性发展的障碍。个性与共同性为组成社会的中坚，个性不能发展，那社会是混沌的、死的、无机的、永不进化的。而家族主义与个性发展两不相容，无形的抑制，仿佛和宗教一样，既为家族之一员，便有许多制裁随其后，再没有发展余地了。

第三，家族主义和人的自由冲突。家族之一员，必有威权临其上，即现在以其威权施诸子弟者，彼昔亦尝受人之威权，且现在还有祖宗的威权隐在，是以意志不能自由，思审不能自由。自由的骨子都没了，其余的身体自由已是末务，有没有都无足论了。

第四，阶级制度源祖于家族。造成今日万恶的社会，无非阶级作祟。家族之所以和人格独立主义抵触，所以为个性发展障碍，所以和人的自由冲突，不外因它重名分故。名分便是砌成阶级的主要材料。推之家族以阶级形成，社会亦因而以阶级建立。

阶级万恶！家族万恶！

即此四端，家族的隐恶已毕具，举凡今世论到家族祸害的纷纷其说，不外由这四端演绎而来。至于那率系着个人不能为社会服务，经济负担重则人事劳苦，这些形诸事实的末务，只不过家族制度的不善，并不见得家族主义的原理谬误。据一般人所掊击的，结果只研究出一个“家族制度的改良法”，并不能在道理上根本的拿家族来处分。所以近来有许多距离事实渐渐迫近的理论，如“改家族为家庭”，“复式单式之分”之类，我是还未满意的。

## （二）

常人批评事理，每每犯着“见舆薪不见秋毫”的弊病，推之则只能见过去，不能见现在；只能循事实，不能究原理；只能安习惯、不能脱习惯；只能随时势，不能做时势；只能从舆论、不能造舆论；只能守法，不能制法。所以世上许多非理悖情的制度，都能够维持得千百年而勿替。今日以前之社会是慢慢进步的社会，也因为催促进步的原动力未曾充分效用之故。自今以后，断断不然。“进化”先生已经三步并作一步，向前狂跑，稍稍治过近世史学的，当能发见它跑的踪迹。用比例法来一算，今日一日，不知当从前几十百年。

拿活动的眼光去观察家族制度，转瞬便当和那石斧铜刀一块儿在历史博物馆里头楚囚相对。这虽谐词，实以说明进化作用当然如是的。

且把上述的家族主义四种恶德放下不提，姑退一步，我也承认家族是人类进化中间所必经之一阶程，可就要发出几个问题来了：

甲、初民社会何以不能保持下去？必要进入较有组织的部落社会呢？

答道：初民时代泯泯棼棼，当然不可以久，较有组织部落比较的好，那自然起而代之了。

乙、部落何以不能保持下去，必要进而为国家组织呢？

答道：出小群而大群，这是群众心理自然演成的，趋势如此，谁也阻挡不住的。

丙、依历史的过去陈迹推断将来，你相信世界主义能代替国家主义而兴吗？

答道：一点没有怀疑，相信相信，而且快了。

丁、那末，介在部落与国家之间的家族还成了什么东西？国家主义都将末日了，它还能够一空依傍，独存在吗？

答道：我们论社会进化史，知道有家族之后，较家族未成它之前，总文明了一点，所以一向不曾怀疑着家族存废问题，现在你由人类进化的起源问下来，再继续下去，家族的组织似不能不进而为社会的组织了。

依这答案，则家族组织进而为社会组织，简直是不能逃的进化大例。我们受了历史的教训，所以最初对于家族主义先用一种怀疑态度，思审它关于我们自身利害之点，临了发现了许多的弊害，便当去毅然处分它了。

(三)

人人知道废封建改郡县是秦始皇，其实，井田制度的败坏，郡县制度的形成早在战国时代了。大凡一制灭一制兴，中间必有一种渐渐而来的态度，必有一个过渡时期，稽诸历史，事事如是。家族主义之不容于今日，已成铁案。我们当此过渡时代，也应有个过渡办法，才能够转移社会。

我每一思想涉及于家族问题，便即联想及于一种奇怪建筑物，各乡各村，望衢对宇，都会市镇间亦有之。我称它作“拜祖先教的礼拜堂”，他们称作“宗祠”，“祖祠”。我因这奇怪建筑物又联想到二十世纪文明特征的一件大事，就是一千九百〇六年，法国政府毅然封禁全国教堂万余间，把它的财产尽行没收，实行政教分离。勇猛精进的法政府，干出了那一回的好事，我的情感受了多少刺激！我们棋布国中的“拜祖先教礼拜堂”，再过千年，怕还不会象那法国教堂的倒运。果然天外飞来，出了法政府所于的事，那就是我意中废除家族的积极办法了。然而少做梦罢。

其次则消极办法，请从个人做起：先将家族恩爱的心理学上问题搁在一边，后来分解，单讨论解除家族各各给还完全人权的办法。

大抵一个家族里头，不外是三级制：一、前辈，二、平辈，三、后辈。三辈之中又有两类：一、能自给生活的，二、不能自给生活的。我们首先从精神上解放起来，把那公公婆婆爸爸妈妈伯伯叔叔姑姑姨姨的名义一齐废掉，大家从新做起人格独立的人来。那自已能自给生活的，当然自谋职业去！那已经不能或尚还未可担当职业的，本互助的情神，不叫做仰给于某人，这叫做互助生活。果有了几家如此，已大可联合创造“新村”，慢慢的更设立起公共育儿院、公共养老院等等必要的组织，于是乎新社会的雏形出现了。

**《民风》第16号，1919年9月。**

## 更生的我

踏着兵队的脚迹，一个个的步伐齐齐正正，摆左手，动右脚，都要和他兵队的一致。

兵队的步伐，自身是无意识的，自身的步履，却被那无形的惯力强制着，一致依着他，“一二！一二！”“左右！左右！”要是不依，反觉得非常费力，一下子好象十分为难，而且辛苦，倒不如迷住“我”，依着“他”去，又省事，又方便。那么，我们就把强制的步伐看成自己本来的一样干去了。

实际看来，我们看做自己的“自我”——自己的思想感情和本能——的大部分，都是“他人自我”——我们可以简称他做“他我”——都是他人或有意识的或无意识的把我们强制了去，他的“自我”都和兵队的强制的步伐的一样，都不是真正的“自我”。

剥了百合的皮，剥了又剥，剥了又剥，剥到最后的一回，就是百合最后的一点东西都剥过了，百合的自己便就什么都完了。

我们也何妨剥我们“自我的皮”，剥到我们的自己什么都没了，他的皮一片一片的剥去，更从那里再求新生。到那时，我们真正的“自我”，才会真真正正地自由发展去。思想是我们后天的。感情是我们先天的，愚蠢的人生，对着这点，只会向思想上头下一下子的批评，对着先天性的感情问题，就糊涂去了，情感的大部分几乎看作本能的固执，无上的权威去了。

情感或本能，它的发生，是从生物本来的意志来的，大概分作“生存欲”、“生殖欲”两样。更从这两样，因着周围的事情千变万化的做去，我们便于这千变万他的行程之中，不可不十分使用自己的良知和直觉，求一个真切的解决。因为这其间经过环境的变化太多，自然会有他人意识的无意识的强制。强制去了，我们还看做自己的，这样情形实在很多。要是良知和直觉不能真切的觉悟出来，我们便终生做了他人强制的奴中之奴，不能够和清明真切的“自我”再会一会面的了。

人类的社会跟着今人的所谓文明发展去，就分成完全相反的两个阶级——征服阶级和被征服阶级。为的是什么原因要把大公至正的世界就分起绝无理由的阶级来呢？征服阶级凭藉的是什么的权能？被征服的究竟是怎么的失败？看来就是被征服的我人本来的情感从不肯向着个人的“自我”利害上发展去，弄到“自我”被“他我”占领去了，被征服阶级的情感意志把我们的“自我”掳掠去了，代易去了，倒请他来做了自己的“自我”来了。那么，我们自然就要服从他去，被他的利害屈服去。数万千年来的人类历史，便把人间看成一种巨大的迷信，把今日我们所有的感情，自然通通都承认做人生本来的去了，我们的人生自然变成“一二、一二”“左右、左右”的兵队作用了。

“生存欲”和“生殖欲”，由于人生理上的要求和情感上的冲动，我们因为“自我”失掉，便失却自决的权能。由这一点看来，今世一切的制度，一切的法令，一切的祖训，一切的学说，和生存欲生殖欲有关的事实，我们都不能不有点怀疑的心：难道都是本来如此？难道都是应该如此？恐怕未必尽然。既然觉得非本来的、非本该的也有很多了，我们的自决作用就可有恢复的希望了。我们被征服了积数万千年的“自我”，还不会给他恢复，还不会给他觉悟，那就无论什么思想的情感的，永远都不会觉悟出来的了。

可是，我们的人类征服惯了，“自我”的失脱，“他我”的代易，着实利害，所以数万千年以来，不独不会得个清澈的觉悟，就是一点怀疑的本能和情感极相近缘的气质，也都因着征服事实生出很多的障碍，就是发生气质和情感不同的生理状态，也受他很大的影响。所以我们由我们的生理状态直推到心理状态去，更加要从我们的自身想想，从我们自身真正的“自我”想想，下一个严密的分析，社会学的剖析，把那“自我”的皮——他我——一片一片的脱去，归还到“自我”的本际之中。

脱去就是“更生”，“他我”脱清，那更生的生命就愈加真切，愈加宏伟。

我随便写过一篇《政治的处分》，一篇《家族的处分》，载过报上。心中预备着还有一篇《国学的处分》，一篇《神的处分》，最后就是一篇《我的处分》。

这几天俗务麻烦，没有动笔，我的朋友石子君从数千里外寄来这一篇《更生的我》，把我心中欲写的《我的处分》一番意思写了出来，而且定然比我写得好多了，是以先将它刊出。将来《我的处分》一篇便可不作了。

我们说人世间的话，“我见”决不能无，而且决不能不深极。深极的时候，我们就发现有两重人格——一、他我，二、自我——他我的生活。

（甲）肉体的生活

一、受政治的支配；

二、受法律的制裁；

三、受经济的困迫。

（乙）精神的生活

一、情感不能适当的表见；

二、思想不得充分的自由；

三、本能不能如量发展或发展而用于不当用的方面去；

四、意志的动机恒为境遇所移易或消除。

我读过某氏（英人，忘其名）一书，论今世人犯罪的原因和颠狂病的原因，他说若深刻的研究起来，凡犯罪和颠狂病的人，都是他们的第二重人格——就是石子君所谓“他我”——我读过那书之后，再默察社会一遍，凡今之人又谁不满身罪戾的？谁非颠狂的？比如至平常的行动，举世不以为罪的，然律以较真的道理，已是罪大恶极了，非必杀人放火而后为罪。要之，这些隐罪和杀人放火的明罪，同是出门第二重人格之行为，所以作书的某氏说：“如果今世的法官律师把个人心理学和社会心理学极深研几，从心理方面来裁判辩护，世界实在没有罪人，世界又无一而非罪人。”那么，我们要晓得挽救的方法：

（甲）自由的。凭我们的良知和直觉，把“他我”的皮一片一片的剥下去，剥出一个真“自我”来。

（乙）他动的。解放政治、法律、经济和所谓道德礼教的束缚，促起人人的良知和直觉，使各还他的“自我”。

到那时候，才把众生普渡了过来，也并不是什么“佛国”、“净土”、“极乐世界”，这才是合理的、正当的“人间世”。

打了一下章宗祥，少读几天书，半掩门的少做两天生意、举国汹汹然说道：“大家觉悟了!”怕还是“一二、一二”“左右、左右”的步伐罢。

**《民风》第17号，1919年9月。**

# 世界最新之两大组织

## 其一　俄罗斯之“多数党”

按俄文Bolshevik之一个字，京沪的报纸译作“布尔扎维克”或是“波尔斯维克”，或是“市尔雪勿克”，广东的报纸译作“波斯域”，或作“保士域”，统通是这一个字，不过各就土音译出来。这字的原意，本来是作“多数”解，中国官府的文告，取其雅训，有时译作“广义派”，也意。惟原意。惟是当今最流行的名称，都叫他做“过激党”，俄国现在的政治组织，叫做“过激党政府”。因为这个行政机关，系由全国劳动者和农民的代表组成，所以有时又叫“劳农政府”，他们的主义，就叫“过激主义”。

近来看报的人，因为命名的歧异，弄得头昏目眩，所以我先把他的名目说个明白。

还有一层，“过激”这个名目，当然是不美之名，但如何会戴上这个恶名呢？这因为俄国这一回的革命，是“社会革命”，是把旧社会的种种制度来推翻的，欧洲的人，有了俄国党人和他比较起来，就多数算是旧头脑了。旧头脑最喜欢保守现状，不喜欢改造新制，就是改造，也一定要温和的，所以一见俄人这么大吹大擂，大掀大搏，就中最表同情的，也都稍嫌其激烈。加以反对的人，又造出许多不近事实的诬词，欧洲舆论界中，就几乎一致认定俄党是激烈一流。大家竟奉他一号徽号叫做Extremist（“极端者”）。

东方的岛国，向来是“天皇明圣万世一系”的，年来岛民的“民主主义运动”已很够它呕气了，无端起了这个霹雳，再加上一种“社会革命”的理论，飞过乌拉山，流入三岛，岂不要命！所以那些天皇脚下生活的一流，根据那 Extremist 一个字，更变本加厉，叫做“过激党”。中国一般的蛆虫政客，作政谈的材料，只能够采用“劣货”，这“过激党”三字遂由日本贩归，人人嚷叫。

我们拿他党人的设施，来做研究的对象，他们到底“激”不“激”，“过”不“过”，研究之后，自然能下公平的断语，犯不着跟随着他人乱叫。况且他自有 Bolshevik 的一个正名，我们还是对准他的原意译称为好。

一千八百九十七年，俄国向来结合的革命党一旦分裂，从新创造一个“社会民政党”，主张便与从前的革命党不同了。社会民政党的主张，大概是要将全国所有的工业和运输事业一律拿来收归国家所有，不许属于私人。这个主张，是要把资本阶级铲个干净，免却贫富的不平均现象，人人就都苦乐均等了。

不料党中的人，有温和的，有急激的，簇新建立的一个党，里头早已意见不能一致。一千九百零三年，该党大会，因为选举问题，意见各执，万难再加保持，遂又裂作两党。温和的组成了“少数党”，急激的组成了“多数党”。这两党并峙国中，各循各的路径向前走，一走走了十多年。

前年夏间，革命党推倒了俄皇，克伦斯基执掌政柄。那时候战争方酣，克氏内谋建立民主国家，外则对于德奥增加战斗力量。然而这一场政治革命，究竟与大多数人民利益不曾见得有什么裨补。一般人民，恍然觉悟着自身幸福断不是徒然改革政治就可以希求的，须将社会旧制根本打翻，改立共产社会，然后人人的衣食和教育权利才可以平均呢。这种思潮，本来酝酿的时间已经不短，到这时候，经一度政治的解放，一发弥漫全俄。药线四伏，只待爆发。而多数党首领李宁，觑着时机已至，遂由德国秘密回俄，谋举社会革命。

十一月间，有一大队的平民，向克伦斯基政府实行示威运动，当时标揭三件事，表示他们的要求：第一就是“和平”，要对德即行停战；第二事是“粮食”，要和富人平均；第三事是“土地”，要均给与劳动者，不许资本家私有。当时军队亦多参加运动，发难于彼得格勒京城，蔓延于各处。政府竭力制止，双方生起冲突。一般缺乏面包的平民，附和日众，俨然成了政府平民交战状态。苦战了多天，到底党人得了胜利，那临时政府就被推翻，于是俄国立地变为多数党世界。

多数党系自社会民政党分枝而来。社会民政党系渊源于马克斯学说，所以多数党的唯一主义就是马克斯主义。当尚未实施之前，马克斯主义固已沦浃人心，除却“无政府主义者”，“共产主义者”另树一帜，向与相持之外，世无间言。然而不论马氏的社会主义、无政府主义，标揭出来，只是一种学理，一种支配新社会的原则。至于这学理原则应用起来，其状态如何，实施此学理的手段又当如何，世人无从预定。纵有悬想所及的，也要到了实验的时候，方才可以揭晓。这回多数党举于俄国，就是第一遭的实验，年来的政策，就是实施的手段。我们去研究他，首先要把他们的主义研究清楚了，将他们的目的觑定了，然后看到他们的手段，方不致眼花缭乱，脑际昏迷呢。

说到他们的手段——实现他们主义的政策——真是万绪千端，累幅所不能尽。只好揭其纲要，一言以蔽之，多数党之唯一信条曰“惟工主义”。我们明白了这一切政策之根本，那么彼党的精神，已可全然显见，即凡革命后种种设施，也不外贯彻这种精神。

什么是“唯工主义”呢？简单说来就是：惟有亲身工作之人得享生存幸福。比如生活必要之衣、食、住，如生产所需之土地、器械，如世界未全改革、政治尚未消灭时之参政权，皆只许亲身工作之人得而享受。凡不是亲身工作，安坐以消耗他人劳力而得之生产物那一辈人，应剥夺其权利。以故所有官僚、绅士、僧侣、地主、工厂主、园主、银行主、矿场主，一切出钱买人劳力之雇主，与夫以上之种种附属物，俱要一律剥夺。这便是惟工主义实施的大要。

再说这主义的原理又怎么样呢？有土地，有劳力，有帮助劳力的器械，便可以耕作而得农产品。土地是天然的，器械是先民发明的，工人制作的，故土地器械不应归地主资本主私有。有原料，有劳力，有帮助劳力的器械，照这样说来，只需人人工作，便得有农产品工业品来供人生应用。而应用那些生产物的权利，当然要曾出劳力的人乃可享受。今世资本主，不特不出劳力，坐享权利，并且剥夺劳动者的权利，美衣珍食，华屋高车。两阶级——贫富——间的不平，诉诸道理，显然不合。惟工主义就是针对这病所下的药。铲除不工作而享福的人蠹，惟有劳力的生息宇宙间，共同劳力，共同生活，于理始平，于情始顺。

惟工主义一旦实施，则世界里头，没一个不从事工作，没一个不享受相当的生存幸福，再没有不耕而食、不织而衣不劳力而掠夺于人之人蠹。方今人类之不平，旧社会之不公道不正当，全因为不能真正平等真正自由，也正为不是尽人为工，于是有富贵贫贱的区别。惟工主义就是救正偏弊的神物。

有人问：惟工主义是不是多数党所发明？我说不是。先是马克斯、蒲鲁东、巴古宁、鲁易布郎、莱雷萨、符业、托尔斯泰、克鲁泡特金及其他许多学者，都先后同一主张，不过生产物的分配，工作的报酬，其法不一，其说各异，有主集产的，有主共产的，有主均产的。总之，无论那一派那一说，对于惟工主义从来没有更持异议的。

又有人问：这主义当真推行起来，全人类都要工作，那么，文学、哲学、玄学及一切科学的原理，那里还有人去研究？举世界都是“胼手胝足”的工人，那不是返乎初民时代的野蛮状态么？我说不是。今日不去工作的废民，若尽化为工作的有用之民，那就每人每日不过二三小时，生活所需的品物都已充足，那时候大家都有很长久的暇逸时间可以娱乐，可以研究学问。而且短时间的劳动，是极有益于人身之健康的。故惟工主义，于个人生活和大群进化，都可以谓之最完善的方法。

多数党实力推行惟工主义，改造社会，那就是“社会革命”。结党的时候，只许那些直接劳动徒手工作的平民加入，那就是他们的“党纲”。党既发展，把那些握有政治权土地权经济权的一辈征服了，就本其党义，依次实施，那就是他们的“政策”。先从俄国做起，推而及于全世界，那就是他们的“最大目的”。凡握有政治权、土地权、经济权的，看做魔鬼，做仇敌，除此之外，不论何国何族的平民，都是兄弟，那就是他们的“正义”。在未及推行世界之前，姑且暂守着原来国家疆界，暂存政治的形式，暂立共守之宪法，那就是他们的“方略”。

宪法大纲第一章道：“国家主权尽属国中直接作工之平民，”这是惟工主义最著之表见。次则以限制选举权为推行惟工主义的方法。宪法条文里头有道：“凡工人及劳力于工艺贸易农业等事之人，农户、哥萨克族，不雇人工作而亲自耕田之农户，海陆军士，有投票选举权。”据此看来，凡不是直接劳动的，已被剥夺了选举权了。宪法又更申明道：“雇人工作者，不得选举；人息不是由自己力作而得者，不得选举：营业者，商业经纪者不得选举；僧人、教士不得选举。”又因资本家政客等一时未曾尽数化为工民，工民权利一时未得安全的保障，所以暂许海陆军留存，但只用作保卫工民之用，故亦视为间接的工民。宪法条文也特许工民农户联合组成社会主义者之红卫队（Socialist Red Guard)。宪法又规定：“凡是业主，一律解除武装，缴销武器。”

土地国有，生产机关公有，宪法里头也明白规定。词云：“凡是土地，皆属国产，宜根据平等公用之理，不取代价而均给工民。又凡森林、水利、矿产、牛羊、模范田园、农业建筑物，皆属国家公产。”又云：“凡磨厂、矿物、铁道与及生利之机关，交通之道路，一概归诸农工合组之共和政府。”又云：“所有银行悉归诸农工合组之共和政府。”据此两条，其倾向殆系实行社会主义集产派的学说。

再从日本社会主义者界利彦氏所调查，多数党建设事业最重大的略举如下：

（一）剥夺绅阀政治上经济上之权力，造成劳动阶级——工民——的独裁政治。

（二）把资本家私有的土地一律收做国家公有，定期分配于农民。各地方设立土地委员会，专管农产品之分配。制成土地簿记，分划各村土地，均给村间劳动者。村委员会，由郡委员会统辖之，郡委员会选出县委员会，又由县委员会选出全俄劳农总会及农业委员会的代表。

（三）一切工业概归劳动者支配。工场资本主只许继续任为办事人，私有权完全取消。各工场由工人选出工场委员，以处置工价及作工时间等事。工业中心地方，由各工场委员和工人团体之代表组成工人机关，与地方劳农会协力活动，中央设立一个“国民经济高等会议”，用来统括全国工业和农业生产。

（四）所有国外贸易事业，均归国家公有。由陆军、海军、农业、粮食供给、交通、外交、财政等部各出代表，成立一个“工商委员会”。工商委员会对于生产物品之国外买卖，直接管理。

上面所举，不过记述他们建设事项最重要的几项，其他生产社会的组织，消费社会的组织，都是有条不紊，井然秩序的。详细的记录，我所见的简直没有，只从欧美的杂志里头见过数篇，已可得其大概。东方人所著作，界利彦氏这一篇算得最为详尽了（《解放与改造》一卷四号曾译载全文）。

综而言之，俄党建造新社会，先竖起两个目标：（一）教育平等。自儿童以至成人，必经受社会的公共教育，养成程度齐一之“工民”，以实现惟工主义。（二）生活平等。举国无不为工民，共同工作，共同享用，再没有贫富贵贱的分别，也没有有余不足的不平。

吾以最简括之寥寥千言，略述俄国多数党之略史，发动、主旨、成功、建设，仅能够说个大要。这就是世界最新之一组织了。

### 其二　美国之“世界工会”

按欧美间工团工会多至不可胜数，各各的宗旨目的不尽相同，各各的势力也大小有别。从运动成绩上看起来，当推美国的 Industrial Worker of the World 为最伟大，外国人简写作 I. W. W，就无人不识。本名“世界之产业的工人”。鄙人数年前在南洋编译了一本书，内容记述这个工团组织法的，出版时间乱定一个恰合中国人口味的名称，叫它做《世界工会》。

先是民国元二年间，一个在澳洲支会任职的英国朋友把这世界工会出版的书籍表册十余种寄给我，我才稍稍知有这么一个伟大工团。过了些时，他们要我把该会宣言书、入会手续等译作华文，寄到澳洲。不多时他们来信报告，有三百个华人加入该会，而且加入是年的同盟罢工。

去年我又有两个朋友向该会美国的总部加入，今年有信来说：方今许多的劳动团体中，确以这一个团体为最好，宗旨最纯正，眼光最远大，团结最坚固，进取最勇猛。

欧战停后，美国产业界大起斗争——资本家劳动者之斗争——风云黯淡，不消说得就是这个团体的开始大战斗了。二十四号《星期日评论》有一篇《I. W. W 之沿革》，已经把这个团体的历史大略说过，兹篇就把它的主张和作用略为说说。

一千九百零五年一月二日，美国里头，有一班劳动者在芝加哥省开了一个秘密会议，提出一篇《工界同盟宣言》，意思是要号召起多数工作的人，组合而为一个绝大的团体，并且希望由美国推及到各国。这大团体的分子，只以“工人”、“非工人”为限，不论什么国籍，要是工人，就可以加入了。他们之所谓“工人”，也定了个标准：确是从事于生产的工作，才得算是工人，若劳动于非生产（Non-Product）的事业的，就非他们之所谓工人了（例如演剧的优伶，也许算是劳动者，但非生产的）。所以他们的命名，直译出来是“世界之产业的工人”。

开会也不只一次，讨论也不止一回，研究那篇宣言书，筹备组织的方法，已经耽了许多时候，末了再开一回大会，系在同年的六月二日，是日到会的各处代表，共有一百八十六人。这一百多个代表，所属的国、邑、地方机关，一国的总机关，共通三十四处，所代表的人数共九万。开会的期间共十二天，把宣言和章程议定了，职员也选举好了，该会遂告成立。至今十余年，会员遍于美、澳两洲，支部分部也很不少。

我今要拿最简单的说话，表明该会的主张：他们的灵魂是什么呢？也是“惟工主义”。他们的最终目的是怎样呢？也想全人类都化为从事于生产的劳动之工民，也想世界上所有生产物，只有工民才得享受。他们预冀将来的新社会，务为纯粹的工民社会，废私产制度而为公产，废雇佣制度而为共同工作，废资本家劳动者之阶级而为平民社会，废治人者被治者之阶级而为平民自治，废一切国家种族宗教界限而为大同世界。

照那么说来，那不是和俄国的多数党完全相同的吗？是的是的，他们的出发点和到达地，简直没有不同的地方。这也是我把两个组织记在一篇里的缘故。只一层，我们要记着，要看清，这两组织也有不同的所在，什么呢？他们所走的途径，所用的手段，却有分别。

多数党是在政治途径上走，世界工会是在社会的途径上走；多数党以攫得政权复用政权来推行主义为手段，世界工会以汇合工人就由工会蜕化出新社会为手段。

世界工会对于现在恶劣社会的改造方法，首先从事于“阶级战争”（Class War）即工民对非工民作战，亦即劳动者对资本主作战。

他们作战的方术有二：（一）同盟罢工（General strike）（二）同盟怠工（Sabotage）。同盟罢工的往例甚多，人人共晓，其可怕处也许敌人心悸了。一方发动，各方响应，一业发动，百业响应。然必事先筹谋，诸凡准备，若罢工稍为持久，则工人衣食不继，惨状怵目。在全世界未能联合一致之前，罢工容或不尽获得胜利的。新近发明之“撒布提治”遂代罢工而为作战利器之一。撒布提治之由来、沿革、原理、法则，该会印有专书，说得很为详明。简单说来，日本人译称为“同盟怠工”，也略得其原意。其法则工人对待资本主时，不必相率出工厂之门，不必号召徒党，摇旗呐喊，只就平常工作时间中，以“劣技”、“懒惰”来报酬他不足衣食的廉贱工值就是了。故罢工豪壮，怠工阴鸷。“谁为为之，孰令致之？”我要还问剥众自肥的资本家了。

会中共守之唯一格言曰：“直接行动”（Direct Action）。这句格言当分两层解释：第一，不倚靠政府来施行社会政策。象那限制资本家的权谋，保护劳动者的条例，行了几十年，何曾有一些效果？所以工民自身的利害问题，必要工民自己来解决。也并不希望工民占有政权，然后自行解救，象那社会民主党力图选举胜利，占议席之多数，到得选举胜利了，议员上场了，又何曾有一些利益交付到工民身上？所以决由工民自行奋斗，必至完成纯粹的工民的新社会为止。这是第一层的意义。第二，土地是天然的，器械是先民所造，工人所制的，原料品是施人力于土地，借器械做助力，乃能造成的，故生产物应为劳力者所有。今何以不劳力的富厚安乐，劳力的贫乏困苦？这全因为生产机关——田园、矿山、工厂等——都被私人霸占了去的原故，致今劳力者卖力自给而不足，故当由工民把一切生产机关直接收回管领。这是第二层的意义。

其工会组织法，却分两大统系：第一系以区域为纲，第二系以业务为纲，两系都以最小的“同业公会”为单位。第一系以一地方为范围，集合多数同业工会，结成一个“地方联合工会”；又合诸地方联合工会，结成“国总工会”；又合诸国总工会，结成“世界总工会”。第二系：世界各处的同业工会，除加入所属地方联合工会外，同时并合万国同业工会，组成一个万国同业总机关。例如织造业工人，先结为小小的织造业工会，机器工人结为小小的机器业工会，乃至运输业、采煤业……其他一切工业各有了同业工会。于是一地方内，合各同业工会为地方联合工会……以至世界总工会；这是第一系。这里的织造业工会和那里的织造业工会以至万国的同一行业的工会，综合而为万国织造业总机关……其他运输业、采煤业……一切行业都各有其万国的某业总机关，这是第二系。

他们定出这些组织法，其目的固然是想结合起全世界产业的工人。十几年来，活动于美、澳二洲，同盟罢工的举动无时不有。罢工本来是劳动者的唯一作战方略，要是待到全世界工人一致联合起来的时候，就可以凭着这作战方略，一举而达其直接取还生产机关那大目的了。他们却偏在结合进行之中，时时试用那方略，很象是全师未集就先行局部作战似的，兵略上似乎有点说不去。然而，就事实上论，却也不然。总同盟罢工固然要一齐大举，才可以一齐收功，局部作战，则又别有较小的目的：缩短作工的时间，增加卖力的工钱便是了。八小时工作之要求，在劳动运动史中，已经占了许多篇幅了，也因为机械进步，生产过多，时时歇业，所以缩短时间来避免这痛苦，倒算可怜极了。增加工值，更是由于生活不足之要求。雇主对于工人疾苦，那里值得一盼？和平哀求，必不见许，才不得已而罢工。所以罢工本为革命战略，有时却不为革命也要罢的，他们既然认定这个组合是新社会的胚胎，大家努力普及那主义，发展那势力，就会有由胎而雏，由雏而成人之一日了。

俄国多数党忽然爆发，本不是他们所预期，而实在两方的主张丝毫没有异处，而且两边的人常有交通，又是同宗一种学理的，拿学理去做原动力，这力就潜隐而宏大。

俄党由政治的途径上走，到达了目的地后，曾派专员去到美国，和这组合中人握手言欢。俄代表宣言道：“我们的成功，是学理的成功。世界工会同是根据这种学理的，也可谓之世界工会俄国方面首先成功……”当时两方的欢洽，真是融融泄泄。

我略述这两大组织的话要完了，还要赘上一句话：因为这两组织都是“世界的运动”，所以称他一个“大”字。

《闽星》第3—5号，1919年12月。

## 军人问题还要军人自决

### （一）

我们试闭目冥想：设使中国一部分先觉的人，一齐发脚向光明大路绝尘而奔，教育呢，全国有大学百间以上，高等专门校千间以上，中学万间以上，小学十万以上；交通呢，如中山先生理想中之铁路二十万里，商港若干，通航之河流若干；实业呢，张季直先生的通州事业变为不值小孩子一盼的村老生涯，全国的新式农具若干千万，工场的烟囱又若干千万。那么，我们爱好自国的欲望满足极了！我们占居全人类几分之几，担当起这么的一分文化的责任，庶几无愧了！一枕黄粱，醒来无迹，我们的大梦几时实现啊？吴稚老也不能不仰天而呼“金钱万岁！”

中国的岁入，四分之三拿了去养兵，这是人人晓得的。兵之当有当无这个问题，我且不问。就令把我生平反对军备的主张牺牲净尽，让一万步说，换过一个头脑，回复我信守国家主义的谬见；又让十万步说，认为将兵可以怎的兴盛国家、怎的可以侵略外国，然而半世执兵的陆安先生说：“中国从今日起，倾全国之力，练兵十年，到了十年后那一天，要想和暹罗一战，依然是不可能的。”这几句话，我们骤然听去，总有点不相信的。但试想想中国的物质文明程度何如，已经点头默认了；再考究一下国际间我们的地位如何，那就豪气万丈的，也许咽气无声了。

回头想想，比如那个大梦变成真境，五万万男女都有智有力，文化的光芒销沉世界的戾气，理性的潜力转向人类的沉迷，较之拿破仑大功告成、威廉目的已达，愉快甘美，比谁多着呢！

我以上的一片梦话，无非痴人说梦，同是屠门大嚼之无聊。老老实实，总归一句，在道理讲，二十世纪以后，只许多多发展其民族的文化艺术，以福群伦，决不许以军备立国。在中国情势讲，裁兵都是疯话，直不应有一卒一枪。那岁入四分之三，完全截留，也未必就能实现我们的好梦，只不过教育尽足供国人的享受了，交通尽是供国人的受用了，实业尽足供国人的生活了，五万万男女中几分之几的智力，也可以抵御那个恤正谊的外来横暴了，这么一干，干成功了一个活泼泼的中国。荒谬一点说，庶几可以追随先进的民族，同上了进化轨道，似乎也非甚奢的希望。

（二）

由我那如火如荼的痴梦，归结到不算甚奢的希望，所择的途径，或者算是最短、最近而又最好走的了。大踏步向前，行行复行行，可不就到了彼岸吗？慢高兴！还要绕一个很大很大的弯子。人类进步，民族进步，却少走直线的。

这条最短最近而又最好走的路，当头放着一拳大石，阻住投足，这大石是什么呢？就是军人。军人决不肯取消在人群中自己占得的位置，决不肯放弃在国家里自己踞着的地盘。军人中那坏的，只顾保存威权、享受大利，那好的也不过死迷信国家主义、军备主义，当他“枕戈待旦”的时候，做他的东征岛民，西踏欧陆的梦，比我的痴梦还痴。只有徐世昌的滑稽裁兵，倪嗣冲等首先赞成，要是真个裁减起来，谁不拼命反对？却有一辈书生，主张“去兵”，纸上说得震天价响，路头是摸着了，可奈那障碍物挡住前途，兵如何去得了？

或者以为民众心理一致厌恶了什么的一种东西，那东西就马上站不住脚了。比方说强有力的，还有什么比那专制君主赛得过？民众厌恶了，立地就要坍台滚蛋，不是一个好例吗？其他比不上皇帝那么强的，怎样敌得住民众心理？所以我们认定兵必要去，只消造成人人去兵的心理，兵就不能存在。

这些合道理、合情势的推想，一些不错，无论要兴起一种什么好的事业，或是要革除一种什么不好的东西，拿这个推想做先锋，继之以实力，则兴兴革革，没有办不到的。然而，道理应当这么讲法，事实上我终免不了一点怀疑：就拿专制政体的君主来代表世界最强最恶的一种东西，他何以会被民众厌恶了就要坍下来？因为他的威权，完全是出于民众的迷信。如同木塑泥雕的神佛，大家崇奉他，他就赫赫威严，神圣不可侵犯；大家恼了，丢他粪草堆中也使得，把他化骨扬灰也使得。所以从来最强最恶的君主，其生命毕竟寄托于民众爱恶之中，民众觉悟到这个不好，骚动些时就换过那个了。民众觉悟到君主这件，骚动论这个那个都不好的，骚动些时，就连君主制度都根本打翻了。还有一层，我们不要忘却的，古今来皇帝塌台，不到山尽水穷，仍不罢手。而所谓的山尽水穷之境，定是连那倚若长城的兵都来要命了，方才哭丧着脸下场去。至于那兵却何以忽然反转脸来，这不过随着民众心理之所趋罢了。若使民众心理之于兵，其厌恶程度等于那君主，而兵之终能去否，倒是一个疑问。

（三）

如此说来，兵是永不能去的了。那又不然。不过这个弯子很大，绕它的时候稍长罢了。我们所摸着的头路，决没有错，不因绕那弯子而惰了脚步，这条路还是最好走的。弯子怎么绕法？依我的呆想，莫善于“以军人扑灭军人”。

军人阿！你们不要误会，我不是主张用那“填鸭政策”。（笑话说：富人想一口吃一千只鸭以为豪快，没法吃得，后来想出新法儿：把五百只杀了去喂其余的五百，再杀二百五十只去喂其余的二百五十，倍减复倍减，剩了一只，才入自己的肚里去。）我以为军人也是人，也有理性的，也能觉悟的，也能容纳道理的，也有时会作我们的痴梦的。从这个岔头口绕过一个弯子，就可以达到那条短路之彼端。我们只消把军国主义之由来、军国主义之经过、军国主义之渐近消灭那些道理，详细地向军人说个透亮，再把兵之祸国病民的真状和盆［盘］托出，障碍着当途、使我们迫着抄远道，也是兵的罪过，一一据道理和事实揭出来，普遍地传入军人耳里，军人同具这一颗良心，我相信总不能无所感动。

设如我是个迷梦正酣的军人，我的感觉机能未死去，领了这些教训，我便怎处呢？我觉悟了我的罪孽深重了，我忏悔啊，我立地丢了这个军人的头衔，我不干了，可好吗？

不行不行！这不过是个消极的办法。“放下屠刀，立地成佛”，只能了我，“自度度人，才成正果”方是救世。积极的办法如何？我试想想，不把这个现社会的一切制度——连由军国主义产生出来的种种制度在内——颠覆了它，结束了旧时代，创开新时代，如何能够消灭军人这种恶物？要颠覆一切恶劣制度，打翻旧社会，结束旧时代，除了大破坏还有什么法子？破坏不是我军人的天职吗？这么一想，我军人的光明大路就在面前！

军人啊！到了那个新境界，你们也可以做学生去研究学术，也可以从事工作去生产，也可以发展文化去福利群伦，或者此时不算甚奢的希望，已不值诸君一笑。回想“头插翎毛腰挂长刀”的当年景况，如做不祥之梦。那时候，词典上头只有“人”，再没有“军人”了。

我这篇稿子发刊之后，恰可接到沪报，有一篇《去兵必经之途径》，是手握重兵出力护法之陕西督军于右任君所做的，篇中大意是讨论去兵的方法。最结实的一笔说道：“兵是裁定的了，但他们虽缴了枪械，他没有缴了奸淫劫掠的性质，怕他不能再来为害闾阎吗？求他们不再为害闾阎已不可得，何况希望他们做一个自决自助的人呢？……所以要设法将简单的教育输过去，使他知道自己是个军人，不是上官的傀儡，使他知道自己的人格，使他知道新世界的人是应该怎样做的。”右任勘明了这一点，对于所部，定了三条办法：一、定期讲演；二、试办随营半日学校；三、分发白话及定期出版品。对于上述三事，正在努力进行。不做他们威灵显赫的长官，做他们亲切温和的教师，是停战以来右任的职志了。

我上面不是说过了吗？军人也是人，也有理性，也能容纳道理，也许一齐觉悟的。

于君也是一个现役军人，一个先觉的军人，他也主张去兵，而且实行去兵的准备了。我见了这篇文章，我愈自信我上面的话不错，愈信人类向上之美德，不因境遇而灭绝。进一步想，我不止于希望军人自拔，还要军人救世，这也决是可能的。我们努力！军人努力！

《闽星》第2卷第4号，1920年1月。

## 乡村革命

一个宣统皇帝退让了权位，我们就认为革命成功，真是大谬特谬。千千万万的宣统皇帝散布在一乡、一镇、一邑、一省，作践平民，恣逞威福，我们始终没奈何他，这可算得成功了吗？所以要把中国扶到进化轨道上去，除非大举乡村革命！

乡村革命这宗事儿，说它难也是难极，说它易也就容易得很：难是难在那些地方皇帝——绅士串通强盗——官，一伙儿吃人，有了势力来凭藉；易是易在他们居少数，我们平民占多数，以大多数去铲除少数恶魔，本来是反掌之事。

中国已限于人才破产的境地，谁也承认的了。但知识足以驾乎一乡之上，学固足以称尊一乡之中，能力足以规挈一乡之众，这样的人，大胆说句，也还不少的。只可惜这样的人才自负不凡，早已驰骋国中，周旋社会，对于自己的家乡弃之如遗，掉头下顾，曾不知家乡也就是国中的一个小区域，整顿好了，这便整好中国的一部分。要是这种人才结结实实各向自己的乡村号召群众，开发知识，讲求学问，培养能力，一致把地方皇帝摧拉灭绝，那时强盗失了照应的伙帮，也就做不出什么恶，我们梦想而求的民治岂不是立地实现了吗？

我所以于无限大的世界革命的当中，主张小而又小的乡村革命，实因有鉴于平民苦痛毫不减于未曾革命之先。求其原因，尽由于地方皇帝作祟。皇帝世袭是形式的，也有鼎革之时；绅士世袭是实际的，永无息灭之日。他们实际的世袭由于善变，而以顶厚的面皮为唯一利器。试举几个例：比如科举是他们所以为生的一宗买卖，科举要废，学校要兴，我幼年不懂世故的时候，就替他们担忧，以为他们骤失凭依，立时淘汰了。那晓得他们也一变而努力办学，于是地方教育事业还是他们为生的一宗买卖；至于教育事业的内容如何，成绩如何，可想而知，不须赘说了。比如改革政体，照道理想，他们那里还有立足的地方呢？我昔时头脑简单，也白白替他们担忧一场，那晓得什么省会、国会毕竟还是他们发财作恶的绝大场所。由此一二端可以推知一切。总而言之，“天下无难事，只怕厚面皮”，厚面皮做利器，和善变的能事交相为用，那就饶你由专制改到共和，出共和改到无政府，他们总死不绝，他们的恶焰也扑不灭的。

我也知道象俄国那么大变革起来，他们便要粉身碎骨，那怕还有作恶余地！但就目前打算，那些地方皇帝阻碍我们的正经事不少，所以我愿望这里那里都先干了乡村革命的功夫，只许有平民生活的乐园，不许有皇帝余孽的孳生机会，那么，社会革命的工程已经思过半了。然而，这种功夫毕竟还是要一乡之善士纠合群众去干起来，功能要比驰骋国中周旋社会大的多多。

**《闽星日刊》第 11 号，1920 年 1 月。**

## 原来只是这么一回事

一群老百姓，拉住手拥进去衙门，向那官老爷宣告道：请了！我们已经组织好一个自治机关，不用你老人家来管治我们了！你老人家可以做甚么工作呢？请立刻去做一分。你的少爷小姐，该念书的送去公立学校念书，该做工的送去工厂做工，各位的衣食住，凭他自己的工作换来，我们再不白纳租税养你们了。

一群兵士，倒拿着不实弹的空枪，拥进去营盘，向那司令官师旅团营长宣告道：请了！我们不再去杀人了，我们都去耕田做工了！你老人家会做什么呢？也请去同我们一块做。你的威风用不着了，你的军装好脱下来了。如今世界的人，既会做工读书吃饭睡觉，再不打仗的了。

一群农夫，担着犁锄，走去田主家里，宣告道：请了！你的田地已经是我们公有的了！我们再不纳税给政府，也不纳租钱给你了。请你老人家也担一把锄，同我们一块儿耕作，收割起禾米，公公道道的平均享着。

一群工人到工厂，请那东主出来，宣告道：请了！你的工厂如今是我们大众所有的了。这里有一百部机器，用得着五百个工作朋友，那么这里地方公民，高兴的只管来做，你老人家也做一分。做出来的物件，除却我们要用之外，送到公管机关去分给大众。我们所需的东西，也向机关要去。从今后你不是我们的东主，是我们的工作朋友了。

这里，那里，一齐依这样干起来，就是社会革命。

哦，原来只是这么一回事！狠和平的，狠公道的。如果他们还反抗不依呢？对不住！只好用我们极不愿用的法子，请他离开我们这个世界去。

**《劳动者》第 8 号，1921 年 1 月。**

# 革命的工团

[略]

凡政府都是凶恶的，中国现在的政府可不是更为凶恶的吗？政治总没有利益多数人的，中国现在的政治可不是更为残害万民的吗？凡是无产的平民，生活没有不惨苦的，中国现在的无产平民，可不是更为惨苦到不可以言语形容吗？欧美平民要求社会革命急极了，中国的现状要求岂不更急吗？大势所趋，非强力所能抵御，中国方面的社会革命，说不定在很近的时候就要发作了。

原来社会革命，为着大多数人求正当的幸福，大家如果感觉着现时制度之不公平，非人道，那自然而然的发作，用不着强力催迫的。然而理论如此，事实却未然。我们讨论的时期过去了，传播的时期也久了，时势的要求紧急了，实行的时机已到了，革命的果子也就成熟。在中国方面打算，既用着工团主义来做途径，那么，革命的开始，是不是专靠工团的力量呢？这可要从事实上研究。

我以为此后中国里工团一定要他充实发达，只是革命开始时，还要一个特种团体——革命党——担当起这种任务，这时候经济组织还是很坚强，政治势力还是很顽固，我们也须一个坚强的团体，全力对付他。这坚强的团体，纯系运动平民的反动力，把那政治组织经济组织，一部一部的打破他，第一摧陷了资本家保阵的政府，然后取还资本家霸占了去的生产机关，乘世界的潮流，挟群众的势力，拿公道和正义做标点，总是狠容易的一回事罢。政府只不过几个残弱无能的人，所恃为护身符的只有军队，军队就是生活惨苦的平民充当的，犯不着几块洋钱卖却生命。如果革命党发动起来，现时做政府走狗的军队，只要公道正义感动了他的良心，自然转过枪头，向着政府方面攻击了。所以中国方面的社会革命，还是要用武力做过程的——各国或者也要如此。

政治的势力，本来集中中央的，革命党的目标也在中央，那么一定要在逼近中央的地方来发动，中央打破，各地方就不足为虑的了。

社会革命，必至全世界达到同一境地为止。那么，一国发动起来，其余还未发动的各国，一定极力抵御，极力侵袭，况且各国早在中国霸上不少的权力，怎肯甘心放弃？但要知道这是决不可怕的，因为霸占中国的权力，只出自各国政府和资本家的野心，各国平民是不愿意的，中国革命发动起来，各国政府未尝不极力干涉，而各国的平民，却必在后头牵住政府，不许他动手，俄国的事情，就是一个先例。并且接触最多冲突最易的是日本，假使中国方面社会革命起来，日本平民再也没有不继起的。同时印度的运动恰当成熟，感受中国的影响，也必继之而起了。东西的压迫已松，便为从容建设，各国政府抵御他本国平民的革命，已经忙煞，哪里还能够对付中国？

反顾内部，在今日预想，有人总顾虑革命期间，必然纷乱到极点，人民先受着许多苦痛。对于这个疑问，未曾作答，我且先问现在政府党常说的："维护秩序保护安宁"是少数有产阶级的安宁呢？还是大多数无产平民的安宁呢？现在秩序好好的时候，无数平民被人压在十八层地狱底下，让那治人阶级资本阶级舒舒服服的享受安宁，大众却耐烦忍受不堪的苦痛，倒反疑虑革命时期先受扰累，这是人情安于故常而不觉罢。革命时期，只有治人的人和资本家入了恐怖时代，我们为着求大多数人的安宁幸福，故而妄叫他们不安宁感苦痛的，也并不是复仇主义，财产充公，便不与人为难了。

## 五、革命团体与工团的分工

当革命团体起而破坏政治组织经济组织的时候，外来的压迫可无虑了，内部的纷乱可无虑了，那么，我们又怎样处理其时的事务呢？革命团体，只能以武力驱除政府，而逐去资本家，收回生产机关，管理生产事业，处理生活物品之分配等等，就要各地方工团来担任，这就是所谓分工的法则。

详细来讲：比如革命团体在中央附近发动，只把中央势力消灭，以次及于各地方，每一地方已经将旧时的政治势力打破，资本家骤失保障，便已无能为力了。那时候地方的工团联合会就把本区域内田园、工厂、矿山、铁路、森林等调查登录，一齐收管起来，宣布从前私人管有的凭证一律取消。凡是一个生产机关——譬如一间厂——只把那些股东的名义主权取消，而秩序仍由工人维持着，依旧如常工作。那时候，该地方工团联合会特立一个管理局，里头更分设各部，一部是调剂原料，供给各制造机关，一部是收受生产品，供给消费，一部是专办工人的衣食住屋等……依当时的需要，以种种机关，分任经理。

总之，革命团体是临时的，工团是永久的；革命团体专任破坏的，工团应任破坏后产业界之处置的；革命团体专事扑灭政治势力的，工团则从事打破经济组织的；革命团体是流动而驱除种种障碍的，工团是固定而处理一地方的生产和分配的。两者是任务不同，合起来就完成了革命的事业。

［略］

## 八、结论

综上所言，对于中国方面社会革命的方法，是以革命团体来撼动政治之势力，推倒资本家之靠山；以工团来没收私有的财产，兼且做处理地方生产之分配的机关，可是忘却了农民的组织了，原来不是忘却，在这结论里头应要说明。

有一本工团主义的书，里头说过："历史宣告给我们听，如果没有农民帮助，完全的有效的革命是无望的，一七八九年至一七九三年的法国往事就是一个例子。"这些话在中国是不对的。中国的政治势力，几乎完全及不到乡村，影响不到农民，经济势力，也总集中都会，农业的大资本主，绝无仅有，常常都会发生了甚什变化，乡村里许久还没动弹，若由乡村起了反动，打击都市，可决为必无之事。所以我们从都会改造起来，大致已得就绪了。都会的旧组织完全崩溃，乡村的旧组织便没了凭依，那时乡村的改造，自然依着方式自动而行，不见得有怎样困难的。……

**《民种》第1卷第7期，1924年3月。**

# 易家钺

易家钺（1899—1972），字君左，湖南汉寿县人。1916 年留学日本，在早稻田大学攻读政治经济学。1918 年回国后进入北京大学学习，后加入少年中国学会。五四运动时期，受到无政府主义的影响。1920 年 1 月，他在北京大学发起组织无政府主义团体奋斗社，并出版了《奋斗》杂志。他发表了《奋斗主义》、《破坏论》等诸多文章以宣传无政府主义。1924 年加入国民党，后又主编《国民日报》。1949 年去台湾。

## 奋斗主义

### （1）什么是“奋斗”？

“一个蜜蜂飞进屋里打几个回旋，嗤的一声直飞向玻璃窗上，头碰玻璃，跌倒在地，他挣扎起来，还上玻璃窗上飞，……”（见《实验主义》三十九页胡适著）请问：这就是所谓“奋斗”吗？

“比黎和索儿苦列斯（都是狗名）蒙几十处伤痕；一边流脓滴血，一边还是拼命打仗，……”（见我译的《野犬呼声》，《少年中国》一卷六期三十九页）请问：这也是所谓“奋斗”吗？

不是的！为甚么不是的呢？因为那个蜜蜂，不知道玻璃是不可碰的；所以他碰了一次，还碰二次，这就是“蠢动”，不算“奋斗”。那两匹狗，既没有法子抵抗敌人，又没有智力战胜敌人，只是“拼命打仗”，这有甚么益处！也不算“奋斗”。

那么，什么所以［是］“奋斗”呢？我以为“奋斗”是：人类专有的，人类以外的动物，都没有；是人类不可不有的，若没有“奋斗”，人之所以异于禽兽者几希！因为“奋斗”是拿来对付环境的，是拿来发挥理性的，这两个条件，不可缺其一；缺其一即不算“奋斗”。那个蜜蜂，那两匹狗，他们的活动，只是对付环境；他们本没有甚么理性，也无从而发挥之；所以那个蜜蜂，纵碰一百回，也是飞不出去；那两匹狗，纵拼了命，也不过留得一团“血肉模糊”，这都是没有理性的原故，他们虽能对付环境，还不算是“奋斗。”

惟人类则不然，人类是有理性的动物，他对于一桩事情，用种种的方法去考察，去判断，如果这桩事情是他应该做的，他就用种种的方法去试验，去实行；如果实行这椿事情不能成功，或是失败，他就用种种方法来博最后的胜利；——这就是奋斗的结果，那博最后的胜利的方法就是“奋斗”。

我们若分析起来，可知一桩事情的成功，必经过三种阶级：第一段就是“这事是应该做的”，反之不应该做的事，就不应该做；违了这个原则，所以历史上产出许多“枭雄”，第二段，就是“这事既应该做，就实行做去；不管他成功，或是失败”，韩愈说过：“士之特立而独行，不顾人之是非皆豪杰之士信道笃而自知明也。”这几句话，我非常佩服，第三段就是“这事既遭失败我们非博最后的胜利——（?）——不可”，古人说：“有志者事竟成”；这就是说：“你们不要顾及成功、或失败；你们只要自去奋斗，自然能够成功的。”

照此看来，一部成功的历史，都是奋斗的结果，我们虽不能说：“奋斗的结果都能成功，”有一些事情，自己虽去奋斗，因为奋斗不彻底；或受了外界的强力的影响，未见得都能成功——但一事的成功，都不外奋斗的结果。这种明证，随处可以找出。

总而言之，我们拿“奋斗”来对付环境，就是我们要求继续的生活；我们拿“奋斗”来发挥理性，就是我们要求高尚的继续的生活，因此我们可以大胆说一句：

“奋斗”是求继续的高尚的生活的必要手段，简单说，就是求人类的生活的必要方法，人类若没有“奋斗”就找不出甚么“继续的高尚的生活”来；那种生活是动物通有的生活，不是人类专有的生活；是“禽兽的生活”，不是“人类的生活”，那么，我们与那个蜜蜂，那两匹狗，有甚么差异呢?

### (2) 我们为甚么“奋斗”?

现在我们更进一层，考察“奋斗”的目的，在甚么地方?

如前所述：“奋斗”既是求继续的高尚的生活的必要手段；反面说来，可知“奋斗”的目的，就在求继续的高尚的生活，这是很容易明白的。

但是什么是继续的高尚的生活?——什么是人类的生活?

我以为人类的生活中，包含有两个要素：就是创造与进化，而此二要素中，又包含有一个共通的要素，就这是“奋斗”，如果没有“奋斗”，宇宙间就没有创造与进化两种力量；如果没有这两种力最，我们的生活，就会变为“惨淡无光”，失掉人类的意味；其结果，人类与草、木、禽、兽同腐。

所谓创造，有几种意义。一千四百九十二年，哥伦布发时候葡，但他呈请航海资的时候，葡萄牙王，西班牙王，英王，法兰西王，都斥其妄，不允其请；他还是不甘心，又请于西班牙女王依萨伯，好容易才得三个船，但是行了八十六日，又遇暴风，水手等强迫他归航，他好容易才说服他们；卒于同年十月十二日发见美洲。一千五百三十年，哥伯尼发现太阳中心说；遂将从前教会里所说的地球中心说，根本推翻了，但是当时教会的威力极为强大；而哥伯尼居然敢批评他，研究他，卒至发现天体。一千八百四十五年马克斯第一次被逐；其后或逃或逐，真是“席不暇暖”，但是自一八四五年到一八八三年，这三十八年间，就是他成功的历史，他的学说，到现在已风靡世界了。由此看来。哥伦布是以他的忍耐力来创造新大陆，哥伯尼是以他的智慧来创造新学说；这种智慧就是杜威博士所说的“创造的智慧”(Creative Ittelligenee)。马克斯是以他的勇心和智慧来创造新主义，所以各种主义之中，现在又添了一个马克斯主义(Marxism)。总而言之：他们创造的方法，手段，目的虽各有不同，然创造的本义——空前真理，都是一样。但是创造有一种要素，就是奋斗，譬如前面所述：哥伦布之发现美洲，哥伯尼之发现太阳中心说，马克思的成功的历史岂不都是他们奋斗的结果吗？所谓忍耐力，所谓智慧，所谓勇心，岂不都是奋斗的要件吗？所以我们敢说一句：没有奋斗，就没有创造。

再说进化：此处所谓进化，乃专指我们人类的进化，经济学家分人类社会的进化为五时期：(1) 狩猎时代，(2) 牧畜时代，(3) 农业时代，(4) 商业时代，(5) 产业时代。太古人民，茹毛饮血，当时他们的知识，几与聪明的禽兽同等，后来知识渐渐发达，人类才由牧蓄［畜］而耕田，而贸易，直到现在的产业时代，但是一时代，有一时代的战争：如农业时代，农奴与主人战争；商业时代，学徒与店主战争；现在的工业时代，劳动家又与资本家战争，这种战争是很难免的。有了这种战争，人类的社会，才有一次变化和进化；有了一次进化，又生出一次战争，轮流不已，演成人类的社会，这就马克思的著名学说——“阶级战争”这是进化的一个例。又如基督教的“创世记”，简尼说人是上帝造的，先造亚当，后造夏娃；这种学说，当时谁不信他？但是达尔文，毅然出而辟其荒谬，自一千八百五十九年他的“种源论”出世以后，卒造成近代的进化论。他所论的进化的要素，本有“互竞”与“互助”两方，我以为他所说的“互竞”在人类以外的生物，就是竞争，而在人类，就是奋斗（此话说来甚长，他日当专论之），这也是进化的一个例。照这两例看来：第一，可知人类的社会，是由奋斗一层一层进化来的，所以人类的生活，无一刻不在奋斗之中。第二，可知越能创造之人，越能奋斗；越能奋斗之人，越能创造；奋斗的结果，就是创造；创造的结果，就是进化；反面来说，没有奋斗，就没有创造；没有创造，就没有进化，所以说，没有奋斗，就没有进化。

现在我们明白奋斗与人类的生活的关系了！我们明白奋斗的目的了！我们又明白

人类的生活的意义了！我们若不奋斗，我们的生活，就会变为“渗淡无光”，失掉人类的意味；其结果，人类与草木、禽兽同腐。

### (3) 我们怎样去“奋斗”

如前所述：“奋斗”是拿来对付环境的，是拿来发挥理性的。但是怎样去对付环境？怎样去发挥理性？这两个问题，若归纳起来，就是我们怎样去“奋斗”？

我以为我们奋斗，可分为三个方面去干：

(1) 对于自我的奋斗。所谓自我，就是我的个性，因为我是绝对的单一；Tagore[①]说：我是我，我是不能比较的I am I，I am imcomparadle；我们不独要保全各人的个性，而且要发挥之；使我的个性成为一美满高尚的人格，这就是对于自我的奋斗，但是我们若分析起来，则——

(一) 对于遗传恶习的奋斗。现在的中国是青黄不接的中国，是新旧瓜［交］替的中国，在这种过渡时代，一般青年，因为新人生观还没有树立：趋消极的方面的，就持放任主义，趋积极的方面的，就持厌世主义。前者的流弊是堕落，后者的流弊是自杀。这两种主义，对于中华民族前途，极有妨碍；对于我们社会前途，极有影响，所以我们不可不与他拚命。

(二) 对于肉体的精神奋斗。青年时代本是生理上一切本能发达最盛的时代；色欲，食欲等皆渐发达，我亲见许多青年，甘拜倒于肉欲之下，过那无生趣的生活，这就是“堕落之源”。所以生理学家常说：“青年时代是最危险的时代”，因为青年时代，是我们一生之花，若不好好的培养，他怎么能支持许久呢？所以我们不可不拿出奋斗的精神和那精神的奋斗。

(2) 对于国家的奋斗。什么是国家？我们对于国家的性质，实在有点怀疑：因为我们不能指一定的土地就是国家。例如亚鲁沙士罗列兰因这个地方，时归德领，时归法领，那又怎么决定呢？又不能指一国的同一人种，或指有同一国语的团体就是国家；例如瑞士一国，系意国人种，法国人种，德国人种所组织的，通用德、法、意三国语言；反之，英国与美国，惟同一国语，然非同一国家，那又怎么决定呢？又不能拿经济的来区别国家，因为海外投资不独日盛一日，且一国的经济的恐慌，常与他国产生直接的影响，所以经济上的国境，也渐次消灭了！其他如科学、艺术、文学各方面，次第都不承认有所谓国境。那么，什么才叫做国家呢？我以为国家不过是世界之一部分，犹之乎中国的人是世界人类之一部分？明乎此，什么军国主义，什么国家主义，已不能存在于二十世纪了，然后我们对于国家的奋斗，才有一定标准，我们现在所最

---

① 泰戈尔（1861—1941），印度作家、诗人、哲学家。——编者注

反对的，就是武力主义与专制主义，前者是和平的敌人，后者是共和的敌人，都是反背现代潮流的，中国既是世界的一部分，中国人又是世界人类的一部分，为甚么中国政府反背现代世界潮流呢？我们须认清这一点，然后才好去奋斗。

（3）对于社会的奋斗。中国社会，成立已数千年，其间产出许多不合理的旧心理与旧习惯，即以家庭而论：中国的家庭，是黑暗、污秽、罪孽的结晶体。推缘其故，都是家庭制度所致，父亲称为“严君”，儿女呼为“犬子”，这是什么话？但是又有许多中国人，只知道图家庭的快乐，不肯拔一毛以利社会；他们对于社会的事，（如公园道路等）漠不关心，不是高蹈远隐以避尘嚣，就是冷评讥笑以示鄙薄，这种反对社会生活的心理和习俗积之是既久，遂酿成麻木不仁的中国。我们天天说要改造社会，究竟怎么去改造？而且改造也是不容易的，因为这种恶劣社会，是数千年遗传下来的，自有他的历史上的势力，不能一旅［律］破坏，不过我们要努力奋斗罢了。譬如我们明知放任主义与厌世主义之害，就提倡奋斗主义与乐观主义，创造一种新人生观，使一般青年不要专为自己，也不要专为国家，还是要注重社会；个人是社会的一份子，国家是社会的一种类，我们不为社会奋斗，社会岂不是土崩瓦解吗？那么还有甚么个人！还有甚么国家！

总结上文，奋斗的手段：就是（一）对于自己的奋斗，（二）对于国家的奋斗，（三）对于社会的奋斗。我们现在有确定的奋斗标准了，以下再说奋斗的条件，这种条件，是“奋斗”的好朋友，好兄弟，我们既欢迎奋斗，当然也欢迎他的好朋友，好兄弟。

## （4）“奋斗”的条件

“奋斗”这个名词，在现在社会上，要算是最时髦最流行的了。一般学生对于军阀与官僚，固然是奋斗；就是军阀与军阀，官僚与官僚，也在那里什么奋！什么斗！乃至一般打麻雀打扑克的赌棍，打了八圈，再打八圈，他们也说是奋斗。奋斗真倒煤［霉］！遇着这些赌棍，军阀官僚，我们为拥护“奋斗”起见，所以第一：说明“奋斗”的真意义，第二：说明“奋斗”的目的，第三：说明“奋斗”的手段，最后——第四：——再将“奋斗”的必备条件说明。那么所谓“奋斗”，一来免得被人误解，误用，二来可以使人即知，即行。我以为要实行奋斗，有三个必备的条件：

（一）决心　前而说的：人类对于一桩事情，用种种的方法去考察，去判断；如果这桩事情是他应该做的，他就用种种的方法去试验，去实行；由此可知我们去实行一桩事，是非有决心不可；因为我们对于这桩事，是“应该做的”（might be）不是“可以做的”（may be），所以我们决心去做他。这种决心，是“慎思”，“明辨”的结果，古人所谓“三思”，依我的解释，就是“考察”，“判断”，“审慎”，三种意思。但是无论实行什么事，“决心”是不可不有，比如我们痛恨军阀、官僚和资本家，我们非想种种方法将他们扑灭不可；这种“非将他们扑灭不可”，就是我们的决心。又如我们打算将来做一个学者，我们现在就发愤读书，如《三字经》上：苏老泉，二十七，始发愤，读书籍。这位老苏先生他二十七岁，才有发愤读书的决心，既有了决心，就用这决心去干事，这就叫做“奋斗”。比如刚说的：我们既有了扑灭军阀、官僚的决心，就打章宗祥，烧曹汝林的房子，如“五四运动”，这就是我们学生的奋斗，苏老泉既觉得“少壮不努力，老大徒伤悲”，他就有立刻发愤读书，这就是老苏先生的奋斗。

（二）忍耐　忍耐和奋斗，很有关系，我们不必去找别的证据，就在中国历史上，发见此种关系的明例，已属不少。读过《古文观止》上的《留侯论》的，无人不佩服张子房能够忍耐，去替那地上老人穿鞋子；读过《司马迁报任少卿书》的，大概都记得，“勾践不忘会稽之耻，曹沫不死三败之辱”，要算他们两位，真能忍耐。但是读过这两篇文章的人，同时也记得“夫拔剑而起，挺身而斗，此不是为勇也！”这几句吗？这个“斗”不是“奋斗”，乃是车夫阿三与隔壁王老二的无忘识的打架；所谓“奋斗”，是“卒然临之而不惊，无故加之而不怒”，上一句是涵养的功夫，下一句是忍耐的功夫——奋斗的条件；此之谓“大勇”。再说勾践充吴王精神上的小老婆，卧薪尝胆；而又十年生聚，十年教练；这就是一边忍耐一边奋斗。而卒“沼英”，依这几个例，我们可知：凡一事的成功，必须我们奋斗，还须我们忍耐，因为我们做事，不一定都一定成功；但是我们都希望成功，所以必有忍耐存其中，必有奋斗继其后，然后庶不致偶因小辱便尔恢心；偶因失败，便尔拉倒；假使张子房、勾践、曹沫一辈人，既不能忍耐，又不去奋斗，哼！中国历史上那里有他们的名字？

（三）牺牲　牺牲是奋斗的最好朋友！最好的兄弟！从他形式上说：可分为：肉体的牺牲，精神的牺牲。能成大事业的人，只有牺牲他的肉体，决不牺牲他的精神，因为牺牲肉体，只失掉他一个人，充其量，亦不过牵累他的亲、戚、家、族（此指专制时代而言）。若牺牲他的精神，或者影响于社会全体。例如前清末年的革命党，杀的杀，死的死；即以黄花冈一役而论，已失掉了七十二个肉体，但是他们革命的精神，卒推倒三百贼军之满清政府；倘若他们都学朝作同盟会党员，暮充亦君子之一的刘师培，又何能创造此“中华民国”？再从牺牲的性质上说，可分为：为已的牺牲，为人的牺牲。能成大事业的人宁肯为一般人牺牲，不愿为自己一人牺牲，我最反对“自杀”，我曾说：“自杀都是志气薄弱者之所为”，（见去年十二月）？（曰北京惟一日报）我们的生命，是极可宝贵的，苟至于万不得已，都宁肯为他人所杀，决不自杀。杜威夫人说得好：“我要自杀，我先杀几个该杀的人”，“是哉斯言乎”！例如德国的李布克莱特，他是一位反对中国军阀及资本家的志士，坐狱三次，还是势不可当；但据今年一月二十日海外电报说：“德国斯巴尔塔克斯团的首领李布克莱特在柏林市街上和政府军宣战，捉将官里去了，”同日又来一电报说：“李布克莱特，从警察署送到中央司令部的途次，他想乘着他所坐的摩托车因故破坏的机会逃走，被兵士一枪乱击，立时毙命”。这是何等精神！李布克莱特坐了三次狱都不自杀，到临死的时候还想逃走，才被兵士枪毙；他虽死了，但是一九一八年中旬德国的大革命也起了！李布克莱特可算是一位能牺牲肉体的人和能为一般人牺牲的人了。以上两个例，可以使我们知道奋斗与牺牲的关系，我们做事既不一定都成功；到了不成功的时候，就非努力奋斗不可——换一句说，就是非牺牲不可，因为这时候牺牲就是奋斗，我们既有了奋斗的决心，就应有牺牲的决心；有了牺牲的决心，然后办起事来，才不“畏首畏尾”，“特立独行”，依我们的经验，无牺牲的奋斗不能成功，世间鲜有其事。你看啊！近代欧美各国的社会主义者，有几个不饱尝“狱中风味”？再看啊！将来的世界是不是他们——社会主义者——的世界？不讲西洋，不讲东洋，就是最近我们中国的“五四运动”，我们学生不是有许多拿监狱作研究室吗？

我们若实行奋斗，这三个条件，——决心、忍耐、牺牲——缺一不可，我们还可以说：决心是实行奋斗的第一步，忍耐是实行奋斗的第二步，牺牲是最后的第三步。我们青年如果能做得这三步到，你的肉体虽死，你的精神仍是不死；你纵为一般人而死，你的自己仍是不死；因为你是信仰这个——奋斗主义。

**《奋斗》第1号，1920年1月。**

# 我们反对“布尔札维克”

我不象中国的大总统，督军，内务部；发几道通电，出几张告示，拿过激派作无政府党，指熊希龄为过激党；边防上忙煞了鲍贵卿，孙烈臣，杨增新。我又不象日本帝国的原敬首相，深怕过激派的势力，侵过东部西伯利亚，就想用大兵就征服他。我又不象美国政府，检查三十五个大都市，捉去五十多名布尔札维克党。我是一个无强权的学生，也没有这样的大力量。我所以反对“布尔札维克"的理由，一不是象美国；美国是资本主义最发达的国家，所以反对主张劳动专政的布尔札维克派。二不是象日本；日本是万世一系的帝国，所以反对说“皇帝快到末日了”，Down with king的过激派。三不是象中国；中国是挂了九年共和假招牌的民主国家，所以为“敷衍面子”起见，当然也反对最爱捣乱的过激派。我呢？又穷，又不想做皇帝岁又不愿背一面假招牌；我所以反对布尔札维克的理由，完全是从学理上着眼；这一点，请阅者注意，不要误会。

但是，革命后的俄罗斯的真情，我们很不容易知道。报纸上登载的新闻，不是讹传，就是捏造，毫不足信；我们所据为知道比较清楚确实的，只有几本新出版的游记，（如 Ransome；six weeks in russia in 1919 plealn；six months in russia，1918……）论文（如 Baleat，cmery……）等；其他关于替布尔札维克宣传的杂志（如“The class struggle”……）和布尔札维克党自己所著的书（如 laon taotsky：ous revolution……）都未见得十分可信。我们知道他的真情，仅仅如此，那么，所以反对他的证据，理由，自然不能充足，这是没法子的事情！但是，前门既关得紧紧的，我们可以打破他的后门直入他的堂奥，这个后门，就是我所以反对布尔札维克的一个方便门，这个后门，就是布尔札维克遵守的马克斯主义（Marxism）；却举是我现在住的“后门”。

我们反对布尔札维克，可以从两方面立论，就是：（一）从原理上，反对布尔札维克主义（Bolshevism）；换一句话，就是反对马克斯主义。（二）从方法上说布尔札维克的施设，行动，我们有不满意的地方。我们知道布尔札维克是马克斯主义的实行者，他对于马氏学说，真是“奉命维谨”；所以说马克斯主义的不对，就无异乎说布尔札维克的不对。正如打破后门，直入堂奥，前门——不是“正阳门”——自然不能保守了；何况我们前后夹攻呢！

（一）马克斯主义，在二十世纪世界上，也算出了一点“风头”，但是马氏学说，不满人意的地方甚多，现在据我所知道的，指摘出来，看大家的感想，是怎么样？

（1）从哲学上，马克斯的经济学，外面虽是“一元的”，其实是“二元的”。既然说唯物史观是巩固经济组织的原动力，而又承认在劳力价值说之下，从劳力所发生的余剩价值，说这种余剩价值，当然要与资本家的集积起冲突革命；那么，我要问：资本是自然的集积吗？是心理的集积吗？且从经济心理上说，价值的发生，不仅是劳力，是因生命那个玩意儿，在各方面活跃才发生价值的。马氏只着眼在小小的劳力范围以内，全不顾“生命”——心理的价值，这就是马氏劳力价值说的缺点。他不知道唯物史观的系统，与劳力价值的系统，是完全不能调和的；所以他虽是标榜，“一元论”，却变成了“二元论”。

（2）从历史上，马氏说经济资本集中后，穷的越穷，富的越富，但是自欧战以来，工人的生活程度，因工价增高，反增长起来了。并且资本家因受战争恶影响，新潮流，渐渐地穷起来了，这一层：却与事实完全相反。他又说社会主义的国家，必定经济组织很完备的国家之中，才能实现。照此说法，那么最先实现在社会主义的国家，只有美国和德国，却不料在家庭经济时代的俄国，反早实现了！

如上所言：马克斯主义，在哲学上的根据，既如此薄弱；在历史上的见解，又如此错误；只举出这两件，就可以从根本上动摇他的学说。其他，如没有心理学，伦理学，自然科学，为主张的根据，都是他的大毛病，现在不能详说罢了。

（二）马老先生的儿子中，要算布尔札维克，最能“扬名声”，“显父母”，他是一位最孝的儿子；我们因为他“孝”所以才反对他。我们也有我们所以反对的理由，现在写在后边：

（1）为甚么还要国家呢？英国革命论者琼马尼氏说：政府完全是资本主义的组织的一部分（Government is an integral part of the capitalistic system!）我要进问一句：现在的国家不是资本主义组织成的吗？所以克鲁泡特金也说过：“国家的存在，不外帮助资本发展；资本主义越盛，国家的权势与基础亦越巩固。”布尔札维克既主张劳动者专政（The dictarship of the proletarat），既实行阶级战争（The class struggle），可见他们的敌人，就［是］资本主义（Capitalism）；但是，为什么只打倒资本家，不打倒由资本主义组织成的国家呢？即退一步言：劳农政府，是完全由工人组织成的，与资本主义没有什么关系；这话又陷入“二重矛盾”了。为什么呢？现在布尔札维克所奉行的，明明是马克斯主义，明明是集产主义，（Collectivism）要将所有财产，十之八九，归国家管理，故其结果，资本主义的个人，虽渐消灭，资本主义的国家，又发生了。却不料小资本家——个人——没有完全打消，大资本家——国家——反而完全成立；第二个矛盾，就是自己变了资本主义的国家，却还大张旗鼓，攻击他人的资本主义国家，那么以子之矛，攻子之盾，岂不甚妙？布尔札维克真要讲什么主义，就应早早废止劳农政府，不要再将国家两个字抬出来，出自己的丑；不然，你们的主义，是不彻底的；你们的成功，也不过一时的。你们天天要打人家，恐怕另有第三者出来，打你们！

（2）强权是什么东西！我们不承认资本家的强权，我们不承认政治家的强权，我们一样的不承认劳动者的强权。“强权”这个东西，早就应该“伸腿”！各人有各人的自由（Freedom），并无所谓“强权”（Might）。卫蒲（Webb）说：使没有权力的阶级承认其条件，这叫做“强制的自由”……不是真正的自由。真的自由，不是自然的本能的权利，是发展个人能力最大的社会生存之条件。这种自由不独和“德谟克拉西”两立，并且“德谟克拉西”，是确保这种自由的唯一器具（Webb，*lndustrial democracy*，p. 847，）我素来不满意卫蒲的渐进的社会主义，绅士派的社会主义，然对于他这几句话，却很赞成。我们反看布尔扎维克是怎么样？即如现在俄国的劳农政府，应该对于农人，怎样爱惜？怎样使他自由？然据俄罗斯一位农人所与孟札维克斯派（Mansheuiks）首领 Martov[①] 的信，说：“我们取那些土地，也不要多，只要刚够我们的耕种就行了；那些没有锄过的，我们把他锄了；如果现在归为社会所有，那些不做工的懒人，必定走进来，坐收我们工作的利益。”这就是因为俄国中央政府，曾出告示，实

① 马尔托尔（1873－1923），俄国孟什维克代表人物之一。——编者注

行强迫主义，要将土地收归国有，不顾农民的生计如何；其他如干涉婚姻，教育，言论及出版，布尔札维克党，无所不用其强权手段；束缚到实现在革命后的俄国！列宁很不满意卫蒲的，说他要做一位资本家；据我看来；要是布尔札维克，仍用强权，或者列宁会变成“俄罗斯共和国的大皇帝”，亦未可知。

(3) 他们居然提倡战争！有许多人替马克斯辩护，说马克斯所谓“阶级战争”不过就社会进化的程序而论；并无提倡的意思。我说：你不用辩护了；马氏在与延克斯(Engels) 起草的共产党宣言书中，最后不是有一句：“世界的劳动者，都快起结合哟!”为甚么要结合，当然是反抗资本家，怎样去反抗，当然是提倡“阶级战争”。我们且不讲马克斯有这样意思，就是现在俄国劳农会里边的人，也这样说过：“我们现在绝对站在劳农政府的舞台了！但是我们想这样一个形式，是不能长久的，我们以为劳农会是一个阶级战争的完全工具，但不是一个政府的完全形式”，这真所谓“不打自招”，用不上诸位先生们替他辩护了。更可笑的，就是那些劳农会的人，还梦想什么“政府”什么“国家”呢！又有人说：“他们提倡阶级战争，是万不得已，不然，怎样可以实行他们的主义呢?”这种调和的论调，我真不爱听，什么是“不得已”? 老实说：他们的主义，我早就反对了；所以对于实行他们主义的手段，也只有一个“否”“no”字。我们人类吃战争的亏真不浅，最近的欧洲大战，即与我们以最好的教训。我们知道战争是动物近衰灭时的一种性癖，(从 Nicolai 说) 我们可以预言机械力发达的结果，将来战争是完全不可能的，(从 Bloch 说)，所以趁这世界改造的潮流，我们要大呼军备全部撤废。(参照 lassell：*Justice at the war time*) 那么对于主张用兵的，不管是“赤卫军”，“自卫军”都是反对；对于主张战争的，不管是阶级战争，国际战争，国内战争，都是反对。我们所希望的，赞成的，只是“和平”(Peace) 与“人道”(Humility)。

其他关于布尔札维克的施设，与我们以反对的，证据的，很多，因篇幅有限，往后慢慢再说吧！总而言之，我们的反对，完全是根据学理与事实，决不是中国式，美国式，日本式，那样的反对，我们既宣言反对了，那么任凭布尔札维克党的势力，遍布全球，我们仍然是反对；又假使美国、日本、中国，都投降布尔札维克，扯几张大白旗，欢迎赤卫军；或是象哈尔宾［滨］的居民，送布尔札维克党一些面包，以表欢迎之意，我们仍是反对。我们总觉得布尔札维克主义，在新世纪中，不过是“昙花一现”，决不是我们理想的主义，并且与我们的理想相反，简以我们反对他。

一九二十，二，十。

**《奋斗》第2号，1920年2月。**

# 破坏论（一）

## 破坏章第一

老子说："圣人不死，大盗不止；剖斗折衡，而民不争。"我幼年时代，读了这几句话，很觉怀疑；现在大明白了。同是人类，这没有圣人非圣人之别，所谓圣人，不过多读几本书，多作几本书；他们将他由金钱买来的成绩，发表出来，束缚人性的自然，制限社会的发展，所以孔子删书诗，作礼乐，贻害后世！"各尽所能"，"各取所需"，用不着什么斗，什么衡。因为有了斗，有了衡，那些市侩，无赖汉，逐锱铢之利；还有一群鸡鸣而起的脚色，弄得天下纷纷扰扰。这种自私心的发达，大的大偷，小的小偷，这不是警察，官吏的责任，始作俑者，其惟圣人乎！所以老子要剖斗，折衡；其实要剖要折的，岂止一个衡和一个斗？人类自取灭亡的那些制度，典章，文物，风化，要破坏的，多着呢！人类本是一个赤裸裸的肉虫，好象蚕子，他吃桑叶，已经是多事了；吃了桑叶还吐丝，吐了丝还作茧，作了茧来杀自己，真是"其愚不可及也"啊！茹毛饮血，树叶蔽体，偏偏要制衣服穿，将自己的身体弄弱；人类一天一天和自然离开，从前赤脚蹈地，现在穿起厚底鞋了；从前穴居野处，现在住起高楼大厦了。我真不解一般人所说的进化是什么意义？说进化是进步吧，从前的弓矢，抵不得现代枪炮的利害，杀人盈野；说进化是退步吧，那达尔文先生，在九泉之下，一定气得胡子翘起来；说进化是一种自然的趋势，但这种趋势，是不是原本的自然？是不是没经过人类的泡制？我们又不敢骤然断定。进化既没有标准，社会的枯萎，现实的缺乏，更使我们大不高兴；好象耽美派（aesthetes）的诗人，如 gantier，穿一件淡红色的小袄儿，游行街上，大唱其自己所作的歌；或是象华尔德，穿一件奇怪的耽美衣裳（aesthetis castume），在通街上跑来跑去；他们是想逃脱物质的社会，否认现行的道德，在众人眼里，一定骂他们作疯子。屈原说众人皆醉我独醒，举世皆浊我独清，在俗人眼里，一定要骂他："喂！好脸子"。骂不要紧，不骂更不要紧，你只管向前破坏！

## 从那里破坏起？

马克思派的产业组合主义者（Industurg unionist），以为国家的起原和职分，不过是保护资本家，这是无产阶级的敌人；他们创造一种新式的行政机关叫做邦家（Commenwealth），这个机关反对民主化的国家，代表劳动阶级，他的实现，就是现在俄国布尔塞维克派的劳农政府。我在本志第二号曾教训过劳农政府一次，现在且看看美国劳动者首领哥尔（Cole）的意见，是怎么样？哥尔说："不错！现在的国家，是资本主义之经济力底政治的表现，就是俄罗斯的邦家，其基本的力，还是在经济上面；但是现在既到了资本主义的末日，社会主义的开场，国家这个东西，当然是不必要，自然会终止；那末从阶级差别解放来的邦家，将经济力放在政治力前面，还脱不了大资本主义的臭味，这是我们所反对的"。（Celonlagrm the Common wealth，Chap，x "the State,"）我们要求废止国家的原故，正与我们要求废止考试一样，因为国家不独是资本家的保护者，并且是万恶的渊源。人性本向和平，国家要他们打杖，拚死；人类本极平等，国家要他们分成若者为奴，若者为主，若者为贵，若者为贱；人生本应自由，国家要压迫言论，出版物。VonHolt Zendorff 说国家的目的，第一是强权（power），第二是个人的自由（iudividualliberty），第三是一般的幸福（general welfare）。不错！国家是为强权而生存的，我们反对强权，正所以反对国家，这一点，多谢你与我们以好个的证据；但是个人的自由在那里？一般的幸福又在那里？不讲中国吧！美国不是向来称为自由平等的国家吗？资本家的渊薮，官僚的专横，党派的争夺，比较近时的日本尤甚；搜查家宅，鸡犬不宁，人民一般的幸福，简直是放庇［屁］！总而言之，我们若用 Bird's eye-view——一般的观察，就可以知道国家的罪恶，国家是非废不可，所以我们首先要破坏的，就是 State。

## 近世文明的破坏

美国有名社会学者业沃德（Fllwoob）说："西方文明，就在一夫一妻制的家庭的形式和私有财。我们的文明，就是放在这两种制度上底。国家在社会上，是第三种重要的制度，他的生存，大部分是保护家庭和财产。"（Ellwoob，*Socialogy and social proplems*，p. 74）业沃德是一位保守家，他最能说老实话：我们反对国家，也是因为他保护家庭和财产；换句话说，就是因为国家保护近世的文明。私有财产的罪恶，稍为懂事的社会主义者，没有不知道的，痛骂的，无须我再为详说。不过我们所要注意的，就是有了私有财产，才有资本家；有了资本家，才有军国主义；互相为因，互相为果，酿成此次大战争，所以罗素（Russell）在他所著的《社会改造的原理》中，痛骂私有财产，不遗余力。再说家庭吧，在现在私有财产的时代，正是家庭巩固的时代；私有财产废止后，家庭当然在取消之列。最可笑的，有许多人为一夫一妻制度迷住，跌在五里雾中，以为这是婚姻的极点；其实无论你讲到那里，最后的婚姻，一定是自由恋爱（Free love）。这是进化的经路，我们可以想到的。君对我说：你这话被"尊夫人"见了，一定不满意于你；我说不妨，因为我与伊是由自由恋爱结合拢来的，不是形式上制度上的婚一夫一妻罢了，反对自由恋爱的人，排斥自由恋爱就是杂（Promiscujty）——（如业沃德就是一个）——未免太弄错了！他们的共同弊病，即在无视世界的进化力和人类的向上性，何况杂婚这个问题，在上古是否实行，还不能确定，那又安知他是一种不好的制度呢？总而然之，近世越文明，我们越感痛苦，有了私有财产，穷苦的人，直饿得肚皮咕咕的叫；有了一夫一妻制的家庭，家长的威风，更了不得，牺牲了许多可爱的青年；东方人若还闷着头学这种西方式的文明，简直自投罗网！岂不悲哉！

## 破坏偶象

崇拜英雄，与崇拜祖先（Ancestorworship），崇拜生殖器（Phallic-worship），没有多大的分别；因为这些都是崇拜偶象。加奈尔（Carlyel）的英雄崇拜论，到现在谁看得起他？从前的大诗人崇拜不得了的沙士比亚，他的诗集搁在商务印书馆几十年，简直没有人理；还落得托尔斯泰，萧伯讷等人的大攻击。轰轰烈烈的拿破仑，亚历山大，力拔山兮的项羽，在我们是毫无所选。现代的历史，早已不是 Arjstocratic，是democratic，不是皇帝，英雄，贵族的历史，是一切平等自由的平民的历史，一部春秋，只看见某公某年；一部史记，只看见某王某世家的事件；现在可不行了。我们要学托尔斯泰描写农民的生活情形，Anton Tchekhov[①] 描写智识阶级（Intellectuals）的黑幕。这并不是说：My truth is the Truth，或是 to pelieve in nothing，an aallow himself everything，这种极端的个人主义的色彩，在西洋发现许多不详的光焰，我们可以不必学他。我们不专是为我们而生存的，是为全体人类而生存的，破坏偶象（iconoclasm），在我的意思，就是破坏绝端的个人主义，决不是个人主义的表现。秦皇汉武合论一类的题目，只合冬烘先生去做，因为秦始皇，汉武帝，现在变成我们的敌人了。我们的好朋友，就是 Hbsln Whitman，Carpenter，Wagnb，Zala 一流人，他们都是民众的艺术者，不是贵族的玩意儿；他们不是偶象，是有实体的，所以值得上我们崇拜。一切旧的典章，人物，风化，习俗，都是我们破坏的对象；奋斗，牺牲，努力，都是我们破坏的手段；自由，平等，向上，都是我们破坏的目的。我们相信破坏后自有一种建设，不必在未破坏之前，讨论建设问题，学上海某杂志的办法，因为建设是从破坏中来的。申包胥对伍员说：“子能灭楚，我能复楚”，现在我们可以大胆的说：“他们能建设，我们能破坏”。

**《奋斗》第5号，1920年3月。**

---

① 安东·契诃夫（1860—1904），19世纪俄国批判现实主义作家、小说家、戏剧家。——编者注

# 答郑贤宗的信

郑贤宗先生：

你夸奖我们的话，真不敢当，不过我们是抱定有什么话就说什么话——绝对的言论自由主义，所以我们的言论，虽不敢说十分痛快，却自信还很直截。以后更当努力，期副先生和读者的希望。

在答复你的第一个质问以前，我要反问一句：就是布尔塞维克党是否布尔塞维克主义之具体的实现？如果不是的，我们当然可以分开说法；如果是的，那么两者间有至密切的关系，要强将他分开是不能的，现在我们既承认布尔塞维克党是布尔塞维克主义的表现，那么布尔塞维克主义的坏处，就是布尔塞维克党的坏处；而布尔塞维克党的坏处，也就是布尔塞维克主义的坏处，打一个浅明的比喻吧，一个人有精神和肉体，这个精神就是布尔塞维克主义，这个肉体就是布尔塞维克党，照实论事，我们只能批评这一个人的长短，不能说他的肉体怎么样？精神又怎么样？这是论理的自然归结啊！

我们为什么反对布尔塞维克？我在本志第二号已略说明。不过此处还要声明一句：就是“布尔塞维克”这个名词不用说将布尔塞维克的主义及党派都包括在内。所以我不说“我们反对布尔塞维克派”，或“布尔塞维克主义”只是“布尔塞维克”，就是这个意思，不错！在建设无强权的新社会一点，我们的理想是相同的；然试问现在俄国的布尔塞维克党，不是 dictatorhih of the proletarait 吗？纽约世界报特派员阿耶君，骂他们做不彻底的共产俄国，正因为他们——新俄国——的组织，是由权力阶级和财力阶级的两种新贵族而成；这样看来，我们是不是应该反对布尔塞维克党？我最不满意你的一点，就在“那末我们何妨借他们的势力”，因为我们既然反对他们，那么不独不欢迎他们，而且非反对他们不可。即退一步说，我们要破坏现在的一切黑暗势力，何必借他人的新势力呢？中华民族的弱点，正在因习的行为，没有创造的意志；试问布尔塞维克派在俄国的运动，曾否靠着他派的势力？不是由他们一手成功的吗？并且我们如果去学他们，难保不落他们的窠臼。我看现在学布尔塞维克主义的人和团体，药！有几个不“赤化”呀！还有一个笑话，中国还没有实行布尔塞维克主义，五月一日就有几个学生，举起赤旗坐摩托车在大街上跑来跑去；要象这样，其难保不落劳农政府的窠臼呀！我是一个反对布尔塞维克——他的主义和党派——的人，我以为党的本身，就是主义；当然在我们一律反对之列。但不知贤宗先生，还有什么意见否？

第二个质问，我可以简单的答复：就是，北京市面长阔，不坐车是势所不能的；并且时间上有极大的关系；而且我们若不坐车，这几万可怜的车夫，难道看他白白地饿死不成！先生大概没到过北京，不知道此中的种种原故；总之，在北京电车未修好以前，我们仍不得不坐人力车（马车摩托车我们坐不起）；而在几万人力车夫未得正当的职业生活以前，我们仍不忍不坐人力车。我们的奋斗精神，也就潜在这类不关紧要的地方，我们是不尚空谈的，这一点，还请先生原谅。最后，谨谢先生指教的盛意，更希望先生有暇，随时加以恳切的批评。

A. D答。

**《奋斗》第7号，1920年4月30日。**

## 为甚么反对布尔雪维克？

“反布尔雪维克”！“反布尔雪维克”！这种声浪到处都有。独吾友AD和AA君，反对得很别致，从理论上反对。我也是个反对布尔雪维克的，却不赞成他们的主张，他们的辩论，诸君当然看见了，那么我请说我的。

AD君说：布尔雪维克，陷入二重的矛盾，既反对资本主义，却又造成资本主义的国家，反来攻击他人的资本主义。关于这一层，我以为AD君错了。

资本是甚么？资本主义是甚么？资本主义的国家又是甚么？

马克思说：“只有劳动家当享受生产的结果，因为只有劳力能够创造新价值。”We1sh说：“那么我们也可以说，只有资本家当享受生产的结果，因为没有资本，决不会有新价值出现”。这时我们当注意的就是资本的意义，此处资本是包括土地而言。那么要创造一种新价值，固然离不了资本，但资本还是从劳动里得来，因此马克思说，只有劳力能够创造新价值，这话很是。但劳力尽管充足，若无土地也不能创造甚么东西，因此Welsh说，若无资本，决不能得一种新价值，这话也很是。那么倒底谁能够创造一种新价值呢？是劳力还是资本？谁也不能。资本固然不能创造新价值，劳力也不能创造新价值。那么新价值又从何处得来，不是从资本，也不是从劳力，是从资本和劳力的合拢里得来。劳力之所以成为劳力赖有资本；土地等等之所以成为资本又是赖有劳力。合拢来，有劳力，也有资本，才有新价值；分开看，便无劳力，更无资本，那么那里还有新价值？

至于所谓汎［泛］劳主义，并不是不要资本，所谓资本主义也不是不要劳力，不过一个说资本万能一个说劳力万能，各有所偏罢了。

所谓资本主义的国家，不过说那国家的政策全凭资本主义而决定，最显著的就是帝国主义。是国家又是国家的一种政策，却是资本主义所造成。其次说那国家的机关里人物都是资本家，或是资本家的伙计，最显著的就是欧战，无论那国当决定战和时，莫不先请教资本家的意旨。其次说那国家的存在专为资本家谋利益，最显著的，好比五一节，工人游巡，政府就加以干涉。所谓资本主义的国家就是指这三种意思的总和而言罢了。那么资本是甚么，资本主义是甚么，资本主义的国家又是甚么，当可明白。

那么布尔雪维克是将资本集中，使国家经理生产和消费事项，不是和资本一般，借资本以维持个人淫欲；是打破资本阶级，使人人都劳动，不是使一部分人出劳力，一部分人出资本。换句话说，布尔维雪克反对资本主义却不反对资本的作用，因为资本的作用是吾人生存的要素，永远不能废除。好比蜂子唧花，虫蚁唧食摆在巢里，这都是一种资本的作用。我们到了夏天，把夹衣和棉衣收拾起来，摆在箱里，这也是一种资本的作用。资本的作用永远不能免除，我们人之所以优于他种动物，全因我们资本的作用发达，知道畜积，以备不虞，以备创造他项物质之用。据经济史上看来，最初原始时代，我们人能否知道资本的作用，实在是个问题。好比今日的中国，缺乏资本的作用，我们只想设法子，弄些资本，改进物质文明，却不赞成资本主义。因为资本和劳力是不可分，我们只要资本和劳力的合拢，单纯的资本是无用。所以资本和资本主义是两件东西，布尔雪维克赞成汎［泛］劳主义，也赞成资本的作用，于是国家社会主义成功。他是主张资本的作用，不是主张资本主义。AD 君不把资本，资本主义，资本主义的国家分明白，就说布尔雪维克是资本主义的国家，是二重矛盾未免近于武断。任凭是甚么党，是无政府党，或社会党，没有一个反对资本的作用，好比阿云，福煦烈，当他们试验他们的理想时，他也招集多少资本，弄些房屋和土地，这都是实行那资本的作用。布尔雪维［克］的国家的特色，有两种：

第一就是除开监督人民犯罪等事外，并且经理生产和消费事项，所以这种国家可叫做管理物品的国家。

第二就是阶级的国家“Class State”。劳民阶级的国家，不是资本阶级的国家，象 AD 君说布尔雪维克是资本主义的国家，我以为视察不精透。如果 AD 君说布尔雪维克，确是一个资本主义的国家，难得象武者小路，福煦烈，阿云，他们的新村都是资本主义的社会，你我穷学生都是资本家吗？我想未必然。布尔雪维克将资本集中，是大规模的实行资本的作用，象我们不过小规模的实行罢了。其实行资本的作用则一，小白是白，大白难道是黑？所谓资本的作用是合劳力而言；所谓资本主义是说资本，劳力不过附属品罢了。

总之因为资本，资本主义是两件东西，所以布尔雪维克，并未陷入二重矛盾，并非资本主义的国家。

其次 AD 君说阶级专制是不合于德模克拉西的精神，这话我承认，不过阶级斗争就因此而反对，我以为还待考求。说到这里，我们就当把社会革命，阶级斗争，阶级专制，三者分清白。

社会革命不必就是阶级斗争，如 AA 君所说。因为除开阶级斗争还有别样方法可行社会革命，好比用议会政策就是个方法。阶级斗争是社会革命的方法，不能说就是社会革命。因为那议会政策虽不好但也是个社会革命的方法，所以社会革命的范围大，阶级斗争的范围小。若从他方面看，阶级斗争不必就是社会革命，最显著的就是法国革命。

我们要知道，“阶级斗争”“Class Struggle”并非马克思所首倡，在十八世纪的法国历史家就有这种名词，那时法国革命就习用这名词。至今我们习用的“Borgeois”“Prolertai”“第三阶级”，“第四阶级”，都是从这时发生。象这时的法国革命实在是一种阶级斗争，是中等阶级革贵族、僧侣和君皇的命，最显着的事实就是两院制。凡明白这种政治革命的历史，没有不能说。

那么从一方面看社会革命不必就是阶级斗争，从他方面看，阶级斗争，不必就是社会革命。阶级斗争，实在早已实行，AD 君正可不必因社会革命而忧惧，AA 君也不能以“社会革命”四字为“阶级斗争”辩护。

象 AD 君反对阶级斗争的用心，我很敬爱，不过我看 AD 君对于他的主义，实行上，除却阶级斗争以外，也没甚方法。AD 君说，我们可以劝告那些资本家，以劝告的方法来实行主义，我看千万不能行。老实说吧？我们要想实行主义，总不能不有所牺牲，象那滑头的杜威博士，把“阶级”二字换个“社会”，有人译纳［为］群［,］说一个群同他个群冲突，又说甚么革命要经济，这都是骗人。

自由是要有代价，应当牺牲的就得牺牲。AD 君说战就不好，我请问象那天天叫人信上帝，口中喃喃，见神见鬼的教士同那少年男儿，痛苦流涕，为人类而死，为主义而死——那个好，那个坏：在今日的中国，要讲经济的革命就是叫人做懦夫，做孱头。我们都承认，资本家的坏，如同虎狼一般，试问叫老虎博爱，能行吗？

AD 吾友，你反对阶级斗争的心，我很敬爱，我主张阶级斗争的心，你原谅吗？阶级斗争呵！自由的代价！不是我脑中被他人学说变换，才有“阶级”二字，是实事，是社会告我以“阶级”二字。我常见有同学家中苦寒，老父耕田，从千辛万苦之中，从第四阶级，跳入中等阶级，到大学里念书，其困难之状态，真有令我不能笔述。最显著的，就是近来，我们大学的左右，将黑时，有多少小孩唱些甚么“多”，“利”，“米”，“拉”，“拉”，“多”，这种声音半年前，都没有。半年前只听见小孩的哭声，卖热馒头声，妇人叫唤声，现在都没有了，都被那唱“多”，“利”，“米”的遮住了？AD 吾友！你反对阶级斗争你只能在理论上反对，实事上的阶级区别，你怎样反对呢？象那些小孩们，因为进了平民夜校，所以有跳入他阶级的机会。你若说这不是阶级，这是社会中长短不齐，难得这样恰好一段一段的不齐。象那些小孩们，是因为特种关系，发生个变动，不是没有阶级。

从事实上，从理论上，阶级斗争是千万不能不行。不过我以为我们所以要阶级斗争不是为谋一部分人的幸福，是要解放全人类；不是为劳动阶级打抱不平，造成个阶级的专制，是要灌输劳动阶级的知识，叫他们起来，继续文明。现在是甚么世界，是自利自私的世界，是禽兽世界，如长此迁延，那非把所有一切精神文明，剖除净尽，只剩下甚么“物质愉快”一点罢了。Helhique 说：“罗马为甚么亡，因为人人自私，行下，没有第三阶级去救济，法国为什么不亡，因为有第三阶级，今日第四阶级，若不起来，那所谓文明马上就要野蛮”。

个人自私固然不好。阶级的自私“Class-Selzesh”是一样的不好。AD 吾友！你反对自私的阶级斗争为解放全人类，救济文明的阶级斗争，你还反对吗？那么虽有阶级斗争，却未必有阶级专制；布尔雪维克实行阶级斗争的结果，虽是阶级专制，但不能说，凡实行阶级斗争其结果都是阶级的专制，因为阶级斗争是一件事，阶级专制又是一件事，社会革命又是一件事，所以有主张阶级斗争。因为阶级斗争，是社会革命的一个最好方法，所以我主张阶级斗争。因为阶级斗争是解放全人类，是继续文明，所以我主张阶级斗争。至于阶级的自私，固然不好，但我们难得因噎废食吗？

那么难得我赞成布尔雪维克吗？反对！反对！我的理由如下：

（一）抹煞个人。无个人当无社会，无社会决无个人，所以我们应当于为能的范围内，对于个人自由，加以开放，但布尔雪维克，把个人所当作，所能作的事，一概干涉，叫国家来治理，于是个人自吃饭穿衣，以至于著书立说，都要仰赖国家，因为随便甚么都是由国家办理。这样子是叫整齐，一致，吾人所谓文明是从参差里生出来。学术界有独一的思想，就不能进步，好比从前的中国。精神上有独一的思想，就无进步，好比中世欧洲的教皇。今布尔雪维克是要以国家的权力来干涉个人，是要从物质上干涉个人到精神上，因为甚么印刷，教育都在国家的手中。这样子，岂不是抹煞个人，而使社会退步吗？

（二）滥用强权。强权本来就不好，因为他同个人自由立于反对地位。布尔雪维克却事事用强权。这样子势必弄得个人不能生存。因为无论甚么人，一有强权，势必横行，如同吃烟一般，明明知道不好，但总有些人不住的吃。所以有人反对强权，或限制强权，到极小限度。布尔雪维克却滥用他，不当用的，无须用的地方，也去用。这就是摧残个人，这就非人道。

（三）独裁专制。我们人类的性情个个不同，刻刻变换，所以我们的事最好由我自己处制。无论什么政府，怎样的好，他所做的事总不如我们小民的愿，因为他人虽聪明，但总不明白我的心，而我的心又是常常变换，布尔雪维克不顾此处，却把人类当做一律，事事都由他处管，这时候的人民差不多就是机械，连他自身的事都不能由他自家决定。我们德模克拉西的精神就在使人民能决定自家的事，布尔雪维克刚刚相反，所以是独裁，是专制。

总之布尔雪维克虽成功，我看比专制魔王还有坏。AA君说布尔雪维克的实行是达到无强权的一个方法，我决不相信，因为他只能使人类退步，不能进步。我们人类的进步全凭自由意志，在布尔雪维克之下决不能发生自由思想。他虽然整天的普及教育，也不过一种机械的教育，如同从前的军国民教育一般。我是非无政府主义的，我以为热心无政府主义的不当欢迎布尔雪维克。因为所谓无政府主义并不是因为有资本家，才来主张无政府，是因为有强权才去主张无政府。布尔雪维克的唯一要素是强权，无政府主义却非强权；布尔雪维克偏重社会，无政府主义却偏重个人。他们刚刚相反，从布尔雪维克里求无政府主义，是犹从南极里找北极。总结起来说，我反对布尔雪维克不是因为他是资本主义的国家——布尔雪维克并不主张资本主义，是主张资本的作用，也不是因为他实行阶级斗争——阶级斗争是解放全人类，继续文明，并且是社会革命的最好方法；也不是因为他实行后可达到无强权时代——布尔雪维克和无强权主义刚刚相反。我反对布尔雪维克是因为他抹煞个人，滥用强权独裁专制，使人民的幸福和自减削，使社会退化。我说到这里已经不少了，我希望有机会，以后再谈。我希望我们青年不要做那种主义的信徒，却做主义的批评家。

**《奋斗》第8—9号，1920年4月。**

# 郑太朴

郑太仆（1901—1949），名松堂，字贤宗，号太朴。上海市南翔镇人。他早年在上海公共租界工部局车务处工作，后来由于受到五四运动的影响，辞掉工作，开始宣传无政府主义。他在《觉悟》和《自由》等杂志上发表了《无政府主义在中国》、《质陈独秀先生》等一系列文章。1922 年 5 月加入了中国共产党。大革命后期他脱离共产党，加入民主党派。中华人民共和国成立前夕，他应邀赴北平参加新政协会议，在途经香港时，因病逝世。

## 奋斗社通讯

奋斗社诸先生：

奋斗真是有精彩。我时常说现在许多新出版的杂志当中，除开了闽星上还可以读著几篇直截痛快的文章外，其余的就不多见了。但是昨天我买到你们的奋斗两册读了一遍后，觉得里面有好几篇文章都是狠爽快了，这真能够使得我极满意呀！

第二号里头有一篇 AD 君的“我们反对‘布尔扎维克’”，真和我的意见完全相同。布尔扎维克主义果然决不是我们理想中的主义；但是我却不敢因为反对这种主义的缘故，就把布尔扎维克党一并反对。我以为主义是应当反对的，党却不可反对；不但不可反对，而且还应当欢迎他。这个理由，就是：因为我相信我们如要建设一个完全无强权的新社会，非把现在的一切黑暗势力——如政府等——尽行破坏不可；要破坏现在的一切黑暗势力，非有一种强有力的运动不行。现在这布尔扎维克党的运动，看来已经很是有力了；那末我们何妨借他们的势力来破坏这些黑暗制度呢？这些黑暗制度破坏了以后然后再把我们理想中的主义请出来实行；只要不落他们劳农政府的窠臼就是了。所以我以为布尔扎维克党的主义和目的，是我们所应当反对的；至于这些党的本身，是不可反对的；非但不可反对，而且还应当欢迎的。不知道 AD 君以为何如？还请见教。

还有一件事，我也要提出来请问一请问，就是：我在后面的诗栏里头，看见两首诗：一首是AD君做的，标题为“某日新华门所见”；一首是AG君做的，题目是“我与车夫”。我想象这两首的诗景象，仿佛都是坐过了人力车以后做的，不知道是吗？

假使是的，那么我心里不免又要起一种不满意的感情了。我现在要请问一声：坐人力车是不背乎“平等”这两个字的意义的吗？是尊重劳动的吗？口里发出“平等”的声音，笔下写出“平等”的字样，偏偏身体要做出不平等的事体来，这样的人究竟还有人格吗？而且为什么要坐人力车呢？难道办奋斗事业的人，连路都怕跑吗？既然路都怕跑，还怎样可以奋斗呢？我很希望两君不曾坐人力车，是我所误会诗意的；那么让我可以道一声歉，心里就无限快活了。至于我的说话有过重之处，也是因为我“爱之深，所以责之严”的缘故；总要希望两君原谅才是。

**郑贤宗　九·四·十**

**《奋斗》第7号，1920年4月。**

## 郑贤宗致陈独秀的信

独秀先生：

读《新青年》八卷一号上《谈政治》一篇后，很有些意见；现在拉杂写在下面，以质之先生可乎？

先生以为无政府党反对国家、政治、法律等，所反对及者，只是过去的与现在的掠夺的国家，官僚的政治，保护资本家私有财产的法律，并不能反对及将来的不是上面所说的国家、政治、法律；因为他们并没有指出可以使国家、政治、法律根本动摇的理由。据我所见可就不然。

无政府党反对国家有两个最大的理由：（一）国家是进化道上所经过的一种形式，是人类共同生活历史中某时期的一个制度；并不是天经地义不可磨灭的东西。先生常说世间没有万古不易的东西，难道国家是万古不易的么？无政府党以为国家的作用，国家的出风头期，已经过了；要是再不废掉他，就要变成进化道上的障碍物，所以大声疾呼的打破他。从原始时代的无国家到有国家是进化；从有国家到无国家独非进化吗？这是一层。（二）无政府党主张大地众生应当互相亲爱，视地球上一切人类都是兄弟；不当有什么仇视、嫉妒，以及相侵相夺、相杀相害等事。自有了那国家之后，于是把地球上同样的人类，划了不知多少堆数：什么“支那人”，“日本人”，“美国人”……于是而“博爱”这个名词的意义，至多不能超越国界了；国家以外的人，就视同仇敌，大家坚甲利兵，互相防御；从此战争呀，并吞呀，杀人如山，血流成河；

号为万物之灵的人，其凶暴乃远出一切动物之上；这是谁为厉阶呢？而且人生的目的不外求快乐，象这样惨无人道的世界，有什么快乐之可言？这是第二层。无政府党的反对国家，既是根据于上面两层理由，所以反对及者，倒不是先生所说的过去与现在，乃是现在与未来；以为过去的国家，无政府党承认他是应当有的——他是进化轨道上所应当经历的一种形式；而且已经过去了，何用反对？未来的国家，不管他是甚么形式，只要他可以受上面所说的两个理由的攻击，一切都在反对之列。

至于政治与法律，都是随国家而来的，于人类生活上只是有害无利；无政府党反对了国家，当然一并反对之；这是无容疑义的。说官僚政治，拥护资本家私有财产的法律不好；难道压制人民的政治，束缚人民的法律，就会好了么？

先生又说强权如水火一样，有善用与恶用之两方面，所以只要善用之就是了。无政府党主张人类绝对自由，根本上反对强权；但这是无政府社会实现后的事，非所以语于今日。因此近代的有名无政府党，除开了托尔斯泰先生之外，没有不主张暗杀、暴动、掷炸弹、放手枪的。先生说他们“闭起眼睛反对一切强权”，未免有些武断罢！

关于达到改造社会的方法，先生主张与无政府党略近，——同样主张用强力来破坏旧社会；但是破坏后，先生主张用无产阶级的独裁政治（Dictatorship of proletariat）以代之。这我可不敢苟同。先生所以主张无产者独裁的缘故，有两个理由：（一）恐怕资本家死灰复燃，有复辟的运动；（二）将来渐渐地又要生出资本家来。这两个理由据我看来都不十分充足。何以故呢？社会革命成功了以后，当然要把资产阶级所私有的财产归之于公，那么资产阶级也变作无资产阶级了，还怎样谋复辟呢？资产阶级的势力都是金钱给予他们的，一旦金钱没有了，他们那里再有势力来复辟？康有为何以自己不能独自把溥仪牵出来做皇帝，一定要靠张勋的丘八太爷来帮助？要是张勋没有许多丘八太爷在手里，他怎样敢谋复辟？可见复辟不复辟完全是自己造出来的，复辟在本身一点没有力量。我们把资产阶级的财产一齐归了公，断不怕他们再有什么阴谋做出来。就是不然，因为有特别情形不能不照先生所说的办法行，但我承认他是过渡时代的一种临时办法，要“久假不归”的维持下去，成为一种新政治，我是死反对的。至于先先所说的第二个理由，我也很是怀疑。先生所举克鲁泡特金《国家论》中的自治都市一段来证明，我不敢妄下批评；因为克先生的《国家论》我没有读过。（从前《星期评论》曾译登过，但我没有读；现在又寻不到那《星期评论》，只好不说这件事了。）但据我的意思，这一层似乎是先生的杞忧，与无政府党的主张无干；因为无政府党是主张共产主义，主张废止金钱，不但生产机关公有，就是消费机关也属之公有的，那么资本再何由而来呢？

末后先生有说：“人类本性的确有很恶的部分”；我不知先生何以敢下此断语？孟子说：“恻隐之心，人皆有之；羞恶之心，人皆有之；是非之心，人皆有之；……”据我的观察，他老先生这几句话确是不错的。“从前受惯了经济的刺激才去劳动的工人，现在能除了刺激，又加上从前疲劳底反动，一定会懒惰下来；如此一时社会的工作效率，必然锐减。”先生既承认了他是一时的现象，那么施之以强迫劳动——暂时的——自然可以；若因此一时的现象，而遽立永久的法律，我死不赞成。人类有劳动的天性，先生也承认的；那么决不会因一时的反动而失去他的天性，法律何为哉！

先生又说：“至于人类基本生活的劳动，至少象那不洁的劳动，很苦的劳动，既然没有经济的刺激，又没有法律的强迫，说是人们自然会情愿去做，真是自欺欺人的话……”所以先生主张非规定法律以强迫不可。我以为劳动无论其是否为人类基本生活的，没有不可使之艺术化的理；而劳动时间能减少至最短程度，也就不会觉得十分苦；至于不洁的劳动，自然不是大家所欢喜，但终能设法用机械代之的。就是不能代，我以为可以减少其劳动时间：譬如普通人每日劳动三小时，那末这不洁的劳动减少至两小时，就不愁没人干了。反之，如先生所说规定法律来强迫，我倒要请教这法律如何规定？一切人类同样都是园颅方趾，那一个人应该做洁的劳动，那一个人应当做不洁的劳动？若说以受教育的高下为标准；社会上既然有教育不平等，这个社会决不是无政府主义下的社会，还须改革过！倘然这法律上规定：“陈独秀做大学教务长，郑贤宗做挑粪夫”；我便要不服：陈独秀何以要规定他做大学教务长？我何以规定我做个挑粪夫？这个问题请先生解决才是！

最后先生所说的男女问题，我以为也不是法律所可以解决的事。要防止这种罪恶，惟有从教育方面着眼：而且实行自由恋爱后，这种问题终可减少。还有一层，人类的理性与本能是互相消长的；恋爱是一种本能，他日人类的理性因为不受政治法律经济等的牵制，一走［旦］能够充分的发达起来，那末这男女问题，自然不致扰乱社会的安宁了。

老子说得好：“民不畏死，奈何以死惧之！”法律只能束缚人的自由，不能禁止罪恶的发生！

先生鉴于现在政治的罪恶，对于俄罗斯的劳农政府不禁油然生欣慕之心，这也是人情所常有的事。当他一种过渡时代的暂时办法，我也很赞成；但我所主张的终极目的，总在于无国家、无政治、无法律，这便是我不敢苟同先生的所在。倘有意见，幸请赐教！

**郑贤宗**

**《新青年》第8卷第3号，1920年11月。**

# 无政府主义与中国

自去年“五四”以来，一切寂然不动的中国思想界，忽如雨后春笋的勃发，于是“解放”呀，“改造”呀，“社会革命”呀，种种声浪遍地都是，真可谓极一时之盛了。我们厕身其间，但觉光怪陆离，无奇不有：倡“爱国”的，谈“社会主义”的，讲“破坏国界”的，都说得天花乱坠，错综杂出，真把我们的头脑都缠昏了。

但我们冷静头脑仔细观察一下，把这许多思想归纳起来，大概不出三类：（一）“新潮”派（这个名词是我杜撰的）；（二）马克斯派；（三）无政府主义派。“新潮”派以“Renaissance”一个字为号召，他们把中国看作欧洲文艺复兴以前之黑暗时代，以为现在正在革新之初，从此蒸蒸日上，中国便有望了。这派人所提倡的，大概不出“国”字的范围：“爱国”，“灌输西洋科学知识以提高国民的程度”，“改革文学以谋教育之普及，或为中国创造新文学”等都是。把这派人的主张完全实现出来，不过“跻中国于强盛之域，与欧美一等国并驾齐驱”罢了，要说真正的平等、自由、幸福，还在几万里以外，恐怕用了望远镜都看不见哩！

马克思派的主张，比较上面所说的“新潮”派自然高明一些，今姑无论其是否适宜于中国，但其所提倡的集产主义，即使实现了，也不过做到俄国式的劳农政治，与真正的平等、自由、幸福，相差也还很远。

照此看来，这两派的主张都不是真正的改造社会，都不是真正的求平等、自由、幸福。“新潮”派的人到西洋去看见了一些表面上的所谓“文明”，便跑到中国来胡乱鼓吹，硬要把西洋的皮相上所谓“幸福”拿来装在中国身上，也不管他究竟是否能造福人民，究竟是否能使全人民一切平等，都享真正的自由，只是以为西洋表面上如此好看，中国也不能不学他。所以他们虽然每天在那里高呼“社会改造”，但仔细看他们所采的手段，实不过敷衍而已。要求“政治上的自由”呀，要求“修改宪法”呀，要求“普遍选举”呀，“改良婚姻”呀，……这些都是“与虎谋皮”“搪塞一时”，不明白罪恶与黑暗的根本原因在那里，只是东补一块，西缀一方，一面方才补好，一面漏孔又见，还自以为这是真正的改造社会，不是这样的便斥以为空想。唉！改造！我们老百姓的幸福没有日子可以得到的了！

马克思派的人也不问集产主义本身的价值怎样，是否能达到真正的自由与平等，更不明白国家本身是个什么东西，是否有存在的价值，压制了人民的自由还不够，还要把人民的经济生活也一并给国家管理，势非把人民个个都化为奴隶不可。他们更不明白中国的社会状态是否适宜这种主义，这种集产的办法是否能行于中国，只是惊于“科学的社会主义”七个字，以为这是“科学的”，与一般（他们所看作）“空想”的不同，便高唱大谈，要把中国也变成个“劳农制”的国家。错了！

那末无政府主义派的主张怎样呢？在中国是否适合呢？适合了是否能实现呢？据我看来，要谋中国社会的改造，要求全人民的真正的自由、平等与幸福，实在除开了无政府主义外更无他道。那第一种“新潮”派的所谓改造，至多也不过得到一些西洋的皮相上的“幸福”，与我们平民没有多大关系，而这种的改造法，与世界进化的新趋势不合。实在不用多谈，让他们“新潮”派自己去闹罢，我们且不管他。

第二派的主张，我们就是退一步说，假定他能够达到，但其离真正的自由，平等，与幸福太远，决不是我们所希望的，而况与中国的社会状态不合，究竟能否办到也还未可知吗！

我以为要求真正的自由、平等与幸福，离开了无政府外没有第二个办法。集产派保留政府、国家、货银制度，以工作的多少定酬资之厚薄，不照“各尽所能各取所需”的原则以支配生产与消费，根本上已错误了，其结果怎样，也不难推想而知。无政府主义取消政府和国家，已把人类自由与幸福之障碍除掉，而于经济上又主张共产，自然不会再有什么不平等发生了。至于中国又非实现无政府不可，集产主义实无存在之余地，我现在把我的意见略述于下。

第一，从中国历史上观察，可说中国向来是没有政府的：“日出而作，日入而息；凿井而饮，耕田而食。帝力何有于我哉！”这几句话所描写的社会状态，不特上古时代是如此，就是周、秦、汉……乃至明清以来，一向是“帝力何有于我哉！”（按这样的社会状态，与物质文明之发达极有关系，但这另是一个问题，我现在所注重的是在“帝力何有于我哉！”一句）

我常以为中国历来的“朝廷”断不能称之为“政府”（Government），所有一切皇帝、官吏都不过是一种特殊的寄生阶级，每年伸开手问老百姓要几个钱，以维持其不耕而食、不织而衣的生活罢了。至于历来的换朝代，由汉而晋，由晋而六朝、隋、唐，由唐而宋，乃至由宋而元，而明，而清，也不能称之为革命，不过是“夺饭碗”罢了。一个性［姓］氏占有特殊阶级的地位占得久了，安乐饭吃得多了，旁观者看得眼红，于是设法夺得这个地位，自己去代他吃这个安乐饭，这就叫做“换朝代”啊！历史上既然说“……无道，天下大乱，于是……起兵，而……朝遂亡。”其实安乐饭吃得久了，没有不“无道”的，孟子说：“逸居而无教，则近于禽兽。”一点也不错。不过旁观眼红的遂得因此“无道”的机会，将饭碗从其手中夺来罢了。什么“顺民心”，“除暴虐”？话头那里值得一笑！有人说“一部廿四史不过是廿四姓的家谱”，这话一点不错。

至于法律政治等东西，自然不消说得是没有的。“你犯了皇法了”。问他“皇法”住那里？大概就在皇帝的脑筋里！（按廿四姓的家谱上虽都有《刑法志》一部分，但这种东西与近世所谓 Law 者不同）。政治呢？自汉代叔孙通定百职朝仪后，虽若有一些原坠其实不过一班特殊阶级的“饭碗分配法”与“饭碗保留策”而已，要把他看作 Politics，断然不能。这是从历史上观察中国的政府、法律、与政治，这是过去的社会状态。我们再看现在的状态是怎样。

第二，从中国现在的社会状态看来，也可说与过去的一样。前清末年虽然到日本去的留学生把“政府”“法律”等名词记了几个回来，又把“法律”抄了几条，但试问现在的中国人中，懂得这“政府”“法律”四个字的占四万万分之几？我们乡村里的老百姓，不要说“政府”这件东西不懂，连“警察”二字都从来不曾听见过，他们看见站在路旁的警察，总叫他作“兵”的。城市里的人，虽然也常听得有人谈“政府”“法律”等名词，但了解这四字的意义的实在不多，至于有“法治”观念的，更如凤毛麟角了。

从前清末年起，虽然把“政府”这件东西勉强仿制了出来，但与人民仍是绝无关系的，社会上仍是保存“帝力何有于我哉!”的故态。政府是政府，人民是人民，除开每年伸开手向老百姓拿几个钱外，便不生接触了。这样“有若无”的一件东西，孤立于社会之外，也把“政府”这块招牌挂上，岂不可笑!

我常说华佗老生所说的：“户枢不蠹，流水不腐”这两句话，最可为中国现在政府之反证。中国人一向不知有政府这件东西，所以从前清末年起虽然仿制了一个出来，人民仍是茫然不知，任他怎样就怎样，一些儿也不加理会，以致腐烂破坏，弄得一塌糊涂。现在一般人大家都高叫着“杀卖国贼!”“改造政府!”不知这种东西本来不应该有的。譬如身上生了疮疖，把身体的活动妨害了，精神不舒爽了，但不想把这疮疖割去，却在那里打算如何保存这疮疖，使不致妨害身体与精神，这种办法岂不可笑！国家学者把政府看作国家的脑髓，我以为这不过一个赘疣罢了。

照此看来，中国的社会无论在过去与现在，一向是没有政府的，那么我们现在谋实现无政府社会，并不是什么“创为新奇”不过整顿一整顿原有的状态，把那些无用而有害的废物除掉，使之适应世界的新趋势而已。

还有一层，我们考察世界上各民族的性质，觉得中国人有几种特殊的精神，足使中国人具足为无政府社会下的自由人的资格。“谦让”、“不争”、“和善”，这几种精神，比较上实在比世界上无论那一个民族都具备得多，这是西洋学者也承认的。或以为“谦让等精神虽在一方面看来是好的，但也有其相当的弊害，譬如中国物质文明的不发达，就是这种精神所生的影响。”我以为这话不然。物质文明之不发达，与“谦让”可说没有什么大关系，因为人的“冲动”（Impulse）可分为二种：（一）创造冲动（Creative Impulse），（二）占有冲动（Possessive lmpulse 用罗素 Russell 先生所说）。“谦让”就是占有冲动薄弱，占有冲动薄弱了，不必连创造冲动也薄弱的。物质文明之不发达，另有别种原因，这里不是讨论这个问题的所在，姑存而不论。

由此观之，无政府主义之在中国实在是最适合了。我们从历史上、社会现象上、民族根性上考察，都不觉得有什么不适合。反之，如马克斯派的主张，要建立一个强有力的政府，要行起无产阶级的独断政治来，还要到俄国去抄起法律来，不顾与中国社会上的情形合不合，也不明白中国历史上的根据如何，硬要用削足适履的手段贻害中国，这才是致中国于死命，把中国弄得一塌糊涂哩！

有人说：“倘若迷信狠远的将来及终极的理想社会，而对于现在及最近的将来之改造以为不澈底，不去努力，这种人只算是‘候补的改造者’，可惜他到这世界上太早了一点。”（见《新青年》八卷三号陈独秀先生答我的信）无政府主义是不是理想？克鲁泡特金先生已有许多证据，证明其实行时期已到了，至于中国，尤觉平淡无奇，不是什么不可行办不到的事。说我们无政府主义者是“候补的改造者，来到这世界上太早了一点”，我们也可以说他们是“盲目的改造者，可惜生在了中国，倘使生在西洋或东洋，他们所抱的主张或者还有昙花一现之机会。”

我们提倡一种主义，不是为什么新颖，不是为什么出风头，不是为什么彻底不彻底，更不是为什么好听，务要求其能实现，务要求其能真正的改造社会，使全体人民都享同等的幸福才是。若待迷信了“科学的”三字，以为凡“科学的”终是好的，更不管他适用不适用，便要拿来装上，那末“盲目”二字自然是不客气的。况且马克斯的主义可加以“科学的”三字，称为“科学的社会主义”，难道“无政府主义”五个字上加不上“科学的”三字，称之为“科学的无政府主义”吗？

或谓无政府主义是全世界的事，不是中国单独可以实现的，如果没有了政府，难保没有外人来代庖，那末人民的幸福不曾享着，亡国奴先做的了。我说这真是笑话。中国现在那个赘疣的政府，不要说不会保什么国，矿山铁路少卖掉一些已是感激不尽了，老实说罢，这种政府只会卖国，不会保国的。把妨害生命的疮疖割掉了反要死人，这话未免太滑稽。而且世界大势所趋，所有政府必定一个个的打倒，这是极近的事，我们中国以无政府的老资格，作世界上一个标准，为实现无政府社会之先导者，还说什么亡国不亡国！

中国的社会运动者啊！你们如果真心要改造社会，第一要认清了路，不可走错。“新潮”派的敷衍手段固然不值一顾，“科学的社会主义”这个好名词也不可盲从，认清了“无政府”这条大路走去，方才有达到真正的改造社会之希望。

物质文明幼稚极了，我们快快努力向前。自由、平等、幸福都等在我们前面，愿我们大家努力！

**《自由》第1期，1920年12月。**

# 太朴答存统的信

存统先生：

五月十日你在《民国日报》上给我的信看见了。在未答复你这封信以前，我先要向你道歉一声：我近来已好多时不看报，所以你的信直到今天才由一个朋友寄给我看，因此迟复了你，请你原谅。

你所引哲民底话，我没有看见；但照你所写的一段看来，那决不是我底意思——这一定是哲民误会我底意思了。好在我底说话——无政府主义与中国——你已经看见过了，那末你不难知道这决不是我底话。

我没有研究过政治学，所以对于 Government（政府）这件东西，不敢说是十分明了彼底定义。不过 Government 原不是甚么神秘不可测的东西，原是我们日常智识所能经验，所能了解的。因此我敢以我所有的不完备的肤浅的智识见解，为之（很武断地）下一定义道：——

“Government is an institution for the control and management of People living together in a society.”

“政府，是一种机关，为管辖及治理共同生活于一社会内之人民用的。”

你对于我底这定义，有什么不同意否？望见教。

我所见的 Government 是这样的一件东西，所以我从前就敢大胆地说：“中国自来没有政府。”我说中国没有政府的理由，从前已大略说过，你想也已看见；为避麻烦起见，不再重述了。——不过我从前说的话，实在过于简单；我那篇《无政府主义与中国》实是草草写就的几句话，本不愿发表出来，只因《自由》底编辑者催稿催得急，所以就登了上去，后来虽异常悔恨，不应该这样的冒昧，但来不及了。将来有机会时，我很想仔细整理一下，再研究一番，然后把我底意思重述一遍。今天幸有机会复你的信，使我得声明一声；请你和一般读过我那篇文章的人，都十分原谅我。

上面是答你信之第一段；今再把你所说关于马克斯主义的话，也一并答复几句。

你所说的话，可说与我所反对的毫无关系。

第一，我要请你明白，就是：我反对马克思主义行于中国，至于俄国，及其他欧美各国怎样，我且不管。我反对马克思主义行于中国的理由，是因为不适于中国的国民性，不适于中国的社会情形，与中国历史上的根据不合。我相信中央集权的政治组织，与中国的国民性不能容；马氏主义是中央集权，故我不信其能实行。如果要把彼实行起来，我敢武断地料想，其结果一定与现在的共和政治一样，招牌尽管挂上，中国还是依然旧时的中国。进一步说，其弊害比现在更甚，也未可知：行了共和政治，首领强盗已如此之多，若果 Dictatorship（独裁）的劳农政治行起来，正不知弄成甚么样子哩！

中国底国民性既不容中央集权的政治组织，而中国底社会情形又向来是无政府已惯的，所以一旦要行起劳农政治，要组织强有力的中央机关，我真不知其可也！

我以为中国所以不能行中央集权的制度，及中国社会所以向来处于无政府的状态之下者，实在只有一个原因，就是：中国人天性上对政治无兴味，不觉得有政治之必要。

中国底历史，向来是无政府的历史；以数千年历史上传来的习惯，而谓因感受世界的潮流，能一旦改变者，我不信也！

所以我反对马克思主义行于中国；俄国及其他欧美各国怎样，我且不管。你信上所说的话，因此与我没有关系。

我所要请你注意的。就是：我们提倡一种主义，或想实现一种组织，最要紧的有两种条件不可忘：（1）时间的条件；（2）空间的条件。时间的条件，就是历史上的根据；空间的条件，就是地理——国民性上的关系。若忘却这两个重要条件，只把眼光注意于外，以为某国某处可行，我们一定也可行，那就难免危险的结果了。

最后我还要向你声明一声，我不是“克鲁泡特金主义者”，不是“巴枯宁主义者”，不是“蒲鲁东主义者”……我是“无政府主义者”，我是“中国式的‘无政府主义者’”。我不相信某人底主义，某人底学说，某种政治组织，可生吞活剥地吃下去！

我十分相信你是一个真正的这会运动者，我们意见不同处，都是为社会，不是为私人的利害，因此我很希望你底指教！

太朴　21. 5. 16.

《民国日报》副刊《觉悟》，1921 年 5 月。

## 质陈独秀先生

以我这样智识的浅陋，学力的薄弱，那里配得上谈什么社会问题，改造问题？但我闻之心理学家言：人有一种直觉的本能，这种本能虽说不十分可靠，然亦不是毫无用处，有时亦能见出些真理。我自愧无似，智识太不充足；但我底直觉本能，差幸还够得上列于低能儿之列；所以不揣鄙陋，也要大着胆子来谈谈此社会问题。

放眼看中国现在的社会，各方面都是死气沉沉，毫无一点生机，只是无声无臭的静着。在这种社会中，能大声疾呼，提倡一种主义或思想，使这种死沉沉的社会有些动的现象，只要这种主义或思想不是背乎世界潮流的，当然都可欢迎。我底直觉本能一方面既告我中国之社会情形与历史背景，与其说是与马克斯主义相近，不如说与安那其差得还可；一方面又告我当此公敌在前，社会太沉闷之际，不宜对于思想不合的朋友学者们——如马克斯主义者——轻下反对，那么，我又何为而刺刺不休，常有此不应说的谰言说出来呢?

原来我的良心又曾告过我：我们要改造社会的目的，一方面固然是要此社会不作世界上时代落伍及作适应世界潮流的社会；但最要紧的是要使此社会中一切都能得比较现在更好的生活。克鲁泡特金先生所说的：Well Being for all 也就是我们应当用为我们底口号的。我既觉马克斯主义不适于我们底社会，深恐如果硬要把不对症的药灌下去，将不能有好结果，或反有贻害，也末可知，所以不能不把我良心上的声音，稍微发一点出来。

曩者，我尝应《自由》杂志记者之请，把我这层意思写了一些出来；但以那时时间太匆促，没有说得十分清楚；后来要重说又没有机会——这层我在答存统先生的信（见《民国日报》《觉悟》栏五月十八日）上已说过，现在想着了又觉得很抱歉，所以再说一声。五月十日的《民国日报》《觉悟》栏，有存统先生指教我的一封信；我当时曾匆匆地复了他一信，亦载在十八日的该栏上；我底复存统先生那信，原是很不得已的。嗣后我天天望存统先生再有信指教我；但还不曾有。

最近出版的《新青年》（九卷一号）随感录上有陈独秀先生的“中国式的无政府主义”一条（见第一一五条），是对于我那封答存统先生的信所发的。我读了这条随感录之后，一方面固然十分谅解独秀先生底苦心，十分佩服其热忱，并且我对于独秀先生底人格十分相信，所以没有什么疑虑了；但在他方面却仍有许多怀疑不能释然于心，谨特简略写出，以质之独秀先生，希望先生有以教我；并希望大家共同讨论这件重要的事!

看独秀先生这条随感录上所主张的话，不禁使我发生一个疑问，就是：独秀先生所主张的究竟是“贤人政治”还是“劳农政治”？我学问浅陋，于劳农政治固未有十分研究；但我所知道的，劳农政治是“无产阶级的专政”，是阶级斗争中的一种历程；其要素在于无产阶级执政以压倒有产阶级；所以可说是比较 Democracy 更普遍更平民的政治。但如独秀先生所说则不然；随感录第二段云：

“我敢大胆宣言：非从政治上教育上施行严格的干涉主义，我中华民族底腐败将永无救治之一日；因此我们唯一的希望，只有希望全中国中有良心、有智识、有能力的人合拢起来，早日造成一个名符其实的‘开明专制’之局面，好将我们从人类普通资格之水平线以下救到水平线以上。”

照这几句话看起来，独秀先生所主张的明明不是劳农政治了；因为劳农政治的要素，是无产阶级专政，试问独秀先生所主张的这种政治，是不是无产阶级的专政？所以我第一个疑问，就是要问：独秀先生所主张的究竟是“贤人政治”还是“劳农政治”？若果独秀先生所主张的不是“劳农政治”，那么，我请先生以后不要用“马克斯主义”来号召，因为“马克斯主义”与先生底主张毫不相干！

至于“贤人政治”在中国怎样，我且不谈；因为我没有仔细的思量过，不敢谬然赞成或反对。

上面我已怀疑过独秀先生底主张不是“马克思主义”，更不是“劳农政治”；这里我故且退一步说，姑且假定独秀先生会有圆满的答复给我，姑且承认独秀先生底主张。但我的第二个疑问又起了，就是：独秀先生这种主张是否错误，是否不合逻辑？

（A）独秀先生一方面力说中国国民性的堕落，但他方面又主张无产阶级专政；我不知这些专政的无产阶级是不是中国底国民？是不是也在独秀先生所说的堕落的国民之内的？若果是的，那么，以堕落的国民专政，是否能成功？是否还能改造堕落的国民性？此我所疑独秀先生之错误一。

（B）照独秀先生底意思，是要利用一个强有力的政治机关来改造堕落的国民性，这当然可以说得过去。但这里就必先要有一个前提，然后才可这样说，就是：先要确定这种政治机关之成功。若这种政治机关的成功尚不可望，则何从说起借此以改造国民性？我尝疑马氏所主张的中央集权组织（政治机关）不能成功于中国（见我所答存统先生的信），因为与中国底历史背景及社会情形不合；独秀先生对于我这个见解批评说：“太朴先生这几句话诚然不错”，那么，可见先生也已承认这种政治机关之不能成功了。既已承认其不能成功，犹复口口声声说须借此以改造国民性，此我所不能者；我所以疑独秀先生这种主张在逻辑上不能成立。

以上我第一个疑问是疑独秀先生底主张不是“马克斯主义”，不是“劳农政治”；第二个疑问是疑独秀先生底主张含有错误与不合逻辑；这是我读了独秀先生这条随感录后所生出的怀疑。不知别人读过这条随感录的，与我有同样的感想发生吗？

抑又有进者，我于此还有一个疑问也想一并提出来说一说，就是：改造国民性是否必须如独秀先生那样的主张，假手于强有力的政治机关？

中国国民性是中国数千年来历史上与地理上的关系所造成的结果——虽然老庄思想也是造成的一端——到现在已根深蒂固——可说神经系统上与脑髓上已有了这种特性——是否能如独秀先生所说的那样容易改造？

我常觉中国人有一种特性，就是不肯下死功夫做事，只想抄捷径的“一举即成”。果然也有许多能侥幸成功，但因此而败事的实在不少。

我相信世界的潮流一天一天紧迫起来，再加上真正有良心的人之孳孳不倦的运动，不怕无改造中国国民性之一日。若要仿买彩票的办法，只恐怕社会经不起这样的大试验；可怜我们的老百姓！

我上面几个疑问，自信都是我良心的声音；若独秀先生没有使我十分满意的答复给我，我底良心终不会许我赞成独秀先生的主张。

最后，我还要向独秀先生与一般赞者声明一声：我在答存统先生信中所说的“中国式的无政府主义”一句话，意思是说：“若果要行无政府主义，必定要参酌中国的社会情形才可，决不能贸贸然把某个西洋无政府主义者的学说拿来生吞活剥如法泡制的装上”，看我下文所说，“我不相信某人底主义，某人底学说，某种政治组织，可生吞活剥底吃下去！”便可明白我意思所在；独秀先生的这条随感录上，把我底下文割去，单引了“我是中国式的无政府主义者”一句话，未免有些断章取义，使人容易误会，所以我不能不声明一声。

我说话一秉我底良心，有冲撞独秀先生处是所难免，务望先生见谅。至于我的怀疑，总望先生详细指教；并希望大家共同来讨论一下！

**《民国日报》副刊《觉悟》，1921年6月。**

## 论中国式的安那其主义答光亮

光亮先生：

你在《觉悟》上给我的信读着了。我现在虽答复你，但实在是出于不得已的；这层我先要请你了解我。我以为我们与其在纸上空谈，争个不休；不如切切实实地干去，做些实际上的榜样出来，到这时既有实例可援，不容空争了。如果波尔塞维克的革命可以成功，世界的大局且将变动，我们以后怎样办，这是第二步的问题。我虽私心上不敢赞成波尔塞维慈姆行于中国，但波尔塞维克式的破坏，我是馨香祷祝的。所以我希望主张波尔塞维慈姆的先生学者们，以后多干些事，做个实例出来，则小子们的不赞成，有以塞口了。质之先生以为何如？现在再简单答复先生的疑问：

(1) 中国式的无政府主义，意思就是说：按照中国的社会情形，人民性情而酌定的无政府；不是贸贸然把西洋那个无政府学者底办法拿来胡乱装上；因为地理历史既各不同，断不能囫囵吞枣的；这层意思很容易明白，你仔细一想便不难了解。至于内容，那决不是象“劳农政治”那样可以到俄国去照实抄来，所以无从说起；并且小子学识浅陋，不敢胡说；不过我所认定的 Prīueiple 是这样罢了。总括一句，我所认定的

“中国式的无政府主义”，是“本无政府原理，参酌中国底社会情形人民性格而成的”。

你说我空洞，我亦承认；但一定要象“民法”“刑法”“宪法”那样一条一条地写了出来，然后方许说话，则小子学浅，以后只好不敢说话了。要知 Prniciple 与实施底详细办法，本来可以分开一说；所以若要问我实施底详细办法，我只好无以对！——请你认清“Prniciple”与“实施办法”两词。

(2) 中国式的无政府主义，自然不能无经济组织；但这种组织，我敢说一定也是“中国式的”。至于详细办法，我亦只好无以对！

(3) 笼统说一句，只是“革命”两字。

(4) 若有了证据，早已实行好了；因为不曾实行过，所以我实在无处去找证据。只能说：从中国各方面看来，与其说有马克斯主义之趋向，还是说有无政府之趋向；我不敢说有证据，所以更不能找出来给你看。

(5) 习惯有好恶之分，恶习惯当然有改变之必要，好习惯似乎不必吗！

(6) 不是天性，也不是习惯——依我看来——是少数无耻之徒，受了虚伪文明之影响，及利欲熏心后的结果；不能以之代表中国国民性。

(7) 国民性有多端：不适于马克斯主义的是好的一端；独秀先生所说的又是别的；当然可以分开说。这里我不承认我是矛盾，我还怪你观念分得太不清楚哩！

(8) 改造中国国民性之劣者。

(9) 打破世界上的资本主义；整理——改造——中国社会。

(10) 独秀先生想用开明专制来改造中国国民性，我疑这是“买彩票”的办法。我所说的“下死工夫做事”就是反乎“买彩票”“抄捷径”而言。(请细阅我的“质陈独秀先生”一文便可知)。

(11) 开明专制无论如何不是马克斯主义，这是我所敢断言的，所以我不自觉其武断。如果独秀先生有方法证明马克斯主义是开明专制，则我愿受脑筋不清楚的罪；否则我终说独秀先生主张的不是马克斯主义，与马克斯毫不相干！

以上我略略答复你底十一个疑问了。(1)，(2)，(3)，三条都是实施的详细办法，你要我详细答复你，这不但是势所不能，抑且出乎讨论范围以外，因为这些完全是实际上的问题，是实行的详细办法，决不能在纸上乱写，闭了门造车，糊里糊涂地说不负责任的话的，所以我实在不敢乱道；你如能谅解我这层意思，那就能原谅我了。我所说的中国式的无政府主义，自己也还有研究之必要；与我思想同者，自然会赞成，所以不希望有人来信仰。并且“主义”要用理智来判断才行，决不是信仰的事。我希望你要用你底理智去选择，不要用你底感情贸贸然地信仰！

至于你所说的三条：(1) 是你底自由，我不敢赞一辞，(2) 我也承认，但我不信马克斯主义或劳农政治就是过渡的办法，(3) 我也知道，并且承认，可是中国底马克斯主义者中，很有许多已不是马克斯主义者了！

我因为天气太热，多写字使排字人受累不浅，所以极力求其简单，务望你原谅！有不对处还望你指教！

太朴

七月十五日

**《民国日报》副刊《觉悟》，1921年7月。**

# 卢剑波

卢剑波（1904—1991），原名卢廷杰，四川合江人，曾用剑波、黑囚、矛突、大吉、吴沄等笔名。他在五四运动时期开始受到无政府主义影响。此后，曾因为宣传无政府主义而被捕入狱。1923年他在南京创办无政府主义刊物《民锋》传播无政府主义，发行不久便被当局查封，后又将其改名为《黑澜》出版，但只出了一期又被封禁。1925年他来到上海，在上海国民大学学习，同时，继续进行无政府主义的宣传活动。他在上海组织民锋社，仍然沿用南京"民锋社"的名称，并于1926年复刊《民锋》杂志，继续宣传无政府主义。1927年又在上海发起组织革命工团主义研究会。1931年他回到四川一所中学执教，之后又主编了《憧憬》、《惊蛰》等无政府主义刊物。他还翻译了许多国外无政府主义者的著作，如巴枯宁的《自由的基础》、高德曼的《安那其主义的要求》、《自由的女性》等等。1944年进入四川大学任教。1949年后一直在四川大学教授历史和外语。

## 敬告四川同志

我等先后出川，都届数月，课暇亦常与一二同志互通消息，故川中同志在此时期之情形，我等亦颇知其略。近观各省同志，已如春笋茁芽，鼓勇前进；全国大会之召集，更将成为事实。回顾在川吾党，则均奄奄气息，有一蹶不振之势。溯自去夏成都全川大会闭幕以还，所有决议诸条件，视同具文，从未进行，而各地团体亦几全拥虚名，所谓"益"、"适"、"民锋"、"红"、"均"、"引"、"同"……诸社，均不闻其声息也。在一九二一年及二二年春季，尚有册子之印行，刊物之发布，传单之播散，虽不能急有效应，然亦渐露萌芽，可期发展，较之近年之消声匿迹、萌芽渐渐者，不可比语。询其故，则曰：政府压制也，经济支绌也，同志太少也，能力缺乏也，等等推诿之言，不一而足。然核之实际，全不尽然。所谓政府者，方且自斗自争，摇纛自卫，犹恐不及。文告电令，视若具文；军警侦探，皆同盲狗；在川诸君可得而证也。至若经济支绌，是实真言。然欲求某事之成功，都赖自己之努力。畏难蹑缩，日推月移，不惟事不可成，将且前功尽弃。同志诸君当能自揣。其次，同志太少，虽曰言本由衷，实同借故推诿。姑无论同志之多少如何，只问我之能尽力与否。多一人做事，多生一分效力。故凡事之成就，视乎努力如何。己不负责，而诿诸人，诿之团体，胡可靠者？综而观之：我等敢谓吾川同志中，有大部分皆信心不坚，不负责任，稍一挫败，便意冷心灰，或则假冒招牌，借绷时髦。我等以为此而欲宣传主义，不惟不能生效，且将失信于人。更有议员、政客、资本家、迷信偶像之徒，皆自认为同志，自认为主义之宣传者，而实则蝇营狗苟，借刀杀人。此乌乎可者？书至此，余等不禁为前途悲，又不禁为受虐害之同胞泣，更不禁为死者如师复、黄、庞等恨也！

同志乎！起！起！战祸绵延，军阀肆毒，横征重税，屠戮自由，惨杀第四阶级之同胞，勒封劳工自卫之组织，吞声饮泣，莫敢谁何，政府之恶已达极点，吾同志其忍坐视耶？其忍塞耳不闻耶？吾党之宗旨何在？吾辈之良心何在？朝夕“无政府”、“无强权”、“巴枯宁”、“克鲁泡特金”为口语者，其一猛思无政府、无强权为何，巴枯宁、克鲁泡特金之事业为何否？

同志乎！起！起！彼马氏信徒鼓其“劳农专政”之伎俩，阴为专制束缚之行为。吾同胞之困苦于暴戾横为，反抗而囚戮者，已屡见不鲜也；前门拒虎，后门更当拒狼。彼等之假面具已完全揭露也，吾辈其忍民众再受此二重之虐害耶？吾辈之良心何在？请吾亲爱之同志静夜一思之！

**《学汇》第172期，1923年4月。**

## 怎样去宣传主义

安那其主义传入中国，很有许多年头了。同志们也不少热心者，而且也不能不说是收了一些效果。但是，近年来却渐渐沉寂下去了。试一推究他的根源，全在宣传的方法未尽善，且各地同志亦少联络，而不能互相帮助之故。政府的压制，这原不算什么。今分作数项说一说：

A. 关于出版品方面　我以为近来的定期出版物或不定期出版物，全未注意到群众的心理。明白说来，便是宜浅的不浅，宜深的不深。曷以故？我们看现近的《前途》半月刊不是偏重于无产阶级一方面吗？可是，无产阶级的同胞何尝又看过？他们又何尝喜欢去看？即使他们看着，又何尝能够彻底了解？他们的智识不高，他们的时间很少，他们既不愿到书店或报纸去选购，他们的心不大明了《前途》是何物，也许还不知道有一个愿意向他们说理［论］法的《前途》半月刊。若说是给学生们看的，那更不懂学生的心理了。前几天我的朋友克刚来信说："近来的学生不比五四以前的学生容易鼓吹了。"我亦以为是这样。他们大半都带有一些夸大狂或者眼高的习性，说理太浅的，他们总不愿意去看，即或看了亦便立地忘却，全无影响。有一部分觉悟学生，虽有心研究，但这些刊物总觉浮浅，不能解他们的惑，他们势不能不舍此而他图了。从前的《民声》、《进化》，第一、二期的《自由》，还能得许多学生的欢迎；至于近年，除了《学汇》还有译述的一些名著外，便会都是浮浅的文字了。所以我主张对无产阶级的纸上宣传，最好不如编散歌谣、鼓词、春调、剧本。——对于编剧本一项，我在川曾同小我刊行《叹五更》，适社也印发通俗册子《一个兵的说话》等，很生了一些效果。——对学生的纸上宣传，最好是多译印高深学理之丛书或刑行高深学理之定期出版品。还有一层要说的，就是要注重实际的调查和批评——赤党人最会于这个方法——因为社会上（政治、经济）、团体上的变化，对于民众或团体中人发生切己的、利害的关系，所以他们的注意点很强，刺激性也强，而感情也容易激动（参观法国吕邦的《群众心理》、《革命心理》等书）——所以我们对于这个地方尤宜注意。复次，便是各地刊物太散漫。我以为相邻很近的地方的各种出版品可以合并。第一，经济不感困难些；第二，稿件可以收多而慎选，内容要精采些，而我们的能力也可以调剂。同志们欲分售者尽可代售，欲发表言论亦可以发表，较之东一册，西一册，经济困厄，不久即短命，或者稿件不精采，不惹人注意者，好得多了；第三，据我看，克鲁泡特金的著作，在中国《告少年》、《近世科学与无政府主义》，《互助论》，《国家论》算是译出，而且还易于购买；他如《法律与强权》、《无政府之道德观》、《社会进化中无政府主义之地位》等虽有译述，而传播不广，将至绝版。近有空三译出他的名著《田地、制造厂及工厂》（更名《经济学》，在《学汇》中披露）、《面包略取》（颇［以］前《民声》曾译过数章，现人人会同志亦从事译载，惟译笔颇不清）。我更希望同志们进而译他的《巴黎之自由都市》、《法兰西大革命》、《雇佣制度》等，及巴枯宁之《上帝与国家》、《国家主义与无政府主义》、《致某法人书》等，及美之高德曼、法之格拉佛、荷兰之杜美拉钮文嬉士、德之莫斯提、日本之大杉荣等人的著作。余已译出之马拉铁达氏之《总同盟罢工》（此文刊载《工人宝鉴》中，我以为不如单印）等，更应从事推广流传。我们反观马氏之书满中国，我们便应该大家努力了。

刊印丛书一事，原是困难——第一便是经济关系。但是我们宣传主义的人，连血和生命都牺牲得，未必还想保存或储蓄这万恶的财产吗？集少成多，我们莫互相推诿。至于译述一层，信心吾主义者，尽有淹通西文之人，吾们又何妨以大义相责托呢？

B. 对于宣传方面　我且先从劳工方面说起。我以为劳工占全人类的最大数量，而且是最被掠夺阶级。我们第一须先促起他们的觉悟，帮助他们去“直接行动”。但是我们切不可持彼辈集产的态度，以劳工为其利用的东西，去支配他行动，到革命成功，一党独握政权，劳工们仍是不得自由。所以我们第一步便当实地“到民间去”，用流行演说、农村演说，或者自己加入工厂去运动，消极的便集资去办劳工学校等，以开拓他们的能力。佛经上说：“我不入地狱，谁入地狱！”我们无政府党人，无论如何总应该持这种牺牲勇往的精神，从荆棘上一步步的踏过去。复次，便是妇女们，妇女们现在算是有一部分觉悟的了。他们虽迷于不彻底的参政权，但他们总知道应该保存天赋的人权。假如有人把他们大声提唤，示以正道，他们总不会是一些活尸的，所以我们现在不要只怪他们迷蒙，应该自问我们曾否努力。如此多的为寻找丐略而徘徊的女青年，我们不去引他，谁引他？况且他们不比劳工们没有智识，他们的智识有许多很富足的。所以我以为最近对于女界宣传是极容易事。在《互助月刊》中，我知道有凤子女士（任天兄也说过），在《学汇》中，我知道有莫省吾女士。我不知道的还不知许多。他们已经信无政府主义是解决社会一切不平而引人们到自由幸福路上的良药。他们也有很诚恳、很勇敢的在《学汇》及其他刊物上大呼。依我的见解，曷不如自己组织团结起来，自己来刊行出版物，以同性呼召同性要容易些，要切实些；而且这还是一件极容易、极易见效的事。我很希望女同志们能照此努力！

其他还多要说的地方，因为时间关系，留待后说。暇时或可再做一篇《我对于吾党团结的意见》发表。我上面说的对与不对，望同志们大家讨论。

**《学汇》第194期，1923年5月。**

## 时代中无政府主义者的工作（其二）

在《民锋》二卷一期的本文中，作者已指出了无政府主义者在现时代中应有的一般行动，——尤其是对于国民革命的态度。而在中国民锋社联盟对时局宣言中，也说过，“我们应该在这‘国民革命’的高沸声中，努力自己的工作；更要认清国民革命是什么性质，国民革命成功后，无产阶级所获得的是什么？在这个时刻，我们是在不息的斗争中，但我们不可便迷蒙了阶级的意识，而只替人作忠狗；不可便松懈了自己的组织，……不可便忘去了阶级斗争的事实，……这是不可怠忽的企图。”这不仅是向一般无产阶级说法，便是无政府主义者自身，亦要紧紧地记着：“要时时刻刻在警备的和争斗的状态之中。”

我们要认清“国民革命”是三民主义中“民族主义”的表现，即是说，他只是民族革命。他的主要职能，便是驱逐外国帝国主义者在中国的经济上和政治上的优越势力，而使中国从半殖民地的状态中爬到完全独立自主的地位。这种半殖民地对帝国主义者的革命，半殖民地与殖民地向帝国主义者一致的联合战线，足以斩削帝国资本主义之势力，足以引起帝国主义者资本地位之动摇，间接上、客观上可以帮助未来的社会革命。这一点，——就只是在这一点，我们无政府主义者是可以去参加的，然而去参加民族革命的资格，还应该是一个“无政府主义者”，既参加了之后，也不要忘记了是一个“无政府主义者”。与国民党在这个时限上联合战线的主要意义，是“斩削帝国资本主义的势力”而不是“帮助某一政党夺取政权”。

无政府主义者不是三民主义者。无政府主义者与国民党携手同行，不是与天同寿，而只是一个时限上的联合关系。无政府主义者应该看重他所担负的使命——为无产阶级谋完全解放，不要因感情上或义气上的原故，而舍己从人。国民党也应该知道这一点，而不应该怀着妒意使无政府主义者抛弃了自己的信仰，而不谋社会更进一步的发展。在任何时代中，左右的分化是不能免的，后于时代的趋势的，便往右边走，止于这个时代的，转瞬间也不能不做了反动的右党了。革命党人须懂得这个，这是时代中不可免也不应避免迁就的现象。社会进化便是这样新陈代谢的往前跑。革命党同时也应该是一个“进化主义者”。

无政府主义者对于“社会政策式”的一切政纲——主义，所谓五权宪法，所谓平均地权，节制资本，是不能赞同的，原理上的反对，尽人都可以知道。三民主义此时是小资产阶级的观念学，无政府主义是无产阶级的观念学。假若无政府主义者在国民运动的高潮中，忘去了自己的主义，无论走入国民党的左翼右翼，都是放弃了“无产阶级的解放”和“消灭阶级”的使命。

然而竟有许多无政府主义是这样。

然而在现在却竟有许多无政府主义者在国民革命的呼声中惊醒了，他们发出了——“国民党中的无政府主义者联合起来”!

然而要认清，这个口号并不是要无政府主义者像列宁党徒那样，做那种狡黠诡诈的阴谋篡夺，也不是叫无政府主义者马上全退出国民党，无政府主义者为了保全自己的主义信仰，为了励行自己的宣传，为了与自己的亲弟兄——未入国民党的无政府主义者——合同努力，联合的组织是必要的。

无政府主义者在自己的组织之中，用无政府主义者的名义，做无政府主义者的宣传与行动是正大光明的、必需的。

无政府主义者应该明白自己的弱点，应该接受十余年失败所给予我们的教训。我们失败的最大原因，便是在缺乏严密的组织和缺乏“向各方面活动”这一两点上。

个人孤独的奋斗虽然可贵，然而其宣传之效力影响实远不及严密的广大的团体之合力。假如他是一个“个人无政府主义者”，便让他去罢；假如他是个共产的或工团的无政府主义者，便不应该忘记了组织的必要。组织不是权力而只是力量。组织不一定是集权，无政府主义有他自己组织的形式——联合主义。有了我们各地方的基本组织便可以有——联合——我们一省以至全国的严密的有“爱力”结合的联盟；基本组织和联盟都完成了，我们就不愁于经济及人才之缺乏。

他方面，无政府主义者应该不是闺中羞答答的处女，也不是长斋的素食主义者，他应该视其个人之活动能力与环境而投入各方面去——学生、工人、农人、兵士、妇女——宣传组织。在各种学生运动、文化和学术团体、工人运动、农民运动、非基督运动、平民教育、平民识字运动……中间参加，使他们信仰，助他们组织。假如我们定要去干干脆的纯粹的无政府主义革命运动，而对于这些群众运动卑之而不为，那，只好蒙被而卧，等到吴稚晖规定的三千年到了再睁眼看。

我们的第一要务便是组织自己，参加一切群众运动去宣传——组织。此时我们该：

（一）使全国的无政府主义者（已加入国民党的与未加入国民党的）一致联合起来；

（二）在最短的时间，使基本组织普及于全国各省县；

（三）在本年六月或七月间，召集全国代表会议——建立全国大联盟，选出联盟执行委员会。在未开会之前，由已组织之民锋社各省县区部以及其他加盟或未加盟团体公举若干人成立联盟办事处，处理组织宣传诸事务。在联盟办事处正式成立时，中国民锋社联盟即行停止职务，民锋社联盟之各区部各加盟团体以及其他社名，一律改易，以昭统一。在联盟办事处未正式存立以前，仍有中国民锋社联盟暂时执行一切事务。

（四）在全国代表大会中，规定一切纲领策略及其他诸要问题。

（五）在全国联盟未正式完成以前，各地方同志仍须一致联合，加紧宣传活动。

一九二七年四月上海

《民锋》第2卷第3期，1927年4月。

## 时事摭评：国共交恶

中国国民党与共产党之合作，纯属互相利用，前者欲利用后者以助长国民革命之声势，后者亦将计就计利用前者之势力地位名号而发展自己之势力，吸收其党员，分化其组织。自国民党改组以后，其内部之斗争，亦即开始，惟以国民党势力未充，攖之实足以阻碍己身之发展，故冲突得以缓和，而不至即时爆发。然国民党下级党部、省党部、特别市党部、特别区党部已早为共产党徒之党团政策所操纵。共产党以中央集权之组织，所谓铁的组织，钢的纪律以及其“只问目的，不择手段”的诡谋，其党员如机械之能供其首领之驱策，已具有战胜之条件。凡国民党员有活泼勇敢者，均为彼网罗以去，所余者，不为庸懦，即富反动，虽云广大之组织，徒供奸党之支配。以故工农组织，几竟为共产党所把持，而军伍之中，亦有其潜伏之力量。武汉攻克而后，国民党势力几遍长江流域，凡国民党之领袖，率皆置身军事，无暇后顾，共产党于是便先发制人，操纵政府及中央委员会而厉行其“取而代之”的政策。时至今日，二党关系，已成仇敌，而且相见以刃了。在二党原为政党，政党之本性，原在争夺权利，其合也以利益之暂时均同，其分也以利益之发生冲突。假面既揭，城府皆兵；蚌鹬相争，渔人顾盼而笑。所谓国民革命，所谓劳农革命，于此不能不将“成功”之希图，付之落花流水。国民党为小资产阶级之表现党，共产党乃图谋“专无产阶级之政”的扒手党，二者皆不为无政府主义者所赞同，而前者所求实现之平均地权、节制资本，与后者之建立中央集权的官僚社会主义政治，皆为无政府主义所反对。二者在无政府主义者眼光观之，皆不是同志，甚至于不是友人。无政府主义从客观的历史上的教训，早已认清了过去现在甚至于未来的政党，本性无非是争夺利权，谋己党的独裁。他们的结合是不能长久的，他们向民众所允许的利益，是永远不会偿付的。他们中间磨牙吮血的斗争，便是无产阶级所受的残酷凶暴的屠戮。无政府主义者早知道这一回事之必然与不可避免。然而大多数民众还在这样的沉醉酣睡，都把“自己解放的事业”付托给诓骗成性的政党，又有什么办法呢？民众自身是有极伟大的力量的，然而他们却太看轻了它了。这回国民党军之胜利，虽然在军事上有一个重要因子，然而民众直接的参加与援助，也是非常显明的。然而所得到的又是什么？……让自己在蓬门斗室中，在冷饿交迫中，在惊惧战栗中仔细去玩味想想！……

假如无产阶级或者被压迫阶级此时还不急迫的认清自己的力量，团结自己的组织，鲜明着“自身阶级的解放是自身阶级的事”这个口号，而铲除一切欺骗我们的政权骗子，那末，这种因二党冲突而白受的牺牲，与被其利用的一切痛心的事实，还多着呢！还大着呢！

走出了第一层监狱——马上又披着一重镀金的枷锁——而且，远远的，更好看，更动听，更惑人的囚笼又为你开了门了！

**《民锋》第2卷第3期，1927年4月。**

# 时事摭论

## （一）最近的观察

时间的推移，一步一步的把许多集团或个人虚伪的面网揭破，狐狸妖形都在我们的眼前毕露了。我们本期的文字，都是早在五六月前做就的，但事实都一一给我们证明了。

“以暴易暴兮，不知其非也！”民众的一切自由，是仍然在党的独裁之下破碎；苛捐杂税在美妙的名目之下仍然向民众剥削了；政府的机械，已经露其无能及昏庸的丑态；“党争”的幕后，隐藏着私人权利的冲突；军事当局的悍然，与军阀当局无异……

民众在装饰的舞台之上，含着血泪欢迎了！“旧的帝王死了！新的帝王万岁！”

尽管武汉的共产党已然被国民党左派放逐，不得不保持着“退的战略”，与当日合作的政府和党分了家；尽管汪精卫等也高唱其反共反蒋的口号；尽管李宗仁、何应钦、白崇禧等迫蒋下台，与汪精卫、谭延闿、唐生智等联合打着反共护党、宁汉党部政府合并的旗帜——尽管他们都在口口声声喊道；“国民革命！中国民族解放！”然而事事仍只是要“一切权利属于党！”“属于党的领袖！”哈哈！目的与手段都十足的暴露其“仍然”莫斯科罗马的精神了！

国民党已经宗教化；国民党的领袖已经英雄化；国民党的目的与手段已经莫斯科与罗马化；国民党的横暴已经“异教裁判所”化及“其卡”化了！……

一班民众仍旧匍匐蜷伏饮泣着，让权利的野心家重新从自己的身体上践踏，灵魂上强奸。

这个时间中，许多站立不稳的青年最容易迷蒙着，于是我们见着好多青年跟随着我们的叛徒吴稚晖、李石曾等去了。他们不独曲解三民主义和无政府主义而为之撮合成一四不像的怪物，不独在团体中主张直接和国民党取友谊和容忍的态度，不独公然宣言个人加入他们党内做事只是吃饭的关系与团体无关，不独公然宣言个人加入他们只是一时的策略，而且还今日宁沪、明日赣鄂的为他们奔走以贪图些微的末利。这是如何的痛心啊！为了想一时的“挂羊头卖狗肉”，结果只落得“带羊头卖羊肉”了。为了这样，他们更退了一步把蒲鲁东这只偶像拾起来，装上阶级协调的心肝，穿上他们“互依主义”与“互助”的冠裳来反对阶级斗争，吁！我知之矣！

然而时间究竟是淘汰的车轮。时间过去了，奔走疲劳了，事业只有小成或者失败了，由失望而恼怒了，而觉悟了，——于是，再回来，从迷途中回来。我知道了好多好多人，我虽然可恨其机会主义的动机，但也可怜他心中所受的惩责；然而，那最不可恕的还是那些披着忠实同志的皮的机会主义者。

为了我们真理之发展，我们还不能不和这些人战！

## （二）宁汉分合

宁汉之分，为领袖的意见冲突与意见矛盾，宁汉之合，以奉鲁威胁，与二领袖对峙的均势破裂，这是极分明的主要原因，然而却都在“总理的忠实信徒”之假排场之下撑出为了“容共”与“反共”的幌子。固然，共产党在宁汉分合两关系之中，自有其挑唆离拨的作用，然而国民党的领袖们，总不能否认我们的话罢！我们假若平心静气，细绎汪唐等汉反蒋的演辞，宁汉洛间调和的通电，宁沪拥蒋反汪的口号与宣传……这些事实，是在民众之前昭然的。

我们不是共产党，也不是国民党的那一派。我们是真正代表无产阶级利益而奋斗的无政府主义者。我们不相信政党和政府在他们获得了政权以后，能给我们以真正的自由平等生活的权利，所以我们对于宁汉政党与其政府之合并，认为一丘之貉。一切政纲上、口号上、文电上允许民众的好听名词，都是不能兑一文钱的冥国钞票。其压迫无产阶级的革命解放运动，其压迫更左更革命者的言论行动，其施行恐怖手腕是一样的。

他们何尝在替民众谋利益？何尝在替革命设想？彼此间都在权利位置上闹意见，大家都在政府和党部上争什么正统，不知道他们在闹的什么“封建的——英雄的”把戏！徐蚌之失、南京之危、江北之复归孙氏所有，原来都是“国民革命的大功臣们”自己召出来的。

一幕闭了，第二幕已经在佈景之中，看！将来演出的把戏又是什么样。

## （三）蒋氏的功勋

南京的党部和政府，实在——从其本性上说，从其职能上说——只是以蒋介石为中心的一个“大排朝”。蒋存则存，蒋亡则焉得不亡？蒋氏在国民党之国民革命上的功罪，今姑不具论，而对其统治下之无产民众，却铸造了滔天的罪过。

他在“革命”的名号之下，压迫打倒“篡党卖国”（!）的共产党，然而却欢迎了研究系和国家主义者；他在“清党”的名号下，清出了“阴谋移代”（真的!）的共产党及其嫌疑犯和一部分他们的忠实同志，而欢迎了土豪劣绅、贪官污吏、昏庸老朽。他固然解散了上海总工会及其武装纠察队，然而却庇护了十足的工贼，以发财为目的而帮助厂主资本家压工人的上海工会组织委员会。他固然驱走了“军阀恐怖”的李宝章、毕庶澄，然而却放出了更狡谲、更残酷、更贪婪的杨虎、陈群、潘宜之、周凤岐……。

不独真正的共产分子被压迫屠杀了，便是他们的忠实同志也不免于在警备司令部割头——譬如上海特别市党部工农部的张君毅！

流氓的合同组织中华共进会在上海做了蒋氏的“其卡”，资本家、厂主、帝国主义者都沾沐了皇恩了！

国民党由其拥护小资产阶级的本性一变而为拥护资本家与地主的武卫。

以上都是蒋氏的功勋，我们无产小民有什么话说呢？除了沉痛哀泣和磨刀拼命之外。然而蒋氏的皇朝终于被（一）则孙传芳、张宗昌兵势之威胁，（二）则部下李宗仁、何应钦、白崇禧、李济深之携贰而下台了。跟着便是宁五委员“一了百了”乘势下台，而国民政府于以奄息；跟着便是杨虎、陈群、潘宜之的知机远飏，而上海工贼之窠穴——工会委员会的狗子们慑心丧胆。

在旧的政权正没落，新的政权（压制）未确立之前，我们亲爱的无产民众应该怎样？光荣的反叛呢？或者是奴隶的屈服？欢迎新的帝王呢？还是打破身上的枷锁？

九月七日

**《民锋》第2卷第4—5期合刊，1927年9月。**

# “抗战”诸方面

## 一、抗战第一

所谓“抗战第一”并不是除了单纯有关战争的事而外一切都放下不管，推到“等战胜后”再来。战争不是孤立的社会事象，尤其是在现代，它的胜败，和一切社会的、政治的、经济的、文化的因素分不开的。老实说，社会任一事象，都绝非孤立的，和其他事象毫不关涉。因之，即使是为了抗战胜利，也不能不顾到整个社会生活的机构调整改善，有时，甚至不能不采用革命手段。补苴罅漏的方法，不惟寡效，而且是贻害的。

战争——反日法西帝国侵略的战争爆发了。经过数月的苦斗，发现了军事、政治、经济、文化……各方面都还存在着许多失调，许多积病，而有害于战争的胜利。政治上，官僚政治并不曾清涤干净，封建的派系的个人利禄的势力未尽扫除，对于大多数人民的利益还不曾顾及，人民也还不曾获得他们的最基本的种种自由（如言论，出版，结会集社等等自由)。在经济上，苛杂尚未除尽，种种负担尚直接加诸或间接转嫁在贫苦的小市民和工农的身上，城市乡村的民众尚受着贪污的官吏保甲豪绅土劣的剥削。总之，加诸民众的压迫与剥削，仍尽是存在的。在文化与教育上，依旧不够“加紧”，不够“开明”，民众尚不能或不敢用理性来思考，批评，判断。

然而这次抗战之决非单纯的政府抗战，军队抗战，而是“全民抗战”，已为上下所同的认识，于是抗战的胜利，便决定于抗战之是否为实际的“全民的”一点。于是，动员民众——组织民众，武装民众——又成为各党各派，在朝在野一致的主张。抗战——既是政府与民众一致的主张，且有一致的利害，则使主张成为事实，似乎是容易的。然而，到了现在，抗战已经是半年多了，“‘全民的’抗战”还未出面。

事实是不必列举的。(目下有许多同志，便载有此种事实的通信或报告，譬如，看大家所熟知的长江在《抗战三日刊》上发表的《感慨过金陵》和《赶紧洗刷我们不合理的政治》,《烽火》十期上芦焚的《但愿如彼》,《全民周刊》三期张劲夫的《战地所见的严重问题》等等。)政府当局虽已曾严令严惩贪污，虽已曾实行严惩违反军纪的军人，虽已曾宣言组织民众，根绝汉奸，然而，封建恶势和官僚政治，毕竟非单靠官方命令所能铲除，根绝汉奸，亦不是只靠侦查捕杀所能奏效。而最有力最根本的办法，实在这是一个民众的组织。城市乡村的各行民众组织好了，武装好了，不只是可以肃清贪污、土劣、汉奸，而且还可以加紧生产，供给粮食军用，补充前线士兵，发动游击战……等等。

长江先生提供的办法:“鼓动民众之自动组织，并允许民众有为解除自己不合理负担而奋斗之自由。如此，民众自下而上之政治基础，可以逐渐建立，根绝官僚政治立脚之基石。”又，“在不违背抗战利益之前题下，应允许舆论有批评战时政治之自由。舆论有暴露贪污的能力，则许多腐败官吏，绝对无法立足，最低限度要相当收敛其腐败行为。”我以为是不错的，而且急需办到。我们如果得不到“允许”，我们也该自己来干，来争取这种“自卫”的自由。

此外，我还想在这儿提一提改善民生的问题。

假如阶级斗争是存在的话，讳言是无用的。而况改善人民生计——即使特别着重于贫苦大众，这也不能说这便是煽起阶级斗争而禁止提出、讨论，或甚至于便以为不可行。

其实，道理又是浅而易见的。我们现在是又患寡而更患不均的。抗战——无论在前方或后方，无论担任何种工作，生计总是绝大问题。枵腹不能奉公，即工作，也不能生出所期待的效率。然而，劳苦大众实在是生活在饥寒线上的。我们要求他们为战时需要而加紧生产，但他们何尝偷惰过？偷惰的是那些剥削者、寄生虫！往昔他们受够种种无餍足的不法的剥削，现时亦不免于“鱼肉”，我们是得不着他们的支持的。仅仅是“宣传”，没有用；若果用强制的压力，那只能收得相反的恶果。如果有钱者不出钱，而无钱者则出力以外，更必须出其维持低生活的钱，对于抗战的影响，是很显然的。

一切口号都最难实行。而口号一经提出以后，如何有效地实行，似乎更不在肉食者的顾虑之中，这是很令人痛心的事。讳疾讳医，抗战的最后胜利，如何可以获得保证呢？

## 二、“统一”与“统制”

著名的思想自由史［学家］的伯利在其第一章绪言（《思想自由与其阻力》）中说：“现在在最文明的国家中，对于言论自由总认为当然的事，很平常的事。……但这种权利经过了许多的血战，到最近才能获得的。”——然而，到了现在，即在许多所谓“最文明”的一国家（自称民主的，或自称为“最民主的”国家）中，或则只在宪法条文上承认了思想自由，而在法律，命令，以及事实的暴行上摧毁了它。或则，像其他种种自由一样，思想自由以及言论自由，都被自命为“最进步的革命前卫”认作“小布尔乔亚的空想”，而把它抹杀。中国自也难免。伯利说“费了数百年之久，才能使那些最开化的人民信服发表个人意见和讨论各种问题的自由，是一件好的事，而不是一件坏的事。”然而，这样的“信服”却不是伯利所举的“社会上某些有势力的部分——例如一阶级，一门阀，一僧族”所信服，他们反而“积极反对而更加猖狂；这种有势力的部分的利益是专赖固有秩序和固有秩序所根据的种种观念的维持而不变的”。

著名的史家房龙在其名著《思想解放史话》上说：“一个正开始解除其宗教偏执的恐怖的社会，此时又不得不忍着二种卑劣的种族的不宽容的与社会的不宽容及其他许多种偏狭的不宽容的痛苦表现，这种表现的发生，尚不过是十年前的事。”

但却是愈挽近而愈利益愈酷烈的事，一切各种拥护“我们的救主”的各教派，各僧族，都在文武并用，朝野夹攻，以诡辩而巧妙的理论，以合法的或非法的暴力，来摧毁人类的思想自由，表现思想的，将思想诉诸大众的理性的，言论出版自由，以及将思想见诸实行的行动自由。

这种文的（袍袖里却藏着刀剑的）理论之一，便是左的“统一”和右的“统制”。

然而便从我所引述的两部名著，从里面征引叙列的各代无数事实，一切各种摧毁思想和言论自由的势力都显然是坍塌了，——反而被自由的思想所摧毁。但“历史重演”，暴力者似乎是想要在人类历史上，创立他的独断教义的帝国而万世不朽一样。

而更奇怪的，是在高唱联合各党各派的力量来抗战的现代。“联合”不是“统一”的同义字，而“各党各派”必然意含抱持各种不同的思想的党派。所谓“抗战第一”也者，也只意含大家都趋向于求抗战之胜利，在对暴日作战的一致。摧毁暴日的法西

[斯] 侵略，又不是单纯在战争上，且不是单独在一派一系的主义、思想、言论……可以完成的。

所谓“全民”，所谓“全面”，而又要求“统一”或“统制”，我不知究竟有什么“全能”的方法，来完成此自古迄今，无一人无一派能完成的“伟业”？若果藉助于理性，则反为理性所不许；若果藉助于火剑，则此种火剑只能引起纷歧与混乱，或酿成后来一次的火山爆发的。

我倒也不想把现在这局势看得这样严重，而只想指出这些人的企图之“不智”，“无效”与“不合理”。

其实“统一”与“统制”已经厮拼起来了！（看《民意周刊》第二期）

实在，拿什么来“合理的”、“统一”、“统制”关于经济的、政治的、文化的、民众运动的动向？——“在中山先生的三民主义及其全部遗教之下”（看《全民周刊》四期邓初民文）？或共产党提出的“十大纲领”？而且用什么方法呢？据邓初民先生说：“假若有人走出了这一条路线以外，自然需要共同制裁，甚至不需要共同裁制，他自然要归于滑倒。”我看倒是让他“自然”“滑倒”的好，因为“共同制裁”是个未加界说明白的词。“共同”是否包括“全民”，而“全民的制裁”又是否以舆论来制裁？否则便是全民不知也不闻不问的，拥着它的代表的名号的某种势力了！然而这，决不会如邓先生的意：“绝不能随便把他提来关在牢里或用严酷手段来对待他。”

到了这个时候，还有人不曾把“抗战第一”或“全面抗战”“全民抗战”的意义理解清楚，是很可悲的事，思想自由已曾失败过了，灰烬犹未冷，而人们又想重新燃烧起来。人民至今尚不曾学会使用他们的思想自由，因为他们是不能在不自由的氛围来学习自由的。不要再来一次了！只要在抗战一个共同目的之下，全民的全面的抗战，是用不着把它约束在一条狭隘的独路里面去的。

### 三、民主的自由

全民的抗战，——为了抗战胜利，是需要给人民以自由的，至少，当实现民主的自由。何以说“至少”呢？因为近代意义的“民主”，仍和过去没有多大不同，而实在是不完全的，一部分人的自由，其中尚包含着一部分压制另一部分人的自由在。但便是这种自由，也是被许多学者、名流、报人、说士所否认了的，据说，也是为了加强战时机构，完成抗战胜利。

驳斥他们，倒也需不着高深的理论。总之，这次的抗战，是“不违民意”的、非侵略的外战，非封建式的自相屠杀的“内战”，那就够了。用不着怕人民，而且须得尽量地发挥民众的力量。

民众的力量在于他们的思想、言论、出版、组织的自由里。

在束缚与箝制，在“统一”与“统制”下发挥不出伟大的民众力量来。反而在命令强制之下的工作中，可以发现有意的“不负责”、“怠工”与“损害”来。

“那些能够自己组织财产的生产及消费，为着社会全体谋利益的民众，绝对不会被人管治的。那些能够自己武装起来占着国内最大的势力，并且于必要行动时能自己团结一致的民众，绝对不会受人命令的。那些能够自己筑铁道，造船只，设学校的民众，绝对不会受人管理的。……”这样子的民众最能防御一切外来侵袭的敌人，而这样子的民众，是只有在自由空气中才能滋长繁荣的。（自然，他们会以为争自由的挣扎，来保持，来学习，来发挥他们的创意力。）

这样子的民众力量，在抵抗侵袭的普奥萨（丁尼亚）俄联军的法国民众中，在击溃德奥军和但尼金、王格尔的白军的乌克兰农民，在目下西班牙的无产者中，表现到了顶点。假如他们没有自由，或没有挣脱束缚他们的枷锁，那么强暴的势力，是必胜的！

**《惊蛰》第2卷第4期，1938年4月。**

## 工作的态度

### （一）

我们接受了无政府共产主义的信念，我们当即时投身在为实现无政府共产主义的社会制度的工作里。这工作，是包括巨细、大小、各种各样、各部门和各阶层，而且是一个长期的历程。

旧社会制度虽然暴露了它的恶、它的矛盾，甚至呈现了它的动摇和不安定，然而，它有最长久的历史，有种种以维持它的统治为目的［的］传统、习惯、制度；有它的阶级基础——资产阶级的庞大的财力，它的政府的暴力，它御用的学者，它的麻醉与毒害大众的思想的教育，宗教与报纸……要一举而颠覆它，是不可能的。这非得以较长久的时间，从各方面去动摇它，毁它的根须，剪它的枝叶，然后才能够斩伐它的主干，拔去它的根。

何况，在现代，还有多少改良的党派，或自命为“革命的”党派也或多或少沿用了旧制度当中的种种弊害，或为了它的改良主义的妥协政策，为了它的“机会主义”，时而或多或少地和旧制度的代表集团相协调，而为它隐蔽或歪曲事实以欺瞒被压榨被剥削被凌践的大众呢？

所以，做了一个无政府主义者，而感到“无工作可做”，或“要党派工作给他做”，这的确是一个笑话，他除掉在团体中工作外，随时随地他个人都可以本着这个原则而工作的，这工作，甚至于不能和团体决定的工作截然分开。

工作是无处不在的，只要你做；工作是无处不有的，只要你找。

一个无政府主义者，是应该发展自己的创意力的。他应该成为一个动力而发动工作：宣传、教育、组织、斗争。

## （二）

可是，无政府主义者却有几点应该明了，——这对于工作，是有重大的关系的。

无政府主义者之所以成为一个无政府主义者，便在于他之否定现制度——政治的、经济的、社会文化的制度。如果他尚认为现制度有存在的理由，只须“补苴罅漏”便可革除社会病害，或则不必根本颠覆社会制度，只节节步步改良就是了，或藉助于资本主义下民主制度，靠“普选政策”，也可以逐渐消灭私有制度，强权制度等等，那他便不是一个无政府共产主义者。因为一个无政府共产主义者，绝不是未来的，或三千年后，或三百年后的，因为，如果他有这样想法，那他可以在三千年后或三百年后，让他的子孙曾玄做好了，他现下尽可以在任何政党当中做一员健卒，尽可守护他认为“改良已够，颠覆无需”的制度的。

实在，现代的无政府共产主义，决不是在现代不能实行的仅以“高尚”、“彻底”夸炫的哲学思想，也决不仅是一种清高的，道德的做人的态度了。我们的敌人或对于我们的主义的一知半解者，常常举出一个为我们所不承认的“同志”的话说，无政府主义是要在三千年后才实现的，他的方法，是要靠大学教育的普及。这个可笑的论断，连他自己已早在多年前的《民钟》杂志上纪念师复的文章内，大大地给一番改正了。他说，如果一切信仰无政府主义的人，都象他一样不工作，那便须三千年，若一切都如师复，那可以缩短至一百五十年、一百年就够了。我手边已经找不到那本杂志，可是大意是没有记错的，但我们的敌人，却有意地无视他后来的修正。虽然他的修正，仍是可訾议的。

我们是认为无政府主义之实行，即经社会革命的爆发，同时以新的建设代替旧的推翻了的制度。是“即时”，是说，为无政府主义的社会革命的工农组织，已经相当地庞大，而社会革命的预备已经充分的那时候，这不须三千年、三百年、一百年，这只决定于上述的条件之是否满足、具备。

而后备，是人的问题，是工作的问题。

眼前的实例，便是西班牙革命中 C. N. T（西班牙无政府工团主义的总工会）F. A. L（意伯利亚半岛无政府主义者联盟）和 F. I. J. L（自由青年联盟）的活动及其革命的经济建设的成就。

我们怎能在耕耘之前便希求收获呢？但老是坐着，寄情空想，而慨叹着这“收获”是三千年后的事，那才真正是典型的空想家啊！

无政府共产主义的实现的土地，就是在现世。它的战士，就是现在的生产者，离了他们，生产便不可能，社会便要崩解。而“除旧布新”的力量，便存在于自觉的革命的工农的组织里，在于工场、矿山、田庄里。靠了革命的知识分子的帮助，靠了先进的工农分子的警唤，靠了国际间革命无产阶级的先例，他们会觉醒起来。他们的组织，遂成了在现今为他们自身的利益而斗争的营垒，为他们学习了解、学习战斗、学习组织生产的学校，为将来革命经济的新机构，为将来防御革命的强固的堡垒。劳动者的创意力，他们的合同的、坚决的意志，他们的新组织，加上近代科学的发明，机械的普遍使用，自然动力及土地力之尽量利用……社会主义的“集体化的”生产方法，是胜过资本主义千百倍的！他不必要走着向后转的路，藉资本主义和国家资本主义来增加生产，以应万人的需要，以改善大众的生活。

这自然不是一蹴而可就的，自然会遇着多少困难，但这些困难是会得克服的，不必藉助于强权的机关——政府。如果在社会革命爆发后，再要建立起一个政府，支持一个“总揽式”的国家（totalitarian state），或让一个政党来一回独裁，则它在社会革命推行期中将成为更顽强、更致革命的障碍，那才会将无私产、无阶级、无政府的社会，延宕到“一百年”“三百年”……

## （三）

所以一个真正的无政府主义者，即必须涤除心里对于“现制度”的犹豫态度，即是防止有改良主义的倾向。要随时随地不忘“终极目的”。

可是，这并不是说，非纯粹的无政府主义的工作不干。要把工作细细分判出无政府主义的与非无政府主义的，那差不多不可能。好象一支火光，光的中心是有的，但要找出光的分界，那实在是蠢事，因为它已经透入黑暗层中去，而在它的里面，发生了作用了。因之，有许多工作，它，如果依着无政府主义的指导精神去干的，那便是无政府主义的工作，至少是利于或倾向于无政府主义的，如教育（包括民众识字教育、义务教育、社会教育、学校教育等等），如科学运动，如破除迷信运动，如民众自卫运动，合作运动，拥护民权运功，民众法律顾问等。如果违反无政府主义的指导原则，即使是工人运动，农民运动，那也是一种叛徒的行径。

无政府主义者为了要使他们的原则深入社会各生活层，为了从各方面拔除旧社会制度的潜势力，它们是不能只局限在一个纯无政府主义的组织内而工作的，他必须走进黑暗的所在、污浊的所在、恶势力的所在，他必须走进大众，将自己达到大众面前。

因之，自以为“清高”，自以为有“洁癖”或以为“不完全则宁无”，于是，轻视一切其他工作，更坐着喊“没事做”，那简直是谬误的。

这种人，不是认识不清，便是有意地怠工的“托词”。

宣传、教育、组织，帮助大众解除愚盲、受欺及压榨——这是多么广大、多么丰富的工作范畴啊！

但那是必须自己去干的，他应得和其他同志为团体的、有组织的活动，但他必得“自动”，而不可有“被动”倾向。

又有些人爱把工作分为“实际的”和“不实际的”两种，其实，它们并无绝对的标准。这些人每每以为工农组织工作才是实际的，有些人更以为只有武装行动才实际，而文字的和口头的宣传工作、教育工作、经济工作都是不实际的，这简直是大错误了。

答复他们是容易的：工农组织不是从想象中产生，武装行动，至少要在有了工农组织的基础建立牢固之后，或在非常时期，才有意义。否则，宣传工作、教育工作……倒反而是实际的。因为，先要有这种实际工作，才转产生出后一种实际工作来。甚至于，在后者有了之后，前者也还是实际的，只有当后者已经存在了之后，犹然抱定否定后者的态度而只局限于前者，或使前者孤立活动，不与后者发生关系，那才可以算得不实际。

认识一个时代的实际工作是容易的，认识在某种时地里，什么才是迫切需要的工作——那种工作便是实际的——也容易。

一个无政府主义者的组织，应该依时地的需要与可能，而决定各部门的工作与工作的计划；每一个无政府主义者应依其能力与志愿而分属于任一部门而工作；各工作部门，互相联系，而成为一个有机的策动体。

这便是无政府主义者的组织与分子之工作的合理的方式。

## （四）

有些青年在加入我们的行列时，怀抱着绝大的热忱与绝大的紧张工作的希望，这是值得我们非常钦佩的。但他们却从许多小说书上或从一些先进国中的运动史上深深地印入了一种传奇的、英雄主义的思想，他们希望一进来便做非常轰轰烈烈的工作呀，指导工人农人做着实际的斗争呀，或便有群众大会给他一试其演说的或煽动的才能呀，或立刻便遭受强横者的迫害而被通缉呀……等等。而其实，我们是不希望青年们有这种浪漫的情绪，或这种英雄主义的倾向的，我们希望的，更是沉着地工作的人，虽然有猴子般机敏、狮子般勇敢，但也须象骆驼般负重致远的人。我们希望每一个新的青年，学做一个“人下人”，在无同志的地方宣传，在无组织的地方组织，在基础未固的地方巩固基础，在运动活跃的地方增加新力和提供新的创意。

在团体本身，当然应该替新进的分子安排工作，然而在青年的身上，我们却要科以更大的希望。

惟有这种沉着的步伐、任重致远的精神，才可以免除“功利”、“热闹”的引诱而中途叛变，或将革命的无政府主义带上一种机会主义的倾向。

一九三八年七月六日

《惊蛰》第3卷第1期，1938年9月。

# 吴克刚

吴克刚（1904—1999），又名君毅，安徽寿县人。早年留学法国，积极参与无政府主义活动，后于1927年被法国政府驱逐出境。回国后继续发表文章传播无政府主义，他曾任上海劳动大学教授。1949年到台湾，在台湾大学任教。

## 君毅与震天的通信

震天兄：

信收到了。《民钟》扩充，改在上海出版，在这个时候，真是个再好没有的消息。中国现在，在我认为，是正在革命时期，人民的精神，比平常紧张，宣传思想，比平时来得快，这种机会，是不该错过的。

我们的眼光，努力，应该永远注重那般在社会上占最低的地位的人。一个社会，但是总可以很容易地把它分成两个阶级。似乎蔡孑民先生说过，他反对马克斯底“阶级斗争说”，而主张克鲁泡特金的“互助论”。这种可笑的误会，在同志中，一定不会有。但是同志中，有时不免有人离了社会上实际情形，去空谈理论，这是我们应该努力避免的。

无政府主义的一切理论，在我以为，应该以“为平民”三字为基础。离了平民，离了在任何社会都占最大多数的劳动阶级，无政府主义就不存在了。如果我们底刊物，是真能替平民说话的，我有两件事，希望大家注意：（一）积极的精神；（二）宽容的态度。

同志中有许多人因为种种原因态度消极，这虽是一件值得注意的事，但是比较起来，还不算很重要，我今天不去谈及。我所希望的，是刊物——代表我们多数意见的刊物——应有积极的精神。

中国人民，二三千年来，至少在政治方面所受的压迫，可以说是到了极点了。这几十年来，有些来“开化”我们的外国人来打我们的门，才渐渐地有点觉醒，才知道中国以外，不尽是蛮夷。近三十年，才有一班青年，组织起来，向旧势力革命。一九一一年，推倒满清，取消二千年来没有一个人胆敢怀疑的专制政体，建设一个民主共和国，在政治方面，总算一个大大的进步。五四运动，把与专制政体同生同死的精神束缚完全打破，文化才能有真正的发展。现在，国民政府预备打倒外国的经济侵略，他们的成功，是可以预定的，这也是中国进化中的一条必经的道路。虽然这些事离无政府主义的目的还远，但是社会进化，时间也是一件重要的分子，我们只要回想到二千年的停顿退化，这几十年的觉醒，以及未来的希望，已经很可以令我们兴奋振作了。

无政府主义者对于这些事的态度，是一件很值得讨论的问题。有些同志，以为无政府主义的理想，是很高很远的，这些改革，这些变动，关系很小，不甚重要，无政府主义者可以不必过问。这种“袖手旁观”的主张，我是万分反对的。他们以为除了无政府革命以外，什么改革都不关重要，除了无政府主义底实现以外，什么事都不值得注意——这种头脑简单到这样地步的人，在我以为是不适于过问非常复杂、时刻变动的社会问题的。

还有一些同志，以为旧势力的将倒，是不成问题的，我们现在应该努力去攻击与我们敌对的较进步的主义及党派，我们攻倒以后，无政府主义就可以实现。这种主张底错误，是显而易见的。在理论上说来，在一个旧势力没有完全消灭以前，我们只有与各较进步的党派联合起来，打倒前者，决没有反过来攻击后者的理由。在事实上，这些同志底主张，对于社会，对于平民，也只有害处，丝毫没有利益。旧势力虽然必倒，但是如果没有人力去攻击，自己决不会让位。

翻开一份无政府主义者的刊物，满纸都是否认、反对、攻击的文字，几乎使读者疑心无政府主义者只有消极的批评，毫无积极的主张。原因自然很多，但我以为，没有了解一个主义的真正的价值，没有明白主义与现实的关系，也是其中之一。

社会现象是极复杂，社会里面的个人，意见思想一定不同，不过总有一般人思想相差不远，如果组织起来，就成了一个党或一个派。如果有一个人或少数人把大家的思想，很明显地表白出来，就成立一个主义。如马克斯主义、列宁主义、孙文主义等，都是根据一个人——的意见的。便是无政府主义，虽然小派别很多，但是大多数公认的，还不是克鲁泡特金主义？——即是说，无政府主义的理论，大都是以克氏的著作为根据的。

我要问了：任何主义会“完全实现”吗？决不会的！无论是在平时，无论是在革命时期，许多社会现象互为因果，思想会影响事实，但事实也会影响思想。如果有人以为以克氏的著作为根据（因），努力宣传，会有一天，把克氏书中一字一句，在社会生活上完全实现（果），这人一定是个呆子。与其他一切主义一样，克鲁泡特金主义，也是不会完全实现的。

一定会有许多同志，根据“不完全，毋宁无”的主张，来反对我的这个意见。但我是不赞成“不完全，毋宁无”这个主张的。自然谁都希望我们的理想一一实现，但这只是一个希望，事实是否能如此，实在不敢预言。对于平民，如果不能得到“完全”，在我个人，是不主张“宁无”的。

现在的社会，令人愤怒的事实在太多了，无论在什么地方，我们个人的生活，总是在矛盾冲突之中。如果不愿掠夺别人，在男子方面，只有去被掠夺，在女子方面，只有去卖淫——贤妻与娼妓，形式虽不同，卖淫行为却是完全一样。如果有人要用一句话来形容这个现社会，没有比“男盗女娼”这几个字，更确切的了！在这种情形之下，稍有良心的人，总要时常有“忍不住了”的感想，恨不得今天就把这社会完全破坏，明天建设个合理的社会，我们的生活，虽不要幸福，却可以不发生矛盾了。可惜这样的一个革命，不是少数人所能为力——我更要说，也不是一党所能单独实行的。这个理想与现实间的冲突，是非常令人难堪的——只有亲自感觉到这种矛盾的人才能知道，这个苦痛是多末的残酷。

但是，我们却不要因为理想的不易实现，进化的有时迟缓而失望悲观。在与旧势力奋斗、努力前进的活动中，也许可以得到一点忘却，一点愉快，一点生命吧。一个人要在什么事都不能干的时候，才会知道那活动的生活，对于一个抱有理想的青年，是多末的必需，多末的重要。我们并不希望，在现在的中国，是要实现一个理想的天国，只要能使社会进化得快点，早些接近我们的理想，使现在的种种罪恶渐渐消灭，会有一天，终可以令人过个矛盾较少的生活，进化的阻碍也减少许多——也就很值得我们努力了。

对于中国的无政府主义者，我希望大家少有理论的批评，多做事实，少有无益的辩论，多去与平民接近。如工团、农团、合作社、平民学校等等，都得有人去干。我们的刊物，也该努力设法使平民阅看，单靠一般学生，无政府主义是绝对不能成功的。

把西洋他们费了数十年工夫研究所得的理论，介绍到中国，当然是件最重要的事，但是同时对于中国现状，我们也该有些具体的积极的主张，如地方分权、言论自由……等，不过无政府主义者现在应该用全副力量去提倡的，是农人问题，土地问题。

这个问题的重要，是不消说的，在中国谈到平民，即是指农人。我希望我们的刊物上，应该多载关于土地问题的文字，使大家明白，土地的私有制，是多末的不合理。最好能够联络一般人，组织一个团体，同志以外，更容纳许多对于这问题有同情的人，先在我们的刊物上，代农民提出一些要求。这种要求，希望大家详细讨论，但最重要的是：限定一个地主应有的土地的亩数，过了此数，完全充公。孙文所主张的，土地应由国家渐渐收买，这种用被盗者的钱去向强盗收买赃物的办法，我们应该力加反对。至于充公以后，能有“共产”的组织，当然最好，否则无论如何，总比现在放在不生产的私人手中好些。

如果大家尽力向这方面努力，使有许多人很表同情，如果有几处农民亲自动手，渐渐地扩大范围，我们的这种计划的完全实现，是很有可能性的。即使退一步说，如果我们真是努力，即使不大完全成功，一部分的效果，是一定会有的。不过这件事，应该快些去干，错过了这个革命时期，以后就迟了。

最后，我还想讲几句关于国民党的话。这问题是太具体了，同志的意见，一定会分歧。但我总以为在这个许多纯洁的青年跑到南方去牺牲性命的时候，我们绝对地不该袖手旁观、冷讥热诮地说“南北一丘之貉”，更不该把更坏的势力，置之不理，而专门去反对批评国民党。我还要更进一步，如果有些同志，只去现在帮助他们革命，将来不去升官发财，我们非但不该反对，反而只有赞成。（如果有人说我现在的意见，与三年前在《自由人》上发表的不同，我老老实实地承认，那时的意见，是错误的。）但我并不希望人人都去加入国民党，如果有人在国民党以外努力去干社会运动——如前面说过的农人运动等——效果一定更多些。

**君毅　一九二七年二月四日**

**《民钟》第2卷第4—5期合刊，1927年5月。**

# 无政府主义与实际问题

Si I’on Sait comment une revolution commence on ne Sait jamais jnsqu’ou elle ira

——Kropokine

无政府主义，不是一个空洞的学说，不是一个抽象的理论，而是一个平民的运动。它是从平民里面发生出来的，它底将来的实现，也全靠平民自己，靠他们自己底努力，他们自己底奋斗。

这里所说的“平民”，不是一个抽象的名词，而是确确实实地指那般在现社会受压迫被掠夺的人——工人、农民、兵士，商店、官厅等处的职员以及各种无业游民。

这平民，这无名的大众，现在是被轻视，被欺辱，被血肉，被杀戮，但是人类一切伟大的事业，全是他们创造出来的。一切良制度，一切好习惯，一切物质的财富，一切精神的文明，都从他们手里出来的。世界上如果有一件万能的东西，这一定不是上帝，不是政府，而是那无能而无不能的平民。

无政府主义底目的——唯一的目的——就是要得到这平民底完全的解放，使阻碍平民进化底一切阻碍物——政府、私产、宗教的迷信等等——完全推翻，使平民能够自由发展，自由创造。

无政府党应该时时刻刻与平民接近，到平民里面去，做个平民，使他们了解他们自己底地位，使他们知道他们自己的力量，使他们敢用自己的努力及奋斗，去要求解放，不靠天，不靠皇帝，也不靠政党与伟人。

这却不是一件容易的事呵！因为长期的压迫与无知，现在的平民，自己总是把自己当做是皇帝的奴才，鬼神的玩物，有势力、有金钱、有知识者底愚弄欺骗的物件——在狭笼里闹了几千年的奴隶，那里还敢要求解放哩！那里还敢希望自由哩！

我们无政府党，要使平民自己去解放自己。我们知道，我们选了一条最困难的路，但是我们也知道，只有这一条是真正的、唯一的到解放之路，到自由之路。

但是中国的无政府党，却大多数不是平民出身，我们对于平民底生活、平民底情感、平民底要求、平民底希望，是完全隔膜的。我们底无政府主义，只是几本西洋翻译的小册里出来的，我们所干的事业，只是理论的辩难，学说的研究。我们不了解平民，平民也不了解我们。

站在压迫阶级——资本阶级或组织阶级——而表同情于平民，这当然是件难得的事，高尚的事。但是单有同情是不够的。

站在吃人阶级而表同情于被压迫阶级的人，如果他底同情是真实的，那他一定会有一个极大的精神的苦痛——思想与行为间的矛盾。

每块面包，都是从饿死的妇女小孩底唇边抢夺来的！但是谁有勇气能坚决地拒绝吃这可耻的面包哩！谁有勇气起来反抗，使他底思想渐渐地在事实上实现哩！我们都是奴隶的子孙，又加上多年奴隶的教育，“过去”绊住我们底脚，那里还能大胆向“未来”前进哩！

但是，如果他自己觉得年轻，自己觉着还活着，有生命要求发展，有力量要求应用，如果他们要免除他底苦闷及矛盾，如果他要过个较美丽、较高尚的生活，他只有选择那一条——革命之路。

革命！世上还有比这个还更伟大、还更神圣——还更可学的事业吗？法国大革命时，有位 Lasteyrie 说“这是多末的美丽呵！我要走遍法国，饱赏这美景……真的，这的确是非常壮美的！”

但是革命又是一件最希有的事，千载难逢的事。我们真是幸福，生在这个时期，眼看那睡了几千年的四万万奴隶渐渐觉醒，竟敢站立起来，演一出美戏，我们是多末的幸福啊！

但是，许多中国同志，在大家演这出悲壮的戏的时候，主张我们只该袖手旁观，静守中立，高兴的时候，加以批评，加以指摘，加以冷讥，加以热骂！多末一件可怕的错误呵！

这个主张的理由，大略如下：

“现在的中国只有南方军阀与北方军阀的私斗，只有赤色帝国主义与白色帝国主义底争夺——并不是革命。所以无政府党不该过问，不该加入。

“即使退一步说，现在中国是在革命，但这个革命，并不是无政府革命。所以无政府党只有不管，只有守中立。

“中国无政府党现在最大的、唯一的任务，是‘心理革命’、‘思想革命’、精神的改善、个人的修养。

“不完全，则宁无！‘纯粹的’无政府党，不该参加任何不是‘纯粹的’无政府主义的运动，不该去干任何不是‘纯粹的’无政府主义的革命。”

前三年的我，也曾经抱过这种主张，但是现在，我要大胆地承认我底错误了。我要老老实实地承认，我当时对于革命是什么，完全没有了解。

任何革命，在起初的时候，决不会是纯粹的无政府主义的。如果要等有了纯粹的无政府革命才去参加，那我可以断言，请以后不要再谈革命了。

革命是一个社会现象。一切社会现象，都是异常复杂的。许许多多因，产生一个果，果又变为因，循环不已，永不停止。要使一个革命仅受一个理想底的支配，在历史上从来没有过，在以后也许永远不会有。

无政府党对于一切平民运动，对于一切革命运动，都该参加，使了解、相信我们底理想的人，渐渐地多起来，使我们底的理想，对于社会全体底影响渐渐地大起来。站在平民外面空谈革命，是永远不会有好结果的。

一个不是纯粹无政府主义的革命，是否就是全无价值了呢？让我们举个例：法国大革命，以它底结果论，完全是个资产阶级有政府的革命，但是谁敢反对那次革命底价值呢？

中国这次革命，将来的结果，无论是如何的坏，但是我总相信革命后的平民生活，一定胜过革命前，革命后底进化底速率，一定比较再快些。对于这种变化，无政府党决不该冷淡，决不该轻视。

在革命时期，平民所受的束缚比较少些，他们比较的可以自由发展，一面破坏，一面创造。无政府党应该到平民里面去，使他们更大胆、更勇猛，尽量破坏旧的，努力创造新的——这种机会，无政府党是不该错过的。

革命就是一个最好的平民教育。平时不敢说的话，在革命的时候敢说；平时似乎没有的思想，在革命的时候完全发生；平时不敢做的行动，在革命的时候敢做。革命的时期越延长，平民的勇气越增加；因此破坏的范围，也越深越远；将来得到的结果，也越伟大。

法兰西革命的结果是那样的大，在革命未发生以前的人，连做梦也不敢想到的。

而只一次革命，除了那已经实现、已经得到的以外，还可以使后来的进化更加快些，还可使下次革命走得更远些。伟大的革命呵！没有你，我们还在跪在一个畜牲面前，挨了板子，还要称谢哩！

至于“心理革命”、“思想革命”底重要，我是承认的。在一个旧社会里，如果没有少数人在思想上已经多多少少起了点革命，这社会底改造，是不可能的。但是，我们不要忘记，这永远只是“少数人”，仅在思想上而且仅是已经“多多少少”起了点革命。

信仰无政府理想的人，永远是少数；抱了无政府理想的人，在行为上永远不能与理想完全一致；便是在他们思想里，也不能完全自由，完全解放。

个人底革命与环境底革命，是不能偏废的，个人底革命，永远是部分的，只有环境底改造，比较是普遍的。如果法国当时的革命者，也与现在的中国无政府党一样，只鼓吹心理上的革命，思想上的革命，而不去杀皇帝，烧监牢，对内不与旧党宣战，对外不与各国军队抵抗，现在我们底脑袋里，连“无政府主义”这几个字，恐怕还没有哩。

一个无政府党应该对于他底思想及行为，努力去求解放，并且努力宣传，使他人也能如此，这当时是一件非常重要的事。但是如果要说，用了思想革命，就能使人类全体得到完全的解放，这简直是做梦。

中国现在，在我以为的确是在革命时期。这次革命，在里面上似乎与无政府主义本身没有直接关系，这次革命，不是一个纯粹的无政府革命，这是我承认的。但是除了纯粹的无政府革命以外，别的革命，就不是革命吗？

中国现在既在革命时期，那末，无政府党如果是革命者，就该去参加革命，决不该借口现在的中国革命有许多缺点，有许多罪恶，就站在外面旁观。

无政府主义不能发达的原因，在我以为，就在太顾了主义的学说、理论及原则，而太不管现实，太不知行动了。

这是全世界无政府党的通病，中国同志当然不能完全免除。——但总希望，不要太过火了。

无政府主义是平民的运动，但是中国的无政府党，却是完完全全与平民无关。什么“伟大的个人主义”，什么“要把情感生命，寄托在伟大的过去，或是理想的将来”，什么“把现在的苦闷，逃脱在理想世界中”，什么“绝不生活在‘现在’，也不做‘现在’的工作”。能说能懂这种话的，只有那已经杀了许多小孩，饿了许多男女，间接强迫许多少女去卖淫、许多老人去自杀的在过吃人生活的人，他们不是无政府主义者。

无政府主义底目的，是非常“平庸”，丝毫也不伟大的呵！他只想设法使人人底肚皮能够装满。当然，无政府主义并不是除了一块面包以外，没有别的理想，但是大多数过犹愁这块面包的时候，对于那种“不注意物质”的“游览名山，寻吊古迹”的、“独留恋于新幻想”的、“不生活在‘现在’，也不做‘现在’的工作”的、“善”的、“艺术”的、“伟大”的、“个人”的“趣味生活”，我们无政府党，是不忍主张的。——在现在，这种主张，简直是个“罪恶”!

震天说得好：“在如此的社会环境中，人们怎能为善呢？人性不恶的，也自然变恶了。你觉得这种社会，还有存在的价值么?”便是因为这个缘故，所以我反对只干那“心理上的革命”。我们应该到这个社会里面去，活动奋斗，能干“一分”就是“一分”，我是不赞成那“不完全，则宁无”的主张的。

中国无政府党，应该加入中国现在的革命，前面大略已经说了一点理由了。无政府党并不“给予”平民自由，我们不过尽我们底力量使平民自己会去“争”自由。无政府主义并不是天经地义，可以用来教训平民的，我们应该到平民里面去，请问他们有什么苦痛，有什么方法可以消灭这种苦痛，请问他们有什么要求，用了什么方法可以满足这种要求，——我们应该到平民里面去，请教平民。一个无政府党离了平民，就不成一个革命者了。

一面我们应该加入中国现在的革命运动，一面中国现在的革命运动，实在也需要我们加入。

只有无政府主义者，是真能代表平民的。一切压迫平民的社会制度，只有平民自己才能去加以改造。无政府党到平民里面去，可以使平民了解自己——了解自己也是一个“人”，应该自由，应该平等。使他们明白，一切伟大的事业，少数革命者仅能站在发起的地位，至于实行，还要靠平民自己。使他们明白，在一切革命时期，平民的革命精神要比他们底首领大得多。使他们知道那些已经得到、而自己没有觉得的自由。使他们明白他们自己的力量，敢去争取自由。使他们明白，他们所以无力的缘故，全在太散漫了。使他们明白，在革命的时期，应该乘机组织平民的团体。使他们明白他们过去已经做过的工作，尤其是使他们明白将来可以做出的事业。使他们明白，一切革命都要平民去直接参加，便是一个“政治”革命，如果这革命不多多少少是“社会的”，一定不会成功。使他们能够大胆思想、大胆行动、大胆攻击、大胆破坏，没有大的破坏，是不会有什么大改造、大建设的。使他们顾到，一切问题，无论是大的或是小的，一切伟人，一切首领，都只会过问那些夸大的计划、空泛的言辞，许多简单切实，最关重要的问题，只有平民自身才能知道，才能解决。总而言之，无政府党应该使平民不要崇拜英雄，不要迷信官厅而信任自己，依靠自己。

“过去”绊住大家，非但“一般人”，是平庸凡俗，便是革命者，也大都不敢大胆地去破坏过去，大胆去希望将来。无政府党应该做他们底前锋，使他们也走得更快点，更远点。一切革命，如果不多少带点无政府主义的精神——大胆破坏，大胆希求，信任平民，直接行动等等——这革命决不会有大的结果的。

克鲁泡特金，在他底《革命中底革命思想》指明许多革命者，在行为方面非常的勇敢、非常的大胆，——但是在思想方面，却非常的胆怯，非常的短浅。——这是一切革命所以不能十分成功的缘因。中国这次革命，大概一定会蹈这个覆辙，但是希望无政府党能够努力多少补救一点。

破坏，扰乱，暴动，反抗等等名词，在这次革命里，实在太少了。而这个破坏时期，是必要的，是非常重要的。旧制度有了多年的历史，根深蒂固，对于他底势力，决不要看得太轻了！有时旧制度虽然推翻，虽然消灭，但是它底精神，它底灵魂，依然存在。法国国王底被杀，已经一百多年了，但是“国王万岁”底声音，到处听见——尤其是在大学里！破坏底程度不深，范围不广，这种改造一定是很浅、很薄弱的。

无政府党加入中国现在的革命运动，除了使大家敢去彻底地破坏以外，还有许多别的益处。

一切别的政党，虽然口口声声都是平民，但是实际上，他们是轻视平民的——尤其是农民。

但是在中国，农民几乎占平民的全部。离了他们，还有什么真正的革命可言？应该有人到农民里面去，使他们自己起来，提出他们自己底要求，用他们自己底力量，先去实现，不等政府底命令，官厅的告示。不要说这是不可能的呵！农民所受的苦痛，是那样的深，只要多多少少有点觉悟，自然会起来暴动，只要有几处先有了运动，不久就会传播到各地去。尤其是在革命时期，有时会发生大家所不敢预料的大运动。但是只有无政府党会看到这一点，只有他们，会向这方面努力。

无政府党加入现在的革命运动，还可以提出一个大家所不大顾到的一个问题：消费问题。我们应该设法去解决这个米的问题。怎样使米价低贱？怎样使大家不缺米？这是一件多末小的问题，但是又有什么问题能比这更大的呢？在大家都在讨论远大的生产计划时，我们应该过问这个根本的问题。因为生产只是方法，只有消费，才是目的。资本主义底一个罪恶，就是不顾消费的生产。

现在的中国革命里，很少人敢去公然主张共产。中国的私产制度，已经有几千年的历史了，大家已经认为是天经地义，谁敢否认？但是一切财产的起源，却是用不正当的手段得来的，平民并不难明白这一点。使平民起来，攻击私产，这是我们一个最大的目的。

现在任何政党都主张过分的中央集权主义，将来的危险是很大的。无政府党应该竭力去打破这种对于政府的迷信，同时还可以传播联合主义（Fèdèralisme）地方自治主义（Règionualime）等不违背无政府主义的主张。

总之言之，无政府主义在现在的中国革命运动里，是非常地重要的。它直接可以使革命运动，渐渐“平民化”，间接也可以使别的党派渐渐左倾。一个主义，也与一个个人一样，是需要活动、需要生命的。——为什么中国无政府党不去参加这次革命运动呢？这简直是“自杀”了！

无政府党既然应该去参加革命，但是怎样去参加？抱什么目的？用什么方法？拿什么口号？有什么计划？这些问题，都得请同志大家共同研究。

无政府党可以先代平民提出许多要求：现在种田的佃户此后不再缴租给地主；土地所有权以若干亩为限，过此限度全都充公；对于商业，至少要加以很大的限制；对于工厂，也可以主张由工人自己管理；每村组织一个村会，联合起来，与其他职业团体一起，管理一切事务；那小朝廷似的县知事衙门应该烧掉；其他如自卫、教育等等问题，我们也该有具体的主张。

我希望，同志全体都来共同研究这些问题，可以使我们对于现在中国革命，有一个具体详细而在现在又比较有实现的可能性的主张。

无政府党应该去参加革命，这个主张，我想是很容易得到大多数同志的赞同的。但是我们怎样去参加？我们对于国民党应取什么态度？解决这种问题，就很困难了。

现在中国同志，对于革命运动决不参加，对于国民党一味反对，一味攻击，这样态度，我是反对的。

最理想的办法，当然是立刻去干无政府革命，立刻去实现无政府主义。——但是无政府主义，不是我们现在少数无政府党，单独可以实现的呵！

郑铁劝大家“种我们自己的园地。”我不明白什么是我们底园地。在我以为，这个园地，就是现社会，就是这个“满目蓬蒿的废丘”。无政府党，要在这个园地里，把蓬蒿铲除，种上我们底“良好的果品与可口的蔬菜”。但是在这个大园地里，不仅是只有我们。有许多人，想在这已经满目蓬蒿的废丘上，还加种许多荆棘，有许多人只想种上一点大米小麦，或仅能糊口的杂粮。

一个社会，比一个园地要复杂得多，一个革命，又是一个生动活跃、变化莫测的现象，不能与种地相比。我们固然不该完全忘记我们底“良好的果品与可口的蔬菜”，但是对于种的别的东西，也不该完全不管、完全轻视。

有些同志以为，如果张作霖得胜，中国无政府主义一定会早些实现，如果国民党成功，情形一定会更坏些，现在宁可不管一切反动派，但对于国民党，以及对于现在反帝国主义及反北洋军阀的运动，却不可不竭力反对。这种主张，完全违背事实，完全不合人类进化的原则。

许多同志总以为国民党是个卑鄙龌龊的政党，里面除了许多旧官僚，旧军阀以外，尽是抱了升官发财主义的青年野心者。这也实在太不公平了。

那成千成万的青年，跑到广东去，或投入军队，或到各处宣传，有许多已经牺牲了他们底性命，他们底人格，会比那些干拆白事业的人坏点吗？在这革命时期，我们之中最高尚、最纯洁的好人，也只是静守中心，这种自己不做一事的人，对于现在的运动，以及对于现在正在干这种运动的人，是没有资格反对、没有资格批评的。

如果无政府党只要在书房里空想，只要在抽象的理论中过生活，那么，以后请不要再谈革命了。否则，对于一切革命，一切运动，都不该抱置身事外、独自清高的态度。而且在现在的中国，守中立几乎是不可能的。

请翻开武昌出版的《A》第三期，Y·D底《长沙欢迎北伐军提灯中之无政府主义运动》。我很想知道在大家欢迎赵恒惕、叶开鑫等军阀的时候，长沙的无政府党曾否散传单反对。但我细读那反对北伐军的传单原文，总觉得是一个反革命的青年党代拟的！

“中国无政府党并不守中立了，他们是与反革命派一鼻孔出气了！”这是格拉佛的话。

在我以为，国民党无论如何地坏，里面确是有许多人，并不是为了升官发财而革命的。而且他们现在的工作，如打倒外国的侵略政策，打倒北洋“尊道”的军阀，也都是我们无政府党所要干应干的事。国民党成功以后，虽然离无政府主义还远，但是要说平民底苦痛，会比现在更深些，这就完全不知道一个革命的重要了。

我的结论是：

消极方面：在现在革命时期，无政府党应该用全力反对旧党；对于国民党，暂时认为是友党，予以同情，不加攻击。

积极方面：在国民党外，（如果事实上不可能，则在国民党内）积极参加这次的革命运动，使这次运动渐渐地平民化，无政府主义化。

**《无政府主义与实际问题》第三节，民钟社 1927 年 4 月版。**

## 关于《克鲁泡特金全集的两封信》

健民同志：

克鲁泡特金！克鲁泡特金！这不是几个毫无意义的字，也不能单单说是个人名——他便是我们——政府主义者——自己，便是我们的灵魂！他的行为，是我们想做而做不到的；他的言语是我们想说而说不出的。克鲁泡特金！我们离了你，我们的生活，是何等的空虚，何等的无味，没有了你，我们都是无灵魂的“活死人”了。

但克鲁泡特金，已经死了，已经在贫困悲愤中死了！他不能再干那最高尚最伟大的革命事业了，他也不能再讲那最深透最动人的演说了——他半世纪牺牲努力的成绩，只剩了散在各处的著作。

他的著作的价值，我们不必多恭维，便是他的反对者，也是知道，而且承认的。不过他的“全集”，我至今还没听见过。

现在是强盗的世界！只要是关于“强盗之道”的，无论怎样的肤浅卑陋，都会受政府奖励，得社会欢迎，倘有一个人，说几句“人的话”，重则处死，监禁，鞭打，放逐，至少也要被骂为空想，作梦！

唉！空想，空想！天下事只要不是卑鄙龌龊，同流合污的，都是空想，都是乌托邦！在娼妓社会里，谈贞操的人当然是空想者；但在这强欺弱，富欺贫的强盗社会里，反对强权，反对掠夺的我们，也要被骂为空想者了！

所可惜的，今日的空想，即是明白的现实，今日的现实，皆是昨日的空想。那些骂我们是空想的人，你们不去向同类三跪九叩首了，你们没有辫子，也不缠足了，你们也不钻木取火，茹毛饮血了，……

历史告诉我们，只要是想在进化途上前进一步的，无不被骂为“空想者”的。

我们无政府主义者被骂为“今日的空想者”，是何等的荣幸呵！

就事实说，克氏对于哲学的研究，完全是用自然科学方法的（与马克思的“科学”不同），他对于经济，完全是用最精确的统计，对于道德问题，完全是根据生物学的结论，现在社会学，人类学等的进步，更处处证明他的学说是千真万确的。可怜的人们呵！你们难道除了“空想”两字外，再也找不到别的话可以反对他的了吗？

但是他的精确详明，毫无一点“空想”气味的著作，都散见各处没有人去整理编集。他用英俄德法等国文字著作，出版地决无定所，一生奔走流离，文字多先登各杂志报章。并且范围太广，整理实在不易。便是在英法二国，他的最重要的书，还不易搜集，那里还说得到“全集”呢？至于我们贵国，不了解他，误解他，骂他是空想者，乌托邦，甚至骂他是“土匪”，是“反革命者”，那当然不足为奇了。

不过我们爱克氏的人，自己实在不该不十分了解他，更不该不将他的真正的思想，介绍给国人。

有人说：一说克鲁泡特金，便是说近代无政府主义的全体，蒲鲁东，虽系无政府主义之父，但他一生并非专心注重在革命的无政府主义上；巴枯宁是个实行家，对于理论上，贡献得不多；邵可侣对于无政府主义哲学，功劳不在克氏之下，但他的《人与地》，卷帙太多，知道的人很少。集无政府主义之大成，而发挥光大之者，只有克鲁泡特金一人。

克氏不仅是一个可怕的无政府主义者，对于自然科学，哲学，地理，历史，生物学，伦理学，文学，经济学等的贡献，都是有永久价值的。倘是在全世界上，中文的

《克鲁泡特金全集》首先出版，这非但是我们无政府主义者的希望，也是中国全民众的幸福。

中国民族，现在正到了一个十字路口，旧路已断了，新路还未找到。向右转呢？是西欧的资本主义，帝国主义（国家主义）的死路；向左转呢？是俄国的列宁主义（我不说共产主义）一党专政（我不说无产阶级专政）的覆辙。现在正当的路，只有向着光明的大道，勇猛直进！克鲁泡特金全集，是徘徊歧路的中国（全世界）民族的惟一的指南针！

我希望一切相信或表同情于无政府主义的人们，一切敬爱克氏的人们，一切想替人类尽一部分责任的人们，一切相信人类可以由贫穷进至较富，由苦痛进至较幸福的人们，一切不甘永做政治的，经济的，道德的奴隶的人们，一切要做一个“人”的人们，同来完成这个最重要，最可贵的伟大工作！

祝大家努力！

**君毅于法国　十二月三十日**

再，中文克氏全集目录，健民同志，早已寄我，但里面还有很多不完全的地方。为忠实起见，我想渐次增补，务期完备，不过这事是非常困难，只好慢慢的做去。前寄健民同志的“克氏在新世纪所发表的论文目次”，即是这个工作的开端。下次通信，先将老同志来特诺（MAX NETINAU）在《新世纪》“克鲁泡特金专号”（一九二一年三月在巴黎出版）克氏著作目录翻译出来。来氏一生专藏无政府主义书报。全世界此类刊物，以他所藏的，最为丰富。他曾为《巴枯宁全集》费了数十年精力，四出奔走，尽力搜集。现在为了更重要的《克氏全集》竟没由（有）听说有人能如来氏努力了！

## 二

健民同志：

前信当已收到。我告诉你要将《新时代》里《克氏著作目录》译出寄你，不过昨天接史比罗（SHAPIRO）（史氏是无政府主义者，亦革命的工团主义者，在欧洲劳动运动中，占一极重要位置，前曾被莫斯科“无产阶级专政”的政府所捕，几遭死刑，卒由西欧真正“无产阶级”的抗议，才与高德曼，顾露曼二同志同到德国。现往［为］万国劳动会驻法代表，时在各杂志发表著作。史氏精通英法德俄世界语等种文字。）我译这目录时所有俄文及意大利文，均先由史氏代译成法文，这是应该感谢的。史氏事务甚多，但犹时时到图书馆研究。每晚教授各种文字，籍以［生］活。他住在七层楼上（中国人每以为住在极高楼上，为表示富有，在西欧则适相反。因六七层楼上，既多上下之劳，复极不卫生。以前格拉佛也住过六七层楼）小屋一间，生活尚不及一普通工人，但史氏安之，毫无怨色。冬季因房中无火，每日清晨外出，深夜始返。来信，说《新时代》里的目录，是“非常的”不完全。他又说有本俄文的《克鲁泡特金专号》所举他的著作目录，在二十页以上，较为完备。（史氏原信附上）我接了史氏信后，本想不译的，后来因为能读俄文的人，同志中很少，不如先将来氏的目次译出，以后再请抱朴同志根据俄文目录，将他补足。

第一类克氏早年著作关于地理自然科学的著作目录……

第二类关于政治、经济、科学、道德、历史及文学的著作目录……

健民：右面这个“非常的不完全”的表，已经“不少"了。克氏不过是许多重要无政府主义者之一，而他的著作，已如此之多，可见无政府主义的书报是多么的丰富，可见无政府主义，早已不是肤浅幼稚的东西了。中国所谓的“大学者”，每每骂谈主义者都是只看了几本小册子的，他们非常的太污辱了我们，而且简直是表示他们自己的“无知”!《克氏全集》，一时虽不易出“全”，但尽可先将最重要的译出，次要的以后可以陆续刊行。这事虽难，但只要全国同志大家有心去作，没有不会成功。

这目录刚要译完，即接得《无政府主义百科全书》，我的高兴，比听见《克氏全集》消息时，更大得多。因为这书实在是与《克氏全集》有同等的价值，同等的重要。这书由法国无政府主义老将幅耳（Sebaetien Faure）主编，由各国同志分任编辑，按月分期出版，数年后才能出全。我万分的希望这书出全时，我们的《克氏全集》，也能有点成绩!

下次通信，再将这书略略介绍。

君毅　于法国巴绪奥布　一九二六年一月九日

《民钟》第15期，1926年6月。

# 沈仲九

沈仲九（1887—1968），别名铭川，浙江绍兴人，曾用笔名信爱。早年留学日本和德国，后回国在湖南第一师范学校、上海大学及劳动大学任教。1924年主编《自由人》杂志，1927年又主编《革命周报》，对无政府主义进行大力的宣传。抗战时期，曾担任国民党福建省政府参议等职。1949年后曾任中华书局编辑。

## 对于开大会的意见

### 一

同志禅林提议开安那其主义者大会，本社很表同意。我们以为在理论上，现在有开大会的需要，是不成问题的。我所认识开大会的理由，大约有左列两种。

（一）我们并不把大会看做中央的机关，以为他可以统一一切，他可以命令一切。我们并不把大会看做各地小组织的统率者，以为主义的实行，须靠大会来负责。在大会中以多数的可决，通过各种提案，以大会的名义，号令各地同志去履行，这不是我们所期望于这次的大会的。我们以为大会不该有这样的权力，而且也不能有这样的权力。我们如果把大会看做这样，就错认了我们大会的性质了。我们须认清，这次大会无非是给与各同志以互相讨论的一种机会。凡是到大会的人，对于主义，当然先已信仰，不过主义的理论，要怎样阐发？怎样修正？主义的疑问，要怎样解释？主义的实行，要取怎样的途径？能够经过多数人的讨论，真理更容易显现。我们以为平时所待解决的问题，须在大会中提出尽量的讨论，如果能够有一致的意见，大家自然可以作为根据，不过大家那时所服从的，是在大会中所讨论出来的真理，是各人自己的理性，并不是这大会。如果讨论的结果，意见分歧，无所归结，那是毫不要紧，我们决不要用多数议决的形式。所谓多数议决这种形式，在我们的大会中，实在丝毫无用，因为他没有什么权利可以强制少数者去实行。所以如果讨论的结果，意见不一致，尽可让各人在实际上去试验他的意见究竟对不对，不妨在第二次开大会的提出来讨论。我们觉得有许多问题不能有一致的意见，而且不必、不该有一致的意见。我们须承认大同小异的原则，在大同之下，当容小异有发挥的余地。社会的发展，不在于统一，而在于殊途同归的许多差异。所以我们以为这回大会的职务，决不在于议决统一的议案而止是多数人合理的讨论。一个人无论怎样聪明，思虑究竟有许多不周密的地方，所以集思广益，为实行主义计，确是很重要。而文字的互相讨论，不及当面讨论的简截。这是我赞成开大会的一种意见。

（二）现在有许多人怀疑、误会安那其主义，以为他反对组织、没有组织。这种怀疑和误会，实在太奇怪了。安那其主义何尝反对组织、没有组织？不过他所主张的是自由的组织、合意的组织，不是强制的组织、权力的组织。就各国的安那其主义者而论，固然很有组织；就中国而论，也何尝没有组织？十余年来，中国实在产生不少的安那其主义者团体。那怀疑、误会的人们，太不明安那其主义的学理和事实了。不过中国同志的组织，究竟不雄大，不坚强，这不能不说是我们的缺点。仔细调查，我们同志在民间从事实际运动的，不能说是没有人，不过大家多不相闻问，多不能互助，这一半由于中国地面辽阔，交通不便，一半也由于联络的机会太少。我们这回大会，正可救济这缺点。我们所希望于大会的，除讨论外，第一，全国的各团体各同志，彼此能够在这机会互相知道，以后自然可以直接联络。这一点，会有很大的效力。就很小的一件事情而论，譬如我们所编印的《自由人》，我们很想请各地同志赠送代售；但是就我们所知道的同志，仅仅数十个人，实际同志决不会这样的少，不过我们从那里调查起？如果这回能够开成大会，我们总可以略知各地的情形，仅就宣传而论，已经便利不少。第二，主义的实行，是多方面的；而每一同志，每一团体，因为精力时间的关系，多偏重在一方面。譬如有的同志专在青年学生方面做工夫，有的专注重于工人运动等。但是每一种事业，靠几个人做，总是困难的，人才如果不能集合，是很不经济的事。譬如有一向志，愿出钱办印刷，但寻不到办印刷的人；有一同志曾经□会印剧，但是没有钱。如此，彼此的能力，都不能发展，如果能够合作起来，就可以成就一件事业。其余此类的事也很不少。又如甲在子地方办某事业，乙在丑地方办同样事业，但是都因为经济人才的关系，不能成功；如果彼此联合，在寅地方共同办理，往往容易收效。在这一次大会中，我们也许可以有机会决定许多事业，由各地同志来合作。第一件，可以叫做同志的交通，第二件，可以叫做事业的协作。

我们认要开大会的理由，不外以上三种：（一）意见的讨论；（二）同志的交通；（三）事业的协作。而大会的责任，不过给与我们同志以一种机会，能够把上列三件事，开始进行罢了。

二

开大会必须有所预备。经费，禅林已经担任筹集，不成问题了，现在所最要紧的，有两个问题。

（一）人的问题，这次大会，虽然不能够做到全国同志统统聚集，不过总希望有大多数人到会。不过这件事情实际上颇困难。我们同志都是贫困的多，都是有职业的多，如果要赴大会，时间上经济上都感困难，在离开会地较远的地方，尤其是困难。现在我们第一步工夫，在调查各地同志的住址，这事最好各地方有一两位同志切实负调查该地同志之责；第二步，征求各同志对于应否开大会的意见；第三步根据他们的意见决定开会时期和地点，通告各同志，并请他们确定将来能否到会。如果能够再筹一种款项，以补贴远地贫困的同志的旅费，那是更好。总之要设法使到会的同志愈多愈好。

我觉得我们这次大会，却不必限于中国人，凡是现在住在中国的同志，不论他的国籍是什么，都有与会的资格。

（二）事的问题。大会所讨论的事，最好由各同志预先把意见写出来，通告发起人，以便汇集起来，在大会中提出讨论；一面可先印送各同志，预备研究。如果在开会时临时宣布，恐怕太草率，没有多少研究工夫。

至于时期，我们认为最好在寒暑假中。

三

大会中应该讨论的问题，就我们此刻所想到的，有左列数种。但是一时的思想，一定不周不备，我姑且写出来以备同志参考。

（一）联络各国同志问题

（二）对付国民党共产党问题

（三）农民运动问题

（四）工人运动问题

（五）宣传问题

其余许多问题，一时想不到，以后逐渐提出来罢。至于对于各问题的意见，或当陆续在《自由人》发表。

开大会也算是我们的一件大事，希望同志对于我们的意见加以讨论，并且各自发表意见！

**《自由人》第3期，1924年5月。**

# 无政府主义者可以加入国民党吗?
## ——吴稚晖的荒谬绝伦的议论

### 一

国民党自从改组以后，加入的人很不少，尤其是学校中的青年。他们如果确信三民主义，那末，加入国民党，也自有他们的理由。他们的理由正当与否，我将于讨论国民党一文中讨论，在我看来，他们的思想虽然错误，但是他们的动机究竟还纯洁，他们的行为究竟还诚实。可是现在加入国民党的一部分人们，有的是为将来升官发财；有的是为朋友拉入，自己不知三民主义是什么；有的是为目前的饭碗。其中最可笑的最可怪的最可耻的，是全部共产党员加入国民党。他们一付面孔是共产党员，一付面孔是国民党员；一种方法是以国民党员资格拥护孙中山，拥护三民主义，一种方法是以共产党员的资格反对国民党；一方面为国民党反对北洋军阀；一方面赞同共产主义专制的苏俄政府替北面洋军阀防止国民党（理由载下期随感录）。一个人而能同时相信显然互相冲突的两种主张，加入互相敌对的两种团体，总可算奇事了。善变的梁启超，不惜以今日之我与昨日之我挑战；现在的共产党员，简直以今日之我与今日之我挑战了。我们如果以好听点的话语批评他们，可说他们自相矛盾，观察错误；倘下一深刻的批评他们这种行为简直是依赖、欺诈、虚伪、阴险、卑鄙的表现。现在尤其可笑可怪可耻的，是无政府主义者加入国民党，而所谓现在一部分青年所相信的吴稚晖先生，居然彰明昭著的鼓吹其无政府主义者加入国民党的谬论。原来共产党员加入国民党以后，我们决不能承认他还是共产党，若无政府主义者加入国民党，我们也决不能承认他是无政府主义者，我们只认他们是变节，是退化。他们的变节和退化，本是很明白的事实，他们如果自己承认变节、退化，我们也没有话说，因为我们没有权利可以强迫人们不变节，不退化。可是吴稚晖先生却要使用他的妙笔来鼓吹无政府主义者应加入国民党的谬论，他不但为变节者退化者辩护，而且还劝人变节，劝人退化。在别人，即使自己要变节，要退化，事前终还有点迟疑，事后也不免有所愧悔，如果象吴稚晖所说，那末变节退化，是当然的事，是应该的事，无所用迟疑愧悔了。现在青年，有许多是盲目的崇拜偶像，对于一切言论，缺乏正确的辨别力，所以很有受吴先生谬论的影响的。我为无政府主义计，我为真理计，不能不对他的议论有所驳辩。

我所谓吴稚晖的谬论，就是他在《民国日报》发表的致华林的两封信。其实，只要知道国民党是什么，无政府主义是什么的人，便不难知道那封信的荒谬。他那封信的主要点，就是劝无政府主义者快加入国民党。为什么无政府主义者同时可以加入国民党？我们要答复这个问题，我们且看一看两派的主张怎样。

简单的说，国民党是主张建设三民主义的政府。

无政府主义者主张推倒一切政府；所谓三民主义的政府，既然是政府，当然也在推倒之列。

国民党承认土地私有制度，承认私有资本制度——国民党第一次大会宣言说："私人所有土地，由地主估价呈报政府，国家依价征税……凡本国人及外国人的营业，或有独占的性质，或规模过大为私人之力所不能办者如银行、铁道、航路之属，由国家经营管理之，使私有资本制度不能操纵国民之生计，此则节制资本之要旨也。"既然要征地价税，那末地主只要出税，仍可私有土地；既然说节制资本，自然不废止资本。无政府主义者主张废除土地私有制度、私有资本制度。

"有"和"无"，无论谁，知道总是相反的。有政府和无政府，有私产和无产，无论谁，也会知道是相反的。一个人可以同时有这样相反的两种主张，从事这样相反的两种运动，就无异自己和自己为敌，在愚陋的我，真是想不出理来。我想，只要稍有点科学头脑的人，也不会寻得出理由来。

## 二

大部主张无政府主义者应加入国民党的理由，可分为两说：

一、共同敌人说。这一说以为无政府主义者虽然和国民党主张不同，但就目前论，究竟有共同的地方。共同的地方是什么？就是国内的北洋军阀。我们能够帮国民党打倒北洋军阀，在我们究竟少一重敌人，也未始不可。主张无政府主义和共产党合作的人，也大半根据这一种理由。他们以为我们第一步工夫就是打倒敌人，我们应该把打倒敌人的势力联合起来，以抵抗敌人的势力，等到敌人打倒了，然后再各干各的事。不然，同具革命性质的团体，一面自己离散敌对起来，一面就减少敌人的阻力，在敌人倒反高兴，不免得到"鹬蚌相争，渔翁得利"的结果。

二、革命历程说。这一说以为革命必须有步骤。无政府主义的理论虽然很好，无政府主义的实现虽然是可能，但不是一蹴就到。试看现在国内军阀横行，土匪蜂起，在这样状况之下，什么都说不上，那里够得上说什么无政府主义？所以要实行无政府主义，总得先使国内政治比较的完善，所以应先实行国民革命。国民党无论如何，总比北洋军阀好一点。国民党成了功，我们再来作无政府主义的运动，自然容易实现。所以现在帮助国民党，是实现无政府主义的一段阶级；这阶级，是到达无政府主义所必须经过的。我们对于共产党，也是如此。

三

吴稚晖第一次给华林的信，不下七八千字，他老先生的文章，总带几分滑稽色彩，容易使阅者发生兴趣。但是他一提起笔来，好象有不尽的文思汹涌到他的笔下，写不及写，所以忽而说到东，忽而说到西，说得个滔滔不绝。在他老先生自己，自然有一贯的主张，但在文字粗浅的我，阅看他的文章，如果不特别用心，只会感到趣味，而讲到他的主旨，竟觉得是泛滥无归似的。他给华林的信，也是一样。我要对他驳辩，我却不得不根据他的信，替他做一个主张的纲要出来。

主张：无政府主义者应加入国民党。吴稚晖说："愿先生寄语诸朋友，快进国民党"；"把我吴稚晖烧成了灰，也是一个国民党员，我同时又是一个相信无政府主义者。""若我同无政府主义发生了关系，我就不同国民党发生关系，我才是人格破产。"

理由一、国民党是一革命党，（吴稚晖说："什么是国民党？我始终承认他是一个革命党，又是一个急进党""现在的国民党，还成个升官发财党吗？正是一个被捉被拿的革命党而已。"）和无政府主义，因为旧党、中和党所敌视。（吴稚晖说："无政府党罢，共产党罢，革命党罢，不约而同的终混在一起。人家也哪里高兴来代分青红皂白，我们在旧党眼光里，同是该死；在中和党眼光里，止认捣乱。"）所以：（一）就历史上说，无政府党已经帮助国民党。（吴稚晖说："因此在历史上说起来，所有无政府党，没有一个不是革命党转变而成。没有一个无政府党，不乐意帮忙革命党。"）（二）就道理上说，无政府党应该帮助国民党。（吴稚晖说："现在的国民党，还成个升官发财党吗？正是一个被捉被拿的革命党而已。我们不'路见不平、拔刀相助'，我们还成一个无政府党吗？他们共产党也尽量的加入，正也是路见不平，拔刀相助的意思。""到将来侥天之幸，吴佩孚逐走荷兰，国民党又升官发财了，我们再做昔年的刘师复、李石曾，有什么迟呢？为什么今日要去替他断绝关系？其知者亦止以为我们自来空口说白话，其不知者直以为半途拔梯了呀。"）

理由二、中国要达到无政府主义，须先经过共和富强政治和军国主义的历程，（吴稚晖说："他们所应该严重主张的，乃纯粹的共和富强政治，从良心上讲，中国用得着这一过程。至于我个人，身受黄毛绿眼睛人机关枪的压迫，只要有人能把机关枪打得他们来称兄道弟，不把我为儿为侄，我就停止了我的革命，让别人去革命也好。……机关枪者，乃'政府修明制造完具'的总名词……所以尽管我来求国民党作壁上观，让这古董去挂个军国主义的招牌，也无不可"）而国民党能担负在这历程中的责任，所以无政府主义者应帮助国民党。

请吴先生恕我把先生的大文割裂了一番，归缩成右列两种理由。请读者恕我把吴先生的大文割裂了一番，归纳为右列两种理由。所以这样割裂，实出于无可如何，因为不是这样，不知怎样讨论起。

## 四

现在我可以先讨论吴先生的第一种理由对不对。这一种理由，和我以前所说共同敌人说的一派很相近。所以我将吴先生的言论和所谓共同敌人说混合的拉杂的讨论。我的讨论只是依据我的简单的头脑和粗浅的疑问。

一、国民党现在的敌人是北洋军阀，是曹锟吴佩孚等。假使曹锟的总统让给孙中山做，吴佩孚的两湖巡阅使的地位——或者可以变一变巡阅使的名目——让给许崇智谭延闿等做，国民党还反对吗？不但不反对，一定是欢迎。老实说，国民党年来的战争，正是想拥戴孙中山为大总统，国民党人来掌握军权。但是无政府党的敌人是什么？是一切做总统的，一切掌握军权的，是总统，是军官。曹锟吴佩孚等固然要反对，孙中山、谭延闿、许崇智等如果做总统、握军权，也是一样的要反对。无政府主义者所以反对曹锟、吴佩孚等，不仅因为他们做总统做巡阅使做得不好，因为他们占住了总统的地位，来维持政府的制度。照这样说来，无政府主义者和国民党的敌人共同呢？不共同呢？

二、无政府主义者的敌人不仅是政府，不仅是政治，所谓资本制度，所谓资本家，在无政府主义者看做重要的敌人，非和政府、政治同时推倒不可的。但是现在的国民党，对于资本制度是要加以维持的。所以无政府主义者一部分的敌人，在国民党简直还认朋友，那里说得上两者有共同的敌人？

三、假使退十步退百步讲，无政府主义者和国民党的敌人是完全共同的，但是革命行动，必须具备两种条件：一、所要改造的旧状态，二、替代旧状态的新状态。从又一方面说，一是所要推翻的旧势力，二是所要树立的新势力。我们可认为革命的朋友的，一定须这两条完全相同。如果我们只认推翻旧势力改造旧状态这一部分意见相同的人为良友，除非自己专以推倒旧的为目的，那末也未始不可；倘自己还有一种建设新的目的，结果决不能达到目的。就现在的事实论，曹锟、吴佩孚等是国民党所要推翻的，但是现在要推翻他们的，岂仅是国民党？一切非直系的军阀，何尝不要推倒他们？就是直系，也何尝没有推倒他们的人们？从推翻这一点看起来，似乎和国民党相同了，但是国民党能够认他们都是好友而和他们协作吗？就事实论，国民党的联奉张，联浙卢，本有只要和我们同是要推翻曹锟、吴佩孚的，不管他将来怎样，目前我们总不妨和他们联络这种思想。但是假设我是国民党员，我的理性是绝对不以那一种行动为然。我们所以要改造旧社会，是因为旧社会不好，而替代以好的新社会。如果只破坏一旧的状态，而替以旧的状态，推倒一旧的势力，替代以别一种旧的势力，那末，以旧易旧、结果只是旧状态旧势力的更换、决不是改进，又何必改造呢？所谓国民党，既然以三民主义为党纲，那末，所可认为同党的标准，就是相信三民主义的，只是赞成推倒国民党的敌人而不赞同三民主义的人，决不能认为国民党而且也不能认为可与合作的朋友。和主张不同的人共同做推倒敌人的行动，如果他们的势力强呢，假使敌人推倒了，当然他们行他们的主张，于我的主张无关。如果他们的势力薄弱呢，在未成功以前他们对于我没有多少助力，在成功以后，他们反可藉口于曾经帮助我来要挟我，来阻碍我。所以即使无政府主义者和国民党有共同的敌人，但对于建设的主张截然不同，万无可以合作之理。

四、有些人说：做事需有步骤。我们第一步工夫，且和国民党打倒北洋军阀，等到北洋军阀打倒了，再来对付国民党，如果那时国民党很不好。象吴稚晖说："我们自己戒敕了自己，止帮他们革命，不帮他们升官发财罢了。"他给本社社友君毅信说："我们助国民党革命，并不助他立政，何嫌何疑，有碍于无政府党?"就是和这些人的论调很相近。但是我倒有三个问题，要请教读者下一个判断。

（一）从前党人的无耻反复，也是吴先生所感慨的。所谓无耻反复，就是忽而入甲党、忽而又入乙党，不忠于一党，所以坚贞二字，大家称为美德，变节二字，大家看做坏名字。我们既然相信一种主义，应该奉若神圣，确守勿失。不过，这句话却也有点限制。社会是有进步的，任何主义也不能永久完善无缺，尽有一种主义，在某时代是很好的，在某时代变为很坏。一个人的主张，不妨有变迁，但须由较善的主张而变到更善的主张。譬如吴先生由主张八股而变为提倡科学，我们却不能以"善变"二字来讥讽吴先生，我们只能赞美吴先生。我们所应咒咀的变，是退步的变，是较好的到较不好的变。吴先生给君毅的信说"无政府党是进步的革命党"，所以由国民党而变为无政府主义者，是进步的变，是由较善而到更善的变，我们谋社会进步的眼光看起来，是很可赞美的。如果由无政府主义者而变成国民党，不能不说他是退步，是由较善而到较不善。至于忽而由国民党变到无政府主义者，忽而由无政府主义者变到国民党，那恐怕真是够得上"无耻反复"呢！吴先生说"只帮助国民党革命，不帮助他立政。"大约他的意思，以为就不帮助他立政这一方面说起来，仍就不违反无政府主义。但我不知所谓帮助国民党革命，怎样帮助法？第一步工夫，是否要进国民党？如果进国民党，是否须经过入党的手续？是否要填入党志愿书？是否即须遵守党章，服从党义？是否可以声明我的入党只帮助你们打曹锟、吴佩孚，而不管什么三民主义？如果是不能的，那末，加入国民党的时候，就是和无政府主义脱离关系的时候。因为一面实行无政府主义，一面实行三民主义，一面主张自由组织，一面服从一党的总理，受所属党部执行委员会之指挥及管辖，简直是不可能的事。如果说，填志愿书，遵守党纲等都是虚文，都是形式，说虽然那样说，我仍就可以做我的事，口上尽管说遵守党纲，实际我仍可相信我的无政府主义；但是我们为什么要这样虚伪？而且国民党能够容许我这样做而不来惩戒我吗？所以无政府主义者要帮助国民党革命，须先加入国民党，既然加入国民党，就须遵守国民党的主义，就须放弃无政府主义。那不是变节、不是退步吗？那不是有碍于无政府党吗？

（二）无政府主义者只帮国民党革命，不帮他立政。这两句话，如果以事实来说明，就是说，现在我们只帮国民党打曹锟打吴佩孚，等到曹锟吴佩孚打倒了，国民党怎样做，我们全不管，我们决不要去做大总统，做议员，做官。那里晓得现在帮国民党打曹锟打吴佩孚，就无异帮国民党员在将来做大总统做大官。曹锟、吴佩孚不打倒，国民党员自然没有做大官的希望，无政府主义者自己不要做大总统做大官，而反帮助国民党去做大总统做大官，这是什么理由！而且曹锟吴佩孚现在对于无政府主义者，一定会把他关在牢里，因为他们反对无政府主义。将来如果国民党专政，也会把我们关在牢里，如果我们从无政府主义的立脚点来反对他们，［他们］同样的反对我们，同样的把我们关在牢里，我们对于他们有什么分别？帮助我们的甲敌人而攻我们的乙敌人，如果乙敌人打倒了，甲敌人的势力较前更盛，他们将以对付乙敌人的［方式］对付我们，我们直接助人打倒一种敌人，间接就是助长又一种敌人的势力，我们为什么这样的愚笨呢！所以只帮革命，不帮立政的话，是事实上所做不到了。直接帮助革命，间接就是帮助立政，因为要革命后才可说立政，立政是革命的第二步工夫，革命就是立政第一步工夫了。

（三）革命要有独立性，要有创造性。为什么国民党不加入共产党？为什么国民党不和共产党合并而另组一党？这正是国民党要保全自己的独立性创造性的地方。共产党员的加入国民党，无论他们想利用国民党以达到共产主义的目的，但是名义上无论如何，总是服从三民主义，总是遵守国民党纪律。所以国民党对于共产党员的加入，于自己的主义，在形式上却丝毫无所损碍，丝毫无所变更。而在共产党一方面，因为几乎有全部党员加入主张相冲突的政党，就党员个人论，是变节、是退步；就团体而论，无异完全消灭，总算是受大损失了。无政府主义者如果加入国民党，那末较之于共产党的加入国民党更没有理由，简直是无政府主义者的自杀。假使无政府主义者和国民党同是要打倒曹锟、吴佩孚，为什么我们不可以劝国民党帮助无政府主义者，而要无政府主义者帮助国民党？劝国民党加入无政府主义者，总算是向着进步的路上走；劝无政府主义者加入国民党，那是叫人开倒车了。一样的可以打倒曹锟、吴佩孚，吴先生为什么要叫人开倒车而不向着前进的路上走？吴先生劝无政府主义者要入国民党，为国民党打算，自然是不错，但是何以对无政府主义？象吴先生那种主张是无形中否认无政府主义者的独立性创造性了。我想无政府主义者虽然无能，但恐不会都象吴先生一样。

五、吴先生说历史上无政府党没有一个不是革命党转变而成，无政府党没有一个不乐意帮忙国民党。这两句话，本社君毅已经痛驳了。我不知吴先生所谓历史，是什么时期的历史；吴先生眼中的无政府党，是否只是吴先生自己和张继、李石曾这几位。吴先生下这全称的断定，是否已经考察过历史上的无政府主义者的历史而一无错误？无政府主义者是否如国民党有党籍可查，吴先生所以下此断定？万一吴先生的话语，果真确有根据，然而也不能作为无政府主义者应加入国民党的理由。因为历史上的事实，不都是我们都应该仿效的，即使在我以前的无政府主义者，人人都帮助国民党，但我觉得他们这种举动不对，我应该反对他们。

六、吴先生给君毅信说："现在国民党是什么一个时候？我们反对曹锟、吴佩孚，所以助现在的国民党。"他给华林的信又说："现在的国民党，还成个升官发财党了吗？正是一个被捉被拿的革命党而已，我们不路见不平、拔刀相助，还成一个无政府党吗？如何在他们（指国民党）要死要活的时代，我们终同他们脱离关系呢？""到将来侥天之幸，吴佩孚逐走荷兰，国民党又升官发财了，我们再做昔年的刘师复、李石曾有什么迟呢？为什么今日要去替他断绝关系？其知者亦止以为我们自来空口说白话，其不知者直以为半途拔梯了呢。"我综观吴先生这许多话语，可归纳吴先生的意思为二种：

（一）怎样能够成为无政府党？要路见不平、拔刀相助。

（二）我们为什么要帮助国民党？因为国民党现在受曹锟、吴佩孚的侵害，是不平的事。

以上的意思，读者试仔细想一想，真太可笑了。路见不平，拔刀相助，是从前的一种侠客行动。所谓梁山泊上的好汉，往往如是，他们只任一时的感情，只要是一时看做不平的事，不管不平的原因是怎样，只是盲目的相助。他们另另碎碎的解决不平的事，他们并不计划怎样驱除一切不平的根本。所谓无政府主义者，有系统的计划，有精确的理论，决不是象从前侠客一流人物。无政府主义者所以结合的基础，完全在主义上，和侠客的专尚义气的截然不同。吴先生既然赞美数年来的国民党完全以主义结合，不徇什么私情，似乎也深知主义的必要了。但是为什么不从主义的立脚点来劝无政府主义者加入国民党？如果因为国民党受曹锟、吴佩孚侵害而帮助国民党，那恐怕只是侠客的行动，那只是迫于义气的行动，在曾经做过国民党员一方面说，也不妨说是徇什么私情，因为不忍见同党弟兄受人欺侮。凡是非主义的结合，不但吴先生不赞同，我又十二分的不赞同。可是吴先生劝无政府主义者加入国民党，却犯这弊病。吴先生给华林的信，滔滔七八千字，而没有一句说及主义一方面无政府主义者应和国民党结合的话，他所再三申说的、只是国民党现在怎样的受曹吴侵害的地位。吴先生把同党和朋友辨别的很清楚，我也觉得这两者有分别的必要。以主义结合的，可算同党；仅仅以感情结合的，可算朋友。交情自交情、主义自主义，我们不能因交情而变更主义。见曹吴侵害国民党，顿抱不平，“拔刀相助”，可说是无政府主义者个人对于国民党员交情上的事，不是主义的事。无政府主义者如果因此而加入国民党，那简直以主义徇私情了。吴先生一面主张主义的结合，一面却教人以主义徇私情，真是滑稽！

至于吴先生说“将来侥天之幸，吴佩孚逐走荷兰，国民党又升官发财了，我们再做昔年的刘师复、李石曾有什么迟呢?”更是奇怪！为什么主张无政府主义要在吴佩孚推倒，国民党升官发财以后？他的语气又好象“昔年的刘帅复、李石曾”的主张无政府主义，因为国民党升官发财的缘故。“到了民元之时，国民党升官发财了，刘先生便出反对态度，李先生也劝阻若干人做官。”唉，吴先生的头脑大约被“国民党”三个字充满了，戴了国民说色的眼镜，于是所看见的东西，以为无一不和国民党有关系。甚至于人们的相信无政府的主义与否，也由于国民党。国民党成功了，就相信无政府主义，国民党失败了，就丢掉无政府主义而帮助国民党。这种议论真可谓侮辱师复、石曾诸先生，而且太不认识无政府主义本身的价值了。要晓得中国即使没有这国民党，无政府主义也会有产生的一日，吴先生为什么要把无政府主义者和国民党看得那样的密切呢？

七、我以上所说的话，还是假定吴先生所说现在的国民党是一被拿被捉的革命党是不错的。其实仔细考察起来，国民党现在不是一个升官发财党吗？什么省长，什么厅长，什么知事、什么科长、局长等，不是叫做官吗？国民党员没有做那种官吗？听说国民党的上海党部有五科长，每人月薪二百元；有秘书，月薪一百二十元；以下职员有的八十元，有的三十元，各处党部也有津贴。吴先生，我们不是聋子瞎子，不是都可以欺骗的，你不要再说国民党是一被捉被拿的革命党了。究竟现在被拿被捕的国民党有多少人？升官发财的有多少人？靠国民党吃饭的有多少人？你试查一查国民党党籍，列一比较表，你那时也许会自悔失言吧。“利之所在，人必趋之。”国民党现在一面标示三民主义，一面则以利禄主义动人。凡是国民党政权所到的地方，将实行其一切官吏、教员等等都非党员不用的政策；而凡是党的机关部，又可以位置许多党员。如果曹吴被国民党打倒了，国民党专政了，恐怕国民党的饭碗将会普及全国呢。我未尝不相信国民党中有确信三民主义的人，但是我却不能相信国民党中只是很少数的抱升官发财主义的人。这件事，我用不着多说，因为你老先生说过“打死你，你决不相信，凡进什么党的没有升官发财的思想。这非但你不相信，我也逼住了我要说不相信。”既然有官，既然有财，那也禁不住人家有升官发财的思想。所以国民党人想做官发财，原不足怪。曹吴的所以反对国民党，他们实在那里够得上来反对三民主义，他们也无非防止国民党妨碍他们的亲戚朋友升官发财的机会罢了。吴先生请华林先生不要以升官发财猜度新国民党，以为他们较有希望，但是我从现在的事实观察，觉得所谓新国民党的新猷，最显著的一种，是正式成立许多党的机关，每一机关，可从广东的人民剥取多少款项来供养许多党员。这许多党员中，所谓“尽力从公”的自然有人；但把党的机关看做官署一样，以在党办事为职业，因此可以解决生活问题而入党的，也恐怕大有其人。这决不是猜度，是现在的事实。固然，可以希望将来的国民党不至如现在一样，终可以有点进步；但是进步到极点，终究免不掉有“官”有“财”，所谓升官发财，就也免不掉。国民党恐怕很有变为升官发财党的可能。无政府主义者要根本的把“官”和“财”使他没有，自然没有升官发财的嫌疑。因为在无政府主义的社会，官既然没有，从何升起？财既然没有，无从发起。如果无政府主义者抱一升官发财的目的，决不是无政府主义者了。至于国民党，升官发财党的嫌疑终是有点难免的。

八、以上一段话，是因为吴先生既然提及现在的国民党是被捉被捕的革命党，非升官发财党，所以我不得不根据事实来说一说。究竟国民党是革命党与否，不能仅以被捉被捕为标准。非革命党而被捉被拿的很不少，革命党也未必人人被捕被捉。我以为要知道革命，要先知道革命和改良的分别。革命和改良的分别，第一，在目的上，革命和改良同是求进化，同是要变动；但革命的变动，是全部的，是剧烈的；改革的变动是局部的，是迂缓的。因此，从改良所得的进化，不及革命的来得急激，从革命所得的进化，常能影响到数十百年。改良的工作，是在将旧状态旧势力逐渐改变；革命的工作，是要把旧状态旧势力根本推倒。第二，在方法上，改良派常和旧社会妥协，常利用旧社会，常取温和的态度，他们只希望旧社会自己来负改良之责。革命派是要自己树立一种新势力以和旧社会对抗的，他们和社会不能并存。在革命未成以前，旧社会百般阻碍他们的存在，在革命成功以后，旧社会自然而然的变为新的一方面了，他们只要把旧社会根本改造，决不和旧社会调和，他们不惜大破坏。第三，在人物一方面，改良派的人物，常和被改良者混在一起，有协作的行动。革命者和被革命者，显然分为［两］种阶级，常常表示敌对的行动。改良派只希望个人的改善，如前清的立宪派，只要求做皇帝的个人能够允许立宪就是了。革命派却须把某阶级推倒。他们所要推倒的，不仅是站在某阶级中的个人，譬如同盟会的目的，并不只在推倒做皇帝的某甲某乙，乃是要使中国永远没有所谓皇帝。同盟会的所以成为革命党，立宪党的所以不免为改良派，就可以从这三点来区别。不过革命是和别的社会现象一样，也是有进步的。革命的进步路线、目的由浅近而远大，方法由不完满而完满，人物由少数而多数。所以在甲时代的革命党，在乙时期往往变为落伍的革命党了。时代进化不断，革命也进化不断。如果一种革命党，以为可以有“亿万年有道之长”而固执不变，恐怕革命不是促进进化而反阻碍进化了。国民党在现在还成一个革命党吗？我不问他是否被捕被捉，是否升官发财，我且问他的目的、方法、人物怎样？他的目的、方法等适合于现代世界的趋势吗？要谋大多数人的利益，非社会革命不可，靠政治革命，是没有用的。而国民党的主张，依然是以前政治革命的主张。革命的方法，此后非靠民众自己团结起来，和被革命者奋斗不可，此后的革命，不是由少数人所组织的革命党所包办的革命，不是仅仅利用军队可以成功的革命，不是由一党来指挥民众驱使民众来帮助一党的革命。但是现在的国民党能够这样吗？革命的人物、革命者应该是无产阶级，被革命者是资产阶级，革命的目的在推倒资产阶级。但是现在的国民党，却要联合资产阶级、无产阶级来实行政治革命，他们所要推倒的不是资产阶级，不是治者阶级，是站在治者阶级中的曹锟、吴佩孚等。从严格的意义说起来，国民党在现在，还成为革命党吗？吴先生说，无政府党是进步的革命党，我可以说，国民党是不进步的革命党。我们如果认识［为］革命是到达进化必由的路，我们还是相信进步的革命党呢？还是相信不进步的革命党呢？这个问题，恐怕是很容易回答的。

## 五

吴先生劝人快进国民党的第二理由，大概是以为要到达无政府主义，须先经过富强政治，而国民党能够负这责任。他这一番话语，和前面所谓革命历程说颇相似。现在相信革命历程说的人颇不少。他们以为无政府主义是将来必会实现的，但须经过两阶级：一、民主政治；二、劳工专政。要讨论这个问题，可先讨论左列各问题。

1. 革命历程，是否和自然现象一样，有一定的程序和时期，不能改变？例如人的生产，自受胎以至产生，必须经过十月，不得多也不得少。革命的进行，是否也是如此？

2. 革命历程，如有必然的规定，还是主观的空想，还是在客观上有确实的根据？

3. 革命历程，如果和自然现象一样有必然的规定，那么，革命似乎不待鼓吹，不待有所谓革命党，到了相当时期，革命自然会实现。但是事实上果真如此吗？

4. 民主政治要到如何程度才可以实行劳工专政？劳工专政要到如何程度才可以实行无政府主义？可以有根据吗？

5. 前清改良派的人，以为要实行立宪，必先实行开明专制，必先预备立宪；他们以为共和的理论虽然很好，但人民的程度不够。现在主张要先实行民主政治、劳工专政而后可以实行无政府主义的人，是否和预备立宪派一样的头脑？

我以为社会的进化，是根据于人间的向上心和组织力，而革命的发生，也由于此。人间如果都知足了，或者并不知足，但如散沙一般，不晓得集合群力，社会自然无从进化，革命也无从发生。不过向上心和组织力有强弱的不同，所以革命和进化，也有迟速的不同。但是我们可以相信无论任何革命，只要他不违背人性，他的能否实现，完全在乎人间是否需要他。人间如果需要他，他就不难实现。革命是可以人力创造的。因此，我可以说无政府主义的实现，完全在于人力，并没有什么必然的限制。

凡是经过甲历程而后可以到达乙历程的现象，必定是前者为后者的基础，两者不但不相反，而且有密切的关系。譬如要明了一句文章，必定先认识一句中的字，这是因为字是构成句的成分的缘故。又如要学习乘除法，必先学习加减法，这是因为乘除法须应用加减法的缘故。民主政治、劳工专政和无政府主义的关系，如果也象字和句、加减和乘除的关系一样，那我也自然承认要实行无政府主义须先经过民主政治劳工专政之说。但是事实上，前者和后者不但不相关系，而且是相反。我试就三者列一比较如左：

民主政治，有政府、有私产。

劳工专政，有政府、有私产。（主张劳工专政的马克思派，名为集产，实则一方面以政府代替资本家为雇主，一方应允许个人有消费财产，仍保存私有财产的一部分。）

无政府主义，无政府、无私产。

前二者和后者明明相反，我们为什么要做到后者必先经过前者呢？我们走路的时候，如果目的地在南方，我们一定向南进行，决不令先走相反的北方，等到走不通了，然后再回转头来。人不该而且也不会故意去走错路的，除非不知道那一条是错路。所以在我们不曾知道无政府主义的时候，我们自然觉得民主政治劳工专政是很好的，已经知道民主政治劳工专政有许多弊病了，无政府主义可以矫正那民主政治劳工专政的许多弊害，而还主张民主政治劳工专政，有什么理由？畏难呢？不愿向上呢？而且无政府主义所以有价值，因为他是顺人性自然的要求，他并不是空想。不过一般民众受强权者资本家的种种压迫、诱惑、欺骗，他们自由互助的精神一时受了阻碍而不易发展，但并未丧失，我们如果能够努力在民众中宣传，帮助民众，他们被阻抑的自由互助精神，一定发展起来，所谓无政府主义，决不是不能实现。如果要先行民主政治、劳工专政，那是唯恐专制时代的强权政治资本主义强迫民众的自由互助精神尚不厉害，而再去压迫他。用这样方法以实现无政府主义，真所谓“南辕北辙”“缘木求鱼”了。

至于吴先生所谓中国须经过富强政治一说，我这里不再辩，但请读者看一看《自由人》第四期关于无政府主义两种怀疑的讨论一篇文章。

但是我这里要请阅者注意！照吴先生的言论看起来，吴先生不是无政府主义者，也不是三民主义者；吴先生是一个军国主义者。他自己明明说：“至于我个人，身受黄毛绿睛的人机关枪的压迫，止要有人能把机关枪打得他们来称兄道弟，不把我为侄为儿，我就停止了我的革命，让别人去革命也好。”吴先生的革命，只是打倒外国人的革命，这革命成功了，他就停止了他的革命，那末，所谓无政府主义的革命，自然也在停止之列。我们即使不否认吴先生是一个无政府主义者，而吴先生自己在这一番话中，却暗暗的承认自己不是一个无政府主义者了。至于吴先生的打倒外国人的军国主义的是非，我不愿在这里再有所论列，请读者自下判断。我只觉在一千九百二十四年的时候，吴先生还提倡军国主义，我不能不惜吴先生开倒车开得太快了。

六

吴先生主张无政府主义者应加入国民党，我觉得没有如何的理由，在上文已经详说了。其余许多的话，不甚关重要，我也不再逐一驳诘。不过有几件事，我还得说一说。

1. 吴先生说，师复先生如在今日也会加入国民党。这一端，君毅已在本期中另做一文批驳了。

2. 吴先生一则说“克鲁泡特金先生热心的加入同革俄国之命，即无异国民党之所为”，二则说“克鲁泡特金曾欲引列宁为朋友，以为历程上的主义，无不同也。”吴先生要以克鲁泡特金这种行动来劝诱我们，其实这种行动，可以作我们的殷鉴。我们鉴于俄国各党派（无政府主义者也在内）联合同革俄皇之命，而结果只是共产党专政，无政府主义者和其他各党派被捉被杀，我们愈觉我们不要再蹈覆辙，对于国民党，决不能与之合作。况且克鲁泡特金对高尔曼说“一九一七年十、十一月，他们（指布尔雪维克）利用革命的口号，误了劳动者与农民，特别是无政府主义者。不用说，无政府主义者是不假借何种美名，而知道立于暴力上的国家都是不正的，恶的。然而一九一七年他们看见布尔雪维克伟大的革命要素，对于马克思主义哲学的有危险，竟看不出来。”这不是明明白白指出无政府主义者和布尔雪维克合作的错误吗？

3. 吴先生说“欧战一开，克鲁泡特金老先生却无疑无惑的助协约主战……他在今日的中国，也一定加入国民党。”吴先生是要以克鲁泡特金的助协约主战来猜度克氏如在中国，会加入国民党，并且以此劝无政府主义者加入国民党。不知在欧战的时候，许多著名无政府主义者如马拉铁达、高德曼、北美拉纽文嬉士等数十人发表万国无政府党宣言，根本反对战争，对于协约国和对于德国一样攻击。荷兰无政府主义者决议荷兰纵为德国所侵占，无政府党亦不出而抗战。所以克氏助协约主战的主张，究竟不是彻底的主张。欧战发生，许多社会主义者都为爱国主义所蔽，一变其从前反对战争的主张，而各囿于国界，为本国助战，这不能不说是他们违背自己的主义而为旧思想所征服，为非社会主义者所煽惑。克氏主战的理由，在以德国的侵略为进化的障碍，和一般中爱国狂热和军国主义的流毒的主战者，自然不同，但我终于不敢赞同。我虽然很信仰克氏，但我觉得我们的信仰决不是盲目的，我们决不要以为已经信仰了他，无论他任何言行可不辨别理由而一味相信。至于吴先生说克氏在今日的中国也一定加入国党，这种猜度死人的话语，我们不要妄相信他。吴先生猜度师复先生会加入国民党，我们从过去的事实看起来，只觉得吴先生那种猜测，只是侮辱师复先生人格。对于克氏，以他的主战而作为他会加入国民党的根据，我们不应如此凭空说话呵。

七

但是从吴先生的信，我可以知道吴先生是：

（一）相信无政府主义是必要到来的。他说“如果革命精神存在，我信什么国民党共产党将来终要上无政府的途程的呵”。

（二）不满意于俄国的共产党。他说“不是列宁式的用独裁强权挂起招牌便算”，“就作成了较低主义的共产党去生吞活剥。”

八

吴先生指摘中和派的缺点，一则说他们终喜欢仰旧党的鼻息；二则说他们发明一个以毒攻毒以夷制夷的老法子；三则说他们虽似乎尚有些组织，无非为个人吃饭以待来年，止是托词。其实这三点，不仅是中和党致死的原因，无论任何关于社会改造的党派，如果一中了这三毒，未有不自送其命的。所以无政府主义者万一也传染了这些毒，那就自速其亡了。我希望无政府主义者对于此事，却要千戒万戒。

九

我的话已经说得太多了，不再说下去了。我最后不能不声明几句话：

一、我反对无政府主义者加入国民党，我决不是主张无政府主义者和吴老先生所谓旧党中和派合作。他们，我们当然认为比国民党更不如，尤其要反对。

二、这篇文章止是一种主张上的讨论，和吴先生的别的问题无关。

三、这篇文章虽然只对吴先生说话，但是如果无政府主义者中有和吴先生一样主张加入国民党的人，我当然一样的反对。

**《自由人》第5期，1924年7月。**

# 卫惠林

卫惠林（1904—1992），原名卫安仁，笔名非子，山西省阳城县人。1922年留学日本，毕业于早稻田大学，1927年又赴法国留学，进入巴黎大学学习民族学和社会学。20年代，他在当时的《国风日报》副刊《学汇》上发表了诸多文章，大力宣传无政府主义。他还参与《民锋》的撰稿。30年代，他编辑了《时代前》杂志，同时在南京中央大学任教。抗战时期，参与了国民党的一系列政治活动。1949年跟随国民党去台湾，在台湾大学考古人类学系任教授。1973年移居美国。

## 从自治出发的“革命运动”

“革命运动”的本能，是要攻击，倒坏恶劣的，不完善的政治形式与社会制度，而重建一种美善的，至少也是较完善的制度、社会象。而由历史上考察去，以前各国演过的革命运动，大多数是出于羡望治人阶级之优越地位，与特殊权利的野心。就是有少数出于对旧制度之不满与憎恶，与对群众之友爱心，对被治之悯怜心，而到革命之中途或革命成功时，他们一定回转到利己观念上，羡慕治人阶级之野心上。他们遂苦心积虑又来再建他们自己曾经攻击过的旧式政府，就是掠夺人民、杀虐人民的政府，总要把他们自己放在绝对威权的地位，造出唯一的保护他们的威权、保护他们的私有财产的制度。结果仍是以暴易暴，总使人民多遭几次兵燹与经济的恐惶，而永久沉溺在污黑的海底。

这是因为以前自命为革命家的人们，共是利己主义的野心家，或是少数真纯革命家，而他们的革命方法与建设方法，只泥于旧式的、不彻底的，到了他们做不过去或者没有成效，而诽议纷起时，他们的勇气遂全然消沉下去，俯首下心的投降了野心家或复旧派了。

所以现代的革命家——社会革命家——们，鉴于以上的道理，知道今后的革命不是煽动了一伙军队，功［攻］入中央政府杀了首领者，马上下一道更始的命令，就可以成功的。不是自上而下、自中央而各地，乃是自下而上、由分散而综合的；不是由表面而分子的，乃是由分子而总体的；不是一时可以成功的，乃是由不断的革命与建设积垒起来，然后可以成功的。所以与其先做推翻中央政府的运动，到不如先做民众自治的运动，民众自治的势力愈澎涨，中央政府的势力愈薄弱。一面做民众建设的组合，由此组合的势力去抵抗政府的压力，结局中央的施政，陷于不可能；而民众自治的综合，俨然成立了。那时我们只消宣言一下否认政府的存在，正式施行我们民众的社会组织，我们安那其士姆的社会就实现了。

所以今后的革命运动，是普遍的分子间的运动；是建设与破坏同时实行的运动；是不断的牺牲、不断的成功的运动；是激烈革命与缓冲革命同时举行的革命运动。

就以上解释过的“自治”，就是我们未来社会之骨骼；以上所讲的“革命运动”，就是我们做革命事业的根本原则。本此种原则表现出来的革命运动，就是实现我们理想的安那其士姆社会的唯一孔道。

那么，我们现在先拿此种原则与中国社会的现象对证一下看去，我以为中国最富实行此种运动的可能。而唯中国最有如此运动的必要。现在我以个人目光所可以看到的理由刊述如次：

一、中国人富有“自治”与“互助”的本能。中国一般人遇到有偶然的灾患，如兵燹、土匪、水、旱、偷盗等侵害他们时，他们在很短时间内，总能招集村民会议，讨论对付此种公敌的方法，共同抵御。农民在收割忙碌时，时时共同协助，互用农具与牲畜，或于某家收割时，全村农民，或全村农民出其壮者一人前往援助。在次家收割时亦然。且有数村联合以达种种相互扶助，相互防御与共同娱乐等事。如联合息讼会、联合赛会、联合定期市集等等，都是由原始人民的“自治”与互助的本能表现出来的事实，并非受教育、法律、政法等影响而后产生的。以上情形，愈在偏僻地方愈显著。

二、中国现在具有真正“自治”的基础。从以上的本能表现出来的东亚，从原始时代一直残留到现在。只有改良而无退化，一切政治与武力的压迫，都影响不到他的本身。现在中国到处各村都有村社，由村民自由推举，或轮流出来主持者数人或十数人，辅佐者数人，奔走者数人。其名称如社首、执事、乡约等，皆由极自由、极共同的精神表现出来。这些人在此种共同的精神之下，永远想不到自私的念头。此外有息讼会、公仓等。一村而外，有数村或数十村的大联合村社，或谓之里，较大者谓之都，皆由村联而成，执行各种兴利除弊以及娱乐之事。如公共息讼会、公共守卫团，以及公立学校、联合赛会等。自县以下尚都守著原始的美点未受现在悲制度的大影响。这些都可为建设我们理想的自治社会——即安那其士姆社会——之基地。

三、中国治人政治尚未充分发达。中国的资本主义，尚未像欧、美、日本的那样发达，因为中国的治人阶级没有欧、美、日本的那样聪明，由政治、经济两方面，去遂他们的掠夺欲。中国的治人阶级，偏向在官僚的虚荣，而忽略于富豪的奢靡，他们以为掠官就可以发财，所以“升官发财”的话，成为中国极普通的熟语。他们没有外国的资本家专门去研究掠夺的巧妙方法，所以他们的掠夺范围也不及欧、美、日本的那样普及，那样澈底。欧美、日本的无产阶级，差不多占到十分之九以上，而中国的无产阶级——真无产阶级，即赁房住、买米食者——也不过十分之一二。欧美日本的掠夺范围，除了自己的全国外，更将弱小民族——如印度、高丽等等，——的土地侵占了，并及于文弱民族的国家——如中国，——而中国的掠夺者，再加上外国的掠夺者，他们致人死命的范围，只限于各都市与各交通方便地方。乡下的农民，虽受他们的影响不浅，而尚不致毙而不起，若现在觉醒起来，尚有若干战斗力，以抵御他们的掠夺者，尚有整顿与联络“自治”机关的可能。

由以上三种理由，中国的革命运动很可以准以上革命的原则做去，中国是实现安那其士姆惟一的场所。所以我以为中国的革命家，应去倾注有［全力往］那一方面做去，具体说来，就是应当注重于农村自治方面，不可以死看各国的原版抄录，而只在工人方面运动，工人方面也是不可轻视的，然而并未如各国那样重要。

至于做此种运动的手段，第一先要努力向这方面宣传，把大多数革命家的视线，从繁华的都市，牵引到荒凉的、自然的农村里去。替农民做新社会的教育，帮助他们改善与重建“自治”的机关，怂恿他们各“自治”村落的联合。一边用一般教育与社会教有的方法，养成他们的“自治”与战斗的能力；一边由自由机关或联合的势力，尽可能的范围，他自己的事情，拿来自己做。就是现在拿在统治者手中的事情，也可以和平或胁威的手段，向他们取回，愈是困难的问题，愈由较大的联合的势力来抵抗去。结果我们所得愈多，他们的所失愈多；我们的势力愈澎涨，他们的势力愈消沉。

准此原则，都市方面也由一部分人这样运动去，工人组织“自治”的工会，商——指小商人非大资本家——组织“自治”的商会，然后由各工会或各商会组织数团体的组合会。一边由辅助教育与社会教育的方法，养成他们的创造新社会的能力，一边由自治的团体，或团体的联合请求或收回支配权，自己的事情，尽可能的范围，拿回自己做，愈是困难的问题，愈由较大的联合势力抵抗去，结局，也可有与上节同样的结果。

然后由都市的联合再扩大为总联合的“自治”团体，与乡村的联合再扩大为总联合的“自治团体”，不断的实行此种运动，由治人阶级收回支配权。后以各乡村与都市的总联合，再联合起来，成为全国的总联合。这个时期到了，我们就可以宣言否认旧政府，停止纳税，出少数人去官署把不从大众宣言的官僚拉出去，暂以各官署为我们的事务执行处，再图正式的建设。那时我们的革命可以告一大段落了。此后当然要有许多零落而不成东西的反革命运动，但没有多大问题了。

在这时期，最应当注意的，倒不在反革命运动，而在对于革命事业曾有过功劳的野心家——列宁是最好的例——乘此时期建设什么少数人的独裁政治，而将以前的革命运动投之泡影。虽在这时期大多数人已经非常明晰，以前坐的根基已经稳固，对此少加注意，便可无事的，然总是不可不预防的。

这时革命家们在以前已经养成的潜势，——自治之能力与精神——充分的表现于新社会里。一切社会上的事宜，可分为“特殊的”与“一般的”。特殊的事，可由各团体按其特殊的情形，自由解决；一般的则由众多的各小团体，征集各个人的意见，由各个人的意见中取长舍短，综合为一最良的意见，然后提至较大的联合团体，再以此同种方法综合起来，次第传到全国大联合。以是后之综合意见，为全国一般的规约，那时是由“自由发意”与“自由合意”的精神，去实行“联合形式”的“自治”社会。一切的强权消灭了，一切的支配者都俯首下心去与一般人同样工作去了，违反人类本能的法律与道德没有了，我们地上的乐园，遂由此实现了。

附言：很不完全的论断，十分希望诸同志的批评。

**《学汇》第177—180期，1923年4月。**

# 克鲁泡特金之宇宙观与其社会哲学

克鲁泡特金的无政府主义，是他由自然科学的研究——即对于宇宙全体观察——博得的伟大结果。所以克鲁泡特金的著作中，总是陈说着自然界的事实，与其科学的证据。他把自然科学的事实与其原则，原样的应用在人类社会学里面。他绝不相信幼稚已极危险已极的类推法。他的态度，从头测尾是一个科学家。他很镇［慎］重的把社会科学的基础，放在自然科学上面。同时把自然科学中之归纳法，原样的应在社会科学上。这有［是］他为欲探求自然科学与社会科学倾向之一致，而建筑他的大宇宙观。此大宇宙观，就是他的无政府主义的本身。

他在他的《无政府主义之哲学及其理想》中曾说过：“无政府主义包括着全自然界。——即包含着其中的人类社会生活，及其经济的政治道德问题，——一切的现象，都基础在机械的说明上的宇宙观。其目的是欲在一个概括的结论中，建设其包含全自然现象——附随着社会生活现象——的综合哲学。”

他的《无政府主义之哲学及其理想》中，首先陈述着自然科学之倾向与社会科学的倾向，而后论其立脚于自然科学上的概念，即其综合哲学的无政府主义。他更进而欲以由自然科学的归纳法得到的概括的结论，应用于人类社会的诸制度，以实现人类社会之最高幸福，而使人类进行在“自由”，“平等"，“友爱”的道路上。而详述过他的社会学的无政府主义，在他的《无政府主义与近代科学》中，更述之其详。

近代学问界，有两个互相反背的潮流：其一是追随着试验科学的进步，而安守其方法的一派。再一派是不能满足于所谓科学方法，而欲在实际方面，博得其以上之要求的一派。

我们当批评、比较此两派时，最先要横在我们脑中的，就是科学破产这句话。

“由科学之破产而产生出实际派，由实际的勃兴，而确证科学之破产”，成了最近代得谜语。

此种科学之破产，由于既成科学之不完满，与科学家之态度的愚蠢与不逊。即一般的科学家，醉于近代科学之进步，而妄信“科学万能”。以为既定之科学原则，全是一定不变之真理。不知科学的自身的进步，大可以打破既成科学之根本法则。所谓科学法则，不过是数学家所谓近似价。而第一近似价，当然要移至第二，第三近似价。实际主义者即不满过重理知的科学方法，而欲于真实之中，一面欲用观察与实验并重的科学方法，而产生出基础于本能与行为上的“实际主义”(Pragmation)。

但从来的社会“法则”或“真实”，很多是虚伪，而不能得到真实的判断。

克鲁泡特金的科学方法，不是所谓实证派的偏狭而杜撰的科学方法，也不是蔑视人类之感情与意志，与社会阶级的不平的半知主理派的科学方法。而为实现对人类之各单位的最大量之幸福的目的上，欲把人类的步武放在“自由”“平等”“友爱”的途上的科学方法。是由实际的生活与实验的许多事实之归纳，而欲求真实社会于把人类待遇在全人类的标准上的纯正科学方法。由此科学方法，得到的一个大宇宙观就是他的无政府主义。

关于自然界之事实的知识与对社会现象的概念，常不少互相牵系的地方。关于宇宙总体的思想之变化，与关于社会现象的思想之变化，常是互相反映着。

我们的祖先，曾信地球为宇宙之中心。于是把宇宙间之万物，认为上帝为此栖息于地球上的万物之灵长的人类而设施的。上帝常在人类的上面守护着。为赏善罚恶而降于以雨，鸣之以雷。支配于此种思想之下的黑暗时代所演下来的雄壮的神话，即东方诸国之神权政治。

但自十六世纪以来，人类的思想，渐脱了宗教的桎梏，而注意吾们祖先对于宇宙观念之错误。地球并不是宇宙的中心，而只是太阳系的一小行星。随之代地球而为宇宙之中心的太阳，也渐知其为宇宙的沙粒的无数的太阳中的一个。由此自号为上帝之子的人类，对此无穷的宇宙之观念，亦一落千丈了。

在无限的空间里，浮游着无限数的极微物质。此极微物质，有大而可使人战憆的，也有小而为人目所不可见的尘埃的。它们各自都用自己的生活力，四面突进，互相离合，互相调和，而生伟大之势力，此种势力若一一分离起来，虽是很微弱的，但是把他积叠起来，就是很利害的强大。所以宇宙的一切运动，一切作用，都止是这些极微物质的集合作用。进［一］步说：牛顿之所无［谓］万有引力，实际上就是充满宇宙中的极微物质的自主运动之结果。

括言之，就是从来只是看在统计与结果，现在却反对的要注意到其单位与起源的极微物质方面。要不知道其统计中的各个体的微弱作用，就不能知道他的结果。换句话说，就是宇宙间并没有所谓一个特别的支配力，也没有什么一定的法则。只是无数的极微物质，各各自由自在的向其所向的方面突进，而形成的一种自然的结果，与宇宙的均势。这就是所谓宇宙之力，及其法则与调和。这是最近天文学的结论，就是一种宇宙的总概念。

天文学上这种新的结论，结了所有的自然界，人类社会的诸科学一个广大的变化。

物理学的解释，也与从前不同了。他也不把一切物体，当成没有什么的死体，从某种未知的东西，给他了力率而始生气，他也要注意到某种物体的周围之向各方面突进，活跃，回转的无数极微物质之运动上。

在生物学方面，种之创造与出现的陈述，已成了旧的传说了。现在各个体之生活与其周围的事实，成为动植物学者的研究主题了。种之变化只是各个体所起的之总计或结果。各个体受了生存环境的无数影响，各人因其自己的个性而适应之。这种结果相集叠起来遂造出新的种类。但各个体又为无数极微物质之集合体。所以欲研究各个体，先得研究各个体中之各单位。

社会科学也是如此。历史学也不应当是帝王的历史，而为民众的历史。更恳切的说去就是各个人的历史。至于历史的见解，不应当是英雄崇拜的。应当把民众放在最重要位置上，而发展其研究。

法律也不能单以法典的研究，而满足其欲望；应当寻求种种制度之起源。追时代之变迁，而考求其进步。不根据成文法，而由所谓习惯法，而由此发见无名者的社会之创造与其建设的天才。

经济学也不如亚达姆·斯密士的样子以国家之生产，输出入，交换为其研究题目。对于各个之欲望的满足与否，为其重大问题了。应当先调查一国里困于穷乏的人数，与享受幸福之人数。就是一家一家访问着看他们有无食物的缺乏？子弟们有无衣被？有无明白绝粮的悲惶？即个人欲求之满足与否为其大的问题了。

如此最近科学的倾向，已经从神权的支派与某种特殊思想的支派脱退出来。

自然界的多少的调和，与很少有大的激变，以生物或无生物永远适应其周围的事情，可以说就是其周围的事情本身的产物，建设力与破坏力的本身。把他们创造出来，而维持着他们的调和。这种创造与维持的势力，就是其自由活动的结果。

克鲁泡特金的此种宇宙观，即所谓无政府共产主义者的克氏的宇宙，就是这样至温和至合理，而为一切人所不能不首肯的道理。但讲到他的社会观，就有很多的人觉着是过激或空想，真是怪极的事。

但是克鲁泡特金他自己虽是热心的在自然界寻求真理，他却不是从他的宇宙观中产生出来他的社会观。在他的宇宙观之前就已经有了他的社会观了，并且在他的社会观之前，或是还已经有一个最重要的东西，就是他的博爱的感情与互助的精神。不过他能以之对证一切的社会科学与自然科学，而确证其正当的道理罢了。

**《民钟》第1卷第8期，1924年6月。**

## 无政府主义与实际问题

无政府主义，绝对不是空想，绝对不是乌托邦。无政府主义是从人类进化的道程中，为人类的最大幸福与自由，为从现有不合理的社会中把人类解救出来，而寻得的一条道路，向社会的充分和谐与个人的完全发展的一个方向。他并不是一个哲学家的理想，或者社会学家的一种臆说。自然，我们要把这个道路、这个方向的确定，从自然科学与人类历史中去寻求他的根据和证例。但是一方面我们要正确的、精细地去考察现在的事实，并且要实际进入到现有的种种社会问题和社会运动中，去参与他，去左右他，要能对每一个时代、每一次运动都能有一个正确的主张和有力的活动。因为无政府主义者并不是一种特殊的人，或者是一种单弄笔墨的学者，无政府主义者是现有社会里边的人，是破除了旧的制度、旧的道德所给了人们的因袭观念，而努力于向人类完全发展的人。所以无政府主义运动是“人”的运动，绝不是象一个具着单纯信念的宗教家的运动。无政府主义的理论虽然从过去的几个聪明的前辈，弄成一种有系统的东西，或者做过些具体的计划，但是那系统和计划绝不是完全对的，绝不是死板的。这里，我们要拿我们自己身体的事实，我们这时代的问题去参酌他，去对证他。我们从这里边去决定我们的方法，去规划我们的活动。所以这里无政府主义者与实际问题，与时代关系是深切的，相连带的。

我们过去的运动，每每因为没有与实际问题充分地接近，没有从实际问题上决定行动的方法，而得不着效果，不能给时代的变动以强大的影响。有些人相信无政府主义的运动，是一种潜移默化的运动，是一种道德的运动，但这完全是错误的。因为现有社会的罪恶，现有社会的摧残人类，完全是有组织的、有方法的，所以我们要是预备去消灭它，去反抗它，一定非用有组织的、有方法的运动不可。不然你对于它的影响，一定是很微弱的。

无政府主义者每每因为厌弃现有制度的缘故，不愿意去与闻现有的政治现象；因为热情的缘故，不要方法。这点，我们常认为无政府主义者的缺点。自然，我们不必去象一个政党的样子，用以五十步笑百步的眼光观察政治，我们不能用卑污的手段，去希望夺取政权，但是，我们对于现在政府和政党的行动，我们对现有政治及政治活动给一般平民的实际的影响，我们应当予以充分的注意。我们要知道一个较有力的政治活动或政治革命，一定在平民中间有一种有力的原因。他这一种政治活动，假使可以成功，一定由于平民的某种要求，或者倾向。一个新发见的政治，虽不一定出于平民意识之表现，或者竟反乎平民之要求，但是他这种运动的力量，一定是利用着民众的某种要求或意识的。或有无政府主义者对时代进化的努力，竟被政治运动家收其结果而完成其支配的目的，其实一方面亦由于无政府主义者之组织欠强固，方法欠完整的缘故。自然，我们的组织和方法，一定较其他政党及政治革命的团体更困难，因为我们的目的不是那样简单，我们的革命不是改换政治场面的革命。但是我们为要使得革命的收获较多，我们为对抗有组织的敌人，为应付革命时期中的种种问题，必需要有我们的组织。我们的组织机能应当分为两种，即一种是为做将来社会的基础的组织，一种是为应付某一个时期或某一个问题的特殊组织。我们以前的组织的形式，多半是应当归其前者的，而其性质则为后者的，这可以说是我们的运动不易发展的根本原因。因为一种有方法的运动，是绝对需要一种严密的组织的。因为没有这样的组织，所以我们没有一致的意见，没有共同的方略，没有相应的步伐。所以我们现在的首要问题，就是无政府主义者的组织化的问题，同时就是无政府主义运动的实际化的问题。

但是无政府主义运动的实际化的工作中，需要有组织的无政府主义者与一般平民的社会及向着革命路上的实际运动发生密接的关系。第一是我们要充分的知道现社会的病状与一般平民的要求，以及时代的特征；其次我们要对于同时代之社会生活与社会运动使其尽量的感受我们的影响。所以我们一方面是要去确实的考察现在社会的现象与问题，一方面是要参加在现社会的各种方面各种运动当中。

中国的社会，一般人都知道很坏，中国的平民都知道是很苦；但是他坏到如何的程度，苦到如何的程度，他的正确的原因是什么，从来没有人去做确实的考察。自然，在这样混乱的中国，我们要求得一个正确的统计是很困难的，但是因为我们并不是预备做一个移动政权的运动，我们必需去详细的知道他。譬如中国的农村生活、中国的工人生活、每一次的内战，给了人民以若何重大的影响，甚至于某一地方的特殊政治状况、某一种特殊的人民组织，以至某一种运动、某一种问题的实况，与其对于人民的影响，我们应当一一注意到的。这是我们在行一种运动及为未来建设之基础上，应有的根本知识。假使没有这样根本知识，没有根据在这些实际事实的运动，绝对不会变为一种有力的社会运动，不能给现实社会，即人民生活上以重大的影响，或者在反对方面可以发生一种恶的影响。所以现在中国的无政府主义者，应扫除旧的架空的观念，而走在实际的路上，走向社会里边去，去认识社会，同时去改造社会。

譬如讲到中国现在的运动，我们有些同志以为完全是国民党的运动，而与我们不相干的；另外有些同志以为现代的无政府主义者，应当参加国民革命的工作。但是这两者都不是很正当的见解。因为现在中国的革命运动，并不单纯是国民党的运动。我们只要考察一下中国最近数十年来的现状、中国人民现在的穷迫的生活，我们很明显的可以看见，此次运动的原动力还在人民中间，而不在某一个党派。近数年中国各大都市的工人运动，尤其是对外国资本主义的反抗运动，绝不是由于少数人的煽动，实由工人的生活要求、自由要求的动机上发生的运动。其实，从来的革命运动、反抗运动都是这样。一个社会问题，一定有他的深刻原因，绝不是单纯的煽动所可引起的。所以，中国现在的问题、现在的运动，是中国人的解放运动，虽然表面上看去是国民党的运动，但实际这样的问题，决不是单由国民党的政治方法、武装行动可以得其完全解决的。旧的军阀与国际帝国主义之蛮横，虽然可以用这样的方法得到表面上的解决，但我们知道绝对还不是根本的解决。在国外资本主义从中国退出后，一定有国内的国家资本主义或私人的资本主义起而占其位置，虽然是中国人的心理上，会感觉着较好些，但事实上不过是名义上及形式上的变迁。因为现在世界的经济关系是连带的，资本家中间有他们自己的联络，所以在没有绝灭资本主义时，我们绝对没有自由的经济生活。其次，中国的旧军阀的势力，不问其没有根本绝灭，纵然得根本绝灭后，我们知道代起的政治，仍旧是维持支配阶级与被支配阶级，维持有产阶级与无产阶级的政治，所以在那里我们仍旧找不到自治自由的生活。所以在这种倾向下的运动，我们绝不能认为普通的政治变动，我们应认为现在的中国是进了革命的时期，我们需要决定我们在这个时期中的工作，我们需参加在这个革命的时代中，要求一种更远的更深切的进步，我们应当去把革命的色采更浓厚化起来，更猛烈化起来。我们不只要打倒国外帝国主义，我们还需去制止国内资本主义之发达，我们应引导他们到真正经济解放的路上。在政治上，我们不止要求打倒旧的封建制度，同时要开辟一条人类的完全解放的活路。自然，我们的目的不会在短时间中完全得到，我们知道这是不可能的，但同时我们应当向着我的道路前进。一方面我们也不能象定命论者说某种制度、某种政治是无政府主义必经的阶程，而暂时缩短我们的目标，因为这种主张，只是延长旧制度，即治者与被治者的对立。我们需根据现在的事实，现在的时代的倾向去实现我们的理想，尽力使平民的幸福与自由扩大。人类社会的进步，是从人类逐渐的努力得到的结果。所以我们并不是预备在一个时间突然实现无政府主义的社会，我们只是要求多解开些束缚，多得点自由，多减少些不合理的浪费，多得些生活上的幸福。

**《无政府主义与实际问题》第一节，民钟社 1927 年 4 月版。**

# 毕修勺

毕修勺（1902—1992），笔名碧波等，浙江临海人。1920年赴法国勤工俭学，在法国期间受到无政府主义影响。1922年参与无政府主义刊物《工余》杂志的编辑出版工作。1925年底回国。1927年，他与沈仲九等人一起编辑了《革命周报》，并发表了《个人与社会》、《我们是谁?》等文章。他还参与编辑了《民钟》杂志。1927年，他又在无政府主义者创办的劳动大学中任教。1930年，他再次赴法国研究无政府主义，翻译了邵可侣的《人与地》以及《进化与革命》。抗战时期，他主持《扫荡报》的编辑工作。1949年后，历任上海市文史馆馆员、上海师范大学文学研究所兼职研究员。

## 从纪念师复谈到无政府主义

一种主义的实现与否，完全在于信仰此种主义者的努力如何；这犹之乎一亩田的是否有良好的收获物，完全要看种这亩田的农夫曾否做过相当的劳苦工夫。如果信仰主义的人有大无畏，百折不挠，以主义为第二生命，甚至于列主义于生命之前，于主义有益的事，虽粉身碎骨亦所不却，与“鞠躬尽瘁，死而后已”的精神，此种主义就不难有实现的希望，倘若它是合理的。我们读史，见到许多莫名其妙，违反逻辑，完全人为的学理或主义在历史的过程上演了不少的惨剧，占了不少的势力；例如基督教在欧洲几乎做了二千年的主人，虽然它所希冀的天国未曾出现，但一般教徒却享过人间天堂的幸福，连南面独尊的寡头君主有时都跪他们膝前，听候命令。不合理的基督教教义为什么能这样得一般民众的尊崇，受一般治者的欢迎？大原因当然在民智未开，迷信盲从或治者利用之以自肥的所致，可是初期的基督教徒的努力、牺牲与殉道的精神，亦未尝不是其中原因之一。天下常有在后人想来极不可思议的事物，例如十字军之东征，为夺耶稣的坟墓，虽血流成河，尸积如山，牺牲了几千百万人的生命，亦奋勇而为之，在我们稍具理解力的二十世纪的子孙想来，真不值一笑，而且太息他们的愚蠢残暴，几无异于禽兽。殊不知当时的人们皆以为为此而捐躯乃人生最大之光荣，行之极安于心。这自然是人类的一种大错误，但也可见出有信仰而又能努力的势力。说到这层，我就想到师复，想到我所敬爱的师复的精明，以身殉道，以主义为第二生命的可羡可慕，尤其是在乌烟瘴气的中国，有这样纯洁的人格。他是无政府主义者，而且在中国只有他对［可］称为无政府主义者，他无时无地不以主义为自己人生的目的，殚精竭力，使之实现于世。你看他临死时给友人的最后一信中有：

"……众之忧《民声》，比忧病为更甚，倘《民声》呜呼，余又真成为不治之痨病，则师复将与无政府主义同葬支那之黄土而已！"

可见他看主义之重，远过于自己的一身。他病剧时，友人多以卖《民声》印机作医资劝他，他终答：

"此吾党主义东方命脉；断之以活一人，吾不为也！"

何等悲壮可风。我们的不努力，不长进，竟令无政府主义与师复同葬支那之黄土，思之无愧于心否？

师复离我们而去已有十二年了，回顾这十二年中，我们继起者的工作如何？无政府主义虽然未尽葬于支那的黄土（这是主义本身的不灭之故），但那种半死不活的状态，实在无异于消灭。

现在有些同志说我们应该有组织，另外有些造谣中伤的敌人说无政府主义者不主张组织，专尚空谈，言而无物。嗳！我们有目可视否？我们不见师复的《无政府共产主义同志团宣言》么？

"……又宣言于支那之同志曰：无政府共产之实行，赖乎吾党之实力。而欲增进吾党之实力，则联合全体，一致进行，实为今日惟一之要务，凡我同志，当各在其所在地与宗旨相同者联络为一，相其情势，创设自由集合之团体（或为秘密之组织，或为表面研究学术之机关），以为传播主义、联络同志之机关，以为将来组织该联合会之预备。……"

我们失师复已有十二年了，我们几乎把他的言论也掷之于九泉之下，否则为什么以上这一段话竟无人顾及呢？敌人昧心造谣不足怪，我们继他而起的人为什么也置之罔闻呢？在这纪念师复的时候，我不得不叹我们同志之辜负师复的苦心。

现在我乘纪念师复的机会，来谈谈师复死后无政府主义在中国之不振的原因。

一、一般反对论者都说无政府的理想是极好的，是无可非议的，是人人所盼望实现的。可是大地茫茫，人心不良，此美妙之无政府主义不知何时能见诸实现，还在不可知之数，所以还是做切近的工作较为有益。这不但反对论者如是说，就是所谓同志也有许多这样想。如吴稚晖老先生说笑似的说要三千年实现无政府主义就是其中之一，好供反对论者以无稽的话柄。这可以说对无政府主义无明晰的了解，无确定的信仰的缘故。因无明晰的了解与确定的信仰，所以对于主义就马马虎虎，可有可无，专门做与主义漠不相关甚至相反的工作。有一次我与一个曾经在政治中过过生活的信仰主义的人谈天，他以觉悟似的，忏悔似的语调说道："我之所以堕入政治旋涡中，最大的原因就是对于主义无确定的了解与信仰。我以为我们的目的很远，做点较近的工作倒很有益。殊知在政治上混了十几年的生活，结果非但效益没有，连自己的人格堕地，失了同志们的信用，丧了民众对我的信仰心。唉！我悔不该当时不十分注意我们主义的原理。……"这位同志现在已宣言："恢复我的自由了。"所以，无确定的了解与信仰，在我看来，的确可为中国近年来无政府主义不振作的原因之一。

二、中国人大概都有不专一的通病。儒家所谓："一物不知，儒者之耻"的话，实可为代表。一件东西未完成，就想做别件东西，做来做去，一无所成。我们无政府主义者也脱不了此种毛病。所消"活动""活动"，有时活动得太多方面。结果徒耗精力，一无所得。同志们，请扪心自问，不专一是不是师复死后无政府主义沉寂的原因之二呢？

三、有人说"假使你们无政府党有几千万大洋钱放在这里，信仰你们主义的人一定很多，恐怕有麕至沓来之概！可惜你们没有钱！……在现在的中国没有钱，哪个信仰你们的主义呢！……"、唉！天啊！我难过，我怀疑他的话的真确。现在中国所谓革命的潮流不是澎湃极了么？难道做革命运动的一般志士，都惟钱是图的么？这未免太看轻我们的革命志士了！不过，话虽如此说，钱实在是很紧要的。假如我们无政府主义者有如他说的那么多钱，的确有许多投机的先生们来入无政府"党"来代我们作运动。这是不离奇而合理的揣想，虽然这些先生们终无益于主义。老实说，经济的压迫，时常为我们宣传的障碍。同志因生计的问题不能献身于主义的很多很多。我们的宣传——即就出版物说——也因无经济不时辍歇。所以无经济亦未尝非无政府主义不能扩展的原因中之三。

四、我听到少数同志说："我信仰无政府主义好了。我觉得无政府是社会进化上的必然的结果，何必斤斤乎要牺牲现世的幸福而不享，徒学宗教家的苦修精神呢!"唉！师复！我想到你说的："此吾党主义东方命脉，断之以活一人，吾不为也!""余之忧《民声》比忧病更甚……"的金言。我觉得我们后起者太对不住主义及你，你的牺牲，你的殉道，你的以主义为第二生命，有少数所谓你的继起者以为是笨伯的行为咧！这当然也是无明晰与确定的了解与信仰所致。我可以说少数享乐主义者的作为，以主义为装饰物，为出风头的先生们的行动，是我们主义呈消沉现象的原因之四。

五、古语说得好："欲速则不达"。现在一般人作事大概都有急于成功的念头，而我们同志中也不乏其人。"希望愈大失望愈大"是必然的事情。主张无政府主义而又有急于成功的念头（我们当然很希望无政府早日出现，可是切不可有政党式的那种希望，我所说的急于成功的念头是指那类的希望），往往容易灰心变节。"只顾耕耘，不管收获"应该为我们的座右铭。近年来有少数同志耕耘不顾，却管收获，那能有好的现象？

那能不自叹主义难于实现呢？这也算是原因之五。

其余还有许许多多的原因，如政治的压迫，同志间无良好的组织无互相谅解的心理，无系统的工作方法，群众方面因知识缺乏，见近不见远，沉迷于政治运动中等等，言不胜言。

师复哟！总之，你有我们所无的，无我们所有的。我们有的是不努力，不会牺牲，不能以主义为第二生命，你有的完全与我们相反。师复哟！你去了！剩下我们这些不长进的人，我们的主义那能不葬支那之黄土咧！师复哟，我怨天不予你以较长的年寿呀！

师复！你知道要主义之实现，非有十分的努力不可，如你尚存，见到我们现在的种种情形，不知要如何的悲伤呀！

同志们呀！我们可以醒了！支那的革命钟毕竟要我们去敲咧！我们果然无痛改前非的勇气么？

**《民钟》第2卷第3期，1927年3月。**

# 震天与法国无政府主义者格拉佛的通信

## 震天复格拉佛的信

——本社同志因散居各地，无从集合起，故由震天个人回答。——我亲爱的老同志：

别来，不觉已有年余了。今日忽见你给民钟社同志的信，十分关心于中国的问题，足见你是一个真真实实的无政府主义者，毫无一点国界的偏见的。前年别你时，你命我常以中国的情形告你，我当时唯唯称命；那晓得回国后，竟忘你之所托，现在倒反你先来劝导我们注意中国的时事问题。唉！我怎样的惭愧，怎样的对你不起呀！我极希望你原谅我，宽恕我。

是的，我们现在已站在极复杂的时局之前了。中国现在已在作民族自由之争斗了，而且向称酣睡的中国人民也渐渐地苏醒过来，知道从事于掠取政治与经济的自由了。我们是无政府主义者，不用说我们是反对一切想劫夺中国并剥削中国人民的利益的国家；我们无论如何当尽我们之所能协助我们的同胞为反对外国的强权而战的解放运动。我们最终的目的既然是在求全人类的自由平等，而中国人为人类的一部分，怎么可以让人自由宰割呢？所以反对列强的侵略是无背于我们的理想的。但是我们的反对列强与爱国主义者之反对列强不同，我们因为列强以强权压迫人，剥夺人的自由而反对列强，同时也不愿以中国人的强权来驾驭中国人。但是爱国主义者则大大不然。他们憎恶列强的理由纯是爱国的偏见，他们虽反对列强的强权，但欲以本国人的强权代替之，所以完全是以暴易暴的思想。你劝我们怎样呢？与爱国主义者联合吗？在愚鲁的我想来，这是不大妥当的。因为我们在反对列强的时候，同时应该反对国内的欲以列强的同样方法压迫人的政团或个人；我们应该在狭义的民族主义之旁，宣扬大道为公的世界主义；我们应该揭穿民族主义的罪恶，及说明世界上所以有国与国的争斗，大半皆因有民族主义的缘故。我们切不可与爱国主义者同一鼻孔出气，说外国人怎样不好，中国怎样高尚的有害于人群的骗话。我们知道外国人并不全是坏的，而且极大多数都是好的，坏的不过极少数的治者与资本家而已。我在你们法国多年，觉得你们法国人大多数比我们中国人有同情心、有思想、有宽容心、有革命性，虽然你们的治者与资本家与我们黄面孔的先生们一样的残酷可恶。因此我决不愿说反对法国人，我所反对的也是你们法国人自己反对的挟强权而称霸的野心家与掠夺者。你想想看，爱国主义者的陈旧思想，以我尊你卑的邈视外人的错误眼光来作杀人流血的勾当，我们怎可与之联合呢？我们有我们的工作，他们也有他们的工作；如果有相同处，可暂时不约而同的合力进行，这是我们所赞同的，但绝对没有抛弃自己的目的，投身于我们一向反对的队伍中去的必要。现在我们中国同志中有许多人非常奇怪，他们将自己的目的放在脑后，终日专门替人作嫁，你想，这样于我们主义的前途到底有何益处呢？如此的作法，我想你也是不赞同的吧？

民主主义的政治比较君主专制进步，这谁也不能否认。在专制的时代我们赞同共和，在共和的时代我们赞同比共和更进步的东西，这也是理之当然。现在我们中国处在军阀割据的情况下，过着比专制更苦十倍的生活，我们的理想既然不能即刻实现，我们当然希望有较缓和与较进步的政治来打倒军阀、消灭专制，使我们的同国人稍享平安的幸福。我们在努力于我们自己的工作之余，当然要帮助较新的，而推翻较旧的。但是我们同时决不满足于新的，因为在原理上说，新的未必就能予我们以幸福，因为新的制度的根基完全与旧的一样——完全筑在财产与强权上——不过稍加粉刷，较旧的稍能满人意罢了。所以我们在这新旧过渡的时期中，应该竭力打倒旧的，而同时揭穿新的谬误，使人们不致于在最近的将来重蹈旧的覆辙。我们始终向前进，向前进的是我们的朋友，向后退的是我们的敌人，与朋友携手同行，与敌人短兵相见，这也是我们的主义命我们如此的。你劝我们效你们在一九一四年的所为，赞同“德谟克拉西”与一切反动势力战，大概也是这个意思吧。不过有一点应该注意，我们为某种一定的目的可以携手，譬如打倒军阀等，而大致仍不一样的；我们仍以自己原有的精神做事，绝不投降于任何党团。我们决不取旁观的态度，我们非常的尽力于打倒一切反动派。

现在我们中国同志中也有愿与各党派合作的，可是他们简直不是合作，简直是变节，他们时常忘了自己本来的面目，以他人的思想为思想，以他人的工作为工作。我想你决不主张如此的吧？有百斤与五十斤的两压力在此，我们喜欢五十斤而反对百斤，这是人之常情；但我们尤爱干干净净的毫无压力。亲爱的老同志，这就是我最后的回答。希望您时常指教我们，并愿您领受我们的敬礼，民钟社同志祝您健康。

您的震天　五月二十三日

《民钟》第2卷第4—5期合刊，1927年5月。

# 震天与君毅的通信

君毅兄：

来信早已收到，因忙，未曾即复，请原谅！

中国的社会非有一猛烈的革命来将它连根带蒂地改造一番，实在没有多大希望。你说中国现在正在革命时期，的确如是，不过在这个革命时期，我们应该如何努力，却成一个极大的问题了。有些人主张入国民党，与国民党合作；有些人主张站在一切党派之外，作我们纯粹的宣传，比较合于原理，比较言行不背。谁是谁非，只有待将来可以论断，在现在到底是争不出一个确定的结果来。我是主张后者的人，我认定我们前数年对于吴稚晖先生说的凡是无政府“党”都该加入国民党的话，予以抨击，是我们应做的事情，而且无论在实事上、在原理上，我们都没有什么错误。社会是极复杂的，社会的弊病也是极多的，我们当然不能闭眼瞎说，拿出“唯我独是”的独断精神，压倒一切。我们走到将来的路虽然很多，但也有错路与正路，也只有走过去的人，才能觉得。我们现在既然认定无政府主义是到将来的正路，那末，我们即须束装前进，决不可彷徨观望，停立在中途，一步不前。至于另有些人认定他们的路是正的、是对的呢，我们也只能负劝告他们的责任，决没有强迫他们非来走我们的路不可的道理，而他们对我们也应如是。国民党在中国虽然是比较进步的政党，但我们绝对不可因它是比较进步，就舍己从人，入到他们中间，戴上他们的帽子，把自己的事业置之脑后。这是现在大半入国民党同志的一般情形，想你也是不赞成的。我只主张做我们自己的事业，种我们自己的园地，因为，我觉得——如此，我们将能获得的效果必比与任何政党合作好。你承认你三年前在《自由人》上发表的意见是错误的，这是你诚实的地方，但我却认定你现在的意见也是错误的。我们对于国民党不下无理的攻击，自然是我们应取的态度，但如吴老先生那样说法，我始终是不敢赞从。我们对于国民党在相当的时期从旁援助，却是可以的（如现在国共分裂，我们同情于国民党，并竭全力与国民党一样的反抗共产党，就是援助国民党的一事实），我也是与你同意的，但要我们服从国民说，戴上国民党的帽子，我们绝对不以为然。我们不应该跟着共产党……身入国民党而行破坏国民党的工作，我们绝对应该避免。我尝说忠诚是做人的根本，入何党就应敬奉其党的主义与方略。无政府主义与三民主义在有些地方虽有不冲突之处，但在原理上，却不能说是一致。我们在国民党之外批评国民党，劝告国民党向前进并同时作我们自己纯粹的工作，在道德信义上说，皆对得住自己，也对得住国民党。我们现在自己的力量缺乏极了，那有帮助人家的余力？你说三年前的意见是错误的，你虽不赞成人人都入国民党，但我以为你现在又错误了，因为你现在应劝人人都做自己的事业，因为他人的园地有他人在，无容我们代劳。

至于联合战线呢，我绝对赞成，我们自然应与比较进步的人或党站在同一战线，绝对无助纣为虐的道理，换言之，与旧的联合而反抗新的道理。但是立在同一战线上的人，彼此若有错误，彼此就有互相劝勉的责任，切不可有强彼从此，或彼此一有批评，就出之以强力的事实，而且彼此不应有阴谋与野心，如共产党在国民党中的所作所为。联合战线是彼此独立的，是为某种特殊的事情而联合，并非卖身投靠，或甘心投降。国民党如果是向前进的，我们不用说与之联合战线，否则，我们只好反对它，决无妥协的可能。总一句话，我们的责任是推促社会向前，不是与开倒车者做反动与复古的工作。

我于答格拉佛的信，有许多地方可以答你的。你的意思我很明瞭，而且归根说来，你的赞成国民党与旁的人不同，你的意思除几处应行说明外，大致与我们的差不多，我现在没有多时间可以与你从长讨论，听信爱同志说，他将有一封长信给你，也将在《民钟》上发表，我希望我们几人的意见同归于一。现在与你暂别了。祝努力

弟震天六月六日

**《民钟》第2卷第4—5期合刊，1927年5月。**

## 我们是谁?

……

我们创办这个周报之初，就打算只鼓吹民众向真正的革命道上前进，不愿提出什么主义，以免许多人的误会。我们这数月来所作的文字，都是循着原定的计划进行的，这层明眼的读者都曾见到。来信许多人责我们无的放矢，云端旅行，我们皆未置答，

觉得别人的不了解，终有了解的一日，只要我们努力发扬真理。近来的情形不同了，各方责问的信差不多如雪片飞来，有的骂我们胆怯，不敢露出真面目，有的诬我们为反革命，有的——如共产党的徒子徒孙们，笑我们投机，去他们而代之，专干升官发财的工作。……我们若再不去表明我们的态度，好好地回答他，我们真正对不起他，而且同时对不起读者，所以我们开始罢。

……

孙中山先生说的“民生是历史的中心”一语，我觉得它颇有科学的价值。实际历史上无论那种现象都是为求较好的生存而生的。无政府主义即以民生为根基，它所以反对一切政治，就是因为政治不能解决民生的大问题。一人或一党的胜利不是民众的胜利，这是谁都不能否认的。人或党，在二十世纪的世界，非以解决民众的生活问题为主要的目的不可。我们所以恨古今来的政党，就是因为它们在只顾私人的利益而不顾民众的利益。于是我们胆大的说一句，真正为民众之友的不是别人，是无政府主义者，因为他们只鼓吹民众自己起来，作经济的斗争，决不愿民众请他们去越俎代庖。

“你们有苦痛么？你们快起来芟除你们苦痛的原因！”这就是无政府主义者催促民众向革命道上走的标语。

我们为什么要鼓吹社会革命呢？社会革命与国民革命有什么关系呢？且待我们慢慢的来说明罢。

思想不同，持理各异，这是普通的现象。中国现在有很多人以为国民革命为当前的急务，我们只鼓吹国民革命好了，正不必要提倡什么社会革命，并且社会革命若没有国民革命为前提，可以说是绝对不可能。又有很多人以为国民党所唱的国民革命与我们的理想不合，不过是换汤不换药的革命，我们对之无赞助的必要。这两种理由，孰是孰非，我们颇难下一断语，因为——我们又重述一句——社会是复杂的机体，我们怎可执一见而言是非呢？我们至多只能说我们的主张如此如此，是与非最好待诸事实来证明。所以我们鼓吹社会革命是我们所持的理由，至于国民革命我们也不反对，因为两者虽有不同，但也有好多相同的工作。

国际帝国主义的侵略，军阀官僚的作恶，土豪劣绅的横行，共产党的捣乱为国民党所不容，亦为我们无政府主义者所不容。农工生活的提高，农工组织的倡导，国民党主张如此，我们无政府主义者主张亦如此。中国民族被人侮辱，这是无可掩饰的事实，国民党要求中国独立自由于世界，我们虽然主张世界上无民族与民族之区别，但是现在既然有这种恶现象存在了，我们自然是站在弱者一边，以抗强者；世界若有被压迫的民族存在，绝对无我们理想实现的希望，所以我们也与国民党一样的，希望中国民族独立自由于世界，使我们的世界一家的理想早日实现。

“国民革命的目的在求中国之自由平等。”我们虽然不是爱国主义者，也决不愿中国陷于奴隶的状态中，受人侮辱，因为中国受人侮辱，即是中国人受人侮辱，我们为中国人民计，不得不努力使中国达到自由与平等的境地。但是光说中国之自由平等还是空的，如果中国在国际地位上不如现在的样子，在在都处于上乘了，而国内却依然没有自由平等的制度，人民却依然生活于水深火热中，我们可以大胆说一句，我们正不必要这种挂牌的自由平等，因为只国家光荣而人民仍苦痛，这是毫无意义的。所以怎样才能使中国得真正的自由平等的问题，即充口而出，而急待解决了。

三民主义最重要，最值得我们注意的，就是民生主义。据孙中山的意思。民生主义就是社会主义，又名共产主义，即是大同主义。可以说共产主义是民生主义的理想，民生主义是共产主义的实行，所以两种主义没有什么分别，要分别的是在方法。可见真正的共产主义与民生主义无甚相背之处，所不同的，只是在方法。方法多得很，只要用方法的人是以真诚良心为本的，什么方法都可采用。（卑鄙龌龊、唯私是图的方法，如伪共产党的所作所为，却为革命党人所戒避，望读者注意。）民生主义鉴乎资本家的无恶不作，田主的凶残暴戾，所以以节制资本、平均地权为救济的方法。无政府共产主义者也知道资本家的罪恶与田主的凶暴，但它却以工农的直接行动对付资本家与田主，以激烈的革命扑灭资本制度与田主制度。此即所谓方法的不同。孰是孰非？只好待诸将来来给我们回答。我们在这个捉摸不定，没有事实可为旁证的时候，最好不要互相排挤，最好要有宽大的胸襟，谅解的心理，因为只要大家都是向前进的，不是为私欲的满足的，大家携手好了，彼此何必要妄加非议？至于孰是孰非，在是者非者都应该拿出真诚与理由来辩难，绝对不可仿共产党的格式，以权利来压倒一切，或以造谣和谩骂来陷害一切。这些话出于我们毫无权力可恃的无政府主义者口中，未免惹人非笑，可是在真理上说，就是有权力可恃的国民党，也应该有这种光明磊落的态度，因为权力毕竟非久长之物，进步的国民党员也了然于胸的。

我们以直接行动为是，所以鼓吹社会革命；民生主义者以节制资本、平均地权为是，所以从事国民革命。至于打倒军阀，抵抗国外帝国主义的侵略，改造已有的旧社会，消灭专制魔王化身的共产党，大家目的相同，不妨联合战线，通力扑敌。

社会革命的目的一面在求中国之自由平等，另一面在求全人类之完全解放，与国民革命无甚冲突之处。我于是希望国民党节节进步，努力实现以三民主义为最终目的的民生主义，并且须除尽一般政党所通有的“唯我独尊”的独断精神，即刻予人民以真正的自由，好一点说，使人民自己起来要求自由，拥护自己。

我们是谁？我们是无时无刻不求进步的无政府主义者；我们是谁？我们是一切强权的敌人；我们是谁？我们是想自己做“人”并希望都做“人”的人，我们的目的，我们的方法都是求“人”的生活的充实与扩张的。“人”！在奇怪的现世，谁知道做呀！然而我们却十二分的希望人们认识这个“人”字！

**《革命周报》第16—18期，1927年8月14—28日。**

# 景梅九

景梅九（1882—1961），名定成，号无碍居士，笔名老梅、梅九等，山西安邑城关人。早年留学日本，在日本期间参加革命党人组织的各项活动，开始受到日本无政府主义者的影响，回国后极力提倡无政府主义思想。1911 年开始主编《国风日报》，后又在该报的副刊《学汇》上翻译介绍国外无政府主义者的论著，成为当时宣传无政府共产主义的一个重要阵地。他在宣传无政府主义的同时，又积极推广世界语，1930 年在太原创建世界语学会。1949 年后，任陕西省政协委员。

## 《师复文存》弁言

师复本无政府主义党健全分子，为同志中前辈后生所共倾服，以其有毅力，有勇气，有热情，有道德，有品格，所谓“一点不留余渣十分成就全身”者，是固一模范革命实行家。初不以文字鸣，然尝观其所为文，则又深入浅出，语重心长，说高尚之主义，如数家珍，能令阅者忘疲，听者兴奋。《民声》译著，对自义为能立，《伏虎集》文，对异派为能破。吾党虽不立偶像，而师复实有威棱，从途万古，横扫全球，现世流行祸水马克思教义，早早击碎于我师复三寸铁管之下。兴言及此，却惜师复文字流传未广，致令最近全国青年，沉迷于谬误浅腐之《资本论》《唯物史观》中颠倒错乱，不克自救，几多半为盗窃美名之共产党（实为集产党，师复剖解最明）作机械，以播毒种造恶于中国各地，欲赤化冷化兽化全社会人类，而一往不返，识者危之。然一般反对赤色共产党，陈义反在马氏主张之下，未能开其口而夺其舌，稚晖、石曾两先生皆唱“打倒共产学说，乃无政府主义能事，”之言论。但阳春白雪，曲高和寡，又求如师复缚马伏虎之笔力，并世难得，是以闻友人有《师复文存》之新刊，不仅跃然而起曰：“降妖破障之法宝，久埋地下，一旦光芒再露，足令举世妖孽，望影惊避。人类庶有舍暗趋明之机缘乎！不但为无政府主义呼快，并为误入迷途之盲众呼快，为世界革命前辈呼快。”敢以是为本书弁言。

**老梅撰于沪上一九二七，五卅。**

**《师复文存》，1928年版，第1—2页。**

# 自由真谛底研究

## （上篇）

说起自由来，仿佛很容易明白。但自由的真谛——真正意义，究竟如何，恐怕不是随便可以答出来的。我现在也不管别人怎样的解释了，仅由自己意思，自由地解释一番，不敢说就是自由真谛，不过向真谛方面研究罢了。

据英文家说：“英文‘自由’有两个字（原文缺），前者是脱离不自由的状况，成为自由，后者是本来自由无碍的状况，叫做自由；前者是从动词变来的名词，后者是固有的抽象名词。”这种解释，是不错的了。

或分自由概念为两种：（一）消极的，无外面一切拘束；（二）积极的，所谓自由的本物，随自身法则而活动的力，本来具足的状况。这两种概念，大概也不错。

据中国“自由”字意解，也和英文一样，并从字面上得一种妙义，可以包含以上两种概念，表出自由的真精神来。“自”是自己，“由”是随从，“由”是动词，“自”是名问，依普通文例，把动词放在前面，组合起来，自由成了由自——随从自己，不是随从自己以外的东西（或人或物）。譬如儒者说女子三从：“未嫁从父，已嫁从夫，夫死从子”，便是终身从傍人，不是从自己，便是由人，不是由己，便是人由，不是自由。再拿“自”字和别的动词组成的名词说，如自利，是利自己，自杀，是杀自己，自赞，是赞自己，由此类推。“自由”是由自，无疑义了。再讲一句，即是创造这个名词的人，意思或者不如此，我想如此解释也无碍，且可以得自由真谛。

何以叫自由，不叫由自？因为注意“自”字。依我个人的意思讲这“自”字，差不多是佛说的自性——禅宗六祖慧能所谓：“一切万法，不离自性。何期自性，本是清净；何期自性，本不生灭；何期自性，本自具足；何期自性，本无动摇；何期自性，能生万法。”拿这几句彻悟话看起来，自性是何等自由，何等广大——真是纵横自在，无滞无碍，较之本身自足活动力的积极的自由概念，更圆满些。

“自”——自性是超离善恶以外的，是包括无遗的。人的自性，便是宇宙的自性，只有一般，并无两样。可怜世上的人，多把自性忘失且消灭了。没有“自”何以

“由”，所以我希望人们，速速恢复了自性、认识了“本来面目”再讲自由。

我并不是说法传教，因怕人误认了“自”，一听说自由是由自，差不多要由自己胡言乱语，胡行乱走起来，“杀人放火，一切由我”，岂不是这一说要流毒社会么？所以我提出这“自”字真意来，表明那乱来的自由，不是真的自由。有一个譬喻在这里。譬如疯狂的人，一切言动任意乱来，外面好象无拘束的状态，岂不是自由？其实并不是由他自己，纯由病毒。人一定说他是迷失本性，怎么能叫自由呢？醉汉也一样，完全受了一种酒涛，不由的自己癫狂起来，也仿佛是毫无拘束，其实是由酒毒，不是由自。试问醒来的醉人说：“你怎样［能］酒后那样胡闹呢？”他一定答道：“那时由不得我了。”这是很明白的事体。中了催眠魔术的人，其行动纯由施术者的暗示，毫不由己，更是显然不自由的现象。

尝考历史上的英雄豪杰，以及什么名士美人，都中了环境的一种夸诈虚荣的毒，沉醉在金钱势力的酒杯中，颠倒梦想，不由的自己，骄慢淫逸起来，对于社会又成了一种恶劣的暗示。流毒贻害，展转无穷，非施一种断然禁酒绝毒去魔的手段，世界永远要被这些迷失自性的“贵魔”、“富魔”、“强魔”、“色魔”、“名魔”占领去了，任意造出一种“修罗道场”来，毒害众生。所有各国政府，都是魔毒制造所，所有名处都市，都是魔鬼贩卖场，因是弄得举世之人，如饮“狂泉”，都成了狂人，反以不狂者为狂，一定拉他“同入浑水”才行哩。即如最近俄人，少少觉悟富魔——资本主义——的毒害，努力要打破他，各国资本家的政府，都视俄人是疯狂，定要拉他到资本圈里，教他再迷失自性，不能进行他的真正自由主张。或曰：“列宁等原来不识自由真意，所以易被富魔诱惑”，也有几分道理。

人们啊！你们渴望身心的自由么？先把毒害自性的魔鬼全除灭了才成功，不然，你们但能由着金钱去玩弄，由着势力去压制，由着所谓法律宗教道德礼俗去束缚完了，一点也由不了自己，还能得甚么自由？

这样研究起来，世上显然受束缚压制玩弄。不自由的人们，莫过于狱囚、奴隶、兵丁。

先说狱囚。这“囚”宁像人束缚在圈儿里，本来天地像一个大笼，惟有“自性”不受他的范围，常想冲破乾坤，使虚空粉碎，大地平沉。人们却在这大笼里面，又编织许多小笼，去囚人，真是违反自性到万分了。狱囚幽闭铁笼里，由着狱卒看管，一切言动，不能由己，其不自由，更不待说。却说世上还有两种特别囚犯。一“帝王”。中国从前任的地方，叫做宫禁，有人说这宫禁的“禁”字“一方面禁人入，一方面也禁自己出”，所以帝王出入宫禁，也不能由己。听说前清宫中，设下许多什么“祖宗之法”，束缚那些帝王行动，干涉到床笫间，比左史记动、右史记言的古法，还要严些。那么，宫禁不过是一座改良监狱，帝王只是体面囚犯，怎么人还要争着作皇帝呢？因为中了一种权力威福的魔毒，所谓生杀予夺，可以由己，除过许由、巢父那样的伶俐汉，都想由人把黄袍加到自己身上，去入宫禁了。一“妇女”，特别是中国妇女。前边已经讲过甚么“三从”，使他终身从人——由人不由己，又有甚么“严守闺范”及“女正位乎内”的话，把妇女一齐关在家庭监狱里，作死囚。富贵家的妇女，好像笼中的鹦鹉，贫贱家的妇女，竟似圈中犬豕，由人玩弄，由人鞭笞，由人管束。或受了虚荣心的魔毒，或受了习惯法的魔毒，不由的自己，涂朱抹粉，穿耳缠足，问他们果然愿意么？也不过应答一句：“人家通是这样，不然便要惹人笑罗！”可怜的妇女啊！你们受环境的魔毒，几时才了！还不赶紧由自己恢复自由人权，摆脱了一切束缚身心的玩艺，打破家庭的监狱出来么？

再说奴隶。如美洲黑奴、俄国从前的农奴以及富贵家的奴隶，都是由主人指使，刑罚卖买，行动言语，一点也由不了自己，比王褒的“僮约”还要利害。此外有几种体面奴才，如所谓朝廷上的大臣（满清大员自称奴才），中国古来宰相用奴（章太炎说）以及小官僚——《水浒传》小说中石秀骂的那些“与奴才做奴才的奴才”，由人提拔，由人罢免，“赵孟之所贵，赵孟能贱之”。他们还要学那晏子执鞭的御者，意气洋洋，甚自得也，直忘了自己是甚么了。那些奉上接下的官僚们，每日要接见不愿见的人，说些不愿说的话，也是由不了自己呀！还有被人利用的大伟人，明明白白作一般政奴的傀儡，由人拨弄，像耍猴子一般，它还自觉的怪不错哩！使人失笑。其次，资本家作金钱的奴隶，大似中国喜剧《化子拾金》中那一个乞丐，出门拾了一锭金子，便听那金子吩咐，叫它［他］唱什么，它［他］就唱什么，弄的它［他］丑态百出，也不自觉。再次，崇拜古圣先贤的学奴，一生照着书本行事，非法服不敢服，非法言不敢言，尝悬一个偶像，在心里作主人翁，由他支配，自己还要说由己由道，真是要命！最下是一般自命风流的文奴、欲奴，入了那些才子佳人的模型中，铸出一种轻薄狂态，成天哼哼些蚊子腔，作几篇言情小说，打油诗，腐文烂调，艳词绮语，魔乱人心，一生颠倒甚么情场里，在妇人裙带下作情奴，甚至以嫖妓吊膀为自由恋爱。这些奴才，更不值得一笑了。

次说兵丁。那宫禁、家庭两座特别的监狱外，加上一座兵丁住的营垒，便鼎足而三了。所谓“壁垒森严”更过于宫禁、家庭，是不用多说的了，一旦出征打战，五官四肢都由不了自己。有个怪名词叫“绝对服从”——服从长官一切命令。长官命向前，不敢退后，命向右，不敢向左，只要由官长一下命今，河也得跳，山也得爬、荆棘丛中，也得卧倒。命开枪便开枪，命扯炮便扯炮，甚至命他向父母兄弟开枪，也不得违反。（其实战争总是人杀人，全是杀自己父老子弟的，没有甚么分别。）说起来不过为的每月几两银子，便把身子卖给兵营，作一种不自由的奴隶。究竟人的自性，断不是这样的。募兵还可以说自己愿意去受罪，征兵便不然了。由国家定一种法律，强迫人去当兵，叫做“当兵义务”，更不能由自己，所以便有折臂薰目，装聋卖哑，希图脱免兵役的惨剧。人说那些折臂人是毁身全生，不知是毁身全性，因为一入兵营，便要受种种违反人性的魔咒式的训令，但使人知道杀人立功，久之性情自变，成了雄纠纠气昂昂、虎豹食人的派头。所以将军自命有虎威，还由国家弄些甚么“文虎章”表彰那猛烈的兽性。说起日本的兵丁，更不得了。每天要对那天皇肖像——圣容背诵些忠君爱国的魔语，弄的平时脸上现出一种痴气，然后战时才能演出一种狂态，犬奔狂吠，那里像个样子！近来中国兵丁却中了忠于官长的魔毒，也染了虚谈爱国的狂疾，更服了些升官发财的麻醉剂，一发不由自性，任意到处闹起来了。

从以上情形看起来，满世界没有几个自由人，因为清净具足的自性，已被魔毒的环境污染且破损了，历史改革家并未行一次根本的消毒法，那里会自由？最近俄国革命，曾标“土地归农，工场归工，自由归全体”的旗帜，实际不过利用他，号召一时人民而已，仅仅消除帝王的毒，最深的资本毒仍未去净，所以要退一步，保持原有的环境，藉口四面强邻的压迫，不但不能去钱，并且不能去兵。试问俄人的自由在那里？原来列宁奉行马克思主义，所以采取平民专政和工券制度，久之平民专政转为官僚化，工券制度转为资本化，是当然结果；何况连工券制还没办到，怎么能退步呢？惟有萨巴达兰地，是行无政府主义的，所以把法律、宗教、金钱全废了，人们非常自由，然而人人还愿意当兵以御外侮，他们宣言说：“世界尚未完全自由，我们不能废兵。”他们原来爱真自由的人，只因世界环境的关系，仍有一部分违反自性的不自由状况，可欢已极！所以我们希望全世界人，都恢复了自性；然后自由真谛可见。

有人说“食色性也”的活，说自性是恶的，恢复自性，不过恢复人类原始野蛮状态，使人单知贪食好色，肆情纵欲而已，和禽兽有何分别。我说以食色为性，已落第二义。因饮食男女，说是人之大欲也可，说是人之本能也好，不得指为自性本体。便是人生说，也是为生而有食色，不是为食色而有生，况且色只是求美，不是好淫，食只是养生，不是贪味，也没有善恶可说，因善恶是后起名词。自性是无记的，如人初生，即知食乳，不过是保生的本能。既长，男女相悦，只是求偶本能，不算甚么善，也不算甚么恶。只要人能保持天真自性，自然好色而不淫，适食不求饱，自己已支配食色，不由食色支配自己，有甚么野蛮放肆的过虑呢？只怕人忘了自性，由一切食色欲魔支配了去，那才是真正不自由哩。再说“自性”一详说之，请读者看下篇，便识自性本体，是怎么样个情形了。

**（下篇）**

中国中古哲学家，也有好些省识自由真谛的。惟庄子最显著。看《逍遥游》的大旨，便是表明人物大小虽殊，各有任性自得的愉快，《齐物论》一篇精神，只在“吹万不同，使其自己也”两句话。“自”者出也，“己”者自也，自己即由自。由自则物类各得自由，所谓“任其不齐，齐之至也”。（是从自由真谛，然后可以得平等的真谛。）外篇如《胠箧》、《马蹄》、《在宥》诸篇，更发挥的透彻。其精言曰“三代以下，天下莫不以物易性。小人则以身殉利，士则以身殉名，大夫则以身殉家，圣人则以身殉天下。”以物易性，便是由物不由自性了，于是殉利者由利，殉名者由名，殉家者由家，殉天下者由天下，通把自性换掉了。所以说：“事业不同，名声异号，其伤性以身为殉，一也。”又曰：“吾所谓聪者，非谓其闻彼也，自闻而已矣。吾所谓见者，非谓其见被也，自见而已矣。”自闻自见，皆由自不由人。泾渭绝离弃旷，自任闻见是也。不然则“不自见而见彼，不自得而得彼者，是得人之得，不自得其得者也，适人之适，不自适其适者也。夫适人之适，而不自适其适，虽盗跖与伯夷，是同为淫僻也。”盖惟自适其适，而不适人之适，始为真自由。孔子曰“无入而不自得”是也。又曰：“从心所欲，不逾矩。”从者“由”也，心所欲“自”也。以及“从吾所好”，皆是自由真谛。《中庸》曰“惟天下至城，为能尽其性。能尽其性，则能尽人之性。能尽人之性，则能尽物之性。能尽物之性，则可以赞天地之化育。可以赞天地之化育，则可以与天地参矣。”“尽”有任由之意，如后人所谓“尽情”“尽性”的尽字。尽其性，则自己自由，尽人性，则任人自由，尽物性则任物自由。到这步田地，便是庄子所说的“禽兽成群，草木遂长，是为天放矣”，恰合天地生物之性。故曰“赞天地之化育则可以与天地参矣。”说到极处，天地性便是人性，人性便是天地性，还是上篇说过的话，只于一般，并无两样。然而人物不能尽性自由者，是何缘故？则《马蹄》篇言之详矣，曰“马，蹄可以践霜雪，毛可以御风寒，吃草饮水，翘足而陆，此马之真性也。虽有义台、路寝，无所用之。及至伯乐，曰：‘我善治马。’烧之，剔之，刻之，雒之，连之以羁絷，编之以皁栈——马之死者十二三矣。饥之，渴之，驰之，骤之，整之，齐之，前有橛饰之患，而后有鞭策之威，而马之死者已过半矣。陶者曰：‘我善治埴，圆者中规，方者中矩。’匠人曰：‘我善治木，曲者中钩，直者应绳。’夫埴、木之性，岂欲中规矩钩绳哉！然且世世称之，曰：‘伯乐善治马，而陶、匠善治埴、木。’此亦治天下者之过也。吾意善治天下者不然。彼民有常性，织而衣，耕而食，是谓同德；一而不党，命曰天放。故至德之世，其行填填，其视颠颠。（注：自足于内无所貌）……同乎无知，其德不离；同乎无欲，是谓素朴；素补，而民性得矣。及至圣人，蹩躠为仁。踶跂为义，而天下始疑矣；澶漫为乐，摘僻为礼，而天下姑分矣。……夫残朴以为器，工匠之罪也；毁道德以为仁义，圣人之过也。”其咎全在治者。伯乐治马，马不自由；圣人治天下，人不自由。庄子所谓善治天下，故罗素仍引以为无政府主义之最古哲理。意谓得自由真谛也。再看《庄子·在宥篇》曰：“闻在宥天下，不闻治天下也。”在是自在，宥是宽纵，故注言宥使自在则治，治之则乱也。就是任天下自由。或恐任天下自由，必至于乱。不知天下之乱，正由于“治天下”，不由于“在宥天下”。所以《胠箧》篇云：“弓、弩、毕、弋机变之知多，则乱乎上矣；钩饵、罔罟、□笱之知多，则鱼乱于水矣；削格、罗落、置罘之知多，则兽乱于泽矣。”治天厂挟其法律政教之知，为民毕弋钩纲，而天下始“每每大乱”。假设也无法纲政坑，则人任性自由，定有“鸳飞于天，鱼跃于渊”的快活，自然相安相得，决不相惊相扰。古人云：“天下本无事，庸人自扰之。”庸人就是一般自命知识界的法家、政治家、宗教家等等，成天在那里制造束缚人身的绳索锁链，一面作茧自缚、作法自毙也不自知。因为他们中了富贵利达以及威权名声的魔毒，仰视天，俯画地，兴妖作怪，颠倒是非，淆乱视听，纯然用诈伪手段，博取世界名利恭敬，巧立尊卑、贵贱、贫富、上下、主仆、君臣、父子、夫妇种种名目，还要说是人类纪纲。我说纪纲就是罗纲的别名罢了，于是才有命竞掠夺的事体。老子曰；“礼者忠言之薄，而乱之首也。”一点也不错。礼就是所谓不成文法，先由所谓圣人制作出来，大家随看瞎行，久而久之，习惯成自然，便以为礼，其实比法还利害。所以爱自由者，有“礼岂为我辈设”之言，只好荡他们的检，越他们的藩，任意自如，不畏俗议了。其实所谓“世禄之家，鲜克由礼”。他们也是怕礼束缚，一由礼，便不自由了。法家亦然。他们但拿法律束缚旁人，自己常是逍遥法外，不受甚么制裁的。“只许州官放火，不许百姓点灯”，历来如此。请看中国官吏，那一个不天天在那里犯他们自造的法呢？禁烟公所，大闹烟灯；禁赌公所，自设赌局。算甚么玩艺？总之，世界有什么治者和被治者存在的期间，决无自由可说。某社会家云：“将来只有人治物，没有人治人。”其实人治物，也要顺物之性。顺物之性，乃可以说是无治。譬如盆鱼笼鸟，是设盆笼以治物，便违反物性；放鱼出盆入于渊，放鸟出笼翔于空，悠然远游，各得其所，盆笼完全无用了，有甚么物可治呢？不但鸟鱼，就是花木亦然。尝见治花木者矫揉造作，制成种种人兽亭台的形状，便觉得不自然，不如自生自长的花木饶有天趣。诗人云：“庭草无人随意绿”，便是省得物也不须治的道理。所以人治物的话，都讲不通了，何况人治人呢？嗳！甚么治物治人，简直全是捣乱。所以说：“圣人不死，大盗不止，剖斗折衡，而民不争。”

人们！若不能把这些自命治人的妖魔政府一时扑灭了，要想身心自由，何异做梦！尚有许多无聊的人，头顶香案，四头八拜，向妖魔门口要求自由。唉！自由是你们自身自有的，不假外求的。常言讲的好：“求人不如求己。”自由由己，而由人乎哉！甚么政府——魔府，只有些禁制自由的魔术——政治，魔咒——法律，向那里瞎喊瞎闯，有甚用处？至于某君所谓“自由之权，与其由下要来，何如由上赐予”，乃是替专制魔王解围的话。其实，自由不是什么“上”可以赐予什么“下”的，也不是什么“下”可以要求什么“上”的，因为有上下，便无自由，这是显然的道理。要得自由，须凭着本源自性，打破种种魔障，降伏种种魔心。起头不妨象那《西游记》中的孙行者，上毁天宫，下扫地狱，一番热闹，冲开什么天罗地网——天经地义，可算个大破坏家。到后来却能一个筋斗十万八千里，不离如来手指——自性。孙行者——心，能充其破坏之量，是不错的，然有个上天下地，惟我独尊，魔念未除，所以自称是齐天大圣。及由自在观音——自性，降伏其我念，然后得见“天真佛”，从此才能降魔破妖，纵横无碍，有绝对自由的现象。“绝对自由”有许多人评论，说是没有这一种东西，不过一句空话罢了。不错，拿人的身体说，即会脱去种种束缚，有时不能不感受自然的压迫和抑制，如气候的寒冷，风雨的阻碍，云雾的蒙蔽，虽有防御和抵抗的方法，总觉得有些不自由。轻舟渡水，飞艇凌空，是自由的状态；潮起风生，舟覆艇坠，那能由己？所以说到底，只有比较的自由而已。话虽如此，促就自性况，仍有个“绝对自由”。因自性放之则弥六合，卷之则退藏于密，大可于无外，小可至于无内，有绝对不可思议的非非想，老子鱼龙的譬喻，得其道似。再由实地上进一步讲，无政府实现后，解决了人身周围的束缚，精神方面，定有一种现在想不到的发展。如列子理想之华胥国然。其言曰：“华胥之国……不知斯（离也）齐国几千万里，盖非舟车足力之所及，神游而已。其国无师长，自然而已。其民无欲嗜，自然而已。（破法障、欲障）不知乐生，不知恶死，故无夭殇。不知亲己，不知疏物，故无爱憎。不知背逆，不知向顺，故无利害。（破知障、情障、神障）都无所爱惜，都无所畏忌，入水不溺，入火不热，斫挞无伤痛，指擿无□痒，乘空如履灾，寝虚若处床，云雾不咳其视，雷霆不扰其听，美恶不滑其心，山谷不踬其步，神行而已。（便是极端自由，无政府以上的状况。）”举凡所谓耶稣奇迹，释迦神通，如画水，移山，分身，变相，踏波凌空，未尝不可以达到。极言之，转四时，不被四时转，转宇宙，不被宇宙转，才算是绝对自由，即是自由——自由的真谛。有人说，这是万万做不到的呀！我也说一句话：魔障层层包围宇宙，打破一层，再打一层，将来的事情，让将来的人去想去做好了！我们但说现在想到的和能做到的事情，自由合力去做一番罢！

现在我们所能做到的，一方面在不自由的环境中，极力保持自性，做一个“富贵不能淫，贫贱不能移，威武不能屈”的大丈夫，一方面努力去打破不自由的环境，使人人各复其自性。譬如富贵没有了，还淫个什么？贫贱没有了，还移个什么？威武没有了，还屈个什么？自然都成了大丈夫，也就没有这大丈夫名词了。

某禅师奉净土宗语曰：“所以欲人往生西方极乐者，因善根至彼成就善，恶根至彼，无所施其恶。譬如蛇曲行，经过直管，自然要逼直的去也。”和蓬的生长中，不扶自直的说法相同。予因悟无政府时代，即是地上极乐的净土。

……

**《自由》第2期，1922年2月。**

# 李少陵

李少陵（1898—1970），笔名为三木，湖南长沙人。早年在湖南长沙师范学校读书时，便受到无政府主义的影响。他曾加入湖南劳工会，在其中担任劳工会的教育部长，积极组织各项活动。1922年在广东大学读书，后又创办了《春雷》杂志，并在上面发表了《民团革命》、《什么是无政府主义者》等一系列文章，宣传无政府主义。1924年加入国民党。1949年他跟随国民党迁到台湾。1970年病逝。

## 革命辨

我们现在所处的世界，实在是促进我们革命的导火线。军阀的专横，资本家的垄断，政府的拨弄，礼教的束缚，无一不是残害我们的生机的。我们为自救起见，为救人起见，不得不竭尽财力，竖起革命旗帜，鼓动民众，以与那些敌人对抗。成也好，败也好，生也好，死也好，只要一息尚存，一定要来硬干一下，这是我们的素志如此，决不是高竖反抗敌人的招牌，学那项羽代秦的初愿："彼可取而代也"。

但是现在有种最奇怪的现象，使我们莫明其妙，是甚么呢？就是现在无论什么人，也高谈革命。无论安福系与政学系，甲党与乙党，马克思派与民主派，一谈到中国情形，必愤然起曰："非革命不可"！如果他们说的话是真的，那末，中国革命思潮，就驾乎欧西千万倍了。但是过细考察起来，他们都是想借此做攘夺政权的工具，与我们的革命主张，适成对敌。而他偏要淆乱听闻，反说他们是真实的革命，欲使多数青年——工人学生，误入迷途而不知返。作者义激于心，故特作革命辨。

以前那些旧政党所挂的招牌，当然不值得一辨，他们纯粹是夺取政权，自夺自受，虽三尺小童，也都明白。但是现在新兴的一派政党，高竖共产主义和平民专政的招牌，力排无政府主义，他们说："无政府派看着一切政治，一切政党，一切国家，都是洪水猛兽似的；他们的思想，祇有仙灵的境界。"（见新青年季刊第一期——共产主义之于劳工运动。）又说："无政府派与改良派同列一战线，而倒向资产阶级方面去。"这种议论，大概是以代表一般马克斯派的口吻。我于未辩明以前，首先请问他们的主张。他们的领袖陈独秀说："在这革命期中，不可有拒绝资产阶级的左倾的观念。"又说，"中国的经济现状军阀阶级已与资产阶级显然分开，而资产阶级与无产阶级之分化，尚未到截然分离的程度。所以革命的资产阶级，应该和革命的无产阶级妥协，打倒共同敌对的军阀阶级。"（见向导二十二期）这样看来，他们一方面骂无政府主义者为仙灵界，改良派。而他自己又主张与有产阶级妥协，自己把自己的无产阶级的金字招牌打倒，真是可笑已极！

自有无政府主义的运动以来，除却少数没心肝的人外，决不会说无政府主义者是贪便宜乘凉风不硬干的人。（瘦真君说无政府主义是乘凉风的，——见向导三十四期）除却脑筋简单的人外，决不会说无政府主义是仙灵的境界，说无政府主义者是乘凉风的。反面说，乘凉风与仙灵境界的，只有马克斯党。在全世界论，那杀害民贼的，不是以无政府主义为最多吗？以俄罗斯论，一九一七的革命，前前后后，不是以无政府主义者出力最大吗？而现在是谁得了便宜呢？"平民专政，本来矛盾，既然专政，还有脸称平民吗？"（引无碍室闲话）而马克斯派，却用平民专政四个金字招牌，以号召天下，这不是仙灵的境界么？陈独秀一方面讲马克斯主义，一方面讲民主主义，讲劳资妥协主义，那末，现在的美利坚，法兰西，都是你们的同志国，你们也可以不必再谈革命了，但是现在的时代趋势，全不是你们所想的，多数的民众，还是要坚持到底，以反抗政府资本家，实现自由世界。那么，你们的思想，全是梦想，全是仙灵的境界了，还可以骂别人么？李宁氏及其党徒，以共产主义做招牌，想实行平民专政，他的结果怎样呢？少数压迫平民的前领专政，资本主义卷土重来，那末，马克斯派所理想的，全是仙灵的境界了，全非真实的革命！

革命党本来显出两种不同的情状。有些人，反抗那些压迫社会的强权，他们并不是想灭绝强权，不过要取以自代，他们除掉现时压制的权力，又要造出一种的新权力，自已来做持权者，开创的时候，他们常常露出很忠诚的样子，答应现在传授下来的新强权，必定使平民有福可享，和做他们的真代表——这一个答应，不久就不免忘记或是违背了。（见近代科学与无政府主义），这种伪革命，不是替马克斯派写真么？中古期的教权，十七世纪的皇权，十八世纪的雅各宾派，直到二十世纪的马克斯党都是走这条路线上的。起初用极好的招牌，以与敌方对敌，及自已高登太极，又把敌人所行所施的照办起来，这样的革命，虽革千百年，仍不去强权的故辙，于一般的人民有什么利益呢？

因为虚伪的革命无已时，而真实的革命亦无已时，真实的革命所以未克完全实现。我们知道真实的革命实现之日，即全世界大同之时。因此这步伟大的工作，须结合全世界的人共同谋之，决不可草草索索，致陷于以前革命者的覆辙！

真实的革命为何？

真实的革命，想毁灭了那盘据公众组织上的强权，并且不预备另造新强权来替代他。他们宣布个人和人民两者的尊严，他们要使公众的组织不受那强权家的统治。他们要设法子把完全的自由还给大多数平民的集合之精神，如此拿公众的才智，就可以自由建设互助同互持的组织，使之与新的需要和新的生存情形相调和。（见近代科学与无政府主义），真实的革命，不仅反对资本主义，而且要反对构成资本主义的原动力。这些原动力是什么？就是那国家和他的主要石柱——强权的集中和法律。（见同书）

无政府主义，是要以牺牲的精神，来反对资本主义，而且反对资本主义的石柱——法律强权和国家。

因此，我们可以得到一个结论：无政府主义等于真实的革命主义，而革命的真伪，亦由此辨别了。

**《五一月刊》第1期，1923年8月出版。**

# 什么是无政府主义者

……

非难无政府主义者的人们说："无政府主义者专注重个人的自由，实际上便是个人主义者"，又有人说："无政府主义者自负太甚，想推翻一切，自做超人。"也有人说："无政府主义者丢开现世，注重未来，与那些祷求天国的基督教徒相等。"其他非难无政府主义者的论调，尚不知多少。在这里无政府主义者实受了许多枉屈，并且在他的进行上也受了许多阻力，因为许多浅近无知的人们，常常因此而反抗无政府主义者，又有许多表同情于无政府主义的人们，因此也不与无政府主义者合作了。但是到了现在，这种枉屈和阻力久已铲除了。

个人主义，在表面上看，好似与无政府主义相似。因为他也是反对国家与政府，主张个人的自由和个人的高尚的。其实他是一种极不合逻辑法的东西。法国 Basch 教授说："个人主义，他的目的，不是使社会全体'完全发展'，惟有发展那少数有天才的人，是亦不过现在少数人垄断教育的变相罢了。他的意义不啻说给有少数人的一个'完全发展'的权利。"这就是说，他们一方面反对国家与政府，他方面又要借重国家与政府的威权，以维持他们少数天才人垄断教育的权力，这不是一种极不合逻辑法的东西吗？无政府主义者则主张永远灭绝国家与政府的威权，而实现普遍的互相扶助而不相侵的自由，与那些 Stirner（施蒂纳），Fichte 及杨朱等个人主义者，可说是南其辕而北其辙了。

超人与无政府主义者是的两不相容的，因为超人的威权，更甚千万倍于现在的国家和政府，主张超人主义的尼采（Nietzsche）说“一切为权力意志而存在”，又说：“人类是系著禽兽和超人中间的一条绳子。”他这种说法，不啻宣传威权主义以增长少数聪明才智之士的野心，又好似宣传基督教，把人类做羊，以超人为牧师了。无政府主义者反对一切的威权和本人奴隶的存在，这样的超人，也自然是无政府主义者的敌人了。

至于说无政府主义者是丢开现世注重未来的人，可以说是没有常识。因为他们常常不顾事实，专凭一人的偏见来批评的。他们说：“无政府主义者只求将来极乐地的实现，不顾现社会的实情。”殊不知，无政府主义者对于现社会的实情实景，已应用科学方法将他分析又分折，由分析的结果，知道无政府主义为促进社会进化的唯一道路。故从而宣传之，实现之，以增加其进行速度。在一月前，友人某君和我讨论无政府主义，谈到最后的结果，他便提出一个好笑的问题，就是：“无政府主义何时可以实现？”我的回答便是：“无政府主义天天在实现中，正如进化的行程，一步一步的向前进行，毫未停止。不过此时所实现的，不是一个整体，是一部分的加多，就是由平民中产生出来的无政府主义的思想和组织，正随着时代进化而扩大，好似硫酸铜在水中，初则浸漫于水之一部分，继则至水之全部。”如果用科学眼光来观察无政府主义，正如观察硫酸铜在水中的现象，时刻向那广大的空间扩散。许多人常肯定说，无政府主义的实现须在几千万年以后。因此，目无政府主义者为抛弃现世，注重未来，这实在由于缺乏科学头脑所致，用不着多多讨论了。

由此我们知道无政府主义者，不是个人主义者，不是其么超人，也不是抛弃现世只顾将来的教徒，他是为着自己生命之力，不断地向前奋斗的革命者。他那伟大的人格，充满着真实、和悦、勇敢、坚耐和热忱，好似那巍峨高山，兀突宇宙间，这是如何坚耐而伟大呵！又好似那浩荡的海水，是如何奋勇而热烈呵！他不知道什么悲观和乐观，他只将他那生命之流，向着进化的前程开拔；如果世界上失去了他那慈祥诚挚的爱，世界将向后退化，以至于不能存在。无政府主义者所要求的，是自由，因为要有自由，才有和平，才有欢乐，才有进化。要是没有自由，便是将生命的前程斩断，世界便会朝着死的方面走，那里还有和平欢乐与进化呢？无政府主义为着自由的要求，常常用他那真实、和悦、勇敢、坚耐、热忱的精神，与那自由的障碍奋斗，虽受尽极惨酷的待遇，亦所不惜。这便是无政府主义的革命精神，也就是那最高无上的伟大人格。这种革命精神和伟大人格，是无政府主义者生命的全部。

无政府主义者，在过去的时代，原来是充满着全世界的。但是到了现在，有一部分失去了他的本性，被许多诱惑物所蒙蔽，一念之差，致堕落于进化途程之后。然而无政府主义者并不为之灰心，仍用他的赤诚和热血，追促他们醒悟，以便同登进化之路，虽至流血杀身，亦所不惜。必至将全世界都化为无政府主义者的世界，同生于一个自由美满的乐土中，一切的虚伪消灭了，一切的压制破坏了，各自本着真实的生命，为宇宙进化而努力，这部伟大的工作，是现代无政府主义者所负担的，一刻也不会放松。

真情的无政府主义者呵！我只看见你是真、是善、是美，是光明、是伟大、是勇猛，我愿借你这样的真、善、美，光明、伟大和勇猛的精神，激刺我的麻木神筋，使我一样地和你们前进，我们携手合作！

**《春雷》第3期，1924年5月。**

# 民团革命

## 导言

去年秋，由湘来粤时，偶然与林耕晤于汉口，这一晚促膝倾谈，无一不是与无政府革命运动有关系的，而其中尤以民团革命一事，讨论最久。林耕要我多从事民团的革命运动，我也极愿意做这件事，而且我处的环境，更易使我们有做这件事的机会，所以我特为提出这个题目来，希望我们的同志，大家考虑一下，如认为可能，就请大家着手干去。

### (一) 民团的革命与革命的民团

我们知道，历代的民团，无论中国与外国，对于人民自卫上确是做了许多的工夫，就是对于革命，亦常有很大的贡献。在这个字的意义上看，我们也知道他的本色，是在与政府及盗匪对抗的，可是因为处于政府大压力之下，若公然反抗政府是很不容易，因此近代的民团差不多只做了一些防御盗匪的工夫，而对于反抗政府的精神，一天一天的衰弱。在这种情势下，政府方面的人，已经看出民团的特点，于是得寸进尺，利用自治的名义，一方面劝人办民团，以助政府治盗能力之不及，一方面又派人参加民团的组织，以阻止其发展，或规成法律，将民间自动组织的民团，纳入由政府指挥的所谓地方政府自治的圈套去。一般乡绅，欲借政府的力量以抬高自己的地位，肆力宣传，谓民团只在协助政府治盗匪，他事竟可不管。尤其令人伤心的就是那位由团练出身的曾国藩，借团练的力，得邀大清皇帝的功，官高第一。后来办民团者，因此常抱绝大野心，只想将来有机会来做第二个曾国藩，于是民团的组织，无形中好似政府的附属物了。由这样看来，民团不但不能卫民，而且要为人民之敌，因此我们想要组织革命的民团，必先从事民团本身的革命。第一，要拒绝恶绅的参加，第二要拒绝政府的引诱，从根本上恢复民团的革命本色。一方面力求人民生活上思想上的改革，他方面养成反抗土匪与政府实力，一到时机成熟，登高一呼，民团革命使从此开始了。

［略］

### （三）民团的组织

现在民团的组织，完全是一种军队式的组织，日用饭食，仰给于民，应付外面，又惟官命是听。且当团长者，俨然一团领袖，作威作福，听其自便，上可以谄媚政府，下可以欺压人民，其罪且有甚于盗匪。因是许多乡民，一闻民团之名，便觉害怕，因为人民既受政府土匪的剥削，自然不愿再有百害无一利的民团发生。我们既眼见此种流弊，当另觅新法：一方面使民团内的人足以自给，他方面又可以抵盗匪军队及政府的骚扰，行之既久，还可在地方上做出许多有利益的事来。如此，一般人民自然会同情民团，协助民团，起而共组民团。民团的目的，如此可望实现了。现在将其大概组织，述明于下：

（甲）议事部

设书记一人或三人不等，议事员以团的范围而定，小村至少每十户举一人，大村至多每五十户举一人，每一月开会一次。凡关于对外事项的接洽，对内事项的执行，以及团内进行的规划，均由议事部办理之。

（乙）军事部

设指导员一至三人，演习员五户或十户至少须有一人参加，每日演习二小时，由指导员教以野外射击及棍术等项，练习已纯熟者，另换他人接替。凡关于对外战术，对内演习，均由军事部办理之。

（丙）工作部

团内办事员及演习员，每日均须工作三小时，工作的事项，或由各人回到自己原有工作处，或由议事部介绍到邻近的工厂或田庄，或由团内自办工场工作，以达到能够供给团内使用力目的。如团内经济充足时，可多做关于地方公益事，为修路、垦殖之类。设经理一人。

（丁）理财部

设经理一人或三人，凡关于团内经费的筹划及使用，如枪械、食用、工作原料、职员费用等，均由理财部办理之。

（戊）教育部

设主任二人或四人，指导团内能读书识字，并具普通知识，养成革命人才。每日上课二小时，内附戏剧音乐等会，以娱感情。

### （四）民团革命的方略

**第一、训练期**

一、民团成立，只求抵御悍匪，亦必须经长时期的训练，如果想要从事革命的行动，尤须经过更长久的时间，我们总要养成乡村的农人、城市的工人，大多成了革命的后备军，然后方可着手将政府根本推翻。至于土匪，如果能改善的，均可用法将他改善，否则，也只好予以同样的对待。在训练的时期内，我们表面上万不可与政府发生恶感，以免大军队的压迫。训练时期所实施的方法：第一，在军事上的训练，使多数的壮年男女一十八岁至四十岁都有军事上的知识和技术。因为我们所需的，不是高深军事学，所以每一人学到半年便够了，到了下半年便可由第二人补充。如此递换，有了十年二十年的训练，可养成大群的真实革命军。第二，在教育上的训练，使团员及其家属均有革命的思想。这种训练最好用电影戏剧之类表演之，其次，如著名革命家的小传及课堂的演讲等，使一般人知道革命是可能的，人民与政府是不两立的，他们个个知道政府是人类中唯一的大盗与仇敌，那末，革命便易如反掌了。第三，金钱与粮食的储蓄及兵器的准备。人民既有革命思想与革命的能力了，于是隔爆发之期已不远了。此时只有多储蓄金钱食粮与兵器，以备长期的大决战。第四，联合的演习与御侮。一个民团欲求与政府军队抵御，是以螳臂当车，自寻死路，故不得不联合各地的民团，作大规模的混战。在平时须有联合的演习，在战时须有联合的抵御，本古时守望相助的遗风，行今日革命同盟的计划。如果各村与各村间，各县与各县间，各省与各省间的民团，均互通声气，互相联合，便可即时高竖革命旗帜，推倒政府。

**第二、作战期**

训练时期既已成熟，如是革命一事。如箭在弦上不得不发了。在此时内，革命空气异常紧张，指挥革命的人，对于此时，须具十分的决断力与勇气，以与政府军队作最后的奋斗。

作战时第一要注意的，便是民团的布置问题。须于最短的期间，将一切布置手续办理妥善，如重要地点的驻兵，政府军往来孔道的埋伏，障碍物的准备，破坏政府交通机关所需器具及人员的准备，了望台的设置，旗帜的标识，分段的布防，后备队运输队的组织，病院的设立等等，均须办妥。一俟革命期定，一齐下手，将各地政府军队包围，使其进不可以攻，退不可以守，败无逃生之所。同时将交通机关如电灯、电报、电话、火车、轮船、汽车、邮政等公所占领，一方面以断政府的交通，他方面供自己的使用。另组织暗杀队以扑杀政府首领；保卫队以防土匪乱兵的抢掠；采办队出重金收买枪枝及其他军用品。如此进行，我敢断言，可以取到最后的胜利——取到万人共庆的胜利！

## （五）民团革命后的明日

我常以为革命易，革命之后难，我们观历代革命的历史，便可以明白。以秦皇的雄威，路易的英武，俄皇的凶恶，常能敌百万的雄师，而却敌不过少数的徒卒，其他暴君因是下台者更不可屈指。所以我们要推翻一时代的政府、一时代的军阀，实在用不着偌大的规划，更用不着许多年的训练，直到相当的机会，一举手便可以成功。可是这种革命，是一种换汤不换药的革命，一到革命者热度一冷，那班被革的人物以及顺风转舵的人物，马上又改了面孔，爬起来了，或自己又无形中来代替那被革者的罪恶。克鲁泡特金在《近代科学与无政府主义》上面说："革命显然有两种不同的情状：有些人，反抗那压迫社会的强权，他们并不是想灭绝强权，不过要取以自代……开创的时候，他们常常露出很忠诚的样子，答应现在传授下来的新强权，必定使平民有福可享，和做他们的真代表——这一答应不久就不免忘记了或是违背了……"克氏又在《革命之研究》一文中，又引证了伪革命者的事实，叫真实的革命者注意。在最近的俄罗斯革命，尤其使我们明白，革命后的工夫，实在比革命前的工夫难得多。当一九一七年革命时，许多无政党社会革命党及多数的革命工人与农人，都来协同布尔扎维克党从事革命，布党的旗帜是工厂归工，土地归农，实行共产。直到了革命成功，那些从前协同布党革命的人，却变了布党的敌人，不是被囚，就是被杀，一切行动，都不能自由。这种事实之给以后革命者一个极大的教训，我们因此万不能再蹈前时的复辄，只看见眼前的敌人，却忘记了眼后的敌人，只打倒了对敌的敌人，而忘记了自己的敌人。总括起来说：第一，革命前须注意同志的行为；第二，革命时须注意同伴与仇敌的判别；第三，革命后对于仇敌助［注意］防御。如三步均能周密做到，则不能再发见以前种种的弊端。

我们要防止旧仇敌的复生，新仇敌的萌发，首先须召集一革命者之联合会议，在会议前，须有一种相当的准备，务使反革命者绝迹于其间，即会有之，亦决不使之操纵一切，致蹈法俄二大革命的复辄！至于会议时的事项，初不能谈及建设方针，只要解决消费问题与国防问题。因为消费问题不解决，则各地出现恐慌现象，致使反革命者得以插弄于其间，以推倒革命军；若国防问题不解决，则军队因战事的方略，常集中于一市一都，一则易于引起己方革命军的误会冲突，一则以引起他方之乘虚起事。及此二大问题解决后，至相当时期，于是始行收束军事行动，从事建设事业，无政府的社会，从此开始了。

我这几年，常想求出一个比较捷径一点的革命方法，苦思不得其道。因为从教育着手，虽比较可靠，然又十分缓慢；若从新村着手，处军阀势力之下，万难成功；若从零碎暴动着手，则牺牲多而结果少。想来想去，觉得从民团方面着手，实在比较可靠而又迅速。我只就我所知道的实在情形而言，如湖南、广东二省的民团，确有基础，这几年在二省内的军阀与政府，常受他们驱逐或围困，虽其间不免有人利用，但是他们的反抗政府的革命精神始终不灭。我们如果不怀欺诈的野心而能实实在在，可得到他们的同情，而也可以免掉政府方面的猜忌，只要行之得法，决不致失败。我今日提出这个问题来，甚望有心于此项运动的同志们，共起而研究之。

《民钟》第12期，1925年7月。

# 赵太侔

赵太侔（1889—1968），原名赵海秋，又名赵畸，山东益都人。1907年加入同盟会。辛亥革命后，曾一度在当地政府中任职。1914年他考入北京大学，在北大学习期间，开始受到无政府主义的影响，1917年参与组织了无政府主义团体“实社”，宣传无政府主义。1919年他赴美国留学，在美国主编《劳动潮》，继续传播无政府主义。1925年回国，之后参与国民党的一些活动。30年代后一直在青岛大学和山东大学任教。1949年后，曾在青岛海洋学院任教。

## 答天放君

天放同志：

奉书，关于经济问题发挥尽致，甚佩。惟实社同人实主张无政府共产主义者，社约所标，特从简称。因吾人惯例，苟非辨别学派之时，普通称谓恒省略共产二字（其例甚多）。且共产主义在近世已成为无政府党人惟一之主张。他如集产主义，乃社会民主党所主张；独产主义，乃独产党所主张，二者均为无政府党所不取。盖均产、集产、独产云者，咸须借赖一中央机关以支配之，性质上已显然非无政府也。

无政府主义者，无论其主张是否为共产，而资本制度当然在首先反对之列。诚如来函所云，资本势力亦为强权一种也；尚岂有如足下所虑，无政府党乃独任资本势力之膨胀，使其结果至于资本专制云云者？

素食主义，乃根据科学之实验，对于人类生活之改进研究之结果，于道德卫生关系均极重要。凡为人类，苟欲究其良善之人格，皆当行之，正不独无政府党人为然。而无政府党人，则尤应历行不怠。盖其学说与无政府最为一致，故世界之无政府主义者，多同时为素食主义者。托尔斯泰至称素食为人类道德进化之第一级。其价值为何如！然若谓素食始得为无政府党人，不素食，则不得谓之为无政府党人；素食始得谓之完全无政府党人，否则谓为不完全之无政府党人，则亦无此限制。盖素食乃个人修养问题，与党事之进行无关。不过吾人既相约以良心为证，则知所当为而不为，斯与所抱主义不无背戾之处也。足下以为何如?

实社通信、言论、纪事等,除长篇译著另刊专书外,多在北京《民权报》、《法言报》随时发表。

世界语,同人均乐于修习传达。大学内开一专班,亦曾有此提议。孑民先生亦赞同此意。当不难见诸事实也。此复。

**《自由录》第1集,1917年7月。**

# 复了僧君

奉书备悉。人类智识之发达,由迷妄而昌明,乃进化自然之程序。

足下所论甚当。然进化本无止境,大同之世,未必即是郅治之极。而前途辽阔,但努力于比较的进步,斯吾人天职矣。

来书云:"人民无自治之学力以保明德而就天范,不足言无政府。"

此言自治,不知何指?以为应分别言之。无政府之世之道德,平等也,博爱也,自由也,无非顺乎人类天性自然之发育。有为此发育之障碍者,务祛除之。此则智识上之关系,有赖乎教育。其需自治之力也,盖甚微,非若旧道德之矫情贼性(如忠勇节孝等),故束缚驰骤之自治力(如守分安命等)无所用之。不宁惟是,矫情贼性之旧道德与夫束缚驰骤之自治力,吾人所认为障碍人性自然之发育者也。祛除之不暇,何增进之必要?若谓人民必具有此等自治力,而后可言无政府,不几南辕而北辙乎?自治云者,以防闲不道德也,防闲罪恶也。罪恶之源,厥惟政府为,人民有乐于为罪恶者乎?盗之为盗,不盗则无所得衣食,贫以逼之也。民法保护私产,私产造成贫富之阶级,是政府消极的以造成罪恶也。巧立名目以朘削平民之脂膏;收归国有以掠夺人民之企业;地方官横征暴敛,地皮刮穿,则奖励之以嘉禾;军队戕人生命,墟人村社,则炫耀之以文虎,斯真所谓盗亦有道也。由政府之道,而盗不惟不罪,又从而赏之,是政府积极的以造成罪恶也。是知人民之有罪恶,完全出于外力之诱逼,而非出于自动。此种制造罪恶之外力,惟有政府之世有之。拔本塞源,惟去政府。足下倒因为果,故吾二人所见适得其反也。

来书又云:"人民无科学之能力以谋生活而开天产,不足言无政府。"此段语意不甚明显。意盖为物产丰饶而后可以无政府,否则恐不敷分配,致酿争夺之风乎?果尔,则过虑矣。今日之物品非不足世人之用,特为强有力者所把持耳。况今日大多数人民皆为分利之游民,生产力之微,可谓已达极点,而富者尚不乏积年之仓储。况政府一旦铲除，名利观念一时俱消，省却几许脑思、精力，共为有益人生之操作。克虏伯之炮厂，徐柏林之艇厂，一变而为有益人生之汽机制造厂，生产力之大，何可限量。据西人之统计，谓将来每人每日作工两小时已足供世界之所需。工作不剧，而生产易足。足下第二怀疑可以释然乎？

至谓如英、美、德、法诸国人民之程度已可无政府，而中国则未。是尤不然。足下惟视无政府主义为陈理过高，至有万通精妙之喻，故有上之感想。抑知无政府主义，乃实实在在据科学经验自然之结果，而非虚无缥缈架空的理想；是归纳的学说，而非衍义的学说；趋重自然，而适乎人情，若实际推行最易入人。故征诸西方各国无政府主义之活动，惟劳动界最为膨胀，有一日千里之势；其余号称明达，反丑诋之，不遗余力。此其故亦有数端：有政府之世，国家主义之学说，所谓明达之士入之较深，而在劳动界反有漠然之状。国家主义愈深者，则反对无政府也愈力，固其所也。穷巷僻壤，耕田而食，凿井而饮，日出而作，日入而息，东家一犁，西家一耒，相与操作于南亩，熙熙□□，鼓腹而歌，其脑想中何曾有政府二字？其去无政府之世，盖一间耳。都市之民，文明程度不可谓非高出乡僻之上，而心地之卑恶，知识之顽梗，乃为乡僻人民所不能梦见。无他，国民教育中毒，人民固如是也。借曰，国家教育财于人民智识上不无启发之处，然为必俟国家教育普及以后，人人先有一国家主义盘踞于脑海，然后始与言无政府，则俟河之清，其道亦太迂矣。

况无政府主义乃世界主义，乃世界人民共图之事业，决无所谓某国已可无政府，某国尚不可无政府也。

虽然，吾亦非谓大同之世可一蹴而几也。吾人秃笔焦唇，吾之所谓酝酿预备时代也。吾亦有待也。吾何所待？吾待吾主义之传播日见其普偏；吾待吾同志日渐其增加；吾待吾平民之信心日见其强固；吾待吾劳动界之势力日渐其膨胀；吾待吾时机一熟，作吾惊天动地之神圣事业。吾万万无待于政府，吾万万无待于政府之力也。

足下所主张之均产，其详不可得闻。均产而以法律限制之，将谓均产之制规定于法律，夺财产于富者之手以予贫者乎？事实上能否行得去，法律上能否有此规定，政府能否采此政策，均属疑问。窃以为足下之怀此想，在误认政府与富者为二事。抑知政府与富者二而一也。不利于富者之措施，而谓政府为之乎？况就现在经济状况言之，决无所谓均产，根本上已不成问题矣。

足下欲置身工党，为之提倡，则同人所五体投地、祈祀以求之者也。愿努力孟晋，期于世界神圣之工团同志握手也。

至调［谓］制定党纲，则以为无此必要。世惟政党始有党纲，由党魁制定之，而宣布之，号召徒众，以资遵守。以一二人之意见，强多数人之服从，非无政府党所应为也。然则无政府党无一定之主张乎？是又不然。无政府主义之根本要义，即无政府党一定之主张，此为凡无政府党所同具，可以不言而验者也。若惧一般社会未能共晓，则随时可以发表态见于大众。有个人发表之意见，即书报演说等是也；有公共发表之意见，即本大会讨论之结果，用无政府党大会名义所发表之宣言书是也。二者皆自由言论，更无所谓党纲也。

上就所知，略思商榷。惟真理辩难，不厌往复，未详尽处希指出讨论，欢迎无量。此复。

**《自由录》第1集，1917年7月。**

# 秦抱朴

秦抱朴（生卒年不详），浙江镇海人。早年在上海工作时加入社会主义青年团，后又在北京参加了工读互助团，提倡无政府主义。20年代初曾赴苏联学习。回国后改变了原来的革命立场，转而从事反苏反共的活动，极力攻击苏联十月革命。1949年移居美国。

## 新经济政策

布尔什维克主义既为国家社会主义的一派，当然不主张立即实现社会主义，在他方面说来，他决不能走入社会主义的正轨。因为国家与社会主义是不相容的东西，——国家是资本主义的产物，所以欲打破资本主义的，非推翻国家的组织不可。现布党既谓该党目的在乎达到社会主义，然又利用国家机关，致发生矛盾的现象。列宁与其他领袖等本也没想到立即实现社会主义，他最初就主张实现国家资本主义。但因为布党中下部信徒的狂热，到处劝红军没收地主、资本家的产业，后来连中小手工场的工具也归国有。

列宁于一九一八年四月即预见这种危险，极欲采取退后的办法，当时他说："以苏维埃共和国现有的经济状况而论，国家资本主义或为前进的一步骤。"并大声疾呼，谓国有企业已经太多了！故拟与勉牵尔斯基订立合同，组织冶金托拉斯——全用资本主义的形式。一九一二年列宁在租税的一本小册子里说，资本主义是一种积极的现象，故以此与社会主义相较，他是罪恶的，但对于中世纪式的、琐碎的生产，与由此而产生的专制政体，那是有利益的。因此，他的结论就是不必用武力去消灭地主，更不必禁止自由商业。

但新经济的实行，并不由于马克思主义或布尔什维克主义当然的结论。他们以为国家社会主义是一只摆渡的船，人们可以自资本主义的社会达到无政府共产主义的社会。但其结果却大不然，田野也因此荒芜了，工业也因此衰落了，人民的物质生活也一天比一天的坏，致使供给欧洲面包的俄罗斯顿陷于饥馑之中。所以到处农民暴动，后来连工人也不满意起来，一九二一年三月克龙史唐脱暴动与莫斯科五金工人的愤懑，终使布尔什维克党抛弃原来的主义，迅速的回复到资本主义的社会——新经济政策。

布尔什维克的改变方针，既非由其理论而来，亦非纯由暴动所促成，盖由于物质情形的日坏。我们很奇怪，布党治理下的俄罗斯为什么也发生恐慌呢？布派的理论家谓，由于外国的侵略和国内战争等。但这是他们的饰词，实则经济的恐慌，——酿成俄罗斯第一次的大饥荒，全由于国家社会主义的当然结果。国家既无工业品去交换农民的面包，复令红军强制征发，结果则强悍者实行抵抗，懦弱者为消极的应付，故农民除供给自己所需用的面包外，概不从事耕种。在他方面，则苏维埃官吏不善于管理产业，致使机械锈废、工人失业。

新经济政策既为资本主义的办法，当然允许自由商业，其主要点有三：准许农民自由支配其剩余的生产物，他可将面包去交换工人的制造品，亦可售诸市场，但土地仍归国有，不许自由让渡；准许私人自由经商，其小工业亦由国家还给私人，任其互相买卖，转辗授受，但大工业则仍归国家办理；将产业、矿产、森林、渔场等“租借”给外国资本家，故准许外资输入，经营实业。

自由商业令既恢复，工力使用限度条例自然也不得不废止。其实呢？布党在新经济政策前也没实行过什么共产主义，当时城市中的粮食与用具，虽由国家按时支发，但其间不平等的程度已非常显著，这种区别还不单是红军与平民有两磅与半磅的差异，并且在苏维埃官吏与平民间也分了很大的等级，就是在同一地方、同一机关中，也是很不平等的，例如第三国际招待来宾的大旅馆“萨克斯”竟有三种待遇。现在既然返到资本主义的道上去，当然废止同工同酬的办法，所以他也同别国一样，“工人努力工作，才得生存。”有人说，这劳动国家的唯一意义是八小时工作制，其实何尝如此！他已允许八小时以上的工作，按例需得工人的同意，并且八小时以外的每点钟工作以外的工资当较原有的增加，不过法律与事实是不必相符的，所以竟有十三小时的工作，而并未增加分文者。因此，多做工多得钱的口头禅，又在“无产阶级的国家”里风行了。

政府虽亦知新经济政策的危险与工人生活的益艰，所以于第三道命令即涉及消费合作社，拟以合作社的组织来减轻人民生活的痛苦。但也没有什么结果，因为合作社早已变成官僚机关，他不能廉价供给社员必须品。

因此，在资本主义国家的劳资问题，现在于苏维埃俄罗斯反格外矛盾，同时发生种种冲突现象。但布尔什维克仍谓在此无产阶级的国家，不应有罢工的事情发生，但在私人企业中，是否同一禁止，后来首领中也因此发生意见，特别在今年的共产党大会上提出，结果凡私人及国家工厂中的工人得举行罢工，但国家工厂中的罢工是反抗苏维埃官吏的官僚化，而不是反抗苏维埃政府。

失业工人在新经济政策后异常增加，一九二二年十二月二十六日《真理报》载称，莫斯科一地的失业工人56，788人，其中有青年10，619人，现列表如下：

| | |
|---|---|
| 国家办公员 | 16582人 |
| 苦工 | 12036人 |
| 仆役 | 4756人 |
| 簿记生 | 3208人 |
| 艺术工人 | 2914人 |
| 冶金工人 | 2493人 |
| 缝衣工人 | 2037人 |
| 纺织工人 | 1800人 |
| 卫生工人 | 1699人 |
| 教员 | 861人 |
| 制皮工人 | 829人 |
| 化药师 | 755人 |
| 印刷工人 | 579人 |
| 铁路工人 | 177人 |
| 土地工人 | 17人 |
| 矿业工人 | 8人 |
| 水厂工人 | 5人 |

但政府究竟如何处置这许多失业工人呢？实在也束手无策，国家并不能保护他们。人民每因生计困难，多流为盗贼，但法律对于他们，仍是拥护所有者的利益，而惩罚他们。

劳农政府现在的注意点不在人民的痛苦，而在恢复原有的经济状况，但这种重要工作需得外资的帮助，才能有所成就。适新经济政策实行后，更力谋与外国订立商约。一九二一年二月二十六日俄波商约告成，三月十六日英俄商约告成，同日俄土条约签字，五月六日俄德商约告成，九月二日俄国挪威商约告成，一九二二年三月一日俄国瑞士缔结商约，五月二十四日俄意缔结商约，七月十五日俄国捷克斯洛伐克商约告成。

其对外贸易，则纯粹为国家专利，政府将此全权赋诸对外贸易委员会及苏俄贸易代表团，惟最后对外贸易法令谓国家生产的企业团及社会经营对外贸易时，只许售出其自身生产品，亦只许购进维持其自身企业所必需之物品。至于向国外购买他们物品而卖于国内，或由本国购买物品而转卖于国外，均须禁止。

因此，我们可知俄国政府党的思想，无非剥削个人，而增进国有经济，其实这种政策已为反动性的社会党所主张过。如英国温和的劳工党，曾要求将土地、煤矿、铁道交给国家管理。即美国的职工组合，他是反对与欧洲革命的职工组合携手（即阿姆斯唐姆国际，布尔什维克称之为黄色国际，盖骂他卖工人阶级而与资产阶级妥协），所以他不但无社会主义的精神，并且是反对社会主义的，但他最近也主张铁路国有。

资本主义经济的形式并不如马克思所说的那样刻板化［划］一，他是有很多种类，而各国所行的政策也是各不相同。如英国则是在地主统治之下，德国则在贵族统治之下；而法国与意大利，则自由资本主义颇占势力；又在法国与瑞典，其当权者力激进的地主；而比利时则在反动的地主握权之下；末了，在奥国与新西兰，则资本主义通行于工党当局之下。现在，俄罗斯的资本主义也要由布尔什维克来实行了。

新经济政策后，俄国经济状况显然改良。固然我们也不得不承认新经济政策是较善于他们旧的经济政策，因为布党的理想国与其政策是缺乏现实性，只可供学者的玄想而已。但现在俄国经济状况的改善，我们到底归功于布尔什维克或者劳动者？要解答这个问题，只须看布尔什维克的经济思想，他们于实行"共产主义"三年后忽向人民宣布道："你们自己生活去，只须缴纳租税便得了！"

新经济政策问题终酿成布党内部的分裂，在一般侧重思想的党徒，自然不能表示赞同，而当权的委员中大多数注重事实，附和列宁的主张，恢复资本主义。当时布党领袖中，亦有深知新经济政策的危险，要求将经济权归工会管理，列宁与季诺维也夫等极力反对，所以一时无政府工团主义与反无政府工团主义的声浪颇高，后来劳工反抗派居然拟实行武力反抗。

布党狂热的信徒因此而出党者不少。米诺夫在莫斯科《真理报》上说：第一种出党的人，以为共产主义是直接并很速的可以达到，而忘了俄国的经济是世界的一部分，决不能不与之发生关系，这种不忍耐性每使其倾向无政府主义；第二种是农人，他们视共产党是农人与地主斗争的团体，而不明白共产党的目的是在改造社会；第三种与第四种两种共产党人，或者"疲于饥馑"或不明白新经济政策。其实，他推测后两种人出党原因纯是饰词，布党在社会上的地位是获有特殊权，故一般人民虽年来陷于冻饿之境，但党人均没身受过，所以出党的原因系思想的关系。

布党中工人分子确极信仰中央集权的共产主义，他们以为俄国所以不能实行共产主义，俱因俄国及其他各国资本家妨碍所致，但资本家打倒后又恢复到资本主义的社会去，无论那个党员均发生种种疑问：假若资本主义是不可避免的现象，那么为什么我们与他们奋斗了三年？假若要复活资本家，那末为什么非常委员会又去虐杀他们？假若共产党专政须采取资本主义，为什么又压倒民主党？凡此种种矛盾现象，常盘旋于纯粹的党员脑中而不能自释。

现在，我不再阐述布党的内哄，且略说新经济政策的结果。假若与"农民妥协"、

“对俄国资产阶级让步”与“俯就世界资本家”的新政策很适宜于布党专政，而租借、租借地与自由商业能在这种政治状况中发展，那末，俄罗斯的前途当然另有一种新的气象，但这种政策在现在的情形下是不能有很大的结果。因为，商品经济与资本主义的生产是需要稳固而安适的经济制度，但布党由于历史的关系与自由党的内部关系常妨碍其顺利的进行。

我们不能说新经济政策是毫无结果的，但他的成效是有限的，但这些结果决不能维持布党的政权，也不能使下部党员减少怀疑。总之，布尔什维克的矛盾并不因新经济政策而减少，实将因新经济政策而增加。

**《时事新报》副刊《学灯》，1924 年 1—2 月**。

# 庞人铨

庞人铨（1897—1922），字寿纯，湖南湘潭人。1920年在长沙组织湖南劳工会，并主编《劳工》周刊，宣扬无政府主义思想，同时，他通过劳工会领导工人进行罢工斗争。1921年加入社会主义青年团。1922年1月16日领导工人罢工时被当局逮捕，17日被军阀杀害于长沙。

## 我对于湖南工人们的警告和贡献的救济方法

“劳工!”“劳工!”的呼唤，和他的价值，渐渐儿高起来了！然而他一方面，“环境的危险”只怕也要一天多一天的。

假定有一个“不是工界和没有工业知识”的人，要替工人们成立一个什么工会，试想想，他的意思，着在那里？那么，我可以替他答复：一、替工人谋幸福是宾；二、拿工人做机械是主。

第一：我们湖南的工人，要算不少，为什么不能自觉自决，要劳那“不是工界和没有工业知识”的人来代庖？试问这种事业，是不是他人代庖所能做到的？“盲人瞎马，夜判临池”，恐怕进步毫无，反要弄到不可收拾的地位。

第二：我们湖南人，惯用投机和利用的手段，听得世界文豪家说“工人是将来世界上的主人翁”，他便想做这“主人翁”的老子，会长——部长——科长，无非“借他人酒杯浇自己块垒”，拿工人做机械出风头，为他个人升官发财的地位。所以上海的《时事新报》上，有段议论，说“湖南的工人，睡到十二点钟还不醒”呢。

我对“湖南工人们”简单的警告终结了。再贡献工人们两个“救济方法”，就是：

觉悟——工人们要尊重自己的人格，和发展个人的本能起见，宜快些觉悟起来！凡事须自动自决，莫为他人利用。

回头——如已经被人拿去做机械的工人，宜赶快回头，跳出黑幕，保全你纯粹的精神和人格，重向光明路上走去。

我贡献工人们两个简单的“救济方法”终结了。劳工——真正的劳工——快醒来呵！快醒来呵！

**湖南《大公报》，1920年11月。**

## “五一”劳动节感言

诸君：今天是一个什么日子？我们应该要做什么一回事？各种书报上的“五一”运动史内，说得很详细的。现在把他拉杂写下，做一个“五一”纪念的说明，为诸君介绍。

“五一”纪念日，是一天工作八小时的运动胜利纪念日。

“五一”纪念日，是由民众势力集中的协同团体涌现出来的。它的起源，全在劳工组合主义；他的发起人等的志向，全在毫不带政治臭味的纯粹经济运动。

五月一日，为万国劳工会议所规定的劳动节。每年各国工人，例于这天休业，做一个阶级的大表示或大示威。

五月一日，为全世界工人阶级的劳动纪念日。我们每年要庆祝的。……又是宣布中产阶级一切罪恶的机会。

“五一”这一天，劳工阶级固然得了很多的收获；但是也曾出了很大的牺牲。

“五一”这一天，我们要万众同声的高叫“扫荡灭亡民族的罪恶行为！推倒那些主战的祸首！”

“五一”纪念日，是吉祥的日子，也是痛苦的日子；因为可纪念的胜利，都是从奋斗中悲剧中得来的。

诸君！我写到这里，不禁“悲从中来”，起了许多感想。因为“五一”纪念日，是一天工作八小时运动胜利的纪念日。这个一天八小时工作的规定，不但在中国的湖南工人们没有享受，就是东亚的各国工人们，恐怕也还在挨那一天十六小时或十二小时工作的困苦呢！

“五一”这一天，自一八八四年出世，到如今也算很久了。可是在东亚的中国不过前年北京晨报出了一个“劳动节”纪念号。去年上海别的同志的同业，有数家同声庆祝的。但是仍然不是劳工社会的纪念日和劳工阶级的运动，仅是几家报馆的纪念日，作一回文人笔墨上的运动罢了！

今年“五一”纪念日来到湖南了！我亲爱的劳工好友们，也知道这个纪念日的意义，大吹大擂的作这“五一”劳动节的祝典了。以前的“五一”运动，虽没有什么幸福希望被到我们身上来；却也算我们“当头之棒，后事之师”。诸君：我亲爱的劳工好友！“以后种种，譬如今日生”，我们运动的时机很多，只要我们永远不忘这个纪念的意义，和欧美两大陆作一致的大示威或大表示，包管有同样的效果在后呵！

劳工同胞，奋起！努力！今天是你们觉悟的日子。

劳动节万岁！

**《劳工》，1921年5月。**

# 参考文献

1. 张枬、王忍之编：《辛亥革命前十年间时论选集》（第二、三卷），三联书店1963年、1977年版。

2. 中国第二历史档案馆编：《中国无政府主义和中国社会党》，江苏人民出版社1981年版。

3. 钟离蒙、杨凤麟编：《无政府主义批判》，辽宁人民出版社1981年版。

4. 丁守和主编：《辛亥革命时期期刊介绍》，人民出版社1983年版。

5. 葛懋春、蒋俊、李兴芝编：《无政府主义思想资料选》（上下），北京大学出版社1984年版。

6. 高军、王桧林主编：《无政府主义在中国》，湖南人民出版社1984年版。

7. 吴雁南等主编：《中国近代社会思潮》（第2卷），湖南教育出版社1988年版。

8. 徐善广、柳剑平：《中国无政府主义》，湖北人民出版社1989年版。

9. 路哲：《中国无政府主义史稿》，福建人民出版社1990年版。

10. 汤庭芬：《中国无政府主义研究》，法律出版社1991年版。

11. 蒋俊、李兴芝：《中国近代无政府主义思潮》，山东人民出版社1991年版。

12. 《巴金全集》（第17、18卷），人民文学出版社1993年版。

13. 汤庭芬：《无政府主义思潮史话》，社会科学文献出版社2000年版。

14. 黄夏年主编：《朱谦之文集》（第一卷），福建教育出版社2002年版。

15. （韩）曹世铉：《清末民初无政府派的文化思想》，社会科学文献出版社2003年版。